WALTER RUBEN

Die Entwicklung von Staat und Recht im alten Indien

DEUTSCHE AKADEMIE DER WISSENSCHAFTEN ZU BERLIN

Veröffentlichungen

des Instituts für Orientforschung

67

WALTER RUBEN

Die gesellschaftliche Entwicklung im alten Indien

II

WALTER RUBEN

DIE ENTWICKLUNG VON STAAT UND RECHT IM ALTEN INDIEN

AKADEMIE-VERLAG · BERLIN
1968

Erschienen im Akademie-Verlag GmbH, 108 Berlin, Leipziger Straße 3–4

Lizenznummer: 202 · 100/72/68
Herstellung: IV/2/14 VEB Werkdruck, 445 Gräfenhainichen · 2956
Bestellnummer: 2013/67-II · ES 7 L + 14 F
31,–

Vorbemerkung

Die Entwicklung der fast ständig steigenden Produktion und der immer komplizierter werdenden Produktionsverhältnisse der altindischen Gesellschaft in den etwa zwei Jahrtausenden von 1200 v. u. Z. bis 500 u. Z. ist mit ihren heute immer greifbarer werdenden Widersprüchen 1967 in einem Bande behandelt worden. Nunmehr sollen Staat und Recht dieser Gesellschaft, die auf der indischen Variante der asiatischen Produktionsweise beruht, nach derselben Periodisierung dargestellt werden, u. zw. unter dem Gesichtspunkt, wie sie sich als zwei wesentliche Institutionen auf Grund dieser Produktionsverhältnisse – aber ohne daß auf diese ständig hingewiesen wird – entwickelt haben. Dabei sind die Übergänge von der zerfallenden Gentilgesellschaft sowohl der Ārya wie der Munda (von der bronzezeitlichen Industalgesellschaft ist einstweilen allzuwenig bekannt) zunächst zur indischen Form der Sklavenhalterformation und dann zu der des Feudalismus herauszuarbeiten. Hierbei wird sich folgendes zeigen: Wie mit der Verwendung von Eisen für Produktionsinstrumente im 4. Jh. v. u. Z. die altindische Produktion und die Produktionsverhältnisse im wesentlichen ausgebildet waren und sich bis ins 19. Jh. u. Z., bis zum Eindringen des Kapitalismus, nur wenig änderten, d. h. stagnierten, so sind im 4. Jh. mit dem Mauryastaat auch schon Staat und Recht im großen ganzen ausgebildet gewesen; was an Elementen des Feudalismus später hinzukam, war nicht wesentlich.

Für jede Periode wird ein Vergleich der indischen Entwicklung mit den Entwicklungen von Staat und Recht in anderen Gesellschaften, insbesondere in Gesellschaften mit antiker Produktionsweise vom „homerischen" Königtum bis zum römischen Imperium angestellt werden. Auf diese Weise ergibt sich, was doch durchaus nicht selbstverständlich ist, daß sich mit der Klassengesellschaft Staaten mit fixierter Staatsordnung und geschriebenem Recht sowohl im Mittelmeer- wie im Gangesgebiet herausgebildet haben, ohne daß in den frühen, entscheidenden Zeiten zwischen beiden Räumen historische Abhängigkeit in dieser oder jener Richtung in Frage käme. Damit lassen sich in zwei Gesellschaften analoge Prozesse des Werdens von Staat und Recht beobachten, die bis in wichtige Einzelheiten übereinstimmen und auf allgemeinen historischen Gesetzmäßigkeiten beruhen. Es zeigen sich aber auch tiefgreifende Unterschiede in Staat und Recht der beiden Gesellschaften, die aus besonderen Gesetzmäßigkeiten der Geographie und Geschichte beider abzuleiten sind. Im Klassenkampf entwickelte sich in beiden Räumen das volkstümliche Ideal der Gerechtigkeit, die der Staat garantieren sollte, die aber doch nur eine Utopie war, notwendig in verschiedener Weise für Ausbeuter und Ausgebeutete. Diesem Ideal stand das der Staatsräson und Machtpolitik gegenüber. Beide Ideale wurden in beiden Gesellschaften sowohl von mehr liberalen als auch von mehr konservativen Standpunkten aus ausgelegt. In beiden kam es zur Herausbildung aristokratisch-demokratischer und monarchischer Staatsformen, am Ende aber triumphierte die Autokratie. Die Wege zu dieser Endstufe im Guptastaat wie im römischen Imperium aber waren verschieden; der im Mittelmeergebiet ging über den mehr oder weniger demokratischen Stadtstaat; der indische Despotismus aber entwickelte sich direkt auf dem Boden der patriarchalischen Dorfgemeinde. Beide Monarchien gingen ungefähr gleichzeitig in Feudalismus über, wobei in diesem Zusammenhang von Staat und Recht insbesondere das Lehnssystem und das Fortleben des alten Rechts zu behandeln sind. Wie in unserer Antike, so wurden auch im indischen Altertum die Institutionen und ideologischen Grundbegriffe von Staat und Recht für die folgenden Jahrhunderte entwickelt.

Das Recht im antiken Stadtstaat einerseits und sowohl in der Dorfgemeinde wie im Despotismus des alten Indiens andererseits zeigen zwar wesentliche Unterschiede, aber in beiden kam es zur Herausbildung sowohl eines Zivil- wie eines Strafrechts, eines Verfassungs- und Prozeßrechts, wenn auch wiederum im einzelnen mit bedeutenden Unterschieden. Leben und Denken des Untertans des indischen Despotismus war eben analog dem des antiken Staatsbürgers und doch grundsätzlich verschieden davon, und die Funktionen der Diener indischer Despoten waren bei allen Gemeinsamkeiten doch andere als die antiker Staatsbeamter, bis im Prinzipat neben die republikanischen Beamten die Diener des Prinzeps traten, so daß das römische Kaiserreich dem zentralisierten Guptagroßstaat erstaunlich ähnlich sah. Römischer Staat und römisches Recht bleiben dann in West- und Osteuropa mit unterschiedlichen, wechselvollen Schicksalen im Grunde lebendig, bis der Kapitalismus wesentliche Neuerungen brachte. In Indien aber hatte sich einheimischer Kapitalismus noch kaum aus eigenen Kräften in schüchternsten Ansätzen zu entwickeln begonnen, als die Engländer ihn, und zwar erst im 19. Jh. und in kolonialer Form, dem Land aufzwangen. Daher lebt im Bewußtsein des heutigen Inders noch weitgehend die altertümliche Begriffswelt der Dorfgemeinde, des Despotismus und des alten Rechts, und ein modernes Staatsbürger- und Staatsbeamtenbewußtsein zu entwickeln und durchzusetzen war das Bestreben großer indischer Freiheitskämpfer der letzten 150 Jahre. Insofern hilft uns die Analyse des alten Indiens zum besseren Verständnis der heute ablaufenden Prozesse.

Trotz großer Leistungen mehrerer Bearbeiter der Geschichte des altindischen Staats und Rechts sei hier ein neuer Versuch mit neuer Methode gewagt, und dies von einem Sanskritisten, der leider kein auf diesen beiden Gebieten theoretisch geschulter Spezialist ist. Der Vergleich mit Griechen und Römern ist daher nur ein Versuch; aber er wird hoffentlich Spezialisten anregen, ihn als Ganzes und mit seinen Einzelheiten zu prüfen und fortzuführen.

Inhaltsverzeichnis

Aber wir dürfen dabei nicht vergessen, daß diese idyllischen Dorfgemeinden, so harmlos sie auch aussehen mögen, seit jeher die feste Grundlage des orientalischen Despotismus gebildet haben . . , daß sie den menschlichen Geist . . . zum unterwürfigen Sklaven traditioneller Regeln machten.

Karl Marx – Friedrich Engels, Werke Band 9, S. 132

Zur Aussprache indischer Wörter

c	tsch	
j	dsch	
ñ	wie ñ im Spanischen	
ṛ	vokalisches r	
ś	sch	
ḍ	d	mit zurückgebogener Zungenspitze
ṇ	n	mit zurückgebogener Zungenspitze
ṣ	sch	mit zurückgebogener Zungenspitze
ṭ	t	mit zurückgebogener Zungenspitze

Einleitung
Entwicklung von Staat und Recht im alten Indien

1. *Der indische und der altorientalische Staat*

Die politische Geschichte des alten Indiens ist im wesentlichen die Geschichte des Staates von Magadha, der von 600 v. u. Z. bis 500 u. Z., d. h. über 1000 Jahre lang, die Geschichte Nordindiens, aber auch weitgehend Südindiens bestimmte. Ausgehend von einem kleinen, staatlich leicht organisierbaren Gebiet, das im Norden durch den östlichen Teil der mittleren Ganga, dieser wichtigen Wasserhandelsstraße, begrenzt war und die fruchtbare Ebene bis zu den südlichen Bergen des Windhya hin umfaßte, in der Mitte mit den Hügeln um Giriwradscha einen idealen Platz für die alte Hauptstadt bot und in jenen Bergen Kupfer und Eisen barg, hat Magadha Glanzzeiten eines Großreiches, aber auch Rückschläge und dunkle, uns noch wenig bekannte Perioden als Kleinstaat erlebt. Wir können die abwechslungsreiche Geschichte dieses Staates unter den Dynastien der Bārhadratha, Śaiśunāga, Nanda, Maurya, Kaṇva, Śunga und schließlich der Gupta, die man wie die ägyptischen zählen könnte, einigermaßen nacherzählen und kennen schon ein wenig den Zerfall des Staates aus inneren Gründen und zugleich unter den Schlägen der Hunnen beim Übergang Indiens zum Feudalismus um 500 u. Z., aber der Anfang Magadhas ist noch in ziemliches Dunkel gehüllt: Wir können nämlich den Übergang von der Urgemeinschaft zum Staat der Sklavenhalter indischer Prägung in Magadha noch nicht genau genug darstellen.

Für uns taucht Magadha in der III. Periode Altindiens plötzlich als der Staat auf, der das benachbarte Volk der Anga annektierte; er tat dies als der erste uns bislang greifbare Staat des eisenzeitlichen Indiens im Anfang des 6. Jahrhunderts v. u. Z. Die vorangegangenen ersten beiden Perioden der altindischen Geschichte sind für uns einstweilen wesentlich die Geschichte der aus dem Nordwesten nach Indien eingewanderten vedischen Gesellschaft, die sich aus zerfallender Urgesellschaft damals, d. h. zwischen etwa 1200 und 550 v. u. Z., im Pandschab und im mittleren Gangestal zu primitiven kleinen Staaten entwickelte. Für diese vedischen Menschen war Magadha zu Anfang der II. Periode noch ein „unreines“, offenbar nichtarisches Land und Volk gewesen. Kann man trotzdem den zu Anfang der dritten Periode beginnenden Staat von Magadha an die Entwicklung des sich in der ersten und zweiten Periode langsam herausbildenden vedischen Staates anschließen? Er fußte sicher auf der asiatischen Produktionsweise der dortigen vorvedischen Mundavölker. Seine älteste Dynastie könnte andererseits irgendwie mit den Staaten der Industalgesellschaft zusammenhängen. Dazu könnte passen, daß Jarāsandha von Giriwradscha, der epische König Magadhas, ein Śivait und Menschenopferer war. Woher die halbzyklopischen Mauern von Giriwradscha herzuleiten sind, ist noch nicht geklärt. Und doch sind auch in Magadha sowohl die Sprache wie die Vier-Ständeordnung vedischen Ursprungs, so unklar die Herkunft der dortigen Brahmanen auch einstweilen ist. Vermutlich ist der Staat von Magadha also ein kompliziertes Ergebnis der Verschmelzung von Ārya und Vorārya (s. Anhang 2).

Wie dem auch sei, der Staat von Magadha war im Grunde nur eine der zahllosen Varianten altorientalischer Staaten, die sich in der Sklavenhalterperiode der Bronze- und Eisenzeit von Ägypten bis China, ja auch im vorkolumbischen Lateinamerika finden. Indien gehört eben zu diesem riesigen Gebiet Asien-Afrika-Lateinamerika, wenn es auch seine Besonderheiten hat, und Barbareneinfälle wie den der Ārya nach Indien haben alle diese Staaten immer wieder erlebt. Will man aber die Geschichte von Staat und Recht im alten Indien darstellen, so ist es wichtig, einerseits diese Zugehörigkeit des alten indischen Staats zum Typ des sogenannten altorientalischen Staates klarzustellen, andererseits herauszuarbeiten, was an ihm besonders indisch war. Als Einleitung sei deswegen kurz zunächst nach der sowjetischen Weltgeschichte (I, 30ff.)[1] der altorientalische Staat mit einigen allgemeinen Grundzügen, soweit sie für die Darstellung der altindischen Geschichte notwendig sind, charakterisiert, ohne auf die ebenso wichtigen Unterschiede der verschiedenen Gegenden und Zeiten einzugehen. Wir wollen hier ja keine Weltgeschichte, sondern nur eine Einleitung für eine indische Geschichte geben. Hier sei auch nicht noch einmal auf den grundlegenden Unterschied der „asiatischen“ von der antiken Produktionsweise eingegangen, ebensowenig auf den der Begriffe „patriarchalische“ und antike Sklavenhaltergesellschaft.

Alle diese alten Staaten beruhten auf der Landwirtschaft, und diese wiederum auf der Bewässerung, d. h. der asiatischen Produktionsweise in ihren verschiedensten Sonderformen. Die Bauern hatten dem Staat Naturalabgaben und Arbeitstribut zu leisten. Die verarmenden Bauern wurden mehr oder weniger zu Teilpächtern, die einen Teil der Ernte an ihre Gläubiger abzuliefern hatten. Einige verloren Teile ihrer Freiheit (die indischen als Śūdras), einige wurden zu landlosen Landarbeitern auf den Feldern der Reichen, einige wurden gar zu Schuldsklaven oder Schuldknechten.

Die Schuldsklaven waren nur ein Teil der damaligen Sklaven. Andere Sklaven waren Kriegsgefangene. Um sie zu gewinnen, wurden ständig Kriege geführt – aber nicht in Indien –, und riesige Teile der Bevölkerung des besiegten Landes in die Sklaverei fortgeführt – selten in Indien. Der siegreiche König setzte sie als Arbeiter auf seinen Königsländereien ein oder verwendete sie als patriarchialische Haussklaven. Oder er gab sie – aber ebenfalls nicht in Indien – dem Kriegeradel und den Tempeln zur Arbeit auf deren Ländereien oder zu sonstiger Verwendung. Schließlich wurden beträchtliche Mengen von Sklaven verhandelt.

Die großen Sklavenhalter, und das waren, abgesehen von Indien, die Adligen, waren aber durchaus nicht eine einheitliche Gruppe. Der lokale Gentiladel hatte als Großgrundbesitzer – in Indien als Kleinfürsten – oft andere Interessen als der zentrale Dienstadel der höheren Offiziere und Beamten, aber auch als der Priesteradel. Die Könige stützten sich bald auf diese, bald auf jene und beschenkten Kriegerdienst- und Priesteradel – in Indien nur diesen – mit Grund und Boden und den dazugehörigen Bauern, Landarbeitern und Sklaven, um sich ihre Dienste und Treue zu kaufen. Einerseits war die Politik auf Kriege mit der Gewinnung von Land, Beute und Sklaven ausgerichtet, andererseits auf Frieden und Niederhaltung der im Elend lebenden Massen.

An der Spitze des Staates stand im allgemeinen ein König, der in seinen gewaltigen Speichern sowohl die Ernte seiner Königsländereien sammelte wie auch die Naturalabgaben der Bauern, Abgaben der Handwerker und Händler, die Beute der Kriege und Tribute besiegter Völker. Aus den Speichern gab er Rationen an Beamte, Krieger, Diener und Sklaven seines riesigen Haushaltes. Er galt, wie einige meinen, – aber nicht in Indien – als der eigentliche und einzige Eigentümer allen Bodens, insofern er ihn an seine Günstlinge verschenken konnte. Er regierte despotisch, unterstützt von einigen Adligen als Heerführer, höchsten Beamten, Ratgebern und Priestern. Wir dürfen ja nicht vergessen, daß die idyllischen, aber zugleich streng patriarchalischen Dorfgemeinden der asiatischen Produktionsweise „seit jeher die feste Grundlage des orientalischen Despotismus gebildet haben".[2] Aber bei der barbarisch harten Ausbeutung genügte auch grausamste Anwendung staatlicher Gewalt nicht immer, die Massen im Zaume zu halten. Es kam hier und da zu Unruhen und bewaffneten Aufständen – freilich nicht in Indien. Als ideologische Waffe der Ausbeuter diente die Lehre, daß der König sein Volk gegen Unordnung, Unrecht, gegen die Willkür der Großen, der Reichen, der Wucherer und korrupten Beamten schütze.

Es gab aber auch hier und da Staaten, die keinen König hatten, sondern von einer oligarchischen Adelsgruppe regiert wurden, d. h. diese Klasse verzichtete in solchen Fällen auf eine Königsgewalt (I, 309). Das war z. B. in den Stadtstaaten des alten Assyriens der Fall, die sich dem Typ der oligarchischen Sklavenhalterrepublik näherten (364f.); sie waren zu Anfang des 2. Jahrtausends v. u. Z. Zentren des Handels, der Babylonien mit Holz und Metall aus den kleinasiatischen Gebirgen versorgte (363). Weiter gab es in der Mitte des 2. Jahrtausends unter den phönizischen Stadtstaaten wahrscheinlich auch oligarchische Republiken, und auch diese waren Handelsstädte (451). In der Eisenzeit, in der ersten Hälfte des 1. Jahrtausends v. u. Z., aber kennen wir die oligarchische Sklavenhalterrepublik Karthagos (593), diese Kolonie der Phönizier, weiter die Jerusalemer Tempelstadtgemeinde mit ihrem Rat der städtischen Aristokratie und Priesterschaft (568); in Lydien begann sich die Königsgewalt anscheinend in Abhängigkeit von der Stammesaristokratie zu entwickeln, und in der Wirtschaft Lydiens spielte der Handel eine wichtige Rolle (583). Schließlich sind hier die griechischen Stadtstaaten anzuschließen, die ebenfalls meist berühmte Handelsstädte waren und in denen die Königsgewalt zunächst durch einen aristokratischen Rat eingeschränkt und am Ende abgeschafft wurde (748). Die Griechen mögen anfangs in diesem Punkt von ihren Vorläufern im Seehandel, den Phöniziern, einerseits, von jenen Städten Kleinasiens andererseits beeinflußt worden sein. Nur sie haben aber dann im 8.–6. Jh. v. u. Z. einige aristokratische Sklavenhalterrepubliken zu Sklavenhalterdemokratien weiterentwickelt, nachdem Händler und Handwerker der Städte im Bündnis mit den verarmten Bauern den Gentiladel seiner Macht beraubt hatten. Diese Entwicklung begann mit an erster Stelle in den kleinasiatischen Griechenstädten, die mit Lydien und seinen Städten in engsten Handelsverbindungen standen und von Lydien politisch abhängig waren (749). Für die ganze altgriechische Geschichte ist der Kampf dieser demokratischen gegen aristokratische Republiken und Monarchien wie Persien und Mazedonien grundlegend gewesen, und analog, d. h. nicht von diesem griechischen Kampf historisch abhängig, aber auch durch die assyrischen Stadtstaaten wohl kaum mit Griechenland indirekt verbunden, war in Indien der Kampf von Aristokratien gegen Monarchien, der sich durch die III. bis VI. Periode hinzog. Außerdem gab es in Indien und Griechenland noch eine dritte Staatsform, aristokratisch regierte Volksstaaten (*ethnos*). Solche langen und erbitterten Kämpfe von Staaten verschiedener Formen gegeneinander gab es damals nur in Indien und Griechenland; in beiden siegten Monarchien, und doch waren die Kämpfe in Indien und Griechenland voneinander verschieden, so daß sowohl Gemeinsamkeiten zwischen beiden Bereichen als auch Besonderheiten der indischen Entwicklung deutlich werden. Aber weder in Indien noch auch sonstwo in Asien, Afrika oder Lateinamerika ist es zu einer Sklavenhalter-Demokratie griechischen Typs gekommen, so daß sich am Gegensatz Indien-Griechenland hier der der asiatischen und antiken Gesellschaftsordnung zeigen läßt.

Die für den alten Orient typischen zeitweiligen größeren militärisch-administrativen Vereinigungen nennt man Großreiche, aber sie waren meist keine einheitlichen, durch Annexion besiegter Staaten entstandenen und durchorganisierten Großstaaten, sondern die unterworfenen Völker behielten eine größere oder geringere Selbstständigkeit, behielten ihre besondere Form der Wirtschaft und Gesellschaft, ja oft sogar ihre Dynastie, zahlten nur Tribute und erkannten die Oberhoheit des Siegers an. Der Sieger beanspruchte den Titel eines Weltherrschers, selbst wenn er nur einige Nachbarstaaten in dieser Weise unterworfen hatte. Er stützte sich auf den militärischen Dienstadel und stellte nach Möglichkeit ein starkes stehendes Heer auf, ließ sich gelegentlich von Tempelwirtschaften jeden zehnten Dienstmann als Soldaten stellen (413) – aber nicht in Indien –, ließ eine Landwehr der Bauern als bogen- und lanzenbewaffnete Fußsoldaten und die Adligen als Streitwagenfahrer kämpfen. Im Frieden sandte er seine Gesandten mit bestimmten Aufgaben an benachbarte Könige (464) und unterhielt auch durch Schreiben internationale Beziehungen (462ff.). Ein Mittel der friedlichen Außenpolitik waren Heiraten der Könige mit Prinzessinnen benachbarter oder fernerer Dynastien. Im Inneren ihrer Staaten stützten die Könige sich auf einen gewaltigen Apparat an Beamten (334, 434) und Schreibern zum Eintreiben der Abgaben, für die Verwaltung, indem sie u. U. Preise im Handel festsetzten, und für richterliche Tätigkeit. Solche meist kurzlebigen Großreiche waren das Ergebnis einer Zentralisation der Königsherrschaft, und Zentralisationen (außenpolitische auf Grund von innenpolitischen) und Dezentralisationen folgten in altorientalischen Staaten mit einer gewissen Regelmäßigkeit aufeinander.

Viele dieser Elemente der altorientalischen Gesellschaften traten analog in altindischen Staaten mehr oder weniger hervor, und dieses für Indien bezeichnende Mehr oder Weniger herauszuarbeiten, ist Aufgabe des Historikers des alten Indiens.

Im 4. Jahrtausend begann die Entwicklung der altorientalischen Gesellschaft in verhältnismäßig kleinen Gebieten, am Nil und am Euphrat und Tigris, dann im 3. Jahrtausend in Indien entlang dem Indus und endlich im 2. Jahrtausend in China am unteren Huangho. Von ihren Ursprungsgebieten aus wuchsen diese drei Sphären alter Staaten zu den Großreichen Ägyptens, Persiens, Indiens (Magadhas) und Chinas. Analog war die griechisch-römische Entwicklung von deren beiden Mutterländern aus, bis am Ende der III. Periode Griechenland das Riesengebiet des Alexanderreiches und Rom von der V. Periode an sein Imperium von England und Spanien bis Kleinasien und Ägypten gebildet hatten und bis in der V. Periode das römische Imperium mit dem Kuschānstaat Indiens und dem chinesischen Kaiserreich zusammenstieß, und zwar in Kriegen, in Handels- und kulturellen Beziehungen. Während zunächst die gesellschaftlichen Entwicklungen in diesen drei Räumen analog, d. h. nach allgemeinen und besonderen Gesetzmäßigkeiten, verliefen, muß man von da an mehr als vorher mit gegenseitigen Beeinflussungen rechnen.

Von diesen drei oder vier Ursprungsgebieten dehnte sich die staatliche Gesellschaftsform von Ägypten im Altertum bis nach dem Sudan, von Mesopotamien über Kleinasien, Phönizien, Kreta, Mykene und Karthago bis Griechenland-Rom, vom Indus bis Bengalen und Südindien, ja Innerasien, Hinterindien und Indonesien, und vom Huangho über ganz China bis Innerasien, Ost- und Südostasien aus. Auch dies war offenbar gesetzmäßig.

Dabei entstanden bald Großreiche, bald zerfielen sie wieder. So waren Nord- und Südägypten entlang dem Nil zu Zeiten vereinigt, zu anderen nicht, und dann wieder erstreckte sich die Macht der Pharaonen darüber hinaus bis nach Nubien im Süden oder Palästina-Syrien im Norden. Babylonien und Assyrien, das eine am Unterlauf von Euphrat und Tigris, das andere am Oberlauf des letztgenannten Flusses, also in gewisser Weise ähnlich den beiden Staaten des Niltales, waren bald vereinigt, bald getrennt, und zeitweilig erstreckte sich die Macht dieser Staaten über dieses Gebiet noch weit hinaus, und Elam und andere Staaten in den Bergen im Norden, Palästina, Syrien und Ägypten wurden von den Herren des Zweistromlandes unterworfen. Im 3. Jahrtausend blühten analog zwei Städte entlang dem Indus, Mohendschodāro und Harappa, und man weiß bisher nicht, ob sie die Hauptstädte zweier Staaten waren oder beide ständig oder zeitweise zu einem einzigen Staat entlang dem Indus gehörten. In der Eisenzeit aber bildete die nordindische Tiefebene ein weit größeres Gebiet für die entscheidende gesellschaftliche Entwicklung, in dem man den Nordwesten, den Pandschab und das Indusgebiet einerseits, das Gebiet des mittleren Ganges andererseits unterscheiden muß; bald beherrschten die Könige von Magadha den ganzen nordindischen Raum, bald nur das Gangestal oder gar nur in dessen Osten das Stammland Magadha. Waren sie mächtig, dehnten sie ihre Macht aber noch über dieses gewaltige Gebiet hinaus bis Afghanistan im Nordwesten und über den Dekkhan im Süden aus.

Dabei kann man im großen ganzen den bronzezeitlichen Großstaat des Industales und den eisenzeitlichen der nordindischen Ebene dem alten, mittleren und neuen Reich Ägyptens oder dem alten und neuen Babylonien gegenüberstellen. In China endlich lag das älteste, begrenzte Gebiet des Staates der Schang (Yin) am unteren Huangho, das Gebiet der Dschou aber weiter oberhalb an einem Nebenfluß des Huangho, dem Weho, und die Dschou (1100–256 v. u. Z.) drängten von da vor und besiegten die Schang. Dem Großreich Magadhas aber ist das der Tjin (249–206 v. u. Z.) gegenüberzustellen.

Rings um diese weiten und ständig sich verbreiternden, fruchtbare Flußtäler einnehmenden Gebiete der Staaten lebten in Bergen, Steppen, Wüsten und Wäldern Stämme und Völker auf verschiedenen noch urgemeindlichen Entwicklungsstufen. Sie waren – abgesehen von Indien – das Ziel der Sklavenhalter auf ihren Sklavenjagden und lieferten ihnen manche Rohstoffe wie Metalle. Sie drängten aber ihrerseits immer wieder hier und da in die reichen Staaten hinein – auch nach Indien. Solches Schicksal erlitt Ägypten von den Hyksos, Libyern, Seevölkern und Nubiern. Teile von Mesopotamien und Kleinasien wurden von Akkadern, Elamitern, Medern, Persern, Aramäern, Hethitern, Churritern, Urartäern, Luwiern, Palāern, Lykern, Lydiern, Milyern, Phrygern, Thrakern, Philistern, Mysern, Thynern und Bithyniern, Kimmerern, Skythen und Galatern überrannt[3]. Solche siegreich eindringenden Völker aber paßten sich schnell der höher entwickelten Kultur der Besiegten an; diese eroberten ihre Eroberer[4], und die altorientalische Gesellschaft der jeweiligen Form entstand in den wesentlichen Zügen wieder, trat nach der Eroberung dank der asiatischen Produktionsweise wieder in die übliche Stagnation ein. In Griechenland-Rom aber gab es nichts der Art[5]. Unter den Eroberern sind für den Vergleich mit den vedischen Eindringlingen, denen in den beiden ersten Perioden des alten Indiens nur Anfänge von Staatenbildungen gelangen, einige Völker wichtig, die indoeuropäische Sprachen redeten wie die Hethiter; diese besaßen ungefähr 800 Jahre lang, von etwa 2000–1200 v. u. Z., einen starken Staat, der noch einige Reste urgemeindlichen Lebens bewahrte, die an die vedischen Völker Indiens gemahnen, wie Viehraub als Ziel ständiger Kriege (im Gegensatz zu Sklavenjagd) oder wie die Versammlung der Krieger als Rest alter Stammesdemokratie, wenn ihr auch nur noch privilegierte Krieger (nicht alle freien Männer) angehörten. Immerhin bestand dieser Staat an die acht Jahrhunderte und hatte im allgemeinen typisch altorientalischen Charakter. Sehr viel kurzlebiger waren die Staaten der Mitanni im 16.–14. Jh., der Urartäer vom 9.–6. Jh., der Phryger im 8.–7. und der Lyder im 7.–6. Jh. v. u. Z. Der Staat der Meder-Perser war wiederum von gewisser Dauer, und zwar von etwa 1000 bis auf Alexander (s. u.), während indoeuropäische Völker wie die Kimmerer und Skythen es zu keinen Staatsbildungen brachten, nur raubend in Vorderasien einfielen und in der älteren Bevölkerung aufgingen. Dasselbe läßt sich auf der anderen, der südlichen Seite auch von vielen semitischen Aramäern sagen, von denen nur ihre Sprache sich lange erhielt; die aramäischen Stämme drangen zwar aus der arabischen Wüste in weite Gebiete Vorderasiens ein, bildeten aber nur in Syrien von 1200 bis 700 v. u. Z. einen Staat.

Demnach kann man den zum Typ der altorientalischen Staaten gehörenden, doch zugleich einzigartigen Staat von Magadha mit seiner beträchtlichen, über tausendjährigen Lebensdauer und mit dem Auf und Ab seiner politischen Macht mit der dabei notwendigen Vorsicht neben den Staat der Assyrer stellen, der wenig länger, etwa 1500 Jahre, vom Beginn des 2. Jahrtausends bis 605 v. u. Z. lebte. Nur ist zu bedenken, daß Magadha um 600 begann, als Assyriens Großmacht gerade endete, daß es also erst nach Beginn der Eisenzeit groß wurde und schon deswegen einen in mancher Hinsicht anderen Charakter als Assyrien tragen mußte, ganz abgesehen davon, daß Assyrien bei Sklavenjagden und zwangsweiser Umsiedlung besiegter Völker ganz besonders barbarisch vorging, während Magadha und Indien überhaupt in dieser Hinsicht als ganz besonders milde zu bezeichnen sind.

Setzt man aber den Beginn der Stufe des altindischen eisenzeitlichen Staats mit dem Vorspiel der Ārya, der bronzezeitlichen vedischen Eindringlinge, um 1200 v. u. Z. an und leitet den Staat von Magadha von deren Entwicklung zum Staat her, so ist zugleich an den Analogiefall der Israeliten zu denken, die in der ersten Hälfte des 13. Jahrhunderts (also ungefähr gleichzeitig mit den Ārya) als Hirten ähnlicher Entwicklungsstufe nach Palästina, das man der altorientalischen Indusgesellschaft gegenüberstellen kann, einfielen und dort zur Ausbildung eines eigenen, im Wesen altorientalischen Staates gelangten, freilich schon Ende des 11. Jahrhunderts, also weit früher als Magadha, und nur für relativ kurze Zeit, denn Israel und Juda verloren ja schon Anfang des 6. Jahrhunderts ihre Selbständigkeit wieder.

Weiter ist die persische Entwicklung zum Vergleich heranzuziehen, denn die iranischen Stämme gehörten nicht nur sprachlich in die Nähe der vedischen, sondern begannen ihr staatliches Leben ebenfalls etwa gleichzeitig mit ihnen in Medien-Persien. Die medischen Stämme schlossen sich Ende des 8. Jh. zu einem Stammesverband zusammen und bildeten bis etwa 600 v. u. Z. ihren eigenen Staat aus, der dann in der Mitte des 6. Jh. dem persischen Staat der Achämeniden einverleibt wurde. Dieser wuchs zu einem gewaltigen Großreich und ging nach seiner hellenistischen und römischen Zeit ebenfalls langsam zum Feudalismus über. Er unterschied sich im einzelnen aber weitgehend vom indischen Staate Magadhas.

Schließlich ist die staatliche Entwicklung Indiens mit der Griechenlands bei aller Unterschiedlichkeit mit Nutzen zu vergleichen; diese ist bislang von der aller dieser Staaten am besten untersucht worden und kann aus diesem wichtigen Grunde für die beiden Übergänge von der Urgemeinschaft zur Sklavenhaltergesellschaft und von dieser zum Feudalismus am fruchtbarsten für Zwecke des Vergleichs herangezogen werden, nicht etwa deswegen, weil Inder und Griechen Indoeuropäer gewesen sind. Dabei sieht man tunlichst von den frühen Bewegungen der Achäer, Ionier und Äoler ab, die sich die ältere, der vorderasiatischen, also altorientalischen sehr nahestehende Kultur der unterworfenen Vorbevölkerung der sogenannten Pelasger schnell aneigneten und damit der späteren Griechenwelle der dorischen Einwanderung wiederum eine der vorderasiatischen ähnliche Kultur zur Aneignung anboten. Die Dorer aber waren um 1200 etwa Zeitgenossen der arischen Eindringlinge, und ihre Gesellschaftsform, die auf Helotenausbeutung fußte, ähnelte auffallend der altindischen mit ihrer Śūdra-Ausbeutung. Von da und vom „homerischen" Griechenland bis zu Byzanz und Justinian läßt sich der Vergleich gewisser Elemente der staatlichen Entwicklung in Indien und Griechenland mit überraschenden Übereinstimmungen durchführen, wobei aber die Unterschiede beider Gesellschaften, die auf dem Unterschied der asiatischen und antiken Produktionsweisen beruhen, gebührend herausgearbeitet werden müssen. Beide Vergleiche zusammen geben die Möglichkeit, den indischen Staat im Unterschied zu griechischen und zu altorientalischen Staaten, d. h. in seiner Individualität, aber auch zugleich in seiner allgemeinen Menschlichkeit zu charakterisieren, und damit auch unseren Platz in der Weltgeschichte als Erben der Griechen deutlicher als bisher zu sehen.

2. „Recht" im vorvedischen Indien

Über Staat und Recht der bronzezeitlichen Industalgesellschaft des 3. Jahrtausends v. u. Z. ist im Grunde noch nichts Nennenswertes bekannt. Manche denken an einen theokratischen Sklavenhalterstaat oder an deren zwei mit zwei Hauptstädten, aber sehr einheitlicher Kultur[6]. Ihr Recht ist archäologisch einstweilen nicht faßbar; es dürfte matriarchalische Elemente enthalten haben. Von einem indischen Hammurabi ist bisher nichts bekannt (s. Anhang 2).

Aber die bis heute oder gestern lebende Sitte der Munda – sie haben noch kein Recht – läßt auf das zurückschließen, was im Gangesgebiet vor dem Einfall der Ārya üblich gewesen sein wird. In den abgelegenen Gebieten der heutigen Munda scheint der Einfluß des Rechts der Kolonialherren, der vorangegangenen Mohammedaner und der hier und da als Brahmanen und Zemindare in die Berggegend von Tschota Nagpur eingedrungenen Hinduherren bis vor wenigen Jahren minimal gewesen zu sein. Stämme wie die Kharia, Asur und Santal[7] erlebten in den letzten zwei Jahrtausenden zwar einen gewissen Zerfall ihrer Stammesordnung, doch ihr Leben und Denken zeigt nur gewisse Einflüsse von außen, die sich als solche leicht erkennen lassen[8].

So haben sie sich nicht zu Staaten entwickelt und hatten vor wenigen Jahren noch keine Klassenspaltung, wenn auch eine gewisse Differenzierung in arm und reich. Sie erhielten sich ihre Totem-Klan-Organisation, aber die Einheitlichkeit ihrer Stämme ist nicht mehr zu finden[9], wohl indessen eine Art Stammesbewußtsein. Dies paßt dazu, daß sie um 900 v. u. Z. beim Eindringen der Ārya auf der Stufe der militärischen Demokratie standen, d. h. deren indische, auf der asiatischen Produktionsweise fußende Variante darstellten, die sich von der der damaligen Ārya unterschied. Dazu paßt auch das folgende: In ihrer Folklore erzählen sie manchmal von ihren „Königen"[10], aber diese waren keine echten Könige, hatten keinen Machtapparat, keine Beamten, keine staatlichen Institutionen, keine Gesetze, keine Schrift. Es gab nur Institutionen der Leitung und bindende Sitten der Dorfgemeinden und Stämme bzw. Dorfgruppen [11] und Klans. Da sich in ihrem früheren Gebiet, in der Gangesebene, Staat und Recht des eisenzeitlichen Indiens herausbildeten, ist die Frage, ob und wieweit sie dafür Grundlagen lieferten, wichtig [12].

Bei manchen Unterschieden der Stämme, ja Dorfgemeinden im einzelnen, ist der Munda-Typ ihrer Gesellschaft und ihrer Sitte derselbe. Die Dorfgemeinden des in asiatischer Produktionsweise üblichen Typs wurden von einem Dorfschulzen, der bei den Kharia ein Priester war, geleitet, u. zw. im Zusammenwirken mit einem Dorfrat [13], und für gewisse Fragen, wie z. B. Grenzstreitigkeiten zwischen Dörfern, versammelten sich Schulzen mehrerer Dorfgemeinden mit ihren Räten. Aber ein Stammesoberhaupt ist nicht mehr beobachtet worden; sie führen ja keine Kriege mehr und brauchen keine Kriegsführer. Sie haben auch kein geschlossenes Siedlungs- und Wirtschaftsgebiet mehr, ganz zu schweigen von einer Hauptstadt, einem Stammesheer oder Stammesbünden. Sie haben nur einen „Entsühner", der mit seiner magischen Kraft Sünder, die aus dem Stamm ausgestoßen worden sind, wieder in die Gemeinschaft aufnimmt, wenn sie dafür mit einem Fest gebüßt haben. Dessen Funktion erstreckt sich auf ein beträchtliches Gebiet, aber nicht auf den ganzen, als Ganzes unfaßbaren „Stamm" [14]. Dorfschulze wird meist ohne besondere Wahl oder Erbschaft ein Erwachsener, der geschickt zu reden und sich Einfluß zu verschaffen versteht.

Er und sein Dorfrat „sprechen Recht", sorgen für Witwen und Waisen [15], leiten die öffentlichen Arbeiten, Rodung, Bewässerung und Jagd, aber keine Finanzangelegenheiten. Es gibt keine Kenner, Lehrer oder Schulen des „Rechts". Im „Rechtsverfahren" gibt es eine Appellationsmöglichkeit von dem Gericht der Dorfgemeinde an das einer Dorfgruppe [16]. Die Santal versprechen sich von diesem höheren Gericht volle Gerechtigkeit, weil es bei den gemeinsamen Jagden mehrerer Dörfer unter Leitung des Jagdpriesters abgehalten wird und dabei die Reichen und Großen das Gericht, an dem alle teilnehmen, nicht so bestechen können wie das ihrer Dorfgemeinde [17]. Im Gerichtsverfahren ist der Eid bemerkenswert, der dem seine Schuld nicht eingestehenden Angeklagten zugeschoben wird, eine Art Selbstverfluchung, die er nur wagt, wenn er sich unschuldig weiß [18]. Alle diese Einrichtungen der Dorfgemeinde, des „Stammes" und der Gerichtsbarkeit beruhen auf anerkanntem Herkommen, das man als eine Art Vorläufer eines Verfassungs- und Prozeßrechts auffassen kann, welches sich erst in Staaten herausbildete. Religiöse und weltliche Sitte sind noch nicht geschieden, beide sind für das Funktionieren des gentilen Lebens von gleicher Bedeutung. So bildet ein „Rechtsthema" das Brechen der zahlreichen Tabus, die das Leben von Mann und Weib regeln, das oft mit schweren Bußen bestraft wird, wie u. a. mit der Ausstoßung aus dem Stamm (s. o. über den Entsühner). So darf jedes Mitglied eines Stammes nur mit anderen Mitgliedern desselben Stammes zusammen essen oder solche heiraten [18a], hat bestimmte Reinheitsvorschriften z. B. bei Geburt und Tod einzuhalten; insbesondere dürfen Frauen nicht den heiligen Hain der Dorfgemeinde während eines Ritus betreten oder an der Opferspeisung teilnehmen, darf ein Mädchen nicht auf den Baum des Haines klettern [19], eine menstruierende Frau den Dorfbrunnen nicht berühren, eine Frau nicht auf das Dach eines Hauses steigen, keinen Pflug (den die Munda damals freilich noch nicht hatten) anfassen oder säen, kein Mann darf, wenn er aus der Fremde heimkehrt, sein Haus betreten, ehe er sich entsühnt hat, oder darf sich seine Haare oder Nägel von einem Fremden schneiden lassen.[20]

Mord und Totschlag, schwerer Einbruch oder Raub kommen bei einigen, wie z. B. den Asur, angeblich gar nicht vor[21], bei anderen, wie den Santal, gibt es Blutrache[22]. Es gibt keine Streitigkeiten um Lohn oder Pacht, die eines Gerichts bedürften. Flurschaden wird gütlich beigelegt[23]. Kleinere Diebstähle gelten als etwas Modernes[24]. Bei Schlägereien werden beide Schlagenden oder der Schuldige bestraft[25]. Werden – was durchaus üblich ist – Schulden gemacht, so werden sich daraus ergebende Zwistigkeiten durch die Dorfversammlung beigelegt[26]. Wucherer gelten als etwas Neues[27] (es gab vor Ankunft der Ārya kein Geld, nur Darlehen in Naturalien). Es gibt weder bei Darlehen noch sonst ausgehandelte Verträge (geschweige Schriftdokumente), auch keinen Betrug, weder falsches Maß noch Gewicht[28] oder Veruntreuung von anvertrautem Gut (Deposita). Eine wichtige Form des Schuldrechts war und ist es noch heute, wenn ein Armer seinen Sohn als Knecht an einen Reichen nicht gegen Lohn, sondern gegen ein Darlehen für ein Jahr verdingt, eine Art Schuldknechtschaft[29]. Es gibt keine rechtlich zu schützenden Privilegien. Überführte Zauberer und Hexen werden manchmal erschlagen[30], z. B. bei Epidemien, die man ihnen zuschreibt[31]. Meist werden sie nur verjagt[32]. Ebenso werden Lepra- oder ähnliche Kranke aus dem Stamm ausgestoßen, denn sie gelten samt Familie als magisch „unrein". Ebenso ergeht es einem, der ein Stück Vieh absichtlich oder zufällig getötet hat[33]. Erschlagen wird schließlich, wer ein Kind raubt und opfert[34]. Damit wehrt sich der Stamm gegen Fremde, Feinde, die sich heimlich Menschenopfer verschaffen; bei den Naga weiter östlich ist dies bei Kriegsgefangenen, die als Sklaven gelten, üblich[35].

Bei Ehebruch erschlägt der betrogene Santal in persönlicher Rache den Verführer seiner Frau[36]. So geschieht auch dem, der entweder mit einer verheirateten Frau in eine andere Gegend entläuft, oder mit einem Mädchen, das er der Sitte nach nicht heiraten dürfte, weil das Paar fürchten muß, erschlagen oder aus dem Stamme verstoßen zu werden[37]. Erschlagen wird auch, wer eine Frau vergewaltigt[38]. Ein ehebrecherischer Kharia wird verurteilt, die Ehebrecherin zu unterhalten und ihrer Familie Entschädigung zu zahlen; kann er nicht zahlen, wird er verprügelt; er muß trachten, mit seiner Dorfgemeinde wieder zu Frieden zu kommen[39]. Wenn es nach den Regeln der Brautwahl erlaubt ist, mag er die Frau heiraten[40].

Verbotener Geschlechtsverkehr mit einem Mitglied eines anderen Stammes oder mit einem allzu nahen Verwandten wird mit Verstoßen aus der Stammesgemeinschaft bestraft[41]. Bei vorehelichem Verkehr eines Paares, das demselben Totemklan angehört oder zu nahe verwandt ist, um heiraten zu können, werden von dem Dorfrat Vorkehrungen gegen Wiederholung getroffen, und die beiden Familien machen eine Entsühnung durch. Gegebenenfalls wird eine Abtreibung erlaubt und versucht, das Mädchen außerhalb des Dorfes zu verheiraten. Ist Heirat zwischen den beiden Sündern möglich, wird sie veranstaltet[42], also eine Liebesheirat durchgeführt, und werden voreheliche Kinder auf diese Weise legitimiert; dafür sorgt die Dorfgemeinde. Da bei den Munda Jünglinge und Mädchen des Dorfes außerhalb ihrer Familien in je einem Hause zusammenleben, bis sie heiraten, ist solch Verkehr vor der Ehe nicht zu hindern und wird geduldet[43]; Liebe und Ehe sind nämlich meist nicht mit einander gekoppelt. Weigert sich ein Mann, sein illegitimes Kind anzuerkennen, und kann er zwei oder drei andere Liebhaber des Mädchens nachweisen, so haben sie gemeinsam zu zahlen, und der Dorfrat sorgt dafür, daß die Mutter das Kind aufzieht. Ist der Vater nicht festzustellen, suchen die Eltern der Frau ihr einen Mann zu kaufen[44].

Besonders ausführlich sind die Angaben über das, was man später Familienrecht mit den beiden Unterabteilungen des Ehe- und Erbrechts nannte. Zur Erhaltung der Reinheit des Stammes, des Klans und der Familie war und ist die Brautwahl von entscheidender Bedeutung. In den patriarchalischen Stämmen der Munda galt wie auch in anderen Kontinenten Stammesendogamie und Klanexogamie[45] bzw., da der Stamm keine lebende Einheit mehr ist, Endogamie in einer Untergruppe des Stammes, wie bei den Kharia einige noch fast als Sammler-Jäger in Bergen, andere als Bauern-Hirten in Tälern leben[46]. Diese mögen ihre Landwirtschaft von den südlicheren drawidischen Gondstämmen übernommen haben und damit die Kreuzvetternheirat[47], die typisch drawidisch-mutterrechtlich ist und in der III. Periode bereits vedischen Rechtslehrern auffiel[48]. – Weiter darf die Braut nicht aus der Familie der Mutter, Großmutter oder Urgroßmutter des Bräutigams genommen werden, und man holt sie meistens aus einem anderen Dorf[49]; dies sind verschiedene Versuche, Inzucht zu vermeiden.

Bei den Munda ist die Kaufehe die normale Eheform; heutzutage beträgt oder gestern betrug der Brautpreis etwa 5 Rupien[50]. Das junge Paar wird dabei nicht gefragt; das Geschäft wird für die patriarchalische Großfamilie von den Eltern ausgehandelt, meistens mit einem Nachbarn als Heiratsvermittler. Die Zeremonien der Verlobung usw. sind zahlreich und mit vielen Festen verknüpft. Zwei Sippen werden miteinander verbunden, und damit zwei Dorfgemeinden.

Daneben gibt es auch Liebesheiraten, allerdings nur selten, und zwar sogar innerhalb des Totems; vor Zeugen, aber ohne Eltern, macht der Jüngling seinem Mädchen einen Mennigefleck auf die Stirn als Zeichen, daß sie sein Eigentum ist[51]. Oder man sanktioniert eine Liebschaft durch die Ehe, nachdem die beiden Elternpaare sich geeinigt haben[52]. Oder wenn die Eltern ihre Zustimmung verweigern, zeichnet der Jüngling sein Mädchen bei irgendeiner Gelegenheit mit dem Mennigefleck, und die Eltern geben irgendwie nach[53]; oder ein Alter, in der Sitte Erfahrener, bringt das Mädchen ins Haus der Eltern ihres Liebhabers, und nach ein paar Tagen beginnen die Eltern die Verhandlung. Weigert sich der Mann, seine Geliebte zu heiraten, kommt sie allein in das Haus seiner Eltern; gibt der Mann nicht nach, wird er vom Dorf bestraft[54]. Manchmal entführt der Jüngling das Mädchen etwa vom Marktplatz, u. U. mit Hilfe seiner Freunde, und das Paar versteckt sich ein paar Tage, bis die Eltern zu verhandeln beginnen[55].

Bei den Kharia, die ja Reste von Mutterrecht haben (s. o.), kann ein Mädchen von sich aus in einer besonderen Eheform ins Haus des von ihr geliebten Mannes gehen und sich dort einnisten. Ihre Familie hat dann keinen Brautpreis zu beanspruchen, aber der Mann wird ihr etwas geben, um gutes Einvernehmen herzustellen[56].

Macht ein Mann ein Mädchen gegen den Willen ihrer Eltern oder gar auch gegen dessen eigenen mit Mennige gewaltsam zu der Seinen, so gilt dies als besondere Eheform, als eine Raubehe, denn das Mädchen wird ja aus ihrer Dorfgemeinde in eine andere geraubt. Der Mann wird dann verprügelt, und seine Familie muß einen hohen Brautpreis zahlen und für die Dorfgemeinde ein Fest ausrichten[57]. Früher wurde solch Mädchenräuber manchmal erschlagen, denn das Mädchen ist durch den Mennigefleck verheiratet und gilt, wenn die Ehe nicht zustandekommt, als geschiedene Frau, die nur unter erschwerten Umständen einen anderen Mann findet. Die beiden Dorfgemeinden müssen die Verhandlungen führen[58].

Als besondere Eheform gilt bei Munda die Wiederheirat einer Witwe, üblicherweise als Levirat, d. h. als Ehe mit dem jüngeren Bruder des Gestorbenen, nicht dem älteren[59], besonders wenn der jüngere Bruder bereits verheiratet ist[60], denn Unverheiratete pflegten (früher wenigstens) keine Witwe als Frau zu nehmen, und dies galt den Santal überhaupt nicht als richtige Ehe[61]. Bei den Kharia heiratet meist ein Witwer eine Witwe, manchmal aber auch ein Junggeselle[62].

In solchem Falle und auch sonst gelegentlich wird die Norm der Monogamie durchbrochen[63], und zwar gilt dies unter Santal als neue Sitte[64]. Bei ihnen ist heutzutage auch Wiederheirat eines geschiedenen Ehepartners möglich, obgleich nicht gerne gesehen[65]. Sie erkannten früher nur Ehebruch der Frau oder ihr Hexentum als Scheidungsgrund an; der Mann erhielt den Brautpreis zurück, wenn sie schuldig war. Neuerdings kann eine Santalin sich scheiden lassen, wenn ihr Mann eine zweite Frau nimmt[66]. Kharia erkennen als weitere Gründe für Scheidung Unfruchtbarkeit der Frau, ihre Trägheit und Vernachlässigung des Haushalts, ihre Diebischkeit oder Weigerung, im Hause des Mannes zu leben, an. Die Dorfversammlung hat die Lage zu beurteilen[67]. Der Mann erhält den Brautpreis zurück. – Bei Asur ist Scheidung unbekannt[68].

Das Erbrecht ist der patriarchalischen Stammesorganisation entsprechend patriarchalisch; geerbt wird in der männlichen Linie. Nur bei den (Berg-)Kharia gibt es ein matriarchalisches Element: Hat ein Mann den Sohn seiner Schwester (dieser ist im Matriarchat sein Erbe) adoptiert, so ist dieser sein Alleinerbe[69]. Erben eines verstorbenen Munda sind grundsätzlich seine Söhne, und zwar zu gleichen Teilen, nur erhält manchmal der Älteste etwas extra. Töchter erben nicht, müssen aber von ihren Brüdern unterhalten und verheiratet werden. Die Witwe muß bis zu ihrem Ende ebenfalls von den Söhnen unterhalten werden oder leitet gar den Haushalt[70], wenn sie nicht zu ihrem Vater zurückgeht und dann einiges mitnimmt[71]. Hinterläßt der Erblasser keine Söhne, so fällt das Erbe an seinen Bruder oder dessen Söhne[72] oder auch an seinen Vater oder an seine Onkel oder deren Söhne[73]. Bringt eine Witwe Kinder mit in die Ehe, so erben diese nur von ihrem leiblichen Vater; Kinder von einer zweiten Frau sind gleichberechtigt denen der ersten. Voreheliche Kinder werden legitimiert (s. o.). Männer können auch Söhne adoptieren, und zwar aus dem eigenen Totem, sagen die Asur[74], oder möglichst den Sohn der Schwester (s. o.) oder des Bruders, sagen die Kharia[75], und zwar als Alleinerben.

Hat ein Vater nur eine Tochter, so sucht er ihr einen Mann, der in seine Familie als sein Erbe einzutreten bereit ist[76]; dies wird vor den Räten beider Dorfgemeinden ausgehandelt[77]. Dazu geben sich aber nur Arme her, die auf diese Weise den Brautpreis und die Kosten der Hochzeit sparen. Bei den Santal wird solch ein künftiger Schwiegersohn zunächst fünf Jahre als Knecht ohne Lohn, nur gegen Kost und Kleidung gehalten, d. h. er dient solange für die Braut; paßt das Paar nicht zusammen, kann der Jüngling mit einem Kalb als Lohn wieder fortziehen[78]. Die Schwierigkeit besteht darin, daß kein Vater gerne seinen Sohn aus seiner Familie in eine andere Familie eintreten läßt, denn er verliert damit die Stütze seines Alters, den Erben und Fortsetzer seines Klans.

Die Söhne können das Erbe auch schon bei Lebzeiten der Eltern, besonders des Vaters, teilen; dann erhält derjenige das Haus, der den Unterhalt der Eltern übernimmt[79]; oder er erhält den Teil des Erbes, den der Vater für sich ausbedungen hat, nach dessen Tode zusätzlich. Solche Teilung, bzw. ein solches Setzen der Alten auf Altenteil, erfolgt, wenn die Eltern zu schwach sind, um sich selber zu unterhalten, oder wenn die Zahl der Kinder und Enkel für das Haus zu groß wird. Auf Gerechtigkeit bei der Teilung achtet der Dorfrat[80].

Dies ist keineswegs eine vollständige Zusammenstellung der Munda-Sitte; eine solche ist überhaupt nicht möglich, denn es gibt ja kein System und keine Schule dieser Sitte, keine Juristen oder Berufsrichter, sondern nur lebende Sitte und deren Kenner, zu denen theoretisch alle Mitglieder der Stämme gehören, als die sich aber hier und da einige in den Dorfräten besonders durchsetzen. Trotzdem kommt ein weitgehend einheitlicher Typ patriarchalischer Sitte zur Erscheinung, und dieser kann seinen Grundlagen nach durchaus drei Jahrtausende alt sein und in die Zeit der vorvedischen Munda der Gangesebene zurückreichen. Dieser Annahme widersprechen die wenigen Anspielungen auf Geld oder den Pflug nicht. Diese Sitte spiegelt als Ganzes gentile Zustände wider. Mag auch diese an sich nur knappe Zusammenstellung von Munda-Sitten manchem schon als reichlich kompliziert erscheinen und den Eindruck erwecken, als sei vieles davon erst in neuerer Zeit hinzugekommen, so ist doch zu bedenken, daß das Leben auch in bronzezeitlichen gentilen Gesellschaften nicht einfach war und in Konfliktsituationen aus dem Schatz der Sitte entsprechend dem Typ des sittlichen Denkens eine Lösung gefunden werden mußte. Ein heute diese Stämme befragender Ethnologe kann solcher Fülle der Lebenswirklichkeit unmöglich gerecht werden, zumal ihm echt gentiles Leben und Denken an sich fremd ist.

I. Periode: Ṛgvedische militärische Demokratie (1200–900 v. u. Z.)

Die ṛgvedischen Ārya lebten im Pandschab in zerfallenden „Stämmen“ unter „Königen“, trieben etwas Gersteanbau und vor allem Viehzucht; sie waren dementsprechend teilweise schon mehr zur Seßhaftigkeit, teilweise noch zum Nomadisieren geneigt. Die Reichen, die adligen Kämpfer auf ihren Kriegswagen, drängten wegen ihrer riesigen privaten Herden auf Wandern zu neuen Weiden und Wasserstellen, aber auch nach Beute. Die Massen (*viś*) standen ihnen noch nicht als ausgebeutete Klasse mit antagonistischen Interessen gegenüber, aber sie neigten doch wohl mehr zur Seßhaftigkeit auf Äckern, die vielleicht bei privatem Besitz noch Gemeindeeigentum waren, ging doch die Entwicklung in Richtung auf kleine bäuerliche Wirtschaft, nicht auf Großgrundwirtschaft des Adels. Die Abhängigen, Schuldknechte und Haussklaven spielten noch keine nennenswerte soziale Rolle. Die „Könige“ waren in erster Linie Führer bei den Wanderungen und in den Kriegen, die zur regelrechten Erwerbsquelle[1] geworden waren. Sie hatten noch keinen Machtapparat, denn es gab noch keine Staaten, noch keine herrschende Klasse, sondern Volksversammlungen als Rest gentiler Demokratie; daher stammt der Begriff der militärischen Demokratie. Die damaligen Ideologen, die priesterlichen Verfasser der ṛgvedischen Lieder, die *ṛṣis*, entwickelten sich in der II. Periode zum ersten Stand, wohin, wenn auch unbewußt, ihr Streben schon in der I. Periode ging; das ist bei der Auswertung des Ṛgveda durch den Historiker im Auge zu behalten.

Die Ārya hatten in älteren Formen dieser militärischen Demokratie vermutlich schon seit mehreren Jahrhunderten gelebt, zumindest seit sie ebenso wie die Iranier aus dem südlichen Innerasien in ihre späteren Wohnsitze wanderten, seit sie Gersteanbau mit Pflug und Pflugochsen, Bronzebearbeitung und damit zusammenhängendem Bau von Wagen aus dem Zweistromland übernahmen und mit ihrer Pferdezucht verbanden. Damit gelangten sie zu jenem Widerspruch zwischen arm und reich und zwischen Seßhaftigkeit und Wanderleben, der ihre Entwicklung zur militärischen Demokratie vorwärtstrieb und sie aus ihrem gentilen Zustand herausriß. Man muß ihre Form der militärischen Demokratie einer älteren gegenüberstellen, die uns u. a. im vordynastischen Ägypten greifbar ist und der Entwicklung der frühesten Staaten im „fruchtbaren Halbmond“ bis zum Industal hin vorangegangen war; sie war zwischen Ägypten und Mesopotamien die erste, ursprüngliche militärische Demokratie zu Beginn der Bronzezeit gewesen. Die späteren, wie die der Hethiter, Ārya, Iranier, der Griechen und Römer, aber auch des etwa gleichzeitigen Israels und der Austroasiaten ohne Pferde und Kriegswagen, waren dagegen von den inzwischen ausgebildeten Staaten des Alten Orients beeinflußt. Und dies gilt in anderer Weise für die noch späteren militärischen Demokratien der Eisenzeit, wie der Skythen (Śaka), Hunnen, Türken usw., ganz zu schweigen von der der Araber, die als Reitervölker in die inzwischen herangewachsenen Staaten hereinbrachen und zwar bereits beim Übergang zum Feudalismus. Analog der ersten Gruppe militärischer Demokratien sind wohl gesellschaftliche Entwicklungen verschiedenster Zeiten in China, bei den Zulus Südafrikas, bei den Azteken, in Tiahuanaco und bei manchen anderen „Stämmen" Lateinamerikas anzusehen.

Als die Indo-Arier sich in Ostiran von den Iraniern trennten und nach dem Pandschab weiterzogen, folgten sie jener alten Sitte des Wanderns, während die Iranier seßhaft werden wollten. Zarathustra zeigt uns ja etwas später, daß die Iranier als in Oasen von Tälern seßhafte Bauern im feindlichen Gegensatz zu Hirten der Berge empfanden und lebten. Bei den ṛgvedischen Ārya ist der Gegensatz der Wandernden und der Seßhaften noch deutlich greifbar, ideologisch im Gegensatz von Indra und Varuṇa.

1. Der „König" als Kriegsführer[2]

An manchen Stellen des Ṛgveda ist noch spürbar, daß die „Stämme" auf der Wanderung waren, wie in VII, 56, 24 die Maruts (Sturmgötter) angerufen werden, „wir" (d. h. die *viś*) möchten einen Helden haben, der ein feuriger Herr und Gebieter der „Stämme"[3] ist und mit dem „wir" die Gewässer zu gutem Wohnsitz überschreiten[4]. Im Pandschab waren eben für die von Westen nach Osten Ziehenden immer wieder die von Norden nach Süden strömenden zahllosen Flüsse, die sich mit dem Indus und seinen Nebenflüssen vereinen, aber auch die Sarasvatī und am Ende die Yamunā zu überwinden; dies war für die ṛgvedischen Wanderzüge mit ihren Streit- und Ochsenwagen, ihrem Kleinvieh und ihren Familien nicht leicht. So wird Indra gepriesen, daß er den Frommen zum Siege verholfen hat; sie haben einen Strom nach dem anderen gewonnen[5]. So heißt es denn auch von einem Fremden (dem mehr oder weniger feindlichen), daß seine Männer an einer Furt haltgemacht haben, vielleicht weil ihm der Flußübergang unbekannt und gefährlich erschien[6]. In solchen Zusammenhang mag es gehören, wenn ein Späher erwähnt wird, der vom Ufer herabschaut, um wohl einen Flußübergang zu erkunden[7]. Und von Viśvāmitra, dem Hofpriester des „Königs" der Bharata, Sudās, wird in einem Lied ausführlich berichtet, wie er die Flüsse Vipāś und Śutudrī beschworen hat, sie möchten ihr Wasser niedriger als die Wagenachsen halten, solange Sudās mit seinen Ochsen- und Streitwagen durch sie zieht, sei er doch mit seiner Heerschar auf Rinder(beute) aus, also auf dem Kriegszug. Danach möchten sie wieder reißend fließen[8]. Es sieht so aus, als ob Viśvāmitra dabei den „König" Sudās selber (als Wagenlenker) gefahren habe[9]. Aber es wird nicht klar, ob es sich um einen gelegentlichen Beutekrieg oder um einen Abschnitt der allgemeinen West-Ost-Wanderung der Bharata gehandelt hat, denn es werden weder die Feinde noch die Marschrichtung des Heereszuges genannt.

In übertragener Ausdrucksweise werden einmal die Götter Varuṇa, Mitra und Aryaman, die „Könige" der Stämme, gepriesen, weil sie „uns" über alle „Gefahren" hinüberführen[10], oder die Ādityas (d. h. wiederum Varuṇa usw.), weil sie, die stämmebeherrschenden Könige, den Sterblichen ans andere Ufer (d. h. in den Himmel) führen[11]. Nicht zufällig wurde die berühmte Zehnkönigsschlacht an der Paruśnī ausgekämpft; an ihr war Sudās von den zehn feindlichen Heeren umzingelt worden[12], aber auf Bitten des Hofpriesters Vasiṣṭha half Indra den Bharata und machte ihnen die Fluten (der Paruṣṇī) zu Furten[13]. Die Feinde hatten sie irgendwie abgeleitet, aber ertranken selber in ihren Fluten[14]. Derselbe Sudās besiegte seinen Gegner Bheda an der Yamunā, sie stand ihm dabei zur Seite[15]. Und die Feinde Indras, die Paṇi, fragen Indras Botin Saramā, wie sie denn über die Rasā gekommen sei. Saramā antwortet: die Rasā habe ihr aus Furcht, von ihr übersprungen zu werden, geholfen[16] vielleicht hat sie ihretwegen ihr Wasser gesenkt, wie es Vipāś und Śutudrī für Viśvāmitra taten.

Die Botin Indras, Saramā, ist eine mythologische Hündin; aber dieser Mythos ist sehr menschlich geschildert. Es handelt sich nicht um Wanderung, sondern um einen Beutekrieg. Das Priestergeschlecht der Angiras war begierig nach Rindern. Die Götter Bṛhaspati und Soma haben solche bei den Paṇi, gut versteckt, ausfindig gemacht. Der Götterkönig Indra sendet daraufhin Saramā als Botin zu den Paṇi, um die Auslieferung der Rinder zu fordern. Die Paṇi erklären, Indra möge doch kommen, mit ihnen Freundschaft (oder einen Vertrag) schließen und (bei bzw. unter ihnen) Hirt ihrer Rinder werden. Aber Indra lasse sich nicht täuschen, versichert seine Botin[17]. Die Paṇi: Wer gibt Rinder kampflos her? Unsere Rinder, Rosse und Habe sind im Felsen geborgen und von uns behütet. Saramā: Die Angiras und ihre Freunde werden die eingesperrte Herde unter sich aufteilen. Die Paṇi suchen sie zu bestechen: Bleibe du, die du doch nur auf Befehl eines Gottes gekommen bist, bei uns als unsere Schwester und Teilhaberin der Rinder. Saramā: Nichts davon! Indra und die Angiras kennen mich. Flieht!

Kommentare erklären, die Paṇi hätten Rinder der Angiras geraubt, und diese forderten sie jetzt zurück. Davon ist aber in dem ṛgvedischen Lied nichts zu spüren. Es zeigt uns vielmehr die damals schon jahrhundertealte Gier der ṛgvedischen Ārya nach Rinder-Beute, die der Kommentar vertuschen möchte. „Rindersuche" ist im Ṛgveda mehrfach im Sinne von Krieg gebraucht[18]. Und noch die Dichter des Mahābhārata fügten als einen Anlaß des tragischen Vetternkampfes in ihr Epos ein, wie der Trigartakönig den Kaurava als Rache für oft erlittene Niederlagen einen Beutezug gegen die Matsya vorschlägt, um Tausende ihrer Rinder zu rauben[19]. Der Überfall gelingt zunächst, aber mit Hilfe der Pāṇḍava werden die Trigarta und auch die Kaurava geschlagen. Die Trigarta und Kaurava sind hier nicht so ritterlich wie Indra als ṛgvedischer König, der seine Botin zu den ausersehenen Feinden schickt. Die ṛgvedischen Liederdichter aber haben hinzugefügt, wie ihre mythologischen Gegenstücke, Bṛhaspati und Soma, die Beute ausfindig gemacht haben, wie die Angiras, beutegierig und von

Soma berauscht, selber mit Indra zum Kampf kommen werden. Die Priester beanspruchten eben schon damals, die Politik zu lenken, und sie nahmen als Magier an der Schlacht teil[20]. Der König (Indra) bleibt ganz im Hintergrund, seine Botin bringt seine Forderung vor, vielleicht um Kampf zu vermeiden. Sie erfüllt ihren – man könnte sagen: außenpolitischen – Auftrag und kehrt, vermutlich als Gesandte unverletzlich, zu ihrem König zurück. Als ein analoger Bote der Götter Varuṇa und Mitra wird deren Pfeil in einem Vergleich geschildert. Er läuft ihnen voran, aber er hält nicht still zum (außenpolitischen) Unterhandeln (wie es Saramā tat), zum Zurückrufen oder zur Unterredung, sondern trifft (tötet).[21] So geht weiter der Wind dem Agni voran; wenn das Feuer gierig seine Speise verzehrt, macht es den gierigen (Wind) zu seinem Boten und folgt verzehrend dem Rauschen des Windes[22]. Es sieht so aus, als habe der ṛgvedische Dichter den Sog beobachtet, der, etwa bei einem Waldbrand, das Feuer stärker anfacht. Dieser Bote des Königs ähnelt dem Späher, der eine Furt sucht (s. o.), braucht aber nicht dasselbe zu sein. Daß er ein Beamter war, ist unwahrscheinlich (s. u.).

Es wird aber auch auf den Fall angespielt, daß Rinder, obgleich sie von einem Hirten geweidet werden, sich frei machen, in fremde Gerstenfelder einbrechen und dort grasen. Wenn dann Indra (bzw. der „König" des Landes) die Rinder, die Gras und Korn im weiten Lande fressen, (als Beute) zusammentreibt, wird das (an den Kriegswagen) angespannte Roß (des im Kampf geschlagenen Herrn des Feldes nach der Niederlage) wünschen, ausgespannt zu werden, das unangespannte Roß (des Besiegten) aber vom Sieger (Indra) als Beute angespannt werden[23]. So wird gelegentlich Feldbeschädigung[24] Anlaß zu Kampf und Beutemachen, vermutlich zu Kleinkrieg zwischen rivalisierenden Dörfern.

In einem Liede, das den ausziehenden Kriegern Mut und Erfolg wünscht, wird Indra gepriesen als der gewaltige, rinderfindende Held, der die Rinderställe aufsprengt, die Rinder mit der Keule im Arm ausfindig macht, der unwiderstehliche Helfer, der „uns" beisteht, nicht dem Gegner[25]. Agni wird gepriesen und dem Wald- oder Steppenbrand verglichen, wenn er sich wie ein beutegieriges Heer ausbreitet[26]. Oder Indra wird hingestellt als der Heerführer, der den Männern vorangeht, der gewaltige Krieger, der kühne Rindersucher[27]. Offenbar kämpfte auch der menschliche König damals selber in den Reihen der Krieger[28].

In dem Lied der Saramā und der Paṇi waren als Kriegsbeute nicht nur Rinder, sondern auch Rosse und Habe erwähnt. Ein anderer Dichter zählt auf, daß die Krieger um fließendes (Gewässer), Pflanzen und Niederlassungen mit Wut aufeinander schlagen.[29] Kriegsziele sind also Flüsse, die als Grenzen wichtig, weil schwer zu überschreiten, zugleich als Tränken fürs Vieh nützlich und mit ihren Furten zu kennen und zu beherrschen sind. Für Bewässerung spielten sie damals wohl noch keine nennenswerte Rolle. Unter Pflanzen können nur Felder oder Weiden gemeint sein; diese und Niederlassungen deuten auf Eroberungskriege hin, d. h. solche Ārya suchten, anderen Ārya oder Fremden ihr besiedeltes Gebiet in den weiten Steppen abzunehmen[30], vielleicht noch als Abschluß ihrer Wanderung.

Der Feuergott Agni wird gepriesen, weil aus Furcht vor ihm die dunklen Stämme auseinanderflohen und ihre Habe ließen, als Agni, für den Pūru-„König" flammend, ihre Burgen (*pur*) brechend leuchtete[31]. Offenbar verbrannten die Ārya des Pūru-Stammes die hölzernen Palisaden und Häuser der befestigten Niederlassungen der besiegten „Schwarzen". Indra wird besungen, weil er hundert steinerne Burgen für den Bharata-König Divodāsa zerstörte[32]; wer die Feinde waren, ist nicht gesagt. Auch die Ārya hatten nämlich Burgen, und zwar wird Agni gebeten, den Dichter des Liedes mit hundert ehernen Burgen zu schützen[33], und zwar vor der Not, so daß die ehernen Burgen hier nur symbolisch gemeint sind, oder er möge „uns"[34] mit hundert ehernen – hier nicht symbolisch gemeinten – Burgen schützen, damit „wir" ihm feierlich opfern können[35]. Andererseits hat Indra die ehernen Burgen der Dasyu niedergeworfen[36]. Die ehernen Burgen waren also damals eine Art Schlagwort, so daß auch Agni oder die Sarasvatī, der damals bedeutende Fluß, eine eherne Burg, ein Bollwerk, genannt werden konnte[37] oder Agni[38]. Über die Höhe der gesellschaftlichen Entwicklung der Ārya oder Dasyu sagt dies nichts aus.

Bei ihren Eroberungen haben die Ārya ihre vorarischen Gegner vermutlich verjagt oder erschlagen, bis auf einige Sklavinnen. Bei Besiegung arischer Stämme aber errang der Sieger den Rang eines Oberherren, oder ein „Stammes"-„König" wurde durch Wahl der „König" eines Stammesbundes[39], wie die zehn gegen Sudās kämpfenden Stämme unter einem Führer gestanden haben müssen, die Yadu und Turvaśa, die beiden Vaikarṇa oder die „fünf Stämme", die Pūru usw. Es ist denkbar, daß ein solcher Oberkönig den Titel *samrāj*[40] getragen hat; dieser Titel wird im Ṛgveda freilich meist Göttern beigegeben, wie denn Indra, Varuṇa, Agni, Mitra oder die Ādityas so genannt werden[41], manchmal mit dem Zusatz *samrāj* von Himmel und Erde (Indra)[42] oder *samrāj* der Stämme (Indra, Agni)[43], nur ganz selten einmal Menschen wie der sonst unbekannte Abhyāvartin, Sieger über die Vṛcīvans[44]. Wenn Indra gepriesen wird, der „wie ein *samrāj*" die Völker umfaßt[45], so wird er mit einem irdischen *samrāj* verglichen. Nur von einem Gotte wie Indra kann es freilich gelten, wenn er „*samrāj* der Welt" genannt wird[46] oder „einziger König der ganzen Welt"[47]; nur ein Gott wie Soma kann als Herr (*īśāna*) auf seinem mit Rossen bespannten Wagen die Welten durcheilen[48], so daß die „Stämme" ihm gehorchen. Erst in der II. Periode trat unter Ārya-Königen der Anspruch auf, als Weltkönig anerkannt zu werden[49].

Auf der anderen Seite stellte man „Königen" wie dem sonst nicht genannten Citra die anderen „Königlein" entlang der Sarasvatī gegenüber[50]. Aber auch kleine Könige mögen *svarāj*-unabhängig gewesen sein[51].

Diese Arten Königtum bedeuten aber noch keine Formen staatlichen oder nationalen Bewußtseins der Ārya. Sie fühlten sich noch als Mitglieder von Stämmen, nicht Staaten. Es ist auch fraglich, wieweit sie sich insgesamt als etwas Besonderes und Einheitliches empfunden haben. Sie nannten sich Ārya, d. h. allgemein die Edlen oder, wie manche meinen, insbesondere die Gastlichen, die dem Fremdling und Gast gegenüber freundlichen Wirte, insbesondere wenn er bei einem von ihnen Schutz sucht[52]. In den alten Zeiten der Blutrache und anderer

Erscheinungen persönlicher Sühneforderungen für erlittenes Unrecht vor Entwicklung staatlicher Rechtsinstitutionen, in Zeiten der Kriege der militärischen Demokratie und der Herausbildung des Gegensatzes von arm und reich bei Zerfall gentiler Sicherungen war Gastlichkeit wichtig. Im Ṛgveda, diesem Dokument der Priester, treten besonders Liederdichter, *ṛṣis*, als Hilfesuchende auf; sie lösten sich früh aus ihrer Sippe und Dorf- bzw. Wander- und Kriegsgemeinde (*grāma*), ja, aus ihrem Stamm und boten ihre Dienste jedem Reichen an, d. h. sie verließen „Geizige" und wählten sich „Freigebige", kamen zu diesen als Gäste, die Gastlichkeit höchsten Ausmaßes beanspruchten. So wendet sich ein *ṛṣi*, der einen knausrigen, reichen Gottlosen aufgegeben hat, an Agni um Schutz als Fremdling[53] oder preist ein *ṛṣi* den Pūru-„König" Trasadasyu, den Sohn des Puruktsa, der Fremden gegenüber gabenreich ist, weil er ihm 50 Frauen geschenkt hat[54]. Man kann aber sicher auch andere Fälle von damals notwendiger Gastlichkeit annehmen.

Ṛgvedische Liederdichter haben gelegentlich auch bei nichtarischen, dasischen Herren gearbeitet, und doch galten alle Nichtārya als solche als ungastlich, d. h. unkultiviert, ja einmal werden Dasyu unmenschlich (*amānuṣa*) genannt, gottlos, nicht opfernd[55]. Sie galten sozusagen als Untermenschen, als Barbaren, weil sie nicht der ṛgvedischen Ideologie anhingen, nicht etwa aus rassischen Gründen. Einmal werden freilich in einem späten Vers ein dasischer und ein arischer Gottloser zusammengestellt als Feinde, vor denen Indra „uns" beschützen möge[56]. Hier dürfte es sich kaum darum handeln, daß der Sinn der Worte gottlos und dasisch bzw. arisch „verblaßt" war (das ist nachweislich nie eingetreten, solange Brahmanen tonangebend waren), sondern wir können diejenigen Āryas, die an Indra zu zweifeln (und sich vorvedischen, monotheistischen Göttervorstellungen zuzuwenden)[57] begannen, nicht etwa Materialisten, als damalige arische Indraleugner an dieser Stelle wiedererkennen.

Wenn die Dasyu an jener Stelle *amānuṣa*, unmenschlich, genannt werden, so ist daran zu erinnern, daß Manu als der Vater aller Menschen galt, daß es demnach fraglich ist, ob tatsächlich aller, auch der Dasyu, oder nur der Ārya, der vollen Menschen. Da er zugleich der erste, musterhafte Opferer war, dürften eher nur die vedischen Menschen als seine Nachfahren gemeint sein, wenn auch im Purāṇa später für nichtarische Völker Platz in der allgemeinen, ursprünglich auf Manu zurückgeführten Genealogie gefunden wurde. Später waren die besiegten vorvedischen Menschen eben kulturell weitgehend Sieger über die Indoarier geworden. Die ṛgvedischen „Stämme" bildeten aber keine Einheit; trotz solchen Zusammengehörigkeitsbewußtseins hatten sie keine umfassende Organisation. Sie waren offenbar schon in verschiedenen Wellen, in Stämmen, Stammesgruppen oder -bünden nach Indien hereingewandert, ohne einheitliche Führung, ohne einen Gesamtkönig, wie sie auch später trotz dem Ideal des Weltenherren (s. o.) nie zu einem solchen kamen. Ob es vor der Trennung von den Iraniern anders gewesen ist, ist unbekannt.

Der ṛgvedische „König" als Kriegsführer wurde auch Heerführer (*senānī* oder *gaṇapati*[58]) genannt. Dieser Ausdruck wird allerdings in den uns erhaltenen Liedern nur für Götter verwendet, für Indra, Soma, Agni, für den personifizierten

Zorn (des Kriegers) und für den Genius der Würfel, den Heerführer (*senānī*) der großen Schar (*gaṇa* der Würfel), der der erste „König“ seiner Gruppe (*vrāta*) war und den der Spieler beschwor[59]. Er wird „König“ genannt, die anderen Götter an zahllosen Stellen ebenfalls. Daher kann man diesen Titel *senānī* auch für den irdischen „König“ annehmen[60]. Unter dem *senānī* wird der *grāmaṇī*, der Führer einer noch mehr oder weniger gentilen Wander-, Siedlungs- und Heeresgruppe, gestanden haben. Der Kriegsführer dürfte wie der göttliche Kriegsführer Indra als eine Art Berserker, von Soma berauscht, in den Kampf gezogen sein.

2. *Der „König“ in Friedenszeiten*

a) Thron, Späher und Boten des Königs

In Zeiten friedlicher Seßhaftigkeit ist der „König“ etwa dem Gotte Varuṇa entsprechend zu denken. Sein Gehöft wird größer gewesen sein als das der anderen Stammesmitglieder. Das Haus des Varuṇa soll tausend Türen (oder Tore) gehabt haben[61], aber man sollte es nicht Palast nennen[62]; nicht das Wohnhaus, sondern allenfalls die Hofumzäunung kann man sich mit sehr vielen Toren vorstellen. Aber vielleicht ist der Himmel mit seinen Sternen, den Toren zum Empyräum (s. gleich), als Haus Varuṇas gemeint, so daß das Haus des irdischen Königs damit für uns nicht verdeutlicht würde.

Dort muß man sich den Thron (*garta*) Varuṇas denken, dessen Säule (*sthūṇā*) aus Erz besteht und mit Gold geschmückt ist; sie erglänzt am Himmel wie eine Peitsche (?); sie ist auf fruchtbarem Boden befestigt; *der ṛṣi* möchte seinen Lohn von dem Honig, der auf dem Thron ist, bekommen[63]. Der *ṛṣi* besingt hier wohl die Sonne am Himmel, die nach Aruṇa[64] aus Honig besteht und die der Thron Varuṇas ist, ein riesiger vergoldeter Pfosten, der auf der Erde fußt. Varuṇa wohnt ja im Himmel[65], und die Sonne wird einmal der Pfosten (*skambha*) des Himmels genannt[66]; Varuṇa aber hält Himmel und Erde durch einen Pfosten (*skambha*) auseinander[67]. Dieser “Weltpfeiler“[68] spielte in der damaligen und in der Spekulation des Atharvaveda eine beträchtliche Rolle[69]. Auf ihm, auf der Sonne thront Varuṇa im Himmel. Ein anderer *ṛṣi* dichtete gar von Varuṇas höchstem Sitz (*sadas*) mit seinen tausend Säulen (*sthūṇā*)[70], und dieser Sitz dürfte wiederum sein Thron sein, nicht sein Palast[71]. Eine Tausendsäulenhalle als Palast würde dagegen dafür sprechen, in Varuṇa einen altorientalischen Despoten zu sehen[72], eine Theorie, die indessen schon lange abgelehnt wird und unnötig ist[73]. Wenn die Sonne als die Säule des Thrones aufgefaßt wurde, so sind mit dessen tausend Säulen die Sterne gemeint (ebenso wie die tausend Tore, s. o.), Varuṇa thront ja am Tag- wie am Nachthimmel. Dazu paßt die Vorstellung der tausendsäuligen Herrschermacht (*kṣatram*) des Varuṇa und Mitra[74].

Um Varuṇa herum (bzw. um den „König“) sitzen seine Späher (*spaś*)[75]; sie beobachten beide Welten (Himmel und Erde) daraufhin, welche Weisen (*kavi*) den Genuß von ihrer Dichtung haben[76], – aber sicher nicht nur auf solchen

Erfolg oder Nichterfolg der Priester hin[77]. Sie sind klug und nicht zu betören[78] (wie oben Saramā, die Botin). Oder Mitra und Varuṇa haben ihre Späher in Pflanzen (Weiden, Feldern, s. o.) und Niederlassungen aufgestellt[79]. Vielleicht kann man in den Spähern wiederum die Sterne der Nacht und den Mond sehen[80], denn auch das Tagesgestirn, die Sonne, meldet dem Mitra und Varuṇa die Wahrheit, die Schuldlosen[81] – aber doch auch wohl die Schuldigen, die Unwahrheit. Dieser Funktion der Sonne ähnlich ist die des Pūṣan, der von einem anderen *ṛṣi* als der Bote (*dūta*) der Sonne gepriesen wird; er fährt auf seinem mit Ziegen bespannten Wagen, von der Sonne über die ganze Welt gesetzt, sie überschauend, dahin und weckt (fromme) Gedanken[82]; dieser Bote ist anscheinend nicht nur Späher, sondern zugleich Lenker der Wesen im Auftrag seines Herren. Analog ist Agni der Bote – vermutlich des Gottes – und Leiter der Menschen. Aber wenn Agni gebeten wird, daß er als Bote der Götter (eine häufige Vorstellung, s. u.), (von ihnen) oftmals beauftragt, „uns" (ihnen) als schuldlos melden möge[83], so ist dies dem Späheramt bei Varuṇa ähnlich. Wenn er aber in dieser Funktion beide Welten aufsucht und nach den Geboten (ewigen Satzungen) in Ordnung hält, so ist dies eher jenem Dienst des Pūṣan an die Seite zu stellen. Manche Boten der Könige waren eben deren Spähern mehr oder weniger ähnlich.

Andere göttliche (und königliche) Boten holten gewisse Menschen (Untertanen) zu ihrem Herrn, so die mythischen Hunde des Yama, die als dessen Boten unter den Menschen umgehen[84] (doch wohl um sie dem Totenkönig zuzuführen, nicht nur als Späher). In reichlich unklarer Weise wird einmal angedeutet, daß Agni als Bote (s. o.) der Götter (Mitra und Varuṇa) Tārā, die Frau des Bṛhaspati (des mythischen Brahmanen der Götter), die von Soma entführt worden war, ihrem Gatten wieder zuführte, sie an der Hand fassend; daß der Bote freilich ihren (unehelichen) Sohn (von Soma) zu Bṛhaspati führte, gestattete Tāra nicht; Soma selber mußte ihn dem Bṛhaspati bringen[85]. Schließlich mag auch die Taube, die als Bote der Todesgöttin Nirṛti und des Totengottes Yama „hierher" gekommen ist und gegen die die Liedersänger ihre Magie richten, damit sie ihren Häusern kein Unheil bringe und, fortfliegend, ihnen ihre Kraft lasse[86], ausgesandt worden sein, um Lebende ins Totenreich zu dessen König zu holen.

Eine dritte Funktion solcher königlicher Boten war das Holen von Dingen. Immer wieder wird Agni als Bote der Götter bezeichnet[87]. Er ist ja das Feuer, das die Opferspenden der Menschen zu den Göttern in den Himmel aufsteigen läßt, ihnen bringt. Ein *ṛṣi* bittet (während einer Dürre) Agni, er möge, von allen Göttern ermuntert (doch wohl als ihr Bote), den Regengott Parjanya antreiben; er möge zu seinem, des *ṛṣis*, Opfer kommen, für das Tausende (von Rindern durch einen „König" bereit gestellt) seien; diese 99000 (Rinder) seien Agni (für Regen) geopfert; diese 99000 solle er Indra als dessen Anteil (*bhaga*) übergeben[88]. Agni als Bote des Königs Indra soll diesem also die Opferrinder bringen, selber 9000, etwa ein Zehntel, behalten und dafür willig als Bote Indras zum Regengotte eilen und ihn zum Regnen bewegen[89]. Der Auftraggeber des *ṛṣis* bietet dem „König" Indra und dessen Boten eine Abgabe an, die man wohl als *bali*, als eine Art freiwilligen Tribut, bezeichnen kann, weil er die Hilfe beider braucht, und es ist nur billig, daß der Bote seinen Teil behalten soll. Daß Agni einen Teil der Opfergabe erhält, entspricht altem Brauch, der mit einem Mythos sanktioniert war[90]. Das hier gebrauchte Wort Anteil ist aber wohl noch nicht im Sinne der späteren Steuer, des königlichen Anteils am Ertrag der Landwirtschaft jedes Bauern, gemeint, sondern im Sinne von Teil des *bali*, der Abgabe. Dieser *bali* wird im Ṛgveda öfter erwähnt, freilich meist als Gabe an die Götter Indra, Agni und Sūrya[91]. Aber einmal heißt es, Indra möge die *viśas*, (d. h. die Hirten-Bauern) abgabenbringend machen[92], und einmal, Agni habe die *viśas* dem Nahus (oder des Nahus) abgabenbringend gemacht, nachdem er sie mit Kräften niedergehalten hatte[93]. In der II. Periode werden die Vaiśyas (deren Name von *viśas* abgeleitet ist) als der einzige abgabenbringende Stand charakterisiert, und etwas Ähnliches liegt offenbar schon an der ersten dieser beiden Stellen vor, nur waren die *viśas* in der I. Periode offenbar noch nicht zur Abgabe verpflichtet, sondern diese war freiwillig[94], sonst wäre Indras Hilfe für ihre Gebefreudigkeit nicht notwendig gewesen. Dies paßt auch zu jener Anrufung Agnis, Indra seinen Anteil an der Abgabe zu überbringen. Dagegen meint die zweite Stelle den Tribut unterworfener *viśas*, mag dies nun Niederlassungen, „Stämme“ oder Klane bedeuten; sie sind dem Sinne nach die Massen der Produzenten[95].

Der Königsbote, der die Abgabe seinem Herrn zu überbringen hatte, ist sicher nicht immer zuverlässig gewesen, sondern hat manchmal mehr als seinen Anteil behalten bzw. sie unterschlagen, sonst wäre die Frage eines in Not verzweifelnden *ṛṣis* an alle Götter nach seinem jüngsten Opfer (*yajña*) nicht zu verstehen; der Bote (Agni) solle sagen, wohin (auch) sein früheres frommes Werk (*ṛta*) gekommen sei, wer es jetzt habe[96]. Er wendet sich dabei an alle Götter, da es viele Götterkönige gab und er allen schon geopfert, d. h. seine Abgaben durch Agni gesandt hatte. In seiner Notlage zweifelt er an diesem Boten und klagt ihn vor allen Göttern an, wie es der Mensch analog vor seinem „König“ tun würde. Agni ist ja der Bote aller Götter, denen geopfert wird, und sucht sie alle auf[97]; damit unterscheidet er sich von dem menschlichen Boten nur eines Königs. Agni wird aber auch als derjenige angerufen, der in jedem einzelnen Hause ist und, in Gemeinschaft mit dem stärkeren König stehend, zur Botenfunktion schreitet[98]. Der menschliche Königsbote kann zwar nicht in jedem Hause sein, wie doch die vielen Herd- bzw. Opferfeuer; aber auch er hat einen starken „König“ bei bzw. hinter sich. Weiter wird Agni, der die Opfer zu den Göttern befördert, einmal der schwer zu täuschende Gast der *viśas* genannt[99]. Oder ein *ṛṣi* wünscht sich ständig die Freundschaft des Agni, des ungetäuschten, mit eigener Machtvollkommenheit begabten, rauschenden (vielredenden) Boten[100]. Der Mensch kann dem Königsboten in seinem Hause ja nicht ungestraft eine unwürdige Abgabe überreichen und muß ihn bewirten. Er ist ja als Bote des „Königs“ ein mächtiger Mann, wie Agni, der Bote und Opferfahrer, einmal der anzurufende Schützer genannt wird; Götter und Menschen hätten ihn, den wachsamen, als Herrn der *viśas* eingesetzt[101]. Das Volk zu schützen ist die Hauptaufgabe des menschlichen „Königs“; Agni erhält hier als Bote geradezu eine königliche Funktion. Es wird weiter geschildert, wie er als Bote der Götter zu den Ṛbhus (göttlichen Handwerkern) kommt und von ihnen (als Probestück ihrer Kunstfertigkeit) verlangt, daß sie aus einem (hölzernen) Becher vier machen, um mit den Göttern opferberechtigt zu werden[102], und sie tun dies, d. h. sie fertigen vier Wiederholungen eines einzigartigen Bechers an, den Tvaṣṭṛ geschaffen hatte[103], nehmen am Somatrank teil und gehen als Unsterbliche in das Gefolge der Götter ein[104]. Es handelt sich hier um einen Auftrag des „Königs", überbracht durch dessen Boten an einen freien Handwerker, nicht um Tribut. Die Ṛbhus erhalten demgemäß eine Art Be- oder Entlohnung; sie sind den damaligen Luxushandwerkern der Reichen an die Seite zu stellen[105]. Agni (Mātariśvan) galt auch als Bote des Vivasvat (Sonne), der den Menschen einst das Feuer aus der Ferne (vom Himmel)[106] brachte[107]. Vivasvat, der über allen Menschen (steht)[108], war ein Wohltäter der Menschen; Vivasvat war zugleich der erste Opferer, und Agni war sein Priester (*hotṛ*) und der Bote, der seine Opfer zu den Göttern brachte[109]. Agni war aber auch der Bote der *viśas*[110], der Bote der Götter sowohl wie der Sterblichen[111], senden die Menschen doch auch ihre Loblieder als ihre Boten zu den Göttern, wie zu Indra, um ihn um Gnade zu bitten und zu rühmen[112], oder zu den Nāsatyas, um sie zum Opfer zu rufen[113], senden sie zu demselben Zweck doch ihre Rede zu den Ṛbhus wie einen Boten[114], geht die Rede doch wie ein Bote zwischen Himmel und Erde einher[115]. Fordert der Königsbote, so bittet der Bote des gewöhnlichen Menschen, lädt insbesondere zu Gastlichkeit ein. Wenn der Bote der Sonne aber den Menschen das Feuer aus dem Himmel brachte, ohne etwas zu fordern, so flehte ein *ṛṣi* bei einer Krankenbeschwörung den Wind an, er möge als Bote der Götter Heilmittel herbei- und die Krankheit fortwehen, er sei ja der Allheiler[116]. Dem würde unter Menschen entsprechen, daß ein Medizinmann sich an einen „königlichen" Arzt wendet, er möge ihm mit Genehmigung, als Bote des „Königs", mit Rat und Tat, mit Heilmitteln zur Hilfe kommen.

Abgesehen von den privaten Boten hat der königliche Bote demnach die Funktionen des außenpolitischen Gesandten, des Spähers und manchmal sogar des Lenkers der Untergebenen, er holt von ihnen die freiwilligen Abgaben, bringt dem Handwerker einen Auftrag, holt gewisse Personen vor seinen Herren, bringt aber auch den Untergebenen Gaben des Königs; er ist unter Umständen ein mächtiger Mann, ein Mittler zwischen „König" und Massen. Hat er den Charakter eines Beamten gehabt? Gehörte er zum Machtapparat des „Königs"? Wovon lebte er? Von jenem Anteil an der freiwilligen Abgabe? Stand ihm dieser zu oder war er eine Art Bestechung? Unterhielt ihn der „König" in seinem großen Gehöft? Wieweit hatte der damalige „König" überhaupt einen Beamtenapparat für Verwaltung und Rechtssprechung?

b) Verwaltung

Für den späteren Staat des alten Indiens sind der Speicher, das Arsenal und der Schatz des Königs bezeichnend. In sie fließen die Natural- und Geldsteuern, und aus ihnen unterhält er Heer, Beamte, Handwerker und Hof. An einer Stelle des Ṛgveda wird Indra gepriesen, daß er, der gewaltige Held und Somatrinker, im Rausch nicht nur die Feinde erschlage, sondern auch „uns" beschenke; in seinem

Schatzhaus (?) habe er Kostbarkeiten für die Opferspender und Liedersänger[117]. Von ihm heißt es, daß er sich bei Vivasvat einen Schatz angelegt habe, er, der Nahrung und Gedeihen austeile[118]. Aber von einem Dāsa heißt es, er hüte, d. h. behalte seinen Schatz für sich.[119] Auch andere Reiche hatten eine Art Schätze, die z. B. bei den Paṇi in Rindern, Rossen und Gütern bestanden, welche in einem Schatzhaus in einem Felsen gehütet wurden[120], also in einem Versteck, das – bezeichnend für die damaligen Kriegszeiten – häufig vorkommt, z. B. ist auch von einem vergrabenen Schatz die Rede[121]. Aber nur jene drei zuerst angeführten Stellen gehören, schon weil sie dasselbe Wort für Schatz[122] haben, zusammen, und zwar für den königlichen Schatz. Der Götterkönig Indra hat den seinen dem Sonnengott zur Bewahrung übergeben und teilt aus ihm beim Gelage[123] seinen Lobsängern mit, wie man es sich danach auch bei einem irdischen König vorstellen kann. Diese Schilderung ist charakteristisch für die gabenheischenden priesterlichen Dichter des Ṛgveda. Der „König" wird aber außer ihnen auch andere beschenkt haben, er, der von seinen Stammesmitgliedern (*viśas*) Geschenke, freiwillige Abhaben, erhielt. Er mußte ja außer seiner Familie seine Umgebung und u. a. seine Boten und Späher unterhalten. Aber er dürfte seinen Schatz als sein Eigentum, nicht als eine Art Staatskasse, betrachtet haben, seine Boten als seine Leute, nicht als Staatsbeamte, ebenso jenen Schatzhüter, der vielleicht schon an der Zusammenbringung und Verwaltung des Schatzes irgendwie teilhatte. Heißt es doch von dem Sonnengott, dem Sammler von Gütern, er stände wie Indra „inmitten der Anhäufung von Reichtümern"[124]. Indra aber soll nach einer anderen Stelle Soma trinken, der Vṛtratöter, in der Anhäufung von Gütern[125], wobei Beute oder Tribut des Besiegten gemeint sein wird.

Der Schatz (Speicher) wird ja außer durch Abgaben der „Stammesmitglieder" durch Produkte der Herden des „Königs" (etwa Schmelzbutter, Häute), aber auch durch Beute bzw. Tribute[126] angehäuft worden sein. Vielleicht hat man aber auch wie bei den Paṇis die Rosse und Rinder des „Königs" mit zu ihm gerechnet, vielleicht Kostbarkeiten wie Halsringe[127], Waffen, Luxusgewänder oder kunstvolle Becher[128]. Dagegen gibt es keine Spur von „Kronländern", die dem „König" Einnahmen (Gerste) gebracht hätten[129]; es ist nicht bezeugt, daß der „König" mehr Boden besessen hätte als andere. In dem dünn besiedelten, steppenartigen Land gab es noch kein Bedürfnis, das Anbaurecht und das Weiderecht der Reichen und Armen, der „königlichen" und der Dorfherden einzuschränken und von „königlichem" und dorfgemeindlichem Eigentumsrecht am Boden zu sprechen.

Aus seinem Schatz hatte er außer den Spähern und Boten seine „Abhängigen"[130] zu unterhalten, zu denen sein Wagenlenker zu rechnen sein wird, vielleicht auch solch ein Zimmermann oder Holzschnitzer wie die Ṛbhus[131], die ihm einen kostbaren Becher schnitzten, und Wagenbauer. Ein umstrittener Begriff ist einstweilen der der *ibhyas*, der nach einigen eine Art Gefolge meint, nach anderen Reiche oder Hörige[132], wie auch *ibha* teils als Gefolge, teils als Elefant aufgefaßt wird[133]. Wichtig ist für uns nur eine späte Stelle: Der König „ißt" die *ibhyas*, wie das Feuer das Holz[134]. „Essen" bedeutet im Atharvaveda und überhaupt in der II. Periode ausbeuten[135]. Da aber hier im Ṛgveda der Feuergott, der die Wälder vernichtet, von dem priesterlichen Dichter wegen seiner Macht gepriesen wird, muß dies auch für den König gelten, nur ist nicht deutlich genug gesagt, wen er hier vernichtet. Ein Gefolge muß der „König" schon gehabt haben, und es wird mit dem Begriff „Helden" bezeichnet worden sein[136]: er hatte gute Helden; freilich mögen Helden auch die Söhne gewesen sein. So werden die Maruts, die Sturmgötter, als *vīras* sowohl wie als Söhne des Rudra bezeichnet[137]. Und wenn Rudra oder Indra über sie „herrscht", so kann das bei den patriarchalischen Zuständen für beide passen.

Weder seine Abhängigen, noch seine Boten, Späher oder sein Gefolge galten indessen als staatliche Beamte; es gab ja auch noch keine Polizei, und auch das Heer bestand aus den Männern des „Stammes" und hatte nicht die Aufgabe, gegen Ausgebeutete eingesetzt zu werden. Der Führer des Heeres, der *senānī*, aber war der König selber[138], nicht etwa ein Beamter, ein von ihm bestallter Heerführer, wie einige annehmen. Die unter ihm fungierenden *grāmaṇīs*, die militärischen Führer von *grāmas*, d. h. Gau-Klan-Siedlungs-Einheiten, waren ebenfalls keine Beamte des Staates oder Königs, sondern waren wohl damals wie später aus ihrer Dorfgemeinde (bzw. gentilen Gruppe) hervorgegangen.

Keine Stelle spricht weiter dafür, daß wir für diese Periode königliche Räte, Minister oder Sekretäre anzunehmen hätten[139]. Und auch der *purohita*, der Hofpriester, ist nicht als Beamter aufzufassen; das würde dem unbändigen Freiheitsdrang des damaligen Priesters widersprechen. Sie nahmen sich ja das Recht, sich ihren „König" oder ihren reichen Opferherren zu suchen, sogar einen Dāsa als solchen auszuwählen und den geizigen zu verlassen[140]; sie wollten als Gäste willkommen geheißen werden[141], wußten sie doch angeblich, was sie als Gast dafür zu leisten hatten[142], welche Götter und wie sie sie wiederum als Gäste zum Opfer einzuladen hätten[143]. Sie wollten sogar dem „König" vorangehen oder ihm mindestens gleichgestellt sein. Wenn z. B. Indra als „unser" Führer (*pura etṛ*) bezeichnet wird[144], so auch der Hofpriester des „Königs" Sudās, Vasiṣṭha, als der Führer der *viśas* der Tṛtsus[145], und Agni wird als der *purohita* der „Fünf-Stämme"[146] neben Indra gestellt, wenn beide als unüberwindbare Helden bezeichnet werden, die die „fünf Stämme" überragen[147]. Der Hofpriester erwirkte ja nach seinem Anspruch den Sieg in der Schlacht durch sein Lied, das den Indra als Helfer gewinnt[148]. Er, zum *hotṛ* gewählt, erwirkte für seinen König ferner den ersehnten Regen[149], war doch der König für das Gedeihen seines „Stammes" verantwortlich (s. u.) und brauchte dafür Magie der Priester. Und zwar wendete sich der menschliche Hofpriester an Bṛhaspati, den himmlischen Hofpriester, damit dieser seinen Herrn, Indra, gewänne und den Parjanya zum Regnen brächte. Bṛhaspati, der Priester Indras, fand die Rinder, die die Paṇis in ihrem Schatz versteckt hatten[150], er würde, drohte Saramā als Indras Bote den Paṇi, ihrer nicht schonen[151]; offenbar wird er zusammen mit Indra, aber auch mit den Angiras die Paṇi angreifen[152]. Aber all diese Hilfe gewährte der *purohita* seinem „König", nicht dem Staat oder dem Stamm. Er hat für den „König" keine öffentlichen Riten, nur „königliche" zu vollziehen[153]. Er wählte sich seinen „König", aber umgekehrt wählte sich auch dieser seinen Hofpriester. Ein solcher klagte, völlig verarmt, einmal dem Pūrukönig Upamaśravas, daß es ihm früher bei dessen Vater Kuruśravaṇa, den er sich als seinen König gewählt hatte, sehr gut gegangen sei; dieser lebe leider nicht mehr. Aber der Sohn möge seines Vaters gedenken [154] (und den Dichter wieder als Hofpriester wählen?) [155]. Und es sieht so aus, als ob Vasiṣṭha den Viśvāmitra aus dieser hohen Stellung beim „König" Sudās irgendwie verdrängt hat [156].

Man kann – abgesehen von dem Lied über Saramā, s. o. – aus einem Lied eine Art außenpolitischer Aktion des Königs herauslesen: Indra wird durch die Reden (der Priester) als Boten (des Königs?) eingeladen, als Gast zum Opfer zu kommen, denn man kenne ihn als Schätzeerbeuter [157]. Indra wird hier als ein Fremdling und Helfer im Krieg eingeladen [158]. Da er aber ein König (der Götter) ist [159], wurden wohl analog auch fremde „Könige" von Menschen zum Abschluß von Bündnissen zwischen Stämmen für einen besonderen Kriegszug eingeladen. Dies wird sich einerseits auf damalige Stammesbünde beziehen [160], andererseits der erste Vorläufer der Bundesgenossen (*mitra, samanta*) sein, die in der späteren Staatslehre zum Staatenkreis um einen Sieger herum gehörten [161] und noch später, im Feudalismus, als *sāmantas*, Feudalherren, bezeichnet wurden [162]. Im Ṛgveda kann aber von solchen durchaus noch nicht die Rede sein.

c) „Rechtsprechung"

Besonders zu behandeln ist die Frage der Rechtsprechung. Als Verbrecher oder Sünder wird mehrfach der Dieb genannt, meist *stena*, aber auch *tāyu*; *taskara* dürfte wohl mehr der Räuber, Wegelagerer sein [163]. Der Dieb (*stena*) stahl Rinder, Rosse und Kleider; er brach in die Hürde ein, überwältigte dabei alle Hindernisse, dem kleiderraubenden Dieb (*tāyu*, s. u.) rufen die Menschen hinterher, der beginnende Tag vertreibt den Dieb. Die *taskaras* schleichen im Walde und riskieren ihr Leben, die verschiedensten Götter mögen gegen sie helfen, Pūṣan möge die Wegelagerer (*paripanthin*) fernhalten [164] (s. u.); solche Aussagen bedürfen keines Kommentars. Nur ist noch nicht geklärt, was der genaue Unterschied zwischen *stena* und *tāyu* ist. Mit *tāyus* werden nur Götter bzw. Respektpersonen verglichen: Agni geht heimlich davon wie ein *tāyu* und verwischt wie dieser seine Spur [165], d. h. er verliert seinen Glanz, wenn es Tag wird, ebenso die Gestirne [166]. Agni eilt nach einem Wald- bzw. Steppenbrand über das wüste Land wie ein Schuldner, der zum Dieb wird [167]. Varuṇa wird angerufen, er möge den Vasiṣṭha (der von ihm gefangen worden ist) loslassen wie einen Dieb, der Vieh gestohlen hat [168]. Dem Indra rufen die „Stämme" nach wie einem Dieb, der Kleider gestohlen hat [169] (s. o.), d. h. sehnsüchtig. Die Mitglieder ihrer Gruppe, die Maruts (s. o.), kamen einem Dichter überraschend zu Gesicht wie irgendwelche Diebe [170]. An anderen ṛgvedischen Stellen kommt dieses irgendwie respektvolle Wort nicht vor, und später wurde es nicht mehr gebraucht. Aber *taskara* wird auch auf den Gott Pūṣan angewendet: er hält die Wegelagerer fern (s. o.), doch er bewacht (belauert) auch die Wege wie ein *taskara* (Räuber) [171].

König Varuṇa soll die Ārya gegen Diebe und Wölfe schützen[172]. Wenn aber ein *ripu*, ein Böser, Tückischer, uns unter Wölfe fallen läßt (uns in Unglück stürzt, aus dem Dorf in die Wildnis jagt), mögen die Maruts uns helfen[173]. Die drei Ādityas, Varuṇa, Mitra und Aryaman, schützen gegen den *ripu*, der böse Reden führt (s. u.)[174]; sie sollen den tückischen Sterblichen, der Übles redet, mißgünstig und doppelzüngig ist, treffen[175]. Sie haben Listen (*māyā*) gegen den Tückischen, stellen ihm Schlingen[176]. Agni hat „Fessler" für den *ripu*; welche aber sind diese, die auf die Lüge achten, Aufpasser der unwahren Rede?, fragte ein Dichter[177]. Der Tückische und der Dieb werden mehrfach nebeneinander gestellt: Agni hilft gegen beide und gegen Ränkesüchtige (*vṛjina*)[178]; er wird gebeten, diese drei zu verjagen[179]. Er schützt gegen die Listen des sterblichen *ripu*[180]. Der Tückische, der Dieb und der Ränkesüchtige werden auch in dem berühmten Lied erwähnt[181], in dem nach der Tradition Vasiṣṭha sich mit greulichen Flüchen gegen Viśvāmitra wendet, der ihn verleumdet hat. Hier handelt es sich um einen krassen Fall des Tückischen oder Ränkesüchtigen, denn Vasiṣṭha ist als Zauberer verleumdet worden. Vasiṣṭha aber schwört (flucht), er möge noch heute sterben, wenn er ein Zauberer (*yātudhāna*) sei [182], und seinem Verleumder sollten zehn Söhne sterben. Indra und Soma sollten den Bösredenden (*aghaśams*, s. o.), den Übeltäter, den Lügner (*druh*)[183], die Falschredenden (*droghavāc*), strafen, und im selben Lied sucht Vasiṣṭha die Hilfe der Götter gegen die Zauberer (er seinerseits erklärt offenbar den Verleumder für einen solchen), die, ob Mann oder Frau, mit ihren Listen (*māyā*) wie ein „Werwolf" (wörtl. Hundezauberer), wie ein Zauberer in der Gestalt einer Eule, eines Käuzchens, Adlers oder Geiers umherfliegen. Es ist verständlich, daß sich in der Periode der zerfallenden Urgemeinde Priester, die Magier waren, in dieser Weise bekämpften und Magie (wir würden sie „schwarze" nennen) als Verbrechen bzw. Sünde (s. u.) gegen Magie („weiße") trat. Juristisch handelt es sich um eine Vorform des Rechtspunktes Beleidigung[184].

Als strafwürdiges Verhalten mag man auch das des Schuldners (im Falle eines Spielers, s. u.)[185] angesehen haben; dieser leugnete zwar nicht seine Schuld, so daß kein Untersuchungsrichter einzugreifen brauchte, man mag aber befürchtet haben. daß er fortlaufen würde, und fesselte ihn deswegen. Sicher kam auch Mord vor[186]; Meineid galt als Fehler (d. h. wohl Sünde), den die Wasser (bei denen man schwor, magisch) wegführen sollten[187]. Ein Jungfernsohn wurde ausgesetzt[188] und versteckte sich in einem Unterschlupf[189]. Und wenn einmal eine nach Süden (ins unarische Südindien?) eilende Verbannte erwähnt wird[190], so mag es sich um eine solche unvermählte Mutter handeln.

Damit ist bereits zu den Strafen übergeleitet. Außer Verbrennen und Aussetzen wird einmal Wergeld[191] genannt, offenbar für Mord oder Totschlag. Meistens aber ist von Fesseln die Rede. Gefesselt wurde der Dieb (*stena* oder *tāyu*)[192], aber auch der verschuldete Würfelspieler[193]. Agni hat seine „Fessler" (s. o.) für den *ripu*, ebenso haben solche die Ādityas (s. o.); der Gandharva (nach dem Kommentar die Sonne) faßt den *ripu* mit seiner Schlinge[194], und insbesondere wird Varuṇa immer wieder von Dichtern angefleht, sie mit seinem Strick zu verschonen. Zu welchem Zweck und wie lange die Fesselung[195] vorgenommen wurde, wird einstweilen nicht klar. Gefängnisse gab es nicht. Hinrichtungen werden nicht erwähnt, ebensowenig andere Leibes- oder Geldstrafen. Wohl aber wird ein Dieb verflucht, er und seine Kinder sollen eingehen[196].

Wer fing den Dieb und legte ihm Fesseln an? Agni hat dafür seine Fessler (s. o.). Er wird einmal „Aufseher" über die „Satzungen" genannt[197]. Als Aufseher der Welt wird der unbekannte Gott am höchsten Himmel eines am Polytheismus zweifelnden Grüblers bezeichnet[198]. Mit Agni als Aufseher (wessen? der Satzungen?) möchte ein Dichter die Feinde besiegen, so daß sich die vier Weltgegenden vor ihm neigen[199]. Der Aufseher über das Wunder oder Geheimnis (*yakṣas*) ist wiederum die Sonne[200]; sie ist als wanderndes Gestirn nichts anderes als Agni, der nachts die Erde beherrscht und aus dem morgens die Sonne geboren wird[201]. Dies ist das Werk der Götter, die die Sonne an den Himmel versetzt haben. So vollziehen ja auch die Ārya (im Gegensatz zu den Dasyu) morgens und abends ihr Feueropfer, betten die Sonne abends im Herdfeuer und wecken sie, lassen sie aus ihm morgens auferstehen, vollziehen ihren Ritus für die Erhaltung der kosmischen Ordnung. Die Sonne galt ja als der Späher Varuṇas und Mitras[202], sie meldet ihm den Schuldlosen, aber vertreibt auch den Dieb[203]. Sie geht als Beobachter der Männer über beiden Welten auf, als Hirt alles dessen, was geht und steht; sie sieht das Recht und die Ränke unter (oder in) den Menschen[204]. Von Agni allein wird dreimal im Ṛgveda der Ausdruck *ṛtacit*[205] gebraucht, d. h. der den Brauch (eben jene Satzungen) Kennende; Brauch aber sind die Riten der ṛgvedischen Priester, nicht Recht. „Aufseher" ist für spätere indische Staats- und Rechtslehrer ein Beamtentyp verschiedenster Funktionen, der gemäß dem Recht zu fungieren hat. Im Ṛgveda ist er aber wörtlich noch der Beaufsichtigende, der Späher-Bote des Königs bzw. Varuṇas, und zwar ist er als Sonne und Feuer unermüdlich bei Tag und bei Nacht und beobachtet das Einhalten des Brauchs, den Götter begründet haben, wie z. B. Indra[206]. Indra hat aber auch die Flüsse und die Pflanzen nach der Ordnung (*ṛtena*) auf Erden verteilt[207]. Brauch, Riten, Moral und kosmische Ordnung gehören eben für damaliges, noch überwiegend magisch-mythologisches Denken zusammen. Mit Opfern opferten einst die Götter dem Opfer; dies waren die ersten Bräuche (Satzungen, *dharman*)[208]. Die Götter gestalteten also die Welt- und Ritusordnung (im einzelnen) für diese, an sich ewige Ordnung. Der Dichter aber als Seher sah Rauch (oder nach dem Kommentar Wolken) aufsteigen und faßte dies als erste Satzungen, als jenes Uropfer der Götter auf[209]. Daß in der ṛgvedischen Gesellschaft schon in irgendwelchen Institutionen um Verstöße gegen Satzungen-Bräuche und um deren Auslegungen gestritten wurde, ist selbstverständlich und muß aus seltenen Anspielungen herausgelesen werden[210].

Als weiterer Begriff neben diese beiden der Satzungen (*dharman*) und der Ordnung (*ṛta*) ist hier der des *vrata* (Gelübde)[211] heranzuziehen. So gesteht ein Dichter, daß „wir" Tag für Tag wie die *viśas* (wie die Stammesmitglieder die Gebote des „Königs") des Varuṇa *vratam* überschreiten[212]. Die Götter aber befolgen die *vratas* Indras, der Himmel und Erde gefestigt hat[213]. Indras *vrata* folgen die Flüsse, folgen Himmel und Erde, Varuṇa und die Sonne[214]. Die Ādityas wachen als Häupter der Menschenvölker, nicht trügend und unbetrügbar, über die (Einhaltung) der *vratas* (durch die Menschen)[215]. Und nur die „Schwarzen“ sind „ohne *vratas*“; Indra aber half dem opfernden Ārya und überlieferte diese Schwarzen dem Manu[216]. Die Āryas hatten ja Manu, den ersten Opferer und damit Begründer der Opferordnung, als ihren Ahnen[217].

Nach einer neuen Deutung ist die später passende Übersetzung von *vrata* mit „Gelübde“ schon im Ṛgveda durchführbar[218]. Götterkönige wie insbesondere die Ādityas machen ihre Gelübde wahr, den Menschen kosmogonisch Raum zu schaffen, Regen und Licht zu spenden und die Menschen zu schützen; andere Götter handeln nicht gegen diese Gelübde ihrer „Könige“; die Menschen dagegen, insbesondere die Ārya, befolgen ihr Gelübde, den Göttern zu opfern, um sie damit auf ihre Weise bei der Einhaltung ihrer göttlichen Gelübde zu unterstützen. Dementsprechend ist für die menschliche Gesellschaft ein Treueverhältnis zwischen „König“ und „Stamm“ mit analogen Gelübden anzunehmen; für den Schutz des „Stammes“ haben die Stammesmitglieder ihm Abgaben zu geben[219]. Man meint, daß es sich um feierliche gegenseitige Versprechen handele, die zum Königtum von damals paßten. Zum mindesten hat der „Stamm“, wenn nicht den König gewählt, so doch ihm in seiner Erbfolge zugestimmt, ihn „gewünscht“[220]; und wenn es sich auch nicht sicher um eine Art ausgesprochener Eide gehandelt hat, so doch wohl um verpflichtendes Bewußtsein einer gegenseitigen Berufung von „König“ und „Volk“, kommt doch *vrata* einmal deutlich im Sinne von Beruf als Arzt, Zimmermann und Dichter vor, und handelte es sich nicht nur um das Verhältnis vom „König“ zum „Stamm“, sondern auch um das vom Gott zum Menschen, vom Vater zum Sohn und vom Manne zur Frau, gemäß der patriarchalischen Gesellschaftsordnung. In der nächsten Periode ist der König zu keiner solchen Selbstverpflichtung dem Volk gegenüber mehr genötigt gewesen, wohl aber hat er seinem Hofpriester eine Art Treuegelübde ablegen müssen, wenigstens betonten dies die Brahmanen damals[221]. In der ausführlichen, aber freilich späten Schilderung einer Königswahl im Rāmāyaṇa II ist indessen der zu wählende Rāma in der Volksversammlung gar nicht anwesend, kommt es also zu keinem Gelübde. Im damaligen Despotismus wäre dies unvorstellbar und ist die Erinnerung an alte Zustände nicht mehr lebendig gewesen. In der ṛgvedischen Periode gab es jedenfalls noch kein Verfassungsrecht, das die Sitten der Leitung von Stamm oder Dorf festgelegt hätte.

Zur Gruppe der ṛgvedischen Ordnungsbegriffe gehört auch *vayuna*; z. B. rühmt sich ein Viṣṇuverehrer, daß er die Ordnungen (*vayuna*) des Fremdlings kenne[222], d. h. die Bräuche, an die sich der schutzsuchende Fremde sowohl wie der ihn aufnehmende gastliche Ārya zu halten haben. Es ist aber auch häufig von *dhāman* (Satzung) des Opfers, des *ṛta* usw., die Rede. Alle solchen Satzungen oder Ordnungen betreffen den Kosmos und die Gesellschaft als magisch-moralische, nicht als juristische; sie gehören mehr in die Geschichte der Religion als in die des Staates und Rechts.

Dementsprechend gab es noch kein Prozeßrecht und keinen staatlichen Richter, der die Schuldfrage eines Verbrechers geprüft und entschieden und nach einem Gesetz gestraft hätte[223]. Es gab den mythologisierten Späher, der seinem Herrn, dem mythologisierten „König“, den Sünder ausfindig machte, meldete und fesselte. Aber die Dichter schilderten nicht, daß und wie der Gefesselte dem „König“, dem Gotte vorgeführt und – etwa mythologisiert in einem Totengericht – zu Höllenstrafen verurteilt wurde. Sie baten um Gnade, um Schutz vor Dieben, und sie baten, der Gott Varuṇa, der hier als König angeredet wird, möge den wie ein Dieb gefesselten Vasiṣṭha loslassen[224]. Daraus kann man schließen, daß es in der Macht auch des menschlichen Königs stand, einen als Dieb beschuldigten und gefesselt vor ihn geführten Mann freizulassen, sei es als Akt der Gnade oder der Gerechtigkeit – dies, wenn der Beschuldigte sich als unschuldig erwiesen hatte. Das wäre eine Art richterliche Funktion des „Königs“. Aber es gibt bisher keinen Hinweis auf ein gerichtliches Verfahren beim „König“. Nach allgemeiner historischer Erfahrung möchte man annehmen, daß es bei den ṛgvedischen Ārya analog etwa den Munda eine Art magischer Gerichtsbarkeit in der Dorf- und in der Stammesversammlung gegeben hat; in der einen könnte der *grāmaṇī*, der Dorfschulze, in der anderen der „König“ als eine Art Gerichtsherr fungiert haben. Aber im Ṛgveda ist davon bisher keine Andeutung gefunden worden. Es mag auch eine Art Sippengerichtsbarkeit für Fragen der Heiraten, des Wergeldes oder der Schuldknechtschaft gegeben haben, wie sie später in brahmanischen Rechtsbüchern erwähnt wurde. Die Priester übten mit Fluch und Sühne ebenfalls wohl eine besondere Art magisch-moralischer Rechtssprechung. Die richterlich-polizeiliche Gewalt des „Königs“ und seiner Späher schließlich erstreckte sich vermutlich im wesentlichen auf seine Gegner im „Stamm“, zumindest möchte man Vorstufen analoger Gerichtsbarkeiten im späteren Indien schon keimhaft für diese erste Periode vermuten. Wenn man eine ṛgvedische Stelle als Ordal gedeutet hat[225], so ist das unglaubhaft. Ebenso sollte man nicht von Himmel und Erde als Zeugen[226] sprechen, wenn sie nur als die Satzungen „wissend“ charakterisiert werden. Man hat bisher kein Wort für Richter gefunden[227]; ein mit Bestrafung[228] übersetztes Wort wird besser – weniger juristisch – mit Vergeltung oder Sühne[229] übersetzt. Und ein Fürsprecher[230] braucht nicht im Gericht aufgetreten zu sein. Daß ein Eid im Gerichtsverfahren üblich gewesen sei, kann man nicht daraus herauslesen, daß Vasiṣṭha sich selber – wir wissen nicht, vor welchem Gremium – den Tod wünscht, sich verflucht[231], wenn er ein Zauberer sei. An keiner Stelle treffen wir vom königlichen Richter verhängte Strafen, denn die erwähnten Fesselungen sind nicht als solche, sondern zumindest bei dem Spielschuldner als private Sicherung bei der Fortführung in die Schuldknechtschaft anzusehen[232]. Zwar heißt es, der „König“ schütze die Satzungen, oder Varuṇa möge „uns“ vor dem Dieb und Wolf schützen[233], das heißt aber nur: der „König“ hatte damals schon die später bekannte ganz allgemeine Pflicht, sein Volk zu schützen[234] (s. u.), wie Indra „uns“ behüten möge, er, der jeden Gewaltigen (*ugra*) zahm macht[235], wobei solch Gewaltiger kein Verbrecher, sondern irgendein Feind sein mag. Im allgemeinen hat man den Eindruck, daß es in der damaligen Periode noch weitgehend um Selbst- bzw. Sippenhilfe geht[236], wenn ein Schuldner oder Dieb gefesselt oder Wergeld gefordert wird. Dabei ist aber die Möglichkeit einer Art Gerichtsverhandlung vor dem *grāma* oder gar Stamm (analog der Sitte der Munda) nicht ausgeschlossen. Wenn einer, dem etwas abhanden gekommen (gestohlen oder verloren) ist, einen Kundigen sucht, der es ihm weist[237], so kann das ein Zauberer-Wahrsager gewesen sein, aber eher ein privater als einer von Amts wegen. Dagegen gab es eindeutig die königlichen Späher-Häscher und zumindest einen Fall von Freilassung eines Diebes durch den König. Es gab den Unterschied von arm und reich dank privatem Eigentum und damit Diebstahl von Verarmten an Reichen; es gab Kämpfe unter den Priestern, z. B. im Wettstreit um das einträgliche Amt des Hofpriesters. Dementsprechend kannte man wohl ein allgemeines Moralgebot, das besagte, Du sollst nicht stehlen. Es gab weiter bereits Streit um Gut und Böse, einerseits bei den beiden Typen der schwarzen und weißen Magier (wie wir sagen), andererseits bei der Unterscheidung von Ārya als dem damaligen moralischen Ideal und Fremden, Barbaren. Dabei spielt die Gastlichkeit dem Fremden gegenüber eine Rolle, und man kann hier geradezu von Vorstufen einer Art Menschenrecht[238] reden, aber noch in moralischem, nicht juristischem Sinne. Ebenso war, wenn von einer Erbteilung vor dem Tode des *pater familias* berichtet wird[239], alte Sitte lebendig, aber noch ist kein Erbrecht, das einem staatlichen Gericht anvertraut gewesen wäre, bezeugt. Auch beim verschuldeten Spieler kann man nicht von einem königlichen Schuldrecht sprechen. Man kann noch kein Zivil- und Strafrecht unterscheiden; es gab noch kein von Gesetzgebern fixiertes Recht, keine Rechtslehre oder -wissenschaft. Gewiß heißt es einmal, die Ahnen, die Angiras, hätten die Ordnung (*ṛta*) festgesetzt (*dhā*) und deren Erkenntnis (*dhīti*) in Umlauf gesetzt (*dhan*)[240]. Aber *dhīti* wird eher Einsicht in die kosmisch-moralische Ordnung bedeuten, die jene mythologischen Urpriester in Bewegung gesetzt, d. h. angestoßen bzw. unter Menschen durch ihre Lieder verkündet haben. Es gab noch keine Systematik der Heirats- oder Totenriten, die später als *saṃskāras* zum brahmanischen Recht gerechnet wurden, geschweige ein durchdachtes Familienrecht. Es begann erst die Herausbildung von Standesprivilegien[241], die bald danach die Freiheit und Gleichheit aller Stammesmitglieder fraglich, strittig und damit zum Rechtsgegenstand machen mußte. Kurz, der Ṛgveda spiegelt den Übergang von Moral zu Recht, von Gentilgesellschaft zu Klassengesellschaft, vom Stamm zum Staat wider und ist damit im Grunde nicht fortgeschrittener als die Sitte der Munda, die im wesentlichen noch patriarchalisch-gentil ist.

d) Die Macht des „Königs"

Von den „Königen" wird oft gesagt – es war also nicht selbstverständlich! –, sie seien selbstherrlich, souverän (*svarāj*), insbesondere von Indra, Agni, Varuṇa, aber auch vom irdischen „König", d. h. sie sind von anderen („Königen") unabhängig[242]. Dazu gehört, daß sie unaufhörlich (unvergänglich) Gehorsam beanspruchen[243], wie ihn Agni als Sieger über die Wälder und als Freund der Sterblichen beansprucht, in Krieg und Frieden. Der „König" herrscht (*īś*), befiehlt (*pradiś*). Weder Gott noch Mann täuscht den Befehl (*ādiś*), die Selbstherrschaft (*svarājya*) Indras (des „Königs")[244]. Die Aśvins haben die arischen „Stämme" als ihren Herrschaftsbereich (*praśāsana*)[245]. Der „König" ist der Führer (s. o.) auf der Wanderung. Selbst („Könige" wie) Indra, Varuṇa, Mitra, Aryaman oder Rudra täuschen nicht die Satzung des Savitṛ[246] (des höchsten Antreibers). Solche Ausdrücke deuten eine den Damaligen bedeutend erscheinende Befehlsgewalt des „Königs" an. Insofern kann man von Untergebenen sprechen, den Mitgliedern seines „Stammes". Für den Historiker aber gilt es zu fragen, wieweit der damalige „König" bereits dem späteren indischen, mehr oder weniger despotischen König nahekam. Ein Dichter gestand damals, daß die *viśas* die Gelübde (*vrata*, s. o.) täglich brechen[247]. Die Menschen entsprachen also – man möchte sagen, selbstverständlich – jenem Ideal des Gehorsams nicht. Aber es handelt sich hier um Sünden, bewußte oder unbewußte, nicht um Verstoß gegen staatliche Gesetze oder um klassenkämpferische Auflehnung. Dies besagt alles noch nichts über die tatsächliche politische, legislative, exekutive, despotische Macht der damaligen „Könige" oder deren juristisch anerkannte Rechte und Pflichten.

In manchen Wendungen wird der „König" als Hirt seines Stammes bezeichnet[248]. Seine Aufgabe ist eben die des Hirten, des Rinderhüters, er hat seine Untergebenen zu schützen (*pā*, *rakṣ*)[249], wie es auch später in Indien als die vornehmste Pflicht des Königs hingestellt wurde, denn für den Schutz hatte er Anspruch auf die Steuer seiner Untertanen. Schutz vor Dieben[250] forderte man vom „König" schon im Ṛgveda; Schutz, Hilfe, Führung erbat man ganz allgemein von den Ādityas[251], also erwartete man sie auch wohl vom König. Wie dieser Schutz im einzelnen im Kriege, in der Verwaltung und im Recht ausgesehen hat, wird nirgends angedeutet. Der „König" wurde damit als außergewöhnlich stark und heldenhaft, klug, geschickt und gerecht umschmeichelt, aber es ist klar, daß er, wie man sich ausgedrückt hat, weder eine legislative noch eine exekutive, deutlich greifbare Tätigkeit ausgeübt hat[252]. Er hatte als „Richter" anscheinend nur eine moralische Aufsichts- und Begnadigungsfunktion, und die Abgaben waren noch freiwillig. Er hatte seine Boten und Späher, aber griff mit ihnen vermutlich nicht stark ins praktische Leben seines „Stammes" ein.

Seine Schutzpflicht zeigt sich darin, daß er (wie später der echte König) für das Wohl seiner Untergebenen verantwortlich war. Für den „König" Śantanu vollzog Devāpi als sein *hotṛ* einen Ritus für Regen und hatte Erfolg[253]. Man könnte sich denken, daß schon der ṛgvedische „König" zu solch einem öffentlichen, den ganzen Stamm angehenden Opfer, moralisch verpflichtet war. Nach der späteren Legende hatte Śantanu durch seine Thronbesteigung gegen die Erbordnung verstoßen und damit magisch die Dürre heraufbeschworen, die durch dieses Opfer behoben wurde. Von solchen Einzelheiten ist freilich in diesem ṛgvedischen Lied nicht die Rede. Spätere Tradition berichtet öfter von solcher magischen Verantwortlichkeit des Königs in Fällen von Dürre und anderen Nöten[254]. Später ist der König auch für Diebstahl realiter verantwortlich und hat gestohlenes Gut, insbesondere Rinder, wieder herbeizuschaffen bzw. dem Bestohlenen zu erstatten[255]. Von einer solchen Restitutionspflicht ist bei dem „König" des Ṛgveda jedoch noch nicht die Rede. Bei solchen Verantwortlichkeiten des Königs ist es freilich in späteren, aber gegebenenfalls auch schon in ṛgvedischen Zeiten eine Frage, wem er verantwortlich war. Je despotischer er regierte, um so mehr war er im wesentlichen nur einem Gotte verantwortlich, nicht einer gesellschaftlichen Instanz. Er war in ṛgvedischer Zeit auch zu keinen öffentlichen Arbeiten, zum Bau von Bewässerungsanlagen, Straßen, Hospitälern, Raststätten oder Tempeln verpflichtet.

Da es keine Gesetze gab, sondern nur die alte, in der kosmischen Ordnung verankerte Sitte, kann man einen solchen Ausdruck wie *suvrata* beim König auch nicht als 'gesetzestreu'[256] übersetzen, eher als pflichtgetreu[257], und zwar im Sinne von stark schützend, 'fromm' und sogar 'reichlich spendend', 'schön die (göttlichen) Satzungen befolgend' wie der freigebige Opferherr (*sūri*)[258]. Die Pflichten des Königs sind in dieser Hinsicht ähnlich denen eines jeden reichen Ārya, und die ṛgvedischen Worte sind die von priesterlichen Dichtern, die von der Freigebigkeit der Opferherren leben und den souveränen Indra preisen[259], der gut für den Fremdling ist[260], gastlich dem Fremden gegenüber, wie alle Ārya es sein sollten, insbesondere dem bei ihnen unterschlüpfenden Priester gegenüber. Zwischen dem aufgenommenen Fremdling und dem gastlichen Ārya aber bestand geradezu ein Vertragsverhältnis[261], und so wundert es einen nicht, wenn Agni von zwei Dichtern mit einem „König" verglichen wird, der einen Vertrag geschlossen hat[262] (und einhält), ist doch Agni, der Gott des Opferfeuers, der eigentliche Gott der priesterlichen Dichter. Und Soma, der Opfertrank, der in den Augen der Priester als Gott gleichwertig neben Agni steht, wird von einem Dichter um Schutz für seine *viś* gebeten mit der Erinnerung daran, daß ein König so wenig wie ein Weiser einen Vertrag bricht[263]. Dabei könnte er ihn an den Vertrag mit dem Priester, aber auch an einen mit seinem „Stamm" oder einem Mitglied des „Stammes" erinnern[264].

Einen feierlichen (aber nicht juristischen) Vertrag schloß ein Freund mit einem Freund, und zwar machten sie dabei zusammen sieben rituelle Schritte „für die Ordnung" (*ṛta*)[265]. Diese Sitte blieb auch später und wurde analog bei der Eheschließung als eine Art Freundschaftsvertrag der Gatten angewendet[266]. Wenn aber Böswillige (*durevās*) gegen Mitra, Aryaman, Verträge und Varuṇa fehlen, solle Indra sie treffen, diese Feinde (*amitra*)[267]. Insbesondere war ja Mitra schon seit indoiranischer Urzeit der Gott der Verträge[268]. Diese Böswilligen aber sind ähnlich den oben erwähnten Ränkeschmieden[269], und auch sie werden wie jene nicht juristisch belangt, sondern von einem Gotte gestraft. Aus indo-iranischer Urzeit stammt auch die Vorstellung[270], daß einer, der in bezug auf ein Stück Kleinvieh (Schaf, Ziege), ein Rind, ein Pferd, einen Menschen und ein Stück Land „unwahr" wird, d. h. sein Wort nicht hält, aus seiner Verwandtschaft in derselben Reihenfolge fünf, zehn, 100 oder alle Mitglieder schlägt, d. h. ihren Tod veranlaßt. Das mag sich auf einen „König" beziehen, der jemandem eine solche Belohnung versprochen hat, um eine Schenkung, die nicht realisiert wurde[271]. Dabei ist hervorzuheben, daß nur ein „König" Land schenken konnte – nur wissen wir leider nicht, an wen: schon damals nur an Priester, wie später ab der zweiten Periode an Brahmanen in Form einer Pfründe?[272] Auffallend ist auch die Anführung des Menschen[273], d. h. vielleicht eines Sklaven, als Kriegsbeute. Wieder handelt es sich nicht darum, daß der Staat nach einem Rechtsverfahren die Verwandten eines Verurteilten tötet, sondern um eine Verfluchung, die zu der des Verleumders, dem zehn Söhne sterben sollen, oder des Diebes, der samt seinen Kindern sterben soll, paßt[274]. Auch ein solches Schenkungsversprechen wurde als eine Art Vertrag aufgefaßt. Später war Rāma das Ideal des stets sein Wort wahr machenden Königs. Das Wort „sein Wort wahrmachend" kommt im Ṛgveda mehrfach vor, aber nicht deutlich in dieser Bedeutung; indessen ist der Ausdruck die Ahnen oder die Ṛbhus, deren magische Worte (*mantras*) wahr werden[275], in ähnlichem Sinne gemeint. Eine Art Vertrag (*mitra*) wollte der unglückliche Spieler mit den Würfeln schließen, daß sie ihn nicht weiter in Versuchung führten[276]. Wenn die Paṇi zu Saramā sagen, sie wollten mit Indra, falls er zu ihnen komme, „Freundschaft", d. h. eine Art Vertrag schließen[277] wegen der Kühe, so möchten sie in ihr einen „zu den eigenen und zu den Vertragsfreunden gehörenden Boten" sehen, wie Agni einmal genannt wird[278], in Indra aber einen „durch Vertrag erworbenen Freund", der einmal neben den ständigen Freund und den Bruder gestellt wird[279]. Es gab also private, innen- und außenpolitische Verträge[280], aber kein Vertragsrecht.

Daß es unter den Ārya damals auch königlose „Stämme" gegeben hat, ist denkbar, aber nicht erwiesen. Ebenfalls fraglich ist, daß solche mit den von der III. bis zur VI. Periode wichtigen Aristokratien Ähnlichkeit gehabt haben oder ihre Vorläufer gewesen sein sollten[281].

Der „König" war ein Leuchtender, wie es mehrfach von einem Sterblichen, dem Opferherren, gesagt ist, öfter von Göttern[282]. Agni überwand „wie ein König" mit seinem Licht die Finsternis[283]. Indra wird in zwei Liedern angerufen, er möge einem „König" die Herrschaft erhalten wie am Himmel die Sonne[284]. Darin liegt, daß der irdische „König" einerseits wie der Sonnengott in der dunklen Welt leuchtet, andererseits seine hohe Stellung – wie die Sonne – einem Gotte verdankt. Beides würde man kaum von einem gentilen Stammeshäuptling sagen. Es leitet schon zur Ideologie der Gottnatur des Königs über, wie sie im Alten Orient und auch sonst öfter von Priestern als Ideologen der Könige vertreten wurden, im Ṛgveda aber nur in dieser keimhaften Art und Weise. In einem Lied wird König Trasadasyu Halbgott[285] genannt. Dieser Begriff ist den Indern sonst unbekannt. Er bedeutet wohl, daß nach einer Sage Trasadasyus Vater Purukutsa gefangen war und seine Frau für Indra und Varuṇa ein Opfer veranstaltete, die ihr daraufhin diesen Sohn schenkten; damit war er halbgöttlichen Ursprungs[286]. Dies gilt aber nicht für „Könige" allgemein[287].

Auch Agni wird gebeten, „unseren" Reichen[288] oder einer Dynastie[289] das *kṣatram* (die Herrschaft) zu erhalten; „König" Varuṇa, Bṛhaspati, Indra und Agni sollen dem König, heißt es im Königsweihelied, das Königtum fest erhalten[290], aber auch vom „König" selber wird dies dort gesagt[291], und die Götter erhalten nicht nur die Herrschaft, sondern sie geben sie auch[292], verleihen sie[293], verhelfen zur Herrschaft[294], lassen einen siegreich hingelangen zur Herrschaft[295], fahren sie herbei, und sie lassen sie gedeihen (bzw. wachsen, erstarken)[296], mehren sie[297], ja, die Marut zeugen dem „Stamm" einen „König"[298]. Sieht man solche Äußerungen im Zusammenhang des Ṛgveda, so erscheint die Hilfe der Götter für den König als ein kleines Teilgebiet ihrer allgemeinen Hilfe für die Ārya. Die Sanktionierung des „Königtums" durch mythologisch-religiöse Ideologie steht eben erst am Anfang ihrer späteren Entwicklung.

Jenes Königsweihelied beginnt: Ich (d. h. der priesterliche Dichter) habe dich („König") geholt . . . Alle *viśas* sollen dich wünschen, das Königtum soll dir nicht entfallen[299]. Diese Worte werden meist als eine Wahl des „Königs" durch die *viśas* (Klane, Gaue, Siedlungen, d. h. die Hirten-Bauern-Handwerker zusammen mit den Reichen) gedeutet. Dabei hatte anscheinend der Priester, der Hofpriester des vorangegangenen „Königs", eine Art Vorschlagsrecht. Dagegen gibt es Zeugnisse für ṛgvedisches Erbkönigtum, Namen von „Königen", die sich in vier oder noch mehr Generationen bei den Tṛtsus und Pūrus folgten[300]. Man hat daher gemeint, daß die *viśas* nur den erbberechtigten Königssohn als „König" zu bestätigen hatten[301], so wie später im Rāmāyaṇa das Volk Rāma auf Vorschlag seines greisen Vaters wählt oder anerkennt. Immerhin steht in jenem ṛgvedischen Vers nicht „wählen", sondern „wünschen" (*vānchantu*)[302], vielleicht im Sinne von „sie sollen dir huldigen".

Für die Königswahl als ṛgvedische Institution wird noch eine zweite Stelle angeführt: Während sie (Varuṇa, Soma und Agni) ihn (Indra) wie die *viśas* ihren „König" wählen[303], haben sie sich von Vṛtra abgewandt. Dies war im Grunde eine andere als die eben behandelte Wahl. Dieses Lied beginnt mit Indras Aufforderung an Agni, zu seinem Opfer zu kommen, und Agni wählt Indra und verläßt den Vater Asura; er geht von seiner eigenen Freundschaft (eigentlich Verwandtschaft) zu einer fremden Sippe (Indras) über, um zu seinem Anteil am Opfer zu gelangen. Indra fordert dann auch Varuṇa auf, in Indras „Königreich" die Oberherrschaft anzutreten[304], und Soma, mit ihm zusammen (von Soma berauscht) den Vṛtra zu erschlagen. Beide folgen der Aufforderung, wählen alle drei Indra und verlassen Vṛtra, der dadurch wohl die Herrschaft verliert[305].

Sieht man von den mythologischen Elementen ab, so gehen hier drei Götter (bzw. mächtige „Könige") von einem Oberherren (dem Vater Asura) zu einem anderen (Indra) über, ziehen ihn vor, wählen ihn sich als Führer ihres Stammesbundes[306]. Es handelt sich hier also nicht um die gewöhnliche Wahl eines „Königs". Man hat damit verglichen, wie ein Hofpriester zum König Upamaśravas sagt, er hätte sich dessen Vater, den freigebigen Kuruśravaṇa, zum „König" gewählt gehabt[307]. Die Hofpriester und die Liederdichter überhaupt hatten sich ja teilweise von ihrem Stamm gelöst und suchten sich in einer Art privater Wahl Auftraggeber. Man kann also unterscheiden zwischen Wahl eines „Königs" durch seinen „Stamm", Wahl eines „Königs" durch einen Priester und Wahl eines Oberkönigs durch „Könige". Aber wie der Hofpriester zugleich durch seinen „König" gewählt wurde, so ging die Wahl Indras durch die drei Götterkönige von ihm selber aus, so daß auch in diesem Falle wie im ersten, bei der Wahl durch den „Stamm", nur eine Art Zustimmung der Wählenden erforderlich war, keine echte Wahl. Deshalb hat denn wohl auch der Dichter die Wahl Indras durch jene drei Götter der des „Königs“ durch die *viśas* verglichen. Man kann aber auch anders überlegen, daß nämlich auch die Stammesmitglieder bei solchem Zusammenschluß zu einem Bund für einen besonderen Kampf Stimmrecht hatten, ausgeübt in einer Versammlung (s. u.). An anderer Stelle wird Indra gepriesen, weil alle Götter ihn zum Kampf gegen Vṛtra gewählt haben[308]; sie verzichteten (oder erschlafften) wie Greise (auf Herrschaft), und Indra wurde *samrāj* (Oberkönig). Oder: Himmel und Erde haben Indra willig die Herrschaft zugestanden; du hast Vṛtra erschlagen[309]. Und: dem Indra beugten sich der Asura Himmel und die Erde; alle Götter stellten ihn einmütig an die Spitze[310], allerdings ohne daß in diesem Liede der Vṛtrakampf hervorgehoben würde; die Götter wollen nur Licht oder Himmel erwerben[311]. Aber in einem anderen Liede wird Indra verherrlicht, weil alle Götter ihn an die Spitze stellten; als der Ungott (*adeva* = Vṛtra) sich über die Götter erhob, da wählten sie Indra im Kampf um Licht[312]. Weiter wird an zahllosen Stellen Indra als König oder Oberster der Götter gefeiert[313], und damit wird es nicht mehr eindeutig, ob Indra nur als Führer (*samrāj*) einer Art Stammesbund über „Königen“ der einzelnen Stämme für eine besondere Aufgabe gewählt wurde oder als „König“ der Götter schlechthin, als wären sie adlige Sippenhäupter aus einem einzigen Stamm, die ihm einen König wählen[314]. Dementsprechend ist die Frage nach menschlicher Königswahl einstweilen im einzelnen noch etwas ungeklärt. Stammesbünde und deren königliche Führer hat es jedenfalls gegeben; das bezeugt die Zehnkönigsschlacht[315]. Solche Zusammenschlüsse haben wohl mehr auf Freiwilligkeit als auf Unterwerfung beruht[316], vielleicht eben auf irgendeiner Art Wahl des Oberkönigs (*samrāj*)[317]. Dies mag schon vor dem Betreten Indiens üblich gewesen sein. Gerade bei der Trennung von den Iraniern mögen abwandernde Stämme, weil sie einen Stammesbund bildeten, Indra, den kriegerischen Oberkönig der Götterkönige, als ihren Heros verehrt haben, während die seßhafteren Iranier ihm Varuṇa vorzogen und Indra, den Vṛtratöter, dämonisierten[318]. Die Unterschiede beider Götter und der entsprechenden „Königs“-Typen herauszuarbeiten, ist eine schwierige Aufgabe; manche betonen, daß beide Typen sich als indoeuropäisch nachweisen lassen[319].

Daß die Wahl des Königs, wenn überhaupt, dann in einer Versammlung, vor sich ging, ist anzunehmen. Es sind nun mindestens drei Begriffe im Ṛgveda überliefert, die mit größerer oder geringerer Wahrscheinlichkeit für Versammlungen in Frage kommen: *samiti*, *sabhā* und *vidatha*. Bisher ist es aber, so wichtig die Frage ist, noch nicht gelungen, zu klären, ob wir bei ihnen wie etwa bei den „homerischen“ Griechen (s. u.) zwischen einem Rat der Alten und einer Volks- bzw. Heeresversammlung unterscheiden müssen, ob und wie sie mit Opfern oder bloßer Unterhaltung, Rechtsprechung oder politischer Beschlußfassung, mit Verteilung von Beute oder Nahrung[320] zu tun hatten, ob und wie Frauen an ihnen teilnahmen, ob sie einen demokratischen, die Macht des „Königs“ einschränkenden Charakter trugen, wie sie unter ṛgvedischen Umständen der Landnahme in den Übergang von Urgesellschaft zu Klassengesellschaft einzuordnen sind.

3. Ṛgvedische und homerische Gesellschaft

Versucht man, die Verhältnisse im alten Griechenland diesen arischen gegenüberzustellen, so zeigt sich, daß jene großenteils ähnlich, teilweise aber andersgeartet und teilweise weiter entwickelt waren. Zu diesem Zwecke sind die homerischen Epen mit dem Ṛgveda zu vergleichen. Dabei ist zu bedenken, daß „Homer" in der Schilderung seiner Gesellschaft Elemente der mykenischen Gesellschaft von etwa 1500 v. u. Z. mit solchen der um 1200 eingewanderten Dorer und der seit 1100 nach der kleinasiatischen Küste weitergezogenen Jonier verquickt und erst etwa um 800 v. u. Z. die Epen zusammengestellt hat, also nach mehr als einem halben Jahrtausend höchst bewegter griechischer Geschichte[321]. Dagegen sind die ṛgvedischen Lieder im Verlaufe von nur etwa drei Jahrhunderten in demselben Raum des Pandschab und bei anscheinend sehr geringen gesellschaftlichen Entwicklungen verfaßt und schätzungsweise ein Jahrhundert vor den homerischen Epen gesammelt worden. Uns fehlt also ein dem Ṛgveda entsprechendes literarisches Dokument, das die eben im Peloponnes angekommenen Dorer von 1200 bis 1100 v. u. Z. rein und ausführlich schildert. Trotz solcher Bedenken zeigen die griechischen Epen und die indischen priesterlichen Lieder weitgehende gesellschaftliche Übereinstimmung. Auch der griechische „König" dieser Stufe der gesellschaftlichen Entwicklung war in erster Linie Führer eines „Stammes" oder eines Stammesbundes im Kriege[322]. Kriege wurden wegen der Erbeutung in erster Linie von Herden geführt, wohl kaum zur Eroberung von Land, aber weit mehr als im Pandschab zur Erbeutung von Sklaven und besonders Sklavinnen[323] (denn die besiegten Männer wurden überwiegend erschlagen), doch auch von kostbaren Metallwaren. Der Krieg war zur „regelrechten Erwerbsquelle" geworden[324].

Auch der homerische „König" hatte keinen Machtapparat, keine Minister oder Sekretäre, keine Polizei oder Beamte zu seiner Verfügung, und das Heer war noch ein Stammesheer, wies noch gentile Züge auf[325]. Den Boten und Spähern des Ṛgveda entsprechen die Herolde[326] und Späher Homers. Der Herold mischt und verteilt den Wein beim Gastmahl des Königs, bringt Waschwasser für die Hände, ladet zum Essen ein, führt den Sänger zum Festmahl und führt ihn wieder fort[327], holt ihm die Harfe und bringt sie wieder fort[328], holt Geschenke für einen Gast[329] und geleitet ihn zum Schiff[330] bzw. zu seiner Lagerstatt[331]. Der Herold ruft Fürsten und Volk zur sie betreffenden Versammlung[332], reicht dort dem König sein Szepter[333], führt Opfertiere durch die Stadt zur Versammlung[334] und beruhigt streitende Parteien in einer Art Gerichtsversammlung[335]. Er dient als Bote der Königin Penelope und fungiert zugleich als ihr Späher unter ihren Freiern[336], wird dafür von Odysseus bei der Rache an jenen Freiern verschont[337] und tritt seinerseits in der Volksversammlung für die Sache des Odysseus gegen die Verwandten der erschlagenen Freier ein[338]. Im Kriege wird ein Herold mit zwei Spähern ins feindliche Land zur Erkundung geschickt[339]. Er ruft im Namen des „Königs" das Heer zur Versammlung[340] (aber Achill ruft selber)[341], bringt die erregte Menge zur Ruhe[342], zeigt ein gezogenes Los herum[343] und ruft zur Beuteverteilung zusammen[344]. Priamos sendet einen Herold zu Agamemnon und Menelaos mit einem Sühneangebot des Paris[345]. Als Priamos zu Achill geht, um sich die Leiche Hektors herausgeben zu lassen, begleitet ihn ins feindliche Lager sein Herold mit einem Wagen für die Leiche[346]. In der Schlacht mahnt ein Herold den Aeneas zu kämpfen[347], schickt ein Held einen Herold zu Ajax mit der Bitte um Hilfe[348]; ein griechischer und ein trojanischer Herold trennen die unerbittlich sich bekämpfenden Helden Hektor und Ajax[349]; Agamemnon schickt einen Herold, damit er für den verwundeten Menelaos einen Arzt hole[350] oder einen Eber für das Opfer bei der Versöhnung mit Achill[351], und der Herold wirft den von Agamemnon geopferten Eber dann ins Meer[352].

Als nächtliche Späher schicken die Troer vor dem entscheidenden Kampftag den Sohn eines Herolds, die Griechen aber Diomedes und Odysseus aus[353]. Zwei Späher der Feinde lauern Hirten auf, deren Herde sie rauben wollen[354]. Und die Götter wünschen, Hermes, der Späher, solle die Leiche Hektors nachts dem Achill entführen[355]. Andererseits hat Zeus als seine Boten die Iris, gelegentlich aber auch Hermes, Apollon, Themis oder Athene. Helios sieht (wie die Sonne als Späher des Varuṇa) alles, auch, wie Ares mit Aphrodite Hephästos betrügt, und meldet es diesem[356]. Bei allen bedeutenden Unterschieden im einzelnen hatten also die ṛgvedischen wie die „homerischen" „Könige" in solchen Boten-Herolden-Spähern ihre häufig genannten Diener; diese waren aber keine Beamten eines Staates[357], sondern wurden offenbar an den „Königs"höfen unterhalten.

Wie die soziale Stellung der Ärzte des griechischen Heeres, Machaon und Podaleirios, war[358], ist ebenso unklar wie die des ṛgvedischen Arztes. Aber Wagenlenker waren bei Homer keine Abhängigen, sondern großenteils Prinzen, etwa illegitime Brüder der Wagenkämpfer[359], manchmal Helden wie Nestor (für den Arzt Machaon)[360], vertrauenswürdig wie die indischen[361].

Wie und durch wen die homerischen „Könige" ihre Abgaben vom Volk einzogen, ist nicht geklärt. Sie hatten wie die ṛgvedischen „Könige" ihre Schatzkammer. Priamos holt aus der seinen kostbare Gewänder, Gold und metallene Gefäße für Achill[362], ähnlich Menelaos für Telemachos[363], und Penelope holt aus der ihren den Bogen des Odysseus[364]. Zwischen dem privaten Schatz des „Königs" und einem staatlichen wurde nicht unterschieden, und es gab keine staatliche Schatzverwaltung. Der „König" wurde wie im Ṛgveda häufig Hirt seines Volkes genannt, d. h. er hatte es zu schützen. Ein Vertrag, wie ihn Paris durch Hektor den Griechen vorschlägt, die Entscheidung, wem Helena gehören solle, durch Zweikampf zwischen Menelaos und Paris herbeizuführen, Griechen und Troer aber durch Freundschaft und Eide zu binden, dürfte im großen Ganzen – Zweikampf dieser Art ist im Ṛgveda nicht belegt – indischen Verhältnissen analog sein[365]. Agamemnon ruft dabei Zeus und den alles sehenden Helios (s. o.) als Zeugen seines Eides an, und die Krieger auf beiden Seiten verfluchen – analog Vasiṣṭha[366] – sich und ihre Kinder zum Sterben, wenn sie den Eid verletzen. Einen Vertrag bietet Hektor dem Achill an, die Leiche des Erschlagenen – sie stehen ja vor dem Entscheidungskampf – nicht schmachvoll zu behandeln[367]. Kalypso schwört dem Odysseus, daß sie nichts Böses gegen ihn im Schilde führe[368], ähnlich auch

Kirke[369]. Hera schwört, und berührt dabei Wasser und Erde, daß sie dem Schlafgott eine von ihm geliebte Grazie zum Weibe geben werde[370], wenn er ihr hilft. Agamemnon schwört dem Achill bei Zeus und Helios, daß er Briseïs nicht angetastet habe, und verflucht sich dabei selber, falls er lüge[371]. Odysseus aber, als Bettler unkenntlich, schwört seinem Sauhirten, dem Sklaven Eumaios, daß Odysseus wieder heimkehren werde, wenn nicht, solle er ihn, den Bettler, durch einen Knecht vom Felsen herabstürzen lassen, damit Bettler künftig das Lügen verlernten[372]. Einem Bettler ziemte offenbar keine feierliche Selbstverfluchung. Kein Gericht hätte sich um diesen Mord, der als persönliche Sühne vollzogen worden wäre, gekümmert.

Ähnlich war es – wiederum analog dem Ṛgveda – bei der Blutrache. Auf sie wird öfter angespielt[373]; selbst der Mörder eines Geringen, der nicht viele Rächer hat, verläßt das Land[374]. Um wieviel mehr muß der heimgekehrte Odysseus die Rache der Verwandten der von ihm erschlagenen Fürsten, der Freier der Penelope, fürchten. Sie meinen denn auch, er befinde sich auf der Flucht nach Pylos oder Elis[375], setzen ihm nach kurzer Beratung nach; es kommt zum Kampf, und Odysseus würde sie erschlagen, hemmte ihn nicht auf Zeus' Anweisung Athene und stiftete Frieden und Erneuerung des Bundes zwischen „König" und Volk. Es siegt am Ende der Odyssee also Macht und Wille der Götter, nicht das Recht des Odysseus auf Rache, das in jener Beratung erfolglos von einem Helden und Seher hervorgehoben wird.

So kann man denn auch von keinem rationalen Gastrecht der Griechen reden, wohl aber gilt ihnen nur der Grieche mit seiner Verehrung der olympischen Götter und der Gastlichkeit als echter Mensch im Gegensatz zu wilden Barbaren[376], ganz analog den ṛgvedischen Arya.

Weiter ist das homerische Königstum erblich[377], wie ja auch im allgemeinen das ṛgvedische. Der „König" leitet häufig seine Abstammung von einem Gotte her und ebenso seine Macht, ja manchmal sogar sein Szepter[378]. Nirgends ist von Wahl oder Bestätigung des Königs durch den Adel oder das Volk die Rede[379], wohl aber von Eiden und Liebe, als Odysseus sich nach der Tötung der Freier mit seinem Volk aussöhnt und die Königsherrschaft wieder übernimmt[380].

Die Macht des damaligen griechischen „Königs" ging recht weit, aber er hatte neben sich den Rat der „Alten", d. h. der ehrwürdigsten Fürsten seines „Stammes", und der Stammesversammlung. Jener kleine Rat der „Alten" trat, so hat man den Eindruck, fast täglich beim Palast zusammen, und der „König" bewirtete ihn. Die große Stammes- bzw. Heeresversammlung aber wurde nur selten einberufen[381]. Wieweit diese beiden Versammlung mit den ṛgvedischen übereinstimmen, ist noch nicht entschieden. Bei der bereits erreichten Stadtsässigkeit (s. gleich) der Griechen waren diese leichter durchzuführen als im Pandschab. Ob die Reichen, die Wagenkämpfer des Ṛgveda sich schon näher zum Stand des Kriegeradels (Kṣatriya) hin entwickelt hatten als ihre homerischen Standesgenossen, ist schwer zu ermessen. Ebenso, wie groß die Kluft zwischen ihnen und dem Volk, den freien Hirten-Bauern, war.

Im einzelnen ist auch das Oberkönigtum des Kriegesführers eines Stammesbundes, wie es uns in der Zehnkönigsschlacht und bei Agamemnon entgegentritt, nicht leicht zu vergleichen. Wenn es scheint, daß der indische Kriegsführer dieser Art für eine besondere Aufgabe auf eigene Initiative hin gewählt wurde, so war das bei Agamemnon anscheinend ähnlich. Nach Helenas Entführung bat Menelaos, König von Sparta, seinen älteren Bruder Agamemnon, König von Mykene, ein Heer nach Troja zu führen. Agamemnon, dazu entschlossen, sandte Botschaft an alle griechischen Könige, die einst Freier der Helena gewesen waren und als solche Helenas Vater, Tyndareus, König von Sparta, geschworen hatten, den Gatten der Helena, wer er auch sei, gegen jeden zu schützen, der ihn um sein Glück beneide. Diesem Eid entsprechend mußten sie Agamemnon Heeresfolge leisten. Agamemnon aber hatte Mühe, Odysseus zur Teilnahme am Krieg zu bewegen, und dieser hatte Achill mit viel List zu gewinnen; Idomeneus von Kreta aber forderte und erhielt die gleiche Stellung, die Agamemnon für das Heer hatte, für die Flotte[382]. Dies erinnert daran, wie Indra die drei Götterkönige Agni, Soma und Varuṇa überredete, ihn zum Kampf gegen Vṛtra zu wählen[383].

In mancher Hinsicht aber waren die „homerischen“ Griechen weiter fortgeschritten als die ṛgvedischen Ārya. Sie wanderten nicht mehr, kämpften nicht mehr ständig gegen eine Vorbevölkerung, sondern waren seßhaft, und zwar mit Städten als Zentren der „Stämme“[384]. In der Stadt lag der Palast des „Königs“, lagen aber auch die Paläste der kleineren „Könige“[385], dieser Kriegeradelsschicht, die schon geschlossener zu sein scheint als die ṛgvedische.

In der Landwirtschaft stand neben Gerste bei den Griechen Weizen und Wein. Im Handwerk war das Eisen wichtig, damals noch ein kostbares Metall, wie denn Achill zwölf eiserne Doppeläxte als Preis für den Sieger im Bogenschießen aussetzt[386]. Eiserne Geräte hatten die Inder aber erst mehrere Jahrhunderte später[387]. Den ṛgvedischen Ārya fehlten auch so kunstvolle Metallgeräte und -waffen, wie sie von Homer ständig als Geschenke erwähnt werden und wie insbesondere Hephästos sie schmiedet, so den Schild des Achill mit seinen mannigfachen Bildern[388]; oder es wird ein Meister aus Sidon als Schöpfer eines silbernen, besonders schönen Kruges erwähnt, den Achill dem Sieger im Wettlauf spendete[389]. Die Archäologie aber bestätigt, daß sowohl im alten Mykene wie im Phönizien der „homerischen“ Zeit solche Wunderwerke geschmiedet wurden. Im Ṛgveda wird es dagegen schon als hohe Leistung gepriesen, wenn die Ṛbhus einen hölzernen Becher vervierfachen[390]. Hölzerne Gefäße sind ja für Hirten bezeichnend. Und es gab keinen indischen Seehandel, der dem griechisch-phönizischen entsprochen hätte.

Der Unterschied von arm und reich war bei Griechen und Indern damals ähnlich. Dem Bettler Iros in der Odyssee[391] entspricht der im Ṛgveda, der abgemagert, speisebegehrend umherzieht[392]. Wenn der ṛgvedische Bauer sein Feld mit einem Rohrstab ausmaß[393], so stritten zwei homerische Bauern mit dem Maßstab in der Hand um die Grenze des Feldes, auf das sie beide Anspruch erhoben[394]. Privates Bodeneigentum mußte zu Streit führen, zumal wenn der fruchtbare Boden wie in Griechenland knapp war, mußte aber auch zu Gerichtsverfahren führen, nur wird ein solches hier in beiden Texten nicht erwähnt. Ganz allgemein heißt es, daß der König das „Recht“ hochhält[395] (wie der ṛgvedische König die magisch-kosmische Ordnung), und nur einmal wird als Abbildung auf jenem Schild des Achill eine Gerichtsszene geschildert, in der zwei Männer streiten, von denen der eine behauptet, ein Wergeld entrichtet, der andere, es nicht erhalten zu haben. Die auf dem Markt im Kreise sitzenden Alten geben dabei der Reihe nach ihr Urteil ab, das Volk ergreift für diesen und jenen der Streitenden Partei, Herolde sorgen für Ruhe[396]. Ein König wird hier nicht erwähnt, aber es handelt sich wohl um ein staatliches Gericht. Wenn diese Szene zu den alten Elementen des Epos gehört, waren die Griechen in diesem Punkt den Indern wiederum um Jahrhunderte voraus.

Ein staatliches Rechtsverfahren entwickelt sich erst mit Klassenkampf, und den kannte der Ṛgveda noch nicht. In der Ilias aber bezeugt die Gestalt des Thersites dessen Beginn: Dieser wird von dem Epiker und Ideologen des Kriegeradels zwar als vereinzelter, mißgestalteter Keifer und als Feind des Agamemnon hingestellt, aber seine Argumente, daß der „König“ sich an der Beute bereichere, die ihm die leer ausgehenden Massen der gewöhnlichen Krieger ersiegten, so daß es für diese besser wäre, heimzuziehen[397], zeigen doch, daß die ausgebeuteten Massen etwas von der Ausbeutung zu ahnen begannen. Dazu gibt es im Ṛgveda kein Analogon. Aber auch nicht dazu, daß die Mannen des Odysseus diesem durchaus nicht immer folgen. So öffnen sie heimlich und entgegen dem Befehl ihres „Königs“ den Schlauch, den Aiolos dem Odysseus gegeben hat und in dem die widrigen Winde eingesperrt sind; sie meinen nämlich ähnlich dem Thersites, darin seien kostbare Geschenke, während sie selber mit leeren Händen aus Troja heimkehrten[398]. Später befiehlt Odysseus ihnen, an der Insel mit den Rindern des Helios vorbeizufahren und diese auf keinen Fall zu schlachten. Aber sie widersprechen ihm, denn er sei zwar stark, sie aber seien (durch das Rudern) erschöpft. Odysseus sah sich gewaltsam gezwungen, wie er ihnen sagte, in der Frage der Landung nachzugeben, und später schlachteten sie von den Rindern und kamen alle um[399]. Auch solchen Stellen entspricht nichts im Ṛgveda. Dazu aber paßt, daß „Könige“ von Homer als Unterdrücker gekennzeichnet werden, noch nicht aber von den Dichtern des Ṛgveda. Sie legten nämlich, abgesehen von den regelmäßigen Abgaben der Griechen, besondere Erfordernisse für den Unterhalt von Bundesgenossen oder für Beschenkung von fürstlichen Fremdlingen auf ihre Untertanen um, so drückend diese Lieferungen, wie man wußte, für das Volk waren[400], seien es die von Naturalien, seien es kostbare Gewänder oder Metallwaren[401]. So nannte Achill Agamemnon einen volkfressenden König[402]. Aber Penelope meinte, daß Odysseus sein Volk nicht gekränkt habe, wie es sonst „Könige“ täten[403].

Neben solchen Erscheinungen, die erst in späteren indischen Texten vorkommen, gibt es aber auch einige, die Griechenland und Indien überhaupt unterscheiden. Dahin gehört es, wenn dem homerischen „König“ ein besonderes Stück Land (*temenos*) ausgesondert wird, so daß er eine Wirtschaft, die seinen Bedürfnissen genügt, mit Sklaven betreiben kann[404]. Der indische König aber pflegt keine Domänen zu bewirtschaften.

Vor allem fehlt in den homerischen Epen ein Priesteradel, der den Priesterfamilien entspräche, die sich im Ṛgveda zum Brahmanenstand hin zu entwickeln begannen. Homer läßt die „Könige" regelmäßig selber opfern und zu ihren Göttern beten, ohne daß dazu ein Priester notwendig wäre. Dies geschieht nicht nur vor jeder Mahlzeit, sondern auch bei allen möglichen feierlichen Anlässen wie den oben erwähnten Vertragsschlüssen. Dabei sind ihre Gehilfen die Herolde; aber es gibt kein griechisches Analogon zum vedischen Hofpriester und zu den spezialisierten Opferpriestern, insbesondere nicht zum *hotṛ*-Liederdichter. Freilich gab es griechische Priester bei Tempeln oder anderen Heiligtümern[405], so die Gattin des Helden Antenor, die im troischen Athenetempel den Dienst versah und einmal zwischen der „Königin" und der Göttin vermittelte, d. h. dieser ihre Weihgabe, ein kostbares sidonisches Gewand, übergab und zu ihr betete[406]. Reich muß der Priester des Haines des Apollon gewesen sein, der über Ismaros herrschte; Odysseus schonte ihn, seinen Sohn und seine Gattin in einem Kriege und erhielt dafür von ihm herrliche Geschenke, Gold, Silber und Wein (als eine Art Loskauf)[407]. Agamemnon dagegen hat dem Apollonpriester Chryses bei einem Beutezug seine Tochter geraubt, sie zu seiner Sklavin und Konkubine gemacht und will sie dem Vater trotz angebotenem Lösegeld nicht zurückgeben[408]. Aber Apollon sendet den Griechen zur Strafe die Pest; Agamemnon muß demütig nachgeben, nimmt aber als Ersatz für die Chryseïs dem Achill die Briseïs – und damit beginnt der Zorn des Achill, das Thema der Ilias. Man kann diese Episode der ṛgvedischen Entführung der Tārā, der Frau des Götterpriesters Bṛhaspati, durch Soma und ihre feierliche Rückgabe an die Seite stellen[409]. Mit solchen Legenden verhalfen sich die an materieller Gewalt schwachen Priester in Griechenland und Indien zu Ansehen. Aber Chryses war kein Hofpriester wie Bṛhaspati.

Die „homerischen" Priester waren im allgemeinen nur eine Art Weissager; aus Beschauen der geopferten Tiere, aus Träumen und aus dem Flug der Vögel weissagten sie, wie es etwa bei Kalchas, dem Priester der Griechen vor Troja geschildert wird, dem weisen Ratgeber[410]. Aber sogar ihm traut Odysseus Irrtum oder gar Betrug zu[411]. Auch Priamos erklärt seiner Frau, er würde einem priesterlichen Zeichendeuter nicht geglaubt haben, aber Athene selber habe zu ihm gesprochen, daß er Achill um Hektors Leiche bitten solle[412]. Odysseus tötet mit den Freiern auch den Opferbeschauer, der diesen gedient hat[413]. Brahmanenmord wurde den Indern im allgemeinen als größte Sünde hingestellt, aber in der II. Periode berichteten Brahmanen von Tötung ihrer Standesgenossen durch Könige, gegen deren Befehl sie verstoßen hatten[414]. Wie bei den Griechen die „Könige" und auch die kleinen Leute selber ohne Priester opferten[415], so deuteten sie auch selber Vogelflug; und wenn Hektor einmal ein solches Vorzeichen mißachtet, muß seine Partei darunter leiden[416].

Die „homerischen" Menschen beteten auch selber zu ihren Göttern; sie spendeten ihnen vor jeder Mahlzeit wie die Inder, ließen sie aber nicht als Gäste großer Opfer durch Priester zum Opfer einladen. Ihre Priester waren keine Magier vom Typ der ṛgvedischen Opferpriester, die die Ritualistik als ihr Monopol pflegten und es angeblich allein verstanden, durch ihre Lieder die Götter für ihre

Auftraggeber zu gewinnen, dafür von diesen beschenkt wurden und diese wiederum dafür mit besonderen Strophen priesen; sie waren keine Herdenbesitzer wie ihre ṛgvedischen Kollegen. Sie lehrten keine kosmisch-moralische Ordnung, die einerseits an sich eine Allmacht darstelle, andererseits von Göttern wie Varuṇa und Indra geschützt werde, sondern sie sprachen nur vom Schicksal, das mit analoger Widersprüchlichkeit bald als selbständige Macht, bald von Zeus gelenkt fungiere. Nicht jeder griechische „Stammeskönig“ hatte seinen Hofpriester bei sich, weder Odysseus noch Achill, Diomedes oder Ajax, wie doch die ṛgvedischen „Könige“. Homerische Priester wählten sich nicht mit betonter Freiheit ihre „Könige“, um für sie zu opfern, wie die ṛgvedischen. Sie galten nicht als geehrte Fremdlinge wie die ṛgvedischen Priester, die in erster Linie die Gastlichkeit der Āryas in Anspruch nahmen; vielmehr erklärt einmal Eumaios, daß man gern nützliche Zimmerleute, Seher, Ärzte und Sänger als Gäste aufnähme[417], ohne Priester zu nennen. Das „homerische“ Gastrecht bezieht sich vor allem darauf, daß ein „König“ beim anderen aus diesem oder jenem Grunde um Aufnahme ersucht, so daß sich oft altererbte Gastfreundschaften entwickeln; so kommt der „König“ der Taphier zu Odysseus' Palast, um Telemach Nachricht von seinem Vater zu bringen[418], oder sucht Telemach in Pylos den Nestor auf, um von ihm etwas über seinen Vater zu erfahren[419], woraufhin Nestor dem Telemach seinen Sohn Peisistratos als Wagenlenker gibt, damit dieser ihn als Gast zu Menelaos nach Sparta bringe[420].

Nicht Priester sind die Verfasser der homerischen, der ältesten auf uns überkommenen griechischen Literatur, wie doch Priester die ṛgvedischen Lieder verfaßten. Vielmehr gehörte Homer zu der Gattung der weltlichen, epischen Sänger, wie er sie an den Höfen seiner „Könige“ des öfteren feiert. Am Hofe des Odysseus ist es Phemios, der vor den Freiern von der unglücklichen Heimfahrt der Helden nach der Zerstörung Trojas singt; hören doch die Menschen am liebsten Gesang über die neuesten Ereignisse[421]. Er dient den Freiern aber nur gezwungenermaßen, und am Ende verschont Odysseus ihn auf Bitten Telemachs[422]. Homer wollte offenbar keinen schurkischen Vertreter dieses Berufes in seinem Epos. Agamemnon vertraute, als er nach Troja fuhr, sein Weib einem Sänger an, eine hohe Ehre; aber Aegisthos beseitigte diesen[423]. Und am Hofe des „Königs“ der Phäaken singt der blinde Demodokos beim Gastmahl zur Harfe vom Ruhme der Männer, vom Streit des Odysseus und Achill[424], später dann beim Wettkampf der Fürsten in witziger Weise vom Ehebruch des Ares mit Aphrodite[425], und wiederum beim Mahle ehrt ihn Odysseus mit einem fetten Bissen und preist ihn, daß er, von Göttern gelehrt, so richtig sänge, als habe er alle Taten der Männer selber gesehen. Analog priesen Śatrughna und seine Leute das Epos des Vālmīki[426], nur hat dieser Brahmane eine andere, eher yogaartige Seherkraft, nicht die Gotterfülltheit des griechischen Sängers. Aber auch dies indische Epos trugen vermutlich[427] damals wie später[428] die Söhne Rāmas, Kuśa und Lava, die mythologischen Ahnen der *kuśīlavas*, der Volkssänger, vor, nicht Brahmanen, nicht sein Dichter Vālmīki. Die *kuśīlavas* sind aber mit größerer Ähnlichkeit als die Dichter des Ṛgveda, diese Vorläufer der Brahmanen, neben die griechischen Barden zu stellen.

So geehrt die „homerischen“ Sänger auch waren, sie sanken mit dem Fall des griechischen Königtums langsam dahin. Sie entwickelten sich nicht wie die ṛgvedischen Priester und Liederdichter zum Brahmanenstand, der den ersten Rang noch vor dem Kriegeradel beanspruchte und bis heute oder gestern behielt. Die „homerischen“ Sänger längerer oder kürzerer Epen, zu denen auch die sogenannten homerischen Hymnen gehören, sind eher mit den *sūtas*, den Wagenlenkern, und den *kuśīlavas* (s. o.) des alten Indiens zu vergleichen, die vermutlich schon von ṛgvedischen Zeiten an, wenn nicht noch früher[428a], den Ruhm der Männer besangen, Ideologen des sich herausbildenden Kriegeradels, der vedischen „Könige“. Der Glanz der *sūtas* erlosch mit dem Aufgeben der Streitwagen (dies geschah etwa gleichzeitig mit dem Aufhören der homerischen Sänger), so daß ihre dichterische Tradition dann auf die purānischen Brahmanen überging, die erst die uns erhaltenen Epen redigierten.

Wie dem auch sei, es ist eine Tatsache, daß als die ältesten literarischen Denkmäler der Griechen Heldenepen, als die der Inder aber magisch-priesterliche Lieder auf uns gekommen sind. Niemand wird jedoch bezweifeln, daß es auch bei den Griechen damals schon priesterliche und bei den Ārya weltliche Literatur gegeben hat. Nur sorgten die Brahmanen von der II. Periode an mit ihrem Bildungsprivileg für die Sammlung und Erhaltung der ṛgvedischen, die reichen Händler der Griechen dagegen für die der epischen Literatur. Insofern spiegelt die erhaltene Literatur diese beiden ältesten Gesellschaftszustände parteilich verzerrt wider[429]. Erst von der zweiten Periode an setzte sich bei den Ārya die asiatische Produktionsweise der vorarischen Bevölkerung der Munda durch, und auf deren Dorfgemeinden fußte letztlich die Macht der Brahmanen[430], während in griechischen Städten die Macht der Priester beschränkt blieb. Sonst müßte man annehmen, daß die Ārya bereits in vor-ṛgvedischer, innerasiatischer Zeit unter altorientalischem Einfluß zu einer so machtvollen Priesterschaft gekommen wären, als sie Bronze und Wagenbau von altorientalischen Gesellschaften übernahmen.

4. Ṛgveda und Altes Testament

Die einzige uns erhaltene ausführliche und alt bezeugte Schilderung der ungefähr in die damalige Zeit fallenden Landnahme eines Volkes ist die Israels. Sie zerfällt in zwei Teile. Der erste schildert die angeblich vierzigjährige Wanderung vom Sinai durch die Wüste nach Kanaan, die zweite die Eroberung Kanaans. Der erste Teil spielt vor unserer I. Periode, hat durch die Wüste weitgehend einen besonderen Charakter und ist eigentlich der Wanderung der Ārya noch außerhalb des Pandschab an die Seite zu stellen. Immerhin siedeln sich die Stämme Ruben, Gad und der halbe Stamm Manasse mit Einvernehmen Mosis bereits in diesem Teil der Wüstenwanderung noch östlich des Jordans an[431], so daß diese Landnahme dem Vorgehen der Ārya in der I. Periode phaseologisch entspricht. Und da die sozialen Verhältnisse zu Anfang des 300jährigen Aufenthalts der Ārya im Pandschab noch ähnlich gewesen sein mögen wie in ihrer vorangegangenen Wanderungszeit, aber auch wie die der Israeliten, mag deren Wanderung hier behandelt werden, und zwar nach der Bibel, ohne Versuch einer historischen Kritik.

Am Sinai veranstaltete Moses eine Zählung der Männer aller zwölf Stämme, nahm von jedem Stamm den Hauptmann und holte außerdem den Priester Aaron im großen Heerlager der Stämme neben sich[432]. Von dort brachen sie unter den Hauptleuten in die Wüste auf[433]. Die Hauptleute waren die Analoga zu den „Königen" der Ārya und Griechen; Moses aber war ein Führer des Bundes der zwölf israelitischen Stämme, analog dem *samrāj*, dem anzunehmenden Führer der zehn „Stämme" in der Zehnkönigsschlacht, und Agamemnon. Moses aber war ein Levit[434] und seine Herrschaft eine theokratische, zumal seine Stellung mit seiner Erwählung durch Gott sanktioniert war[435]. Neben ihm als dem politischen Führer der Stämme stand Aaron als ihr Priester und ständiger Begleiter Mosis, entsprechend dem arischen *purohita*, für die Politik aber weit bedeutender als Kalchas für die der Griechen vor Troja. Solch ein Priester (Eleasar, s. u.) hatte dem politischen Führer auf dessen Frage die Meinung Gottes zu vermitteln[436]. Auch Aaron galt als durch ein Wunder Gottes vor allen Leviten auserwählt[437], und noch ehe er starb, wurde auf Wunsch Gottes sein Sohn Eleasar von Moses als Aarons Nachfolger eingesetzt und der ganzen Gemeinde, dem versammelten Heer, vorgestellt[438]. Auch im Ṛgveda gab es Erblichkeit dieses Amtes insbesondere unter den Vasiṣṭiden. Und wie dort hat der Priester mit in den Krieg zu ziehen[439]. Er hat bei der Verteilung der Kriegsbeute mitzuwirken (s. u.) und später bei der Landverteilung an die Stämme. Die hohe Stellung des Priesters neben dem „König" entspricht dem Rang des Priesterstandes, der Leviten und Brahmanen, neben dem des Kriegeradels bei Israeliten und Ārya, während er bei Griechen fehlte.

Auf Moses aber folgte noch kurz vor Ende der Wanderung, angeblich auf Gottes Wunsch, Josua, damit die Stämme nicht ohne Hirten seien[440]; Moses stellte ihn der ganzen Gemeinde (also in einer Stammesbund- oder Heeres-Versammlung) im Beisein des Priesters Eleasar vor.

Moses hatte Boten zur Hand; einen sandte er zum König der Edomiter, damit er mit ihm über den Durchzug der Stämme Israels durch sein Land verhandle, ebenso einen zum König der Amoriter[441]. Boten Josuas und einiger Richter der nächsten Periode werden gelegentlich erwähnt; sie suchen einen vergrabenen Schatz, Silber, das ein Israelit unterschlagen wollte, statt es als Beuteanteil dem Tempel abzuliefern[442]. Drei Männer aus jedem Stamme durchstreifen als Josuas Boten das Land, um dessen Aufteilung vorzubereiten[443]. Boten, und zwar der Priester Pinehas, Sohn Eleasars, mit je einem obersten Fürsten (s. o. Hauptmann) der Stämme werden von Josua zu politischen Verhandlungen nach Gilead gesandt[444]. Gideon sendet Botschaft zu Manasse, Asser und auf das ganze Gebirge Ephraim um Heeresfolge[445]; Jephta sendet Botschaft zum König von Ammon, um ihn vom Kriege abzuhalten[446]. Die Ältesten der Stadt Jabes sandten Boten um Hilfe gegen Ammon durch ganz Israel[447], auch zu Saul, und dieser sandte wiederum Boten ins ganze Land, um alle zum Kriege aufzurufen; und als alle versammelt waren, sandten sie Boten nach Jabes und versprachen Hilfe für den folgenden Tag[448].

Neben den Boten gab es Späher wie in Griechenland und im Pandschab. Moses sandte zwölf, einen aus jedem Stamm, aus, um Kanaan zu erkunden, unter ihnen Josua[449]. Gideon selber ging mit seinem Diener ins Lager der Midianiter, um zu hören, was diese redeten[450]. Der Stamm Dan sandte, da es keinen König in Israel gab, selber fünf seiner Männer aus, das Land Lais zu erforschen, in dem sie sich niederlassen wollten[451].

Unter den Hauptleuten („Königen") der Stämme standen Amtleute oder Älteste[452], die u. a. vor einem Heereszug die Männer, die ein neues Haus gebaut, einen Weinberg angelegt, ein Weib genommen hatten oder bange waren, vom Heeresdienst befreien konnten, ehe der Hauptmann an die Spitze des Stammesheeres trat[453]. Man möchte sie den *grāmaṇīs* vergleichen.

Neben den Amtleuten aber standen Richter: beide hatten zu richten. Ursprünglich, wird berichtet[454], hatte Moses selber gerichtet, hatte aber diese Funktion, da er mit ihr alleine nicht fertig werden konnte, an Richter übertragen, und zwar auf Rat seines Schwiegervaters, des Priesters der Midianiter; vielleicht also stammt diese Einrichtung von dem fremden, den damaligen Israeliten womöglich sozial überlegenen Volk. Richter wurden über zehn, fünfzig, hundert und tausend, d. h. vermutlich über so viele Familien gesetzt[455] – falls diese Einrichtung wirklich so alt ist. Nach einem anderen – freilich recht späten – Bericht im Deuteronomium wurden Richter und Amtleute erst am Sinai eingesetzt[456], und zwar im Zusammenhang mit Gesetzen, die sich u. a. auf Grenzstreitigkeiten unter Bauern beziehen und[457] damit Seßhaftigkeit voraussetzen, Rechtsfragen, wie sie für die Israeliten erst in Kanaan wichtig wurden, wie Homer sie erwähnt, aber ebenso wenig wie der Ṛgveda von einem Gericht bestallter Richter aburteilen läßt.

Wenn es an dieser Stelle ausdrücklich heißt, daß ein König dieses Recht später aufzeichnen werde[458], so ist damit als mit einer nachträglichen Wahrsagung auf die Königszeit verwiesen, in die solche Gesetze in der Tat besser passen als in die der Wüstenwanderung. Dazu paßt folgendes: Man nimmt neuerdings[459] an, daß Moses gemäß dem ältesten, um 950 v. u. Z., also in der frühen Königszeit verfaßten „Erzählungsfaden" L am Sinai gar kein Recht festlegte. Ein Jahrhundert später lehrte der Erzählungsfaden J den kultischen Dekalog (Ex. 34, 14–25), und noch ein halbes Jahrhundert später lehrte der Erzählungsfaden E den ethischen Dekalog, die zehn Gebote (Ex. 20, 1–17). Wohl ziemlich bald danach wurde das Bundesbuch (Ex. 20, 22 – 23, 19) in die bereits vereinigten L-, J- und E-Fäden der Sinaigeschichte eingefügt. Das Bundesbuch gilt aber an sich als wesentlich älter und wird schätzungsweise der Zeit der Eroberung Kanaans zugeschrieben, dem 11. oder 10. Jahrhundert. Mit dem Bundesbuch begann nach jenen Festlegungen von Kult und Moral erst das eigentliche Recht, und zwar mit Fragen der Schuldknechtschaft, die wie später in Indien zu Schuldsklaverei werden konnte[460] (auch das indische Rechtssystem[461] begann mit Schuldrecht), Mord und Totschlag, Menschenraub, Körperverletzung unter Empfehlung des *jus talionis*, aber auch Körperverletzung durch Ochsen (entsprechend indischen Problemen der Verletzung durch einen Wagen)[462], Diebstahl, Einbruch, Flurschaden (man bebaute also bereits Felder), Depositum, Verführung von Mädchen (die zu einer Liebesheirat führen sollte wie bei dem Munda), Zauberei, Sodomie und nochmals Schuld- und Pfandrecht. Dieses Recht setzt Seßhaftigkeit und Staat voraus, gehört zwar in die Zeit der I. altindischen Periode der Geschichte, aber die Seßhaftwerdung der israelitischen Stämme in Kanaan entspricht phaseologisch erst der II. altindischen Periode, und dieses Recht entspricht sachlich gar erst dem brahmanischen Recht der III. Periode des alten Indiens. Die Stämme Israels gelangten ja schon um 1000, also zur Zeit der I. altindischen Periode zum Königtum, die Ārya aber erst in der nächsten Periode, beide indessen nach und großenteils durch Zusammenwachsen mit der Vorbevölkerung. Diese war in den kanaanäischen Königtümern aber weiter entwickelt als die Munda der Gangesebene. Wie man auch den Unterschied der Schnelligkeit der Entwicklung dieser beiden Gesellschaften erklären mag, in diesem israelitischen ebenso wie im brahmanischen Recht der III. Periode sind Zivil- und Strafrecht noch nicht voneinander unterschieden, liegt noch kein Rechtssystem[463] vor und ist das Recht noch in Religion und Moral eingebettet. Hervorzuheben ist aber der humane Charakter dieses Bundesbuches mit seinem Verkünden des Sabbath, seinem Eintreten für die Armen, die Witwen und Waisen, die Fremdlinge und die hebräischen Schuldknechte (diese werden grundsätzlich im 7. Jahre frei) und gegen Bestechlichkeit. Die Israeliten waren in Kanaan durch starke Nachbarn weit gefährdeter als die Ārya im Pandschab und unter anderem wohl dadurch zu größerem Entgegenkommen den Massen der Bevölkerung gegenüber gezwungen[464]. Diese soziale Lage und dieses Recht passen ebenso in das zehnte Jahrhundert, d. h. in das frühe Königtum, wie das indische Recht der III. Periode.

Während ihrer Wüstenwanderung kamen die Stämme Israels freilich auch durch bebautes Land oder mußten es umgehen. So ließ der König der Edomiter sie nicht durch sein Land ziehen, ebensowenig der der Amoriter[465]. Um Edom zogen sie herum, das Land der Amoriter aber unterwarfen sie und hausten dort eine Zeitlang so schrecklich, daß die Moabiter, die als nächste von Israel bedroht waren, fürchteten, „dieser Haufe würde auffressen, was um sie sei“[466]. Danach fielen die wandernden Israeliten über die Midianiter her, erschlugen alle Männer und nahmen sich die Frauen, das Vieh und die sonstige Habe als Beute. Moses, der Priester Eleasar und die obersten Väter (d. h. die Hauptleute ?) der ganzen israelitischen Gemeinde verteilten die riesige Beute je zur Hälfte an die Krieger und an die Gemeinde: 32000 Mädchen (die verheirateten Frauen hatten sie erschlagen), 675000 Schafe, 72000 Rinder und 61000 Esel. Von jeder Hälfte erhielten die Priester einen Teil, und die Krieger brachten Moses und dem Priester 16750 Lot goldene Ketten, Armringe usw. für ihren Gott. Aus jedem der zwölf Stämme waren tausend Mann in diesen Krieg gezogen[467]. Nicht alle waffenfähigen Männer wurden dafür benötigt (s. o.). Aber das Heer war noch ein Volksheer, und die Heeresversammlung war zugleich die Volksversammlung, „die ganze Gemeinde“, der die oben erwähnten Späher über Kanaan berichteten[468]. Ihr, d. h. dem ganzen Volk verkündete Moses seine Gebote, u. a. daß verflucht sein solle, wer seinem Nachbarn die Grenze verengert, das Recht der Fremdlinge, Waisen und Witwen beugt und seinen Nächsten heimlich erschlägt[469]. Dem ganzen Volke Israel verkündete Moses schließlich seinen Entschluß, Josua als seinen Nachfolger einzusetzen, da er selber 120 Jahre vollbracht hätte[470]. Moses hatte Josua ja schon vorher Eleasar und der ganzen Gemeinde als Nachfolger vorgestellt[471].

Es wird nicht berichtet, daß die Stämme Israels in ihren Versammlungen demokratisch beraten hätten; wie bei Homer nimmt das Volk Reden des Moses entgegen, es ruft aber nicht Beifall wie die homerischen Griechen. Die gentile Gesellschaft der Israeliten war eben im Zerfallen, der ständige Krieg gab dem Kriegsführer besondere Macht, und gegen ihn richtete sich der Angriff der „Rotte Korah". Korah, ein Levit, und „250 der Vornehmsten in der Gemeinde, Ratsherren und namhafte Leute" versammelten sich und fragten Moses und Aaron, warum sie beide sich über die Gemeinde erhöben; warum hätten sie sie statt nach Kanaan in die Wüste geführt? Im Angesicht der ganzen Gemeinde erwiesen sich Aaron und Moses aber als die Erwählten Gottes, und die Rotte Korah wurde von der Erde verschlungen[472]. Sie wandte sich im Interesse der Stammesaristokratie gegen autokratische Tendenzen bei diesen beiden Theokraten. Sie ist damit nur sehr entfernt mit Thersites zu vergleichen, denn sie bestand nicht aus Ausgebeuteten; von solchen ist zwar in den eingeschobenen Rechtskapiteln die Rede, von Sklaven und Schuldknechten, aber in den wandernden Stämmen gab es noch keine Klassen mit antagonistischen Widersprüchen wie auch noch nicht bei den ṛgvedischen Ārya. Im großen ganzen steht die israelitische Gesellschaft dieser Zeit auf einer ähnlichen Stufe der militärischen Demokratie wie die Ārya und die ältere Schicht der „homerischen" Griechen. Im einzelnen aber hatten nur die Kriegsführer der Israeliten theokratisch-autokratische Züge, hatten die Āryas in den Brahmanen und Israel in den Leviten ihren beginnenden Priesterstand und hatten die „homerischen" Könige Städte und ihre Krongüter mit Sklaven, Zustände, die durch die Priesterlieder des Ṛgveda, die Prosachronik des AT und die homerischen Epen bezeugt sind.

II. Periode: Das Entstehen des spätvedischen Staates (900–550 v. u. Z.)

1. Seßhaftwerden der Āryas

Im Verlaufe der II. Periode drangen vedische „Könige" mit ihren Gefolgschaften, sich von ihren zerfallenden „Stämmen" lösend, ins Doab. Durch die Verbindung der Eroberer mit der Vorbevölkerung entstanden neue Völkerschaften wie die Videhas, Kurus, Pancālas, Ānartas; zugleich entstanden Klassen, insbesondere die der Unterworfenen, der Śūdras, der am barbarischsten ausgebeuteten Produzenten. Die Sicherung der Ausbeutung machte Staaten mit einem Machtapparat notwendig. Bei dieser Entwicklung wurde erst am Ende der Periode die völlige Seßhaftigkeit erreicht. Noch in den jüngsten Texten der Periode wird geschildert, wie ein König umherzieht. Er nimmt, wenn er auszieht, *ugras, pratyenasas, sūtas* und *grāmaṇīs* mit sich, und wenn er ankommt, bereiten ihm diese vier Speise, Trank und Wohnung vor und empfangen ihn mit freudigem Zuruf. Dabei kommt er nach dem Kommentar in seinem Königreiche[1] an, was das auch heißen mag; *ugras* waren wohl die Nachkommen der „Mächtigen" des Ṛgveda, Mitglieder des Kriegeradels; *pratyenasas*, Entsühner, waren vermutlich Brahmanen; *sūtas* waren Barden und *grāmaṇīs* einerseits Dorfschulzen (bei erreichter Seßhaftigkeit), andererseits militärische Gruppenführer[2]. An einer anderen Stelle aber heißt es: Ein König nimmt sein Volk mit sich und zieht nach Wunsch in seinem Lande umher[3]. Der erste König reist mit einem begrenzten Gefolge, der zweite wandert mit seinen Untertanen in seinem Reichsgebiet. Das erste könnte eine Art Inspektionsreise sein, wie sie später bei Aśoka und Harṣa berühmt geworden sind. Das zweite wäre ein Rest des damals jahrhundertelang gewohnten Nomadisierens vor endgültiger Seßhaftigkeit, und ein anderer Rest wäre vielleicht auch das erste Umherziehen. Beide Textstellen setzen schon ein einigermaßen territorial abgegrenztes Reich voraus. Von gastlichem Empfang eines irgendwie umherziehenden Königs ist öfter die Rede.[4]

Das altgewohnte Nomadisieren lebte in anderer Weise in den ständigen Kriegen dieser Periode weiter. Kriegführen war noch immer der Hauptberuf der Könige. Die verschiedenen vedischen Völkerschaften kämpften untereinander, wie die Satvats gegen die Bharatas, aber auch Āryas gegen Dasyus, und zwar wie in der I. Periode um Vieh, aber auch um Land. Die Gefolgschaften der Könige bestanden aus Wagen- und Fußkämpfern, wie die „Stämme" des Ṛgveda, und es gab wie dort Fluchtburgen. Man sandte wie in ṛgvedischer Zeit Späher aus[5].

Mit der sich durchsetzenden Seßhaftigkeit aber wurde aus dem eroberten Gebiet ein territorial begrenztes Reich, das an die Stelle des ṛgvedischen „Stammes"-Gebiets trat. Ein einziges Mal kommt schon das „Kuruland" (Kurukṣetra) mit einem später üblichen Ausdruck vor[6], während sonst der Name der Völkerschaft auch ihr Gebiet bezeichnet (wie etwa „Bayern, Sachsen"). Wie groß solch ein Gebiet gewesen ist, ist einstweilen kaum zu schätzen[7]. Die Sadānīrā wird als Grenze zwischen den Kosalas und Videhas erwähnt; dies erinnert an die Rolle der schwer zu überschreitenden Flüsse im Ṛgveda[8].

Die Bauern wurden in Dörfern seßhaft; das keimhafte Entstehen von Städten ist anzunehmen. Könige gründeten so etwas wie Residenzen. Von einem einzigen Haus (*ekaveśman*) aus regierte ein König sein Reich[9]. Für seine Herrschaft war wie in der I. Periode ein Thron (*āsandī*) wichtig, der mit seinen Teilen aus bestimmten Hölzern, Decken und Kissen mehrfach beschrieben wird, weil die Priester in ihm magische Kräfte verkörpert sahen[10]. Nach ihm hieß eine Residenz Āsandīvat, ein Dorf als Platz eines Thrones[11]. Aber gelegentlich heißt es, daß er tragbar war[12]. Er hat also offenbar so manchen König bei seinem Umherziehen begleitet[13]. An anderer Stelle steht der Thron hinter einem Fluß, den der sich dem Thron Nahende überschreiten muß, hinter einem See und anscheinend in einem Haus an einem Platz mit Wächtern. Es mag sich um eine Art Burg gehandelt haben[14], den Ausgangspunkt der Wanderungen und Kriegszüge des Königs, nicht um eine Stadt.

Für „Völkerschaft" hat man damals der neuen gesellschaftlichen Lage entsprechend ein vom „Stamm" abgeleitetes neues Wort geprägt, *janatā*. Das ṛgvedische *viś*, das irgendeine Unterabteilung des „Stammes" bedeutet hatte, wurde in der II. Periode verallgemeinert und im Sinne von arischem Volk, Untertanen gebraucht. So spricht auch eine merkwürdige Stelle vom dreifachen Volk (*viś*), nämlich vom *brahman*, *kṣatram* und der *viś*, d. h. von den drei arischen Ständen; dabei wurden die Śūdras des nichtarischen Standes nicht mit zur *viś* gerechnet. Neu war auch der von „Stamm" (*jana*) abgeleitete Begriff *janapada*, der ebenfalls Völkerschaft bedeutet, und von ihm wurde wiederum *jānapada* abgeleitet[15].

2. König und Hofstaat

Der König der II. Periode muß wie der der I. und aller späteren Perioden einen Schatz, Speicher und Arsenal gehabt haben. Seine Einnahmen waren grundsätzlich dieselben wie die in der vorangegangenen Periode: aus Beute, Abgaben und eigener Produktion. Bei der Verteilung der Beute hatte der König das Recht, sich einen Vorteil „herauszutreiben", d. h. einen Sonderanteil der erbeuteten Herden[16]. Aber auch Waffen, Gewänder und Schmuck mögen zur Beute gehört haben. Abgaben erhielt der König von den Vaiśyas, und nur von diesen. Sie waren der Höhe nach nicht festgelegt, wie es den rechtlosen Zeiten und der damaligen barbarischen Ausbeutung der Vaiśyas (und Śūdras) entsprach. Die Abgaben bestanden aus Nahrungsmitteln[17], wie ein Ausdruck andeutet. Von Arbeitstribut neben Abgaben ist aber nicht die Rede. Wenn gelegentlich Aufwartungen oder Dienste erwähnt werden[18], braucht sich das nicht auf die Mitglieder des dritten Standes dem Könige gegenüber zu beziehen. Arbeitsleistungen oder Sachabgaben von Handwerkern werden nicht erwähnt. Für Waffen, Geräte und Kleider gab der König Handwerkern, wie dem Wagenbauer und Zimmermann, die zu seinem Hofe gehörten[19], wohl einen Entgelt. Unverständlich ist einstweilen die vereinzelte Angabe, der König habe keine Herden gehabt[20]. Wenn das richtig wäre, würde sich der König dieser Periode in dieser Hinsicht von seinen ṛgvedischen Vorläufern ebenso wie von seinen Nachfahren unterschieden haben[21]. Bei dem Manusproß Śaryāta wird jedenfalls ausdrücklich von seinen Herden und Hirten gesprochen[22]. Sicher ist dagegen, daß der König damals – wie auch sonst – keine große Landwirtschaft mit Sklaven oder anderen Abhängigen betrieben hat. Freilich wird von dem mehr oder weniger mythischen König Janaka von Videha, der nach dem Zeugnis der Brāhmaṇas und Upanishaden dieser Periode zuzurechnen ist, im Rāmāyaṇa berichtet, er habe eigenhändig gepflügt (und dabei in der Furche seine berühmte Tochter Sītā gefunden)[23]. Es mag sich da aber um rituelles Pflügen gehandelt haben; man kann ihn sich unmöglich als einen Bauern vorstellen. Er hat dem Philosophen Yājñavalkya tausend Rinder geschenkt[24]; muß also große Herden besessen haben. Ob diese Herden wie die sonstige Habe des Königs diesem von Staats wegen oder privat gehörten und zur Verfügung standen, wurde damals ebenso wenig wie im Ṛgveda unterschieden.

Ausgaben des Königs erforderten sein Hofstaat, u. a. die eben erwähnten königlichen Handwerker[25], die anzunehmenden Sklavinnen und vielleicht ein paar Haussklaven. Das Heer bestand aus dem Kriegeradel als Wagenkämpfern und den Vaiśyas als Fußtruppen (s. o.); durch die *viś* wird der Kṣatriya stark, heißt es[26]. Es war kein stehendes Heer und wird sich in Krieg und Frieden selber ernährt haben. Der König hatte nur seine engere Gefolgschaft zu unterhalten, und zwar in Kriegs- wie in Friedenszeiten. Gelegentlich ist von damaligen vornehmen Gastmählern die Rede[27]. Es kann sich dabei um die Vornehmen des königlichen Gefolges gehandelt haben, um Männer des Krieger- und Priesteradels, die auch als die Teilnehmer an den höfischen Versammlungen gelten können[28], in denen unter anderem über religiös-philosophische Fragen diskutiert wurde und die vielleicht ein Rest einer Art Ältestenrates beim König waren, wie wir ihn uns für die ṛgvedische Zeit nach Art etwa der „homerischen" Gesellschaft ausmalen können[29]. Solche Versammlungen und Gastmähler werden dem König allerhand Kosten gemacht haben. Dazu kamen die Ausgaben für die Opfer mit ihren täglichen, periodischen und bei manchen Sondergelegenheiten langwierigen Riten, Scharen von Priestern und deren Helfern, zweifellos ein hoch zu veranschlagender Posten der königlichen Ausgaben. Es ist einstweilen nichts darüber bekannt geworden, ob, und es ist unwahrscheinlich, daß der damalige König schon Ausgaben für öffentliche Arbeiten, etwa Straßenbau oder Anlage von Bewässerungswerken zu leisten hatte, am Ende der Periode aber wohl für seine Stadt mit ihrer Befestigung. Beträchtliche Kosten wird auch das Luxusleben am Hofe mit kostbarer Kleidung, Schmuck, Jagdvergnügen, Wagenrennen[30], Würfelspiel, Preisen für Philosophen (s. o.) und vermutlich Dichter, Musiker oder Tänzer, und Unterhalt mehrerer Frauen verursacht haben. Regelmäßig aber mußten allerlei Abhängige des Königs an seinem Hof unterhalten werden wie der Wagenlenker, Bote, Späher usw. als Nachfolger der Abhängigen ṛgvedischer Zeiten.

Bei Brahmanengeschenken, die Priester für den Vollzug ganz großer, selten, wenn überhaupt von einem König einmal in seinem Leben vollzogener Opfer wie dem Pferde-, Menschen- und Allopfer zu beanspruchen hatten, werden einige im einzelnen noch unklare Angaben aus damaligen Texten so gedeutet, als habe der König damals schon wie später Pfründen in der Form vergeben, daß die beschenkten Brahmanen nicht tatsächlich Land mit seinen Bearbeitern (vermutlich vom Sūdra-Heloten-Stand) geschenkt erhielten, sondern nur das Recht auf die Abgaben der Bauern und Handwerker, die an sich dem König zu entrichten waren[31]. Von einem Fürsten Jānaśruti wird berichtet, er habe damals einem armen, verkannten Atem-Wind-Magier außer seiner Tochter und tausend Rindern ein Dorf geschenkt[32].

Problematisch ist einstweilen die Frage nach dem Hofstaat oder Beamtenapparat, den der König zu unterhalten hatte. Es gibt da einerseits eine Liste von acht ,,Männern" (*vīra*), die für den König wichtig waren, andererseits mehrere Varianten von elf bis dreizehn „Juwelen" oder „Juwelenträgern bzw. -empfängern" (*ratna, ratnin*); beide decken sich großenteils, beide sind in manchen Einzelheiten aber noch fraglich. Beide zeigen, daß sich damals bereits Elemente der späteren Staatslehre zu entwickeln begannen[33], denn dieser lag unter anderem von der IV. Periode an die ganz ähnliche, nur weiter entwickelte Liste der 18 *tīrthas* zugrunde[34]. Die acht „Männer" sind 1. der Sohn und 2. der Bruder des Königs, deren große Rolle am Hof bei Thronfolge- und Autoritätsproblemen einleuchtet. Zu ihnen gehört 3. der Hofpriester, der bereits aus dem Ṛgveda bekannt ist, von „Geschenken" des Königs lebte, kein Beamter war, aber als Vollzieher der großen und kleinen königlichen Riten dem König dessen magische Verantwortung tragen half und damit auch politisch bedeutsam war. Als vierter „Mann" wird die Hauptkönigin (*mahiṣī*) angeführt; 5. der *sūta* und 6. der *grāmaṇī* werden häufig zusammen genannt. *Sūtas* waren später die Wagenlenker als Vertrauenspersonen des Königs, damit zugleich seine Barden und Genealogen, Überlieferer der purānisch-epischen Tradition. Da der 8. „Mann" der Zügelhalter (*samgrahītṛ*) ist, wird der *sūta* dieser Liste nur die ideologischen Aufgaben gehabt haben. Der *grāmaṇī*, ebenfalls bereits im Ṛgveda vorgekommen, war der Führer eines *grāma*, d. h. einer Heeresgruppe und zugleich eines Dorfes. Ein solcher Dorfschulze war ein Vaiśya wie die Bauern, aber der König suchte ihn als seinen Mann zu gewinnen. Schon im Atharvaveda 3,5 betet ein König zu einem magischen Kraut, es möge machen, daß der Wagenbauer und der Schmied, der *sūta* und der *grāmaṇī*, diese beiden Königsmacher, die selber keine Könige seien, seine Abhängigen (*upasti*) sind[35]. *Sūtas* und *grāmaṇīs* (Plural!) nimmt der (aus einem Dorf oder seiner Residenz) ausziehende König mit sich, und bei seiner Ankunft (in dem Dorf des betreffenden Schulzen) jubeln sie ihm zu und versorgen ihn[36]. Der König strebte damals offenbar danach, daß die Dorfschulzen weiter, wie es früher in der Zeit der Wanderung und Landnahme die Gruppenführer getan hatten, mit ihm in seinem Reiche umherzogen. Gerade diese beiden, der *sūta* und *grāmaṇī*, wurden als „Königsmacher" bezeichnet; sie waren vermutlich die ideologische und materielle Stütze seiner Macht; jedoch setzten sie ihn nicht etwa wörtlich auf den Thron, denn das Königtum war im wesentlichen erblich.

Auch der 7. und 8. „Mann" des Königs wurden oft zusammen angeführt, der *kṣattṛ* und der *saṃgrahītṛ*. Der *kṣattṛ* war der Fleischzerleger am Hofe, der *saṃgrahītṛ* der Zügelhalter, d. h. Wagenlenker (s. o.). Dieses Paar stand an Rang offenbar unter dem vorangegangenen Paar; nur die vier ersten „Mänern" waren von hohem Stand.

In der Liste der „Juwelen", die in mehreren Varianten überliefert ist, fehlen nur die beiden ersten „Männer". Als erster wird meist der Hofpriester aufgeführt, nur einmal der Heerführer. Die priesterlichen Texte spiegeln damit nicht eindeutig die wirkliche Lage wider[37]; sie helfen uns nicht zu entscheiden, wer von diesen beiden die höchste Stelle nach dem König einnahm. Man hat dazu auf eine eigenartige Stelle hingewiesen, wonach ein „Nichtkönig" Atyarāti Jānamtapi seinen Brahmanen Sātahavya auffordert, (mit magischen Mitteln) das Land der Uttarakurus zu erobern; der Brahmane solle dann dort König werden, er selber werde sein Heerführer werden. Dieser „Nichtkönig" (vermutlich aus einer kleineren Adelsfamilie) hatte vorher bereits dank der Riten dieses Priesters die ganze Welt als Eroberer durchzogen, war also eine Art gewalttätiger, erfolgreicher Usurpator und war dennoch bereit, sich mit der Stellung als Heerführer eines Brahmanen-Königs in einem fabelhaften Land in den nördlichen Bergen zu begnügen[38]. Diese Uttarakurus galten als eine königsloses Volk[39]; es war also vielleicht noch ein Stamm; der „Welteroberer" wollte ihm einen König aufzwingen, unerklärlicherweise einen Brahmanen[40], und sah das Feldherrnamt bei diesem nördlichen Volk unter solchem König als Krönung seiner Siegerlaufbahn an. Ein damaliger Welteroberer unterwarf sich nicht etwa den Erdkreis zu einem Weltreich – ein solches hätte man nicht verwalten können –, sondern erzwang nur die Unterwürfigkeit seiner Nachbarn, so daß sie ihn als Sieger anerkannten. Dies Ideal und diese Praxis lassen sich mit entsprechenden Wandlungen vom Ṛgveda bis in den Feudalismus hinein verfolgen[41]. Man kann aber wohl annehmen, daß die Stellung des Heerführers auch unter einem Kṣatriya-König sehr hoch gewesen ist, anscheinend die eines Stellvertreters des Königs[42]. Auf jeden Fall war es etwas Neues gegenüber dem Ṛgveda, daß der König einen Heerführer neben sich hatte und damit einen hohen staatlichen Funktionär. Von welchen Einnahmen dieser lebte (bezog er ein staatliches Gehalt?), ist noch nicht bekannt. Er war wohl ein adliger reicher Herdenbesitzer, einer der mächtigsten Kṣatriyas neben dem König.

Ebenso wenig war der Hofpriester, der zweite unter den Juwelen, ein staatlicher, Gehalt empfangender Beamter; und von beiden wissen wir nicht deutlich, wie sie zu ihrer Stellung kamen. Einerseits beanspruchten Brahmanen seit ṛgvedischen Zeiten die Freiheit, sich einen König wählen zu können, und verdrängten gelegentlich andere aus dieser Stellung; sie wollten als Gäste aufgenommen werden. Andererseits hatten sicher die Könige ein Mitsprache-, wenn nicht gar Wahlrecht bei der Einstellung eines Hofpriesters. Wozu veranstalteten sie sonst die Diskussionen der Brahmanen, die einen von ihnen als den „Wissendsten“, d. h. magisch Stärksten erweisen sollten?[42a] Freilich wird der „Wissendste“ von allen, Yājñavalka, von König Janaka nicht etwa ausdrücklich als Hofpriester eingesetzt, fungiert nur als verehrter Lehrer des Königs und hätte seiner Philosophie, die im Grunde schon nicht mehr vedisch war, entsprechend eine solche Magiertätigkeit wohl gar nicht übernommen. Jedenfalls bildeten diese drei, der König, sein Hofpriester und sein Heerführer, die Spitze des Staates, in der der König unter Umständen zwischen Krieger- und Priesteradel den Ausschlag gab.

Der König und sein Priester schlossen eine Art Vertrag, eine Art Verlobung, denn dabei wurde ein Vers rezitiert, der zum Verlobungsritual gehörte; aber welcher von den beiden als Gatte, welcher als Gattin angesehen wurde, wer sich wem verlobte, ist bisher nicht zu erkennen[43]. Ähnlich war es bei der Krönung des Königs. Bei ihr verehrte einerseits der Brahmane diesen, andererseits versichern brahmanische Texte, daß Soma, nicht der irdische König ihr König sei[44]. Und wenn der Hofpriester seinen König zur Erlangung der Weltherrschaft weihte, forderte er von ihm in feierlicher Formel, daß er, falls er seinen Priester betrüge, des Königs religiöses Verdienst, sein Leben und seine Nachkommenschaft dem Priester übereignen solle, und der König wiederholte die Formel als eine Art Selbstverfluchung bei dieser Art Vertragsschluß zwischen ihm und seinem Hofpriester[45]. Nach einer solchen Weihe betrog jener König Atyarāti Jānamtapi seinen Hofpriester Sātahavya um dessen Opfergeschenk; infolgedessen wurde er von seinem Hofpriester magisch seiner Kraft beraubt und vom König der Śibis erschlagen[46]. Diese Strafe deckt sich nicht ganz mit der eben erwähnten Selbstverfluchung, aber das liegt wohl nur an der Art des Erzählens, denn die Überlegenheit des Hofpriesters über seinen König ist in dieser brahmanischen parteilichen Darlegung des Ritus und der Geschichte deutlich genug. Es handelt sich wohl um ein Treugelübde, wie es in der I. Periode zwischen „König“ und „Stamm“ üblich gewesen war und damals den noch demokratischen Verhältnissen entsprochen hatte. Entsprechend dem allgemeinen Verhältnis von Krieger- und Priesteradel gab es eben auch zwischen König und Hofpriester unklare, widerspruchsvolle Beziehungen.

Die allein erhaltenen priesterlichen Texte betonen dabei mit Nachdruck den hohen Rang des Hofpriesters. Von einem König ohne Hofpriester nehmen die Götter keine Speise, d. h. kein Opfer an; deshalb möge ein König einen Brahmanen „an die Spitze stellen“, d. h. als Hofpriester (*purohita* = vorangestellter) über oder vor sich stellen. Der Hofpriester ist ein (den König) zum Himmel führendes Opferfeuer; gut gepflegt, erfreut, trägt es ihn zum Himmel, zu Macht, Königtum und Volk. Verärgert, verstößt es ihn aus Macht, Königtum und Volk[47]. Diesen Hofpriester muß der König (wie einen Gast)[48] empfangen, ihn speisen und ihm sogar seine Frauengemächer zur Befriedigung seines Mannestums öffnen[49]. Der Hofpriester seinerseits muß „wissen“, daß das Feuer der Hofpriester der Erde, der Wind der des Luftraums und die Sonne der des Himmels ist[50]; dann werde (kraft der Magie dieses „Wissens“) der König sein Freund, und ein solcher „wissender“ Hofpriester werde der Hirte (Hüter) seines Königsreichs; dieser König werde Herr des Kriegeradels, und mit ihm stimme das Volk überein[51]. Der Brahmane Maitreya Kauṣārava lehrte seinen König Sutvan Kairiṣi den Zauber des „Ringsherumsterbens“ der Feinde – fährt der brahmanische Text fort; dieser (vermutlich der König) befolgte die Regel, wenn sein Feind stände, ebenfalls zu stehen; nur wenn sein Feind säße, sich auch zu setzen, und wenn jener wachte, selber zu wachen; und hätte der Feind einen steinernen Kopf, er würde den Feind niederwerfen. Fünf Könige seien durch jene Magie des Brahmanen um ihn herum gestorben[52]. Da verbindet sich priesterliche Magie mit politischer Klugheit; man kann hier wiederum geradezu vom Anfang der Staatslehre sprechen[53]. Staatliche Gewalt und priesterliche Ideologie gehören zusammen. Aber es gab bei den damaligen innenpolitischen Machtkämpfen entsprechend der Verbannung von Königen auch Verdrängung von Hofbrahmanen durch Hofbrahmanen; wie in der ṛgvedischen Periode Vasiṣṭha den Viśvāmitra bei König Sudās, so verdrängte Keśin Dārbhya den Ahīna Aśvatthi bei König Keśin Sātyakāmin in der II. Periode[54]. Teilweise war die Stellung als Hofpriester aber auch erblich[55], wie es sich schon im Ṛgveda angebahnt hatte[56]. Andererseits wurden Riten gelehrt, durch die ein Brahmane angeblich die Hofpriesterwürde gewinnen konnte[57]; darin muß eingeschlossen gewesen sein, daß der Ritus den König geneigt mache.

Die Hofpriester lebten von den „Geschenken“, die sie für Vollzug der Riten und bei den Diskussionen bekamen. Kam es zu Auseinandersetzungen zwischen König und Hofpriester, so entschied die Sippe des Königs, setzte sich aber nicht immer durch, wenigstens nicht in folgendem Falle: Der König Triyaruṇa der Aikṣvāka-Sippe fuhr in seinem Wagen einen spielenden Brahmanenknaben zu Tode[58]. Seinen Wagen lenkte aber sein Hofpriester Vṛśa[59]. König und Hofpriester beschuldigten sich gegenseitig des Totschlages. Sie beschlossen, die Aikṣvākas zu fragen, und diese erklärten den Priester für schuldig. Dieser belebte daraufhin den Knaben mit einem magischen Lied und zog dann fort, weil er fälschlich beschuldigt worden sei; daraufhin schwand den Aikṣvākas die Kochkraft des Feuers, sie sahen ihr Unrecht ein und holten den Brahmanen zurück, der die Kraft des Feuers wieder herstellte[60]. Eine ähnliche Moral, die die Macht der Brahmanen zeigen soll, liegt der Geschichte des Königs Kutsa und seines Hofpriesters Upagu, des Sohnes des Suśravas, zugrunde. Kutsa, ein mythischer Sohn Indras, verbot, in seinem Reiche zu opfern. Indra forderte aber Upagu dreimal zum Opfern auf, und dieser tat dies dreimal. Zweimal wurde er zur Strafe dafür vom König „besiegt“, d. h. wohl seiner Habe beraubt, beim dritten Mal aber in kleine Stücke zerschnitten und ins Wasser geworfen. Der Vater, Suśravas, erfuhr davon, ließ es sich vom König bestätigen, ging dem Sohne nach und brachte ihn mit Indras Hilfe wieder zum Leben[61]. In diesem Falle wird das Recht des Königs, den ungehorsamen Hofpriester ohne Gerichtsverfahren zu töten, von dem priesterlichen Erzähler nicht bestritten. Freilich handelt es sich um einen mythischen König und um magisches Rückgängigmachen der Tötung des Hofpriesters, aber es wird nicht angedeutet, daß er seine Stellung bei Kutsa wiederbekommen hätte. – Wenn weiter in einer Legende König Viśvantara die Śyāparṇa-Brahmanen nicht bei seinem Opfer duldet und fortjagen läßt, so suchen diese sich einen Helden, und Rāma Mārgaveya tritt für sie ein, erklärt sie für mächtige „Wisser", und sie werden zum Opfer zugelassen[62]. – Als nach der Erzählung mythische Hofpriester der Götter Verrat begehen, werden sie zur Strafe durch den Götterkönig getötet[63]. Wieweit man das auf menschliche Verhältnisse übertragen darf, ist noch unklar.

So reichen solche Stellen einstweilen nicht aus, die tatsächlichen Machtverhältnisse oder die juristischen Vorstellungen der damaligen Periode eindeutig zu charakterisieren.

Es ist auch ungewiß, ob der König jeden Brahmanen „nach Belieben fortschicken kann"[64]; vom König ist an dieser Stelle nicht ausdrücklich die Rede, nur davon, daß der Brahmane nach (wessen?) Belieben zum Aufbruch (von wo, wohin und zu welchem Zweck, – etwa zu einem Opfer?) zu bewegen ist; als eine andere Übersetzung ist vorgeschlagen worden, daß „ihm nach Belieben ein Wohnplatz anzuweisen"[65] sei. Die Bedeutung des Hofpriesters für den König bestand darin, daß der König als für das Glück seines Volkes verantwortlich galt, der Hofpriester ihm aber gemäß der damaligen Priesterideologie die Übernahme der Verantwortung erst möglich machte[66]. Bereits im Ṛgveda wird angedeutet, daß ein Opferpriester für den König im Falle der Dürre Regen herbeizaubert[67]. In Texten der II. Periode ist häufig von Regenopfern des Königs die Rede, und als Zweck der Riten wird in Sprüchen Regen und ertragreiche Landbestellung, friedliches Wohnen, Reichtum und Gedeihen angegeben[68]. Damals spielten Landwirtschaft und ruhige Seßhaftigkeit eben eine weit größere Rolle als in der Zeit des Ṛgveda. Ohne Riten kein Regen, kein Wohlstand; aber nicht der König opfert, sondern sein Hofbrahmane[69]. Der Brahmane weiht ihn zum König oder gar zum Weltherrscher-Eroberer. Er hilft dem König auch mit seinen Riten gegen Nebenbuhler, Neider und Feinde[70] und verhilft ihm magisch zu Gehorsam des Volkes[71]. Er opfert im Kriege für den Sieg[72], gilt den ṛgvedischen Priesterdichtern doch der Sieg als Erfolg ihrer Lieder, nicht des Schwertes. Bei all diesem Zauber konnte der Hofpriester insbesondere aus dem Schatz magischer Lieder des Atharvaveda schöpfen[73]. Ob er bei solchen Riten die Funktion des *hotṛ*- oder *brahman*-Priesters ausübte, ist umstritten[74]. Und es ist auch einstweilen nicht zu erkennen, ob und wie der Hofpriester anderweitig in die Politik eingriff, ob er etwa das Recht hatte, den König politisch zu beraten, und wieweit der König verpflichtet war, auf ihn zu hören. Dies war noch in keiner Konstitution festgelegt, und es gibt keinen Grund, im Hofpriester einen Beamten zu sehen, zumal Brahmanen restlos „frei" sein wollten.

Nach diesem Paar des Heerführers und Hofpriesters pflegt unter den „Juwelen" die Königin (wie auch unter jenen acht „Männern") aufgezählt zu werden, und mit ihr entweder die wegen Sohnlosigkeit verstoßene Frau oder die Lieblingsfrau des Königs. Neben diesen wird gelegentlich noch eine vierte Frau des Königs genannt, die danach *pālāgalī* hieß, daß ihr Vater ein *pālāgala*, ein Läufer, und ein „Juwel" des Königs war. Die als erste geheiratete oder Hauptfrau mit dem Ehrentitel „Büffelkuh“ (*mahiṣī*) hatte ein Gefolge von hundert Prinzessinnen (*rājaputrī*), die verstoßene eines von hundert Töchtern von *sūtas* und *grāmaṇīs* (s. o.), die Lieblingsfrau ein solches von hundert Kṣatriyafrauen oder -mädchen (*rājanyā*) und die Läuferstochter eines von hundert Töchtern von Fleischzerlegern und Zügelhaltern[75] (s. o.). Mögen diese Angaben auch übertrieben und theoretisch zurechtgemacht sein, der Frauenbezirk des Königshofes war beträchtlich. Die *pālāgalī* war eine Śūdra, das Wort *pālāgala* ist nicht arisch[76]; der König hat also eine Tochter der vorvedischen Bevölkerung, vermutlich der Munda, geheiratet. Während die Brahmanen in ihren Texten dieser Periode die Śūdras als völlig rechtlose Heloten darstellen, haben die Könige offenbar durch solche politische Heirat eine Art Bündnis mit der Vorbevölkerung herstellen wollen. Diese vier Frauen mit ihrer uns zunächst ausgeklügelt erscheinenden Unterscheidung hatten alle u. a. am Pferdeopfer teilzunehmen[77]. Aber es wurde auch eine kleine, später oft wiederholte, also sehr beliebte Geschichte vom Soma, dem Mond und mythischen König, erzählt, daß er die 27 Sternbilder (*nakṣatra*; eigentlich Mondhäuser), die Töchter des Schöpfergottes Prajāpati, heiratete, aber nur bei einer von ihnen, Rohiṇī, weilte. Die anderen gingen, wie es Sitte war, wieder heim. Prajāpati gab sie ihm auf seine Bitte wieder, aber er wohnte wieder nur bei Rohiṇī. Daraufhin ergriff ihn die Königskrankheit, die Schwindsucht, bis er sich besserte und Prajāpati für ihn einen Ritus vollzog[78]. Kombiniert man diese Sage mit der Liste der vier Königsfrauen, so hatte der König aus politischer Notwendigkeit die eheliche Pflicht des Ārya auch der Śūdrafrau gegenüber zu erfüllen.

Als nächstes Paar der „Juwelen“ des Königs folgen der *sūta* und *grāmaṇī*, weiter das des Fleischzerlegers und Zügelhalters[79] (s. o.). Dann folgen der Speiseverteiler (*bhāgadugha*) und der Würfelwerfer (*akṣāvāpa*)[80], und manchmal wird noch ein Rindzerleger[81] hinzugefügt. Eine genauere Abgrenzung der Aufgaben des Fleischzerlegers, Speiseverteilers und Rindzerlegers ist noch nicht möglich; aus dieser Ab-, d. h. Rangfolge möchten manche dem Fleischzerleger eine Art Haushofmeister- oder Kämmererstellung zuweisen[82]. Jedenfalls weisen diese „Juwelen“ am Königshof auf die Bedeutung jener oben erwähnten Adels-Gastmähler hin. Da diese doch wohl aus öffentlichen Mitteln, Abgaben der Vaiśyas, bestritten wurden, spielte die Fleischverteilung je nach Stellung des Teilnehmers eine wichtige Rolle. Man kann etwa an den *kreōdeitēs* der spartanischen Syssitien denken, den Nachfolger der Schaffner bei Homer[83]. Bei den Adelsgastmählern mag auch das Würfelspiel gepflegt worden sein; es wurde auch in den Ritus eingebaut, war also nicht nur aufregender und kostspieliger Zeitvertreib der Reichen.

An einer Textstelle wird vor dem Paar des Würfelwerfers und Rindzerlegers das Paar des Zimmermanns und Wagenbauers eingefügt. Beide waren im AV 3,5,6 schon als Abhängige des Königs angeführt worden[84]. Von ihnen wird in dieser Periode der Zimmermann als „unrein“ und „nicht opferwürdig“ bezeichnet[85] er war also offenbar ein Śūdra, und dasselbe könnte auch von dem Wagenbauer gelten[86]. Im Ṛgveda wird der Zimmermann einmal genannt, und für die I. Periode ist der Wagenbauer als spezialisierter Handwerker anzunehmen, beide als Ārya. In der II. Periode sind beide als Handarbeiter offenbar auf die Stufe der Śūdrahandwerker abgesunken[87], ohne daß damit etwas über ihre ethnische Zugehörigkeit entschieden wäre. Dabei waren sie für den König so unentbehrlich, daß sie von einigen Brahmanen mit zu den „Juwelen“ gerechnet wurden, in deren Häuser der König bei seiner Krönungsfeier gehen und dort je ein Opfer vollbringen mußte.

Dies gilt auch von dem Läufer (*pālāgala*), dem Vater der vierten Königin (s. o.), der einmal zwischen Rindzerleger und verstoßener Königin eingereiht wird[88]. Wie er von den aus ṛgvedischer Zeit fortbestehenden, aber nicht als „Männer“ oder „Juwelen“ aufgezählten Boten (*dūta*) unterschieden wurde, ist noch nicht recht geklärt[89]. Wenn er, wie vermutet wird, ein niederer, eben ein Śūdra-Bote gewesen ist[90], so ist um so erstaunlicher, daß er und nicht der *dūta* (s. gleich) in die Reihe der „Juwelen“ eingedrungen ist. Wenn die Śūdras andererseits in der II. Periode u. a. als „von einem anderen zu schicken“ charakterisiert werden[91], so paßt das gerade zum *pālāgala*. Vielleicht also hat der König seinen nicht den Ārya angehörenden Schwiegervater, dem er doch sicher vertrauen konnte, nicht anders an seinem Hofe verwenden können oder mögen denn als Läufer oder Boten in besonders heiklen Angelegenheiten. Warum er einmal als Bringer „unwahrer“ Nachrichten (*anṛtadūta*) gekennzeichnet wird[92], ist noch unerfindlich. Waren seine Aufträge so heikel-unfromm? Oder ist zu übersetzen: unwahrer, d. h. unarischer Bote?

Neben diese verhältnismäßig ausführliche Liste des Hofstaates läßt sich eine kleinere stellen. Einmal[93] wird der Atem als eine Art König oder Großer hingestellt, die vier Kräfte des Denkens, Redens, Sehens und Hörens, die mit dem Atem zusammen immer wieder als feste Fünfergruppe auftreten. als sein Bote (*dūta*), Aufwärter[94], Hüter und Anmelder. Nur bei dem letzten, dem Hören, das als Anmelder (wörtlich: Hörenmachender) aufgefaßt wird, ist diese Auffassung verständlich. Und ganz schwierig ist, daß es heißt, alle vier brächten dem Atem, ohne daß dieser darum bäte, Abgaben, d. h. Lebensunterhalt. Daß der Bote dem König Abgaben überbrachte, ist aus einer Stelle des Ṛgveda zu erschließen[95]. Man kann wohl annehmen, daß das Eintreiben von Abgaben in der Zeit und Gegend dieses verhältnismäßig späten Autors noch so wenig geregelt war, daß die Untertanen ihrem König ihre Geschenke durch solche verschiedenen Hoffunktionäre selber zustellten. Wer wäre sonst dafür in Frage gekommen!

An einer anderen Stelle werden jene fünf Kräfte als die Männer (*puruṣa*) des als König dargestellten *brahman*, als die Torhüter bezeichnet, die je eine Öffnung des Herzens (Auge, Ohr usw.) bewachen[96].

In Verbindung mit dem *sūta* und offenbar als von gleichem Rang wird öfter ein *sthapati* erwähnt, den einige als Gouverneur oder Richter[97], andere als Architekt[98], als Priester oder Häuptling von Nichtariern[99] auffassen. Nimmt man noch die *ugras* und *pratyenasas* (s. o., die Mächtigen und Entsühner)[100], so hat man ungefähr zusammen, was in damaligen Texten an Leuten des Königs vorkommt[101]. Alle sind materiell vom König persönlich abhängig (in praxi auch der Hofpriester), aber keiner ist Staatsbeamter. Die erwähnten „Männer“, „Juwelen“ usw. sind demgemäß gelegentlich mit einem Ausdruck der späteren

Staatslehre als „vom König Lebende" bezeichnet, d. h. nicht Beamte des Staates[102]. Trotz ihrer Abhängigkeit werden *sūta* und *grāmaṇī* „Königsmacher"[103], die „Juwelen" insgesamt gelegentlich „Geber des Königtums" genannt, und der Hofpriester, der Kṣatriya (wohl der Heerführer), die Hauptkönigin, der *sūta* und *grāmaṇī*, der Fleischzerleger und der Zügelhalter waren an der Weihe des Königs beteiligt[104]. Die „Juwelen" werden aber auch in einer der sie aufführenden Listen als „Glieder der Herrschaft" (*kṣatrasya . . . angāni*)[105] bezeichnet; die Staatslehre unterschied später sieben Faktoren („Glieder") des Königreichs[106]. Ein Wort eines späten Textes der II. Periode wird übrigens von indischen mittelalterlichen Kommentaren als Bezeichnung der Staatslehre gedeutet[107].

3. „Recht"

In einem der spätesten Texte dieser Periode wird behandelt, daß „sie" einen Mann, an der Hand gepackt (und vielleicht gefesselt), herbeiführen, weil er gestohlen habe, und man möge ihm das Beil (vermutlich noch aus Bronze) heiß machen; wäre er schuldig, würde er sich an ihm verbrennen und erschlagen, d. h. hingerichtet, andernfalls freigelassen werden[108]. Es ist nicht gesagt, zu wem der Dieb geführt wird, wer richtet, wer die Strafe vollzieht. Da an anderer Stelle gesagt wird, der König sei Herr darüber, wer zu töten sei und wer nicht, könnte ein König als Richter gemeint sein; freilich mag der König an dieser Stelle auch über Tötung oder Versklavung von Kriegsgefangenen entschieden haben. Wenn es heißt, daß ein *rājanya* (ein Adliger, u. a. ein König) es beaufsichtigte, wenn „sie" einen Vaiśya töteten[109], so kann sich das ebenfalls auf Gericht und Hinrichtung beziehen, freilich auch auf Tötung eines Vaiśya etwa beim brutalen Eintreiben der Abgaben. Auf jeden Fall liegt bei dem Dieb und dem Ordal eine Art Gerichtsverfahren vor, und dabei galt wohl der damals ausgesprochene Satz, daß man einen Gefesselten (*samyata*) nach Belieben (!) töten könne[110]. Auch ein Śūdra war laut Definition nach Belieben zu töten[111]. Wenn es aber im Ṛgveda nur vom Menschenopfer bezeugt ist, daß es wie ein Opfertier kurz vor der Opferung an einen Pfosten gefesselt wurde, so ist es im Atharvaveda mehrfach bei einem Dieb belegt[112], und es könnte sein, daß ein solcher straflos „nach Belieben" erschlagen werden durfte[113]. Diese Fesselung kann ja kein Vorläufer einer langdauernden Gefängnisstrafe gewesen sein. Statt eines Ordals, das schon im Atharvaveda erwähnt wird[114], mag man auch Zeugen befragt und einen, der irgend etwas gesehen hat, demjenigen vorgezogen haben, der davon nur gehört hat[115]. Da bei diesem Werturteil aber nicht von Verbrechen oder Gericht die Rede ist, mag es sich auch um ganz andere Streitfälle handeln, bei denen der eine bei irgendeiner Diskussion etwas gesehen, der andere etwas anderes gehört zu haben behauptet[116]. So ist ein Gerichtsverfahren an sich für die II. Periode gesichert. Aber ob es schon ein staatliches war oder noch in einer Dorfgemeinde wie bei den vorvedischen Munda, in einer Sippe oder einer militärischen Organisation von der Art des *grāma* der Ārya abgehalten wurde, ist nicht erkennbar.

An einer ebenso späten Textstelle, wie es die jenes Ordals ist, wird ein Vers zitiert, daß der Dieb des Goldes, der Branntweintrinker, wer des Lehrers (des Brahmanen) Bett befleckt, der Brahmanenmörder und derjenige, der mit diesen vieren umgeht, „fallen" und als Hund, Schwein oder Caṇḍāla wiedergeboren werden wird[117]. Nach dem Textzusammenhang handelt es sich hier um priesterliche Sühnedrohung, um Magie der Wiedergeburt von Sündern, nicht, obgleich ein König diesen Vers zitiert, um staatliches Aburteilen von Verbrechern. Diese Sünder waren allerdings auch Verbrecher, und die Sühne, daß sie „fallen", d. h. aus ihrem Stand und jeder Gemeinschaft gestoßen und eine schlechte Wiedergeburt haben werden, trat vermutlich schon damals wie später zu der über sie verhängten Strafe, (als Dieb) gefesselt (und womöglich getötet) zu werden, hinzu[118]. Dies galt besonders für den Dieb, der Gold gestohlen hatte. Nicht Ehebruch schlechthin war Gegenstand eines solchen Sündensühnverfahrens, sondern nur die Frau eines Brahmanen sollte geschützt werden, wie schon im Ṛgveda – und Atharvaveda – von den Priestern warnend hervorgehoben worden war[119]. Dort war aber noch nicht von Brahmanenmord die Rede gewesen; diese Sünde spielte indessen von der II. Periode an eine Rolle, als die Stände sich etablierten und um den Vorrang stritten, als Könige wagten, ungehorsame oder (angeblich) verräterische Hofpriester totzuschlagen[120], und selbst die brahmanischen Verfasser dieser Texte ihnen mit keinem staatlichen Prozeß oder gentiler Forderung nach Wergeld zu drohen wagten, allenfalls mit solcher magischen Wiedergeburtsdrohung für ihre Sünde. Dazu paßt die damalige Sage, daß Indra, als er einmal seinen verräterischen Hofpriester erschlagen hatte, von allen Wesen, ohne daß ein Rechtsverfahren erwähnt würde, den Ruf: „Brahmanenmörder!" zu hören bekam und sich magisch entsühnen mußte[121]. Solch Schelten wird öfter erwähnt, kam auch unter Menschen vor[122]. Gelegentlich wird indessen Blutrache erwähnt, wiederum ohne Rechtsverfahren: Nṛmedha und Suvrata waren zwei Brüder; der erste fungierte einmal als *udgātṛ*-Priester seines Bruders. Da meldeten „sie" ihm, daß zwei Söhne seines Bruders seinen Sohn erschlagen hatten. Nṛmedha brach seine Opfer ab, band seinen Bruder an einen Pfosten und legte Feuer an ihn. Dieser aber suchte einen Helfer oder Herren (*nātha*, einen Gott), dichtete ein magisches Lied, sang es, rettete sich damit vor dem Feuer, und dieses verbrannte nur den Strick, mit dem er gebunden gewesen war[123]. Ähnlich hatte sich Śunaḥśepa durch sein Lied von seinen Fesseln befreit, als er als Menschenopfer geopfert werden sollte. Den priesterlichen Verfassern dieser alten Literatur lag eben mehr an der Darstellung ihrer magischen Kräfte als an der eines staatlichen Gerichtsverfahrens. Indessen ist bei solchen Wundergeschichten ein gewisses humanistisches Element nicht zu verkennen, das sowohl Menschenopfer wie gentile Blutrache in gewissen Fällen aufhob.

Jenes erwähnte Schelten mag eine gewisse soziale Boykottierung nach sich gezogen haben[124]. Ehebruch bei Nichtbrahmanen wurde bei Mundas in der Dorfgemeinde abgeurteilt und in der II. Periode offenbar außerdem noch dem einzelnen – nicht dem Staat – überlassen, und zwar wird in einem späten Text dieser Periode ein magischer Ritus geschildert, mit dem der Gehörnte, dessen Stand nicht erwähnt wird, seinen Nebenbuhler, der ebenfalls nicht mit seinem Stand charakterisiert wird, verhexen konnte, „falls er ihn hasse“[125]. Von Indra wurde damals erzählt, daß er dem Kutsa, der mit Indras Frau Ehebruch trieb, beinahe ebensowenig zürnte[126], wie er es im Ṛgveda dem Vṛṣākapi gegenüber getan hatte[127]. Erklären können wir diese Haltung aber noch nicht. Daß Frauen untreu waren, wurde damals als beinahe selbstverständlich vorausgesetzt[128].

Wie Ehebruch und Totschlag, so wurde auch Raub von Rindern eines Brahmanen als Sünde angesehen; schon der Atharvaveda warnte Könige davor: Ein von den Würfeln Betrogener, der nur an das Heute denkt, dürfe nicht die Kuh des Brahmanen als seine Speise ansehen; sie vernichte seinen „Glanz“[129]. Von da an war dies ein in zahllosen Mythen zur Abschreckung wiederholtes Motiv; Brahmanen verlangten Rinder als Geschenk von Kṣatriyas, konnten deren Wegnahme durch Könige aber materiell wohl kaum hindern, und rechtlich-staatlich konnten sie Könige wohl nicht wie gewöhnliche Diebe belangen. Jenes Lied des Atharvaveda fährt fort: Wer den Brahmanen für weich hält und aus Gier nach Gut den Brahmanen „schlägt“, den hassen beide Welten. Der Brahmane darf eben nicht geschlagen (beleidigt, verletzt) werden. Er trifft sonst mit seinen (fluchenden) Worten wie mit Pfeilen[130]. Hier schon wird von dem eben sich bildenden Priesterstand gefordert, daß seine Mitglieder als sakrosankt anzusehen seien, wie es in die späteren brahmanischen Rechtsbücher selbst für verbrecherische Brahmanen eingegangen ist[131]; aber das „Nichtgeschlagenwerden“ bedeutet viel mehr, schließt neben Beleidigung und Tötung auch jeden körperlichen Angriff ein. Damals galt es schon als Recht, daß einer, der einen Brahmanen beschimpft, mit hundert, einer, der ihn schlägt, mit tausend (Kühen) zu bestrafen sei[132]; wer ihn aber gar zum Bluten bringe, solle nicht in die Welt der Ahnen gelangen, solle also magisch, nicht rechtlich bestraft werden[133]. Diesem Anspruch der Priester entsprechend, sollte „man“ bei einer „Frage“ zwischen einem Brahmanen und einem Nichtbrahmanen stets dem Brahmanen recht geben[134]. Es sollte also zu gar keinem Rechtsprozeß kommen. „Man“, d. h. der König, sollte stets unbesehen den Brahmanen unterstützen. Diesen Anspruch konnten die Brahmanen freilich nicht immer durchsetzen, so z. B. nicht, wenn sie von ihrem König bestraft worden waren, und zwar ohne Rechtsverfahren, ohne juristische Klärung der Schuldfrage[135]. Dahin gehört es, wenn der berühmte Vasiṣṭha als Hofpriester des ṛgvedischen Sudās, wie in der II. Periode erzählt wurde, von diesem das Hüten von dessen Stuten als anvertrautem Gut[136] übernehmen mußte. Vasiṣṭha seinerseits machte, als er einst auf Gewinn ausging (andere Könige aufsuchte), seinen jüngeren Bruder Yuktāśva zu deren Aufseher; dieser aber nahm die guten geworfenen Fohlen für sich selber. „Sie“ merkten dies und verjagten ihn, obgleich er Brahmane war. Er aber dichtete ein magisches Lied, damit sie ihn wieder zu sich riefen, und er hatte damit Erfolg[137].

Neben obiger „Frage“ werden öfter Streitreden (*vivad*) um Vieh und Land erwähnt, und einmal ist von einer „Grenzfrage“ die Rede[138]. Mit der Seßhaftigkeit und dem Wachsen der Bedeutung der Landwirtschaft in der II. Periode begann eben der Streit um Grundeigentum, aber wie er geschlichtet wurde, ist einstweilen nicht zu erkennen.

Aus einem Satz hat man schließen wollen, daß Recht in gewissen Versammlungen (*sabhā*) gesprochen wurde, denn ein Bhāradvāja-Brahmane, heißt es da, solle oder dürfe in der *sabhā* einen zu Bestrafenden schlagen[139]. Diese Deutung ist aber unsicher. An dieser Stelle werden die Nachkommen der verschiedenen Brahmanengeschlechter charakterisiert. Die Vasiṣṭhas als „an der Spitze Stehende" (sie beanspruchten in erster Linie die Funktion als Hofpriester), die Bhāradvājas als „Kräftigste", die Jāmadagnis als „Weiteste", die Gautamas als „Vertrauenswürdigste" usw. Die Bhāradvājas, die häufig in späteren Perioden als roh und gewalttätig mißachtet wurden[140], wurden auch in diesem Zusammenhang als Brahmanen gekennzeichnet, die als einzige in Versammlungen mit Genehmigung[141] (der *sabhā*) einen zu Strafenden schlagen durften. Das braucht aber keine Gerichtsversammlung gewesen zu sein, und ein Brahmane als Gerichtsbüttel ist höchst unwahrscheinlich. Vielmehr dürfte es sich um priesterliche Diskussion in der *sabhā* gehandelt haben, wie sie öfter bezeugt ist; in solcher drohte der Sieger dem Besiegten manchmal: Wenn du auf meine Frage nicht antworten kannst, wird dir (magisch) der Kopf zerspringen[142]. Der Bhāradvāja nun erhielt vielleicht die Genehmigung, seiner Stärke entsprechend statt der magischen eine körperliche Strafe anzuwenden.

Richter wird der König gewesen sein. Er wird „Herr des Rechts" oder „Hüter des Rechts" genannt[143]. Schon im Ṛgveda galt er als Hirt seines „Stammes" und war für dessen „Schutz" verantwortlich. Dementsprechend erklärte König Aśvapati mit dem Stolz seiner Verantwortlichkeit[144], in seinem Reiche gäbe es keinen Dieb, keinen ungastlichen Geizigen, keinen Trinker, keinen, der die Opferfeuer nicht pflegte, keinen unwissenden (den Veda nicht kennenden Brahmanen), keinen Ehebrecher und keine Ehebrecherin. Er unterschied dabei nicht Sünde von Verbrechen. In dieser II. Periode aber begann die Ausbeutung, und mit ihr wurde das Problem des „Schwachen" und des „Starken" ein Problem. Einerseits galt es den priesterlichen Verfassern der Texte als eine Selbstverständlichkeit, d. h. als Recht, daß der Starke den Schwachen, der Herr den Abhängigen, der Mann die Frau, der König die Vaiśyas „ißt"[145]. Priesterliches und staatliches Recht gegen Sünder und Verbrecher sollte demnach die Ausbeutung sichern.

Andererseits war man sich bewußt, daß Dürre Unrecht hervorruft, denn dann beraubt der Stärkere den Schwächeren; Wasser bedeutete demgemäß „Recht", denn wenn Wasser kommt, geschieht alles gemäß dem „Recht"[146]. Dann raubt offenbar der Kṣatriya dem Vaiśya nicht seinen Ernteertrag oder sein Vieh wie in Notzeiten. Ein anderer Text lehrte eine Kosmogonie: Das *brahman* schuf erst den Stand der Brahmanen, aber dieser konnte allein nicht gedeihen; dann die Stände der Kṣatriyas, der Vaiśyas und Śūdras. Aber damit sie alle gedeihen könnten, schuf *brahman* endlich das „Recht" als die Herrschermacht des Kṣatriyas, als das Höchste; daher hofft der Schwächere, den Stärkeren mit dem „Recht" zu bemeistern wie mit einem König. Das „Recht" aber ist die Wahrheit; wer die Wahrheit sagt, sagt das „Recht"[147]. Privates Nutzungsrecht an Grund und Boden und die Notwendigkeit der Bewässerung machten demnach in dieser II. Periode neben dem Recht zur Sanktionierung der Ausbeutung ein gewisses Recht zum Schutze des

Ausgebeuteten durch den König oder den Staat notwendig. Dafür reichte das Recht der Dorfgemeinde nicht aus. Nicht nur die Vaiśyas, sondern auch die Śūdras wurden von diesem human denkenden Brahmanen und Upanishadverfasser als Schwache und des Rechtsschutzes Bedürftige angesehen[148]. Damit war von Seiten der Ausbeuter und der Ausgebeuteten her die Grundlage für das Abfassen von Rechtstexten in der nächsten Periode gelegt.

In der II. Periode wurde aber in einem der spätesten Texte das „Recht" noch nicht mit den vier Veden, puranisch-epischen Überlieferungen, der Lehre des Ahnenkults und anderen Lehren in eine Reihe gestellt[149]; man war sich nur bewußt, daß Recht und Unrecht, Wahres und Unwahres, Gut und Böse erkannt und ausgesprochen werden könnten[150], daß freilich ein Starker hundert Erkennende zittern mache[151]. Einige religiöse Lehrer führten die ṛgvedischen Gedanken über den kosmischen Charakter der moralisch-rechtlichen Satzungen weiter und erhoben damals das „Recht" zum Rang der weltlenkenden Mächte, nämlich des Atems im Leibe und des Windes im Kosmos[152], und zwar waren die Atem-Wind-Magier, zu denen dieser Lehrer gehörte, öfter arme, verkannte Denker[153], die an den Blick von unten gewöhnt waren. Ein anderer, ebenso später, religiöser, hochmoralischer Ideologe stellte eine Reihe von kosmischen und moralischen Größen auf, die alle Elemente des *brahman* sein sollten: Erde, Wasser, Feuer, Wind, Sonne, Himmelsrichtungen, Mond, Blitz, Donner, Raum und „Recht", Wahrheit, Menschlichkeit und *ātman*[154]. Am Ende des Vedalernens ermahnte der Lehrer den Schüler: Rede die Wahrheit, tue das „Recht", werde nicht müde zu lernen, bringe dem Lehrer das liebe Gut, lasse die Nachkommenschaft nicht abreißen, werde nicht müde, der Wahrheit, des „Rechts" und des Heils, aber auch der Riten[155].

„Recht" bedeutete für den Brahmanen dieser Stelle vor allem dreierlei: opfern, lernen und geben, d. h. Askese (als Opfer), beim Lehrer als ergebener Schüler keusch leben (lernen) und sich restlos in dessen Hause als Diener hingeben (geben)[156]. Die brahmanischen „Rechtsbegriffe" gingen ja von der brahmanischen Ideologie der Vier-Stände-Gesellschaft aus, in der die Brahmanen als Opferer und Lehrer den ersten Rang beanspruchten. So hätten sie, wenn eine solche Frage damals aufgetaucht wäre, sicher Definitionen des Śūdras als eines, der zu jeder Arbeit anzusetzen und zu töten sei, und des Vaiśya als eines, der Abgaben zu entrichten habe und beliebig auszubeuten sei[157], die auf dem rohen Brauch dieser unruhigen Zeiten beruhten, als „Recht" erklärt, ebenso aber auch die sich aus der tyrannischen patriarchalischen Familie ergebenden Zustände, wonach die Frauen und Kinder, Greise und Abhängige praktisch rechtlos waren[158]. Desgleichen waren die Ansprüche etwa bei Erbteilung[159] nur als Brauch festgelegt und noch nicht als Recht anerkannt. Mit Rechtsvorstellungen waren noch ritualistische und religiösmagische Reinheitsvorschriften verschiedenster Art[160] verquickt. Dies war schon bei den Munda der Fall, besonders aber in dieser Literatur der Magier der II. Periode. Unter ihnen waren aber auch liberal, human denkende und empfindende Brahmanen, die sich über die Engstirnigkeit ihres Standes erhoben und besonders in Dürrezeiten die Not der Schwachen und die Notwendigkeit des Rechts sahen. Alle diese Eigentümlichkeiten blieben dann für das altindische brahmanische „Recht“ mit seinem ständischen und magischen Charakter in den folgenden Perioden bezeichnend. Sie ergaben sich aus den allgemeinen Gesetzmäßigkeiten der Staatswerdung, aber auch aus den Besonderheiten der gesellschaftlichen Entwicklung im damaligen Nordindien, wo die vedischen Priester sich zum Brahmanenstand entwickelten, besonders als die vedischen „Könige“ mit ihren Gefolgschaften in der II. Periode die vorvedischen Reisbauern in deren Dorfgemeinden mit ihrer lebensnotwendigen Bewässerung zum helotenartigen Śūdrastand herabdrückten, ausbeuteten und dafür den Staat schufen, der auf dieser Grundlage der asiatischen Produktionsweise ein orientalischer Despotismus werden mußte, in dem der Priesterstand eine bedeutende Rolle zu spielen hatte, waren doch die Dorfgemeinden die feste Grundlage für Despotismus und Aberglauben [161]. Das damalige „Recht“ der Munda-Śūdra-Dorfgemeinden aber kommt in dieser brahmanischen Literatur nicht zur Erscheinung.

4. König als Despot

Für ein Wahlkönigtum gibt es in dieser Periode keine Zeugnisse mehr [162]. Das Königtum war erblich, aber es bedurfte einer gewissen Sanktionierung, wurden die „Juwelen“ doch als „Geber“ des Königtums [163] bezeichnet, mußte der König bei der Großen Indra-Weihe seinem Hofpriester eine Art Treueid leisten und bedurfte der König doch einer feierlichen Königsweihe. Eine solche Sanktionierung hatte es in einfacher Form schon im Ṛgveda gegeben [164], aber in der II. Periode wurde sie vom Atharvaveda an zu einem großen, uns in mehreren Formen überlieferten Ritus ausgebaut, den man heute entweder als Initiations- [165] oder als Fruchtbarkeitsritus [166] deutet. Dieser Ritus war zugleich ein Staatsakt mit einer Inthronisation (oder Investitur durch den Priester mit einem Bogen), Proklamation (der König wurde dem Volk, der *viś* vorgestellt) und Weihung (Besprengung mit Milch und Wasser durch den Hofpriester) [167]. Weiter gehörte dazu ein symbolischer Kriegszug zur Erbeutung von Rindern und ein sakrales Würfelspiel [168].

Neben diesem Weiheritus gab es andere Riten, kraft derer ein König zum „Weltherrscher“ gemacht werden sollte, wie die Große Indraweihe [169]. Dabei werden eine ganze Reihe solcher Könige genannt, wie der aus dem Mahābhārata bekannte Janamejaya Pārikṣita, der Sudās des Ṛgveda, der Śāryāta des Brāhmaṇa und Bharata, Sohn des Duḥṣanta (und der Śakuntalā); aber diese organisierten nicht etwa Weltreiche, sondern zogen nur erobernd und von keinem anderen Könige gehindert durch ganz Indien (zumindest Nordindien) oder einen Teil Indiens [170]. Sie setzten in ihrer Weise das altüberkommene Wandern der vedischen „Stämme“ fort und gehörten in erster Linie immer noch zum Typ der alten Kriegsführer. Damit begann aber zugleich das bis heute ungelöste Problem Indiens als eines einheitlichen Staates.

Es zeigen sich in dieser Periode auch schon Anzeichen des Despotismus. Dahin gehört es, wenn der König für „nicht zu bestrafen“ [171] erklärt wird. Sein priesterlicher Ideologe erhob eben den Anspruch, daß der König rechtlich oder magisch für nichts belangt werden könne, was bei anderen als Sünde oder Verbrechen galt. Dieses Privileg entsprach dem des Brahmanen, daß er „nicht zu schlagen" sei (s. o.). Bei der Königsweihe wurde der König, heißt es in einem Text, deswegen von seinem Brahmanen schweigend mit einem Stock auf den Rücken geschlagen. Durch diesen priesterlichen Akt wurde er aller Aburteilung entzogen. Oder man sagte, daß durch diesen Ritus der König von allen Sünden befreit wird [172]. In den jüngsten Texten dieser Periode wird diese Sonderstellung des Königs angeblich mit „geistigeren" Mitteln erreicht. Pravāhana, König der Pañcālas, behauptete, daß derjenige, der wie er selber ein gewisses „Wissen" über die Seelenwanderung besäße, kraft dieses Wissens nicht von dem Übel (Sünde) befleckt würde wie doch ein Dieb und jene anderen, oben genannten Sünder [173]. Und König Pratardana lernte angeblich von dem Götterkönig Indra selber, daß ein König wie Indra durch kein Verbrechen (oder keine Sünde), wie Mutter-, Vater-, Embryomord oder Stehlen, befleckt würde, der sein Upaniṣad-Wissen besäße [174]. Einen analogen Anspruch hatte Yājñavalkya für die religiös-philosophischen Brahmanen erhoben [175]. Dieser Anspruch pflanzte sich von da an durch Jahrhunderte fort. Er begann, als die Klassengesellschaft entstand und König und Priester für sich ein besonderes Recht und damit eine doppelte Moral forderten [176].

Ein derartiger, niemandem verantwortlicher König ist ein Despot. Dem trat damals nur der Standpunkt gegenüber, daß das „Recht" noch über dem Kṣatriya und Brahmanen stände, daß es von *brahman* als allerletztes zum Schutz der Schwachen geschaffen worden sei [177]. Auch dieser demokratischere Standpunkt ist in den folgenden Perioden immer wieder vertreten worden, je nach der Lage der Klassenkämpfe. So wurde damals auf der einen Seite von Königen erzählt, die ungestraft ihre Hofpriester für deren Vergehen hart, sogar mit dem Tode bestraften [178]. Auf der anderen Seite wurde überliefert: Jener oben genannte Nichtkönig und Welteroberer Atyarāti Jānamtapi betrog seinen Hofbrahmanen um dessen Opfergeschenk, obgleich er gerade durch dessen Vollzug der Großen Indraweihe die Erde hatte siegreich durchziehen können. Er verlangte zuerst von ihm den Sieg über die fabelhaften Uttarakurus und bot ihm die Königswürde über diese an [179]. Er ging übrigens mit diesem Vorschlag fehl, denn ein Brahmane sei nicht geeignet zum Königtum, lehrte ein anderer Brahmane damals [180]. Sein Patronymikon bezeichnet diesen Eroberer als Sohn des Janamtapa, d. h. des Menschenquälers. Damit bezeichnete sich sein Vater schon als Despoten [181]. Diesen gewalttätigen Usurpator und Betrüger seines Brahmanen läßt der brahmanische Text elendiglich umkommen. Es gab also damals scharfe Spannungen zwischen gewissen Brahmanen und despotischen Herrschern. Das zeigen auch die brahmanischen Warnungen, Könige sollten ihnen weder Frauen noch Kühe rauben [182].

Wenn das Verhältnis des Königs zum Volk als „essen" aufgefaßt wurde [183], wenn die Könige schlechthin Gehorsam verlangten (wie übrigens schon die patriarchalischen „Könige" des Ṛgveda) [184], so lag die Gefahr des Despotismus nahe. Ebenso wenn der Herrscher über Tod und Leben zu bestimmen hatte [185], sofern einem solchen Grundsatz nicht deutlich hinzugefügt wird, daß bei einer derartigen Entscheidung das Recht zu befolgen ist. So fragte im späteren Epos der alternde

König Daśaratha seine Lieblingsfrau Kaikeyī, als sie schmollte, mit schamlosem Despotismus, ob er ihr zuliebe einen Nichtzutötenden töten und einen Zutötenden freilassen solle[186]. Gefährlich konnte es auch werden, wenn der König durch einen Ritus mit dem Gotte Prajāpati gleichgesetzt wurde[187] oder wenn seine Mutter bei der Königsweihe kriecherisch als Göttin bezeichnet wurde[188]. Da liegt schon ein Keim der späteren Vergöttlichung indischer Könige. Dazu ist aber auch zu bedenken, daß es damals keine Versammlungen, weder größere noch kleinere, gab, in denen Handlungen des Königs diskutiert oder gar genehmigt worden wären; es gab noch Versammlungen, aber sie hatten den demokratischen Charakter der Gentilzeit verloren. Sie waren aristokratische Versammlungen geworden, trugen freilich noch die Bezeichnungen *sabhā* und *samiti* wie im Ṛgveda. Daneben traten die *pariṣad* und *saṃsad*. Sie dienten dem Würfeln und der Unterhaltung, aber auch theologisch-ritualistisch-philosophischen Diskussionen[189], vielleicht der „Rechtssprechung". Die Teilnehmer werden aus dem Krieger- und Priesteradel bestanden haben; sie mögen auch über Politik geredet haben, hatten aber keine staatliche Kompetenz[190]; zwischen den verschieden benannten Versammlungen kann man sachlich noch nicht unterscheiden[191]. Diese Änderung ihres Charakters gegen früher gehört in diese Periode des Übergangs zum Staat, um nicht zu sagen zum Despotismus.

Damals wurde aber Despotismus noch nicht konsequent als Staatsform erreicht. Die Vaiśyas, die *viś*, das Volk waren während der Jahrhunderte der Landnahme zunächst noch die Kriegermassen[192], das Heer also kein Teil eines königlichen Machtapparates, den er gegen das Volk, die Vaiśyas, hätte einsetzen können. Das eigentliche Volk, die Masse der Produzenten, wurden indessen in dieser Periode die Śūdras, und gegen sie setzte der König seine Gefolgschaft unter Einschluß der Vaiśyas brutal ein. Im Bewußtsein der Damaligen lebte dank priesterlicher Propaganda noch die Vorstellung, daß der König nicht Despot, sondern in erster Linie Kriegsführer sei und es ursprünglich gewesen sei. Mit dem Beginn des Staates begann eine gewisse ätiologische Spekulation über das Entstehen des Staates. Brahmanen lehrten, die Götter hätten mit den Asuras in den Welten gekämpft; sie seien im Osten, Süden, Westen und Norden besiegt worden und hätten gesagt: Sie besiegen uns, weil wir keinen König haben; wir wollen einen König machen. Sie hätten Soma zum König gemacht und mit ihm alle Himmelsrichtungen ersiegt; wer dies wisse, ersiege mit dem König Soma alle Himmelsrichtungen[193].

Der damalige König, der der Inthronisation durch die „Königsmacher" bedurfte, war nach brahmanischer Darstellung an sich kein unumschränkter Herr, sondern nur ein primus inter pares unter seinen Standesgenossen, den Kṣatriyas[194]. Seine Sippe urteilte über ihn wie die Aikṣvākas über Tryaruṇa[195]. Seinem Hofpriester mußte er sich eidlich verbinden[196], er mußte den *dharma*, den die Brahmanen lehrten, anerkennen und schützen, ebenso die Brahmanen schützen[197]; er mußte sein Volk schützen, dafür wurde ihm bei der Investitur ein Bogen überreicht[198]. Er war magisch verantwortlich für das Wohl des Volkes[199]. Der (König) Jānaśruti ging so weit, daß er am Ende der Periode überall Speisehäuser bauen ließ, damit „sie" bei ihm äßen, denn er war vielgebend und vielkochend[200]. Ähnliches erzählten später die Buddhisten von dem frommen König Janasandha von Benares im Jātaka 468. Der König war aber nicht etwa der alleinige Eigentümer alles Grund und Bodens in seinem Reich; er konnte zwar Pfründen an Brahmanen verschenken[201], aber ein „Welteroberer" konnte nicht „die Erde" an den Hofpriester vergeben, dank dessen Ritus er sie erobert hatte[202].

Verhältnismäßig häufig scheinen Könige von ihrem Volk (*viś*) verbannt worden zu sein. Öfter behaupteten Brahmanen, sie könnten mit ihren Riten solche Verbannten wieder in ihre Herrschaft einsetzen[203]. Der Staat war noch nicht stabil, die Macht des Volkes (*viś*) noch nicht ganz gebrochen, trotz aller Ausbeutung. Aber gerade die brutale Ausbeutung trieb vermutlich bei den mit der Staatswerdung beginnenden Klassenkämpfen zu solchen Aufständen der noch waffentragenden *viś*. Die Verbannung von Königen war sozusagen eine neue Qualität der ṛgvedischen Aussetzung von Greisen und Sündern. Dementsprechend erzählten Brahmanen sogar von dem König der Götter Indra, daß er nach Tötung des Brahmanen Triśiras bis in die äußerste Ferne fliehen mußte und erst nach einer Sühnezeremonie wieder zur Macht gelangte[204].

Zeitweilig mögen demgemäß damals hier und da Staaten ohne König gelebt haben. Brahmanen kritisierten vielleicht solche in einer Legende, wie einst die Götter uneinig gewesen seien, weil sie niemandes Herrschaft hätten anerkennen wollen. So trennten sich Agni mit den Vasus, Indra mit den Rudras, Varuṇa mit den Ādityas und Bṛhaspati mit „allen Göttern" voneinander. Sie einigten sich dann aber nach Aussprache und hinterlegten im Hause des Königs Varuṇa ihre „lieben Formen" (kostbare Unterpfänder), die derjenige verlieren sollte, der sich von ihrer Übereinkunft lösen würde[205]. Dies spielte sich während des ständigen Kampfes der Götter und Dämonen ab. Auf menschliche Verhältnisse übertragen, trennten sich kleine Könige (wie Indra und Varuṇa) und Brahmanen (wie Agni und Bṛhaspati) mit ihren Gefolgschaften oder Sippen und einigten sich wieder über einen König (wie Varuṇa), der schon nach ṛgvedischen Anspielungen mit Indra um die Königswürde gestritten hatte. Die Legende sollte lehren, daß Einigkeit stark macht, ein Problem, das in den folgenden Perioden bei den „Aristokratien" oder „Republiken" immer wieder eine Rolle spielte.

Erinnerungen an die vergangenen Zeiten königsloser Stämme mögen daneben noch lebendig gewesen sein. Man hat für solche königslosen Gesellschaften den Begriff *vairājya* in Anspruch genommen. An einer Stelle heißt es: Im Osten werden alle Könige der Östlichen, die es gibt, zum *sāmrājya* geweiht, die Südlichen, die der Satvats, zum *bhaujya*, die Westlichen zum *svārājya*, die Völker (*janapadās*) im Norden jenseits des Himalaya, die Uttarakurus und Uttaramadras, werden zum *vairājya* geweiht, die Könige in der Mitte, die der Kurus und Pañcālas, Vaśas und Uśīnaras zum *rājya*. Damit wird behauptet, daß die Titel der Könige in den verschiedenen Himmelsrichtungen Nordindiens verschieden gewesen wären.[206] Bei den nördlichen Völkern aber wird die Weihe zum *virāj* nicht von Königen, sondern von den „Völkern" der Uttarakurus und Uttaramadras ausgesagt, und von den Uttarakurus wurde in anderem Zusammenhang gesagt, daß Atyarāti Jānamtapi seinen Hofpriester zu ihrem König, sich zu dessen Heerführer machen wollte[207]. Es mag sich hier um Nachrichten aus Innerasien handeln, von Stämmen, in denen jeder Krieger des sich entwickelnden Kriegeradels sich *virāj*[208], etwa Einzelkönig, nannte. *Virāj* war ja ein Herrschertitel[209], wie aus dem an jene Textstelle anschließenden Kapitel[210] hervorgeht. Etwas Ähnliches[211] nehmen manche Vedisten für die Zeit des Ṛgveda an. Man könnte versuchen, sich dies für Friedenszeiten vorzustellen, in denen man keinen Kriegsführer benötigt. Es hätte dann einerseits königslose Stämme, andererseits Staaten mit Königen als Kriegsführern und hier und da aus besonderem Anlaß zeitweilig königslose Staaten gegeben, eine Entwicklung, die in der III. Periode zu jahrhundertelang lebendigen „Aristokratien" weitergegangen wäre. Über solche Vermutungen kommt man einstweilen nicht hinaus.

Um die Frage nach dem damaligen König oder Despoten und dem Machtapparat der herrschenden Klasse zusammenzufassen: Die Ausbeutung der Vaiśyas durch die Kṣatriyas war durch deren kriegerische Stärke gesichert. Die Ausbeutung der Śūdras in deren Dorfgemeinden aber geschah durch die drei arischen Stände zunächst mit der Gewalt des Eroberers. Der Staat war erst im Entstehen, noch labil. Sein Machtzentrum wurde der königliche Thron in der dörflichen Residenz mit dem verhältnismäßig luxuriösen Hofstaat; aber erst langsam entwickelte die Residenz sich zur Festung, zur Zwingburg. Ein königlicher Beamten- und Polizeiapparat war erst im Entstehen mit dem Heerführer und dem Hofstaat. Dabei begannen die Brahmanen als Dorfbrahmanen, vielleicht als „Richter" und Entsühner, als Hofpriester und Lehrer der Könige und des Kriegeradels, als Teilnehmer der ideologischen Versammlung am Hof, kurz, als sich zum Monopolinhaber des Priestertums, der Bildung und Lehre herausbildender privilegierter Stand eine beträchtliche Rolle zu spielen. Ohne ihre Ideologie, allein mit der Gewalt des Kṣatriyas, wäre die Ausbeutung von Vaiśyas und Śūdra-Dorfgemeinden nicht zu sichern gewesen. Der typische altindische Despotismus aber zeigte sich erst in Ansätzen mit Andeutung einer gewissen Vergöttlichung des Herrschers, der den erobernden „Weltherrscher" als Ideal hatte, aber auch schon mit den Brahmanen und dem Recht als seinem Gegengewicht und zugleich Machtmittel. Es gibt bisher keinen Hinweis, daß der Despot damals schon öffentliche Arbeiten, etwa Bewässerungsbauten, habe durchführen lassen und damit eine für die Gesellschaft notwendige Funktion ausgeübt habe[212]. Er hat allenfalls seine Residenz als Festung ausbauen lassen, als Zentrum der Verwaltung und der Politik. Seine Aufgabe war ja das „Schützen" seines Reichs, d. h. die Erhaltung von dessen Einheit im Innern und nach außen, bzw. der Zentralisierung, analog der Funktion des pater familias. Er war auch nicht etwa als Obereigentümer alles Bodens, des Hauptproduktionsmittels, anerkannt, wenn er auch dahin strebte, um u. a. Brahmanen mit Landschenkungen ent- oder belohnen zu können, wie es bei der damaligen Naturalwirtschaft angebracht und schon in den vorvedischen Dorfgemeinden Brauch gewesen war, besonders bei Dorfpriestern, Dorfschulzen und Dorfhandwerkern. Der Despot ging damals historisch aus dem Eroberer mit seiner arischen Gefolgschaft hervor. Die vorarischen Dorfgemeinden andererseits ertrugen ihn, weil sie in ihrer Isolierung und Beschränktheit nur das herkömmliche Geschehen im Dorf, nicht die große Politik beeinflussen zu können glaubten, diese vielmehr wie über sie hereinbrechende Naturkatastrophen hinnahmen[213], darin bestärkt durch die Priester, deren Magie sie unbedingt zu benötigen glaubten. Die Könige haben denn auch in die inneren Angelegenheiten der Dorfgemeinde mit ihrer beträchtlichen, durch Natur und Geschichte bedingten Autarkie, Autonomie, Arbeitsgemeinschaft bei Anlage von Bewässerungsanlagen und Rodung, Arbeitsteilung zwischen Landwirtschaft, Viehzucht und Handwerk und Differenzierung wenig eingegriffen, haben nur die Mundas als Masse, zum Śūdrastand herabgedrückt. So etwa sah damals die indische Form der „asiatischen Produktionsweise" und ihr „orientalischer Despotismus" aus.

5. *Vergleich mit Griechen und Israeliten*

Die Entwicklung von Staat und Recht verlief im gleichzeitigen Griechenland wiederum wie in der I. Periode analog, d. h. teils ähnlich, teils anders und teils früher als in Indien. Zwischen 1100 und 800 v. u. Z. erlebten die Griechen eine Periode neuerlicher Wanderungen wie die Ārya, aber die Wanderungen der Griechen waren nach Osten und Westen gerichtet und lagen 200 Jahre früher. Trotz diesem früheren Datum ging ihm die Anwendung des Eisens bei den Griechen noch voraus, während Eisen erst 500 Jahre später nach Indien gelangte, und ähnlich die Anwendung der Schrift. Weiter hatten die Griechen den Seehandel der Phönizier übernommen, und im Zusammenhang damit gingen ihre Wanderungen übers Meer, nicht über Land in Dschungelgebiete wie die der Ārya. Die griechischen Wanderungen waren schließlich keine Abenteuer bei Landsuche von Königen mit Gefolgschaften und Herden, sondern Kolonie-Aussendungen von Städten aus, um für landlose Bauern Land zu gewinnen und zugleich Tochterstädte als Zentren für Handwerk und Handel zu gründen, die zur Entwicklung der Wirtschaft und Politik der Mutterstadt beitrugen. Dabei stießen sie besonders an der Küste Kleinasiens auf hoch entwickelte Städte der Lyder und Phryger, die auf sie ganz anders zurückwirkten als Munda auf Ārya.

Griechen und Ārya gemeinsam ist auch die Entwicklung von Stämmen zu Völkerschaften und Staaten. Jonier, Äolier, Dorer, Böotier und Thessalier waren nach etwa 800 aus Stammesbünden zu Völkerschaften[214] geworden. Aber Klassenkämpfe waren im Gegensatz zum Ṛgveda bereits in den homerischen Epen spürbar und wirkten sich in unserer Periode in Staatenbildung aus. Dazu zwang vor allem analog wie in Indien die Notwendigkeit, die in ihrer Verarmung gefährlich verzweifelten Massen der Bauern für Ausbeutung botmäßig zu halten. Sklaven in der Produktion waren zwar im Unterschied zum Ṛgveda schon bei Homer bezeugt, wurden aber in unserer 2. Periode noch nicht zu einer zahlen- und bedeutungsmäßig mitzählenden Klasse.

Der griechische Adel entmachtete bei der Staatsausbildung den „König" der zerfallenen Stämme und machte ihn zu einem Staatsbeamten mit der Funktion des Kriegsführers (Sparta) oder Priesters (Athen). Der Adel selber aber ergriff die

Macht zunächst in Aristokratien. Er lenkte als Senat die Politik, die er der Volksversammlung zur Beschlußfassung vorschlug. Beide Formen der Versammlung lebten als Elemente alter Demokratie aus der Stammeszeit weiter. Der Adel war stadtsässig; die Volksversammlung in der Stadt war zwar auch für Bauern zugänglich, deren Teilnahme daran ließ sich praktisch aber kaum verwirklichen; Sklaven und Fremde waren ausgeschlossen. Im Unterschied dazu hörte die Volksversammlung in Indien auf; die Gefolgschaften konnten diese Stammestradition offenbar nicht fortsetzen, zumal die Masse der Bauern, des Volkes, versklavte Anārya waren, die in isolierten Dorgemeinden imWalde verstreut lebten und für eine Volksversammlung in der Residenz des Königs nicht in Frage kamen.

Die Erhaltung jener Reste alter Demokratie wirkte sich in der Folgezeit bei den Griechen dahin aus, daß unter harten Klassenkämpfen der verarmten Bauern im Verein mit städtischen Handwerkern und Händlern aus Aristokratien Demokratien wurden, wie sie in Athen mit Solon 594 v. u. Z. keimhaft begann. Neben Aristokratien und Demokratien entwickelten sich drittens zurückgebliebene Völkerschaften besonders im Westen des Landes, fern vom Meer, und mit erst später Stadtgründung, wie die Arkader, Böotier, Phoker und andere zu *ethnos* genannten Staaten[215], die ebenfalls in republikanischem Sinne die herkömmlichen „Könige“ der Gentilzeit in ihrer Macht beschränkten und sich statt ihrer periodisch für Kriege Strategen wählten.

Gleichzeitig[216] entwickelten sich die indischen Völkerschaften zu Staaten, die meist von der II. Periode an immer mehr die Form der Despotie annahmen, d. h. der „König“ der Stammeszeit wurde zum echten König oder Autokraten, in Übereinstimmung damit, daß sowohl die Volksversammlung aufhörte, als auch die Adelsversammlung ihre politische Rolle einbüßte. Neben diese Art Monarchie traten in der III. Periode sowohl Aristokratien[217] wie dem griechischen *ethnos* ähnliche Staatsformen, so daß die Despotie Indiens der Demokratie Griechenlands als bezeichnende, in ihrem Wesen vollständig verschiedene Analogie gegenüberzustellen ist. Die Entwicklung des Staats war in Indien eben teils ähnlich, teils anders, teils erfolgte sie später als in Griechenland. Aber nur in Indien gab es daneben in Wäldern und Bergen noch zahlreiche vorarische Stämme.

Anders war insbesondere die Entwicklung der Priester; sie bildeten in Griechenland keinen privilegierten Stand, sondern waren vom Volk gewählte Staatsbeamte. Das war von großer Bedeutung für die Entwicklung des Rechts. In Griechenland waren vom Volk demokratisch gewählte Gesetzgeber wie Drakon, Solon, Lykurg und andere diejenigen, die ihren Stadtstaaten in dieser Periode die Verfassung und die ersten Gesetze gaben. Solche Gesetz- und Verfassungsgeber gab es in Indien nicht. Dort haben erst von der III. Periode an Brahmanen das „Recht“ festgelegt. Dabei war die Problematik teilweise dieselbe, insofern es sich in Griechenland einerseits um Schutz der armen Bauern und zugleich um Sicherung der Ausbeutung handelte, andererseits um Festlegung des aus altem Brauch den Erfordernissen der Staaten anzupassenden Rechts, wie Ersetzung der privaten Blutrache durch staatliches Gericht, staatliche Aburteilung von Dieben und staatliche Kontrolle des Schuldrechts mit Verpfändung des Schuldners schon bei

Drakon (621 v. u. Z.). Bald nach Drakon erfolgte dann die Einteilung der Bevölkerung in vier Zensusklassen gemäß der Höhe des Einkommens, d. h. des Ernteertrages jedes freien Bürgers[218]. Das hat es im alten Indien nie gegeben. Ungefähr damals kam es in Athen zum Aufstand des verarmten Demos, und Solon setzte demgemäß 594 v. u. Z. die allgemeine Streichung der Schulden insbesondere der Bauern durch. Er verbot die Selbstverpfändung des Schuldners, die dazu geführt hatte, daß dieser, wenn er nicht zahlen konnte, zum Schuldsklaven wurde, der ins Ausland verkauft werden konnte, oder, wenn er sich zum Abarbeiten seiner Schuld verpflichtet hatte, zum Schuldknecht[219]. Solon setzte weiter u. a. die Möglichkeit der Aufstellung eines Testaments fest, verbot dem Vater den Verkauf unmündiger Kinder und verbot Müßigang. Er schädigte mit der Schuldenstreichung die Reichen; aber er gewährte den Bauern keine Neuverteilung des Landes. So konnte sich Peisistratos 561 v. u. Z., auf Kleinbauern, Hirten und Landarbeiter der hochgelegenen, armen Gegenden gestützt, zum Tyrannen[220] aufwerfen, der etwas ganz anderes war als der indische Despot. Brahmanen traten auch später nicht für Schuldenstreichung oder Testierfreiheit ein. Sie waren ja keine demokratisch gewählten Gesetzgeber, sondern lehrten „Recht“ als Vertreter einer der damaligen brahmanischen Priester- und Theologenschulen. Sie waren nicht befugt, einem Staat eine Verfassung zu geben, sondern sie empfahlen kraft ihrer geistlichen Macht allen Menschen Indiens einen orthodoxen Lebenswandel. Aus dem alten, noch lebendigen Brauch wählten sie ihre Empfehlungen aus, um die Ordnung der vier Stände zu sichern, wobei sie einerseits auf die Fixierung und Sanktionierung ihrer eigenen Standesprivilegien, andererseits auf eine gewisse Anerkennung der Rechte der Śūdras, der Ernährer auch der Brahmanen, Gewicht legten. Sie lehrten, der Despot sei Hüter des „Rechts“, und stützten damit den Despotismus. Aber gleichzeitig behaupteten sie, frei, nicht Untertanen des Despoten zu sein. Trotz solcher wesentlichen Unterschiede im einzelnen war die Festlegung des „Rechts“ bei Griechen und Indern in ungefähr derselben Zeit der ersten Ausbildung von Staaten eine bedeutsame Gemeinsamkeit. Die Unterschiede aber sind letzten Endes auf die Unterschiede der asiatischen und antiken Produktionsweise zurückzuführen. Die Dorfgemeinden Indiens waren eben die Grundlage der Despotie und des Aberglaubens und damit des Brahmenenstandes und des magisch ständischen „Rechts“. Die griechische Stadt mit ihrem blühenden Handwerk und Handel aber erkämpfte sich die Demokratie und demokratisches Recht.

Die Stämme Israels setzten nach der ersten Wanderung, die mit der Landnahme Rubens, Gads und des halben Stammes Manasse östlich des Jordans geendet hatte, ihre Wanderung fort, wie es auch – freilich etwas später – Griechen und Ārya getan hatten. Aber sie erreichten nicht die See wie doch die Griechen, und sie drangen in kein riesiges Dschungelgebiet ein wie die Ārya, sondern eroberten Kanaan, das voll von meist kleinen altorientalischen Stadtkönigtümern war. Dörfer werden nicht genannt; sie kamen im allgemeinen ohne Bewässerung aus. Darin unterschied Israel sich von Indien. Aber wie dieses hatte es im Gegensatz zu den Griechen keine stammesfremden, kriegsgefangenen oder eingehandelten Sklaven, sondern nur israelitische Schuldknechte, die nach sechs Jahren des Abarbeitens ihrer

Schulden ein Recht auf Freilassung hatten, während die indischen Rechtslehrer keine solche Frist pauschal festlegten.

Diese Landnahme erforderte rund drei Jahrhunderte und wurde bereits um 1000 v. u. Z. mit dem Übergang zum despotisch regierten Staat abgeschlossen, Jahrhunderte vor dem indischen und griechischen Staat. Während dieser Zeit zerfielen die zwölf Stämme endgültig und wurden zu Völkerschaften, insbesondere durch Mischung mit der Vorbevölkerung; diese Zeit endete mit dem Übergang zum Königtum, d. h. zum Staat, der im Unterschied zu Indern und Griechen alle „Stämme" Israels vereinigte. Er besiegelte die Unterwerfung der Vorbevölkerung und zugleich die Vermischung mit ihr. Er war notwendig, weil sich die Ausbeutung und der Kampf antagonistischer Klassen herausgebildet hatten.

Es war eine Zeit ständiger Kämpfe analog wie bei den Ārya, und der Jordan mit seinen Furten spielte dabei eine Rolle[221] wie die Flüsse des Pandschabs und der Gangesebene in Indien. Einerseits kämpften die „Stämme" Israels gegen die Vorbevölkerung und eroberten sich langsam Wohngebiete, wobei große Städte[222] wie Jerusalem am längsten Widerstand leisteten. Gerade die Feinde Israels hatten mit Pferden bespannte Kriegswagen[223], gegen die der Kampf schwer war. Andererseits bekriegten sich die Stämme Israels gegenseitig, wie Jephthah von Gilead gegen Ephraim oder wie Benjamin gegen alle übrigen Stämme Israels stritten[224]. Es handelte sich aber nicht um Gefolgschaften wie bei den Ārya, sondern um die alten zwölf „Stämme" Israels, die Land begehrten, eroberten und sich zu Völkerschaften entwickelten. Auch die Rubeniter, Gaditer und Manassiter stritten mit, um später wieder in ihre Wohnsitze östlich des Jordans heimzukehren. Und die lange und im Grunde als einheitlich dargestellte Aktion endete – wenigstens nach der Tradition – mit einer einhelligen Aufteilung und Besetzung des ganzen Landes durch die zwölf Stämme, ganz im Unterschied zu Griechen und Ārya[225].

Die kriegerische Auseinandersetzung mit der Vorbevölkerung führte wie bei den Āryas zu Problemen der Ausbeutung und der Erhaltung der Reinheit der israelitischen Gesellschaft. Die Gibeoniter z. B. wollten den Krieg umgehen und unterwarfen sich freiwillig als Knechte der Israeliten, machten in diesem Sinne einen Bund mit Josua und „dienten"[226] der ganzen Gemeinde (d. h. allen zwölf Stämmen) von da an als Holzhauer und Wasserträger, insbesondere dem Tempel Jehovas[227]; dies waren notwendige, aber niedere Arbeiten, die Dienern auferlegt wurden[228]. Im allgemeinen, heißt es, wurden die Kanaaniter mit der wachsenden Macht Israels diesem zinsbar, und sie wurden nicht – wenigstens nicht alle – vertrieben, doch selbst wenn sie wie die Amoriter von Gad ins Gebirge abgedrängt wurden, wurden sie zinsbar[229]. Diese soziale Herabdrückung der Gibeoniter erinnert entfernt an die der Śūdras. Inwieweit sie eine Ausnahme war oder wie die der Śūdras einen allgemeinen Prozeß der Landnahme andeutet, ist nicht klar erkennbar. Solch „Bund" mit der Vorbevölkerung führte aber notgedrungen, da diese landwirtschaftlich, handwerklich und mit ihren bereits staatlichen Organisationen den einwandernden Hirtenstämmen überlegen war, dazu, daß die Israeliten sich ihr anpaßten, dabei – das betonten ihre Ideologen – ihre Jahwereligion zugunsten der Baalskulte aufgaben. Ähnlich erging es auch Ārya und Griechen in mancherlei

Hinsicht. Aber Israel wurde dafür von Jahwe damit bestraft, daß es immer wieder unter die Herrschaft der Vorbevölkerung geriet. Israeliten wurden beraubt und in die Fremde (als Sklaven) verkauft[230]. Sie unterlagen z. B. dem Kanaaniter Jabin[231], gerieten sieben Jahre lang unter die Hand der Midianiter, so daß sie in die Klüfte und Höhlen des Gebirges fliehen mußten und die Feinde ihre Äcker verwüsteten[232], und Jahwe gab sie vierzig Jahre in die Hand der Philister[233]. In solcher Not erweckte Jahwe ihnen indessen immer wieder einen Helden, der sie befreite. Darin sahen die frommen Chronisten das Hauptthema dieser Periode der Landnahme. Dies Auf und Ab war allem Anschein nach wesentlich anders als bei Griechen und Ārya.

Mit der Anpassung der Israeliten an die Kanaaniter entwickelte sich bei ihnen selber Ausbeutung, nicht nur die von Kanaanitern wie jenen Gibeonitern. Josua soll vor seinem Tode alle zwölf Stämme, d. h. nur ihre Ältesten, ihre Häupter (= Hauptleute = „Könige"), ihre Amtleute und Richter (eine echte Volksversammlung war bei der Größe des israelitischen Wohngebiets unmöglich geworden!) um sich versammelt und sie darauf hingewiesen haben, daß er ihnen Land gegeben habe, daran sie nicht gearbeitet, Städte, die sie nicht gebaut, und Weinberge und Ölbäume, die sie nicht gepflanzt hätten[234]. Analog haben Ārya den Reisanbau von der Vorbevölkerung übernommen, aber keine Städte. Am Ende dieser Entwicklungsperiode übernahm Israel auch das Königtum und den Staat (s. u.).

Gegen ihre Feinde erweckte Jahwe, wenn diese allzu mächtig geworden waren, einen Helden (s. o.), einen Richter. Viele kleine Richter hatte es angeblich schon in der vorigen Periode gegeben; damals aber war den Israeliten auch schon ein oberster Richter in Jerusalem prophezeit worden, ebenso ein König, der das Recht aufschreiben würde[235]. Inzwischen war nach Josuas Tod Israel, angeblich wegen seiner sündhaften Vermischung mit der Vorbevölkerung, unter die Macht eines mesopotamischen Königs gekommen; von diesem befreite es Othniel, der Richter, der Israel vierzig Jahre Frieden brachte[236]. Othniel war vorher schon als Kriegsführer hervorgetreten[237]. Er dürfte zum Kriegsführer des israelitischen Stammesbundes, soweit dieser noch lebendig war, oder einer Gruppe von Stämmen geworden sein. Auch eine Frau wie Debora konnte Richterin werden und über die Kanaaniter siegen[238]. Nach vierzig friedlichen Jahren war „Israel" – wohl kaum das ganze – sieben Jahre lang den Midianitern unterlegen, bis ein Engel Jahwes Gideon zum Richter auserkor. Dieser sandte Boten zu verschiedenen Stämmen, wählte eine Schar von 300 Kriegern aus, siegte und brachte „Israel" wieder vierzig Jahre Frieden, solange er lebte. „Etliche" schlugen ihm vor, erblicher König zu werden, aber er lehnte ab[239]. Sein jüngster Sohn von einem Kebsweib, Abimelech, aber erschlug seine siebzig Brüder und machte sich zum König von Sichem; drei Jahre später wurde er von seinen Leuten erschlagen[240]. Der nächste Richter war nach der Tradition Thola aus dem Stamme Isaschar für 23 Jahre, der folgende, Jair, ein Gileaditer, für 22 Jahre. Darauf soll Israel 18 Jahre unter der Herrschaft der Philister und Ammoniter gewesen sein, bis die Obersten des Volkes in Gilead beschlossen, wer gegen Ammon zu streiten anfange, solle Richter über ganz Gilead – nicht ganz Israel! – werden[241]; dies wurde Jephthah,

Sohn einer Hure, der, verjagt, sich zunächst eine kleine Schar gesammelt hatte[242]. Er starb nach sechs Jahren. Nach drei weiteren Richtern, die zusammen angeblich 25 Jahre richteten[243], erhob sich Simson gegen die Philister und wurde für 20 Jahre Richter[244]. Ihm folgte als letzter Richter Samuel[245]. In dieser Weise hat die Tradition die vielen, über die israelitischen Staaten von damals zerstreuten Richter in einer Art kontinuierlicher Reihe angeordnet. Als Samuel alt war, forderten die Ältesten Israels von ihm, daß er ihnen einen König gäbe. Er warnte grundsätzlich vor Königtum als Despotismus, aber willfahrte ihnen und erwählte Saul[246]. Dabei ließ er sich vom ganzen Israel entlasten, daß er niemandem Ochs oder Esel genommen, niemandem Gewalt oder Unrecht getan, von niemandem ein Geschenk genommen oder sich habe die Augen blenden lassen[247]. Er betonte damit seine Unbestechlichkeit, zugleich aber auch den Unterschied zwischen ihm und dem künftigen König, der nach dem Recht des Königs die Söhne Israels zu seinen Soldaten und zu Hauptleuten der Bauern auf seinen Feldern, die Töchter Israels zu Köchinnen und Salbenbereiterinnen machen, die besten Äcker für sich nehmen und seinen Knechten geben würde, seine Kämmerer und Knechte mit dem Zehnten aller Weinberge und Äcker unterhalten, alle zu seinen Knechten machen werde. Trotz der Warnung aber wollte das Volk Israels wie die Heiden sein; ein König solle sie richten und ihre Kriege führen[248]. Nach den Chronisten waren sich also Samuel und ganz Israel über den gewaltigen Schritt vom Richter der noch etwas demokratisch-freien Stämme (besser Völkerschaften) zum despotischen König, den sie bei der Vorbevölkerung beobachteten, im klaren. Sie sahen ihn als einen Fortschritt an, und er war es sicher in seiner Art[249]. Er setzte die Funktionen des Kriegsführers und Richters fort, aber als erbliche und mit größerer Macht, wie es sich als notwendig herausgestellt hatte. Mit dieser Entwicklung ging die des Rechts einher, das aber erst vom König aufgeschrieben wurde[250].

Es ist nicht überliefert, daß die Hauptleute („Könige") der „Stämme" oder die Richter neben den Boten, die sie wohl zum Teil ständig unterhielten, Beamte gehabt hätten, weder für das Heer (nur Debora hatte als Frau einen Kriegsführer, Barak, der sich 10000 Mann aus Naphtali und Sebulon nahm[251]), noch für das Recht (wenn man die kleinen Richter für später hält[252]) oder eine Polizei oder eine Finanzverwaltung. Sie hatten im Gegensatz zu arischen und griechischen „Königen" keinen Schatz, Speicher oder ein Waffenarsenal. Wie Kriege finanziert wurden, wird nicht gesagt. Von der Beute wurde ein Teil an ihren Gott bzw. Tempel abgeliefert[253], und dieser priesterliche Schatz vielleicht gelegentlich für den Staat herangezogen. Im allgemeinen dürften die Krieger sich – wie in Indien – selber ausgestattet und unterhalten haben, es war ja noch ein vorstaatliches Volksheer, und die Richter hatten auch keine Gastmähler für ihren Rat zu veranstalten wie die „Könige" der Griechen und Āryas. Sie hatten weder einen Palast (Debora wohnte unter einer Palme)[254], noch Festung oder Thron. Und sie hatten nicht mehr wie Moses einen dem Hofpriester der Āryas entsprechenden Priester neben sich. Als Josua Jericho belagerte, ließ er sieben Priester sieben Tage lang Posaunen des Halljahres um die Stadt herum blasen. Dadurch fielen die Mauern um, und Israel eroberte die Stadt[255]. Damit beanspruchte der Priesterstand den

Sieg für sich, wie es analog von den Brahmanen gilt. Aber Hofpriester hatten Josua und die Richter nicht, vielmehr betete Josua selber zu Gott[256] wie die griechischen, nicht wie im allgemeinen die vedischen Könige, und Debora sang selber ihr Danklied nach dem Sieg, den, wie sie dichtete, der Himmel erstritten hatte, es war ja ein Sieg über dessen Feinde[257]. Dies Lied ist mit seinem Inhalt weitgehend ṛgvedischen Liedern an die Seite zu stellen. Nur ist es kein Werk eines Priesters. Die militärischen Führer Israels waren angeblich von Jahwe selber auserwählt und inspiriert. Sie gaben den Priestern keine Geschenke oder Pfründen, sondern diese erhielten ihren Zehnten vom ganzen Volk. Trotz solcher Unterschiede waren die Leviten ein Priesterstand, der sich dem der Brahmanen Indiens, aber nicht griechischen Priestern an die Seite stellen läßt, wie ja auch der Übergang von Stamm oder Völkerschaft zu Despotismus Ārya und Israeliten im Unterschied zu Griechen gemeinsam war, offenbar weil auch Israels Gesellschaft auf einer Unterart der asiatischen Produktionsweise beruhte.

Heutige Historiker[258] stellen die Entwicklung etwa so dar: Die Israeliten lebten in ihren Stammesgebieten zwischen kanaanitischen Stadtkönigtümern lokal zerstreut. – Die einzelnen Stämme unterschieden sich in ökonomischer Hinsicht verschieden; teils waren sie mehr Bauern, teils mehr Hirten, und sie hatten ständig Auseinandersetzungen mit Kanaanitern und untereinander (insofern den Āryas vergleichbar). Ihren Zusammenhalt gegen die Kanaaniter fanden sie (im Unterschied zu den Āryas) in ihrer Amphiktyonie, d. h. in ihrem Stammesbund mit der Lade Jahwes als Zentralheiligtum. Fast 300 Jahre lang traten hier und da charismatische Führer einzelner Stämme oder Stammesgruppen gegen die Feinde auf, die Richter („Königen" der Āryas vergleichbar). Als die Bedrohung durch die Philister groß wurde, wählten alle Stämme Saul als solchen charismatischen Führer der gesamten Amphiktyonie (ohne Analogie bei Āryas). Es kam aber mit Saul und dessen Sohn noch nicht zur Bildung einer Königsdynastie. Vielmehr riß David mit einer Söldnertruppe die Führung Israels an sich, eroberte Jerusalem, brachte die Lade dorthin und vereinigte so ein Machtzentrum mit dem der Amphiktyonie. Sein Sohn Salomon baute dann dort den Tempel Jahwes, seinen Palast, schuf sich ein stehendes Heer, legte Abgaben fest und setzte Statthalter ein, sodaß die Stammesorganisation überwunden wurde. Der Staat umfaßte in seinem geschlossenen Gebiet Israeliten und Kanaaniter, ja, das Königtum stützte sich wesentlich auf die früheren Feinde und behandelte sie schonend. Die Israeliten aber blieben großenteils der nomadischen, gentilen Tradition treu und damit antidespotisch. So entstand in Kanaan zum ersten Mal ein Großstaat durch die als Eroberer eingedrungenen Hirtennomaden, aber in Form einer altorientalischen Despotie, freilich mit Beibehaltung und Ausbau des Monotheismus der Nomaden im Gegensatz zu den Baalskulten. Während also die große Linie von Stamm über Völkerschaft zu Staat und Despotismus in Indien und Kanaan analog verlief, waren die Einzelheiten der Geschichte der Āryas und Israeliten weitgehend verschieden.

III. Periode: Die Herausbildung des zentralisierten Großreichs (550–325 v. u. Z.)

Wie Nordindien auf wirtschaftlichem Gebiet in diesen drei Jahrhunderten den durch den Einbruch der Ārya um 1200 v. u. Z. erlittenen Rückfall verhältnismäßig schnell aufgeholt und die Höhe der anderen altorientalischen Gesellschaften wieder erreicht hat, so ähnlich auch auf staatlich-rechtlichem Gebiet. War Nordindien um 550 noch in kleine, primitive Staaten zersplittert, so war es um 325 in einem Großreich vereinigt, d. h. es erlebte eine Periode der Zentralisation, wie solche in altorientalischen Staaten immer wieder vorkamen. Diese Zentralisation nach außen ging aber notwendigerweise zusammen mit einer Zentralisation nach innen. Ohne Zentralisation der Macht im Innern war die nach außen nicht zu verwirklichen. Der Heerführer-„König“ der militärischen Demokratie mußte zum „orientalischen Despoten“ eines straff organisierten Staates werden, wollte er ein Riesengebiet wie Nordindien erobern, selbst wenn dabei Bengalen im Osten noch nicht kultiviert genug war, um eingeschlossen zu werden, und wenn das Pandschab im Westen als persische Satrapie noch nicht zu erobern war. Nur wenn der Despot durch staatliche Förderung und Kontrolle der Wirtschaft seinen Schatz samt gewaltigen Speichern und Arsenalen ausreichend angefüllt und mit deren Hilfe ein starkes Heer ausgerüstet hatte, war er zur Eroberung Nordindiens imstande. Dazu gehörte aber auch die innenpolitische Sicherung seiner Macht, d. h. der Ausbeutung der Śūdras-Vaiśyas, und die staatliche Organisierung der Ausbeuter, der Kṣatriyas und Brahmanen, als Dienstadel. Sein Interesse mußte während dieser Periode mit dem der Mehrheit der vier Stände zusammengehen. Dies im einzelnen nachzuzeichnen, reicht das Material heute noch nicht aus. Aber es ist möglich, die Tendenz der Zentralisierung und die ihr widersprechende Tendenz zur Dezentralisierung, die in dieser Periode unterlag, wenigstens anzudeuten.

1. Die Staaten Nordindiens

Buddhistische Texte zählen für die Zeit Buddhas, also für den Anfang dieser Periode, sechzehn Staaten auf, von denen drei, Magadha, Kosala und Vatsa, die größeren waren, Anga, Kāśi, Vṛji, Malla, Chedi, Kuru, Pañcāla, Matsya, Śūrasena, Aśvaka, Avanti, Gandhāra und Kambodscha die kleineren, beide Reihen in ihrer Reihenfolge von Osten nach Westen. Manchmal werden einige von ihnen, Nachbarvölker, in Zweiergruppen zusammen genannt, wie die Kuru-Pañcāla, die schon in der II. Periode irgendwie vereinigt waren, die Vṛji-Malla, die eine bekannte Konföderation bildeten, oder die Kāśi-Kosala, von denen die ersten den zweiten unterlegen waren[1]. So zeigen sich schon hier erste Ansätze zu Staaten, die über eine Völkerschaft[2] hinausgingen.

Brahmanische Quellen hierüber weichen in vielen Einzelheiten ab. Sie nennen insbesondere nicht die Vṛji-Malla-Konföderation und andere Völkerschaften oder Staaten wie die Śākya, Littschawi, Koliya und Moriya, die eine besondere Staatsform hatten, nämlich keine monarchisch-despotische, sondern eine aristokratische, und demgemäß nicht brahmanische Religion und Moral, sondern heterodoxe, nämlich buddhistische und jinistische Religion und Sitte pflegten. Der Unterschied solcher Aristokratien von Monarchien beruhte auf der verschiedenartigen Stellung der Brahmanen und Kṣatriyas in der Gesellschaft, letztlich auf verschiedenen Arten der Ausbeutung der Dorfgemeinden. Dieser Unterschied begann vielleicht schon in der II. Periode mit dem ersten Werden des Staates, ist für die indische Gesellschaftsentwicklung bis zum Ende der Sklavenhalterformation wichtig und bildet eines der Hauptthemen dieser III. Periode.

Diese kleinen Staaten waren, wie die Kuru-Pañcāla, Kosala oder Magadha, aus älteren Völkerschaften hervorgegangen; aber bei ihrer Bildung spielten vermutlich die sich herausbildenden Wirtschaftsräume ebenfalls ihre Rolle, sicher bei ihrer weiteren Geschichte, wenn Kosala sich das benachbarte, am Ganges, dieser wichtigen Handelsstraße, gelegene Kāśi, dieses Zentrum berühmter Gewebe, einverleibte[3], oder Magadha Anga, seinen östlichen, jenseits des Grenzflusses Champa gelegenen, nach Bengalen hinüberleitenden Nachbarn[4]. Auf die Kriege der Landnahme in der II. Periode, die die lange Zeit der militärischen Demokratie mit ihren kriegerischen Wanderungen abschlossen, folgten von jetzt an Eroberungskriege einer neuen Qualität, nämlich zum Zwecke der Unterwerfung von benachbarten Völkerschaften oder Staaten hier und da in Nordindien, bis zur Unterwerfung – aber nicht Annexion – aller Staaten der Gangesebene durch Magadha am Ende unserer Periode. Aus diesen Jahrhunderten sind eine Reihe einzelner, mehr oder weniger historischer oder romantischer Geschichten von Königen der Kosala, wie von Prasenajit und seinem Verhältnis zu Ajātaśatru von Magadha sowohl wie zu den Śākya, überliefert[5]. Die Vatsa in Kauśāmbī stammten nach puranischer Genealogie von den Kuru ab; zu Buddhas Zeit hatte ihr berühmter König Udayana Liebesabenteuer mit der Prinzessin von Avanti und wurde von deren Vater, König Pradyota, gefangen genommen[6]. Pradyota seinerseits regierte in Ujjayinī an der Handelsstraße von Magadha nach dem westlichen Dekkhan und war ein starker Gegner Magadhas, aber einer seiner Nachfolger unterlag dieser aufstrebenden Macht[7].

Magadha, das zu Anfang der II. Periode den orthodoxen Brahmanen noch als „unrein“ gegolten hatte und dessen geradezu kyklopische Ruinen der Hauptstadt Giriwradscha einen sehr altertümlichen Eindruck machen[8], hatte mit seiner fruchtbaren Ebene südlich des Ganges, seinen Eisenvorkommen in den weiter südlich anschließenden Bergen[9] und seiner Lage am Wasserweg des Ganges offenbar alles, was notwendig war, aus ihm die staatliche Macht zu machen, die den Gang der nächsten tausend Jahre bis zum Ende der Sklavenhalterformation bestimmte, so daß die Geschichte des damaligen Indiens im Grunde die Geschichte Magadhas ist. Magadha eroberte bereits kurz vor Buddha das blühende Anga im Osten, dann zur Zeit von Buddhas Tod das Gebiet der Vṛji-Malla-Konföderation nördlich des Ganges, dann kurz nach Buddhas Tod Kosala, später Avanti (s. o.) und bis zum Ende unter den Nanda-Königen den Rest der Gangesebene bis an die Grenze des damals persischen Pandschab. Das Nanda-Großreich war schließlich die Vorstufe des Mauryastaates der IV. Periode.

2. *Monarchien*

In bezug auf die Dynastien und Könige dieser Periode, ihre Chronologie und ihren Charakter, weichen buddhistische, jinistische und puranisch-brahmanische Quellen wiederum stark voneinander ab, so daß eine einheitliche historische Nacherzählung einstweilen unmöglich ist[10]. Am ausführlichsten ist die buddhistische Tradition; diese ist wegen ihrer antidespotischen Parteilichkeit recht glaubwürdig, aber dennoch vermögen wir die objektive Wirklichkeit bisher noch nicht genügend herauszuarbeiten.

Zur Zeit Buddhas regierte in Giriwradscha König Bimbisāra, der in zwei politischen Heiraten eine Prinzessin von Kosala als erste und eine Prinzessin der mächtigen Littschawi-Aristokratie aus der Vṛji-Malla-Konföderation zur zweiten Königin gewonnen hatte[11]; sicher um sein Reich südlich des Ganges mit den beiden Nachbarn am Nordufer zu verschwägern. Diese Politik wurde von Magadhakönigen bis an den Anfang der Guptazeit öfter wiederholt. Politische Heiraten dieser Art waren damals etwas Neues in den jungen Staaten[12]. Sein Thronerbe Ajātaśatru, Sohn einer dieser beiden Frauen, wurde von ihm als Statthalter im eroberten Anga eingesetzt[13], eine noch von den Mauryas in ihrem Großreich befolgte Sitte[14]. Leider kennen wir die Funktion eines solchen Statthalters noch nicht im einzelnen. Bimbisāra soll einmal (oder öfter?) die Ältesten seiner 80000 Dörfer versammelt und sie in der Ordnung der sichtbaren Welt unterwiesen, sie dann aber an Buddha verwiesen haben, damit er sie über das Jenseits unterweise. Daraufhin versammelten sie sich um Buddha, der damals auf einem der Berge um Giriwradscha herum weilte, und dieser predigte ihnen über das Geben, die Rechtschaffenheit, den Himmel, die Lüste, Eitelkeit und Unreinheit und über das Freisein von Lust, über das Leiden und seine asketische Überwindung[15]. Der König ließ also seine politische Unterweisung, die leider im einzelnen nicht dargelegt wird, durch die ideologische, buddhistische (nicht brahmanische, behaupten Buddhisten)[16] ergänzen. Die Zahl von 80000 Dörfern dürfte stark übertrieben sein[17]. Von solchen Riesenversammlungen ist sonst nichts überliefert, es handelt sich also wohl um eine fromme Fiktion der Buddhisten. – Bimbisāra soll drei Minister gehabt haben, einen allgemeinen (vermutlich für Finanzen, Verwaltung, öffentliche Arbeiten), einen für das Gericht und einen Heerführer[18].

Nur der Heerführer war schon in der II. Periode üblich gewesen. Diese drei Ressorts waren von da an im Grunde für jede Staatslenkung unentbehrlich. Aber im Mauryareich der IV. Periode gab es weder einen Finanz- noch einen Justizminister, wohl einen Hauptminister. Trotzdem braucht diese Angabe über Bimbisāra nicht falsch zu sein. Aus solchen seltenen Anspielungen gewinnen wir das Bild eines kleinen, noch einfachen Staates[19].

Bimbisāra wurde von seinem Sohn Ajātaśatru ermordet (oder nach Jainatradition entthront und gefangen gehalten)[20]. Dieser unterwarf Kosala und die Littschawi, Malla und andere (s. o.) und wurde ebenfalls von seinem Sohn ermordet. Auch seine drei Nachfolger wurden in den nächsten 56 Jahren von ihren Söhnen ermordet, bis angeblich das Volk in seiner Empörung die Dynastie durch den Minister Śiśunāga absetzen ließ, der die nächste Dynastie begründete[21]. Wenn man also dem antidespotischen Zeugnis der Buddhisten glauben will, bezeugt es den grausigen Beginn des Despotismus im stärksten Staat unserer Periode in dieser Weise. Empfehlung des Vatermords als Mittel, schon als junger Mensch auf den Thron zu gelangen[22], galt später als eine Lehre des Bhāradvāja im Mahābhārata, und dieser Ideologe des Despotismus spielte auch in der vierten Periode noch eine gewisse Rolle im Staatslehrbuch des Kauṭalya als dessen Vorläufer, als Lehrer der Staatslehre in der III. Periode (s. u.).

Kālāśoka, ein König der Śiśunāgadynastie, soll von seinem Barbier, einem Liebhaber der Königin, ermordet worden sein, also von einem Śūdra, der dadurch der Begründer der Nandadynastie geworden sein soll. Der üble Ruf dieser Dynastie drang am Ende unserer Periode bis zu Alexander von Mazedonien[23]. Diese ganz Nordindien erobernde Śūdradynastie soll dabei dort nach brahmanischer Tradition alle Kṣatriyas ausgerottet haben, analog dem Paraśurāma der viṣṇuitischen Mythologie[24]; dieser ist zugleich ein Gegenstück zum epischen König Jarāsandha von Magadha, der als ein Menschen, Könige, opfernder Śivait geschildert wird[25]. Über die Habsucht des letzten Nanda wurden später ebenso Geschichten erzählt wie über sein tyrannisches Verhalten seinem treuen Minister Śakatāla gegenüber[26]. Nun, Geld brauchte er für sein riesiges Heer, vor dem Alexander zurückschreckte. Und mehr oder weniger despotisch waren alle diese Könige. Ohne straffe Staatsorganisation wäre der Aufstieg Magadhas unmöglich gewesen, hätte z. B. ein Nanda nicht, wie es gut bezeugt ist, einen Bewässerungskanal bauen können[27]. Dies ist eines der ganz seltenen Zeugnisse über staatliche Anlage gemeinnütziger, die Möglichkeiten einer Dorfgemeinde übersteigender Bewässerungsanlagen, die zur Begründung dafür herangezogen werden, daß der Despot in der asiatischen Produktionsweise geradezu gesetzmäßig in Erscheinung treten mußte. Aus den drei vorangegangenen Jahrhunderten des indischen Despotismus fehlen bisher solche Zeugnisse[28].

Ihre ständige Eroberungspolitik aber machte die Nandas bei den Unterlegenen – und diese waren die Mehrheit – äußerst unbeliebt. Die Gegner der Zentralisation waren, wenn man die indische Geschichte insgesamt übersieht, im allgemeinen zahlreicher als ihre Anhänger.

Geht man von der indischen Ständegesellschaft aus, so war die Lage der Brahmanen kompliziert, ja widerspruchsvoll. Sie wurden in dezentralisierten Staaten, in Aristokratien, nicht, wie dies doch in zentralisierten Monarchien geschah, als erster Stand anerkannt. Das ist von Buddhisten für die Śākya ausdrücklich bezeugt, ebenso indirekt von Brahmanen, genauer Viṣṇuiten, für die Vṛṣṇi in der epischen Biographie Kṛṣṇas. In dieser spielen Brahmanen nämlich schlechthin keine Rolle[29]. Auf der anderen Seite konnten sie in Monarchien weitgehend ihren Anspruch, der höchste Stand und keine Untertanen des Königs zu sein, durchsetzen, denn der Staat brauchte sie als seine Ideologen. Sie konnten sogar ihr Recht theoretisch über die Macht des Königs setzen, neben den König einen Hofpriester als unentbehrlich stellen und ihm das höchste Gehalt erwirken. Sogar der unfromme, weltlich eingestellte Staatslehrer der IV. Periode, Kauṭalya, erkannte in einer Art Kompromiß die brahmanische Morallehre, d. h. das Ständerecht, als verbindlich an und sprach sich ausdrücklich dafür aus, Brahmanen in Neusiedlungen Landpfründen zu verleihen. Trotz solcher Vorteile war ein Teil der Brahmanen gegen Zentralisation des Staats, gegen allzu starke Eingriffe einer zentralisierten Staatsleitung in die Belange ihrer Dorfgemeinden eingestellt. Ein anderer Teil der Brahmanen allerdings trat als Beamte und Soldaten in Königsdienste. Er war damit auf staatliche Gehälter und Rationen aus dem königlichen Speicher angewiesen und erwartete vom König Pfründen. Dadurch war er an einem ständig wachsenden, systematisch erstarkenden, dafür immer mehr Fachleute als Beamte brauchenden zentralisierten Staat interessiert, und dies war die Monarchie im Gegensatz zur friedlicheren Aristokratie. Andere Brahmanen zogen als Kaufleute aus dem Dorf in die Stadt und brauchten in einem möglichst großen Wirtschaftsgebiet Frieden, den am besten ein großer zentralisierter Staat sichern konnte. So hatte der im Innern und nach außen zentralisierend erstarkende Staat, die Monarchie, in gewissen Brahmanen wichtige Stützen.

In analoger Weise war die Lage der Kṣatriyas zwiespältig. Auch ihnen ging es um ihren Anteil am Ertrag der Dorfgemeinden, den sie ebenso wie die Brahmanen so weit wie nur möglich an sich zu ziehen suchten. In der agrarischen Gesellschaft des alten Indiens lebten ja alle Klassen im wesentlichen vom Ertrag der Felder, und die Aufteilung des Ernteertrages unter sie war der Gegenstand ihres Kampfes gegeneinander, von landlosen Tagelöhnern über den Bauern bis zum Beamten, Händler, Priester und König, jedes Kṣatriyas, Brahmanen, Vaiśyas und Śūdras gegen seine Standesgenossen, jedes Mannes jeden Berufs gegen seine Konkurrenten. Dachten einige Brahmanen, einen größeren und gesicherteren Anteil in Form von direkten Abgaben und „Geschenken" der Bauern als Dorfbrahmanen zu erhalten, so erhofften sich andere mehr als Staatsbeamte auf dem Umweg über königlichen Schatz und Speicher. Analog wollten einige Kṣatriyas an dem angestammten Einkommen aus ihren Dorfgemeinden als kleine und kleinste „Könige" festhalten, während sich andere mehr von Staatsstellen versprachen. Die erste Gruppe ist im Epos gemeint, wenn es dort heißt: Die Könige tun jeweils in ihrem Hause, was ihnen lieb ist, und erreichen (d. h. schaffen sich) kein Oberkönigtum; ihnen bedeutet das Wort Oberkönig Not[30]. Diese Kṣatriyas suchten, in einem aristokratisch regierten, dezentralisierten Staat, in einer Aristokratie zu leben, die anderen in einer zentralisierten Monarchie als Dienstadel. Diesen, den Kṣatriya-Soldaten, -offizieren und -beamten verschiedenster Grade, wurden ihre Gehälter, Rationen und Waffen aus dem königlichen Schatz, Speicher und Arsenal für ihren Geschmack sicherer und ausreichender garantiert[31], als wenn sie selber „ihre" Dorfgemeinden ausgebeutet hätten. Ein Kṣatriya, der als „Mann des Königs" mit dessen großer Macht hinter sich eine Gruppe von Dörfern verwaltete, stand sich vermutlich materiell und sozial ganz ähnlich, wenn nicht gar besser als sein Standesgenosse, der „seine" Dörfer selber regierte. So gelang es damals einigen Kṣatriyadynastien oder -sippen, sich in Aristokratien zusammenzuschließen, während andere einen der Ihren über sich als ihren König anerkannten. Im Grunde ging es um die Frage, ob einer oder viele Kṣatriyas Herren der Dorfgemeinde sein sollten, und dies war die altindische Variante der Frage, ob einer oder viele Mitglieder des Kriegeradels Eigentümer oder Obereigentümer des Bodens der Dorfgemeinde sein sollten, eine Frage, die für die asiatische Produktionsweise typisch ist. Dabei können wir freilich einstweilen noch nicht beurteilen, ob und wieweit es daneben Königen damals gelungen ist, widerstrebende Kṣatriyas mit Gewalt zum Dienstadel zu machen. Der Kṣatriyadienstadel aber war nicht nur an der Monarchie an sich, sondern an ihrer Stärkung durch Zentralisation interessiert. Die Geschichte zeigt ja, daß in diesen Jahrhunderten die zentralisierte Monarchie von Magadha alle anderen Staaten, Monarchien sowohl wie Aristokratien, überrennen konnte. Je größer ein solcher Staat, um so reicher ward er und um so besser ging es seinem Dienst- und Hofadel.

Auch Vaiśyas, Bauern, Hirten, Handwerker, Händler oder Beamte, mögen damals teilweise an der Stadt (Residenz) als Zentrum von Handwerk und Handel, damit an Frieden in einem möglichst großen Wirtschaftsraum interessiert gewesen sein. Und auch Śūdras haben sicher teilweise als Bauern und Handwerker an ihren alten Dorfgemeinden mit der Tendenz zur Dezentralisierung festgehalten, andere aber an Neusiedlung des zentralisierten Großreichs, an städtischem, königlichem Handwerk, Beamten- und Soldatentum in dessen Diensten Interesse gehabt.

Nicht alle Kṣatriyas in einer Monarchie wurden demgemäß zum Dienstadel; dies war nur die zeitweilig herrschende, uns erkennbare Tendenz. In welchem Verhältnis aber die Ausnahmen zum König, ihrem Oberherren, standen, ist bislang nicht belegt. Man nimmt an, daß sie keine Steuern an den König abführten, daß dies vielmehr nur die Vaiśyas[32] und Śūdras, die Produzenten und Händler, taten; Kṣatriyas werden freilich in den „Rechtsbüchern" nicht ausdrücklich neben anderen von Abgaben Befreiten aufgeführt[33]. Vielleicht aber faßte man es so auf, daß der Oberkönig von ihnen keine Abgaben forderte, weil er als „gerechter Sieger" auch einem besiegten König nichts von seiner Habe nehmen, ihm keine Kontribution auferlegen sollte[34]. Es ist jedenfalls nicht belegt, und es entspricht nicht der erkennbaren Tendenz der Monarchie, daß solche selbständig bleibenden Kṣatriyas einen Teil dessen, was sie vom Ernteertrag „ihrer" Dorfgemeinden eintrieben, an den König abgeführt hätten. Wir haben keinen Grund, anzunehmen, daß sie eine Art allgemeine Zwischenschicht zwischen Bauern und König gebildet hätten, wie sie als bezeichnend für feudale Verhältnisse gilt[35].

Einzelheiten über die Verwaltung der damaligen Monarchie, ihre Beamten und ihren Dienstadel kennen wir noch nicht[36]. Man muß versuchen, eine Entwicklungslinie von den drei Ressorts der Verwaltung, des Rechts und des Krieges z. Zt. des Bimbisāra am Anfang dieser III. Periode bis zum ausgebildeten Beamtenapparat des zentralisierten Staates der IV. Periode zu ziehen, aber die staatsrechtlichen Empfehlungen der „Rechtsbücher" der III. Periode reichen dafür nicht aus (s. u.).

3. *Aristokratien*

Aristokratien hatten keinen erblichen, lebenslänglichen König, sondern wurden von ihren Kṣatriyas regiert, d. h. der Kriegeradel setzte am Anfang unserer Periode[37] den „König" der militärischen Demokratie ab, berief auch die Stammes- oder Heeresversammlung, die in der II. Periode wohl kaum noch existiert hatte, nicht mehr ein, sondern machte eine Ratsversammlung der Kṣatriyas zum Souverän, der einen Heerführer oder einen „König" oder eine Exekutive mehrerer Mitglieder als zeitweilige „Beamte" einsetzte. Es wird Aristokratien oder, wie manche sagen, Republiken verschiedener Art gegeben haben. Erwähnt werden sie in buddhistischen Quellen und vom Grammatiker Pāṇini dieser III. Periode, aber auch von Kauṭalya und griechischen Autoren der IV. Periode, und einige Schilderungen gibt es im Epos. Die brahmanischen „Rechtsbücher" der III. und IV. Periode aber verschweigen sie. Eine umfassende und systematische Darstellung der Aristokratien ist nach diesem Material noch nicht möglich. Aber es ist ratsam, sie mit Kauṭalya als in zwei Arten unterschieden abzuhandeln und gleichzeitig von dem Problem der Aufteilung des Ernteertrages auszugehen.

In den Aristokratien war der Kṣatriyastand nicht zum Dienstadel geworden, wie in der Monarchie, sondern zahlreiche Kṣatriyas herrschten über „ihre" Dorfgemeinden. Bei den Littschawi z. B. gab es nach buddhistischer Überlieferung 7707 kleine „Könige", von denen jeder seinen Thronerben, seinen Heerführer und seinen Speicherverwalter bei sich in der Hauptstadt Vaiśālī hatte. Sie ließen offenbar durch ihre „Beamten" aus ihren Dorfgemeinden die Naturalabgabe in ihre Speicher schaffen und unterhielten aus diesen Abgaben nicht nur ihre Familie, ihren Haushalt in der Stadt, sondern auch ein „Heer", d. h. sie versorgten sich und ihre Krieger nicht nur mit Lebensmitteln und Textilien, sondern auch mit Waffen. Sie hatten zwar keine landwirtschaftlichen Großbetriebe, vermutlich auch keine Handwerksbetriebe, aber kleine „Reiche", bestehend aus je einer größeren oder kleineren Zahl von Dorfgemeinden. Sie stellten ihre Truppenkontingente im Kriegsfall zum Heer der Littschawi zusammen. Diese kleinen „Könige" waren die patriarchalischen Familienhäupter der Kṣatriyas, die als Littschawi eine gentile Einheit zu sein meinten[38]. Es sieht nicht so aus, als ob es außer jenen einzelnen noch einen Finanzverwalter oder Kriegsminister für den gesamten Staat gegeben hätte. Man hatte ja den „König", den erblichen Kriegsführer, aus Mißtrauen, er könnte zum Despoten werden, abgeschafft, und hatte wohl ein ähnliches Mißtrauen gegen einen ständigen Kriegsführer und einen Finanzminister – wie auch die Maurya-Monarchie der IV. Periode gegen solche zentralen Instanzen auf dem Gebiet des Schatzes und des Heeres Mißtrauen hatte und keine Minister dieser wichtigen Ressorts duldete. Es gab aber einen staatlichen Gerichtsapparat mit mehreren übereinandergestaffelten Gerichten zum mehrfachen Appellieren, von denen jeder den Angeklagten freisprechen konnte, aber als schuldig mußte er von allen erkannt werden[39]. Dies macht einen demokratischen Eindruck, aber wir erfahren nicht, ob auch Vaiśyas, Śūdras und Sklaven so gerecht behandelt wurden.

In den Augen der Śākya war der Anspruch all dieser Littschawi-Kṣatriyas auf den Königstitel – und sie wurden sogar in einem besonderen Teich rituell zu „Königen" geweiht[40] – lächerlich. Aber Buddha sprach am Anfang der III. Periode mit Hochachtung von ihnen – daß sie blühen würden, solange sie häufige und gut besuchte Versammlungen abhielten, in Einigkeit handelten, an ihren alten Beschlüssen und Sitten festhielten, ihre Ältesten verehrten, ihre Frauen nicht vergewaltigen (oder: von allen Männern gut behütet werden) ließen, ihre Heiligtümer pflegten und Asketen versorgten[41]. Buddha entstammte ja selber der Aristokratie der Śākya, die im wesentlichen – abgesehen von den vielen Titular-Königen – ähnlich organisiert war, und wußte von der Notwendigkeit und Schwierigkeit der Erhaltung der Einmütigkeit, wollte eine Aristokratie einer benachbarten zentralisierten Monarchie widerstehen. Gerade von den Śākya aber ist überliefert, wie sie sich in einem besonderen Versammlungsgebäude versammeln, um ihre Angelegenheiten zu verhandeln[42]. In solchen Versammlungen lebte etwas von der gentilen patriarchalischen Demokratie weiter; die Volksversammlung war zwar in der II. Periode in Nordindien unter den Ārya ausgestorben, aber die in der II. Periode unpolitische Adelsversammlung lebte nach dem Sturz der „Könige" in den Adelsversammlungen der Aristokratien als Souverän wieder auf.

Von den Littschawi sagte Kauṭalya noch am Anfang der IV. Periode, sie lebten von dem Worte „König", und das täten außerdem die Vṛji, Malla, Madraka, Kukura, Kuru, Pañcāla „usw."[43]. Er nannte hier aber nicht die berühmten Śākya, bei denen eben nicht jeder Kṣatriya den Titel „König" trug, sondern nur einer, der anscheinend auf Zeit gewählt wurde, wie z. B. Buddhas Vater[44]. In bezug auf die Vṛji usw. können wir Kauṭalya glauben; aus anderen Quellen kennen wir von ihnen nicht genügend Einzelheiten. Aber Indologen haben den Littschawis auch eine Aristokratie an die Seite gestellt, die nach Strabon jenseits des Beas im Pandschab lebte, deren Namen er nicht nannte, die aber, wie er, ihre Verfassung lobend, schrieb, eine Versammlung von 5000 Mitgliedern hatte (analog den 7707 der Littschawi). Jeder dieser 5000 mußte einen Elefanten für das Heer stellen[45]. Vermutlich war hier ein Elefant aber nur der Kern einer kleinen Truppe, die außer ihm einen Streitwagen, ein paar Reiter und Fußsoldaten umfaßte (wie es nach dem Mahābhārata üblich war)[46]. Von diesem Volk nun heißt es bei dem Griechen, daß es aus guten Bauern und Kriegern bestand[47]; dagegen ist dort in bezug auf das allgemeine „Königtum" aller dieser 5000 Kṣatriyas nichts gesagt. Immerhin mußte jeder von ihnen seinen Elefanten (und seine Gefolgschaft) unterhalten wie die Kṣatriyas der Littschawi.

Jener Hinweis auf das gute Bauern- und Kriegertum rückt indessen diese Aristokratie in die Nähe des zweiten Typs der Aristokratie, die Kauṭalya gerade dadurch von dem ersten unterscheidet, daß sie von „Ökonomie und Waffe" lebt[48] (statt vom Titel „König"). Ökonomie bedeutet nach Kauṭalya Landwirtschaft, Viehzucht und Handel[49]. Er läßt dabei Handwerk fort, das seit der III. Periode anerkannter Beruf der Śūdras war[50]. Er führt für diesen Typ die Kāmbodscha, Surāṣṭra und andere „Kṣatriyagilden" an (soweit diese unklaren Worte einstweilen ungefähr übersetzbar sind)[51]. Er hatte also Kṣatriyas im Auge, die in diesen Staaten von den Vaiśyas kaum zu unterscheiden waren, insofern sie wie Vaiśyas als Bauern und Hirten arbeiteten und die Vaiśyas wie die Kṣatriyas Waffen trugen. Das brahmanische „Recht" der vier Stände, das Kauṭalya anerkannte, erlaubte Kṣatriyas in Notzeiten ein solches Leben[52]. Kauṭalya hatte demnach wohl arische Völker im Auge, die in armen, trockenen Gegenden lebten wie im Nordwesten Indiens, eben in der Heimat der Kāmbodscha und Surāṣṭra. Dazu paßt, daß er empfahl, solche Aristokratien durch Kämpfe im Innern, die man anzetteln sollte, zu zersetzen und sie dann gewaltsam umzusiedeln. Das Umsiedeln war bei einer Bauernbevölkerung[53] eher angebracht als bei Kṣatriyas vom Typ der Littschawis. Kauṭalya empfahl es in anderem Zusammenhang für Śūdra-Bauern. Im Verhältnis zum Littschawi-Typ war dieser Kambodscha-Typ der einer Aristokratie, die gentilen Zuständen näher stand, in der der Kriegeradel sich nicht so stark von den Bauern und Hirten abgesondert hatte, die aber ebenfalls ihre „Könige" der militärischen Demokratie abgeschafft hatte und zum Staat geworden war.

An diesen Typ der von Landwirtschaft und Waffen lebenden Aristokratie möchte man die von Pāṇini in der III. Periode erwähnten Aristokratien im Vāhīkaland, also im Nordwesten Indiens, anschließen, die „von Waffen leben" wie Mālava, Kṣudraka u. a. m.[54]. Der Grammatiker erwähnte sie, weil bei ihnen Rājanyas (Kṣatriyas) und Brahmanen mit einem anderen Suffix gekennzeichnet wurden (z. B. Mālava) als Śūdras und Vaiśyas (Mālavya). Er führt dann für besondere Suffixe eine Reihe von Namen an, die wohl solche Vāhīka-Aristokratien bezeichnen: Vṛka, Dāmani, Parśu, Yaudheya „usw.", wobei in den der Grammatik angehängten Wortlisten dies „usw." mit einer Reihe weiterer Namen detailliert wird. Weiter führt Pāṇini ein Suffix für Namen von „von Waffen Lebenden" an (ohne sie hier als Aristokratien zu kennzeichnen), die nach einem Gebirge, ihrem Wohnsitz, benannt werden[55]; er gibt aber keine solchen Namen an, dies tut erst der Kommentar. Bei einer Betrachtung all dieser Namen aus dem Nordwesten Indiens kann man einige mit größerer oder geringerer Wahrscheinlichkeit mit Bergvölkern gleichsetzen, die teils von Griechen oder anderen Autoren genannt wurden oder deren Namen heute noch mehr oder weniger abgewandelt vorkommen. Pāṇini stammte eben aus dem Nordwesten und hatte Interesse an diesen Völkern. Er bezeugt uns diese Verhältnisse für so ziemlich den Anfang der III. Periode. Kauṭalya, der im Osten, in Magadha, am Anfang der IV. Periode lebte, hatte dagegen in erster Linie die ihm benachbarten und seit Ajātaśatrus Zeiten für Magadha bedrohlichen Littschawis im Auge. Er sah indessen, daß die Pandschabstaaten, die nicht Monarchien waren, als Aristokratien denen des östlichen Gangeslandes verwandt waren, wenn auch als anderer Typ. Es ist ja verständlich, daß sich im Osten, im Gangesgebiet mit dem Reisanbau etwas anderes herausbilden mußte als im Nordwesten mit seinem Gerste-Weizen-Anbau, wenn auch beide Gebiete mit ihren Dorfgemeinden, wer weiß, seit wann schon zur asiatischen Produktionsweise gehörten und beide von vedischen Stämmen überrannt worden waren. In beiden Gebieten hatte sich der Vierständestaat herausgebildet und war die Macht der „Könige“ der vedischen Zeit beschnitten worden, soweit sie sich nicht zu Monarchen-Despoten entwickelt hatten.

Die historische Wirklichkeit wird damals noch weit komplizierter gewesen sein; es wird Übergänge zwischen den Monarchien und diesen zwei Typen von Aristokratien gegeben haben. So verglichen die Griechen damals die Verfassung von Patala im Pandschab mit Sparta, weil es zwei Könige aus zwei Dynastien als Kriegsführer hatte, während die eigentliche Macht bei einem Rat der Ältesten liege[56]. Es ist möglich, daß die Griechen die indischen Verhältnisse hier unbewußt ein wenig den griechischen angepaßt haben. Aber der Begriff des Doppelkönigtums als einer besonderen Staatsform ist auch in einem indischen Text bezeugt[57]. Der Alexanderhistoriker Curtius hat uns weiter die Nachricht überliefert, daß die Ambaṣṭha im Pandschab sich drei Heerführer gewählt hatten und zur Friedensverhandlung eine Gruppe von fünfzig Abgesandten zu Alexander schickten[58]. Hatten sie auch sonst statt des einen vedischen Kriegsführers drei? Schließlich gab es damals auch noch mehr oder weniger echte Stämme ohne Könige[59] irgendwelcher Art in Indien, gibt es Reste davon doch heute noch.

Kauṭalya nannte in anderem, mythologischem Zusammenhang einmal die Vṛṣṇi[60] eine Aristokratie, denn zu seiner Zeit lebte sie nicht mehr. Aus ihr stammte Kṛṣṇa. In dessen Biographie im Harivaṃśa haben die brahmanischen Verfasser diesen Charakter des Staates verschwiegen. Aber im Mahābhārata kommt einmal eine Schilderung dieser uneins gewordenen Aristokratie und der Sorgen Kṛṣṇas darüber[61] vor. In Kṛṣṇas Biographie hat kurz vor Kṛṣṇas Geburt König Kamsa seinen Vater Ugrasena vom Thron gestoßen, wird aber von seinem Neffen Kṛṣṇa erschlagen, und Ugrasena wird von diesem wieder auf den Thron gesetzt. Das sieht nach despotischen Verhältnissen wie bei den ersten Königen von Magadha aus (s. o.). Es wird dabei ausdrücklich betont, daß Kṛṣṇa nicht König wurde[62], doch er war dann Zeit seines Lebens meistens der wirkliche Führer der Vṛṣṇi, wie z. B. bei der Auswanderung der ganzen Aristokratie von Mathurā nach Dvārakā[63], aber nicht im Kriege der Pāndava gegen die Kaurava: Da hilft Kṛṣṇa als Wagenlenker dem Arjuna auf der Seite jener, das Heer der Bhoja-Andhaka aber kämpft auf der Seite dieser, geführt von Kṛtavarman[64]. In dieser Aristokratie hat es demnach einmal eine despotische Episode gegeben. Diese leitete den Zustand mehrjähriger Zerrissenheit dieser Aristokratie ein, die zu ihrem Ende führte: Alle ihre Mitglieder brachten sich unmittelbar vor Kṛṣṇas Tode (lange vor Kauṭalya) bei einem orgiastischen Fest gegenseitig um[65]. Wir haben keinen Grund, anzunehmen, daß die brahmanischen Verfasser dieser Geschichten sie restlos erfunden hätten, um an ihnen beispielhaft die Schwäche der Aristokratie, das Fehlen eines Oberhauptes und damit der Zentralisiertheit als Hintergrund für die Größe Kṛṣṇas zu brandmarken. Aber was daran wirklich historisch ist und in welches Jahrhundert es gehört, ist noch nicht ausgemacht.

Den Beamtencharakter der „Könige" der Aristokratien bestätigt es, wenn nach Strabon die Kathaier im Pandschab den Schönsten unter ihnen als „König" wählten[66]. Beim Übergang zum Staat starb in der II. Periode die Wahl des „Königs" aus, die in der I. Periode in Spuren noch gelebt hatte, in Aristokratien aber bei der Wahl jener drei Heerführer der Ambaṣṭha ebenfalls bezeugt ist und für die Śākya angenommen werden kann.

Die Kṣatriyas der Aristokratien haben nicht nur die vedischen „Könige" entmachtet, sondern auch die Brahmanen. Sie haben deren Anspruch, der erste Stand zu sein, nicht anerkannt, sondern sich selber zum obersten Stand erklärt. Der Brahmane Ambattha erlebte es, wie die Śākya in ihrem Versammlungshaus sich, als er nahte, nicht erhoben, ihn nicht einluden[67] (wie er es wohl als Gast erwartete). Andererseits setzten sich die Brahmanen in Monarchien damals als geistlich-juristische Autorität und als ersten Stand durch, wenigstens nach Ausweis der brahmanischen „Rechtsbücher" dieser und der folgenden Perioden, während manche Könige, wie Bimbisāra und Ajātaśatru, Buddha viel Verehrung zeigten (s. o.). Dazu paßt, daß in der Lebensgeschichte Buddhas Brahmanen als Ritualisten keine erhabene Rolle spielten; sein entscheidender Lehrer war sein Wagenlenker[68], später erst waren dies brahmanische Asketen[69], über die Buddha dann aber geistig hinauswuchs. Und der brahmanische Asket Asita kam vom Himalaya, die Größe des eben geborenen Buddha zu prophezeien, und warf sich dem Kinde, diesem Kṣatriya, zu Füßen[70]. Auch in Kṛṣṇas Biographie sind Brahmanen nur unbedeutend; eigentlich kommt nur Sāndīpani als Lehrer Kṛṣṇas vor, aber dieser in der Waffenkunde gelehrte Brahmane lebte in Benares, nicht in Kṛṣṇas Aristokratie[71]. Bei den 7707 „Königen" der Littschawis werden neben ihren Heerführern und Speicherverwaltern keine Hofpriester erwähnt. Es gab Brahmanen in Aristokratien, wie z. B. für die Mālava durch Pāṇini bezeugt ist (s. o.), aber wie ihre materielle und soziale Lage war, ob und in welchem Umfang sie Felder und Dörfer für Pfründen erhielten, ob und wie sie, wenn nicht in den Adelsversammlungen der „Könige", so doch als Beamte, im Gerichtswesen, im Heer oder im kultischen und privaten Leben eine Rolle spielten, ist einstweilen nicht zu belegen. Die Einschränkung der Macht der „Könige" der militärischen Demokratie ging offenbar Hand in Hand mit der ihrer Ideologen, der Brahmanen.

Die Entwicklung zur Aristokratie mag in der II. Periode begonnen haben[72]. Zu Buddhas Zeit am Anfang der III. Periode hatten die Śākya, Littschawis, Vṛji, Malla und andere Aristokratien im Gangesgebiet diesen Schritt vollzogen. Der letzte „König" der Videha aus der Ikṣvākulinie, Sumitra, soll zu Buddhas Zeit gestorben sein, und damit gingen die Videha in der Vṛji-Konföderation auf[73]. Auch die Malla sollen einen König aus der Ikṣvākulinie gehabt haben[74], die

Kambodscha[75], Kuru und Pañcāla[76] hatten ursprünglich Könige, und die Śākya[77] nannten sich Nachkommen Ikṣvākus, ohne indessen Überlieferungen ihres Übergangs zur Aristokratie zu erwähnen. Megasthenes, der nur die Aristokratien der IV. Periode im Nordwesten kannte, gab allgemein an, daß die Aristokratien aus Königtümern hervorgegangen seien[78]. Es gibt keinen Grund, ihm nicht zu vertrauen. Nur ist die Schwierigkeit anzuerkennen, daß die „Könige" der vedischen militärischen Demokratie und die der Aristokratien, wie z. B. im Falle der Śākya, einstweilen schwer zu unterscheiden sind. Die Aristokratien wurden ebenso wie die Monarchien bis zum Ende der III. und dann weiter in der IV. Periode von der aufsteigenden Großmacht Magadha zeitweilig unterworfen, aber sie behielten ihre Eigenheiten, und neue Aristokratien lebten immer wieder hier und da auf, bis sie erst in der VI. Periode, bezeichnenderweise mit dem Übergang zum Feudalismus, endgültig verschwanden.

4. Staatsrecht

Aus den historischen Berichten läßt sich die Verfassung damaliger Staaten, seien es Monarchien oder Aristokratien, im einzelnen noch nicht rekonstruieren. Wenn bei den Kathaiern Wahl ihres „Königs" einleuchtet, so ist sie für Monarchien kaum noch glaubhaft, und doch kann sie für die Thronbesteigung Śiśunāgas von Magadha angenommen werden[79]. Dazu paßt, daß im Epos Rāma in einer Art Wahl vom Volk gewählt oder, nach anderer Version, vom Volk nur als Thronfolger bestätigt wird, nachdem sein Vater dies mit seinen Freunden und Beratern beschlossen hat[80]. Ähnlich unklar ist es im Falle des Kuru-Königs Janamejaya: Nach dem Tode seines Vaters Parikṣit haben ihn nach einer Version des Epos alle Städter zum König gewählt, nach einer anderen Version taten es die Städter mit den Ministern[81]. Es gab also noch spät Reste demokratischen Bewußtseins. Die brahmanischen „Rechtsbücher" der III. Periode aber haben diesen wichtigen Punkt gar nicht behandelt[82]. Sie behandeln eben „Staats-" oder „Verfassungsrecht" nur von ihrem Standesstandpunkt aus und für uns allzu kurz. Ebenso problematisch ist die wichtige Frage, ob ein Brahmane König (doch wohl in einer Monarchie) werden konnte. Pāṇini erwähnt ohne Andeutung näherer Umstände den „Brahmanen als König"[83]; Manu hat in der V. Periode erklärt, ein gelehrter Brahmane könne König werden (ebenso wie Heerführer oder oberster Richter)[84]; und schon in der II. Periode hatte ein Jānamtapi seinem Brahmanen vorgeschlagen, er wolle ihn zum König (des königslosen Stammes) der Uttarakuru machen[85]. Pāṇinis Angabe scheint demnach eine Tatsache oder zumindest Möglichkeit zu bedeuten, die Manus oder Jānamtapis einen Wunsch. Wie aber war die Wirklichkeit in den Jahrhunderten vor den brahmanischen Kaṇvakönigen von Magadha der V. Periode? Darauf gibt es noch keine Antwort.

Die brahmanischen „Rechtslehrer der" III. Periode sehen den Staat von ihrem besonderen Standpunkt aus. Sie behandeln das „Recht", das in ihren Augen das „Recht" der vier Stände ist, nach den Gesichtspunkten des Lebensablaufs eines orthodoxen Mannes und schildern dessen religiöses, moralisches, rechtliches Leben in seinen vier Stadien als Schüler, Hausvater, Einsiedler und Wanderbettler. Dabei kommen sie beim Hausvater, dem zweiten Stadium, auf die praktischen Berufe und u. a. auch auf den König, darauf, daß König und Brahmane die Grundlage für das „Recht", für die Nichtvermischung der Stände, für das Leben aller Menschen, ja auch der Tiere sei. Der König habe für die Privilegien der Brahmanen zu sorgen; seine besondere Aufgabe neben den allen vier Ständen gemeinsamen Aufgaben aber sei die, alle Wesen zu schützen, und zwar durch die Gerichtsbarkeit und durch den Sieg, d. h. als Richter und Kriegsführer[86]. Daß der König auch Verwaltungsaufgaben hatte, interessierte diese Brahmanen wenig; nur gelegentlich lehrte einer, Āpastamba, daß der König eine Stadt mit Palast und Gästehaus (für Brahmanen) einzurichten[87] und in Städten und Dörfern „reine" Ārya zum Schutze der Untertanen (als seine Leute, als „Beamte") einzusetzen hätte, und ebenso deren „reine" Leute[88]. Ein anderer, Gautama, ging statt dessen verhältnismäßig ausführlich auf die Einnahmen der Könige ein, und zwar auf Beute, Steuern (s. u.), Arbeitstribute, Fundgegenstände und Schatzfunde[89]. Dieser Lehrer schilderte in Anschluß daran den idealen König, der die Theologie und Philosophie beherrschen sollte und selbst beherrscht, unparteilich gegen alle Untertanen und auf ihr Wohl bedacht sein sollte; er sollte einen nicht minder idealen, adligen, gelehrten, tugendhaften Hofpriester neben sich haben, Astrologen und Omen-Deuter befragen, Opferpriester beschäftigen und „Recht" sprechen. Wie der König solle sich der Kṣatriya verhalten, der vom König lebe[90]; mit dieser Andeutung ist der Dienstadel gemeint. Der „Rechtslehrer" Āpastamba aber war sich bewußt, daß die „Rechtslehre" manchmal der Staatslehre, die es ja damals schon gab[91], widersprach, und lehrte, daß in solchem Falle der „Rechtslehre" zu folgen sei[92].

Das „Verfassungsrecht" der brahmanischen Rechtslehrer der III. Periode geht insbesondere davon aus, daß der König die Pflicht des „Schutzes" seines Volkes hat (s. o.); dafür bekommt er von diesem die Steuern, ein Sechstel des Ernteertrages der Bauern[93], ein Fünfzigstel des Viehertrages und der Wucherzinsen[94], ein Sechstel von Honig, Milch, Butter, Medizinen usw., ein Zwangzigstel des Handelserlöses[95]. Handwerker, Schiffs- und Wagenfahrer sollten einmal monatlich umsonst für den König arbeiten, aber der König sollte sie an diesem Tag ernähren[96]. Den Schutz übte weiter derjenige König aus, in dessen Land es keine Diebe gab, auch nicht in den Wäldern oder eine Meile (*yojana*) um die Stadt und eine Rufweite (*krośa*) um das Dorf herum[97]. Gestohlenes Gut sollte er dem Bestohlenen wiedererstatten bzw. es ihm bezahlen[98]. Er sollte sich dem Wohle seiner Untertanen widmen[99]. Insbesondere sollte er Minderjährige (Waisen), Witwen, Hilflose und gelehrte Brahmanen unterstützten[100], ja er sollte sein Leben lassen, um Brahmanen ihr gestohlenes Gut zurückzugewinnen[101]. Dabei dürfte es sich vor allem um Vieh gehandelt haben, das Feinde geraubt haben und das zurückerkämpft werden mußte.

So ist das Recht des Staates auf Steuern auf seine Verpflichtung, das Eigentum seiner Untertanen[102] zu schützen, gegründet. Schon am Ende der II. Periode hatte sich Aśvapati, König der Kekaya im Nordwesten Indiens, der Schwiegervater König Daśarathas von Ayodhyā, des Vaters des Rāma, gerühmt, in seinem Lande (*janapada*) gäbe es keinen Dieb, keinen Ehebrecher und keine Sünder, wie Trinker, Geizige, Nichtopferer und Unwissende[103]. Er war also ein seine Pflicht erfüllender König. Noch früher war der „König" in Brāhmaṇas als Hirt des „Rechts" gekennzeichnet worden[104]. Damals war eine Ätiologie des Königtums aus der Notwendigkeit, einen „Stamm" gegen seine Feinde in den Krieg zu führen, erfunden worden[105]. Jetzt, in der III. Periode, wurde eine neue Sage geschaffen, die den Ursprung des Königtums auf die Notwendigkeit, das Eigentum zu schützen, zurückführte

In einem brahmanischen „Rechtsbuch" wird nur kurz erwähnt, daß das *brahman* dem Kṣatriya die Kraft gab, daß er Waffen führen und die Wesen schützen könne[106]. Buddhisten aber erzählten (vielleicht schon damals) den Beginn des Königtums so: Ursprünglich waren die Wesen geistig; als die erste Erde saftig aus dem Wasser auftauchte, wurden sie gierig und aßen von dieser. Dadurch verloren sie ihre reine Geistigkeit und wurden grob-körperlich. Sie begannen Pflanzen zu essen, erst Beeren, dann ungepflügt reifenden Reis, und gleichzeitig begann sich in ihnen das Geschlecht zu entwickeln, begann Paarung der Menschen[107]. Um dies im geheimen tun zu können, bauten sie Häuser. Aus Trägheit fingen sie danach an, Reis zu speichern. Dadurch wurde der wilde Reis im Wachstum spärlicher. Sie beschlossen, wegen der Abnahme des wilden Reises Reisfelder abzugrenzen und zu verteilen. Da stahl einer den Teil eines anderen, und um diesen entstand Streit und Kampf mit Steinen und Stöcken. Als Gegenmittel beschlossen sie, ein Wesen zu wählen[108], das zu Strafende strafen sollte; ihm sollten sie einen Teil der Reisernte geben. So entstand der Kṣatriya, der König, der allen Erwünschte. Dann aber haben einige Kṣatriyas eingesehen, wie schlimm es um die Menschen stand, und sind Waldsiedler geworden, Meditierende, Lehrende, Brahmanen. Andere, die zu solchem Bettlerleben nicht imstande waren, ließen sich in Dorf und Stadt nieder und wurden Hausväter, Vaiśyas. Einige schließlich wurden Jäger, Bauern, Śūdras. Die Menschen waren ursprünglich alle gleich, aber mit dem „Recht" kam es zu diesen Bräuchen[109].

Diese Ätiologie des Königtums oder des Staates konnte nur den Buddhisten gelingen, da sie in Opposition zu den standesstolzen Brahmanen, den Ideologen der Monarchie, standen und die brahmanische Ständeordnung nicht als etwas Ewiges, sondern historisch Gewordenes ansahen. Sie konnten noch primitive Zustände bei Waldbewohnern beobachten, bei Sammlern mit Holz- und Steinwaffen, die noch keine individuellen Felder kannten. Sie haben diese romantisch idealisiert und hatten unrecht, wenn sie mit dem für sie bezeichnenden Pessimismus die Entwicklung nicht als Fortschritt, sondern als langsame Degeneration, als Verfall ursprünglicher Geistigkeit durch Sexualität und Trägheit auffaßten. Aber sie sahen historisch richtig den Kṣatriya als Garanten der Ruhe und Ordnung, des Schutzes des Eigentums gegen Rechtsverletzer (im Sinne der Besitzenden, der Ausbeuter). Dabei mag bei ihnen, den Buddhisten, solch Kṣatriya als kleiner „König" der Littschawi oder Śākya zu verstehen sein[110], nicht als der König der Monarchie.

5. „*Ständerecht*"

Der König hatte nach brahmanischer Auffassung nicht nur das Eigentum zu schützen, sondern auch die Ständeordnung. In den brahmanischen „Rechtsbüchern" wird das Staats- oder Königsrecht (*rājadharma*) als ein kleiner Teil des Ständerechts abgehandelt (s. o.), d. h. ihm sozusagen als umfassendem Verfassungsrecht untergeordnet. Die Brahmanen betrachteten ihren Stand nämlich als nicht an einzelne Staaten gebunden[111], sondern als Maßstab für die Menschen oder zumindest für die Ārya, d. h. die drei höheren Stände, schlechthin. Brahmanen waren die Verfasser der „Rechtsbücher" und damit die indische Variante der Rechtsschöpfer, die Lehrer des „Rechts" und die Richter. Sie definierten unter Fortführung der Vorstellungen der II. Periode Rechte und Pflichten der vier Stände, sie setzten ihre eigenen Privilegien fest und stellten die Śūdras, d. h. die Masse der Produzenten, so weit wie möglich unter die drei arischen Stände[112]. Sie lehrten den König seine Pflicht, ihre Vierständeordnung in seinem Staat (geradezu als Verfassung des Staats) durchzusetzen oder zu erhalten[113]. Diese Forderung richteten sie besonders gegen die Śūdras, um deren gesellschaftlichen Aufstieg zu hemmen, obgleich oder weil dieser damals gerade begann und die Brahmanen zwang, ihnen das Recht auf Leben und Eigentum zuzugestehen, was einen bedeutenden Schritt über ihr altes Heloten-Sklaventum hinaus bedeutete[114]. Die Brahmanen benutzten ihre Forderung an den König aber zugleich dazu, ihre Privilegien sicherzustellen, die sie schon in der II. Periode festzulegen begonnen hatten[115]. Sie lehrten in der III. Periode, sie seien keine Untertanen des Königs[116], wie schon in der II.[117]. Als Ideologen der Monarchie lehrten sie Ergebenheit der Untertanen dem König gegenüber[118]. Aber sie stellten sich sozial höher als den König[119]. Wie in der II. Periode erklärten sie sich für frei von Steuern, wenigstens die gelehrten Brahmanen und Asketen[120]. Ein Brahmane durfte wegen keines Verbrechens hingerichtet oder am Leibe gestraft werden[121]. Er sollte allen als Autorität (Lehrer) gelten[122]. Fand er einen Schatz, sollte er ihn behalten dürfen (andere Finder hatten ihn bis auf ein Sechstel dem König auszuliefern). Starb ein Brahmane ohne Erben, fiel sein Erbe an Brahmanen, nicht an den König. Auch ein König mußte einem Brahmanen auf dessen Weg ausweichen[123]. Einen Brahmanen auch nur zu bedrohen, galt als Sünde. Seine Beleidigung war mit Geld zu bestrafen[124]. Ihnen, und nur ihnen, sollte der König Pfründen (Felder oder Dörfer) schenken[125]. Gelehrte Brahmanen hatte er zu unterstützen, ebenso die, die sich nicht ernähren konnten. Jeder Fromme sollte sie zum Essen einladen und sie beschenken[126]. Sollte aber trotz alledem ein Brahmane in Not geraten, so legten sie für ihn (wie auch für Kṣatriyas und Vaiśyas) ein Notrecht fest, wonach er wie ein Kṣatriya als Krieger oder ein Vaiśya von Handel und Landwirtschaft leben durfte; so sollte er, um die Ständeordnung (gegen Śūdras) zu schützen, sogar zu den Waffen greifen. Er sollte aber nicht wie ein Śūdra leben, durfte indessen von einem Śūdra gelegentlich Geschenke annehmen[127]. Die Ständeordnung war ein Ideal und als solches im praktischen Leben kaum restlos zu erfüllen. Ein Notrecht war demgemäß unumgänglich, aber eine Definition, wann jemand nach diesem leben durfte, ließ sich nicht geben; da blieb ein starkes Element des Subjektivismus. Vier gelehrte Brahmanen, die die vier Veden kennen, dazu drei aus den drei ersten Altersstufen (ein Schüler, ein Hausvater und ein Waldeinsiedler) und drei in verschiedenen „Rechtsfragen“ Erfahrene sollten eine Versammlung (*pariṣad*), einen Rat bilden, der in schwierigen Rechtsfragen die Entscheidung zu finden hatte. War dies unmöglich, so war ein gelehrter Brahmane zu befragen [128]. Am Ende der II. Periode war die *pariṣad* eine Versammlung bei einem „König“ gewesen, in der dieser mit Brahmanen über religiösphilosophische Fragen diskutierte, sich belehren ließ oder selber lehrte [129]. Sie mag letztlich auf einen Rat zurückgehen, der noch in der I. Periode den „König“ beriet, vielleicht in weltlich-politischen Dingen, wie in Homers Schilderung bei den Griechen, ein Rest aus der Gentilzeit. Jetzt beanspruchten die Brahmanen, in ihr für alle strittigen Fragen der Ständeordnung und damit des privaten wie des staatlichen Lebens die alleinige Autorität zu sein, die der König zu befragen hätte. Sie war in der Monarchie ein Gegenstück zu der Kṣatriya-Versammlung, die die Aristokratie lenkte.

Der König selber oder ein Brahmane, der die Lehre (des „Rechts“) kannte, sollte als Richter fungieren [130]. Der Richter urteilte aber nicht allein, sondern in einer Versammlung (*sabhā*) von Beisitzern (*sabhya*) [131]. Auch eine Versammlung dieses Namens (*sabhā*) war in der I. Periode in einer uns freilich nicht klaren Weise als Rest gentiler Stammesdemokratie noch lebendig gewesen [132]. Gemäß der „Rechtslehre“ hieß *sabhā* eine Halle in der Stadt, in der ein rituelles Feuer unterhalten wurde, Ārya unter Leitung eines königlichen Aufsehers Würfel spielten [133] und offenbar solche Gerichtsverhandlungen abgehalten wurden. Über Gericht in Dörfern ist für diese Periode noch nichts bekannt.

Der König sollte weiter wie in älterer Zeit einen Hofbrahmanen bei sich haben, der ihn in Rechts- und Staatslehre (über diese s. u.) unterweisen konnte. Dieser war sein Hauptmagier, z. B. vor Beginn einer Schlacht, aber auch sein politischer und juristischer Berater [134].

Das „Recht“ als solches wurde von den Brahmanen definiert als Konventionen und Bräuche („Wandel“) [135]. Eine Konvention war es z. B., einen König als Schützer des Volkes zu haben. Die Bräuche oder der Wandel aber sollte der Wandel der „Seienden“, d. h. der wahrhaft Frommen oder Guten sein, der „wissenden“ Brahmanen, denn die Grundlage des „Rechts“ war der Veda, das „Wissen“ [136]. Der Veda galt als Maßstab dafür, ob ein Brahmane als orthodox, musterhaft gerecht, rein galt, und der den Veda wissende und danach handelnde Brahmane galt als Autorität bei der Auslegung und Lehre des „Rechts“. Als solcher lehrte er das Recht der Vierständeordnung. Dabei galt eine ausdrückliche Stelle im Veda als grundlegender als der „Wandel“ [137]. Zum „Wandel“, der als Norm angesehen werden sollte, gehörten aber auch die Sitten und Bräuche in verschiedenen Gegenden und Dörfern, in allen Ständen (auch unter Śūdras!) und Familien und unter Frauen [138], wie z. B. in Südindien den Brahmanen damals schon die Sitte der Kreuzvetternheirat auffiel, die sie dort anerkennen mußten [139]. Neben dem Veda aber sollte der König auch die damals neuen „Rechtslehren“ der Brahmanen

(Dharmasutren), die Hilfslehren des Veda (Grammatik, Phonetik usw.) und die Purāṇas als Rechtsquellen anerkennen[140]. Widersprachen sich zwei Rechtsquellen, so stand dem Richter die Wahl zwischen ihnen frei[141]. So war von den Brahmanen für die Erhaltung des orthodox ausgelegten Veda zugleich mit der für die Praxis notwendigen Beweglichkeit und Toleranz gesorgt.

Aber daß es Aristokratien gab, in denen die Brahmanen nicht als oberster Stand anerkannt wurden, verschwiegen sie. In denen fungierten sie offenbar nicht als Richter, sondern dies tat wohl die Versammlung der Aristokraten. In den Monarchien aber setzten die Brahmanen sich anscheinend weitgehend mit ihrer Vierständeordnung und mit ihrem „Recht“ durch, das zahllose Riten und Bräuche magisch-religiöser Art und viele Vorschriften über Sünden sowie die Bußen und Reinigungsriten dafür enthielt und, in dies alles eingeordnet, auch das „Recht“ des Königs. In jener Ätiologie des Königtums hatte der buddhistische Autor damit geschlossen, daß zunächst unter allen an sich gleichen Menschen die Kṣatriyas entstanden, dann erst die Brahmanen, Vaiśyas und Śūdras. Dem kann man ein bisher undatiertes brahmanisches Lehrstück im Epos gegenüberstellen: Zuerst gab es nur den vom *brahman* geschaffenen Brahmanenstand, noch keinen Unterschied der Stände. Dann aber wurden einige von ihnen, die an Leidenschaften ihre Freude hatten, zornvolle, gewalttätige, ihren (d. h. den brahmanischen) *dharma* aufgebende Ārya zu Kṣatriyas; andere ernährten sich von Viehzucht und Landwirtschaft und wurden Vaiśyas, und schließlich wurden die, die Mord und Lüge liebten, gierig waren und nur von ihrer Arbeit lebten[142], zu Śūdras. Auf diese Weise wurden einige Brahmanen wegen ihrer Handlungen zu den Mitgliedern der anderen Stände[143].

So kann man sich die damalige juristische Diskussion schon ein wenig ausmalen. Wichtiges Material dafür geben weiter die buddhistischen Äußerungen über den *dharma* (*dhamma*), nach dem sich die Frommen, auch die Könige, richten sollten[143a]. Indessen gehört dieser *dharma* im Unterschied zum brahmanischen vollständig ins Gebiet der Religion, der religiös fundierten und gemeinten Moral, nicht in das des Rechts. Aber die Rekonstruktion dessen, was damals als Staatslehre betrieben wurde, gehört zum Verfassungsrecht (s. u.).

6. *„Straf-, Arbeits- und Handelsrecht“*

Sollte der König grundsätzlich das Eigentum und die Ständeordnung schützen, so sollte dies insbesondere durch das „Recht“ geschehen.

1. Hatte der König die Pflicht, gestohlenes Gut dem Eigentümer zurückzugeben[144], so hatte er zugleich den Dieb zu bestrafen. Dieser sollte mit einer Keule zum König eilen, die Tat gestehen und sich vom König niederschlagen lassen, ob er dabei sterbe oder nicht[145]. Solch reuiger Verbrecher und diese altertümliche Todesstrafe galt dem einen „Rechtslehrer“ als „Recht“, dem anderen als religiöse Sühne[146]. Für Diebstahl waren vom Rechtstandpunkt aus nach dem Wert des

Gestohlenen und nach der Standeszugehörigkeit des Diebs weiter Geldstrafen festgelegt, und zwar zahlte der Śūdra das Achtfache, der Vaiśya-, Kṣatriya- und Brahmanen-Dieb das 16-, 32- und 64fache des Wertes des Gestohlenen[147]. Wie der Dieb sollten auch sein Helfer, der ihm Unterschlupf gewährt, und sein Hehler behandelt werden[148]. Andererseits sollen ein Ārya (in Not) fremdes Gras für seine Kuh, Holz für sein Feuer, Blumen (für sein Opfer) oder Früchte wie sein eigenes nehmen dürfen[149], also eine Art Mundraub, der aber auf die Vorstellung der arischen Sieger, man dürfe dem Śūdra-Heloten wegnehmen, was man brauchte[150], zurückging. Indessen wurde solch Mundraub nicht von allen „Rechtslehrern" anerkannt[151].

2. Weiter war durch das „Recht" das Leben der Untertanen zu schützen. War früher ein durch die Sippe des Erschlagenen einzutreibendes Wergeld für Mord oder Totschlag üblich gewesen, so blieb dies auch jetzt bestehen, aber nicht mehr als solch privates „Recht" und außerdem gestaffelt nach dem Stande des Erschlagenen. In der II. Periode war der Śūdra-Helot „beliebig zu töten" gewesen, jetzt mußte auch für ihn ein Wergeld von zehn Kühen samt einem Stier entrichtet werden, für einen erschlagenen Vaiśya hundert, für einen Kṣatriya tausend. Der Mörder eines Brahmanen aber wurde nach Vermögenskonfiskation hingerichtet, es sei denn, er war selber ein Brahmane, der ja nicht hingerichtet werden durfte. Er wurde nur gebrandmarkt und verbannt[152]. Dabei ist das Wergeld sowohl wie die Hinrichtung des Brahmanenmörders bei Baudhāyana[153] wohl als staatliche Strafe zu verstehen, bei Āpastamba und Gautama ist das Wergeld[154] aber sicher als religiöse Sühne gemeint; wie ersichtlich gab es eben damals zwei verschiedene Standpunkte der „Rechtslehre".

3. Für die Erhaltung der Ständeordnung war es den Brahmanen wichtig, daß der Staat die Ausbeuter bzw. die höheren Stände gegen tätliche Angriffe und Verbalinjurien der Ausgebeuteten bzw. der jeweils niedrigeren Stände schützte. Er sollte aber auch u. a. denjenigen Śūdra prügeln lassen, der es wagte, in bezug auf den Sitz (und seine Höhe), das Lager, die Rede und den Weg den höheren Ständen gleich sein zu wollen[155]. Trat ein Śūdra gegen einen Ārya „rauh" auf, mit Wort oder Tat, d. h. beging er gegen ihn eine Tätlichkeit oder Beleidigung, so sollte er nach dem *jus talionis* das Körperglied verlieren, mit dem er gefehlt hat[156], bei Beleidigung die Zunge. Dagegen sollten Kṣatriyas und Vaiśyas, die einen Brahmanen beleidigten, nur eine Geldstrafe zahlen, und zwar eine höhere als ein Brahmane, der sie beleidigte; einen Śūdra durfte er ungestraft beleidigen[157]. Solche Strafbestimmungen, die von da an ein üblicher Gegenstand des indischen Rechts blieben[158], ergaben sich aus dem Klassenkampf, in dem damals die Śūdras sozial ein wenig aufstiegen, und zeigen uns gleichzeitig einige seiner Formen[159]. Dazu gehört, daß eine gewisse Notwehr anerkannt wurde, insbesondere für Brahmanen, aber auch Vaiśyas, die von solchen Rebellen bedroht waren[160].

4. Der Schutz des Eigentums in der damaligen, sich verhältnismäßig schnell entwickelnden Warenwirtschaft brachte die Rechtslehrer zu gewissen arbeitsrechtlichen Regelungen. Sie kamen dabei nicht mit dem Standesbegriff Śūdra aus sondern unterschieden von da an zwischen Sklaven (d. h. Haussklaven und in der

Produktion eingesetzten Schuldknechten) und entlohnt Arbeitenden[161]. Bei diesen handelte es sich den Rechtslehrern um die Festlegung des Lohnes und die Ausführung der für den ausgemachten Lohn ausbedungenen Arbeit als Themen des Arbeitsrechts. Die Entlohnung bestand im allgemeinen in einer Beteiligung am Arbeitsprodukt[162]. So sollte ein Bodenbearbeiter, der eine übernommene Arbeit nicht ausführte, geprügelt werden, ebenso ein Hirt[163]. Und ein Hirt, der ihm anvertrautes Vieh verlor, sei es durch Nachlässigkeit, sei es durch Raub, sollte dieses ersetzen[164]. Ließ er zu, daß von ihm gehütetes Vieh Flurschaden anrichtet, so waren er und (oder) der Eigentümer des Viehs dafür haftbar[165]. Bei anderen entlohnten Arbeitern, bei Handwerkern, Lastträgern und Köchen[166], die gelegentlich erwähnt werden, gingen die Rechtslehrer auf solche Frage nicht ein. Aber sie behandelten den Pächter, der das gepachtete Land so schlecht bestellt, daß er den vereinbarten Pachtbetrag, den Anteil des Verpächters an der Ernte, nicht herauswirtschaftet; er muß ihn trotzdem abgeben[167]. Sklaven waren diesen Rechtslehrern keine Objekte oder Subjekte des Arbeitsrechts.

5. Auf dem Gebiet des Eigentumserwerbs- oder Handelsrechts legten sie zunächst fest, daß Handel neben Erbschaft, Besitzergreifung (wie Sammeln im Wald oder Eroberung durch Kṣastriyas), Finden (von Schätzen, s. u.), Lohn (bei Vaiśyas und Śūdras), Geschenken (die nur Brahmanen annehmen durften) eine rechtliche Form des Erwerbs sei[168]. Sie gingen dabei auf die wichtige Unterscheidung von Eigentum und Besitz[169] nicht ein, auch nicht auf Grenzstreitigkeiten in den Dorfgemeinden[170]. Man durfte es auch nicht auf Grund und Boden, Vieh und Frauen beziehen, wenn gelehrt wurde, daß ein Gut (*dhana*), das sein Eigentümer einen anderen zehn Jahre lang besitzen lasse, diesem (als Eigentum) gehöre, es sei denn, der Eigentümer sei nicht bei Verstand oder jünger als sechzehn Jahre[171].

6. Eigentumserwerb durch Fund oder Schatzfund (s. o.) wurde nur beschränkt anerkannt; Schätze oder Fundgegenstände gehörten dem König, es sei denn, ein Brahmane sei der Finder. Einige Lehrer gestanden dem ehrlichen Finder ein Sechstel als Eigentum zu[172].

7. Wucher war schon in der II., ja schon in der I. Periode vorgekommen[173]. Als normaler Zinsfuß galt $1^1/_4$ Prozent pro Monat, d. h. 15 Prozent pro Jahr; es wird sich oft um Getreide gehandelt haben[174]. Man unterschied sechs noch etwas unklare Arten Darlehen: gegen Zinseszins, zeitlich festgelegte Zinsen (etwa ein Monat), vom Schuldner selber festgelegte, körperliche (Abarbeiten oder Milch einer verpfändeten Kuh, Arbeit eines verpfändeten Sklaven oder nach anderer Deutung täglicher Geldzins, der die Darlehenssumme nicht verkleinert), tägliche (täglich die Schuld wachsen lassende) und pfänderische Zinsen (das Pfand wird vom Gläubiger bedingungslos ausgenutzt)[175]. Wird dem Gläubiger ein Pfand zum Zwecke solcher Ausnutzung überlassen, hat der Schuldner keine weiteren Zinsen zu tragen[176]. Um die Eintreibung des Darlehens zu sichern, schlossen sich die Wucherer in einer Vorform der späteren Gilden[177] zusammen, und die Brahmanen rieten als magisches Hilfsmitel das *dharṇā*-Sitzen an: Der Gläubiger setzt sich vor dem Hause des Schuldners fastend nieder[178]; sein Sterben würde diesen zum Mörder machen. Für Brahmanen war das Leben von Wucher degradierend[179]. Es gab

auch die Einrichtung der Bürgschaft[180]. Wichtig war, daß der Erbe, der eine Hinterlassenschaft antrat, auch die Schulden des Erblassers übernehmen mußte[181]; ausgenommen waren dessen Spiel-, Trink- und ähnliche Schulden[182]. An sich verständlich, führte dies später dazu, daß Schuldknechtschaft durch drei Generationen erblich wurde und damit zu Schuldsklaverei ausartete[183].

8. Entlieh jemand etwas, so war er für dessen pflegliche Behandlung verantwortlich; ebenso bei einer Sache, die einer bei ihm deponiert hatte[183a]. Leugnete gar jemand, ein übernommenes, ihm anvertrautes Depositum empfangen zu haben, d. h. unterschlug er es, so drohten ihm die Rechtslehrer mit Ausstoßen aus dem Stande, d. h. absolutem gesellschaftlichem Boykott[184].

7. *„Familien- und Gastrecht"*

Auch das „Familien- oder Ehe- und Erbrecht" der priesterlichen Rechtslehrer sorgte im wesentlichen für die Erhaltung der Stände und des Eigentums der Großfamilie, denn auf diesen beiden ruhte der Despotismus (und auf der Dorfgemeinde). Als Zweck der Ehe wurde die Erzeugung von Söhnen (Erben) angegeben[185] und demgemäß in roher Weise die Frau als Acker des Gatten angesehen, dem die Frucht seines Ackers zufiel, auch die illegitime, von einem anderen Mann gesäte[186]. Nach dem Brauch der damaligen patriarchalischen Großfamilie war die Frau im Grunde eine Art Sklavin, niemals frei, sondern abhängig vom Vater, dann vom Gatten und als Witwe u. U. vom Sohn[187]. Nur innerhalb des Hauses hatte sie insbesondere als Mutter von Söhnen eine gewisse Autorität, vor allem Töchtern und Schwiegertöchtern gegenüber[188]. Dementsprechend wandten sich „Rechtslehrer" auch gegen das Sklaventum der Frau[189].

1. Um die Ständeordnung zu erhalten, wurden Eheschließung und Brautwahl im Grunde nur innerhalb des Standes anerkannt[190]. Aber auch Heiraten eines Mannes aus höherem mit Frauen aus niedererem Stand mußten in gewisser Weise anerkannt werden, nur galten daraus hervorgehende Söhne nicht als vollberechtigte Erben[191]. Besonders Heiraten des Ārya mit einer Śūdrafrau wurden mißbilligt oder doch nur geduldet, wenn ein solcher vorher Frauen seines eigenen Standes geheiratet hatte[192]. Diese Standesendogamie entspricht in der staatlichen Gesellschaft der älteren Stammesendogamie. An die Stelle der aussterbenden gentilen Klanexogamie aber trat damals die *gotra*-Exogamie, die vermutlich eine Degenerierung durch Inzest verhindern sollte[193]; das sprach man freilich nicht aus. Damit sanktionierten die Priester alte Bräuche unter neuen sozialen Verhältnissen. Ihnen fiel aber auf, daß im Süden die matriarchalische Kreuzvetternheirat üblich war, und diese lehnten sie, die in patriarchalischen Verhältnissen lebten, für sich ab[194].

Um die Ständeordnung zu erhalten, wurde gelehrt, daß man sich einen Bräutigam suchen sollte, der in erster Linie „aus guter Familie" stammte; bei der Braut wurde betont, daß sie glückverheißende Merkmale haben sollte. Intelligenz, guter Charakter usw. kamen beim Mann, Schönheit und Intelligenz bei der Frau erst in zweiter Linie[195]. Man sollte aber kein Mädchen ehelichen, das u. a. vorher mit einem anderen verlobt gewesen war[196]. Die patriarchalische Ideologie und Gesellschaft forderte, daß die Frau einem Manne allein gehörte und ihm möglichst viele Söhne gebar. Das schloß die Konsequenz, ein Mädchen möglichst noch vor erreichter Pubertät zu verheiraten, ein, denn nur so wurde ihre Unberührtheit bis zur Ehe garantiert, und nur so wurde verhindert, daß eine Menstruation ohne Befruchtung verstrich. Wieweit aber damals schon die Kinderheirat üblich war oder als Regel gelehrt wurde, ist im einzelnen noch nicht ganz klar[197]. Ausgesprochen wurde indessen, daß ein Vater seine Tochter lieber einem unwürdigen Manne geben solle, als sie unverheiratet zu lassen[198]. Vergibt er sie drei Jahre nach der Pubertät noch nicht, so lädt der Vater die Sünde des Embryomordes auf sich, und mag sie sich selber einen Mann suchen. Stirbt der (u. U. sehr viel ältere) Gatte, so darf sie, falls die Ehe noch nicht vollzogen wurde, obgleich Witwe, wieder heiraten[199]. Vollzieht der Gatte drei Jahre lang die Ehe nicht, so ist er des Embryomordes schuldig. Er darf überhaupt keine Menstruation ohne Versuch einer Zeugung verstreichen lassen[200]. Der Sohn einer solchen wiederverheirateten Witwe darf allerdings nicht erben[201]. Von da an wurde das Los der Witwe immer elender bis zur Reformbewegung der Aufklärung zu Anfang des 19. Jh. u. Z. Witwenverbrennung gab es noch nicht, und die Witwe durfte gemäß dem Levirat mit Erlaubnis der Autorität in ihrer Großfamilie einen – aber auch nur e i n e n – Sohn von einem Schwager oder einem von ihm Beauftragten empfangen. Aber diese Sitte, die noch aus gentilen Zuständen stammte, als die Frau nicht einem Manne, sondern dessen Sippe übergeben wurde, starb damals hier und da ab[202]; man nahm der Witwe ihr uraltes Recht auf ein Kind. Um dem Manne einen Erben zu sichern, erlaubte man ihm Polygamie[203], verbot der Frau aber Ehebruch. Dieser wurde schwer bestraft, ebenso Vergewaltigung oder auch nur deren Versuch, und zwar wurden dabei verschiedene Umstände, insbesondere Standesunterschiede, in Rechnung gestellt und ein Śūdra, der sich gegen eine Āryafrau verging, besonders hart bestraft[204].

Zu demselben Zwecke wurde die schon lange geübte Adoption weiter erlaubt[205], wenn sie auch umstritten war. Im selben Sinne wurde der Verkauf eines Sohnes verboten[206] (wodurch eine Adoption manchmal verhindert wurde). Und falls ein Vater nur eine einzige Tochter, aber keinen Sohn hatte, so sollte er deren Sohn als seinen Erben einsetzen. Dagegen verlor der Vater des Bräutigams einer solchen einzigen Tochter seinen Erben, so daß von dessen Standpunkt aus von solcher Ehe abgeraten wurde[207].

Von damals an unterschied brahmanisches „Recht“ acht (oder sechs) Formen der Eheschließung, von denen eine Hälfte als orthodox anerkannt wurde, die andere nicht. Die vier orthodoxen gingen so vor sich, daß 1) der Vater die Tochter einem Manne schenkt (*brāhma*), 2) sie einem Priester als Opferlohn schenkt (*daiva*), 3) sie einem Freier gibt, damit beide gemeinsam ihre Hausopfer vollziehen (*prājāpatya*), und 4) dabei ein Paar Rinder erhält (*ārṣa*). Die vier nicht als orthodox anerkannten waren 5) die Liebesheirat (*gāndharva*), 6) die Kaufheirat (*āsura*), 7) die Raubheirat (*rākṣasa*) und 8) die Vergewaltigungsheirat (*paiśāca*)[208].

Die vier orthodoxen oder rechtlichenFormen der Ehe unterscheiden sich nur wenig voneinander. Der Brautvater will nicht an seiner Tochter (durch Verkauf) verdienen, er will eher durch ihre feierliche Weggabe religiöses Verdienst erwerben. Man denkt dabei an den „König" Śaryāta, der Sukanyā dem Brahmanen Cyavana gab, oder an Jānaśruti, der seine Tochter dem Raikva als seinem Lehrer gab, Fälle der II. Periode[209]. Wenn der Brautvater in der 4. Form dabei ein Paar Rinder entgegennahm, so wurde das nicht als Brautkauf aufgefaßt, und vermutlich wäre ein solcher „Preis" für die Frau eines Ārya zu niedrig gewesen. Ob diese vier orthodoxen Formen der Brautübergaben schon ṛgvedisch waren oder nach dem Grundsatz des *noblesse oblige* erst damals vom Brahmanenstand festgelegt wurden, ist noch nicht entschieden.

Wichtig ist die teilweise Toleranz der Brahmanen gegenüber den anderen vier „unrechten" Formen, die sie als bestehende Sitte wohl irgendwie nicht umgehen konnten. Es war dabei human, wenn sie die roheste von ihnen, die Vergewaltigung, verdammten. Diese bestand darin, daß ein Mann ein Mädchen, das in Trunkenheit oder Schlaf gefallen war, gegen dessen Willen nahm und raubte. Dies kam aber offenbar vor und wurde streng bestraft[210]. Dagegen wurde die Raubehe, die ebenfalls sicher wirklich vorkam[211], den Kṣatriyas erlaubt; in den Epen ist sie bei diesen belegt, ohne sie zu entehren[212]. Sie wurde nicht bestraft. Auch die Liebesheirat scheint das Privileg der Kṣatriyas gewesen zu sein; ihre Anerkennung durch die Brahmanen ehrt diese als Humanisten, spielte doch sonst in ihrem patriarchalischen Eherecht die Liebe oder überhaupt das Gefühlsleben der Ehepartner kaum eine Rolle. Und es ist schließlich anzuerkennen, daß sie die Kaufehe ausdrücklich getadelt haben, weil sie einen Verkauf der eigenen Tochter, als wäre sie eine Sklavin, bedeute, während diese so wenig verkauft werden dürfe wie ein Sohn; wenn im Veda von Gaben an den Brautvater die Rede sei, so sei dies nicht als Kauf aufzufassen (s. o.)[213]. Kaufehe wurde Śūdras und Vaiśyas, diesen verachteten Ständen, erlaubt[214]; einige wollten sie auch Brahmanen gestatten. Es gab überhaupt manche Abweichungen der Standpunkte. Drei dieser „unorthodoxen" Eheformen kamen bei Mundas von damals bis heute oder gestern vor: die Kauf-, Liebes- und Raubehe[215]. Sie wurden sicher von den damaligen Śūdras geübt und von den Brahmanen, die den Śūdras damals ja auch das Recht auf Leben und gewisses Eigentum zugestanden, in dieser Weise anerkannt, aber zugleich den orthodoxen Eheschließungen gegenübergestellt.

2. Zum brahmanischen Erbrecht gehört von damals an zunächst eine Rubrizierung von zwölf Typen von Söhnen, die für deren Erbberechtigung wichtig war. In Söhnen, die für den Vater arbeiteten und mit ihm kämpften, bestand aber auch in der ṛgvedischen Zeit schon zum großen Teil der Reichtum eines Mannes. Von den zwölf Söhnen waren nur die ersten sechs erbberechtigt: 1. der legitime Sohn, 2. der durch Levirat gezeugte, 3. der als Kind, von seinen Eltern gegeben, adoptierte, 4. der als Erwachsener adoptierte, 5. der illegitime unbekannten Vaters, 6. der von seinen Eltern ausgesetzte oder verstoßene und dann von jemand adoptierte Sohn. Die zweiten sechs waren: 7. der Sohn einer Unverheirateten, 8. der von einer schwangeren Braut ohne Wissen des Gatten in die Ehe gebrachte, 9. der Sohn einer wiederverheirateten Witwe, 10. der Sohn einer einzigen Tochter[216], 11. der, der sich selber adoptieren läßt, und 12. der gekaufte, den seine Eltern

zur Adoption verkauft haben[217]. In bezug auf die Reihenfolge und viele Einzelheiten gab es mehr oder weniger große Abweichungen. Nicht jeder Vater sollte streben, alle diese Typen von Söhnen zu erwerben; im Gegenteil, wer einen legitimen Sohn hatte, sollte sich mit diesem begnügen; nur wer keinen hatte, sollte durch seine einzige Tochter einen Erben zu gewinnen trachten oder einen adoptieren[218].

Zum Erbrecht gehört weiter von damals an die Festlegung der Erbteilungsmöglichkeiten, sei es zu Lebzeiten des Vaters mit seiner Zustimmung, sei es nach seinem Tode, niemals aber zwischen den unzertrennbaren Ehegatten. Dabei war umstritten, ob der Älteste einen Vorzug haben und besonders bedacht werden sollte. Den Brahmanen wichtig war wiederum die Standesfrage: Der jüngere Sohn eines Brahmanen mit einer Brahmanin sollte nicht hinter seinem älteren Bruder zurückstehen, wenn dieser von einer Kṣatriyafrau stammte. Analoges galt für andere Āryas; ein Sohn eines Ārya von einer Śūdrafrau aber sollte nicht erben, nur unterhalten werden, und auch dies nur, wenn der Vater keinen anderen Sohn hinterließ. Ebenso sollten Söhne von Vätern behandelt werden, die Frauen höherer Stände geheiratet hatten[219]; dieser Verstoß gegen die Ständeordnung sollte in dieser Weise verhindert oder geahndet werden. Schwierigkeiten machte ein nach der Erbteilung geborener Sohn. Frauen und Mädchen hatten Anspruch nur auf Unterhalt und auf Erbe des „Frauengutes", d. h. der Geschenke an Schmuck, die eine Frau erhalten und ihren Töchtern vererben konnte[220]. Testamente gab es nicht[221]. Aber an sich erbberechtigte Söhne, auch der älteste, sollten nicht am Erbe teilhaben, wenn sie unrecht lebten, ferner nicht Schwachsinnige, Blinde usw., unheilbar Kranke, Eunuchen und Deklassierte. Diese bekamen nur Unterhalt[222].

Ein von damals an ausführlich behandeltes und in vielen Einzelheiten umstrittenes Problem war die Erbfolge im Falle, daß der Erblasser keinen Sohn hatte. Als nächste Erben galten die *sapiṇḍas*, ein mehrdeutiger Begriff, etwa diejenigen Verwandten, die bei den Totenriten dieselben Ahnen verehrten wie der Verstorbene[223]; dieser rituelle Gesichtspunkt als Nachweis der Verwandtschaft stand den brahmanischen „Rechtslehrern" am höchsten. Dann erst folgten die Sippenverwandten (*sagotras*), weiter die, die denselben Ṛṣi als ihren geistlichen Ahnen betrachteten[224], und ganz am Ende die Witwe (die dann mit Hilfe des Levirats für einen Erben sorgen mußte)[225]. An sich durften Frauen anscheinend nicht erben[226], obgleich auch eine Tochter gelegentlich als Erbin anerkannt wurde[227]; nur das Frauengut (s. o.) wurde von der Mutter auf die Tochter vererbt. Gab es gar keine Verwandten als Erben, beerbte der Schüler den Lehrer, oder es erbte ein gelehrter Brahmane oder der König[228].

Stimmte ein Vater der Teilung des Erbes bei Lebzeiten zu, so konnte er sich kein Altenteil ausbedingen, sondern mußte als Waldsiedler allein oder zusammen mit seiner Frau in einer Hütte im Walde, wohl nicht allzu weit von seinem Dorfe, leben und sich seinen Lebensunterhalt dort sammeln, Wurzeln usw. kochen, oder nicht kochen, etwa nur mit der Hand oder gar dem Mund sammeln und nur Wasser oder am Ende nur Luft trinken[229]. Er konnte schließlich dieses Leben aufgeben und als namenloser, heimat- und familienloser Wanderbettler davongehen[230]. Dies

Kapitel gehört zur Lehre des „Rechts“ der vier Lebensstufen, daß nämlich der Ārya als Kind zum Schüler, als Erwachsener zum Hausvater, als Greis zum Waldeinsiedler und am Ende zum Wanderbettler werden soll.

3. Gastlichkeit ist als charakteristisch für den Ārya des Ṛgveda und noch älterer Zeiten erkannt worden, spielte vor allem für die umherziehenden Brahmanen und „Könige“ der II. Periode eine Rolle und wurde von den Rechtslehrern der III. Periode mitbehandelt und ihrer priesterlichen Ideologie entsprechend als eine Art des Opfers aufgefaßt, und zwar als eines der fünf täglich von jedem Ārya zu vollziehenden Opfer. Diese Lehre geht bereits auf die II. Periode zurück. Von den fünf Opfern war je eines für die Geister, Männer, Ahnen, Götter und das *brahman* zu vollziehen[231]. Unter Männern sind hier Gäste zu verstehen. Nachdem der arische Hausvater bei der täglichen Hauptmahlzeit den Ahnen, Göttern und Geistern gespendet hat, soll er auf einen Gast warten, ihm Essen bereit halten und es erst einem Brahmanen, dann anderen, Bettlern und Gästen, geben[232]. Ein Gast ist einer, der als Fremder durch das Dorf wandert und Essen und ein Nachtquartier braucht. Ist er ein Opferpriester, König, Gelehrter oder Verwandter, so ist er besonders zu ehren und ist ihm eine Kuh zu schlachten, Honig und Sauermilch darzureichen. Die feierliche Bewirtung, beginnend mit Waschen der Füße, gilt als Ritus, zu dem vedische Sprüche gehören, die der Gast ebenso wie der Gastgeber kennen muß[233]. Bei der Gastlichkeit spielen die Unterschiede der vier Stände eine bedeutende Rolle. Der König sollte für brahmanische Gäste ein besonderes Haus vor seinem Palast bereithalten[234].

4. Diese Rechtsprobleme sind in den alten „Rechtslehren“ nicht systematisch nach Zivil- und Strafrecht zusammengestellt. Vergleicht man sie mit dem späteren System der zuerst in der IV. Periode bei Kauṭalya vorkommenden 17 Rechtspunkte und des „Reinigens von Dornen“, so begann dieses mit der Ehe und dem Erbe, während eine juristische Behandlung des Gastrechts bei ihm fehlt, vielmehr die Pflicht der Gastlichkeit gegenüber brahmanischen und heterodoxen Wanderbettlern dem Stadthaupt zugewiesen wird, der dafür seine Gasthäuser hatte[235]. Der große Staatslehrer behandelte weiter einzelne Fragen politischer Gastlichkeit, daß u. a. ein vom König gehaßter Sohn bei einem ihm gutgesinnten Nachbarn[236], ein schwacher König bei einem starken Zuflucht suchen sollte, ein König Fremde nur in seinen Dienst stellen sollte[237], wenn er sie mit Geld und Ehrungen gewonnen hatte, und Bauern aus der Fremde in seinem Land ansiedeln[238] sollte.

Das Arbeitsrecht (s. o. Kap. 6 Ziffer 4) wird unter dem 7. Rechtspunkt der Lohnzahlung abgehandelt, während das Nichtausführen einer Arbeit zum „Reinigen von Dornen“ gehört, der Flurschaden zum 3. Rechtspunkt (Grundeigentum) und die Haftung des Pächters zum 4. Rechtspunkt (Einhalten eines Vertrages). Die Frage des nachlässigen Hirten aber steht sehr ausführlich bei Kauṭalya 2, 29, 12ff. bei dem Aufseher der Herden, bei Manu unter dessen 9. Rechtspunkt. Yājñavalkya folgte später Manu, aber Nārada und Bṛhaspati haben dies so wenig als besonderen Rechtspunkt behandelt wie Kauṭalya[239]. Das Handelsrecht (s. o. Kap. 6 Ziffer 5) ist bei Kauṭalya der gesellschaftlichen Entwicklung entsprechend ebenfalls weit ausführlicher. So fehlt in der III. Periode das, was Kauṭalya beim

„Reinigen von Dornen“ über die betrügerischen Händler anführte, unter dem 8. Rechtspunkt über ihre gemeinsamen Unternehmungen und unter dem 9. über Reue bei Kauf und Verkauf. Die Frage des Ersitzens gehört bei Kauṭalya zu seinem 12. Rechtspunkt (Zusammenhang von Herr und Eigentum). Fund (Kap. 6 Ziffer 6) behandelte Kauṭalya beim 11. Rechtspunkt (Verkauf durch den Nichteigentümer), den Schatzfund (Kap. 6 Ziffer 6) beim „Reinigen von Dornen“ in 4, 2, 51ff. Wucher (Kap. 6 Ziffer 7) entspricht Kauṭalyas 5., das Depositum (ebenda Ziffer 8) seinem 6. Rechtspunkt, Verbalinjurie (Kap. 6 Ziffer 3) seinem 14., tätlicher Angriff (ebenda) seinem 15. Dieser fällt bei Kauṭalya schon unter das Strafrecht, und ebenso fallen darunter Diebstahl und Mord bzw. Totschlag (Kap. 6 Ziffer 1–2), die beide zum „Reinigen von Dornen“ gehören. Kauṭalyas Rechtspunkte 13 und 16, Raub und Spiel haben in der III. Periode keine Vorläufer. Kauṭalyas 10. Rechtspunkt, Nichtgeben einer versprochenen Gabe, kam bei Gautama schon vor[240].

8. Gerichtsverfahren

Es war die Pflicht des Königs, mit seinem „Stocke“ (Machtapparat) das „Recht“ durchzusetzen, die Zuchtlosen in Zucht zu halten, die Verletzer des „Rechts“ der Stände und Lebensstufen zu zügeln[241]. Er war der Richter, und er hatte seine Gerichtsversammlung und seine Versammlung für die Auslegung des „Rechts“[242]. Er konnte aber nicht alle Streitfälle selber entscheiden, mußte daher Richter einsetzen, die gereift, verständig, im „Recht“ ausgebildet, insbesondere Brahmanen als seine Stellvertreter sein sollten[243]. In Aristokratien gab es sicher Besonderheiten, wie die oben erwähnten Appellationsgerichte; die Rolle der Brahmanen dürfte dort unbedeutender gewesen sein.

Das Gerichtsverfahren begann damit, daß der Kläger sich bescheiden dem Gericht nahte und seine Klage vorbrachte, wohl kaum schon schriftlich[244]. Das Verfahren, d. h. die Antwort des Beklagten, konnte unter Umständen ein Jahr hinausgeschoben werden, aber nicht in eiligen Fällen[245]. Zur Wahrheitsfindung wurden Zeugen befragt und nach anderen Lehrern Indizien oder Ordale[246] herangezogen, aber keine schriftlichen juristischen Dokumente, die gab es noch nicht[247]. An Zeugen sollten zumindest drei vorhanden sein; sie sollten redliche, vertrauenswürdige, unvoreingenommene Männer sein[248]; die Liste derjenigen, die als Zeugen nicht anerkannt werden konnten, wurde von da an immer ausführlicher[249]. Einen gelehrten Brahmanen, einen Fürsten oder Asketen durfte man nicht zwingen, als Zeuge auszusagen, einen Brahmanen insbesondere nicht, wenn es sich um zu bezeugende Angaben eines Nichtbrahmanen handelte. Mitglieder aller vier Stände, auch Śūdras, wurden als Zeugen anerkannt, aber dies vermutlich nur, wenn es sich um einen Prozeß unter Śūdras handelte[250]. Dies gilt wohl auch für die „Gilden“-Gerichte, in denen Berufsgenossen als Zeugen angerufen wurden[251]. Vor ihrer Aussage waren Zeugen feierlich zu vereidigen, mit Ausnahme von Brahmanen[252]. Der Richter hatte die Zeugen vor heiligem Feuer und Wasser zu ermahnen, bei der Wahrheit zu bleiben. Er hatte auf höllische Strafen für Meineidige und himmlischen

Lohn für Wahrhaftige hinzuweisen[253]. Dabei pflegte er mit geringeren oder größeren Abweichungen in den Texten darauf hinzuweisen, daß der Zeuge mit einem Meineid seine Ahnen in die Hölle stürze, und zwar wenn es sich um Kleinvieh handelt, fünf Ahnen, bei Rindern zehn, bei Pferden hundert, bei Menschen tausend und bei Grund und Boden alle seine Ahnen[254]. Diese Drohung ist offenbar uralt; ursprünglich, d. h. bevor die indischen Ārya sich von den iranischen trennten wurden diese Worte so gut wie wörtlich verwendet, wenn einer einem „König" drohte, dieser müsse ein gegebenes Versprechen, dem Drohenden Vieh oder Land zu schenken, halten. Solch ein Versprechen war zwar kein Gerichtsverfahren, sondern eine Art Vertragsschluß für ein Schenkung. Die brahmanischen „Rechtslehrer" der III. Periode haben aber, als sie begannen, das im Staat notwendig gewordene Rechtsleben und Gerichtsverfahren auszubauen, für den neuen Zweck der Zeugenermahnung auf diese uralte Vertragsformel zurückgegriffen[255]. Schon diese ersten indischen „Rechtslehrer" traten dafür ein, daß man erstens nicht immer ein versprochenes Geschenk wirklich zu geben habe[256] und daß man zweitens nicht unter allen Umständen die Wahrheit sagen dürfe. Im Epos ist Kṛṣṇa die Autorität, die für die Verteidigung der Notlüge auftritt, zweifellos gegen Rāma, dies Ideal des bedingunslosen Sagens der Wahrheit. Kṛṣṇa betonte, daß man einem Räuber-Mörder gegenüber das Versteck eines Guten nicht verraten dürfe, um dessen Leben nicht zu gefährden[257]. Analog lehrten unsere „Rechtslehrer", man dürfe ein falsches Zeugnis ablegen, wenn man mit einem wahren einem Mitglied eines der vier Stände den Tod bringen würde[258]. Nicht alle Rechtslehrer aber gaben zu, daß man im Falle einer Heirat, von Geschlechtsverkehr, beim Spiel oder in einer Notlage ein Versprechen geben dürfe, ohne es zu halten[259], ein Problem, das Kauṭalya unter seinem 10. Rechtspunkt behandelte.

Außer Zeugen spielten Ordale bei einigen Rechtslehrern eine Rolle[260], und diese Meinungsverschiedenheit blieb von da an. Schon aus der II. Periode haben wir das Zeugnis für ein Ordal bei einem des Diebstahls Verdächtigen[261]. Einzelheiten sind nicht überliefert, ebensowenig über Indizien. War keine eindeutige Wahrheit zu erreichen, wörtlich: im Zweifelsfalle, sollte der Richter keine Strafe verhängen[262]. *In dubio pro reo.*

Ein Rechtslehrer sprach es damals aus, daß die Menschen früher das Recht überschritten und Gewalttätigkeiten begangen hätten; sie wären damit aber dank ihrem Glanz (ihrer Glut oder Kraft) nicht sündig geworden; würde ein Späterer indessen auf sie blicken und wie sie handeln, würde er sündig werden[263]. Damals, als das „Recht" zum ersten Male in Indien festgelegt wurde, gab es also bereits Diskussionen darüber, daß die moralisch-rechtlichen Ansichten sich hier und da geändert hatten, was uns beim Übergang von der Gentilgesellschaft zum Staat nicht wundert. Eher ist es zu bewundern, daß und wie diese alten „Rechtslehrer" das „Recht", das hier nur in groben Zügen nachgezeichnet ist, vielseitig ausgebaut haben. Sie mußten es tun, weil die gesellschaftliche Entwicklung sie dazu zwang. Leider können wir aber die drei ältesten „Rechtstexte" chronologisch noch nicht genügend festlegen und damit nicht beschreiben, wie das Recht im Verlaufe dieser Periode gewachsen ist. Immerhin beginnt hier keimhaft staatlichrationales Recht aus oder neben im Kern gentiler, priesterlich-magischer Sitte (Ständeordnung, „Recht“), und dies im eben herausgebildeten Staat als Folge des Entstehens von Klassen.

Neben diesem staatlichen Gerichtsverfahren vor brahmanischen Richtern gab es das der Dorfgemeinde[264] und das der „Gilden“ der Hirten, Händler, Bauern (oder war dies das der Dorfgemeinde?), Wucherer und Handwerker[265], weiter das der Waldbewohner (Dschungelstämme), das im Heer und das in Karawanen[266] (oder war dies das der Händler-Gilde?). Von den Verfahren, von der Teilnahme von Brahmanen oder staatlichen Instanzen an ihnen wissen wir noch nicht genügend. Eine Form der Strafe war die Exkommunikation, die Verstoßung aus der betreffenden Gemeinschaft[267]; um den gesellschaftlichen Boykott, der dem Ausgestoßenen das Leben unerträglich machte, wieder aufzuheben, war ein Gastmahl für die Gemeinde vorgeschrieben[268]. Dies war offenbar ein Erbe der von einer Sünde reinigenden Sühne aus der Munda-Dorfgemeinde.

Weiter übten Brahmanen ihre religiöse, nicht-staatliche Gerichtsbarkeit aus und verhängten Sühnen für Sünden, die oft mit Verbrechen identisch waren (s. gleich). Die dafür zuständige Gerichtsinstitution war manchmal eine Brahmanenversammlung (*pariṣad*)[269], wohl dieselbe, die für den Staat das Recht auslegte[270], manchmal der Hofpriester, und zwar sollte ein Lehrer (Brahmane) die Sünder dem König zuführen, dieser dem Hofpriester[271]. Es scheint, daß überhaupt das staatliche und das priesterliche Gericht hier und da so oder so zusammengearbeitet und manchmal beide für dasselbe Vergehen Strafe sowohl wie Sühne auferlegt haben und daß u. U. dann noch die Gemeinde die Verstoßung hinzufügte[272].

Als besondere Sünden werden u. a. angeführt: Königsmord, Brahmanenmord, Vollzug von Riten durch Brahmanen für Nichtberechtigte, Verbreiten des Veda unter Unberechtigten, Trinken von Alkohol, Beflecken des Bettes des Lehrers, Diebstahl, Gottlosigkeit (*nāstikyam*), falsches Zeugnis, drei Formen des tätlichen Angriffs (Körperverletzung) gegen einen Brahmanen: Erheben der Hand, Schlagen, Verwunden; ferner Mord von Nichtbrahmanen, ja Tieren, Ehebruch, unerlaubter sonstiger Geschlechtsverkehr, Unkeuschheit von Schülern und gewisse Perversitäten[273]. Von diesen Vergehen wurden als staatlich zu bestrafende Verbrechen abgehandelt: Diebstahl, falsches Zeugnis, tätlicher Angriff, Mord und manche Formen unerlaubten Geschlechtsverkehrs, darunter Entjungferung einer Braut oder gar eines noch unverlobten Mädchens[274]. Es gab eben damals noch kein eigentliches Recht und kein einheitliches Rechtswesen, aber alle diese Rechtsarten wurden mit demselben Begriff *dharma* bezeichnet, der deswegen nicht mit einem deutschen Wort wiederzugeben ist.

Die Frage, woher dieses bei all seiner Primitivität hoch entwickelte brahmanische „Recht“ der III. Periode stammt, ob von Ārya oder (auch) von Vorārya, ist noch unbeantwortet. Der Zeugeneid ist als altarisch aus vorindischer Zeit, das Ordal ist als brahmanisch aus der II. Periode belegt. Das Fehlen eines Altenteils bei wandernden Hirten, und daß der Greis im Brāhmaṇa der II. Periode ausgesetzt, im brahmanischen „Recht“ der III. Periode aber zum Einsiedler und

Wanderbettler wird, paßt zusammen, während die Mundas die greisen Eltern durch einen Sohn unterhalten wissen wollen. Daß es Totschlag (Mord) und Diebstahl schon vor der I. Periode auch bei Āryas gegeben hat, ist anzunehmen; daß die Nichtunterscheidung von Verbrechen und Sünde altarisch – aber auch mundaisch – ist, ebenfalls.

Mehr als mit dem überlieferten „Recht" der Ārya ist dieses brahmanische „Recht" mit dem der Munda zu vergleichen, das gerade durch diesen Vergleich als altertümlich erscheint und durchaus den Munda-Śūdras der II. Periode zuzutrauen ist. Außer Mord (Totschlag), Diebstahl und Prügelei (s. o. No. 1–3) sind drei der vier unorthodoxen Heiratsformen mit denen der Mundas zu vergleichen: Kauf-, Liebes- und Raubheirat. Von ihnen wird die Kaufehe besonders den Śūdras zugewiesen, d. h. den Munda. Beim Erbrecht ist die Reihe der erbberechtigten Söhne durch Differenzierung der der Munda gegenüber etwas bereichert, im Prinzip aber dasselbe. Munda und Brahmanen kennen den angeheirateten Erben, den Gatten einer einzelnen Tochter. Auch für das Munda„recht" (aber auch wohl für das des Ṛgveda) ist die Nichttrennung von Sünde und Verbrechen bezeichnend, und bei Sünden handelt es sich in beiden Rechten meist um Verstoß gegen Tabus verschiedenster Art. Wenn die arische Ehefrau bei der Heirat von ihrem Gatten einen Mennigefleck auf die Stirn erhält, so ist dieser Fleck bei Munda aus einem älteren Eigentumskennzeichen aus Blut abzuleiten, aber bei Ārya vor der III. Periode nicht belegt. Dementsprechend betrachten Brahmanen wie Mundas verbotenen Geschlechtsverkehr als zu sühnende Sünde gegen das Eigentum. Neu war wohl das Verurteilen des Vergeudens einer Periode der Frau, vielleicht aus Furcht vor Zurückgehen der arischen Stände den Śūdras gegenüber. Neu war eine gewisse Anzweiflung des Levirats und waren wohl die Probleme des Arbeits-, Handels-, Fund- und Wucherrechts (s. o. No. 4–8). Erst im Ständestaat der III. Periode war der durchgehende Gesichtspunkt der juristischen Fixierung und Erhaltung der Ständeordnung mit Einschluß des Königsrechts möglich und notwendig, zugleich mit dem den Brahmanen überantworteten Rechtsverfahren. Auch das Abfassen von „Rechtslehren" mit abstrakter Formulierung der Rechtssätze, das von dem kasuistischen Recht des alten Ägyptens und Mesopotamiens abweicht und im Recht des Alten Testaments und der alten Griechen seine Analogien hat, war offenbar erst im jungen eisenzeitlichen nordindischen Staat möglich. Aber die Brahmanen haben dieses „Recht" nicht niedergeschrieben. Sie wollten es sich wie alles „Wissen" als ihr Standesprivileg erhalten, nicht öffentlich bekannt machen, insbesondere nicht den Śūdras, so daß es auch in dieser Hinsicht kein eigentliches Recht war, dessen Kenntnis jedem Staatsbürger zugänglich sein muß. Freilich ist anzunehmen, daß auch schon die Ārya der I. und II. Periode weit mehr Rechtsinstitutionen und -vorstellungen gehabt haben, als unsere Texte erkennen lassen. Und dieses arische „Recht" ist, da es wie das der damaligen Munda aus zerfallender patriarchalischer Gentilgesellschaft stammte, in manchen wesentlichen Punkten dem der Munda ähnlich gewesen. Wenn bei Munda z. B. Ausstoßung aus der Stammesgemeinschaft als Sühne vorkommt, so dürfte das Aussetzen, das im Ṛgveda bezeugt ist, eine ähnliche Funktion gehabt haben. Auch die Selbstverfluchung (der Eid) eines Angeklagten ist bei Munda und ṛgvedischen Ārya ähnlich gewesen. Eine genauere Unterscheidung des „Rechts“ der großenteils noch wandernden Ārya-Hirten und der in Dorfgemeinden der asiatischen Produktionsweise seßhaften Munda, wie sie in der II. Periode im Gangestal zusammentrafen, ist aber einstweilen noch nicht möglich, und damit die Herleitung des brahmanischen „Rechts“ der III. Periode noch reichlich ungeklärt. Man wird an zumindest diese beiden Quellen denken müssen, aus denen das brahmanische Recht gespeist wurde, wahrscheinlich aber gab es noch mehr. Das altindische Pachtrecht z. B. könnte über die Industalgesellschaft auf altmesopotamisches Recht zurückgehen; es gab es bereits in der III. Periode[275] (s. Anhang 2).

9. Die Staatslehre

Neben der „Rechts-“ gab es eine Staatslehre; „Rechtslehrer“ meinten, ihre Lehre helfe dem Menschen zu jenseitigen, die Staatslehre nur zu diesseitigen Zielen; bei einem Widerspruch beider sei deswegen der „Rechtslehre“ zu folgen[276]. Bei solcher Einstellung haben sie das Königsrecht in ihr „Recht“ eingebaut. Beide diese Lehrgebäude wurden demnach etwa gleichzeitig errichtet. Fußte die „Rechtslehre“ auf Vorstellungen der Brāhmaṇas und Upanishaden, so auch die Staatslehre. Warnungen des Königs vor Vertragsbruch (s. o.) mögen noch wesentlich älter sein.

Erhalten ist uns erst die Staatslehre des Kauṭalya aus dem Anfang der IV. Periode. Kauṭalya aber zitierte mehrfach Lehrer, teils mit, teils ohne Namen. Er tat dies an Stellen, an denen er seiner Meinung eine oder mehrere andere als zu widerlegende voranschicken wollte, ohne dies aber systematisch durch sein ganzes Werk durchzuführen. Diese Namen kommen manchmal auch im Epos vor. Es wird sich um Staatslehrer der III. Periode handeln. Daß Kauṭalya ein so umfassendes und durchdachtes Lehrgebäude wie das seine nur als Abschluß einer längeren Entwicklung verfassen konnte, ist schon längst erkannt. Der Mauryastaat, dessen geistiger Begründer Kauṭalya gewesen sein soll, ist ja ebenfalls schon in der III. Periode langsam gewachsen. Es liegt daher nahe, die Ansichten der von Kauṭalya zitierten Lehrer der III. Periode zuzuweisen[277]. Dies läßt sich aber im einzelnen nicht immer sachlich wahrscheinlich machen. An manchen Stellen hat Kauṭalya nämlich Lehrer offenbar zur Belebung der Diskussion fingiert, geradezu als ein Stilmittel verwendet.

Die Lehrer waren nach Ausweis ihrer Namen vermutlich Brahmanen. Es mag sich hier um Mitglieder des brahmanischen Dienstadels handeln. Sie mögen sich als hohe Staatsbeamte, vielleicht eine Art Minister wie Kauṭalya, soziologisch mit ihrer Dienststellung von denjenigen Brahmanen unterschieden haben, die das „Recht“ lehrten und handhabten. Für sie war nicht das „Recht“ die höchste Lehre wie für die „Rechtslehrer“, sondern die Staatslehre. Die Schüler des Uśanas erkannten sogar nur diese als einzige Lehre an, auf der alle anderen fußten[278]; andere wie die Anhänger des Bṛhaspati stellten neben die Staatslehre die Wirtschaftslehre. Auch deren Entwicklung muß bereits in der III. Periode begonnen haben, wenn wir auch sonst darüber noch nichts sagen können. Die Anhänger des Manu sollen neben diese beiden Lehren die Theologie gestellt haben, die die brahmanische „Rechtslehre" einschloß[279]. Diese drei Lehrernamen sind mythologisch, und die Einzelheiten ihrer Lehrmeinungen mögen unrichtig wiedergegeben sein, aber die Einstellung dieser älteren Staatslehrer zum brahmanischen „Recht" wird im Kern ersichtlich und verständlich. Man kann sie als antiorthodox oder freidenkerisch kennzeichnen[280].

Dazu paßt es, wenn Bhāradvāja den Zorn verteidigt haben soll, weil er die Menschen (wohl Untertanen und Feinde) erschrecke und dem Wandel echter Männer entspreche[281] (der *dharma* sollte doch solchen Wandel als Grundlage haben, s. o.). Diese Vorstellung kann man in gewissem Sinne an frühe despotische Könige wie Pratardana[282] der II. Periode oder an Ajātaśatru, den Vatermörder und Feind der Vṛji, anknüpfen und in Gegensatz zur brahmanischen und buddhistischen Lehre der Selbstbeherrschung und Ruhe setzen. Bhāradvāja soll weiter empfohlen haben, lieblose Prinzen solle der Vater umbringen lassen; vor Söhnen müsse der König sich hüten[283]. Das paßt wieder zu den vatermörderischen Königen unserer Periode. Im gleichen Sinne lehrten Lehrer, daß der König stets mit erhobenem „Stock" (*daṇḍa*, Machtapparat) regieren müsse, und dies lehrte nach dem Epos wiederum jener Bhāradvāja[284]. Dieser soll den Standpunkt vertreten haben, daß nach dem Tode eines Königs sein Minister mit Intrigen die Herrschaft an sich reißen solle[285], was an den Begründer der Śiśunāga-Dynastie erinnert[286]. Bhāradvāja lehrte ferner, die Minister seien wichtiger als der König, denn von ihrem Rat hinge die Politik ab; als Minister solle der König sich seine Jugendgefährten wählen[287]. Er hat aber angeblich auch gelehrt, der König solle – als einsamer, mißtrauischer Despot – alles mit sich allein ohne Ratgeber beraten, um seine Entschlüsse geheim halten zu können[288]. Das paßt im einzelnen nicht immer recht zusammen, aber im ganzen sieht Bhāradvāja nach einem Ideologen des jungen Despotismus von Magadha aus. Er mag auch den nüchternen, unfrommen Gesichtspunkt ungenannter Lehrer vertreten haben, daß ein Eid einen Vertrag nicht so sichere wie Geiseln[289]. Der Eid hatte doch schon seit zumindest der I. Periode eine große Rolle gespielt.

Die Staatsrechtler haben sich vor Kauṭalya auch mit Rechtsfragen befaßt, wie z. B. mit der Frage unzuverlässiger oder falscher Zeugen, Erbteilung, Lohnzahlung, Raub bzw. Diebstahl[290], aber den Charakter, den Aufbau und den Platz des Rechts innerhalb ihrer Staatslehre kennen wir noch nicht.

Die Hauptkategorien oder die Disposition ihrer Staatslehre möchte man in den sogenannten sieben Faktoren des Staates sehen: Herr, Minister, Volk (Land, Reich), Stadt, Schatz, Heer und Freund[291]. Bezeichnenderweise begannen sie mit dem König und standen damit im Gegensatz zu den Ideologen der Aristokratien, etwa zu dem, was Buddha an den Vṛji und ihren Versammlungen hervorhob[292], aber auch zu den brahmanischen „Rechtslehrern", die das Königsrecht nur als verhältnismäßig kleinen Punkt in das Recht und die Sitte der vier Stände und Lebensstufen eingebaut hatten. Es ist auch bezeichnend, daß der Hofpriester dabei nicht angeführt wird[293].

Der zweite Faktor, Minister, paßt dazu, daß schon von Bimbisāra drei Minister überliefert werden[294]. Dies war offenbar das Minimum in einer Monarchie. Ungefähr gleichzeitig ist das Zeugnis des Pāṇini[295], daß der Rat des Königs sechs Augen nicht überschreiten sollte. Anders konnten seine Beschlüsse nicht geheim gehalten werden. Die Ratgeber des Königs (*mantrin*) werden damals wie später einige seiner Minister (*amātya*) gewesen sein[296]. Der Geheimhaltung der Beschlüsse wegen bestand Bhāradvāja dann sogar darauf, daß der König gar keinen Rat versammeln solle (s. o.), andere wünschten einen Rat von bis zu zwanzig *amātyas*[297]. Der Staat wurde ja größer und komplizierter. Kauṭalyas Lehrer erwogen schon, ob der Steuereinsammler oder der Schatzverwalter das Volk schlimmer unterdrücke[298]. „Rechtslehrer" hatten nur empfohlen, daß der König Ārya, die „rein" und „wahr" sein sollten, in Dorf und Stadt zum Schutze der Volkes einsetzen solle; diese sollten wiederum gleichartige Männer verwenden[299].

Als dritter Faktor erst galt das Volk, das nach Pāṇini ja nach seiner Kṣatriyaschicht benannt wurde, zu der sein König gehörte[300]. Aber Viśālākṣa hatte im Grunde damals schon die Einsicht, daß das Volk wichtiger sei als die Minister, insofern von ihm die Wirtschaft und das Heer, ja, auch die Minister abhingen[301]. Dazu paßt es, wenn anonyme Lehrer sagten, daß der Verlust (oder Untergang) der Kleinen schädlicher sei als der der Führer[302], oder daß Streit unter Untertanen gefährlicher sei als unter Königen[303]. Sie diskutierten ferner, ob Räuber schlimmer seien als Waldstämme[304]. Hierher muß man es wohl stellen, wenn die Lehrer erörterten, was für ein Land (*bhūmi*) ein König an seiner Grenze zu roden beginnen sollte, nachdem er sich mit seinem Nachbarn geeinigt hat[305], oder was für Straßen er anlegen oder fördern sollte, für Land- oder Flußhandel, nach Norden oder nach Süden[306].

In bezug auf den vierten Faktor, die Stadt oder Festung, betonten Lehrer ihre Wichtigkeit als Zufluchtsort im Kriege, als Platz des Schatzes und des Heeres, während ihrerseits die Befestigung der Stadt vom Schatz abhänge; die Städter wiederum seien königstreuer und stärker als die Bauern. Kauṭalya stellte dem entgegen, daß alle wirtschaftlichen Unternehmungen samt Festung, Schatz, Heer und Bau von Bewässerungsanlagen im Volk der Bauern verwurzelt wären und daß dieses Heldentum, Festigkeit, Geschicklichkeit und Massenhaftigkeit besäße[307]. Kauṭalya war es ja, der als erster der uns bekannten alten Inder den ökonomisch-politischen Wert der Masse der noch kurz vorher helotenartig versklavt gewesenen Śūdras klar erkannte[308], darin vielleicht ein Schüler des eben zitierten Viśālākṣa. Ihre Erfahrungen mögen jene Lehrer in Giriwradscha, Rādschagriha und Pāṭaliputra, den nacheinander von den ältesten Magadhakönigen gebauten Hauptstädten, gesammelt haben; Kauṭalya aber sah weiter.

Wegen ihres Schatzes, des fünften Staatsfaktors, waren besonders die Nandas berühmt. Dem seit Bimbisāra bezeugten Finanzminister unterstanden die eben erwähnten Steuereinsammler und Schatzverwalter. Der Schatz wurde in der

Festung, in jenen Städten, gesichert. Ohne ein starkes Heer könne man keinen großen Schatz erhalten, lehrte Kauṇapadanta[309]. Andere Lehrer diskutierten, ob Feuer oder Wasser (dem Einkommen des Staates) größeren Schaden brächten[310].

Auch das riesige stehende Heer der Nandas, dieser sechste Faktor, war berühmt. Die Lehrer waren der merkwürdig brahmanenfreundlichen Meinung, daß die Krieger um so besser wären, je höher ihr Stand in der Reihenfolge von den Śūdras bis zu den Brahmanen sei[311]. Sie hielten dafür, daß ein ergebenes, wenn auch nicht stehendes Heer besser sei als umgekehrt ein stehendes, das der König nicht fest in der Hand habe; denn die zerstreuten Krieger könne man leicht zusammenholen[312]. Dies könnte sich – wenn es ernst genommen wird – wohl nur auf eine Vor-Nanda-Zeit beziehen, als das stehende Heer der Monarchie von dem aus Kontingenten der kleinen „Könige" im Kriegsfall zusammengestellten Heer der Aristokratie noch nicht deutlich unterschieden war. Man kann es auch nicht ohne weiteres mit dem anscheinend ständigen Aufstieg Magadhas vereinigen, wenn jener Bhāradvāja lehrte, ein schwacher König solle sich vor einem stärkeren beugen wie ein Rohr im Sturm[313]. Vielleicht meinte er dies als Rat an schwache Gegner Magadhas. Häufig genug wurde später dieser vernünftige Standpunkt vertreten[314]. Lehrer waren vor Kauṭalya aber, nüchtern überlegend, auch gegen Krieg überhaupt aufgetreten, weil in ihm beide Seiten litten[315]; sie zogen sozusagen Diplomatie einem Pyrrhussieg vor. Lehrer empfahlen Krieg nur, wenn der Gegner in Not sei[316]. Seien aber beide Gegner in gleich guter wirtschaftlicher und politischer Lage, so sollten sie Frieden halten[317]. Im Kriege aber legten sie – soweit sie die Bedeutung der Massen nicht sahen – mehr Gewicht auf persönliches Heldentum des Königs als auf seine objektive militärische Macht[318]. Piśuna vertrat den Standpunkt, daß es nur Krieg oder Frieden gäbe, während andere Lehrer außer diesen beiden noch Neutralität, Vorbereitung zu Krieg, Bündnissuche und andere Arten einer diplomatischen Schaukelpolitik für möglich und nützlich hielten[319].

Der Freund, jener siebente Faktor des Staates, d. h. der außenpolitische Bündnispartner, war seit der I. Periode in seiner Wichtigkeit erkannt, und seine Bedeutung wuchs, je mehr sich Könige ihre umliegenden Nachbarn durch Verträge verbündeten und innerhalb eines Kreises von Staaten, den wir Großreich nennen würden, die politische Leitung in der Hand hatten[320]. Dahin gehören u. a. die politischen Heiraten der Könige von Magadha, obgleich die Lehrer sie nicht behandelt zu haben scheinen. Lehrer diskutierten, ob ein ständiger unzuverlässiger Freund besser sei als ein vorübergehender zuverlässiger, und erklärten sich für den ersten[321]. Ähnlich erwogen sie bei Verbündeten andere Alternativen, wie sie es auch beim Heer taten (s. o.). Sie überdachten Möglichkeiten gemeinsamer Rodung durch zwei benachbarte Könige gemäß einer Vereinbarung (s. o.). Sie überlegten, ob es für einen König schlimmer sei, mit seinem Heer oder mit seinem Freund seine Not zu haben[322].

Solche Standpunkte mögen wirklich in verschiedenen Schulen von Lehrern der Staatslehre über politisch wichtige Punkte im Leben der damaligen Monarchien vertreten worden sein. Ihnen ging es um den Sieg, den praktischen Erfolg, letztlich die „Weltbesiegung" durch ihren Herren; dazu mußte die wirtschaftliche Kraft des Staates beobachtet (im Grunde auch gefördert), mußte das Volk königstreu gehalten werden. Von der Sicherung der Ausbeutung der Massen der Produzenten durch den König, der stets den Stock erhob (s. o.), sprachen anscheinend die Vertreter der Staatslehre dabei ebenso wenig wie die des Rechts, obgleich dies die wesentliche Aufgabe dieser beiden Lehrsysteme war. Beide waren annähernd gleichzeitig und zu gleicher Höhe entwickelt.

10. Inder, Griechen und Perser

Auch in dieser Periode war die gesellschaftliche Entwicklung in Griechenland der indischen teils voran, teils andersartig und ihr doch im wesentlichen analog. Die athenische Demokratie erlebte unter Perikles im 5. Jh. ihre Blüte, aber noch im selben Jahrhundert begann mit dem Peloponnesischen Krieg der Kampf der Demokraten und Aristokraten – neben anderen Ursachen – zum Zerfall der Demokratie hinzuführen. Wohl hatten die Aristokratien und Demokratien es in Griechenland zu Bünden mit beträchtlicher Macht gebracht – analog der Vṛji-Konföderation und dem eben erwähnten Kreis von Staaten oder Königen in Indien –, aber auch die Bünde konnten die politische Zersplitterung Griechenlands ebensowenig überwinden wie die Indiens. Am Ende der III. Periode eroberte Mazedonien das zerrissene Griechenland. Mazedonien, diese Monarchie am Nordrand der griechischen Staatenwelt, lange als seinem Wesen nach unhellenisch angesehen, hatte dank seiner Goldbergwerke reich werden können, hatte ein neuartiges Heer aufgestellt und eroberte Demokratien, Aristokratien und jene *ethnē* in schnellem Siegeslauf. Etwa gleichzeitig überrannten die Nandas von Magadha Nordindien vom Ostrand der indischen Oikoumenē her, eine Monarchie mit berühmtem Schatz und Heer, in der II. Periode noch als „unrein" verschrien, die Siegerin über Aristokratien beider Typen und Monarchien. Am Ende hatte Nordindien auf diese Weise den Vorsprung, den Griechenland fast ein Jahrtausend lang gehabt hatte, aufgeholt.

Die Gemeinsamkeiten und Unterschiede jener drei Staatstypen und einiger Rechts- und Verfassungsfragen in Indien und Griechenland sind bereits bei der II. Periode angedeutet worden, in der sie begannen. Hier sei noch auf einige Vergleichspunkte hingewiesen. In griechischen demokratischen und aristokratischen Republiken lebte die Volksversammlung als eigentlicher Souverän fort[323]; sie hatte letztlich über Finanzen, Recht, Außenpolitik zu entscheiden und die Beamten des Staates (die den Leuten des indischen Königs gegenüberstanden) zu wählen. Damit hatte der griechische Bürger das aktive und passive Wahlrecht und stand in deutlichem Gegensatz zum indischen Untertanen. Aber auch der Unterschied zwischen griechischem Staatsbeamten und indischem Königsdiener ist greifbar, denn dieser wurde vom Despoten eingesetzt, unterhalten und abgesetzt und war ihm verantwortlich. Daneben blieb in Griechenland der Rat der Alten aus der Gentilzeit in Form des Senates bestehen, der die Volksversammlung einberief, vorbereitete und leitete und zugleich die Exekutive bildete[324]. Dagegen behielten sich in indischen Monarchien Brahmanen die Sitze im Rat, der Recht interpretierte und über Sühnen von Sünden befand, und im Gericht des Königs vor, während Volksversammlungen aufhörten. Souverän war der König. Nur in Aristokratien setzte eine Versammlung des Kriegeradels gewisse gentile Traditionen fort. Dem läßt sich in gewisser Weise an die Seite stellen, daß auch die griechische Volksversammlung de jure die Masse der Bevölkerung, die Sklaven, und de facto auch die Bauern nicht am politischen Leben teilnehmen ließ. Juristische Bestimmungen über gekaufte, im Hause geborene, kriegsgefangene, verschenkte und selbstverpfändete Sklaven, ihre Freilassungsmöglichkeiten und über Schuldknechte wurden in Griechenland schon[325] in dieser III. Periode festgelegt, in Indien anscheinend – so unvorstellbar das ist – erst in der IV. Aus dem Schatz des homerischen „Königs“ hatte sich die Gemeindekasse der Republik, der Polis, entwickelt, und daneben gab es Tempelschätze, die vom Staat kontrolliert wurden[326]; Finanzbeamte wie die *tamiai* waren die Nachfolger der homerischen Schaffnerin am Königshof (*tamiē*)[327]. In Indien aber war der Schatz in Monarchien als Fortsetzer des ṛgvedisch-„königlichen“ Schatzes im Grunde nur der des Königs; über Aristokratien haben wir in dieser Hinsicht keine Angaben. Ob sie überhaupt neben den Speichern der einzelnen Kṣatriyas einen Schatz des Staates hatten, ist zu bezweifeln. Aus dem Palast des homerischen „Königs“ wurde das Prytaneion, das Gemeindehaus, der Polis. Dort arbeitete der Archon, dort brannte das heilige Staatsfeuer, und dort wurden Staatsgäste geehrt[328]. In indischen Aristokratien gab es statt des Palastes des spätvedischen „Königs“ das Versammlungshaus der Aristokraten (Kṣatriyas). Vor dem königlichen Palast in der Residenz der Monarchie aber gab es die Halle, in der Brahmanen gastlich aufgenommen und wo von ihnen Recht gesprochen wurde. Für den Rat aber gab es in der Polis das Bouleuterion, für die Volksversammlung den Markt (*agorā*), und gab es das Theater und das Gymnasion für die sportlich-militärische Ausbildung der Epheben und Hopliten[329], diese ohne indische Gegenstücke. Den Kern des griechischen Heeres bildete ja die Phalanx der Schwerbewaffneten, und diese bestanden aus den Mittelschichten der Stadt, Handwerkern und Händlern, dem *demos*[330]. Sie unterschieden sich wesentlich von den indischen Kṣatriyas, die auf Elefanten und Streitwagen kämpften und neben denen die Masse der Fußsoldaten (wohl überwiegend Bauern) in ihrem kriegerischen Wert noch schwer einzuschätzen ist; die brahmanischen Verfasser der Epen verachteten sie, während Kauṭalya die Śūdrakrieger verhältnismäßig hoch einschätzte[331] – man mag sie den Leichtbewaffneten der Griechen an die Seite stellen, die sich aus Theten rekrutierten[332]. Was in Indien der griechischen Dienstpflicht (in Sparta vom 18.–60. Lebensjahr) entspricht[333], ist noch nicht klar. Den griechischen Söldnern[334] mag man gewissermaßen die Dschungelstammkrieger[335] indischer Könige vergleichen. Die für die Griechen wichtige Flotte[336] hatte in Indien damals noch kein Analogon. Ob es in der III. Periode in Indien schon etwas gab, was der griechischen Markt-, Stadt- und Landpolizei[337] entsprach, ist noch unbekannt; der „Stock“ des Königs erforderte etwas der Art.

Für die Wahrung des Rechts waren in der Polis nicht Priester (wie in Indien Brahmanen), sondern von der Volksversammlung bestimmte, durch das Los gewählte Beamte auf Zeit, Richter und Geschworene, verantwortlich[338]. Das Volk wählte auch die anderen Beamten – meist nur für ein Jahr – und ließ ihnen je nach dem Grad der Entwicklung der Demokratie geringere oder größere Macht bei der Ausführung der Volksbeschlüsse unter Anwendung der Gesetze[339]. Sie unterschieden sich damit wesentlich von den Leuten des Königs, den „Beamten" der indischen Monarchen, die ihrem Despoten verantwortlich waren, aber auch aus religiösen Ängsten und auf Weisung der Staatslehre (wenigstens einiger Richtungen) hin den brahmanischen *dharma* zu befolgen hatten[340]. Das Recht wurde in der Polis bereits seit dem 7. Jh. schriftlich fixiert und manchmal von anderen Städten übernommen; dagegen wurde es in Indien in übernationalen Brahmanenschulen bis in die ersten Jahrhunderte u. Z. mündlich überliefert. Das Recht der Griechen war durchaus weltlich und regelte auch den Kult; gewiß waren manche Priesterämter an Tempeln seit „homerischen Zeiten" erblich, aber im allgemeinen waren Priester und Verwalter der Tempel ausgeloste Beamte ohne priesterliche Vorbildung (freilich mußten sich einige zu keuschem Leben verpflichten)[341]. Der Kult war ja eine Staatsangelegenheit mit Staatsfesten und -opfern und staatlich festgelegtem Ritual[342]; der Staat sorgte für die Frömmigkeit (*eusebeia*), sorgte, daß die Götter bekamen, was ihnen zustand, aber es gab keine Dogmen und keinen Priesterstand. Daneben gab es freilich auch private Kultvereine[343] und Tempel als Zentralen umfassender sakraler Verbände (Delphi, Olympia)[344]. Dem steht gegenüber, daß die Brahmanen den König verpflichteten, ihr Ständerecht durchzusetzen; größere Tempel gab es in Indien damals noch nicht.

Die demokratische Handhabung des Rechts machte außer den Richtern in der Polis einen großen Beamtenapparat erforderlich mit Vollzugs-, Registratur- und Archivbeamten für Kontrakte[345]. Dem hatte Indien damals anscheinend nichts an die Seite zu stellen, es gab ja noch keine Schriftdokumente im Rechtswesen[346]. Aber das griechische Prozeßrecht mit privater Klage, Untersuchung mit vereidigten Zeugen, geheimer Abstimmung der Geschworenen, Geldstrafen (Prügelstrafen nur für Sklaven), Folter (nicht für Bürger), Gefängnisstrafe für Staatsschuldner usw. ist in mancher Hinsicht im Grunde mit dem indischen zu vergleichen, nur gab es in Indien z. B. keine Prämien für Ankläger und dementsprechend keinen Schutz gegen Sykophantentum, diese Auswüchse der Demokratie[347]. Durchaus vergleichbar ist auch das griechische Arbeitsrecht über Einhaltung von Arbeitskontrakten, Verpflichtungen, ausbedungenen Lohn zu zahlen, gegenseitigen Verpflichtungen von Lohnzahlern und -empfängern[348], mit dem indischen, das uns freilich mit analogen Einzelheiten ausführlich erst für die IV. Periode bezeugt ist. Aus dem Erbrecht sei auf ein griechisches Analogon zur indischen Erbtochter hingewiesen[349] oder darauf, daß die Ehe nicht staatlich geschlossen (oder geschieden) wurde[350]. Das Recht hatte auch in Griechenland Leben und Eigentum zu schützen, Schulden, Pfänder, Bürgschaften, Kontrakte und andere Kaufgeschäfte zu sichern, u. a. auch Grundstücksverkauf, der für das damalige

Indien noch nicht belegt ist. Das griechische Gastrecht[351] aber unterschied sich sehr vom indischen, denn es regelte die Rechte und Pflichten der Metoiken, der fremden Handwerker und Händler, die kein volles Bürgerrecht besaßen, empfahl nicht nur moralisch Gastlichkeit. Alles in allem war die griechische Demokratie mit ihrem staatlichen und rechtlichen Leben weit entwickelter als die indische Monarchie und Aristokratie, aber sie unterlag Mazedonien, wurde aristokratisiert und zerfiel in ihrem Kern, so daß es den Massen der Griechen, den Bauern, Handwerkern und Sklaven, am Ende der III. Periode unter Mazedonien nicht wesentlich besser ging als den Śūdras und Vaiśyas Nordindiens unter Magadhas Herrschaft, die die Aristokratien weitgehend in sich unangetastet ließ.

Als die indische Monarchie ihre Entwicklung begann, nahm auch die römische Republik ihren Anfang, und das älteste fixierte römische Recht, das der zwölf Tafeln a. d. Jahre 451 v. u. Z. ist in mancher Hinsicht dem der brahmanischen „Rechtslehren“ dieser III. Periode an die Seite zu stellen[352].

Die dritte damalige Großmacht zwischen Indien und Mazedonien, das persische Großreich der Achämeniden, war wie Griechenland im Zerfall. Es hatte eine andere Entwicklung als Magadha durchgemacht. Seinen Ursprung hatte es im äußersten nordöstlichen Randgebiet der alt-orientalischen Staatenwelt; es hatte zu Anfang der III. Periode das Mederreich, das ebenfalls an dessen Rande lag, gestürzt und anschließend die Eroberung der hochkultivierten altorientalischen Staaten bis Ägypten hin unternommen. Im Gegensatz dazu hatten die Āryas im Pandschab das Kerngebiet des älteren bronzezeitlichen indischen Staates, das schon im Verfallen war, zerschlagen, waren dann in der II. Periode in die daran anschließenden östlichen Randgebiete mit ihrer vorstaatlichen Mundagesellschaft vorgestoßen und hatten von dort, von Magadha aus, gegen Ende der III. Periode Nordindien erobert. Dabei fußten sie nicht so sehr auf inzwischen ausgebildeten neuen altorientalischen Staaten Indiens, sondern vor allem auf indischen Dorfgemeinden, die altertümlicher geblieben waren als die des Vorderen Orients. Damit wurde Magadha, weil es auf asiatischer Produktionsweise aufgebaut war, ebenfalls ein Staat altorientalischen Charakters, und zwar erlebte Nordindien damals unter Magadha eine Zentralisation größten Ausmaßes, wie sie in Indien seit dem 3. Jahrtausend (wenn überhaupt) nicht vorgekommen war[353]. Diese lange Pause ist ebenso eine Besonderheit der altindischen Geschichte wie diese Entwicklung Magadhas aus sich heraus, ohne nachweisbaren Einfluß des iranischen Nachbarn. Dazu gehört, daß Indien auch sein eigenes „Recht“ entwickelte, während Iran das altorientalische weitgehend übernehmen konnte und mußte.

Als Magadha aufstieg, war das Achämenidenreich bereits im Zerfall und hatte seinen Vorsprung Indien gegenüber ähnlich und doch anders als Griechenland. Es konnte seine voneinander sehr verschiedenen Bestandteile nicht zu einer Einheit zusammenschmelzen, darin Indien und Griechenland vergleichbar. Doch es war in Verwaltungsgebiete (Satrapien) eingeteilt, was dem damaligen Magadha noch nicht gelungen war; die teilweise erblichen Satrapen hatten in ihrem Gebiet ungefähr dieselbe militärische und zivile Macht wie der Großkönig im Großreich.

Daneben gab es die Einteilung in zwanzig Steuerbezirke. Satrapen versuchten oft Aufstände, um sich selbständig zu machen. Gegen sie setzte der Großkönig seinen Kontrollapparat, seine sogenannten Augen und Ohren, ein. Es gab eben auch in Persien die Tendenzen zur Zentralisierung und Dezentralisierung. Zentral waren das Schatzamt und die Reichsmünze; zur Hauptstadt führte die Königstraße mit ihren Poststationen. Zentral geführt war das Heer mit den Besatzungen der Reichsfestungen und dem Aufgebot des Großkönigs aus all seinen Untertanen, auch aus gewaltsam ausgehobenen Kontingenten unterworfener Völker. Es wurde von Satrapen und Fürsten geführt. Es hatte einen Kern (stehendes Heer) in den 10000 Unsterblichen, unter denen Tausend die Leibwache des Großkönigs bildeten, geführt von dem Chiliarchen, dem ersten Minister. Heer und Finanzen waren eben für Persien wie für Indien und Griechenland grundlegend. Aber im Unterschied zur indischen Monarchie war der Kriegeradel mit seinem auf der Sklavenhalterordnung beruhenden Großgrundbesitz im allgemeinen nicht zum Dienstadel geworden, sondern stand mit seiner höchst problematischen Treue- und Gefolgschaftspflicht dem Großkönig gegenüber in einem Abhängigkeitsverhältnis, das gegen Ende der Periode nicht mehr standhielt. Staat und Recht des achämenidischen Persiens waren im Grunde eine Fortsetzung des assyrischen, und damit eine Variante des altorientalischen Staats und Rechts. Ob es dort Analoga zu den Aristokratien und Waldstämmen Indiens gab, ist noch zu klären.

IV. Periode: Das Großreich der Mauryas (325–236 v. u. Z.)

1. Über das Staatslehrbuch des Kauṭalya

Es gibt drei sehr problematische Quellen für die Beschreibung des Mauryastaates und -rechts; vor allem das ausführliche Staatslehrbuch des Kauṭalya, daneben die wenigen Inschriften Aśokas und die kurzen Fragmente des Megasthenes. Die beiden letzten sollten die ausführlichen Angaben Kauṭalyas ergänzen bzw. berichtigen, aber dies ist einstweilen noch nicht gelungen [1], so daß im Folgenden Kauṭalyas Lehre dargelegt wird. Er hat den damaligen Staat nicht geschildert, sondern sein Buch ist weitgehend eine Empfehlung, was der Maurya-König tun sollte, und damit eine Propaganda für eine ideale, im Innern zentralisierte Monarchie, unter Kritik der dezentralisierten Aristokratien. Damit wird der alte Priester- und Kriegeradel als vom König unterhaltener Dienstadel hingestellt, als „Beamtenschaft"; und nur nebenbei wird auf noch selbständige Kṣatriyas und auf nicht-beamtete Priester angespielt, die es demnach in Wirklichkeit gegeben hat. Mit seinem Beamtenapparat greift der zentralisierte Staat des Lehrbuchs weitgehend in Produktion und Handel ein. Kauṭalya nun behandelt an sich einen verhältnismäßig kleinen Staat, man denkt etwa an das ursprüngliche Magadha. Aber auch die außenpolitische Seite der Zentralisation vieler Staaten in einem Staatenbund oder Großreich spielt bei ihm eine beträchtliche Rolle. Kauṭalya stellt nämlich den König als den „Siegbegehrenden" oder Weltherrscher (*cakravartin*) in die Mitte eines „Kreises" von Staaten oder Königen. Dies entspricht offenbar der damaligen Lage; es gab ja kein wirklich zentralisiertes Großreich Magadha, sondern nur eine kurzlebige, militärisch-administrative Zusammenballung verschiedenster Staaten, wie sie für den Alten Orient bezeichnend ist, aus Monarchien und Aristokratien, mit ausgedehnten Wäldern dazwischen, in denen noch Dschungelstämme lebten, bestehend, wie es eine indische Eigenart war.

Kauṭalyas normatives Lehrbuch ist aber nicht als Gesetzbuch gemeint, das, von irgendeiner Instanz autorisiert, Verfassung und Recht festgelegt hätte. Sicher sollten sich der König sowohl wie seine Diener gemäß Kauṭalyas Absicht nach seiner Lehre richten, aber er gab ihr nicht etwa als Staatsmann, als Minister Gesetzeskraft. Er verfaßte es als ein Werk des „Wissens" (*vidyā*), dessen, was er damals unter Wissenschaft verstand, was freilich nicht unserem Begriff einer die Gesetze der politischen Entwicklung aufdeckenden und ihre Handhabung lehrenden Wissenschaft entsprach. Neben sein „Wissen" stellte er, wie schon die Lehrer vor ihm, die in ihrem Wesen sehr unterschiedlichen drei anderen Lehren der Ökonomie, der Philosophie und der Theologie damaliger Art. Dabei fällt auf, daß der brahmanische „Rechtslehrer“ Gautama der III. Periode für die Ausbildung des Königs nur Theologie und Philosophie empfohlen hatte[2]. Eine Lehre der Ökonomie hatte es damals vielleicht noch nicht gegeben, eine Staatslehre sicher, nur wollte der standesstolze Brahmane sie offenbar nicht als gültig anerkennen.

Kauṭalya verfaßte sein Werk als Brahmane und vermutlich als vertrautester Ratgeber und Lehrer[3] König Candraguptas. Er gilt in der Tradition mit Recht nicht als Hofpriester des Königs, obgleich dieser ein Kenner der Staats- und Rechtslehre sein sollte. Er gehört in die Überlieferung der Staatslehre, ja, er war der Vollender jener älteren juristisch-politischen Lehren und der Verstraktate, die er hier und da zitierte. Über seine Lehre ist dieses „Wissen“ auch später trotz Nachahmungen und Kommentaren sachlich im Grunde nicht hinausgelangt. Er verlangte, daß die hohen Beamten Fachleute der Ökonomie sein sollten, der Aufseher der Landwirtschaft, der Herden, der Bergwerke, der Goldschmied und andere. Ebenso sollte der König selber ein ausgebildeter, wissender Monarch und Ökonom sein, aber auch Philosoph und Theologe. Dies war eine wesentliche Seite seines Ideals des Staates.

Dabei bezeichnete er seine Lehre als „Führung des Stockes“, d. h. als Lehre der Leitung des staatlichen Machtapparates. Sie umfaßte in besonderen Abschnitten auch das Recht. Aber Recht bedeutet hier nicht mehr im Sinne der alten brahmanischen Rechtslehrer die orthodox-brahmanische Lebensweise, die Ständeordnung mit ihren priesterlichen, magischen, moralischen Aspekten, in die das Königsrecht nur als kleiner Teil eingeschoben gewesen war, sondern dieses orthodoxe „Recht“ faßte Kauṭalya ganz richtig als einen Teil der Theologie auf (s. gleich). Die ältere brahmanische „Rechtslehre“ hatte ja bereits festgelegt, daß bei einem Widerspruch zwischen „Rechts-“ und Staatslehre (*arthaśāstra*) das brahmanische „Recht“ den Vorrang zu genießen habe[4]. So einfach und dogmatisch ging aber Kauṭalya in seiner Staatlehre (*daṇḍanīti*) nicht mehr vor. Auch er war ein Brahmane, aber er war Ideologe der eben sich herausbildenden, damals fortschrittlichen zentralisierten Monarchie und behandelte Staat sowohl wie königliches Recht von deren Gesichtspunkt der Staatsräson aus, war er doch selber Mitglied des brahmanischen Dienstadels, keiner der orthodoxen, dezentralistisch gesonnenen Brahmanen, die, gestützt auf die Dorfgemeinde, die geistliche Leitung der Ständegesellschaft für sich beanspruchten.

Einerseits lehrte Kauṭalya dementsprechend, daß eine Anordnung des Königs über dem *dharma* stehe[5]. Dies meinte er erstens in juristischem Sinne: Der König entscheide jede Gerichtsverhandlung. Dabei ging er auf die Frage, ob er dem *dharma* widersprechen dürfe[6], nicht ein. Aber die königliche Anordnung sollte zweitens auch auf allen anderen Gebieten der Verwaltung und Regierung die höchste Entscheidung[7] sein, und Kauṭalya lehrte, daß der König mit ständiger Aktivität dauernd Anordnungen zu treffen habe[8], sei es in den täglichen öffentlichen Versammlungen, sei es im Rat[9], sei es, wenn er anderen Königen durch seine Boten königliche Schreiben, die über Krieg und Frieden entschieden, zustellen ließ[10].

Schreiben, die Anordnungen enthielten, waren ja nun einmal das Instrument der Könige beim Regieren, und Kauṭalya unterschied acht Arten solcher Schreiben oder Anordnungen, die Strafen, Ehrungen, Geschenke, Steuererlasse, Vollmachten, Antworten und anderes enthielten[11]. Andererseits erkannte Kauṭalya die Theologie, die drei Veden samt ihren Hilfslehren und der orthodoxen „Rechtslehre", an und übernahm deren allgemeine Vorschriften für die vier Stände und Lebensstadien sowohl wie die für alle Menschen gültigen[12] Moralbegriffe. Der König solle diese durchsetzen, sonst würde die Welt (die Gesellschaft) dadurch zugrunde gehen, daß die Standesgrenzen überschritten würden[13]. Damit bekannte Kaṭualya sich zur religiösen Ideologie als Mittel, die Ausbeutung zu erhalten, als Hilfe für die Politik[14]. Die Staatslehre aber galt ihm als die Grundlage für die drei anderen Lehren der Ökonomie, Philosophie und Theologie, insofern sie die für deren Gedeihen unentbehrliche Ruhe und Ordnung sicherte. Sie lehre, den Staat (Land und Leute) zu erlangen, zu sichern, zu vermehren und das so Gewonnene an „Würdige" zu verteilen[15]. Die „Würdigen" sind hier wohl die Mitglieder des Beamtenadels; sie, darunter auch die Brahmanen, aber nicht nur diese, zu unterhalten, wird hier als letztes Ziel des Staates und der Staatslehre ausgegeben. Auf dem Bündnis des Königs mit dem Beamtenadel gegen die Massen der Ausgebeuteten beruhte ja dieser zentralisierte Staat. Von einem möglichen Widerspruch zwischen dem brahmanischen „Recht" und seiner eigenen Staats-, einschließlich seiner Rechtslehre zu sprechen, vermied hier der große Staatsmann.

2. Staat, Religion und Wohlfahrt des Volkes

Galt ihm die Staatslehre als die Wurzel der drei anderen Lehren (s. o.), so die Zucht als die der Staatsführung. Die vier Lehren und die Zucht seien dem Prinzen als künftigem Herrscher anzuerziehen. Dafür sei Selbstbeherrschung grundlegend. Diese aber bestehe gerade in seiner Lehre. Damals konnte man es noch nicht besser ausdrücken, daß gute, richtige Politik nicht mit Leidenschaft oder Gefühl gemacht werden könne, sondern nur auf Grund der „Wissenschaften" von selbstbeherrschten, wissenden, gebildeten Politikern, die freilich auch parteilich mit dem Herzen bei ihrer Sache sein müßten. Damit stellte Kauṭalya seinen selbstbeherrschten, wissenden Autokraten dem unbeherrschten Despoten entgegen, nicht dem Despoten an sich, während die brahmanischen Rechtslehrer vom Despoten in erster Linie Wahrung des *dharma*, der Ständeordnung, erwarteten. Diese Erkenntnis des Nutzens der Selbstbeherrschung gelang Kauṭalya, dem Vollender der Staatslehre, der die Produktivkraft der Wissenschaft, soweit damals möglich, erkannte. Aber er meinte Selbstbeherrschung nicht in asketischem Sinne wie damals so manche fromme Philosophen, sondern er erkannte seinem idealen Herrscher ausdrücklich das Recht auf „Lust" zu, sie dürfe nur Recht und Politik nicht widerstreiten[16]. Dazu paßt, daß der Herrscher „rechtlich"[17] sein soll. Aber Kauṭalya lehrte auch, daß „Rechtlichkeit" – und zwar meinte er sie im Sinne der orthodoxen Brahmanen – ein Hindernis für den Gewinn sei, und stellte sie mit anderen Hindernissen, einerseits mit Leidenschaften (die in obigem Sinne den Politiker verwirren) zusammen, andererseits mit Rücksicht auf das Jenseits und Befragung von Vorzeichen und Sternen[18]. Gegen die Astrologie zitierte er dabei einen Vers, der auch in Pāli in einer buddhistischen Erzählung[19] zitiert wird und also für damalige Freisinnige bezeichnend war. Dieser Widerspruch in Kauṭalyas zweideutigem Wort „Rechtlichkeit" hängt damit zusammen, daß sein König im Sinne des Staates als solcher grundsätzlich gerecht, auch gelegentlich orthodox-rechtlich im brahmanischen Sinne unter Einschluß brahmanischen Aberglaubens handeln solle.

Neben diesen seine ganze Lehre durchziehenden Widerspruch möchte man den anderen stellen, daß der ideale König unter anderem auch als „wahrredend" charakterisiert wird, d. h. daß er sein gegebenes Wort immer wahr macht. Dementsprechend legte Kauṭalya Gewicht auf den Eid bei einem Vertragsschluß. Aber wenn es sich um das Stellen von Geiseln und Bürgen für die Sicherung eines staatlichen Vertrages handelt, lehrt die Staatslehre mit vielen Einzelheiten, wie man vorteilhafterweise z. B. schlechte Minister oder Prinzen als Geiseln gibt, die den Partner in Vertrauen wiegen, die man aber selber gerne los ist[20]. – Hierher gehört die Doppelzüngigkeit, daß der Staatslehrer einesteils seinen idealen König als fromm und mit den vedischen Riten lebend hinstellt und in der Stadt Tempel bauen, aber zugleich mit dem Aberglauben der Massen spielen läßt. Er solle durch geschickte Manöver so tun, als habe er Verkehr mit den Göttern und erlange durch sie Allwissenheit. Er solle durch geschickte Männer bei religiösen Festen den Massen ihr Geld abschwindeln, um den Schatz zu füllen, Agenten in hohle Götterbilder stecken und Prophezeiungen aussprechen lassen[21]. Kann man hier Kauṭalyas Widerspruch mit der Nichtunterscheidung von Religion und Aberglauben zu erklären versuchen[22]? Soll man nicht eher annehmen, daß ihm beim Feind[23] die Lüge, beim Volk, d. h. beim Feind im Inneren, der Schwindel erlaubt, ja unter Umständen geboten erschien? War ihm nicht beim Feind seines Königs auch sonst jede Kampfesweise recht? Man kann aber nicht zu weit verallgemeinern, indem man sagt, daß bei Kauṭalya zwischen Staatslehre und Moral überhaupt keine Verbindung bestanden hätte. Er hat sogar – wie es wohl der herrschenden Meinung entsprach – gelehrt, daß ein Eid den Vertragsschließenden in Diesseits und Jenseits bindet[24]; und er hat ein Verszitat übernommen, in dem gelehrt wurde, daß die gegen jeden, gegen den Feind ebenso wie gegen den eigenen Sohn unparteilich geübte Gerechtigkeit dem König im Diesseits und Jenseits Schutz gewährt[25]. Kauṭalya hat sich aber nicht zum Materialismus oder Atheismus bekannt, wenn auch Religion in seiner Staatslehre im Gegensatz zur brahmanischen Rechtslehre keine große Rolle spielte. Zur ideologischen Erhaltung der Ruhe im Staat war sie ihm eben unentbehrlich. Er hat sich von den Śukra- und Bṛhaspati-Anhängern, die Religion als notwendiges „Wissen" leugneten und für eine Hülle (für die Erkenntnis) des Weltkenners erklärten, abgegrenzt[26]. Er hat andererseits mit einer weiteren Widersprüchlichkeit zu Anfang seines Werkes statt des üblichen Einleitungsgebetes seine Verehrung ausgerechnet für Śukra und Bṛhaspati ausgedrückt[27], diese beiden mythologischen Lehrer des Materialismus, und hat Lokāyata ausdrücklich neben Sāmkhya und Yoga als Philosophie anerkannt[28].

Wie Kauṭalya sich die Ausnutzung religiöser Empfindungen im Volk zur Stützung seiner Politik dachte, zeigt u. a. folgende Stelle: Wenn im Land- oder Stadtvolk Unzufriedene sind, solle ein Agent des Herrschers unter ihnen davon reden, daß der König das Volk mit harten Steuern quält. Stimmten dem einige zu, solle ein anderer Agent sie mit dem Mythos zur Ruhe bringen, daß die Menschen ursprünglich vom „Fischzustand“[29] überwältigt gewesen seien (d. h. die Großen fraßen die Kleinen); sie hätten deswegen Manu zu ihrem König gemacht und ihm das Sechstel des Getreides, den Zehnten der Waren und die Geldsteuer festgesetzt; damit unterhalten (oder entlohnt, *bhṛta* wie ein Diener), brächten die Könige dem Volk Ruhe und Ordnung. Ihre Stellung sei die des (Götterkönigs) Indra und des (Totenkönigs) Yama. Wer sie verachte, den treffe göttliche Strafe. So sollen die Agenten den kleinen Leuten (*kṣudraka*) entgegentreten[30]. – Hier wird der König als eine Art vom Volk besoldeter Beamter hingestellt. Ebenso solle er vor einer Schlacht zu seinen Kriegern reden: „Ich bin wie ihr ein Lohnempfänger, mit Euch zusammen besitze ich das Reich. Von mir geführt, schlagt den Feind!“[31] Eine Verbeamtung des „Königs“ war in griechischen Republiken und indischen Aristokratien in ihrer Weise üblich, nicht in der Monarchie. Solche Worte des Königs an seine Krieger oder die des Königsagenten an das Volk sind also demagogische Propaganda. Und eine fromme Propaganda war es, wenn Kauṭalya ältere Verse zitiert, in denen gelehrt wurde, daß ein ungerecht richtender Despot das Dreißigfache der zu Unrecht jemandem auferlegten Strafsumme erst dem Varuṇa, dem Oberherren der Könige, weihen, dann Brahmanen schenken solle[32]. Das mag von dem frommen Verfasser der Verse ernst gemeint gewesen sein, aber dem König Kauṭalyas kann eine solche Verantwortung für Ungerechtigkeit vor diesem Gott und vor Brahmanen nicht allzu viel bedeutet haben. Welche Instanz sollte ihn denn der Ungerechtigkeit überführen? Er war keinem Untertan verantwortlich (s. u.). – Bei jener Ätiologie des Königtums aber ist anzumerken, daß sie die dritte im alten Indien war: Die erste sanktionierte in der zweiten Periode den König als Heerführer, die nächste in der dritten Periode als Schützer im Streit um das Privateigentum, diese dritte in der vierten Periode als Schützer der Kleinen im Klassenkampf gegen die Großen. Dies zeigt die Entwicklung der Ideologie auf Grund der Entwicklung des Staates.

Zur Frage der Religion gehört der Fatalismus, und Kauṭalya hat die Macht des Schicksals nicht etwa geleugnet, er hat nur mit einer Art Aufgeklärtheit betont, daß sein König nicht das Schicksal, sondern seine eigene Klugheit in der Politik zur Richtschnur seines Handelns machen solle; es sei dagegen günstig, wenn der Gegner Fatalist ist, denn dann ginge er zugrunde[33]. Dazu gehört weiter die Magie. Kauṭalya hat ihre Anwendung an mehreren Stellen seinem König empfohlen, z. B. bei Seuchen von Mensch und Vieh[34]; er hat Liebeszauber, Magie des Königs zur Erlangung eines Sohnes, zur Abwehr von Feinden und für andere Ziele mit vielen Einzelheiten vorgeschrieben[35], nicht etwa nur als Aberglauben im Volk vorausgesetzt und propagiert. Er hat allerhand magische Mittel, um Feinde zu töten, sich unsichtbar zu machen, und für andere Zwecke im Schlußteil seines Werkes ausführlich gelehrt. Der Hofpriester solle Magie beherrschen[36]. Man muß eben bei dem damaligen niedrigen Stand des Wissens Magie als ein aus Urzeiten stammendes, noch nicht überwundenes Mittel der Praxis, wenn auch als ein unzulängliches, anerkennen und von Religion weitgehend trennen[37]. Das Verhältnis der Staatslehre zur brahmanischen Moral und „Rechtslehre" war nun einmal ein vielschichtiges, kompliziertes, ja, widerspruchsvolles.

Ein anderer Gesichtspunkt, um den idealen Staat der Staatslehre zu charakterisieren und damit dem Verständnis des zentralisierten Mauryastaates etwas näher zu kommen, ist der, ob und wieweit demokratische Elemente in ihm festzustellen sind. Die seit alter Zeit damals noch weiter lebende Vorstellung, Pflicht des Königs sei Schutz der Untertanen, war im allgemeinen eher patriarchalisch als demokratisch. In einem Vers zitierte Kauṭalya, daß der König für gerechtes Schützen in den Himmel komme[38], in einem anderen, daß das religiöse Wohl des Königs und sein irdisches Glück auf dem Wohl und Glück der Untertanen beruhe[39]. Was Kauṭalya mit diesem idealistischen Zitat im einzelnen gemeint hat, ist nicht ohne weiteres klar. Es ließe sich denken, daß er die Interessen des Herrschers mit denen seiner Untertanen hätte gleichsetzen wollen. Man hat angeführt, daß die öffentlichen Arbeiten, die der Herrscher anordnen sollte, im Interesse der Untertanen gelegen hätten, wie Anlegen von Bewässerungswerken, Straßen, Bergwerken, Nutz- und Elefantenwäldern und Hürden[40]. Kauṭalya aber sagte bei dieser Aufzählung nichts von Gemeinwohl; der Staatslehrer wollte vielmehr mit solchen Unternehmungen in erster Linie den Staat bzw. die Macht des Königs gestärkt sehen. Elefanten in besonderen Wäldern zu schützen war wichtig, denn Elefanten waren eine entscheidende Waffe. Der Bauer oder Städter hatte an ihnen nur soweit Interesse, als ein siegreicher Herrscher ihm Frieden gewähren konnte; aber ein angriffslustiger König lag nicht in seinem Interesse. Und sogar bei Bewässerungsanlagen ist fraglich, ob sie damals mit der Steigerung der Produktion auch den Lebensstandard des Bauern hoben, denn wir wissen nicht, welchen Teil des Mehrertrages der Staat weggesteuert hat.

Wie die Schutzpflicht des Königs im einzelnen ausgeübt werden sollte, ist noch mit der notwendigen Vollständigkeit zusammenzustellen. Die Staatslehre schrieb unter anderem dem königlichen Speicheraufseher vor, die Hälfte seiner Produkte, wie vor allem Getreide, für Notzeiten der Landbevölkerung, zurückzuhalten[41]. Städter werden hier nicht angeführt; ob das Zurückgehaltene als Saatgut oder Nahrung gespeichert und ob es in Dürre und Hungersnot gratis abgegeben werden sollte, ist nicht gesagt. Während der biblischen Dürre in Ägypten hat Joseph als Stellvertreter des Pharao, als solcher der Vater Ägyptens genannt[42], zwar zunächst Getreide aus den Speichern abgegeben, dann aber das Vieh und die Felder der Bauern in Zahlung genommen und damit das königliche Monopol an allem Grund und Boden begründet[43]. Er hat die „Fürsorge" im Sinne eines patriarchalischen Despotismus betrieben.

Auf dem Gebiet des Handels sollte der König ebenfalls darauf achten, daß dessen staatliche Kontrolle zum Wohle der Untertanen geschähe[44]. Und wenn das

Staatslehrbuch Händler (und Handwerker) als Dornen bezeichnete, die zu entfernen seien[45], oder wenn es Händler, Handwerker, Volkssänger und Bettelmönche (*bhikṣuka*) als Diebe bezeichnete, die nur nicht Diebe hießen[46], so war das ebenfalls im Interesse der Bevölkerung gedacht; aber freilich hatte der Staat als großer Konkurrent der Händler und als Auftraggeber von Handwerkern auch selber Interesse daran, diese unter Kontrolle zu halten. Hier gingen die Interessen des einzelnen und des Ganzen in der Tat wenigstens teilweise zusammen, und dies propagierte das Staatslehrbuch.

Zum Schutz gehörte, daß der König allen von Not Geschlagenen wie ein Vater helfen solle[47]. Das mag sich unter anderem auf jene problematische Hilfe aus dem Speicher beziehen. Der König solle auch wie ein Vater den Neusiedlern helfen, und zwar mit Getreide, Vieh und Geld, aber, fügte Kauṭalya hinzu, nur wenn es dem Staate Nutzen brächte, wenn durch Abgabenerlaß oder solche Hilfe letztlich der Schatz des Herrschers wachse[48]. In den Neusiedlungen solle der König den Schutz der Kinder, der Alten, derjenigen, die keinen Herren (Unterhalter) hatten, auf sich nehmen[49]; in den alten patriarchalischen Dorfgemeinden taten dies die Dorfältesten. Ganz allgemein solle der Staat Sippenlose (einzelne außerhalb einer Gemeinschaft) unterhalten und als Agenten, Auguren und andere geheime Agenten ausbilden lassen[50]. Der König solle die Aufrechterhaltung der Ständeordnung gewährleisten[51]. Dies lag aber nicht im Interesse der Ausgebeuteten. Bei all diesen sozialen Empfehlungen wird auch nicht gesagt, daß die Untertanen ein einklagbares Recht auf staatliche Unterstützung gehabt hätten. Es gab ja keine demokratische Institution, keine Volksversammlung, der der König verantwortlich gewesen wäre.

Solche Empfehlungen stützten sich nur auf die Moral, die Sitte[52]. Hinter ihr stand die Macht der Brahmanen. Aber wir können von der Sitte noch nicht genauer sagen, wieweit sie damals als Idee die Massen ergriffen hatte und damit zu einer materiellen Macht geworden war, der der Despot sich beugen mußte. Andererseits lag es im Interesse des Staates, daß die Untertanen „zufrieden" waren. Der Staatslehrer war sich bewußt und sprach es zur Ermahnung des Königs und der Beamten aus, daß aus Leidenschaften entspringende schlechte Staatsleitung nicht nur Waldeinsiedler und Wanderbettler, d. h. die frommen Alten, erzürnt, sondern vor allem die Hausväter, d. h. die aktiv im Leben Stehenden[53] (ohne daß ihr Stand oder Beruf genannt würde). Im selben Sinne lehrte er in der Außenpolitik, daß ein starker, aber schlecht regierender Herrscher vorteilhafter anzugreifen sei als ein schwächerer, aber gut regierender, denn diesem hülfen seine Untertanen; dazu zitierte Kauṭalya neun Verse über Ungerechtigkeit, Sorglosigkeit und Trägheit des Herrschers, die die Ursachen für den Niedergang der Untertanen, für daraus bei ihnen entspringende Gier und Haß seien, so daß sie zum Feinde übergingen oder gar ihren Herrscher töteten. Solche Ursachen, fuhr Kauṭalya in Prosa fort, solle der König vermeiden oder, seien Niedergang, Gier und Haß, d. h. Senkung des Lebensstandards, Unzufriedenheit und Untreue der Untertanen bereits entstanden, solle er deren Ursachen beseitigen. Er solle unter anderem bei Haß oder Untreue die Führer der betreffenden Gruppe beseitigen;

danach sei – hier wird der Despotismus deutlich – die Masse leicht zu lenken (oder auszubeuten) und vom Feind nicht so leicht zu beeinflussen[54]. Dementsprechend gehörte es zu einem idealen Land, daß seine Bewohner treu und „rein“ sein sollten[55], d. h. königstreu und rein im moralisch-magischen Sinne des brahmanischen „Rechts“. Es solle insbesondere fleißige Bauern haben und vor allem eine überwiegende Śūdrabevölkerung. Kauṭalya wußte ja den Wert der Śūdras als Bauern, insbesondere in staatlichen Neusiedlungen, ja als Soldaten zu schätzen[56]. Und er ließ es sich angelegen sein, entlohnten Arbeitenden und Sklaven einen gewissen Schutz angedeihen zu lassen[57]. Aber er sicherte gleichzeitig ihren Herren die Ausbeutung[58]. In diesem Zusammenhang stellte er auch den Lohn für Priester sicher[59] (während doch Brahmanen seit der I. Periode nur von „Geschenken“ sprachen, die sie für ihre Riten beanspruchten; sie wollten ja frei sein). Wenn der König Kauṭalyas sich aber selber als einen Lohnempfänger hinstellen wollte, war das Demagogie (s. o.). Selbst wenn also hier und da davon gesprochen wurde, daß zum Wohle des Volkes regiert werden solle, so war doch im Staatslehrbuch als Ganzem eindeutig das Interesse des Herrschers maßgebend. In seinem eigenen Interesse wurde ihm indessen eine gewisse patriarchalische Fürsorge empfohlen[60]. Die Staatslehre vertrat die herrschende Meinung, daß es dem Staat und allen seinen Untertanen gut gehe, wenn es dem Despoten gut gehe.

3. *Stellung des Despoten*

Um den Charakter der zentralisierten Monarchie von Magadha zu verstehen, ist zunächst die Stellung des Herrschers im Gebäude des Staates klarzustellen. Das Staatslehrbuch sprach sich eindeutig für die erbliche Monarchie aus. Der (Haupt-)Minister solle schon vor dem Ableben des Herrschers die Erbfolge sichern, gegebenenfalls dessen letzte Schwäche oder gar seinen Tod solange mit List geheimhalten, ja sogar einen Scheinkönig fungieren lassen, bis die Thronfolge gesichert sei; er solle Anwärter auf den Thron aus der Dynastie irgendwie fernhalten, Schatz und Heer unter zuverlässigen Leitern sicherstellen und drohende Nachbarkönige hinhalten oder töten. Er solle einen geeigneten Prinzen auf den Thron setzen bzw. selber die Herrschaft führen, bis ein junger oder gar noch ungeborener Sohn oder ein von einer Prinzessin Erzeugter[61] den Thron besteigen könne. Auf keinen Fall solle der Minister selber die Herrschaft an sich reißen, wie Bhāradvāja empfohlen hatte[62]. Solche Usurpation errege den Zorn des Volkes, sei unrecht und zweischneidig[63]. Im allgemeinen galt der älteste Sohn als der Thronfolger[64].

Der Herrscher (Herr, *svāmī*) war schon in der III. Periode als erster der sieben Faktoren des Staates aufgeführt worden, und auch das Staatslehrbuch behandelte im 1. seiner fünfzehn Bücher den König. Es begann dabei mit dessen Erziehung zur Selbstbeherrschung durch die vier „Lehren“ (s. o.)[65]. Wenn es dann zur Behandlung der sieben Staatsfaktoren gelangte, zählte es die Tugenden des idealen Königs auf, daß er Vertrauen erweckend (aus einer großen Dynastie stammend, gerecht, sein Wort haltend, dankbar, zuchtliebend usw.), daß er intelligent (lernbegierig, gut zuhörend, im Gedächtnis behaltend, überlegend usw.) und hochherzig (ein Redner, selbstbewußt, weitblickend, aktiv und umsichtig, frei von Leidenschaften, auf Erfahrene hörend usw.) sein solle[66].

Mehr sagt es uns, wenn die Wichtigkeit der sieben Staatsfaktoren gegeneinander abgewogen wird. Da hatte jener Bhāradvāja behauptet, die Minister seien wichtiger als der Herrscher, denn sie seien es, die alle Angelegenheiten berieten, in Angriff nähmen, unter anderem Steuern einzögen, ja auch den Nachfolger auf den Thron setzten. Der Herr könne nichts ohne sie erreichen. Kauṭalya betonte dagegen, daß der Herrscher wichtiger sei, denn er ernenne die Ratgeber, den Hofpriester und seine anderen Diener, die ganze große Gruppe der Aufseher; wenn sie Fehler hätten, setze er andere an ihre Stelle; er belohne und strafe sie; sei er vollkommen, mache er auch sein Volk so; es folge seinem Vorbild[67]. Deshalb empfahl die patriarchalische Staatslehre dem König ein streng geregeltes, aktives Leben, denn dann seien auch seine Diener aktiv[68]; Kauṭalya zitierte Verse über die Notwendigkeit der ständigen Aktivität des Königs, des ständigen Anordnens, denn die Aktivität sei die Wurzel des Erfolges[69]. Solche weisen Lehren mögen auf die Anfänge der Staatslehre, wie sie uns schon in der II. Periode bezeugt sind, zurückgehen. Sie waren im alten Indien besonders wichtig, wo doch asketische Brahmanen das Ruhe-Ideal zu preisen pflegten[70]. Dementsprechend empfahlen schon die Lehrer, daß der König stets den „Stock" erheben müsse, denn es gäbe kein anderes Mittel, die Wesen in Gehorsam zu halten, als den Stock. Kauṭalya aber trat gegen zu harte und zugleich zu milde Handhabung des Stokkes auf und empfahl seine gut überlegte Handhabung, die Vorstellung propagierend, daß der Herrscher tatsächlich selber herrsche[71]. Dazu paßt, daß der König mit seiner Entscheidung im Rechtswesen als wichtiger gilt als die anderen Rechtsquellen[72]. Neben diesem grundlegenden Teil seines Machtapparates aber solle er, wie ausdrücklich gelehrt wurde, auch Schatz und Heer in seiner Hand halten[73]. Der Stock des Herrschers war ja innenpolitisch das Recht, außenpolitisch das Heer. Der König aber solle für die vier Waffengattungen der Elefanten, Kriegswagen, Reiter und Fußsoldaten in seiner befestigten Hauptstadt je einen Führer einsetzen, damit sie sich voreinander fürchteten und loyal blieben[74], d. h. er solle das Heer nicht seiner Hand entgleiten lassen.

In der Staatslehre steht mit solchen Stellen der Herrscher als Autokrat oder Despot da. Er ist der „Herr" seines Landes im ersten, innenpolitischen Teil und der „Siegwünschende", der Welteroberer im zweiten, außenpolitischen Teil. Er sollte nach Kauṭalya die Empfehlungen der Staatslehre durchführen. Er seinerseits war niemandem Verantwortung schuldig (s. o.). Er sollte die von ihm selber eingesetzten Ratgeber, seine Diener, befragen, aber er war nicht an ihren Rat gebunden[75]. Wie im Recht, so hatte er offiziell auch in der Politik die letzte Entscheidung zu treffen. Es gab keine Konstitution des Staates. Er galt nur bei Ungerechtigkeit als dem Gotte Varuṇa verantwortlich (s. o.), und er sollte sich ständig an das „Recht" im umfassenden Sinne der brahmanischen Ständeordnung und Moral und an die Staatslehre mit ihrer strengen Forderung der Selbstbeherrschung und des allseitigen Wissens halten. Damit war der Despot ein Schüler seines Staatslehrers und Hauptministers, aber dieser hatte nur eine moralische, keine juristisch festgelegte Macht, ihn zur Verantwortung zu ziehen oder in der Politik an falschen Schritten zu hindern. Kauṭalya empfahl dem König, sich durch Lehrer oder Minister die Grenze (zwischen richtigem und falschem Verhalten) festsetzen zu lassen, damit sie ihn von Irrwegen abhielten; sie sollten ihn seine täglichen Pflichten nach dem Stundenplan erfüllen lassen oder insgeheim, unauffällig von Unbedachtsamkeit abhalten[76]. Schon die Lehrer vor Kauṭalya diskutierten, ob und wie seine Gefährten einen Herrscher, der die Staatslehre nicht kenne und nicht durch sie und mit ihr „sehend" sei, oder einen, der sich von ihr fortbewegt habe, auf den rechten Weg leiten könnten[77]. Sie hielten dabei wie Kauṭalya aber den Schein der Autokratie aufrecht.

4. Die obersten Diener des Königs

Kauṭalya führte einen Vers an, daß ein Wagen mit einem einzigen Rad nicht laufe, daß das Königtum der Gefährten bedürfe; diese solle der König sich schaffen und ihre Meinung anhören (oder auf sie hören)[78]. Kauṭalya formulierte dies – entsprechend seiner Forderung philosophischer Bildung – mit Begriffen der damaligen Logik, die u. a. im Gerichtsverfahren angewandt wurde: Der König habe Fragen zu entscheiden auf Grund eigener Wahrnehmung, Unterweisung durch andere und durch Folgerung aus einer Tat auf Nichtgetanes. Er müsse aus Zeitnot alle Aufgaben an verschiedensten Orten gleichzeitig erledigen, deswegen brauche er für das, was er nicht selber sähe, Gefährten[79]. Zugleich aber lehrte die Staatslehre Mißtrauen gegen diese unentbehrlichen Helfer des Königs (s. u.).

Sie, die *amātyas*, erscheinen in der Reihe der sieben Staatsfaktoren als zweiter nach dem Herrscher, und sie werden in einer Liste von achtzehn *tīrthas*[80] von Kauṭalya einzeln angeführt. Kauṭalya behandelte sie in einem ersten Buch nach und mit dem König.

Schon die Lehrer vor Kauṭalya diskutierten die für jede Regierung grundlegende Frage, nach welchen Gesichtspunkten der König sie sich auswählen solle. Soll er Jugend- und Unterrichtsgenossen wählen, deren Reinheit und Fähigkeit er kenne? Oder würden diese ihn nicht genügend achten (da sie ihn zu intim kennten)? Nähme er Männer, von denen er Geheimnisse weiß, so könnten auch sie von ihm zuviel wissen. Suche er sich *amātyas*, die ihm in Not treu waren, so könne es sein, daß diese keine Könner seien. Nähme er Söhne und Enkel von früheren Ministern (die also etwas vom Fach verstehen und der Dynastie treu sind), so könnten diese allzusehr die Herren über ihn spielen. Mache er zu *amātyas* solche, die fachlich geeignet, aber neu seien, und ihn als Stockträger (Autokraten) respektieren, so möge ihnen die Erfahrung fehlen. *Amātya* solle demnach werden, wer aus hoher Familie stamme und Intelligenz, Reinheit (Moral), Heldenmut und Treue besitze. Kauṭalya erkannte alle diese Gesichtspunkte an. Die jeweils geeigneten Männer solle der König nach ihren Fähigkeiten für besondere Aufgaben je nach Zeit und Ort einsetzen. Sie seien aber nicht die Ratgeber des Königs[81]; dazu seien nur die besten *amātyas* geeignet[82]. Der König solle demnach durch Autoritäten (Kenner) prüfen, ob ein Kandidat in seinem Reich und in hoher Familie geboren sei. Seine fachlich-„wissenschaftliche" Bildung sollten Fachleute feststellen. Er solle sich in Taten, in schwierigen Lagen und im täglichen Umgang bewähren und beim Erzählen seine Redegewandtheit zeigen. Der König selber solle sich mit eigenen Augen von seiner Freundschaft überzeugen[83].

Die bereits fungierenden *amātyas* prüfe der König immer wieder mit Hilfe seines Hofpriesters und der *mantrins* (der besten *amātyas*)[84]. Er lasse sie durch geheime Agenten in Versuchung führen, und zwar auf dem Gebiet des *dharma* (der scheinbar vom König zu Unrecht entlassene Hofpriester suche die *amātyas* zur Absetzung des Königs zu bewegen), der Politik oder des Geldes (der scheinbar entlassene Heerführer tue dasselbe), der Liebe (eine Nonne führe einen *amātya* mit angeblicher Liebe der Königin zu ihm[85] in Versuchung) und der Furcht (ein *amātya* versammle alle anderen, der König lasse sie verhaften, ein vorher zum Schein verhafteter Brahmanenschüler fordere sie im Gefängnis einzeln zur Absetzung des „ungerechten" Königs auf). Je nach dem Bestehen bei einer dieser vier Versuchungen setze der König sie in Rechts-, Finanz-, persönlichen Vergnügungs- oder Schutz-Geschäften ein; wer alle bestände, werde Ratgeber; wer in allen versage, werde in Bergwerken, Nutz- oder Elefantenwäldern eingesetzt. Der Herr konnte offenbar seine Diener ohne Gericht versklaven. Kauṭalya war allerdings dagegen, die Königin hineinzuziehen[86]. Auf der anderen Seite empfahl Kauṭalya einem Untertan, der den Lauf der Welt (d. h. wohl die vier Lehren) und einen vertrauenerweckenden König kenne, sich diesem als Fürstendiener anzubieten, denn wie er selber (im König) eine Grundlage, so brauche der König Zucht (durch den Wissenden). Bei Gelegenheit zeige er sein Wissen und verspreche dem König u. a., ihn von parteilichen, ungerechten Strafen abzuhalten. Insgeheim sage er sogar dem König, was für diesen gut, ihm aber unlieb ist. Er nehme den ihm angewiesenen Platz an der Seite des Königs ein, rede (im Interesse seines Herren) ohne Furcht vor (den anderen Mitgliedern) der Ratsversammlung. Mit einem Unternehmen beauftragt, zeige er dessen Reinertrag, unterscheide zwischen inneren und äußeren, geheimen und öffentlichen Angelegenheiten, preise den König nicht, wenn dieser sich der Jagd, dem Spiel, Wein oder Frauen hingibt, achte genau auf Gesten und Mienen des gnädigen oder ungnädigen Herren[87], kurz, benehme sich als echter Höfling eines Autokraten. Von einer Verpflichtung des Königs seinen Dienern gegenüber ist aber in der Staatslehre nicht die Rede[88].

Kauṭalya reihte an dieses Kapitel die Schilderung an, wie der (Haupt-)*amātya* für die Thronfolge beim Sterben des Herrschers zu sorgen habe[89]. Es gab also ein solches Amt, das man aber nicht das des Premierministers[90] nennen sollte, denn er leitete kein Kabinett, und die *amātyas* waren nicht in unserem Sinne Minister für je ein Ressort. Dieser Haupt-*amātya* solle u. a. auch den Prinz-Thronfolger erziehen und solle, selber ein Kenner der Staatslehre, mit Hilfe von Epen und Puranen den König belehren[91].

Neben diesem Haupt-*amātya*, den *amātyas* und Ratgebern (*mantrin*) gab es die Ratsversammlung. Sie wird als 14. *tīrtha* neben dem Ratgeber als dem 1. *tīrtha* aufgezählt[92]. Im Tagesplan des Herrschers ist für die tägliche Beratung mit der Ratsversammlung das fünfte Achtel des Tages (am späten Nachmittag) vorgesehen, das sechste für Beratung (mit den Ratgebern), und ebenso das siebente Achtel der Nacht[93], also der frühe Morgen. Berät er sich im 6. Achtel des Tages mit seinen Ratgebern, so suche er sich drei bis vier aus, gegebenenfalls auch nur einen oder zwei, oder berate nur mit sich. So schloß Kauṭalya die Diskussion der Lehrer über die günstigste Zahl der Ratgeber ab[94]. Es kam ja darauf an, den Beschluß, der beraten und gefaßt war, geheimzuhalten und ihn vorher doch vielseitig zu erörtern[95]. Die Ratsversammlung dagegen solle nach Kauṭalya soviele Mitglieder wie jeweils notwendig umfassen; die Lehrer hatten zwölf, sechzehn oder zwanzig empfohlen[96]; sie war offenbar größer als die Gruppe der Ratgeber. Diese kleine Gruppe hatte es nach Kauṭalya mit fünf Fragen zu tun: Beginn und Mittel eines Unternehmens, dafür benötigte Menschen und Materialien, günstige Zeit und Ort, zu erwartende Hindernisse und seine Vollendung[97]. Die größere Ratsversammlung beschäftige sich ihrerseits mit dem Beginn eines Unternehmens, seiner Fortführung, seiner Verbesserung und der Kontrolle der Durchführung der Anordnungen. Dabei solle die Seite (Partei) des Königs und die seines Gegners im Auge behalten werden[98]. In Notfällen solle der König beide Räte befragen[99]. Es wird nicht gesagt, für welche Art von Unternehmen die beiden Räte jeweils zuständig waren; diese werden nicht nach der Art der in ihnen behandelten Unternehmen unterschieden. Man möchte öffentliche Arbeiten vermuten, wie Bau von Bewässerungsanlagen, Straßen usw. (s. o.), die den Staat stärken und deswegen dem Nachbarn und Gegner verborgen bleiben sollten, damit er sie nicht störe. Es mögen aber auch Probleme des Rechts, der Finanzen und der Außenpolitik gewesen sein. Man hat die kleinere Ratsgruppe manchmal ein Kabinett genannt, dies aber abgelehnt, weil der König an keinen Beschluß des Rates gebunden sei[100]. Kauṭalya empfahl nur, der König solle der Mehrheit der Ratgeber folgen oder tun, was Erfolg verspräche[101]. Man hat andererseits mit mehr Recht die größere Ratsversammlung einen Rat der „heads of departements" genannt, der die vom König getroffenen Entscheidungen durchzuführen hatte[102].

Außer diesen beiden Arten täglicher Beratung des Königs mit sich selbst, in kleinerem oder größerem Kreis (die zuletzt genannte konnte auch brieflich mit Abwesenden vor sich gehen)[103] solle der König – vermutlich im Kreise seiner Umgebung – öffentliche Audienzen geben und Bittsteller empfangen, damit die Geschäfte gut liefen, damit sein Volk nicht zürne oder zum Feind halte. Deswegen solle er die Angelegenheiten von Göttern, Heiligtümern, Gelehrten, (heiligen) Kühen, Sekten, Waisen und Alten, Kranken und Hilflosen ohne Vertagung – und ohne langes Verfahren persönlich – behandeln[104]. Damit ist wohl gemeint, daß er am frühen Vormittag gewisse Angelegenheiten der Land- und Stadtbewohner (aller Untertanen) behandeln sollte[105]. Weiter solle er sich im vierten Tagesachtel dem Empfang von Gold (Geld) und den Aufsehern widmen; wer dabei um ihn zu sitzen habe, wird nicht gesagt. Und im ersten Tagesachtel solle er Berichte über Einnahmen und Ausgaben entgegennehmen[106]. Im fünften Tagesachtel sowie im ersten und siebenten Nachtachtel solle er Geheimberichte empfangen und geheime Agenten sehen und aussenden (s. u.). Im siebenten Tagesachtel solle er seine vier Truppengattungen besichtigen und im achten mit seinem Freund, dem Heerführer, über Krieg beraten. Im achten Achtel der Nacht (also am Morgen) solle er die Segenswünsche seiner Opferpriester, Lehrer und des Hofpriesters entgegennehmen und seine Ärzte, Köche und Astrologen empfangen (eine merkwürdige Zusammenstellung). Tägliche Beratung mit dem Hofpriester war jedenfalls nicht vorgesehen. Daneben waren nach dem Frühstück, in der Abenddämmerung, nach dem Abendessen, nach dem Aufstehen und nach der Besprechung mit Koch und Astrologen „Studium“ (vielleicht von Rechts- und Staatslehre), Überlegen seiner politischen Aufgaben und religiöse Verrichtungen vorgesehen. Damit war der Tag des Königs restlos ausgefüllt, so daß Kauṭalya ihm erlauben mußte, einiges fortzulassen. Man sieht die vielseitigen Aufgaben des Autokraten, der sich im Kreise seiner Helfer mehr oder weniger um alles kümmern, ja, letztlich alles entscheiden mußte.

Als zweites *tīrtha* wird der Hofpriester aufgezählt und damit seine Bedeutung unterstrichen. Ratgeber, Hofpriester, Heerführer und Kronprinz, diese ersten vier *tīrthas*, sollten das gleiche Gehalt, das höchste, erhalten[107]. Den Hofpriester setze der Herrscher als Bekämpfer der menschlichen und schicksalmäßigen Nöte ein; dieser verwende dafür die Mittel des Atharvaveda und sei wohl unterrichtet im Veda mit seinen Hilfslehren, Vorzeichenkunde und Staatslehre[108]. Mit Nöten (*āpad*) werden hier die *vyasanas* gemeint sein. Vom Schicksal verhängte *vyasanas*, wie Feuerbrunst, Überschwemmung, Krankheit, Hungersnot (Dürre), Ratten, wilde Tiere, Schlangen und böse Geister, sind nach der Staatslehre durch besondere Beamte einer Art Verwaltungspolizei zu bekämpfen[109]; dabei werden außer praktischen Maßnahmen mancherlei Zauber verwendet, und insofern dürfte auf diesem Gebiet der Hofpriester mit dieser Polizei zusammengearbeitet haben. Vyasanas von Menschen können wiederum vom Schicksal oder von Menschen herrühren[110] und den König, seine Minister, das Land, die Stadt, Schatz oder Heer oder den Verbündeten – alle sieben Faktoren des Staats – betreffen. Was die Minister angeht, so solle der König sie nach Beratung mit seinem Hofpriester und Ratgebern einstellen und sie dann prüfen, d. h. in Versuchung führen lassen, und zwar durch den Hofpriester oder auch durch den Heerführer oder andere Vertraute[111]. Aus solchen Erwägungen heraus mußte der Hofpriester auch die Staatslehre beherrschen, wurde er doch mit politischen Aufgaben betraut[112]. Von Rechtslehre ist hier nicht die Rede. Nur in einem Vers erwähnt Kauṭalya an anderer Stelle, daß der König sich zusammen mit seinem Freund, dem Hofpriester, mit Angelegenheiten der Ärzte und Asketen beschäftigen solle[113]. Er war indessen kein Ratgeber im eigentlichen Sinne oder *amātya*, sondern der König solle ihm wie seinem Lehrer, Vater oder Herren Folge leisten[114]. Wie stark der Einfluß des Hofpriesters war, hing von den Umständen ab. Der König hatte angeblich mehrere Lehrer, die ihn u. a. von Fehlern abhalten sollten[115], vermutlich nicht nur moralischen. Der Hofpriester begleite den König auch in die Schlacht wie es schon der ṛgvedische getan hatte [116], und zwar als Priester, nicht als Stratege oder Politiker. Von der ersten Periode an standen Kṣatriya und Brahmane möglichst, d. h. wenn sie nicht miteinander stritten, s. o., nebeneinander, und schon in der II. Periode ist uns ein Brahmane, vielleicht ein Hofpriester, als Lehrer eines Königs für die eben beginnende Staatslehre begegnet und beanspruchte der Hofpriester, über dem König zu stehen.

Zur täglichen Umgebung des Herrschers gehörte weiter das dritte *tīrtha*, der Heerführer, der gleich bei Beginn der Staatsbildung in der II. Periode vom König sozusagen abgespalten war. Er war kein Kriegsminister. Ihm solle vielmehr von den Aufsehern der Elefanten, Wagen, Pferde und Fußsoldaten das aus diesen vier Truppengattungen zusammengesetzte Heer für den Krieg zur Verfügung gestellt werden [117].

Von diesen war die Kavallerie erst verhältnismäßig spät entwickelt worden; griechische Historiker erwähnen sie beim Alexanderzug, also für die Zeit der Nandas am Ende der III. Periode [118]. Kavallerie war kostspielig wegen der Notwendigkeit, Pferde einzuführen. Die Mauryas hatten aber für ihr stehendes Heer auch schwere Maschinen für Belagerung und Verteidigung zur Verfügung und sie waren in der Lage, starke Festungen zu bauen [119]. Die Staatslehre vertrat die Ansicht, daß das Heer aus Mitgliedern aller vier Stände bestehen solle [120]; man konnte offenbar ohne die Massen der Śūdras als Fußsoldaten keinen Krieg mehr führen. Die Staatslehre unterschied weiter die Kern- (wörtlich: Wurzel-)truppe von der besoldeten, der von Verbänden, Freunden, Feinden und Waldstämmen [121]. Die Einzelheiten sind noch recht unklar, obgleich die Staatslehre die Bewertung dieser sechs Arten mit vielen Sätzen diskutierte. Der Heerführer hatte offenbar weder mit der Finanzierung des Heeres noch mit seiner Aufstellung oder Ausbildung etwas zu tun; er wird nicht genannt, wenn der König täglich seine Truppen besichtigt. Er komme nur anschließend zum König und berate mit ihm die Stärke, d. h. die Frage des militärischen Kräfteverhältnisses in der Innen- und Außenpolitik. Er wurde nämlich nach Kauṭalya auch gegen Rebellen im Innern eingesetzt [122], nicht nur gegen den Feind [123]. Er solle alle Waffen und ihre Anwendung, alle Truppenarten und ihren Einsatz kennen, die eigene Lage, die günstige Zeit, die Kraft des Gegners, die Methoden der Spaltung der gegnerischen Kräfte, der Vernichtung der Gespaltenen, der Zerstörung der Festung, und er solle die Zeit des Vormarsches im Auge haben [124]. Nicht ausdrücklich geklärt wird von Kauṭalya sein Verhältnis zu den verschiedenen Grenzhütern oder zum „Führer" (*nāyaka*) [125], von dem es gelegentlich heißt, daß er über zehn Heerführern stehe [126].

Das vierte *tīrtha* ist der Kronprinz, der, wenn er die erforderlichen Eigenschaften hat, als solcher oder als Heerführer eingesetzt werden solle, gegen Feind oder Rebell [127]. So wurde Aśoka als Prinz von seinem Vater gegen das rebellierende Takṣaśilā eingesetzt [128]. Es kam offenbar vor, daß der Thronfolger bereits neben seinem alternden Vater oder ein jüngerer Bruder neben dem älteren als zweiter König an der Regierung teilnahm. Das war wohl ein Versuch, der immer wieder drohenden Gefahr des Vatermordes in der Dynastie auszuweichen. Die Lehrer hatten diesen Fall eines Doppelkönigtums bereits als den einer Not der Monarchie erörtert und betont, daß in ihm die Gefahr bestehe, daß beide Könige sich ihre Parteien bildeten und mit ihrem Streit den Staat zugrunde richteten. Kauṭalya dagegen meinte, daß es beiden möglich sei, ihre Anhänger im Zaum zu halten und Streit zu vermeiden[129]. Aus welchen entgegengesetzten Erfahrungen heraus beide Standpunkte entstanden, ist noch nicht geklärt. Aber auch Kauṭalya und die Lehrer vor ihm diskutierten die Gefahr, die dem König im allgemeinen aus seinen Söhnen erwuchs. Der radikale Bhāradvāja empfahl, einen lieblosen Prinzen heimlich zu töten, Viśālākṣa hielt dem entgegen, dann würde der Same der Kṣatriyas zugrunde gehen (so häufig waren lieblose Prinzen!) und man solle einen solchen Prinzen (wohl im Palast) in sichere Verwahrung nehmen; Parāśara wollte ihn lieber in einer Grenzfestung einsperren. Da er sich dort mit dem Grenzkommandanten einigen könnte, lehrte Piśuna, solle man ihn in der Festung eines Nachbarkönigs unterbringen. Der Nachbar aber könnte dies ausnutzen, um den König-Vater zu erpressen; der Prinz solle deshalb lieber zu seinen mütterlichen Verwandten gebracht werden, meinte Kauṇapadanta. So wurde Bharata im Rāmāyaṇa II, 1 von seinem mütterlichen Großvater im Kekayalande aufgezogen. Vātavyādhi schließlich schlug vor, man solle solche Prinzen sich in groben Ausschweifungen austoben lassen. Kauṭalya dagegen riet mit seiner humanen und politisch klugen Denkweise im Sinne der Monarchie, Prinzen von der Geburt an mit aller Sorgfalt im Sinne der Rechts- und Staatslehre zu erziehen, durch geeignete Agenten von allen Laster abzuschrecken und insbesondere vor Rebellion gegen den Vater zu warnen[130].

Auf der anderen Seite empfahl Kauṭalya einem in Ungnade gefallenen Prinzen, seinem Vater treu zu dienen, es sei denn, dies bringe ihm den Tod oder treibe das Volk zur Rebellion. Habe er von seinem Vater einen guten Auftrag erhalten, führe er ihn gut aus und weise dem Vater den Gewinn vor. Könne er auch damit die Gunst des Königs nicht gewinnen, möge er als Asket[131] in den Wald ziehen, bei einem Nachbarkönig Kräfte sammeln oder dies durch allerhand Intrigen zu erreichen suchen; er möge in Verkleidung und mit Waffen ins Gemach des Königs eindringen und ihn zwingen, ihm seinen Anteil an der Herrschaft zu geben, denn einer allein solle nicht herrschen (dies dürfte sich auf obiges Doppelkönigtum beziehen), oder seine Mutter möge für ihn beim König eintreten. Nur im äußersten Falle solle man einen „aufgegebenen" Prinzen töten[132].

So wie der Kronprinz dem König gefährlich werden konnte, so drohte diesem auch Gefahr von dem Ratgeber, Hofpriester und Heerführer, also von diesen ersten vier (oder sechs, s. gleich) *tīrthas*, den mächtigsten Männern in der Umgebung des Herrschers[133]. Bei der Überlegung der schlimmsten Nöte des Königs und Staates stellte die Staatslehre fest, daß dieser „Zorn" im Innern schlimmer sei als „Zorn außen", d. h. als der der führenden Kṣatriyas außerhalb der Stadt (der unabhängig gebliebenen Kṣatriyas), der Grenzkommandeure und Waldstämme, die sich nur gezwungen seiner Macht gebeugt hatten und sich seinen Feinden anschließen konnten[134]. Am schlimmsten aber sei der Zorn eines *antaramātya* (oder von *antaramātyas*, über diese gleich). Deswegen solle der König Schatz und Heer fest in der Hand halten[135]. Auf diese Unterscheidung kam Kauṭalya in anderem

Zusammenhang zurück: Der Zorn von Ratgeber, Hofpriester, Heerführer und Kronprinz sei Zorn im Inneren. Ihm zu begegnen solle der König seine Fehler (die den Zorn hervorgerufen haben) ablegen[136] oder den Hofpriester in Gewahrsam nehmen oder verbannen, den Kronprinzen in Gewahrsam nehmen oder töten; entsprechend sei bei den anderen beiden zu verfahren[137]. Auch einen zürnenden anderen Sohn, Bruder oder sonstigen Verwandten solle der König mit Gewalt oder Güte gewinnen. Wenn einer der *antaramātyas*, der inneren amātyas, zürne (s. o.), so sei entsprechend zu verfahren[138]. Diese kurze Angabe läßt nur vermuten, daß mit diesen Innen-*amātyas* das fünfte und sechste *tīrtha*, der Oberste der Garde und der Palastdiener gemeint sind[139], die, wenn sie unzufrieden waren, dem König persönlich leicht bedrohlich werden konnten, so daß ihr Zorn für ihn der schlimmste war. Wenn der Haupt-*amātya* beim Tode seines Herrschers für dessen Nachfolge zu sorgen hatte, solle er u. a. diese beiden hohen Beamten vorschieben und behaupten, daß er von ihnen Anweisungen des – u. U. schon gestorbenen – Königs erhalte[140].

Außer diesen sechs ersten *tīrthas* in der Umgebung des Königs kamen die Massen als Unzufriedene und zu Fürchtende in Frage (s. u.)[141]; selbst im Frauenhaus des Königs erwarteten ihn ständig Gefahren (s. u.). So wird die Strophe verständlich, die Kauṭalya am Ende dieses Kapitels zitierte: Der Einsichtige hat ständig die Gegner vor den (Einflüsterungen der) Gegner, die Seinen vor denen (der) Seinen, die Seinen vor denen der Gegner und die Gegner vor denen der Seinen zu schützen und sich selber vor den Seinen und den Gegnern[142]. Er muß demnach danach trachten, daß die Seinen und die Feinde sich trotz all ihrer Versuche nicht gegen ihn vereinigen. Der Despot saß auf seinem Thron im Grunde in völliger Einsamkeit[143] und hielt sich nur durch das Ausbalancieren der Kräfte aller anderen, seiner außenpolitischen Feinde und seiner Untertanen, dieser potentiellen Feinde im Innern, an der Macht.

Das siebente *tīrtha*, der *praśāstṛ*[144], bezog angeblich ein ebenso hohes Gehalt wie die *tīrthas* fünf bis neun; es betrug die Hälfte dessen der ersten vier *tīrthas*[145]. Dieser Titel wird nur noch einmal in einem Vers für den Mann verwendet, der dem Heere voranzieht und mit dem Architekten und den Arbeitstributpflichtigen (Handwerkern) Schutzanlagen (befestigte Lager) und Brunnen anlegt. Der Vers mag besonderer Tradition entstammen. Der *praśāstṛ* als *tīrtha* scheint der letzte in der eigentlichen Umgebung des Königs gewesen zu sein, irgend ein „Leiter“, also vielleicht ein Verwalter des königlichen Haushalts[146], dessen „Zorn“ unwichtig war. Die restlichen *tīrthas* gehören zur staatlichen Verwaltung (s. u.).

5. Der Bote und die Außenpolitik; Staatenkreis und Großreich

Zur Umgebung des Königs gehörten weiter die Boten. Die Staatslehre unterschied drei Grade: Der höchste, der alle für den besten *amātya* notwendigen Eigenschaften hatte, erhalte alle Vollmachten zum Verhandeln; derjenige, der ein Viertel weniger hätte, begrenzte Vollmacht; der, dem die Hälfte fehle, sei nur ein Überbringer von Befehlen seines Königs[147]. Diese drei Ränge entsprachen denen der *amātyas*[148] (s. o.), oder vielmehr, die Boten waren selber solche *amātyas*; sie werden nicht als *tīrthas* besonders aufgeführt, und ihr Gehalt wird nicht erwähnt[149].

Auf dem Wege zu einem anderen König hatte der Bote sich nach Kauṭalya mit den Führern der Stämme im Grenzwald, mit den Grenzhütern und den Häuptern der Städte und Reiche (den Großen der Stadt- und Landbevölkerung im eigenen und fremden Staat) anzufreunden und die Gegend vom militärischen Standpunkt aus zu erkunden. Mit dem betreffenden König hatte er geschickt, höflich, aber strikt im Sinne seines Auftrages zu verhandeln, ohne sich einschüchtern zu lassen. Er hatte die geheimsten Absichten des Gegners zu erkunden. Zugleich sollte er mit geheimen Agenten die Lage im gegnerischen Land ausspionieren, aber sich hüten, sich selber aushorchen zu lassen. Die vielseitigen Aufgaben des Boten bestanden nach zwei Versen im Überbringen von Botschaften von König zu König[150], in der Sorge für die Durchführung von Verträgen, im Drohen, im Gewinnen von Freunden, im Einflüstern (zur Gewinnung von Komplicen im Lager des Feindes), im Säen von Zwiespalt zwischen Freunden, im Einsetzen von Bravis[151], im Entführen von Verwandten und Kostbarkeiten (des Gegners)[152], in Spionage und Anwendung von Gewalt, in Befreiung von Geiseln und in Anwendung von Magie. Zugleich sollte der König sich gegen gegnerische Boten mittels geheimer Agenten abschirmen[153]. Der Bote blieb aber nicht als ständiger Gesandter am Hofe des anderen Königs, sondern kehrte nach Erledigung seines Auftrages, oder wenn er es für notwendig hielt, zurück[154]. In dieser Weise wurden nach Kauṭalya immer wieder Boten zu allen Königen im Kreis rings um seinen Herren herum gesandt, und daneben geheime Agenten[155].

Kauṭalyas Behandlung der Boten des Königs zeigt, wie gewaltig sich die Probleme der Außenpolitik von den Zeiten des Ṛgveda und dessen Königsboten an entwickelt haben. Die internationalen Verträge der Könige der IV. Periode, die durch Boten ausgehandelt wurden, waren vielseitig. Ausführlich empfahl Kauṭalya seinem König Verträge mit gewissen gefügigen Nachbarkönigen über gemeinsame Unternehmungen, um einen Verbündeten, Gold, Land oder ökonomischen Fortschritt zu gewinnen[156]. Dabei solle der König suchen, den Vertragspartner zu übervorteilen, indem er z. B. einen besseren Freund gewinne als sein Rivale. Welche Art Freund besser sei als welcher andere, war schon eine Diskussion vor Kauṭalya, von ihm ausführlich durchgesprochen. So empfahl Kauṭalya, einen König mit großem Land einem mit viel Gold vorzuziehen, denn Land sei wichtiger als Gold, Gold wichtiger als ein Freund; die Lehrer hatten den goldreichen vorgezogen, da er hohe Ausgaben leicht tragen könne. Weiter zitierte Kauṭalya ein Dutzend Verse zur Charakteristik der verschiedenen Arten von Freunden, sei es, daß sie beständig, vom Vater und Großvater schon ererbt, willfährig, selbstlos seien, und vieles andere mehr[157].

Einigten sich zwei Könige vertraglich über Gewinnung von Land, so hatte nach dem Lehrbuch derjenige den Vorteil, der besseres Land gewann. Bei dieser Gelegenheit wich Kauṭalya wiederum gelegentlich von der Meinung der Lehrer ab. Diese meinten, daß ein „vollendetes“ (vortreffliches) Land mit ständigen Feinden zu erobern vorteilhafter sei als ein weniger gutes Land, das nicht immer von Feinden bedroht sei, denn mit dem Ertrag des reichen Landes könne man dem ständigen Feind entgegentreten. Kauṭalya dagegen zog das Land ohne ständige Feindbedrohung vor, denn man habe Feinde genug[158].

Schlössen zwei Nachbarkönige einen Vertrag, wonach jeder von ihnen im Grenzwald ein Stück Ödland besiedeln solle, so sei wiederum die Frage, wer dabei besseres Land gewänne, eine kleine bewässerbare Ebene oder ein großes trockenes Gebiet, Land mit mehr Bergwerken oder mit besserer Landwirtschaft, eines mit Nutz- oder mit Elefantenwäldern usw. usf.[159] Beschlössen zwei Könige, gleichzeitig je eine Festung zu bauen, so käme es wiederum auf den Unterschied der Festungen an, ob sie auf einem Berg, an einem Fluß oder in der Ebene läge. Analog hatten die Lehrer schon über Wälder, Bergwerke, Handelsstraßen und anderes diskutiert[160]. Solche Verträge wurden von rivalisierenden Nachbarn geschlossen, um sich gegenseitig zu übervorteilen bzw. sich dagegen zur Wehr zu setzen. Rodete der eine sich im Grenzwald eine ganze neue Provinz, so mußte der Nachbar, wollte er nicht ökonomisch zurückbleiben, dasselbe tun, und das möglichst erfolgreicher. Mancher der heutigen Leser Kauṭalyas hat freilich gewisse Bedenken, ob damals konkurrierende Könige tatsächlich sich in solcher Weise haben einigen können[161].

Eine andere Gruppe von Verträgen, die der König sicher durch seine Boten aushandeln zu lassen hatte, betrafen das politische Spiel der Kräfte. Er solle suchen, seine Macht durch Bündnisse zu stärken. Er solle sich als Bündnispartner einen König suchen, der stärker sei als sein eigener Nachbar, da dieser als sein potentieller Feind aufgefaßt werden solle[162]. Lebe ein König zwischen zwei Königen, die mächtiger seien als er selber, solle er sich auf denjenigen stützen, der ihn zu schützen geeignet sei, oder auf beide; dann solle er beide miteinander verfeinden und sie dadurch vernichten[163]. Mit einem König, der so stark sei wie er selber, oder mit einem stärkeren solle er sich vertragen; einen schwächeren solle er bekämpfen[164]. Wolle der stärkere dies nicht, solle der König sich ihm gegenüber zeitweilig wie ein Unterworfener benehmen. Darüber handelt ein besonderer Abschnitt, der „Tätigkeit des Boten“ betitelt ist. In ihm polemisiert Kauṭalya gegen die Lehrer, die dem Unterlegenen empfahlen, sich dem Mächtigeren restlos wie ein Rohr zu beugen oder aber bis zum Äußersten zu kämpfen; Kauṭalya empfahl vielmehr, sich in eine Festung zurückzuziehen und alle denkbaren Mittel an Intrigen anzuwenden oder ihm Teile seines Heeres, Schatzes oder Landes abzutreten, aber Heeresteile, die ihm treu wären und den Feind schädigen würden, Schatz, der dem Feind nichts nützte, Land, das er leicht zurückgewinnen könnte[165]. Der Schwache solle das Volk des Starken unruhig und unzuverlässig machen. Er solle den Heerführer des Starken oder gar diesen selber ermorden lassen, durch Agenten im Lande des Stärkeren vergiftete Speisen verkaufen und dessen Speicher verbrennen lassen[166].

Man braucht Hilfe gegen seinen Feind. Aber ist ein Vertrag mit einem Bundesgenossen, der stärker ist, oder mit zweien, die gleich stark sind, vorzuziehen? Mit einem, der gleich stark ist, oder mit zweien, die schwächer sind? Kauṭalya entschied sich beide Male für die zweite Alternative, weil die beiden jeweils untereinander zu verfeinden seien, so daß sie dem König nicht so leicht gefährlich werden könnten[167].

Für solche diplomatischen Verhandlungen sandte der König offenbar seine Boten ständig zu den Königen um ihn herum. Die Staatslehre hat dafür ein System der Außenpolitik entwickelt, das im Kern, der damaligen Entwicklung der Gesellschaft entsprechend, ungemein richtig, in der Ausführung reichlich pedantisch ist. Darin wird der König, der gemäß der Staatslehre ein Welteroberer, ein „Siegwünschender" sein sollte, als Zentrum eines „Königkreises" aufgefaßt. Seine Nachbarn im Kreise ringsherum oder auf zwei Seiten seien seine naturgegebenen, wenn auch oft nur potentiellen Feinde; deren Nachbarn aber seien wiederum deren Feinde und damit seine potentiellen Freunde. Man hatte offenbar beobachtet, daß sich als Verbündeter der eignet, mit dem man gemeinsam einen Gegner in die Zange nehmen kann. In der Tat läßt sich dieser einfache Gedanke durch die Perioden der Klassengesellschaft hindurch immer wieder als einleuchtend belegen. Die Staatslehre Kauṭalyas aber ging mit eigensinniger Scheinsystematik weiter und gab nicht nur diesen fünf Königen Fachbezeichnungen, sondern auch den weiter fort ansässigen Freunden des Feindes oder Feinden seines Freundes, und ebenso dem noch weiter außen liegenden Kreis und in einer Richtung (denn die Vorstellung des Kreises ist nicht durchgeführt, sondern eigentlich ist nur von zwei Richtungen, vor und hinter dem Siegwünschenden, die Rede) noch einen Schritt weiter, nicht in der anderen Richtung. Zu diesen zehn Königen aber kommen dann noch zwei, deren Lage ins Kreisschema nicht recht paßt. Der eine ist der „mittlere"; er grenzt an das Reich des Siegwünschenden und seines Feindes bzw. Nachbarn und ist stärker als beide (ist aber nicht als Nachbar des Siegwünschenden eo ipso sein Feind), und der andere, der „Außenstehende", der neutrale, ist gar stärker als diese drei. In der Tat läßt sich weder die Kreisvorstellung in der Politik durchführen, noch die einer Linie, und es ist nicht nur die geographische Lage der Staaten, sondern auch ihr Kräfteverhältnis in Rechnung zu stellen[168]. Es versteht sich, daß jeder König sich als Mittelpunkt eines solchen „Kreises" empfinden sollte. Kauṭalya ging eben von der Vorstellung eines zersplitterten (Nord-)Indiens aus, und so war es ja in der Tat meistens.

Zwischen sich und den anderen Staaten seines „Kreises" hat der „Siegwünschende" nach Kauṭalya und seinem Lehrer sechs Möglichkeiten politischer Beziehungen: Frieden, Krieg, „Sitzen" (Abwarten), Marschieren, Sichstützen (auf einen Verbündeten oder auf seine Festung) und Doppelspiel (Frieden mit dem einen, Krieg mit dem anderen). Vātavyādhi dagegen führte die sechs auf zwei, Frieden und Krieg, zurück[169]. Die Aufgabe des Königs als Leiter der Außenpolitik bestand nun darin, an Hand der Empfehlungen der Staatslehre zu prüfen, mit welchem König des „Kreises" er welche dieser sechs politischen Beziehungen herstellen, mit welchen er durch seine Boten verhandeln sollte. Mit einem Stärkeren solle er sich vertraglich verbinden, gegen einen Schwachen dagegen feindlich sein, und wenn er sich genügend stark wüßte, solle er gegen ihn marschieren. Seien beide gleich stark, solle er „sitzen"; sei er selber schwach, solle er sich (auf einen anderen) stützen, und habe er einen Bundesgenossen, so solle er das Doppelspiel treiben[170].

Der Siegwünschende mußte nun bei der ständigen Veränderung der politischen Lage, da jeder König als Zentrum eines Kreises eine mehr oder weniger aktive Diplomatie zu seinen Gunsten betrieb, streben, seine Lage durch Diplomatie, aber auch durch Stärkung seiner wirtschaftlichen und damit politischen Kraft zu verbessern. Dazu solle er sich und die anderen Staaten ringsherum mit Hilfe seiner Boten und Agenten gut beobachten, ob er und die anderen Könige seines Kreises an Kraft gleichblieben, zunähmen oder verfielen[171], und auf Grund solcher Analyse der Lage seine Außenpolitik betreiben mit dem Ziel, der in seinem Kreise dominierende Herrscher zu werden. Gerade dies verstand man damals unter dem „Welteroberer", dem *cakravartin*[172], nicht etwa den Kaiser eines Großreichs. Die Nandas und Mauryas haben zwar viele kleine Staaten „erobert", aber nicht annektiert. Sie beließen ihnen im allgemeinen ihre Verfassung und ihr Gebiet. Sie sahen mit Kauṭalya denjenigen Sieger als den besten an, der dem besiegten König weder sein Land noch sein Leben, seinen Schatz, seinen Sohn oder seine Königin fortnahm[173]. Ja, Kauṭalya riet seinem König zu Frieden statt zu Krieg, wenn er mit Vertrag dasselbe Ziel erreichen könne[174].

In seinem Staatenkreis seien seine Nachbarn an sich seine Feinde, mehr oder weniger stark oder angreifbar[175]. Aber einige Nachbarn könnten durch verschiedene Verträge über gemeinsame Kriegsunternehmungen dieser oder jener Art freundlich gestimmt werden, andere könnten mit Druck verschiedener Art gebeugt und geradezu zu Dienern gemacht werden[176]. Seien sie Freunde, so könne man von ihnen wie von solchen Dienern Hilfe erwarten. Ein Freund, der einem Geld gibt, sei einem, der Truppen gibt, vorzuziehen, lehrte Kauṭalya im Unterschied zu den älteren Lehrern. Noch besser sei der Freund, der einem Land zur Verfügung stellt. Ein idealer Freund sei geradezu hörig[177]. Er gleiche damit dem oben erwähnten Diener-Nachbarn. Ein solcher „gebeugter" Diener suche von sich aus zu einem Vertrag zu kommen, um sich unter den Schutz des Stärkeren begeben zu können[178], und zwar verpflichte er sich, seinen Schatz, sein Heer, sich selbst und sein Land dem Starken, dem Sieger in seinem „Kreis", zu überlassen. Er stellt entweder seine Truppen unter seiner eigenen Führung, unter der des Heerführers oder Thronfolgers oder ohne solche großen Persönlichkeiten zur Verfügung. Er gebe entweder seinen Schatz als Preis oder mehrfach zeitlich und räumlich bestimmte Teile des Schatzes oder zahle eine tragbare Summe und verbinde dies mit einer ehelichen Verbindung durch eine Prinzessin unter gegenseitigem Vertrauen, oder er müsse untragbar viel zahlen[179]. Wir verstehen noch nicht alle Einzelheiten dieser Verträge[180], aber es ist nicht gesagt, daß der unterlegene Nachbar dem „Siegwünschenden" ein festes Kontingent für dessen Heer zur Verfügung stellte, dessen Höhe nach den Steuereinnahmen seines Landes errechnet worden wäre, noch daß er jährlich einen festen Anteil an seinen Einnahmen an diesen als seinen Oberherren abgeführt hätte. Hätte er das getan, wäre dieser Nachbar (*sāmanta*) ein Feudalherr, ein Vasall (*sāmanta*) gewesen[181]. In der indischen Variante des Feudalismus wurden später unterworfene Könige vom Sieger als solche Vasallen behandelt und mit ihrem Lande „beschenkt", d. h. belehnt[182]. Bei Kauṭalya aber handelt es sich im Sinne des Ideals des vedischen Weltherrschers noch um zu „Dienern gebeugte" Nachbarn innerhalb des „Kreises" eines „Siegwünschenden"[183], nicht um ein Großreich in unserem Sinne. Man kann geradezu sagen, daß Kauṭalyas Lehre vom „Kreis" der Könige oder Staaten ein damaliges Großreich behandelt, insofern die unter einen Sieger gebeugten Nachbarn dessen Großreich bilden, nicht natürlich die anderen, feindlichen oder weiter entfernt liegenden befreundeten oder neutralen Staaten. Für Kauṭalya wie für die späteren Staatslehrer war das Normale die Zersplitterung Indiens. Die kurzlebigen militärisch-administrativen Zusammenballungen vieler kleiner Staaten sah er nicht als Großreich, sondern als eine Staatengruppe innerhalb des Staatenkreises an. Für ihn blieben die Nachbarn Nachbarn, die der Siegwünschende diplomatisch gegeneinander auszuspielen hatte. Er mußte unter Umständen mit dem einen Nachbarn gegen seinen Feind, d. h. einen anderen Nachbarn, Krieg führen[184]. Doch immer blieb der Nachbar ein Fremder, ein Glied des „Kreises", aber nicht eines Großreichs[185]. Der Sieger verkehrte mit ihm durch seine Boten. Wie im zentralisierten Staat die Adligen zu Beamten, d. h. Fürstendienern, so wurden im Königskreis bei Zentralisation die gebeugten Könige zu Dienern des Siegwünschenden.

Daß Kauṭalya bei den Nachbarn (*sāmanta*) an keine Belehnung von Feudalherren dachte, wird durch eine Prüfung der Stellen, an denen er von Landschenkung sprach, bestätigt[186]. Dieser Begriff wird entweder für Landschenkung an Brahmanen im Sinne einer Pfründe gebraucht[187] oder im Sinne der Übergabe eines Teiles seines Reiches durch den König an einen Nachbarn, und zwar einer ehrlichen oder fiktiven Übergabe, je nachdem er den Nachbarn als Freund gewinnen oder als Feind beschwindeln will. Es dürfte sich um ein Stück des Grenzgebietes handeln, das großenteils aus Grenzwald bestanden haben und für den König verhältnismäßig wertlos gewesen sein wird. Ausdrücklich sprach Kauṭalya in diesem Zusammenhang einmal von einem Teil des Gebiets[188], und einmal nahm er das Kerngebiet (*mūla*) von den abzugebenden Ländern (Mehrzahl!) aus[189]. Gelegentlich empfahl Kauṭalya aber auch dem König, er solle seinem Feind Land seines Freundes und umgekehrt (als Preis) versprechen[190], um sich beide zu „kaufen". Anstelle eines sterbenskranken Königs könne auch sein Hauptminister (s. o.) einen bedrohlichen Nachbarn durch Landschenkung gewinnen und dann mit ihm einen Vertrag abschließen, um die legitime Thronfolge zu sichern[191]. In einer Art solcher Verträge solle der König dem Sieger „Früchte" seines Landes übergeben, um sich seine Länder (wieder Mehrzahl!) zu erhalten; würde er durch einen noch härteren Vertrag gezwungen, aus seinen Ländern Früchte im Übermaß abzugeben, wäre dies sein Verderben[192]. Nach dem späteren Staatslehrer Kāmandaka wäre beim ersten dieser beiden Verträge ein Teil oder der ganze Schatz, beim zweiten alle Frucht des ganzen Reiches abzugeben gewesen[193]. Wie dem auch sei, es ist nicht gesagt, daß der Unterlegene dem Sieger einen ständigen, jährlichen Tribut aus seinen eigenen Einnahmen als eine Art feudaler Mittelsmann (s. o.) abzugeben gehabt hätte.

Bei einer Stelle über jene Pfründe ist die Übersetzung noch nicht klar; es könnte dort von Belohnung für Wissende, Redner, Rechtskenner und Helden die Rede sein[194]; dazu wäre zu bemerken, daß nicht nur die von Kauṭalya hoch geschätzten Kenner der verschiedenen Lehren, Redner, wie z. B. seine Boten oder Minister[195], und Richter, sondern auch Soldaten zum Stande der Brahmanen gehört haben können, dem allein „brahmanische Landschenkungen“ zustanden; es braucht sich hier demnach nicht um eine Beschenkung (bzw. Belehnung) von Kṣatriyas zu handeln, die sonst in der alten Staatslehre nicht vorkommt. Die Staatslehre stellte in ihrer Systematik vier „Mittel“ der Politik zusammen: freundliches, verbindliches Verhalten, Geben, Zwiespalt Säen und Gewaltanwendung. Die beiden ersten sollte der König gegenüber schwachen anwenden, die anderen gegen starke Gegner, um sie zu beugen[196]. Dabei sind unter Gegnern nicht nur außen-, sondern auch innenpolitische Feinde gemeint, wie die ersten beiden Mittel auch gegenüber Brüdern, Söhnen und anderen Verwandten des Königs, das zweite und dritte gegenüber Städtern, Landvolk und Offizieren, das dritte und vierte gegen Nachbarn und Führer von Waldstämmen angewendet werden sollten[197]. Es entsprach dabei der Bevorzugung des Friedens vor dem Kriege, daß das vorhergehende den nachfolgenden vier Mitteln vorgezogen werden sollte.

Der König als Autokrat mochte die Außenpolitik mit sich allein, mit wenigen Ratgebern oder mit seiner Ratsversammlung besprechen, um auf Grund der Berichte seiner Boten Schritt für Schritt die richtige Linie der Politik zu finden, aber er hatte keinen Außenminister und war selber Leiter der Außenpolitik, die er mit Hilfe seiner Boten und Agenten durchzuführen hatte. Die tägliche Unterredung mit seinem Heerführer (s. o.) wird dabei von großer Bedeutung gewesen sein.

Seine Boten und Agenten hatten sich dieser vier Mittel im Ausland denen gegenüber zu bedienen, die als „bearbeitbar“ galten. Diese waren Einflüsterungen zugänglich. Die Staatslehre systematisierte sie in vier Gruppen. Die erste bestand aus solchen Personen, die „erzürnt“ seien, deren „Zorn“ sie gegen ihren Herrscher aufsässig mache – solche, denen gegenüber dieser ein Versprechen nicht gehalten oder deren Leistungen im Handwerk oder Dienst er nicht genügend anerkannt habe, solche, die von Günstlingen ihres Königs verhaftet worden seien, solche, die unter Verbannung gelitten hätten, und viele andere; die Boten sollten sie ausfindig machen und bearbeiten. Die zweite Gruppe bestand aus Verängstigten, sei es z. B., daß eines ihrer Vergehen offenbar geworden sei, daß sie sähen, wie andere, gleich schuldig, bestraft worden wären, schon Bestrafte, von ihrem König gehaßte oder ihn hassende Personen. Drittens waren da die „Gierigen“, die Verarmten, ihres Eigentums beraubten, Geizigen, in Nöten Befindlichen, und viertens die hochmütigen, ehrgeizigen, eingebildeten, unzufriedenen und andere Männer. Den Erzürnten solle der König durch seine Agenten einflüstern lassen, daß ihr König sich zwar wie ein brunsttoller Elefant benehme, daß ihm aber ein anderer entgegentreten könne. Den Ängstlichen solle er einflüstern lassen, ihr König sei gefährlich wie eine Schlange für die, die er fürchte; sie sollten lieber aus dem Lande (zum Nachbarn und Feind ihres Königs) flüchten. Die Gierigen sollten zum Feind ihres Königs übergehen, der echte Verdienste zu würdigen wisse; in ähnlicher Weise solle mit den Ehrgeizigen gesprochen werden. In einem Vers heißt es abschließend, mit Freundlichkeit und Geben (den beiden ersten Mitteln) gewinne er (der König) die Bearbeitbaren; gegen die Unbearbeitbaren verwende er Säen von Zwiespalt und Gewalt[198].

6. Geheimagenten und Schreiber des Königs

Im Stundenplan des Herrschers sind täglich drei Sitzungen mit Geheimagenten und Spionen vorgesehen[199]. Diese „schaffe“ er sich selber[200], und zwar nicht nur jene für die Außenpolitik, sondern weitgehend auch für den Einsatz im Innern, zur Bearbeitung der „Bearbeitbaren“ und zum Kampf gegen die „Tadelnswerten“ im eigenen Land. Solche Geheimagenten unterstanden großenteils dem Steuereinnehmer (s. u. Kap. 9). Aber Kauṭalya empfahl auch, daß ein Ratgeber einen dieser königlichen Agenten, einen „Schüler", besteche und beauftrage, wenn er ein Vergehen im Dienste des Königs und in seinem eigenen sehe, es sofort zu melden[201]. Der autokratische Herrscher hatte sowenig einen Minister des Inneren wie des Äußeren, hatte demgemäß einen Teil solcher polizeilichen Arbeit selber zu leiten, aber wie die Kompetenzen im einzelnen geteilt waren, ist noch nicht klar. Kauṭalya erörterte diese Geheimagenten im allgemeinen im ersten Buch, das den König und seinen Apparat behandelt.

Es seien nur wenige Einzelheiten zur Charakterisierung hervorgehoben. Da soll ein Mann, der ursprünglich Asket werden wollte, dann aber dies nicht verwirklichen will, ein ganzes Netz von Agenten aufziehen; man solle ihn, mit Geld gut ausgerüstet, ansiedeln und Landwirtschaft, Viehzucht oder Handel treiben lassen; mit seinem Einkommen solle er alle Asketen der Gegend ernähren und diejenigen, die etwas verdienen wollten, als königliche Agenten anwerben, besolden und ernähren[202]. Ein solcher umgefallener Asket war aus seiner Gemeinde und Sippe ausgeschieden, aber auch aus der Ordensgemeinschaft, und war damit dem König verfallen, sein Sklave[203], und damit für solche Agentendienste geeignet. Aber auch Nonnen, verkleidete Bauern und Händler, Giftmischer und Desperados waren königliche Agenten[204].

Dazu solle der Staat auch solche nehmen, die er notwendigerweise zu unterstützen hatte, weil sie hilflos waren. Solche solle er in Handlesekunst, Astrologie, Omenkunde und ähnlichen Lehren ausbilden lassen und, wenn sie mutig genug seien, als Desperados einsetzen, grausame als Giftmischer, arme, verwitwete Brahmaninnen als Nonnen, die im königlichen Frauenhaus ein und ausgehen und auch die Häuser der hohen *amātyas* besuchen sollten. Sie sollten alle *tīrthas* ausspionieren. Desperados sollten den König als Träger des Sonnenschirms, der Schuhe usw. umgeben, dabei die *tīrthas* beobachten und ihre Beobachtungen durch andere Agenten an gewisse Zentralen weitergeben lassen. Giftmischer sollten als Köche, Barbiere, Bademeister, Masseure usw., ihre Beobachtungen durch Asketinnen weiterleiten lassen. Die Leiter solcher Zentren sollten andere Agenten zur Bestätigung ihrer Nachrichten aussenden, aber all diese Agenten dürften sich gegenseitig nicht kennen. In einer Versgruppe wird hinzugefügt, daß solche Agenten auch in fremden Staaten arbeiten sollten, um die Handlungen der Gegner zu erkunden, wobei gegen Spione Gegenspione arbeiten sollten[205]. So heißt es in einem anderen Vers, daß der Herrscher die Bearbeitbaren und Nichtbearbeitbaren seines Reiches kennen solle; er müsse die Großen und die Kleinen gegen Einflüsterungen des Gegners sichern[206]. So sollten Desperados auch in einer Aristokratie Streit zwischen deren Häuptern hervorrufen, die bearbeitbare Partei aber im Sinne des Monarchen unterstützen[207].

Zur Umgebung des Herrschers möchte man auch den Schreiber zählen. Dieser war ein hoher Beamter; ebenso wie der höchste Bote sollte er die Qualitäten eines *amātya* haben[208]. Er wird von Kauṭalya im zweiten Buch zusammen mit den Verwaltungsbeamten (*adhyakṣa*) behandelt, nicht im ersten mit den Würdenträgern um den König herum. Kauṭalya gibt an, daß er den Abschnitt über den Schreiber selber verfaßt habe, fußend auf allen „Lehren" und dem Brauch[209]. Das paßt dazu, daß der Schreiber nicht in der alten Liste der *tīrthas* erscheint. Schrift setzte sich eben von der III. Periode an erst langsam durch[210].

Kauṭalya begann dies Kapitel mit der Feststellung, daß Könige Anordnungen zu erlassen pflegten, auf denen Krieg und Frieden beruhten; deswegen müsse ein höchst geschickter Schreiber dasein, der den Auftrag des Herrschers aufmerksam anhört und in einem eindeutigen Brief, der ihm offenbar nicht wörtlich diktiert ist, niederlegt. Er müsse diplomatisch geschult sein, um den hochgeborenen Adressaten richtig anzureden; er müsse das Schreiben logisch, grammatisch und stilistisch einwandfrei abfassen können; er müsse die Satzformen (Frage, Antwort, Bitte, Tadel, Verbot und andere, die von theologischen Vedainterpreten erarbeitet worden waren) beherrschen, um Schreiben, die u. U. ein Bote einem anderen Herrscher zu überbringen hatte, tadellos abfassen zu können, oder alle Arten anderer Anordnungen, jene letzten Entscheidungen des Autokraten auf allen Gebieten der Verwaltung und des Rechts über Belohnungen und Bestrafungen von Beamten, Steuererlässe usw.[211]. Ohne ein umfangreiches Sekretariat konnte ein damaliger Staat nicht geleitet werden. Nach Kauṭalya hatte es nur dem Herrscher zur Verfügung zu stehen, nicht auch den verschiedenen Ressorts der Staatsverwaltung.

Kauṭalya schloß das Buch über den Herrscher und seine Umgebung mit Empfehlungen für dessen persönliche Sicherheit, vor allem im Palast und dessen innerem Teil, dem Frauenhaus. Dieses solle mit aller Voraussicht möglicher Gefahren gebaut werden[212], und besondere, eingehend geschilderte Maßnahmen sollten gegen die Gefahren von Feuer, Gift und Schlangen ergriffen werden[213]. Besondere Furcht hatte man vor den Jugend- und Ausbildungsgefährten des Herrschers[214]. Da sollten besondere Gebäude für die Frauen, Prinzen und Prinzessinnen, für den Schmuck und für die Beratung vorhanden sein, und in den Höfen solle die Wache unter ihrem Führer, dem sechsten *tīrtha*, stationiert werden[215]. Ließe der König die Königin zu sich kommen, sei besondere Vorsicht geboten. Kauṭalya berichtete Beispiele von Königen, die in den Gemächern ihrer Frauen ermordet worden seien. Das Personal im Palast sei streng zu bewachen. Weibliche Bogenschützen, der Kämmerer und Turbanumleger, Zwerge und Torhüter (mehrere, die den Rang des fünften *tīrthas* hatten), Ärzte, Musiker und der Koch werden genannt. Die Küche müsse in bezug auf Gift bewacht werden. Bestiege der König einen Wagen oder ein Boot, badete er, ginge er auf die Jagd oder besuchte einen Garten, sei alles vorher gegen Anschläge zu sichern. Heilige und Asketen empfange er nur in Gegenwart geeigneter Bewaffneter (sie könnten ja Geheimagenten sein!), Boten seiner Nachbarn nur in der Ratsversammlung[216]. Nur bewaffnet und auf einem Pferd, Elefant oder Wagen besichtige er seine Truppen. Ginge er aus dem Palast, so sei die Straße durch Bewaffnete abzusichern. Mit solchen Angaben über Ratsversammlung und Truppenbesichtigung ergänzt dies Schlußkapitel des ersten Buches das vorangegangene über den Tageslauf des Autokraten. Der Unterschied zwischen diesem König und den Königen der ersten und zweiten Periode ist deutlich. Er war eben in dieser Hinsicht ein einsamer, mißtrauischer Despot[217].

7. *Finanzverwaltung*

Das nächste *tīrtha*, das achte, war der Steuereinnehmer, ein hoher Beamter mit dem zweithöchsten Gehalt[218]. Er hatte die zahlreichen Steuern aus den Städten und dem bewohnten Land (Dorfgemeinden) und die Erträge der Bergwerke, der Bewässerungsanlagen, der Wälder, der Viehzucht und des Handels einzuziehen. Aus der Stadt stammten Zölle und viele Abgaben, u. a. der Handwerker, Spieler, Hetären, Trinkhäuser, Schlächter, Butter- und Ölhändler. Die Haupteinnahmequelle des Staates war das bebaute Land: der Ertrag der königlichen Felder, der staatliche Ernteanteil und die Personalsteuer jedes Bauern, Geld für Benutzung von Fähren, Schiffen, Weiden und Straßen sowie Abgaben von Händlern. Mit den restlichen Einnahmequellen sind wohl die betreffenden Gebiete staatlicher Wirtschaft gemeint. Den Einnahmen stellte die Staatslehre die Ausgaben gegenüber: die für Kult und Brahmanen, für den Hof (Palast, Küche, Wegegeld für Boten), für die Schatzverwaltung (Speicher, Arsenal, Warenhaus, Materialhaus, Werkstätten, Zwangsarbeit), für das Heer mit seinen vier Truppengattungen, für staatliche Viehwirtschaft und für die Wild- und Grasgärten.

Der Steuereinnehmer hatte anscheinend für jedes Jahr aus Einnahmen und Ausgaben eine Art Finanzplan aufzustellen, diesem die tatsächlichen Einnahmen und Ausgaben gegenüberzustellen und dabei einen möglichst hohen Gewinn und möglichst geringen Verlust herauszuwirtschaften und auszuweisen. Das Staatslehrbuch gibt für diesen Teil seiner Tätigkeit eine Fülle von Fachausdrücken, die noch ziemlich unverständlich sind[219]. Es war ja für die Staatsführung wichtig zu wissen, mit welchen Geldern und Materialien sie für das laufende Jahr rechnen konnte, um danach die Regierungstätigkeit einschließlich etwaiger Kriegsführung einzurichten. Von einer Planung der Produktion konnte damals aber keine Rede sein[220]. Die Gefahr beim Steuereinnehmer war, daß er etwas von seinen Steuerforderungen für sich beiseite schaffte[221]. Hatte der Staat in Notzeiten keinen Schatz, so sollten die Leute des Steuereinnehmers unter anderem die Bauern eine Extraaussaat für den Staat vornehmen lassen und von Händlern eine Extraabgabe eintreiben. Aber es sollten auch Beauftragte Hab und Gut von

Sekten und Göttern (Tempeln), von Gestorbenen und denen, deren Haus abgebrannt war, an den Schatz abführen, als ob es ihnen als Depositum anvertraut worden wäre. Und der Götteraufseher sollte das Gut von Göttern in Stadt und Land in den Schatz des Staates sammeln[222]. Kauṭalya zeigt sich in der Fülle derartiger mit Moral unvereinbarer Empfehlungen sehr einfallsreich[223].

Um die Abgaben festlegen[224] und eintreiben zu können, mußte dieser wichtige Beamte die gesellschaftlichen Verhältnisse des ganzen Landes durchaus kennen. Deswegen wurde ihm die Verwaltung im wesentlichen übertragen. Er solle das Land in vier Viertel einteilen, für fünf und zehn Dörfer je einen „Hirten" (*gopa*) einsetzen. Er solle den Boden bonitieren und festlegen, was die Dörfer an Steuererlassen zu genießen und an Abgaben für Heer und Staat zu leisten hätten. Für jedes Dorf sei ein Kataster anzulegen mit den Grenzen der ganzen Dorfgemeinde und einer Liste der einzelnen Grundstücke (bebaut, unbebaut, trocken, bewässert, Obstgarten und Wald zur Nutzung des Dorfes, zum Sammeln), der Gebäude samt Heiligtümern, Bewässerungsanlagen, Leichenplätzen und Gasthäusern, Weiden (Ödland) und Straßen. Dazu seien Angaben über private Übereignungen und Verkäufe, Vergünstigungen und Steuernachlässe zu machen. Weiter sei der Personenstand aufzunehmen mit Angaben über den Stand und Beruf (Bauer, Hirt, Händler, Handwerker, entlohnter Arbeiter und Sklave), über Vieh und über die Staatseinnahmen an Geld, Zwangsarbeit, Zoll und Strafgeldern. Für die Familien sollten die Männer, Frauen, Kinder, Greise, ihre Arbeit, ihr Unterhalt und ihre Ausgaben verzeichnet werden[225]. Analog solle in der übergeordneten Finanzbehörde, die sich in der Stadt jedes Reichsviertels befand, verfahren werden[226].

An den Sitzen der Finanzleiter der Reichsviertel und der „Hirten" (s. o.) sollten weiter besondere, dem Steuereinnehmer unterstehende Polizei- oder Gerichtsbeamte (*pradeṣṭṛ*), die als zehntes *tīrtha* gezählt wurden, das Ihrige tun[227]. Ihre Aufgabe sei es, das ländliche Gebiet „von Dornen zu reinigen"[228], nicht auch die Stadt[229]. Sie hätten damit u. a. die polizeilich-juristische Aufsicht über alle Aufseher (*adhyakṣa*) und deren Leute[230], d. h. über den Apparat der staatlichen Wirtschaft und Verwaltung. Damit würde die Stellung des Steuereinnehmers so hoch, daß er im Kriegsfall, wenn der Herrscher mit seinem Heer ausgezogen sei, diesen im Landgebiet des Reichs verträte (nicht in der Stadt)[231]. Um die polizeilich-richterliche Funktion durchführen zu können, unterständen dem Steuereinnehmer in den Dörfern geheime Agenten oder seine Vertrauensleute.

Dem Steuereinnehmer unterständen dabei in den Dörfern 1. Hausväter, die alles wissen (d. h. beobachten) müßten, was auch der „Hirt" in seinem Kataster verzeichnete, dazu aber noch die Gründe der Betreffenden für ihren Fortgang (Fortzug) aus dem Dorf und ihr Kommen (ihren Zuzug) zum Dorf (ob Verbrechen oder Verfehlungen damit zusammenhingen); ebenso für Männer und Frauen unnütze Berufe (Tänzer usw.) und schließlich Spionage und Gegenspionage. 2. Händler, die Umfang und Preis der im Dorf umgesetzten Königswaren kontrollieren sollten, dazu den Umfang der importierten Waren und der Zölle, Straßengelder usw. 3. Asketen, die die Moral der Bauern, Hirten, Händler und Aufseher (*adhyakṣa*) kennen sollten, und 4. Diebe, die u. a. bei Heiligtümern, Kreuzwegen, Wassertrinkplätzen, in Einsiedeleien, Wäldern und Bergen alle Bewegungen von Dieben, Feinden und Gewaltmenschen und deren Absichten kennen sollten[232]. Die Agenten der ersten drei Arten dürften verarmte Bauern, Händler und geldgierige Asketen gewesen sein, wie die eben erwähnten Agenten des Königs[233]. Jeder von diesen solle um sich herum ein ganzes Netz von Agenten derselben Art organisieren, wie es auch der oben erwähnte gefallene Mönch tun sollte. Ob dies auch für die Agenten des Steuereinnehmers galt, ist noch nicht geklärt.

Das neunte *tīrtha* war der Schatzverwalter[234], mit demselben Gehalt wie der Steuereinnehmer. Er habe das Schatzhaus, das Warenhaus, den Speicher, das Lager der Waldprodukte, das Arsenal und das Gefängnis zu bauen, aber auch den Palast[235]. Für deren Anlage und Bauweise wurden allerhand Einzelheiten empfohlen. Er war damit einer der staatlichen Bauleiter, der wohl mit dem staatlichen Architekten zusammen arbeitete.

Als Schatzverwalter nehme dieser hohe Beamte, assistiert von Fachleuten, vier Arten Gegenstände in drei Wertstufen in Empfang: 1. „Perlen“ als höchste, 2. Kostbarkeiten als mittlere, 3. billige und 4. Waldprodukte als unterste Werte. Je nach diesen Wertstufen sollten diejenigen, die den Staat bei der Einlieferung schädigten, die höchste, mittlere und niedere Strafe erhalten. Dann werden vier Arten Gegenstände angeführt, die vielleicht einen Hinweis geben, wie obige Fachausdrücke zu verstehen sind. Der Schatzverwalter solle nämlich 1. beim Gold (oder Geld) nur reines annehmen; wer ihm gefälschtes einlieferte, solle die erste Gewaltstrafe erleiden[236]. Er solle 2. an Getreide nur frisches und reines annehmen; der Fälscher solle das Doppelte des Preises als Strafe zahlen. Analog sei bei billigen und Waldprodukten zu verfahren und auch bei Waffen[237]. Eine Verteilung dieser Vierergruppen auf die oben aufgeführten Gebäude ergibt sich sachlich nur bei den Waldprodukten (und bei den Waffen), aber die drei anderen Gegenstände sind mit den ersten drei Gebäuden nicht einfach in Beziehung zu bringen, allenfalls „Perlen“ mit Gold (Geld) und Schatzhaus.

Stehle jemand 1, 2, 3 oder 4 *paṇas* aus irgendeinem dieser Ressorts, so stehe darauf der Reihe nach die 1., 2., 3. Strafe und Tod[238]; der staatliche Schatz war damit durch große Härte der Strafe geschützt, denn 4 *paṇas* waren ein minimaler Betrag. Ebenso werde der Beamte hingerichtet, durch dessen Schuld etwas aus dem Schatz entwendet worden sei[239].

Der Schatzverwalter hatte demnach nur die betreffenden Werte in Empfang zu nehmen und zu verbuchen. Die Verwaltung der einzelnen Gebäude, des Schatzhauses usw., lag in den Händen anderer Beamter, der Aufseher des Schatzes, des Speichers usw. Der Verwalter des Schatzhauses, heißt es mit fast denselben Worten wie beim Schatzverwalter, solle dieselben vier Arten Gegenstände, unterstützt von Fachleuten, entgegennehmen[240]. Diesen oblag also die eigentliche Entgegennahme, die er dem Schatzverwalter zu melden hatte, der sein Vorgesetzter gewesen sein wird, und dieser hohe Beamte trug letztlich die Verantwortung vor dem Herrscher. Er konnte den Staat schädigen, wenn er gefälschte Gegenstände, und diese noch mit Verzug, entgegennahm[241]. Es wird aber nicht angegeben, ob dieser Schatzverwalter die Auszahlungen der Gehälter aus dem Schatzhaus und die Verteilung der Rationen aus dem Speicher oder die Auslieferung der Waffen an das Heer zu veranlassen bzw. durchzuführen hatte. Er hatte mit den staatlichen Ausgaben ganz allgemein anscheinend nichts zu tun und war für die entsprechenden Handlungen der betreffenden Gebäudeaufseher nicht verantwortlich.

Neben dem Steuereinnehmer ist der Stadtleiter, das zwölfte *tīrtha*, behandelt, denn dieser verwaltete die Stadt (Hauptstadt, Festung); die städtische Finanzverwaltung unterstand freilich nach Kauṭalya dem Steuereinnehmer, der zugleich die polizeilich-juristische Verwaltung der ländlichen Gebiete leitete. Wie der Steuereinnehmer auf dem Lande, so setze der Stadtleiter in der Stadt „Hirten" ein, und zwar über zehn, zwanzig und vierzig „Familien", und einen anderen Beamten über jedes Viertel der Stadt. Die „Hirten" sollten Listen wie die auf dem Lande führen[242]. Und wie diese sollten sie Bewegungen der Bevölkerung registrieren, für die Beherbergung von wandernden Frommen, Asketen und gelehrten Brahmanen, Handwerkern und Händlern sorgen[243]. Gastrecht, insbesondere Brahmanen gegenüber, war ja seit dem Ṛgveda eine moralische Forderung[244]. Die „Hirten" hätten ferner den Handel zu überwachen. Weiter ständen Gasthäuser und Hetären unter ihrer Kontrolle, aber auch Ärzte, die Verwundete heimlich behandeln könnten, und alle Kommenden und Gehenden, Tempel und Heiligtümer wie bei den ländlichen „Hirten", Verwundete und alle irgendwie Auffälligen wie Scheue oder Übermüdete[245].

Die städtischen „Hirten" hätten für den Feuerschutz zu sorgen, waren die Häuser doch durchweg aus Holz gebaut. Sie seien verantwortlich für die Reinheit der Straßen, staatlichen Gebäude, Pilgerplätze usw. Sie gäben das Zeichen für den Beginn der Nacht, denn dann wurden die Bewegungen der Bürger beschränkt, besonders um königliche Gebäude herum. Dafür hätten sie besondere Wächter[246], und Zuwiderhandelnde hätten sie zu bestrafen. Der Stadtleiter hätte schließlich an besonderen Tagen gewisse Arten von Gefangenen freizulassen[247]. Er hatte eben in der Stadt wie der Steuereinnehmer auf dem Dorf polizeilich-juristische Funktionen.

Von Dorfgemeinde und Stadt sind Wälder und Weiden zu unterscheiden, die ihren besonderen Aufsehern unterstanden; diese hatten dort die Polizeigewalt. Eine einheitliche, einem Innenminister unterstehende Polizei gab es so wenig wie ein einheitliches, einem Justizminister unterstehendes Rechtswesen.

Es gab auch keinen Finanzminister, der über Steuereinnehmer und Schatzverwalter gestanden hätte. Wohl aber gab es den Aufseher des „Würfelhauses"[248]. Dies war eine Art Finanzzentrale. Dieser Aufseher hatte nach Kauṭalya folgende Aufgaben: Registrierung 1. aller Tätigkeiten aller Aufseher staatlicher Unternehmungen in bezug auf deren finanziellen Ertrag, 2. aller staatlichen Werkstätten in bezug auf Materialverbrauch, Löhne, Zwangsarbeit, Verwendung der Produkte usw., 3. der Preise, Gewichte, Qualitäten usw. jener vier Arten von Gegenständen, die der Schatzverwalter entgegennahm, 4. des Rechts, der Vertragsweisen und der Bräuche der verschiedenen Gegenden, Dorfgemeinden,

Stände, Familien und Verbände[249], 5. der Löhne, Verpflegungsrationen, Geschenke, verliehenen Nutznießungen, Abgabenerlasse aller, die vom Staat leben (Beamten), 6. der an den König, seine Frauen und Kinder übergebenen „Perlen" und Ländereien und 7. der außenpolitischen Einnahmen und Ausgaben an Geschenken an und von Freund und Feind in Krieg und Frieden[250].

Aus diesen Registrierungen ergaben sich Errechnungen eines Haushaltsvoranschlages und einer Haushaltsrechnung, für alle Aufseher zusammengefaßt[251]. Dieser Aufseher der Finanzzentrale aber habe auch für die verschiedenen Aufgaben staatlicher wirtschaftlicher Betätigung die geeigneten Aufseher zu ernennen, so daß u. a. für jeden ein Bürge in oder außerhalb seiner Familie zur Verfügung stände. Als Fehler der Aufseher gälten Unkenntnis der Bräuche, Faulheit, Leichtfertigkeit, Furcht, Leidenschaft, Zorn, Hochmut und Gier. Den begangenen Verfehlungen entsprechend würden Strafen – vermutlich vom Aufseher der Finanzzentrale selber – festgesetzt, über deren Höhe die Lehrer bereits verschiedener Ansichten gewesen waren. Es folgen ins einzelne gehende, noch schwer deutbare Bestimmungen über das Verfahren der Abrechnung aller Aufseher mit Strafen für angerichteten Schaden und Zeitversäumnisse und über dabei geführte mündliche Verhandlungen[252]. – Diese wichtige Archiv- und Kontrollbehörde sollte einem verhältnismäßig kleinen und niedrig besoldeten Aufseher unterstehen[253], der wie alle Aufseher als 15. *tīrtha* gezählt wurde. Er war anscheinend nicht etwa dem Steuereinnehmer unterstellt. Wenn der König sich am Anfang des Tages zunächst über Einnahmen und Ausgaben vortragen lassen sollte und später über Eingang von Gold (Geld)[254] und die Aufseher, so sollten diese vielleicht den zweiten, der Aufseher der Finanzzentrale vielleicht den ersten Bericht geben. Über die meisten dieser Aufseher ist vor uns bereits bei der Betrachtung der staatlichen Produktion gehandelt worden.

Dieses für den Staat grundlegende Gebiet der Finanzen war also nach Kauṭalya wie die Gebiete der Außenpolitik und des Heeres nicht in der Hand eines Ministers vereinigt, sondern der Monarch behielt sich in der ganzen Politik die letzte Entscheidung[255] vor, beriet freilich vorher mit seinen Räten, zu denen er Steuereinnehmer und Schatzverwalter heranziehen konnte. Im Interesse der Autokratie war dieses Gebiet auf die beiden sehr hohen Königsdiener aufgespalten und neben, gegen und in gewissem Sinne über beide noch ein Kontrollbeamter eingesetzt, der aber ein kleiner Aufseher war und sich keine zentrale Machtstellung anmaßen konnte. Erst in der Hand des Königs konnten die Arbeiten dieser drei Beamten oder Behörden koordiniert werden; er entschied über Finanzierung und damit Planung der öffentlichen Arbeiten und des Heeres, über alle Festlegungen von Einnahmen und Ausgaben.

8. Recht der dharmasthas

Auf dem Gebiet des Rechts herrschte im zentralisierten Staat Kauṭalyas eine analoge Zersplitterung. Es gab keinen Justizminister, wie es keinen Minister der

Polizei gab. Die Leiter der verschiedenen Ressorts hatten ihre eigene juristisch-polizeiliche Macht und Pflicht, bei Vergehen auf ihrem Gebiet Strafen zu verhängen. Die letzte Entscheidung in Rechtsfällen lag beim König; er galt uralter Tradition entsprechend nach einem Vers bei Kauṭalya als derjenige, der dem „Recht" der vier Stände und Lebensstufen zu seinem Lauf verhalf[256]. Er solle sich täglich um alle Angelegenheiten der Stadt- und Landbevölkerung kümmern[257] und insbesondere die der Gottheiten, Einsiedeleien, Sekten, gelehrten Brahmanen und Heiligtümer, der Kinder und Greise, der Kranken und Hilfsbedürftigen, auch der Frauen, ohne Aufschub erledigen[258]. An sich war dies die Aufgabe der *dharmastha*-Richter, der König nur die höchste Instanz.

Die *dharmasthas* waren eine Art Richter, eine andere waren die *pradeṣṭṛs*, die dem Steuereinnehmer unterstanden (s. u. Kap. 9). Außer beiden gab es schließlich innerhalb der Dorfgemeinde die niedere Gerichtsbarkeit des Dorfschulzen. Wenn dieser einen anderen als einen Dieb oder Ehebrecher aus dem Dorf hinauswarf[259] (exkommunizierte), hatten er wie auch die mitverantwortliche Dorfgemeinde nach Kauṭalya eine gewisse Strafe zu zahlen[260]. Bei diesen beiden Verbrechern war er demnach von Staats wegen dazu befugt. Bei Streit um die Grenzen eines Ackers sollten die Ältesten des Dorfes entscheiden[261], vermutlich eine Art Panchayat unter Vorsitz des Dorfschulzen. Stritten aber zwei Dörfer um ihre Grenze, sollte das Fünf- oder Zehndörfergericht entscheiden[262]; damit dürften die Ältesten dieser Dorfgruppen gemeint sein. Diese spärlichen Angaben spiegeln die damalige Lage der uralten Dorfgemeindegerichtsbarkeit wider; an mehr war der Staat Kauṭalyas nicht interessiert. Aber in Wirklichkeit war diese Dorfgerichtsbarkeit die alltägliche für die Masse der Produzenten.

Über diesem untersten Gericht stand das jener *dharmasthas*; diese gab es nach Kauṭalya erstens an Grenzorten[263], die offenbar Befestigungen, aber keine Dorfgemeinden waren, und zweitens im Zentrum von zehn, 400 und 800 Dörfern; an jeder dieser Stellen – und dies waren Städte – sollte es je drei *dharmasthas* geben die *amātyas* sein sollten[264]. Man konnte also anscheinend vom Dorf bzw. von der Grenzfestung über diese drei städtischen Instanzen bis an den König selber appellieren. Weder die Dorfschulzen noch die *dharmasthas* wurden in der Liste der *tīrthas* aufgezählt oder in der der Gehaltsempfänger, wohl aber die *pradeṣṭṛs*[265]; dies bedarf noch der Ausdeutung.

Diese drei *dharmasthas* der Staatslehre entsprechen dem, was die brahmanische Rechtslehre später unter dem Richter mit seinen drei oder mehr Beisitzern (*sabhya*) verstand[266]. In einem, von Kauṭalya zitierten Vers werden *sabhāsadas* beim Rücktritt von einem Verkauf erwähnt[267]. Ob die Staatslehre sich nur im Ausdruck von der Rechtslehre unterschied oder auch sachlich, ist noch zu klären. Wie dem auch sei, diese Richterkollegien gingen vermutlich auf die uralte *sabhā* zurück[268]. Kauṭalya erwähnte ferner einmal eine Art Experten (?) beim Streit vor Gericht um die Weigerung, ein versprochenes Geschenk zu übergeben[269].

Diese Art Gerichte haben es – und dies als Einleitung eines wirklichen rationalen Rechts dargelegt zu haben, war verdienstvoll – mit Streit um gewisse Geschäfte, Forderungen, Verträge oder Transaktionen (*vyavahāra*) zwischen zwei privaten Personen zu tun, d. h. mit Privatrecht, um einen Begriff zu verwenden, der auf römischer Rechtstradition beruht; und ihre Aufgabe ist, festzustellen, ob sie auf gültigen oder ungültigen Vereinbarungen beruhen, ob sie öffentlich oder insgeheim, vor Zeugen oder nicht, von kompetenten Partnern oder nicht, abgeschlossen wurden[270]. Dieser Begriff der Transaktion war schon von älteren brahmanischen „Rechtslehrern" ein paarmal gebraucht worden, aber ohne solche Klärung seiner Bedeutung[271]. Kauṭalya betonte dabei, daß gelegentlich auch Absprachen, die insgeheim, nachts im Wald etwa getroffen wurden, als gültig anzusehen seien, und führte dies mit vielen Einzelheiten aus.

Anschließend wandte er sich dem Prozeßverfahren zu[272]. Es begann mit der schriftlichen Protokollierung der vom privaten Ankläger erhobenen Anklage durch den Gerichtsschreiber und der Antwort des Beklagten[273]. Nur wenn es sich um Unrecht gegen Götter, Brahmanen usw. (s. o.) handele, sollten die *dharmasthas* von sich aus eingreifen, d. h. den öffentlichen Kläger darstellen[274]. Die Klage müßte in sachlich und logisch einwandfreier Weise formuliert sein[275].

Über Zeugen handelte Kauṭalya beim Schuldrecht, über ihre Zahl (einer bis drei) und die nicht als Zeugen annehmbaren Personen (Frauen, König, Königsdiener, gelehrte Brahmanen, Caṇḍālas, Feinde, Schuldner bzw. Gläubiger und andere); Herren könnten für Diener, Eltern für Söhne, Lehrer für Schüler und umgekehrt zeugen. Zeugen seien bei Wasser und Feuer zu vereidigen, und zwar je nach ihrem Stand mit besonderen Formeln. Bei Widerspruch der Zeugen könne man sich nach der Mehrzahl richten oder den Gegenstand der Klage u. U. für den König beschlagnahmen. Falsche Zeugenaussagen waren ja nach der Ansicht der Lehrer vor Kauṭalya schwerer oder leichter zu bestrafen[276]. Ordale[277] sind im Gegensatz zum priesterlichen „Recht" nicht erwähnt, passen ja auch nicht zu rationalem Recht.

Gegenklagen des Beklagten gegen seinen Verkläger seien nur in Ausnahmefällen (bei Schlägereien z. B.) gestattet. Auf die Verteidigung des Beklagten solle der Kläger noch am selben Tage antworten. Der Beklagte aber könne mit seiner Gegenantwort ein paar Tage warten[278].

Richter (*dharmasthas*), die unrecht vorgingen, die Streitenden irgendwie hinderten, grob anfuhren oder das Verfahren falsch oder lässig durchführten, Schreiber, die nicht alles richtig potokollierten, Richter, die beim Urteil falsche Strafen auferlegten oder das Recht verdrehten, seien von Staats wegen zu bestrafen, u. U. mit Entlassung, und zwar durch die *pradeṣṭṛs*[279] (s. u. Kap. 9). Darin liegt wohl, daß dies nicht (immer) auf die Einlegung einer Berufung durch den Benachteiligten zurückging, denn die *pradeṣṭṛs* waren staatliche Kläger und Richter, Untergebene des Steuereinnehmers. Dieser hatte offenbar für solche Zwecke geheime Agenten, um u. a. auch *dharmasthas* zu prüfen, d. h. in Versuchung führen zu lassen[280]. Damit waren die (brahmanischen) *dharmastha*-Richter des überwiegend zivilen Rechts staatlichen Richtern anderer Art, nämlich eines öffentlichen Rechts, zur Kontrolle unterstellt, ein Gesichtspunkt, der in älteren brahmanischen „Rechten" noch nicht vorgekommen war; da hatten die Brahmanen ihren ungerechten Standesgenossen nur mit magischem Fluch gedroht[281]. An solchen Punkten läßt sich wiederum einer der oben erwähnten Unterschiede von Rechts- und Staatslehre fassen.

Für die Staatslehre ist weiter bezeichnend, daß die königliche Entscheidung ausdrücklich als Rechtsquelle neben oder gar über die von den brahmanischen „Rechtslehrern" anerkannten gestellt wurde. In einer im einzelnen noch etwas unklaren Versgruppe werden „Recht" (der brahmanischen Lehrer), Verträge (Transaktionen im obigen Sinne), Leben (lokale Bräuche oder übereinstimmender Wandel der „Guten") und Königsanordnung als die vier „Füße" des Prozesses aufgeführt; der letzte (oder der jeweils folgende) sei stärker als der (jeweils) vorhergehende[282]. Dabei ist der Herrscher nicht etwa als Gesetzgeber aufzufassen; ihm stand nur grundsätzlich die höchste Entscheidung und damit die Festlegung der Strafe zu[283]. Zum Begriff „Leben" ist hinzuzufügen, daß in einem wiederum schwer zu verstehenden Vers bei dem Problem der Erbteilung betont wird, daß dabei das „Recht" der Gegend, des Standes, der Vereinigung oder der Dorfgemeinde (s. o.) zu berücksichtigen ist[284]. Dies galt aber vermutlich allgemein, nicht nur bei Erbteilung. Ähnliches hatten schon die brahmanischen „Rechtslehrer" gesagt. Einerseits hängt ja die Rechtslehre Kauṭalyas mit der der älteren brahmanischen „Rechtslehrer" zusammen; beide gehen wohl letztlich auf Vorstellungen der arischen und vorarischen Gentilzeit zurück. Aber mit der Entwicklung der Gesellschaft, insbesondere mit der Herausbildung der zentralisierten Monarchie im Gegensatz zur Aristokratie und mit der Schaffung des Dienstadels entwickelte sich damals andererseits auch die Lehre des Rechts, und zwar in zwei Traditionen, in der der Staatslehre und der brahmanischen „Rechtslehre". Die Forschung hat noch im einzelnen herauszuarbeiten, wie einerseits die Rechtslehre Kauṭalyas in weit größerem Umfang und mit sorgfältigem, fachmännischem Eingehen auf juristische Einzelheiten über das in den älteren brahmanischen „Rechtslehren" Behandelte hinausging, andererseits von einem anderen Standpunkt ausging, eben von dem des Autokraten, dessen Macht die brahmanischen Moral- und Rechtslehrer im Interesse ihres Standes ihrer eigenen Macht unterstellen wollten. Neu war aber in Kauṭalyas Staat, daß seine oberste Finanzzentrale u. a. das „Recht" der Gegenden, Dorfgemeinden, Stände, Familien und Verbände zu registrieren hatte[285]. Diese Sorgfalt verraten die brahmanischen „Rechtslehrer" nicht; wie hätten sie auch solche Kodifizierung veranstalten sollen! Der staatliche Finanzapparat des Steuereinnehmers mit seinen Katasterbeamten und besonderen Strafrichtern (s. u. Kap. 9) aber war daran interessiert und dazu imstande.

Vor Kauṭalya noch nicht bezeugt ist die Einteilung der Rechtsmaterie der *dharmastha*-Richter in 17, später manchmal 18 Rechtspunkte. Kauṭalya begann sie mit dem der Ehe, während die späteren brahmanischen „Rechtslehrer" mit dem Schuldrecht anzufangen pflegten[286]. Da das Problem der Zeugen von Kauṭalya beim Schuldrecht abgehandelt wird (s. o.), obgleich es allgemeine Bedeutung hat, mag dies in der Tat ursprünglich den ersten Platz gehabt haben. „Recht" war ja älter als Kauṭalya, und die Aufstellung der 17 Rechtspunkte mag schon zwischen den älteren „Rechtsbüchern" und Kauṭalya in der Rechts- oder Staatslehre systematisiert worden sein. Die Staatslehre aber betrachtete den Hausvater als die wichtigste Lebensstufe[287]. Ihr galt, wie wir sagen würden, die Familie als Grundlage der Gesellschaft, und sie ließ dementsprechend die Eheschließung am Anfang aller privatrechtlichen Transaktionen stehen[288]. In bezug auf die acht Formen der Eheschließung stand Kauṭalya auf dem orthodoxen Standpunkt. Dies war aber wohl kein eigentliches Rechtsproblem, das in Prozessen behandelt worden wäre, nur eine Art Einleitung für die wichtigen Unterabschnitte dieses 1. Rechtspunktes: Eigentum der Frau, Nehmen einer zweiten Frau, eheliche Pflichten, Unterhaltung der Frau, Grausamkeit gegen sie, gegenseitige Abneigung der Ehepartner, schlechtes Benehmen der Frau und eines fremden Mannes, Verbot von Geschenken dieses an die Frau, deren Verlassen des Hauses des Gatten, ihr Fortgehen mit einem fremden Manne und schließlich ihre Treue bei kurzer und langer Abwesenheit des Gatten. Nur Kauṭalya lehrte in diesem Zusammenhang, daß, wenn Mann und Frau einander hassen und beide sich trennen wollen, eine Loslösung (aus der Ehe – ohne daß Trennung und Scheidung unterschieden würden –) möglich sein sollte, wenigstens in den vier „nichtrechtlichen" Formen der Liebes-, Kauf-, Raub- und Vergewaltigungsehe[289], von denen besonders die Kaufehe vermutlich weit verbreitet war, wenn auch nicht in den obersten Schichten. Auch später haben die brahmanischen Rechts- und Morallehrer diesen fortschrittlichen Gesichtspunkt nicht anerkannt, bis er sich im Kapitalismus durchzusetzen beginnt[290]. Man kann es wohl so auffassen, daß Trennungen in nichtbrahmanischen Kreisen so häufig vorkamen, daß die Staatslehre sie damals mit ihrem antidogmatischen Humanismus amtlich-juristisch anerkannte, ohne freilich Einzelheiten etwa eines staatlichen Scheidungsaktes vor einem Gericht festzulegen. Eine Eintragung in die Personenstandsregister war aber doch wohl notwendig. Aus ähnlicher Gesinnung hat Kauṭalya als erster indischer Rechtslehrer der sohnlosen Witwe, die dem verstorbenen Gatten treu blieb und im Hause ihres (oder ihres Gatten) Lehrers lebte, bis zu ihrem Lebensende den Genuß ihres Vermögens zuerkannt; für Notzeiten habe sie ja ihr Frauenvermögen erhalten[291], und zwar in der Form von ihr unbeschränkt geschenktem Schmuck und Boḍen oder Gold (Geld)[292].

An das Eherecht pflegte allgemein das der Erbteilung angeschlossen zu werden. Dabei, also bei seinem 2. Rechtspunkt, unterschied sich Kauṭalya nicht wesentlich von dem älteren brahmanischen Recht. So war die allgemeine Ansicht, daß ein Vater keinen seiner Söhne bevorzugen oder ohne triftigen Grund benachteiligen sollte[293]. Trotzdem war die Sitte, dem Ältesten etwas Besonderes zuzusprechen, weit verbreitet. So hatte Āpastamba bereits darauf hingewiesen, daß in einigen Gegenden der Älteste u. a. Gold oder schwarzes Getreide (Sesam) erhalten solle[294]. Kauṭalya zitierte Uśanas dafür, daß der Älteste je nach Stand besonderes Vieh erhalten solle; gehöre dies aber nicht zum Erbe, so ein Zehntel der Hinterlassenschaft, außer Juwelen. Kauṭalya selber dagegen empfahl, dem Ältesten gerade Juwelen und den Wagen des Vaters, dem mittleren Sohn Kupfer, Bett und Stuhl, dem jüngsten endlich Eisen, schwarzes Getreide und den Ochsenkarren des Vaters zu geben, das übrige aber gleichmäßig zu verteilen[295]. – Kauṭalya behandelte bei der Erbteilung auch die älteren 12 oder 13 Typen von Söhnen, und zwar führte er wie Gautama 12 auf, während Baudhāyana und Manu 13 hatten[296]; aber in den Einzelheiten stimmte er mehr mit Baudhāyana überein, z. B. in bezug auf die Stellung des angeheirateten Sohnes[297].

Der dritte Komplex von Rechtsfragen wurde nach dem Grundbesitz benannt[298]. Kauṭalya gab zunächst eingehende Vorschriften baupolizeilicher Art – ein bedeutender Eingriff des Staats in die Dorfgemeinde! –, behandelte dann Kauf von Grundbesitz; dieser umfaßte Gebäude, Felder, Gärten und Bewässerungsanlagen. Boden sollte (im Interesse der Erhaltung der Dorfgemeinde) möglichst an Verwandte, dann erst an Nachbarn oder gar an Reiche (Dorfgenossen) verkauft werden, und zwar öffentlich, dann erst an Dorffremde[299]. Dies wurde in brahmanischen Rechtsbüchern kaum behandelt[300]. Daran schloß der Streit um Grenzen des Dorfes oder Feldes[301] und um Flurschaden[302], wenn u. a. unbewachtes Vieh Feldern Schaden zufügte. Bis auf diese letzte[303] waren solche Fragen von den älteren brahmanischen „Rechtslehrern" kaum angefaßt worden. Der Boden wurde erst im Kapitalismus eigentlich zur Ware, aber Schutz des Grundbesitzes, den „Reiche", Dorffremde, erwarben, war ein Thema, das mit der Differenzierung in der Dorfgemeinde damals offenbar dringend wurde.

Auch der ältere Ansatz eines Arbeitsrechts mußte damals bedeutend ausgebaut werden, um die Ausbeutung im Dorf zu sichern. Knechte hatten schon bei den Munda ein Darlehen im Laufe eines Jahres abgearbeitet, und in der III. Periode waren Prügelstrafen für Pflüger und Hirten, die ihre ausbedungene Arbeit nicht ausführten, festgesetzt worden[304]. Jetzt wurde im 4. Rechtspunkt „Nichterfüllen einer Übereinkunft" ein Pflüger, der in ein Dorf gekommen war, um dort eine Arbeit (oder seinen Wohnsitz) zu übernehmen oder, anders übersetzt, der in bezug auf seine Dorfgemeinde eine Arbeit übernommen hatte, diese aber nicht ausführte, verurteilt, dem Dorf das Doppelte des für ihn festgelegten Lohnes zu erstatten (statt dem König eine Strafe zu zahlen) bzw., wenn ein Ritus (mit einer Speisung von Priestern im Dorf) verabredet war, das Doppelte seines Natural-Beitrages dazu. Analog sollte bei Mitgliedern der Dorfgemeinde verfahren werden, die zu einer öffentlichen Unterhaltung oder öffentlichen Arbeit zum Wohle aller, z. B. einer Bewässerungsanlage, nicht beitrugen[305] oder sonst eine Übereinkunft ihrer Gegend, ihres Standes, ihrer Sippe oder ihrer Vereinigung nicht erfüllten[306]. Der Staatslehrer hielt es – u. a. im Interesse des Bewässerungsanbaues – für notwendig, in dieser Weise die durch die Differenzierung zerfallende Dorfgemeinde zusammenzuhalten. Andererseits sicherte er in anderem Zusammenhang Lohnempfängern, auch Pflügern, die Auszahlungen des ihnen versprochenen Lohnes[307] und drohte Handwerkern und Händlern, die ihren Verpflichtungen nicht nachkamen, mit staatlicher Bestrafung[308].

Beim Schuldrecht, dem fünften Rechtspunkt, empfahl Kauṭalya denselben allgemeinen Zins von 15 Prozent pro Jahr wie die älteren „Rechtslehrer"[309], fügte aber hinzu, daß bei (händlerischen) Transaktionen das Vierfache, bei Fernhandel durch Dschungelgebiete das Achtfache und bei Seehandel gar das Sechzehnfache erlaubt sei. Darüber hinausgehende Gläubiger, Schuldner und ihre

Zeugen seien strafbar[310]. Fernhandel hatte eben an Bedeutung zugenommen, war aber noch mit gewaltigem Risiko belastet, das der Staat anerkennen mußte, hatte er doch an ihm großes Interesse. Des weiteren schützte die Staatslehre im allgemeinen den Schuldner, insbesondere Bauern und Königsleute (Beamte) während der Zeit ihrer Arbeit vor Eintreiben der Schuld[311], ebenso Frauen gegen Gläubiger ihres Mannes, wenn sie solche Haftung abgelehnt hatten; nur Frauen von Rinderhirten und Halbpächtern hafteten nach Kauṭalya grundsätzlich für Schulden ihrer Männer[312] (vielleicht weil sie an der Arbeit ihrer Männer beteiligt waren). Dagegen haftete der Mann für die Schulden seiner Frau[313], und Erben übernahmen wie schon in der III. Periode die Schulden des Erblassers[314], aber keine Spielschulden oder dergleichen[315].

Zum 6. Rechtspunkt, dem des Depositums, leitete Kauṭalya damit über, daß es wie das Darlehen zu behandeln sei[316] (d. h. von Erben zu übernehmen und im Streitfalle mit Zeugen nachzuweisen sei). Er faßte unter diesem Stichwort verschiedene Typen anvertrauter und unversehrt zurückzugebender Dinge zusammen[317]. Es ist aber bisher nicht gelungen, bei Kauṭalya eine klare Unterscheidung eines offen oder verschlossen („versiegelt") übergebenen Depositums vorzunehmen, obgleich er sein Kapitel mit verschiedenen Fachausdrücken solcher Art ausdrücklich unterteilt. Außer diesen beiden kommt das Pfand[318], der geborgte oder gemietete Gebrauchsgegenstand[319], das indirekt durch einen Dritten übergebene Pfand[320] und die einem Händler zum Verkauf anvertraute Ware[321] vor. Bei allen war die Erfüllung der Treuepflicht desjenigen, der fremdes Eigentum zur Verwahrung übernommen hat, für den Rechtslehrer grundlegend. Dabei war Kauṭalya ausführlicher als die „Rechtslehrer" in der Aufzählung von Fällen der *vis major* (Krieg, Naturkatastrophe, Piraterie usw.), die den Behüter des ihm Anvertrauten seiner Verantwortung enthob[322]. Ebenso auffällig ging er ins einzelne hinsichtlich der Listen, mit denen sich einer weigern könnte, ein Depositum zurückzugeben und anzuerkennen, daß er ein solches übernommen habe[323]. Hier handelt es sich um Handwerker, denen ein Auftraggeber üblicherweise das Material für das bestellte Produkt anvertraut hat[324]; seinem allgemeinen Mißtrauen gegen Handwerker entsprechend, erklärte Kauṭalya sie auch hier für „unrein"[325]. Er legte für den, der ein anvertrautes Gut verloren, verpfändet oder verkauft hat, das Vier- bis Fünffache dessen Wertes als Ersatz plus Strafe fest[326]. Er hat als einziger die Strafe festgelegt, die einer außer der Benutzungsgebühr dafür zu zahlen hat, daß er einen ihm anvertrauten Gegenstand ohne Wissen seines Eigentümers benutzt hat[327].

Der 7. Rechtspunkt regelte Rechte und Pflichten von Sklaven und für Lohn Arbeitenden. Beide Typen arbeitender Abhängiger waren bereits von den älteren „Rechtslehrern" unterschieden worden, der zweite besonders als Pflüger und Hirt[328]. Aus dem Abschnitt der Staatslehre über die Sklaven ist einiges bereits mitgeteilt[329]. Bei den anderen, d. h. bei Pflügern, Hirten, Händlern (die im Auftrag von Großhändlern arbeiteten), Handwerkern, Volkskünstlern verschiedenster Art, Ärzten und Dienern, waren zwei Fragen der Entlohnung wichtig. Zunächst war zu ihrem Schutze festzulegen, wie hoch sie entlohnt werden sollten, entweder nach besonderer Vereinbarung oder nach allgemeinem Brauch ihrer Teilhaberschaft am Arbeitsertrag, und wie ein Auftraggeber für Nichtzahlung des Lohnes bestraft werden sollte[330]. Dann war der Arbeitgeber durch Bestrafung des Arbeitnehmers gegen Nichtleistung einer bereits vergüteten Arbeit zu schützen, es sei denn, der Arbeiter sei krank oder sonst entschuldigt[331].

Beim 8. Rechtspunkte handelte es sich um juristische Probleme der zeitweiligen Zusammenarbeit von Pflügern, Händlern und Priestern bei einem bestimmten Auftrag, insbesondere um die Aufteilung ihres gemeinsam verdienten Entgeltes. Dies war in den älteren „Rechtslehren“ noch nicht vorgekommen. Wenn von einer Gruppe gemeinsam arbeitender Pflüger oder Händler einer krank wurde, war ihm sein Anteil an der geleisteten Arbeit zu vergüten. Stellte er einen Ersatzmann, erhielt er den vorher vereinbarten Lohnanteil voll ausbezahlt. Sehr kompliziert waren solche Probleme bei zusammenarbeitenden Opferpriestern[332].

Den 9. Rechtspunkt bildete Reue bei und Zurücktreten von Kauf und Verkauf; er war vor Kauṭalya noch nicht behandelt worden. Käufer und Verkäufer hatten dabei analoge Rechte und Pflichten. Man konnte von einem Handelsgeschäft straflos nur dann zurücktreten, wenn die Ware fehlerhaft war, der Konfiskation durch den Staat unterlag, die Gefahr von Brand oder Diebstahl hervorrief oder dergleichen. Händler hatten dabei eine Bedenkzeit von einer Nacht, Bauern von drei, Hirten von fünf; bei Kostbarkeiten betrug diese sieben Tage, bei Vierfüßern sechs Wochen, bei einem Menschen (Sklaven) ein Jahr[333]. Bezeichnend ist, daß Kauṭalya unter diesem Punkt auch Reue bei einer Eheschließung behandelte (diese also als eine Art Kauf betrachtete), d. h., wie wir sagen würden, Entlobung, aber nur einseitig, erlaubte, nämlich Rücktritt des Mannes von der Schließung der Ehe mit einer Frau, nicht umgekehrt. Dies sollte bei den arischen Ständen vor dem rituellen Akt der Handergreifung noch möglich sein, bei Śūdras gar noch vor Vollzug des Ehelebens. Deflorierte Mädchen durfte der Bräutigam nach Entdeckung ihres Fehlers zurückgeben; ihre Verwandten durften ihn nicht verschweigen, ohne strafbar zu werden. Machte er den Fehler eines Bräutigams nicht bekannt, wurde dessen Vater ebenfalls bestraft[334].

Es folgt der 10. Rechtspunkt „Nichtübergabe eines versprochenen Geschenks“[335] (wiederum sozusagen aus Reue). Ein solches ist nach Kauṭalya wie eine Schuld zu behandeln. Indessen hatte schon Gautama in der III. Periode Fälle gerechtfertigter Nichtübergabe eines Geschenks angeführt, wenn der Empfänger „ungerecht“ oder das Versprechen von einem in äußerster Erregung gemacht worden sei[336]. Kauṭalya erweiterte dies um die (unmenschlichen) Versprechen, alle seine Habe, sein Weib und Kind oder gar sich selber zu schenken (was einer seinem Retter versprach, wenn er in Lebensgefahr war) oder um irrtümliche Versprechen an vermeintliche Helfer, die sich dann als Schädiger erwiesen. „Reine“ sollten in solchen Fällen dafür sorgen, daß Geber und Empfänger keinen ungerechten Schaden erlitten[337].

Der 11. Rechtspunkt befaßte sich mit „Verkauf durch den Nichteigentümer“. 1. Entdecke jemand (irgendwie) sein (irgendwie) verloren gegangenes Eigentum bei jemand anderem, so solle er diesen durch den *dharmastha*-Richter verhaften und darüber verhören lassen, von wem er diese Sache gekauft habe. Könne dieser den Verkäufer, von dem er die umstrittene Sache erhalten haben wollte, nicht nachweisen, werde er als Dieb bestraft. Könne aber der Kläger sich nicht als eigentlichen Eigentümer ausweisen, zahle er eine Strafe, und die Sache verfalle dem König. 2. Fundgegenstände seien im staatlichen Zollhaus aufzuheben; nach sechs Wochen verfielen sie dem König. Wer sich als Eigentümer eines Fundgegenstandes ausweise, erhalte es gegen eine Lösesumme. 3. Was Feinde oder Dschungelstämme geraubt hätten und der König zurückhole, liefere er dem früheren Eigentümer aus. Könne er dies nicht, sei er zu Ersatz verpflichtet[338]. Punkt zwei[339] und drei[340] waren schon von älteren „Rechtslehrern" ähnlich behandelt oder gestreift worden.

Der 12. Rechtspunkt hieß „Zusammenhang zwischen Eigentümer und Eigentum"[341]: Bewegliche Habe bleibe im allgemeinen zehn, unbewegliche zwanzig Jahre Eigentum des Eigentümers, selbst wenn er unter gewissen Umständen seine Heimat verlasse und sein Eigentum inzwischen anderen zur Nutzung überlasse[342]. Dies war schon von Gautama in der III. Periode kürzer angeführt worden[343] und geht sicher auf uralten Brauch der Dorfgemeinde zurück. Asketen, die kein Eigentum an Boden, an ihrer Hütte oder sonstiges hätten, sollten neu zu ihrer Einsiedelei Hinzukommenden Raum gewähren, und wenn sie Gerichtsstrafen zu bezahlen hätten, sollten sie sie rituell abbüßen[344].

Unter dem 13. Rechtspunkt „Gewaltanwendung" verstanden spätere Rechtslehrer Mord, Diebstahl, Vergewaltigung von Frauen, Raub usw., Kauṭalya indessen nur Raub[345], aber er verwies mit einem kurzen Satz auf Diebstahl als versteckten Raub und behandelte Mord, Diebstahl und andere Gewaltverbrechen in Übereinstimmung mit römischem Recht beim öffentlichen Strafrecht (s. u. Kap. 9). Die älteren Rechtslehrer hatten dagegen Raub nicht behandelt. Kauṭalya war hier die Höhe der Strafe wichtig, und in diesem Punkte war er ausführlicher als die Lehrer Manu und Uśanas, die er zitierte. Er benutzte diesen Rechtspunkt, um die allgemein gebräuchlichen drei Stufen der „Gewaltstrafen" darzulegen. Für Raub von Blüten und Wurzeln sei die niedrigste Stufe der ersten Gewaltstrafe zu zahlen, für eiserne und andere Dinge die mittlere und für kupferne usw. die höchste erste Gewaltstrafe, für Raub von Tieren, Menschen, Häusern, Gold usw. die entsprechend abgestufte mittlere und für gewaltsames Fangen von Männern oder Frauen oder gewaltsames Freilassen Gefangener die höchste Gewaltstrafe, wie es auch Kauṭalyas Lehrer gelehrt hatte[346]. Für den Anstifter zum Raub legte Kauṭalye hohe Strafen fest[347].

Die Beleidigung, der 14. Rechtspunkt, hatte schon bei den Brahmanen der III. Periode eine beträchtliche Rolle gespielt; sie spiegelt zum Teil eine Form des Klassenkampfes wider. Dazu paßt, daß selbst Kauṭalya hier den Gesichtspunkt der Standesunterschiede nicht umgeht: Beleidigt ein Niederer einen Höheren, wird er schwerer bestraft als umgekehrt. In der Sammlung von Fällen und Formen der im Leben sicher häufig geübten Beleidigungen wichen die Rechtslehrer stark voneinander ab. Kauṭalya fügte hier noch den Tatbestand der Bedrohung mit Worten an[348].

Noch ausführlicher und vorsorglicher in der Abstufung der Strafen war Kauṭalya bei tätlichem Angriff oder Körperverletzung, dem 15. Rechtspunkt, ob z. B. einer seinen Feind unterhalb des Nabels, oberhalb oder am Kopf mit Staub, Speichel oder Exkrementen träfe, ob dies unter Gleichgestellten, von ständisch Niederen gegen höhere oder umgekehrt geschähe, aus Leichtsinn, Erregung oder Verblendung, ob einer seinen Gegner nur anfasse oder mit ihm ränge, ob er ihn mit der Hand oder mit einem Gegenstand schlüge, ob er ihm unblutige oder blutige Wunden beibrächte, Glieder bräche, das Auge verletze oder ihn gar dem Tod nahe brächte. Ein Mörder oder Totschläger sei indessen nicht den *dharmastha*-Richtern vorzuführen, sondern den *pradeṣṭṛs*[349]. Kauṭalya betonte gegen die Lehrer, daß ein tätlicher Angriff nicht verjähre und möglichst am selben Tag abgeurteilt werden solle. Er ging weiter ausführlich darauf ein, ob einer bei solch einem Streit einen Gegenstand seines Feindes entwendete oder beschädigte; je nach dessen Wert sei er zu bestrafen; dazu gehöre Beschädigung des Hauses, gewaltsames Aufbrechen der Mauer und Werfen von verschiedenen Dingen ins Haus. Kauṭalya fügte schließlich Abschnitte über Gewaltätigkeiten gegen Tiere und Pflanzen an und unterschied dabei, ob man kleine oder große Tiere bis aufs Blut oder nicht soweitgehend verletzte, ob man von Blüten- oder Fruchtbäumen nur schattenspendende Äste abbrach oder die Bäume fällte, ob sie in einem Garten vor der Stadt oder in einer Einsiedelei standen[350]. – Wenn Kauṭalya in diesem Kapitel für gewalttätige Śūdras prinzipiell das *jus talionis* wiederholte, wie es bei brahmanischen „Rechtslehrern" üblich war, so haben manche diesen Satz für eine spätere Interpolation erklärt[351]. Für Caṇḍālas und andere „Unreine", fuhr Kauṭalya fort, sollte dasselbe gelten. Er hat aber als wesentliche Einschränkung hinzugefügt, daß sie alle sich in leichteren Fällen mit einer Geldstrafe loskaufen könnten. Einerseits wollte demnach die Staatslehre die Möglichkeit harter Leibesstrafen für die Masse der Ausgebeuteten beibehalten, andererseits sie vor allzugroßer Beeinträchtigung ihrer körperlichen Leistungsfähigkeit bewahren; sie erkannte ja den Wert der Produzenten nüchterner als die orthodoxen Brahmanen, die im Interesse ihrer Standesprivilegien den Helotencharakter des Śūdrastandes zu erhalten wünschten.

Würfelspiel, das Laster der Āryas bereits in der I. Periode, zugleich im Ritus der II. Periode bezeugt und in der III. Periode nur für Āryas unter Leitung eines Beamten erlaubt, war der 16. Rechtspunkt. Die Staatslehre der IV. Periode ließ es unter einem Aufseher zentralisieren oder monopolisieren, um – wie Kauṭalya sagte – diejenigen herauszufinden, die von „geheimen" Einkünften lebten (Diebe und geheime Agenten des Feindes). Daneben wollte der zentralisierte Staat sich die reichen Einnahmen, die er aus den leidenschaftlichen Spielern herausholen konnte, nicht entgehen lassen; Kauṭalya führte an: 5 Prozent des Gewinns, Leihgebühren für Würfel (diese solle der Staat zur Verfügung stellen, damit sie unter Garantie ungefälscht seien), eine Gebühr für die Spielerlaubnis, eine für Wasser usw. (zum Waschen und Trinken?) und Verdienst an Verkauf und Verpfändung von Gegenständen der Spieler, die kein Geld mehr hätten, um (weiter) zu spielen. Andererseits sei der Spielaufseher verantwortlich für faires Spiel; gegebenenfalls solle er bestraft werden. Falschspielen sei strafbar, wobei wohl die *dharmastha*-

Richter die Entscheidung zu fällen hatten. Analog sollten Wetten bei Tierkämpfen gehandhabt werden[352].

Unter dem 17. Rechtspunkt „Verschiedenes“ stellte Kauṭalya die verschiedensten Vergehen nach der Höhe der Strafe zusammen, vom nichtrechtzeitigen Zurückgeben eines geborgten, gemieteten, in Verwahrung genommenen Dinges und anderen Vergehen, für die 12 *paṇas* zu zahlen seien, über Berühren der Schwägerin, Verkehr mit einer Hetäre, die von einem anderen ausgehalten wurde (48 *paṇas*), Vergewaltigung einer Witwe, Verweigerung der Hilfe für einen in Not Befindlichen (100 *paṇas*), Kastrieren von Kleinvieh und Stieren, Amtshandlung eines Nichtbeamten, Abtreibung bei einer Haussklavin (erste Gewaltstrafe, d. h. bis 200 *paṇas*), gegenseitiges Imstichlassen von Verwandten oder von Lehrer und Schüler oder von Karawanenmitgliedern im Dorf ebenfalls die erste, im Wald die mittlere (200 bis 500 *paṇas*), wenn unter Drohung, die höchste Gewaltstrafe (500–1000 *paṇas*), es sei denn, man trenne sich von einem gefallenen Sünder[353]. Kurz, schloß Kauṭalya diesen Rechtsabschnitt, in Ansehung der Unterschiede der Menschen (nach ihren Ständen?) und Vergehen seien die Strafen verschieden. Pilger, Asketen, Kranke, Hungernde, müde Wanderer, Fremde, unter Straf(arbeit) Leidende und Arme seien zu unterstützen. Bei Vergehen gegen Götter, Brahmanen, Asketen, Frauen, Kinder, Alte, Kranke und Hilflose sollten die *dharmastha*-Richter, auch wenn diese nicht als Kläger erschienen, eingreifen und keine Verschleppung zulassen[354]. Dieser letzte Satz gibt eine Ausnahme an; im allgemeinen sollten die *dharmastha*-Gerichte nur in Funktion treten, wenn eine private Anklage erfolgt war. Ihr Aufgabengebiet war mit diesen 17 Rechtspunkten offenbar ausreichend beschrieben, denn bis zum Anfang der Kolonialzeit blieb dieser Umfang und diese Disposition bis auf geringfügige Abwandlungen gültig[355]. Dabei wurde freilich das gleich zu behandelnde Recht der *pradeṣṭṛs* zum Teil unter „Verschiedenes“ oder anderswo untergebracht[356].

9. *Die Gerichtsbarkeit der pradeṣṭṛs*

Auf das III. Buch, das mit den Rechtspunkten 1–12 im Grunde das zivile Recht der *dharmasthas* behandelt, ließ die Staatslehre das IV. Buch mit dem Recht der pradeṣṭṛs, dem indischen Analogon zum römischen öffentlichen Recht, folgen[357]. Bei der ersten Art Richter blieb deren Unterstellung offen, es sei denn, sie seien als *amātyas* nicht nur vom König ernannt, sondern ihm als dem letztlich entscheidenden Gerichtsherren auch unterstellt gewesen[358]. Bei den *pradeṣṭṛs*, die ebenfalls *amātyas* waren und als zehntes *tīrtha* aufgeführt wurden[359], wird aber im Kapitel über die Aufgaben des Steuereinnehmers ausdrücklich angeführt, daß sie an den Stätten der *gopas*, der „Hirten“ von fünf oder zehn Dörfern, und der *sthānikas*, die über 200 Dörfer gesetzt waren, und damit offenbar in Zusammenarbeit mit diesen anderen dortigen „Beamten“ des Steuereinnehmers Recht sprechen sollten[360]. In einem Vers wird dies Zusammenarbeiten bei Kauṭalya bestätigt, und zwar für das Aufspüren von Räubern, und wird hinzugefügt, daß der Stadtleiter dies für die

Stadt zu leisten hat[361]. Dementsprechend sind die Nutzanwendungen für die Stadt im folgenden bei jedem Punkt zu ergänzen. Die *pradeṣṭṛs* waren ja nicht in Städten, in Zentren von 400 oder 800 Dörfern, eingesetzt. Für seine polizeilich-richterlichen Aufgaben unterstanden dem Steuereinnehmer in den Dörfern weiter geheime Agenten verschiedenster Art[362]. Man kann demnach annehmen, daß diese Agenten den *pradeṣṭṛs*, diese wiederum dem Steuereinnehmer unterstellt waren.

Wie jeweils drei *dharmastha*-Richter an einem Ort eine Art Gerichtshof bildeten, so drei *pradeṣṭṛs* an anderen Orten eine andere Art. Ihre Aufgabe nannte die Staatslehre das „Reinigen von Dornen". Als Dornen im Leibe des Staates werden zunächst die (dörflichen und städtischen) Handwerker im allgemeinen behandelt, und zwar handelt es sich als ersten Punkt um das Deponieren von Rohmaterial bei ihnen durch den Auftraggeber[363], und dieser war manchmal der Staat, etwa der Aufseher der Königsfelder. Dafür mußten diese Handwerker wohlhabend und vertrauenswürdig sein („mit Vermögen arbeitend" und Auftraggeber kleinerer Handwerker (?)). Ihre Gildenorganisation sollte eine Art Haftung für dieses ihnen zur Verarbeitung anvertraute Material übernehmen. Sie sollten ihr Produkt entsprechend der verabredeten Zeit, Gegend und Art abliefern und dafür den vereinbarten Lohn erhalten[364]. Es folgen Einzelheiten über Weber, Wäscher, Schneider, Goldschmiede und Staubfeger, die u. a. auch in der staatlich kontrollierten Wirtschaft beschäftigt waren. Hier sei nur angemerkt, daß nach Kauṭalya besonders jemand, der falsche Münzen anfertigen ließ, annahm oder in Umlauf brachte, 1000 *paṇas* zu zahlen hätte, wer sie aber in den königlichen Schatz einschmuggelte, hingerichtet werden solle. Der die falsche Münze herstellende Kupfer- oder Silberschmied wird nicht erwähnt, obgleich hier Handwerker behandelt werden; er galt, da er selber über kein Rohmaterial verfügte, also anscheinend als unschuldig. Der Münzprüfer, der eine unannehmbare Münze für den Schatz annahm oder eine annehmbare verwarf, solle andererseits nur mit 12 paṇas bestraft werden[365].

Die *pradeṣṭṛs* sollten demnach Handwerker, diese Art „Dornen", im Dorf (bzw. Leute des Stadtleiters die in der Stadt) daraufhin kontrollieren, daß sie ihr Produkt aus dem ihnen anvertrauten Material auftragsgemäß lieferten. Die *dharmastha*-Richter aber sollten bei Streitfällen entscheiden, damit Handwerker, die „auf Hoffnung hin arbeiteten", den ihnen nach Brauch oder Absprache zustehenden Lohn bekämen wie alle entlohnten Arbeiter in Dorf und Stadt[366]. Die *pradeṣṭṛs* sollten demnach gegen, die *dharmasthas* aber außerdem für diese Art Produzenten einschreiten. Ob es sich außerdem bei beiden Gerichten um verschiedene Arten Handwerker handelte – beide scheinen verhältnismäßig selbständig gearbeitet zu haben – ist den Fachausdrücken „auf Hoffnung hin arbeitend" und „mit Vermögen arbeitend" noch nicht zu entnehmen; jedenfalls waren es nicht königliche Handwerker, denn die arbeiteten wohl kaum im Dorf. Vermutlich handelt es sich bei den *dharmasthas* um zivilrechtliche Prozesse mit dem Handwerker als Kläger gegen einen privaten Auftraggeber und bei den *pradeṣṭṛs* um Prozesse des öffentlichen Rechts mit dem *pradeṣṭṛ* als Kläger wegen Vergehen gegen den König unter

Garantie der als juristische Person öffentlicher Gewalt anerkannten Gilde der Handwerker, aber zugleich als Richter und auch als Polizist, der das Unrecht ausfindig macht. Dabei sollten offenbar die geheimen Agenten des Steuereinnehmers im Dorf helfen (s. o.). Auffallend ist, daß hier nicht erwähnt wird, daß die *pradeṣṭṛs* sich zusammen mit jenen geheimen Agenten auch um die Bauern und ihre Vergehen (Mord, Steuerhinterziehung und dergleichen) kümmern sollten[367].

Die *pradeṣṭṛs* hatten sich auch um gefundene Schätze zu kümmern, denn einen größeren beanspruchte der König für sich – daher galt dies als öffentliches Recht –, und ebenso fünf Sechstel jedes kleineren Schatzes, es sei denn, der Finder wiese nach, daß der Schatz von seinem Ahn vergraben worden sei[368].

Diese Behörde sollte weiter gegen Ärzte einschreiten, auch diese galten Kauṭalya ja als eine Art entlohnte Arbeiter, für deren gerechte Entlohnung die *dharmasthas* im Zivilrecht eintraten[369]. Übernähme aber ein Arzt die Behandlung eines lebensgefährlich Erkrankten oder heimlich Verwundeten, so habe er die Behörde (*pradeṣṭṛ*, *gopa*, *sthānika*) zu benachrichtigen, denn er bedrohte damit die Wohlfahrt der Gesellschaft und machte sich dem Staat verdächtig, haftete er doch gleichsam dem Staat gegenüber für ihm auf diese Weise bekannt gewordenen Verrat, Verbrechen und Epidemien. Tat er das nicht, werde er, wenn der Patient starb, mit 12 *paṇas* bestraft; werde ihm Nachlässigkeit in der Behandlung nachgewiesen, eine höhere Strafe, und er könne wegen „tätlichen Angriffs“ oder Körperverletzung, des 15. Rechtspunkts, belangt werden[370] (und zwar vom *pradeṣṭṛ*).

Die *pradeṣṭṛs* sollen auch im Interesse der Öffentlichkeit wandernde Musiker und allerhand Tänzer und Bettler überwachen, daß sie nicht zuviele Gaben einheimsten. Sie seien wie die Handwerker und Händler (über diese s. gleich!) Diebe, die nur nicht Diebe heißen, lautet ein Vers bei Kauṭalya; er (wohl der *pradeṣṭṛ* oder der König) solle sie hindern, die „Gegend“ (die dortige Gesellschaft) zu quälen.[371]

Die Staatslehre fuhr fort mit dem Schutz (des Staates) gegen die kleinen Händler (die großen arbeiteten offenbar nur in der Stadt). Ein sonst im Staatslehrbuch nicht genannter Marktaufseher[372] solle auf dem (Dorf- und Stadt-)Markt untersuchen, ob Altwaren nicht gestohlen seien, und die Maße, Gewichte und die Qualitäten der Waren daraufhin kontrollieren, ob sie rein oder gefälscht seien. Er solle verhindern, daß die Preise durch Monopolisierung hochgetrieben würden, oder solle dafür sorgen, daß Zwischenhändler ehrlich handelten und ehrlich entlohnt würden. Er solle eine Profitrate von 5–10 Prozent festsetzen und Überschreitungen mit hohen Geldstrafen belegen. Mit (oder neben) ihm solle der staatliche Handelsaufseher bei Überangebot von Waren den Handel mit ihnen zentralisieren und den kleinen Händlern für den Absatz Tagelohn zahlen[373]. Eine Zentralisierung einheimischer Königswaren zum Wohle der Untertanen wurde dem Handelsaufseher in dem ihm gewidmeten Kapitel in der Tat zur Pflicht gemacht[374]. Dieser Beamte aber hatte im allgemeinen den privaten und staatlichen Handel zu fördern, während die *pradeṣṭṛs*[375] – um die handelt es sich ja in diesem Buch – irgendwie durch den Marktaufseher und in diesem Falle auch durch den Handelsaufseher die kleinen Händler als „Dornen“ im Fleische des Staates zu beaufsichtigen und sie notfalls zu bestrafen hatten.

Nach diesen beiden menschlichen „Dornen“ wandte sich die Staatslehre den göttlichen zu: Im Dorf sollten die *pradeṣṭṛs* Vorsorge gegen Feuersbrünste treffen (wie der Stadtleiter in der Stadt und der König im Palast), ebenso gegen Überschwemmungen, Seuchen von Mensch und Vieh, Hungersnöte (Dürren), Mäuse, Schlangen, Tiger und Geister. In allen Fällen wurden auch magische Mittel empfohlen, aber nur im letzten keine praktischen. In Hungersnöten solle der König (ohne daß die *pradeṣṭṛs* in diesem Kapitel genannt würden) Saatgut und Speise verteilen, dem Volk durch Bau von Bewässerungsanlagen und Festungen Speise (als Entgelt für solche Arbeiten) geben, sich von seinen Verbündeten irgendwie Lebensmittel verschaffen, mit seinem Volk in eine andere Gegend (seines Reiches) wandern (das muß damals also noch möglich gewesen sein, wenigstens für kleine Völker) oder wie Jäger-Sammler leben. Gegen Mäuseplage solle er Katzen einsetzen und diese gegen Wegfangen und Töten, aber auch gegen Hunde schützen; nurWaldbewohner (Jäger und Hirten) dürften Hunde behalten. Er solle auch vergiftete Körner ausstreuen, gegen Tiger vergiftete Kadaver auslegen u. a. m.[376] Mit Recht hat dies nichts zu tun.

Es folgt das polizeilich-gerichtliche Vorgehen durch den Steuereinnehmer gegen dreizehn weitere Arten von „Dornen“, gegen solche die von geheimen Einkünften leben. Dieser solle auf dem Lande (wie der Stadtleiter in der Stadt) allerlei geheime Agenten, „Vollendete“ (die allerhand Magie können), Asketen, Astrologen, Ärzte, Verrückte, Blinde, Kleinhändler, Handwerker, Musiker, Köche und andere[377] (aber Hausväter werden hier nicht wie sonst aufgeführt) einsetzen, um die „Reinheit“ folgender dreizehn zu prüfen: 1. der Dörfer (Bauern)[378], 2. der (aller) Aufseher, 3. der *dharmasthas* und 4. *pradeṣṭṛs*, 5. der „Dorfherren“[379], 6. falscher Zeugen, d. h. solcher, die etwas gesehen oder 7. gehört zu haben vorgeben, 8. kupplerische Anwender von Liebeszauber[380], 9. Schwarzmagier, 10. Giftmischer (sowohl Täter wie Verkäufer, Käufer und Anwender des Gifts), 11. Verabreicher von trunken (oder verrückt?) machenden (bzw. tötlichen) Tränken, 12. Münzfälscher und 13. Goldfälscher (Münzen waren ja damals noch nicht aus Gold, nur aus Kupfer oder Silber)[381].

In diesem Abschnitt ist vom Steuereinnehmer, nicht von seinen *pradeṣṭṛs*, als Rechts- und Polizeiorgan die Rede, denn er hat nach Kauṭalya auch seine *pradeṣṭṛs* ebenso wie die *dharmastha*-Richter und Aufseher (vermutlich die aller Ressorts)[382], d. h. die „Beamten“ außer den höchsten zu überwachen und ungerechte *dharmasthas* und *pradeṣṭṛs* ebenso wie alle diese Verbrecher, wenn sie überführt sind, zu verbannen. Andere Strafen werden hier nicht genannt (nur im Schlußvers Loskauf durch Geldstrafe). Neben korrupten Beamten ist hier von allerhand Zauberern die Rede und am Ende von zwei Arten Fälschern. Ein Oberbegriff für alle diese dem *pradeṣṭṛ* zufallenden Verbrecher ist schwer zu finden, und warum sich die *pradeṣṭṛ* mit dem korrupten „Dorfherren“ befaßten, der sich etwa dazu durch einen Agenten verleiten ließ, einen Reichen zu erpressen[383], die *dharmasthas* aber mit einem Dorfschulzen, der jemanden, es sei denn einen Dieb oder Ehebrecher, aus seinem Dorf verjagte[384], bedarf noch der Erklärung.

Die *pradeṣṭṛs* und ihr Oberhaupt, der Steuereinnehmer mit seinen geheimen Agenten, hatten es demnach mit den drei Arten „Dornen", den Handwerkern und Kleinhändlern, den göttlichen und dieser noch nicht definierten Gruppe von Verbrechern – überwiegend mit Strafrecht – zu tun. Im folgenden lehrte die Staatslehre, wie diese Polizei des Steuereinnehmers des weiteren mit zwei Arten geheimer Agenten arbeiten sollte[385].

Der Steuereinnehmer solle in Dorf und Stadt (obgleich dort eigentlich der Stadtleiter zuständig war) „Dornen" durch seine Agenten ausfindig machen, sie zu Verbrechen provozieren lassen, verhaften und dann öffentlich die Vorstellung propagieren, daß der König (der ja die letzte Entscheidung in allen Rechtsfragen hatte) allwissend sei und alle Verbrechen aufdecke[386]. Er solle dazu in skrupelloser Weise veranlassen, daß „Vollendete" in der Rolle jener Agenten und Provokateure[387] einige junge Burschen zu einer Bande von Einbrechern und Frauenverführern zusammenführten und (da solche Verbrecher an diese Art Magie glaubten)[388] mit ihrer scheinbaren „Vollendung" durch vorgegaukelte Magie (die im vorangegangenen Kapitel als strafbar behandelt worden war) erfolgstrunken machten, um sie dann als Einbrecher zu überführen und nebenbei aus ihnen Namen von Komplicen herauszuholen. Ebenso sollten Räuber als Agenten Räuberbanden einfangen[389].

Außer solchen Maßnahmen sollten nach Kauṭalya die *pradeṣṭṛs* in Zusammenarbeit mit den *gopas* und *sthānikas* (den Finanzbeamten des Steuereinnehmers, in deren Dörfern die *pradeṣṭṛs* ihren Sitz hatten) bzw. der Stadtleiter in der Stadt, Einbrecher und Ehebrecher auf Verdacht hin festnehmen. Geheime Agenten sollten alle Dorfbewohner ständig auf Verdachtsmomente hin beobachten, ob sie sich unter vielem anderen in bezug auf ihren Stand, ihr Dorf, ihren Namen oder ihre Arbeit verstellten, zu luxuriös lebten (mit Genuß von Fleisch, Alkohol usw.), Furcht zeigten oder stammelten. – Weiter sei nach gestohlenen und verlorenen Dingen zu fahnden und die Aufmerksamkeit des Marktaufsehers auf Händler als Hehler zu lenken, wie es schon bei den *dharmastha*-Richtern unter dem 11. Rechtspunkt und bei den *pradeṣṭṛs* im Kampf gegen Kleinhändler-Dornen kurz erwähnt worden war[390]. – Schließlich seien bei Einbrüchen Indizien, wie z. B. Fußspuren, zu sammeln und die Schuldigen außerhalb und innerhalb des Hauses zu suchen, seien es in Not befindliche Männer, Frauen aus armen Familien, Diener oder (vom nächtlichen Einbruch) Übermüdete, übermäßig Redende, Beschmutzte und andere Verdächtige[391].

Die Leiche eines plötzlichen Verstorbenen sei gründlich auf Ermordung hin zu untersuchen, wobei der Mörder (bzw. Totschläger) auch einen Selbstmord fingiert haben könnte. Als Mörder kämen Diener, Frauen oder Verwandte (Erben) in Frage, denen der Ermordete Unrecht getan haben mochte, oder Konkurrenten, Gegner und alle, die im Zusammenhang mit dem Ermordeten von den 17 Rechtspunkten betroffen seien[392]. – Mord (Totschlag) gehörte offenbar nicht in das Gebiet der *dharmastha*-Richter[393], und die Staatslehre erwähnte keine private Klage der Erben des Ermordeten. Dies war in der III. Periode von Gautama und Āpastamba als Sünde, von Baudhāyana als Verbrechen aufgefaßt worden[394] und wurde jetzt von Kauṭalya weder als Gegenstand des mit *dharmasthas* besetzten zivilen Gerichts angesehen, noch als Sünde, sondern als vom Staat bzw. den *pradeṣṭṛs* aufzuspürendes, anzuklagendes und abzuurteilendes Verbrechen gegen öffentliches Strafrecht[395].

Das nächste Kapitel der Staatslehre über Verhör und Tortur ging offenbar ebenfalls nur *pradeṣṭṛs* an, denn es wird dargelegt am Falle von Einbruch, der oben im Kapitel über den Verdacht (des *pradeṣṭṛ*) bereits vorgekommen war, aber nicht beim 13. Rechtspunkt der dharmasthas[396]. Den *dharmastha*-Richtern sollte als Prozeßordnung wohl genügen, was im III. Buch über Anklage und Zeugen dargelegt worden war, ohne Tortur zu erwähnen, darin in Übereinstimmung mit dem brahmanischen Recht. Der *pradeṣṭṛ* aber sollte unter Anspielung auf jenes Verdacht-Kapitel Zeugen aus dem Hause des Bestohlenen oder von außerhalb in Gegenwart des Beklagten befragen[397]. Gelänge dem Angeklagten der Nachweis eines Alibis, sei er freizulassen, sonst der Tortur zu unterwerfen, deren Arten hier mit zahlreichen, noch recht unverständlichen Fachausdrücken empfohlen wurden. Zum Schutz des Angeklagten wurde andererseits gelehrt, daß er freizulassen sei, wenn der Ankläger nachweislich sein Feind war oder die Indizien nicht ausreichten. Kinder, Greise, Kranke, Trunkene, Hungernde, Ermüdete und Schwache seien, wenn ihr Vergehen nicht sehr groß war, nicht der Tortur auszusetzen, überhaupt nicht schwangere oder gerade entbunden habende Frauen, Brahmanen und Asketen[398]. Bei Verstoß gegen diese Prozeßvorschriften wurde dem leitenden und ausführenden Beamten, d. h. dem *pradeṣṭṛ* und dem Folterknecht, die höchste Gewaltstrafe angedroht[399].

Im folgenden Abschnitt wurden Strafen gegen alle verbrecherischen Beamten, die Aufseher und ihre Leute, *dharmastha*-Richter und *pradeṣṭṛs* (all diese waren schon als zu Bespitzelnde erwähnt, s. o.[400]), ferner deren Schreiber und die Gefängnisaufseher empfohlen. Der Steuereinnehmer und die *pradeṣṭṛs* sollten sie „zügeln“,wenn die Aufseher und ihre Leute etwas aus den königlichen Bergwerken (darunter Edelsteinminen und Perlfischereien) und „Werkstätten“ wie der des Goldschmieds, aus Schatz, Speicher oder Arsenal entwendeten, und zwar je nach dem Wert des Entwendeten, u. U. bis zur Todesstrafe, Wesentlich leichter seien sie zu bestrafen, wenn sie[401] von privaten Feldern, Dreschplätzen, Häusern oder Läden etwas entwendeten. Ungerechte oder gegen die Prozeßordnung verstoßende Richter seien u. U. zu entlassen; Schreiber seien entsprechend ihren Fehlern beim Protokollieren zu bestrafen. Richter und *pradeṣṭṛs* (diese sind in den vorhergehenden Sätzen über die Richter nicht genannt) seien, wenn sie zu Geldstrafen in falscher Höhe verurteilten, mit dem Doppelten dieser Beträge zu bestrafen, bei falschen Leibesstrafen mit eben denselben oder mit doppelter Geldstrafe. Gefängniswärter dürften Gefangene nicht unmenschlich behandeln, geschweige töten, aber auch nicht entlaufen lassen. Besonders seien Frauen gegen Vergewaltigung durch sie zu schützen mit Strafen, die danach abgestuft waren, ob die Frauen Sklavinnen bzw. Verpfändete, ob sie Frauen von Räubern und Rebellen oder von Ārya waren[402].

Daß ein Verurteilter sich, wie eben erwähnt, von einer Leibes- durch eine Geldstrafe loskaufen könne, wird im nächsten Abschnitt in einem ganzen Katalog von

Strafen[403] ausgeführt. So solle der Dieb oder Töter eines Hahnes, eines Schweines, Hundes oder einer Katze 54 *paṇas* zahlen oder die Nasenspitze einbüßen, wer einen Wagen, ein Boot oder ein Stück Kleinvieh entwendete, einen Fuß verlieren oder 300 *paṇas* zahlen, ein Śūdra, der sich als Brahmanen bezeichnete, Göttergut entwendete, Unheil für den König voraussagte oder jemand blendete, solle geblendet werden oder 800 *paṇas* zahlen (falls er soviel Geld hatte!). Auf Verkauf von Menschenfleisch (für kannibalistische oder zauberische Zwecke) stand Todesstrafe, die nicht ablösbar sei[404].

Die Todesstrafe mit Tortur wurde im folgenden Abschnitt für denjenigen festgelegt, der einen anderen im Streit ermordete, wo der Fall also nicht zweifelhaft war, wie in dem der Leiche eines plötzlich Verstorbenen. Erläge einer in einem Streit seinen Wunden erst eine, zwei oder vier Wochen später, werde die Strafe bis zu einer Geldstrafe erleichtert. Auch dieser Abschnitt enthält einen umfangreichen Katalog von Strafen, meist Arten der Hinrichtung, wie z. B.: Pfählen für Diebe und Töter königlicher Elefanten oder Pferde und für diejenigen, die deren Leichen verbrannten[405]; Verbrennen für die, die nach der Herrschaft trachteten, in den königlichen Harem eindrangen, Waldstämme und Feinde aufstachelten, Aufstände in Stadt und Land oder im Heer anzettelten, für Vater-, Mutter-, Sohnes-, Bruder-, Lehrer- und Asketenmörder und für Brandstifter; Hinrichtung für den „zufälligen“ Mörder (Totschläger) und den Entführer von Menschen oder Herden; Ertränken für den, der einen Staudeich zerstörte, für einen Giftmischer oder eine Frau, die einen Mann ermordete; tötete sie ihren Gatten, solle sie von Kühen zertrampelt werden. Ein ziviler Waffendieb werde mit Pfeilen erschossen, ein Krieger zahle in solchem Falle nur die höchste Strafe. Zum Schluß steht ein Vers, daß diese grausamen Hinrichtungen so gelehrt würden; seien die Verbrecher aber nicht grausam, so sei nur einfache Hinrichtung zu empfehlen[406]. Man möchte diese verhältnismäßig humane Einstellung Kauṭalya selber zutrauen.

Die *pradeṣṭrs* hätten sich weiter mit Deflorierung von Mädchen zu befassen. Dies war bei Kauṭalya nicht Sache der *dharmastha*-Richter und ihres Heiratsrechts. Es hing wohl mit dem Ehebruch zusammen, der mit Einbruch zusammen im Kapitel der *pradeṣṭrs* bereits kurz genannt worden war[407]. Dreimal wird in diesem Abschnitt der Satz wiederholt, daß kein Mann seine Lust an einer Nichtwollenden (oder Nichtliebenden) büßen solle. Defloriere jemand ein unreifes Mädchen seines eigenen Standes, werde ihm die Hand abgeschnitten, oder er zahle 400 *paṇas* (die übliche Loskaufsumme)[408]; stürbe sie daran (was auf ihre Kindlichkeit schließen läßt), werde er hingerichtet; sei sie bereits reif, verlöre er den Mittelfinger oder zahle 200 *paṇas*; sei sie dagegen willig gewesen, zahle er nur 54 *paṇas*. Es werden dann Deflorierungen, die dank verschiedener Möglichkeiten des Betrugs bei Verlobung und Hochzeit, wie etwa Unterschiebung nicht vorgesehener Ehepartner, vorkommen könnten, behandelt und u. U. entschuldbare Deflorierungen von Mädchen, deren Gatten die Ehe nicht rechtzeitig vollzogen, so daß Menstruationen für Zeugung verloren gingen. Defloriere ein Mädchen sich selber, verfalle sie dem König als Sklavin (Hetäre). Weiter werden Entführungen oder Mißbrauch von Haussklavinnen behandelt oder von Frauen verreister Männer, die von Verwandten des Gatten vor Fehltritten behütet werden sollten, und (ebensolche) Frauen, die von Feinden oder Waldstämmen geraubt oder in Hungersnot im Walde ausgesetzt worden waren und ihrem Retter gehören sollten, wenn es von Standes wegen passend war[409].

Das Kapitel der *pradeṣṭṛs* schließt mit einem Abschnitt über Strafen für „(Rechts)Überschreitungen" verschiedener Art: Wer ein Mitglied eines der vier Stände dazu veranlasse, etwas für diesen Verbotenes zu essen oder zu trinken, werde je nach Stand mit Geld bestraft, wer freiwillig etwas Verbotenes zu sich nehme, werde verbrannt. Damit waren die *pradeṣṭṛs* auch für solche Fragen der Orthodoxie zuständig. – Beim Hausfriedensbruch ist dies verständlicher; hier wird die Restitutionspflicht des Staates für Waren, die umherziehenden Händlern innerhalb und außerhalb von Dörfern gestohlen wurden, erwähnt. Haftung für Schädigung (von Menschen), und zwar anscheinend beabsichtigte, die durch Vernachlässigung von Häusern, Wagen, Waffen, Brunnen usw. entstanden ist, solle als „tätlicher Angriff" (Körperverletzung)[410] aufgefaßt werden, der als 15. Rechtspunkt den *dharmastha*-Richtern übertragen war. Auch das Fällen von Bäumen fiel u. U. unter die Gerichtsbarkeit der *dharmasthas*[411]; wenn aber der Fäller dabei gefährdete Menschen nicht mit Zuruf warnte (und schädigte), sei er von *pradeṣṭṛs* zu strafen[412]. Weiter hafte ein Eigentümer oder Treiber von Tieren für Schädigungen, die diese unter verschiedenen Umständen Menschen zufügten, und auch Tierkämpfe galten Kauṭalya, wenn dabei ein Tier getötet wurde, als strafwürdig[413]. Liebeszauber[414] wurde von ihm nur Gatten erlaubt, die damit den unwilligen Ehepartner, oder Liebenden, die ein Mädchen zur Frau gewinnen wollten. Wer aber die Schwester von Vater oder Mutter, die Frau seines Onkels mütterlicherseits oder seines Lehrers, seine Schwiegertochter, Tochter oder Schwester bezaubere, werde hingerichtet; war die Frau willig, so auch sie, und ebenso diejenige, die sich von einem Haussklaven, Diener oder Verpfändeten genießen ließ. Mit Einzelvorschriften wurden die Brahmanin, die Königin, die Nonne, ja auch die Hetäre gegen Lüstlinge geschützt und wurden Perversitäten verschiedener Art verboten[415].

Die *pradeṣṭṛs* hatten demnach sowohl polizeiliche wie richterliche Funktionen in sehr verschiedenen Fällen des öffentlichen Rechts, die von Kauṭalya alle als Schädigung (des Landvolkes) durch „Dornen" aufgefaßt wurden (in der Stadt hatte der Stadtleiter ihre Funktion). Sie sollten eine Art Gewerbepolizei gegenüber Handwerkern, Ärzten, Musikern, Händlern und Bauern sein und alle Beamten kontrollieren, eine Art Baupolizei zur Vermeidung von Feuersbrünsten und Überschwemmungen, ihnen oblag aber auch Schutz gegen Seuchen, Epidemien und Geister; sie sollten gegen Einbrüche, Mord und Totschlag, gegen Hausfriedensbruch, Deflorieren und „Verschiedenes" schützen, und sie hatten ihre besondere Kriminalistik, insbesondere bei plötzlichem Tod, und ihre eigene Prozeßordnung mit Tortur.

Auf diesen Abschnitt über das „Reinigen der Dornen" von Stadt und Land ließ Kauṭalya ein Kapitel über dasselbe Thema in bezug auf den Krieg und sein Königtum folgen. Gemäß diesem sollte der Despot die Spitzen des Staates, d. h.

nach einem Kommentar Ratgeber, Hofpriester, Heerführer, Thronfolgen „usw.“, also die ersten vier (oder sechs) *tīrthas*[416], die sich (als Dornen in seinem Leib) über ihn erhoben oder zu seinem Feind hielten, durch geheime Agenten unauffällig beseitigen lassen, und zwar so, daß ein irgendwie dazu veranlaßter Verwandter des Verdächtigen ihn umbrachte, oder durch andere Intrigen. Als Dorn im Königtum dagegen galt ihm Leere des Schatzes, gegen die er anschließend besondere Maßnahmen empfahl. Gegen die Dornen des Königs wurde damit kein Gerichtsverfahren eröffnet; gegen sie, diese Mächtigen, diese Aristokraten, gab es im Despotismus offenbar nur das Mittel der Gewaltanwendung in solcher hinterhältigen Form[417]. Dieses Kapitel ergänzt demnach den vorangegangenen Abschnitt, in dem nur die niederen Königsdiener vom Aufseher an abwärts den *pradeṣṭṛs* überliefert worden waren[418]. Es gehört mit zum ,,Reinigen von Dornen“, aber nicht mehr zum öffentlichen Strafrecht.

Bei der *pradeṣṭṛ*-Gerichtsbarkeit hat man den Eindruck, daß der Staat als Ankläger auftrat, während vor den *dharmasthas* im allgemeinen private Kläger auftraten. Im großen ganzen handelte es sich bei den *pradeṣṭṛs* um öffentliches Strafrecht, bei den *dharmasthas* um Zivilrecht, aber nicht konsequent im römischen Sinne. Ehebruch wurde in der indischen patriarchalischen Gesellschaft als unter ziviles Recht, Entjungferung als unter öffentliches, Mord und Diebstahl bald als unter dieses, bald als unter jenes fallend oder als Sünde aufgefaßt, ohne daß dies Problem in den uns erhaltenen Texten diskutiert worden wäre. Kauṭalyas Rechtspunkte 1–12 gehören demgemäß im großen ganzen zum Zivilrecht, aber 13–15 oder gar 16 (Raub, Beleidigung, Körperverletzung und vielleicht Spiel) zum Strafrecht und sind von ihm deswegen vermutlich mit Absicht als eine geschlossene Gruppe an den Schluß gestellt worden (wobei man von 17, Verschiedenes, absehen muß). Diese Gruppe strafrechtlicher Punkte blieb auch bei Rechtslehrern von da an zusammen, aber nur noch bei Nārada und Bṛhaspati ebenfalls am Ende, während Manu nach diesen Fragen des Strafrechts noch einmal zum Zivilrecht (Ehe-, Erbrecht) zurückkehrte, in anderer Weise Yājñavalkya[419]. Dies war ein Rückschritt der Rechtslehre nach Kauṭalya. Kauṭalya leitete mit dieser strafrechtlichen Gruppe zu den *pradeṣṭṛs* mit ihrem Strafrecht anderer Art über und suchte beide auseinanderzuhalten, was eine große juristische Leistung war.

Die besondere Gerichtsbarkeit der *pradeṣṭṛs* ergab sich offenbar mit der Entwicklung des Despotismus als eine staatliche Notwendigkeit. Wie die Brahmanen außer dem staatlichen Gericht ihr eigenes Sühnegericht für Sünder brauchten, so der Despot sein Sondergericht für strafrechtliche Verbrecher. Daß die Sünder großenteils auch vom Strafgericht belangt werden konnten oder mußten, lag vielleicht in der Natur der Sache. Sühnen waren sehr alt, die *pradeṣṭṛs* aber offenbar jung; Kauṭalya zitiert bei ihnen keine Vorläufer[420]. Hier hat er – vielleicht absichtlich – kein System von Rechtspunkten geschaffen; so hatte der Despot größere Möglichkeiten.

Im altindischen Staat gab es damals nach Kauṭalya, wenn man einen knappen Überblick versucht, eine Gerichtsbarkeit 1. des Dorfschulzen innerhalb der alten Dorfgemeinde, 2. des Oberhauptes einer Gilde, einer Sippe, eines Standes, eines religiösen Ordens, 3. der Brahmanen über Sünden, die zu sühnen waren, 4. brahmanischer Richter (*dharmasthas*) im Staatsdienst, 5. der *pradeṣṭṛs* im Dienste des Steuereinnehmers und damit des Staates und 6. der Geheimagenten des Königs gegen seine Feinde, aber 7. gab es auch eine besonders geartete Gerichtsbarkeit in Aristokratien und 8. in Waldstämmen vom Typ der Munda oder noch primitiverer. Von einer Einheitlichkeit des Rechts kann keine Rede sein. Die Dorfgemeinde hatte noch Reste ihrer Autonomie. Der Despotismus hatte sich die 4.–6. Art Rechtswahrung zur Erhaltung des Staates geschaffen, von denen die 5. und 6. dem König, die 4. auch brahmanischen Richtern unterstanden, der Brahmanenstand als Hüter der Ständeordnung schließlich die 3. und 4. Art, von denen er die 3. allein, die 4. zusammen mit dem König ausübte. Dabei waren die Kompetenzen nicht klar gesondert, so daß Dorfgemeinde, Staat und Geistlichkeit, d. h. Volk, Staatsgewalt und Religion bald mit, bald gegeneinander arbeiteten, wie es die jeweilige Lage des Klassenkampfes ergab. Despot und Priester waren meist nicht sehr an Klärung solcher Kompetenzfragen interessiert. Kauṭalya bemühte sich, soweit wir heute wissen, am meisten von allen altindischen Staats- und Rechtslehrern um solche Klärung und behielt gewisse Gegenstände den nur dem Staat unterstehenden *pradeṣṭṛ* vor. Andererseits war Kauṭalya als Staatslehrer an Sünde und Sühne nicht interessiert. Er kam römischem Rechtsdenken am nächsten und stellt in dieser wie in mancher anderen Hinsicht den Höhepunkt altindischer staatlich-rechtlicher Ideologie dar. Manu hat nach ihm das Recht weiter in priesterliche Sittenlehre eingebaut gelassen. So blieb es im Hinduismus, so im Islam, d. h. in Gesellschaften, die auf asiatischer Produktionsweise fußten, im Unterschied zu Griechenland-Rom.

Diese verschiedenen Arten des Rechts und der Rechtsinstitutionen waren es, die die indische Gesellschaft auf Grund ihrer eigenen Geschichte von anderen, insbesondere etwa der griechischen, römischen und israelitischen unterschieden, nicht so sehr die – man möchte sagen, allgemein-menschlichen – Rechtsgegenstände, wie Diebstahl, Mord, Ehebruch und Verschuldung, oder die für diese verhängten Strafen.

Der Staat, wie er uns in der Staatslehre der IV. Periode entgegentritt, zeigt ebenso wie das damalige Recht eine bedeutende Höhe der Entwicklung, die der Kompliziertheit der damaligen Produktionsverhältnisse angemessen war. Man kann hier trotz quellenkritischer Bedenken von einem Höhepunkt der gesellschaftlichen Entwicklung in Basis und Überbau des alten, vorkapitalistischen Indiens reden, zumal bis zum Feudalismus, und im Grunde auch danach, nichts wesentlich Neues hinzugekommen zu sein scheint. Ungefähr ein Jahrtausend nach dem Einbruch der Ārya war in Indien eben in der zentralisierten Monarchie der Mauryas eine typisch altorientalische Despotie, wie man zu sagen pflegt, mit einem durchorganisierten Beamtenapparat und durchdachtemRecht herangewachsen, wie sie den Bedürfnissen der herrschenden Schichten entsprachen, soweit diese nicht andere Interessen hatten, die sehr schnell wieder zur Dezentralisierung des Staats führten.

10. Die drei großen Maurya-Herrscher

Der Staat, den die Staatslehre schildert, soll der Tradition nach der Staat des ersten Mauryas, Candraguptas, gewesen sein, dessen Hauptminister die uns überlieferte Staatslehre verfaßt haben soll. Indessen sind die Einzelheiten der damaligen politischen Geschichte dank der noch recht undurchschaubaren Parteilichkeit der Quellen noch nicht geklärt. Der Ursprung der Mauryas und ihr Verhältnis zu den Nandas ist durch Hofklatsch und Legenden ihrer Freunde und Feinde ebenso in Dunkel gehüllt wie der der Nandas[421]. Irgendwie wurde Candragupta vom Nandahof verbannt und kam infolgedessen im Pandschab mit Alexander von Mazedonien in Berührung, und zwar schon zusammen mit Kauṭalya. Beide suchten in ihm vielleicht einen Verbündeten gegen die Nandas und haben nicht gegen ihn gekämpft. Erst nach Alexanders Tod hat Candragupta im Jahre 321 v. u. Z. Inder in den Kampf gegen die griechischen Besatzungen geführt[422], ohne daß wir wüßten, woher er dafür die Autorität, Truppen und Gelder nahm. Nach dem Sieg zog Candragupta in Begleitung seines Ministers mit seinem Heer ins Gangestal und besiegte die Nandas[423]; er usurpierte den Thron von Magadha. Der letzte Nanda war ja bei aller wirtschaftlichen und militärischen Macht wegen seines Geizes unbeliebt und damit leicht zu stürzen. Als neuer Herrscher über Nordindien war Candragupta 305/4 v. u. Z. siegreich gegen Seleukos, den Nachfolger Alexanders in Persien-Mesopotamien-Syrien[424]. Es gelang ihm, die Grenze seines Reiches bis an die berühmte Nordwestgrenze in den Bergen Afghanistans am Fuße des Hindukusch vorzutreiben und zu halten, eine Grenze, die später die Guptas, die Moguln und die Engländer nicht haben erreichen können[425]. Candragupta stieß auch nach Südindien vor, dehnte also die Grenzen seines Staates weit über die der Nandas aus.

Die Einschätzungen Candraguptas gehen auseinander. Sicher war er, wie Nehru schrieb, klug, energisch und ehrgeizig[426]. Aber die Fragen, ob er nationales Empfinden seiner Inder gegen die Fremden hat wecken können – diese nannten ihn einen Räuber![427] –, wie er seinen Siegeszug gegen Griechen und Nandas begann, ob seine Usurpation für Indien einen Fortschritt bedeutete, ob er seinen Völkern verhältnismäßig viel Frieden und Wohlstand brachte, sind noch unbeantwortet. Man sieht auch noch nicht, ob er sein gewaltiges Reich über Kauṭalyas Vorstellung vom „Kreis" von Staaten hinaus organisieren konnte. Eine spätere Inschrift erwähnt einen Vaiśya Puṣyagupta als *rāṣṭriya* Candraguptas in Surāshtra; manche meinen, dieser sei sein dortiger Gouverneur gewesen, aber die Übersetzung dieses Fachausdruckes ist einstweilen zweifelhaft[428]. Nicht viel mehr wissen wir über den zweiten Maurya, Bindusāra (297–273 v. u. Z.), der das Reich weiter ausdehnte und seinen Sohn erst in Ujjayinī, dann in Takṣaśilā als Statthalter mit uns einstweilen unbekannten Kompetenzen einsetzte, wie es schon von Ajātaśatru am Anfang der III. Periode überliefert ist. Von einer Einteilung des Reiches in Provinzen, die sich von den älteren kleinen Staaten unterschieden hätten, ist nichts überliefert. Dies gilt auch noch für den dritten Maurya, Aśoka (273–236 v. u. Z.), der vier

Statthalter wiederum unbekannter Funktion in Takṣaśilā, Ujjayinī, Tosali und Suvarṇagiri hatte[429]. Zu seinen Lebzeiten begann bereits der Zerfall des Großreichs. Als Ursache muß man wohl die Interessen gewisser Brahmanen, Kṣatriyas und Vaiśyas, ja sogar Śūdras an Dezentralisierung annehmen, die schon in der III. Periode bei der Herausbildung des Gegensatzes der zentralisierten Monarchien und dezentralisierten Aristokratien wirksam gewesen waren und in Indien im Laufe der letzten drei Jahrtausende mehr zur Geltung kamen, d. h. sich als stärker erwiesen als die entgegengesetzten Interessen an Zentralisierung. Von Aśokas Regierung kennen wir vor allem seine religiös-moralischen Reformierungsbemühungen, seinen Buddhismus und seine Moralminister[430]. Er trat, offenbar gezwungen durch die Nichtdurchführbarkeit der kauṭalyaschen Staatsidee mit ihrem Widerspruch zwischen Autokratie und Humanismus, zu Kauṭalya in Gegensatz und versuchte eine ideologische Vereinheitlichung des Großstaats. Aber auch er drang nicht durch, blieb bei Kompromissen zwischen seinen Idealen und der Staatsräson stecken[431], denn ein Buddhist auf dem Thron eines orientalischen Despoten ist ein Widerspruch in sich selbst. Auch ihm gelang es nicht, als Zünglein an der Waage den Ausschlag zwischen den Zentralisierungs- und Dezentralisierungskräften zu bilden! Dies und das Folgende seien hier nur kurz skizziert, da kürzlich an anderer Stelle ausführlicher dargestellt[432].

11. Mauryastaat und Hellenismus

Neben dem gewaltig aufgeblühten Magadha stand kein politisch fortschreitendes Griechenland mehr. Das Griechenland dieser Zeit, das des Achäischen Bundes, war durch Hader, ja, Krieg seiner republikanischen Stadtstaaten gegeneinander verarmt und politisch zugrunde gerichtet[433]. Seine Städte verloren ihre Bedeutung neben den großen Städten des Orients, wie Alexandrien und Seleukia, diesen neuen Handelszentren riesiger Wirtschaftsgebiete[434].

Dagegen bedeutet der Hellenismus für die asiatischen Diadochenstaaten dieser Zeit, für das seleukidische und ptolemäische Reich, eine schnelle Entwicklung der Sklaverei in verschiedenen Formen, wobei aber die „asiatischen“ Dorfgemeinden immer noch die Grundlage der Staaten bildeten. Diese blieben agrarisch, die Bauern die Masse der Produzenten[435]. Sie waren noch wie das achämenidische Persien und das Indien der Mauryas Konglomerationen verschiedenster Staaten, zeitweilig zusammengehalten durch Verwaltung und Heer einer Zentrale. Der Kern des Seleukidenreichs war nicht Persien, sondern Mesoptamien und Syrien mit sich weiter entwickelnder Wirtschaft, mit freilich nur wenig entwickelter staatlicher Wirtschaft, und dementsprechnd hatte der Seleukidenstaat kein so verzweigtes Verwaltungssystem wie das ptolemäische Ägypten oder das Indien der Mauryas. Das hellenistische Ägypten hat denn auch Indologen mehr zum Vergleich der Staatseinrichtungen gelockt als das Seleukidenreich[436]. Diese drei Großreiche, das der Mauryas, Ptolemäer und Seleukiden, waren drei damalige Varianten des altorientalischen zentralisierten, mehr oder weniger despotischen Staates,

Repräsentanten der im Alten Orient immer wieder geglückten, aber auch immer wieder der Dezentralisation weichenden Zentralisation. Gemeinsam war ihnen auf Grund innerer Gesetzmäßigkeit der pomphafte Hof als Zentrale, waren die Ratgeber in der Umgebung des Autokraten, die die verschiedene Ressorts verwalteten, vor allem die der Finanzen und des stehenden Heeres, und das Fehlen demokratischer Elemente. Aber Indien hatte keine Tradition im Aufbau von Satrapien oder Provinzen wie Persien und Ägypten.

Die geradezu periodisch wechselnden Erscheinungen der Zentralisation und Dezentralisation hat es in Griechenland nicht gegeben; dem griechischen Stadtstaat lag eben nicht die asiatische Produktionsweise zugrunde. Innerhalb der Länder asiatischer Produktionsweise aber hatte Indien die Besonderheiten, daß dank dem Einfall der Ārya zwischen der anzunehmenden bronzezeitlichen Zentralisation im 3. Jahrtausend v. u. Z. und der eisenzeitlichen der Mauryas eine besonders lange, mindestens tausendjährige Periode der Dezentralisation lag, in der die Ārya langsam in die altorientalischen Staatsverhältnisse hineinwuchsen, während sie die asiatische Produktionsweise annahmen und weiterführten. Die gleichzeitig nach Griechenland eingewanderten Griechen haben die asiatische Produktionsweise nie in ihrer Heimat und in dieser IV. Periode erst in den hellenistischen Staaten der Seleukiden und Ptolemäer angenommen. Die gleichzeitig nach Iran eingewanderten Perser schließlich hatten schon mit den Achämeniden in der III. Periode auf der Grundlage der vorgefundenen asiatischen Produktionsweise ein Großreich gründen und Mesopotamien und Ägypten in einmaliger Zentralisation erobern können, freilich mit so geringer Organisierung, daß ihr Staat bereits vor Alexander im Verfallen war.

Das Maurya-Indien stand also bei all seinen Besonderheiten als altorientalischer Großstaat etwa gleichwertig neben den Staaten der Ptolemäer und Seleukiden, aber es war selber kein hellenistischer Staat. Ihm fehlte das Element griechischer Kolonisation, es war kein Diadochenstaat, kein Erbe Alexanders. Es war aus eigenen Wurzeln erwachsen, aus der tausendjährigen Verschmelzung der Ārya und Vorarier, sowohl in seiner Basis wie in Staat und Recht.

V. Periode: Dezentralisation (Śungas, Kaṇvas) und neue Zentralisation (Kuschān); 236 v.u.Z. bis 300 u.Z.

1. Politische Geschichte

Auf die zerfallende Mauryadynastie folgte die Dynastie der Śungas (187–75 v. u. Z.) und auf diese die der Kaṇvas (75–30 v. u. Z.). Beide waren Brahmanen dem Stande nach, beide kamen durch Ermordung ihrer Vorgänger auf den Thron. Pushyamitra, der Begründer der Śungas, war der Feldherr des letzten Maurya gewesen; er ermordete ihn bei einer Truppenschau[1]. Vāsudeva, der Minister des letzten Śunga, ermordete seinen Herren und wurde der erste Kaṇvakönig von Magadha[2]. Hatte das Śungareich noch eine gewisse Größe gehabt[3], so war das der Kaṇvas auf das alte Stammland Magadha beschränkt. Pushyamitra ist wegen eines Pferdeopfers, des vedischen Opfers eines Welteroberers, bekannt, und manche nehmen an, daß diese beiden brahmanischen Dynastien eine gewisse brahmanische Reaktion gegen den Buddhismus Aśokas bedeuten. Dies ist indessen einerseits fraglich, da Aśokas Nachfolger aus der Mauryadynastie durchaus nicht alle eifrige Buddhisten gewesen waren; andererseits versetzt man Manus für zwei Jahrtausende grundlegend gebliebenes „Rechtsbuch“ in die Zeit dieser brahmanischen Dynastien, und dieses Buch spricht eben doch für eine damalige Machtstellung des orthodoxen Brahmanentums.

Der letzte Kaṇva scheint dann von Sīmuka, dem ersten Śātavāhana-König (s. u.), seiner Herrschaft beraubt worden zu sein[4]. Magadha wurde damit zeitweilig von dieser großen dekkhanischen Dynastie beherrscht (s. u.).

Nordindien war seit dem Ende Pushyamitras in eine Fülle kleiner und kleinster Staaten zerspalten, wie es meistens der Fall war. Manche waren im Gangestal nur eine Stadt mit einer gewissen, noch unbestimmbaren Umgebung, wie z. B. Mathura oder Kosambi. Weiter haben wir Münzen der dortigen Pañcāla und Kosala oder neuer Aristokratien wie der der Yaudheya, Arjunāyana und Kuṇinda im Nordwesten aus dieser Zeit nach dem Zerfall des Mauryareiches[5].

Pushyamitra Śunga hatte aber auch gegen Griechen zu kämpfen, die aus dem Nordwesten herandrängten und einmal, 187 v. u. Z. unter König Demetrius bis Pāṭaliputra, der Hauptstadt Magadhas, vordrangen[6]. Seit der Mitte des 3. Jh. v. u. Z. hatte sich die seleukidische Satrapie Baktrien unter Diodotos selbständig gemacht, Euthydem war seit 206 v. u. Z. der Herr dieses hellenistischen Staates[7]. Demetrius benutzte den Zerfall des Mauryareiches zu jenem Einfall in Indien. Aber 171 v. u. Z. usurpierte Eukratides den Thron des Demetrius und zwang ihn, seine indischen Eroberungen wieder aufzugeben. Eukratides drang nun seinerseits in Indien ein, wurde aber von König Menander (180–160 v. u. Z.), der zwischen

Jhelum und Mathurā herrschte, zurückgeschlagen, eroberte dieses zweite nordwestindische Griechenreich nach Menanders Tod, aber schon kurz nach 150 wurden diese Griechenstaaten in Baktrien von den Indoskythen überrannt. Der Indien-Traum Alexanders war ausgeträumt. Nur Menander hat auf einige Inder insofern Eindruck gemacht, als sie in einer philosophischen Schrift es so darstellen, als sei er Buddhist geworden[8]. Sonst gibt es nur wenige Anspielungen auf den Krieg des Demetrius in altindischer Literatur. Unsere Hauptquelle sind griechische Berichte und zahllose im indischen Boden gefundene Münzen dieser hellenistischen Könige. Sie haben den griechischen Typ der geprägten Münze, die seit Alexander das Bild des Königs und seinen Namen trägt, nach Indien eingeführt. Auf die Form der indischen Gesellschaft aber haben diese Eroberer nicht eingewirkt. Sie waren wohl nur kleine Gruppen von Abenteurern. Ihre Kriege waren für die Massen des indischen Volkes ohne Belang. Was scherte es die Dorfgemeinde, wer auf dem Thron in der nächsten, ihr fernen Stadt saß? In die Verwaltung und das gesellschaftliche Leben besonders der Dörfer und Stände werden diese Herren kaum eingegriffen haben. Einige von ihnen sind schnell indisiert, wie sich einer, ein gewisser Heliodorus, als Anhänger Vischnus bekannte und dafür eine Steinsäule mit einer Inschrift aufrichten ließ[9].

Die Skythen, die die hellenistischen Griechen in deren östlichem Kernland, in Baktrien, vernichteten (s. o.), waren ein Teil der damaligen gewaltigen innerasiatischen Völkerbewegung. Diese begann nach chinesischen Quellen mit dem Vorstoß der Hunnen, die die Jüe-Tschi 165 v. u. Z. schlugen[10] und aus ihren Sitzen um Kaschgar vertrieben. Diese Jüe-Tschi, wie die Chinesen sie nannten, waren anscheinend iranischer Abstammung. Sie zogen jetzt nach Westen und stießen auf die Śaka oder Skythen, Hirten iranischer Abstammung, die seit dem 6. Jh. v. u. Z. Landwirtschaft aufgegeben hatten und als Pferdezüchter mit fahrbaren Jurten nomadisierten[11]. Diese Śaka wurden zersprengt und bildeten mehrere kleine Reiche[12]. Sie waren die nördlichen Nachbarn der Baktrier am Jaxartes und gehörten zu den Skythen, die in den südrussischen Steppen bis zum Schwarzen Meer hin umherschweiften[13]. Sie nahmen den Griechen Baktrien fort. Ihnen folgten aber die Jüe-Tschi auf dem Fuße, eroberten Baktrien 145 v. u. Z.[14], jagten die Śaka weiter vor sich her, und so kam ein Jahrhundert später ein Zweig der Śaka auf den Spuren der Griechen nach Indien, die Indoskythen. Weiter nach Westen konnten sie nicht ziehen, daran hinderte sie das dort inzwischen errichtete Partherreich, das seinerseits mit den Römern in Kriege geriet, die im Vorderen Orient damals die Erben der hellenistischen Griechen waren. Unter dem Druck der Parther zog Maues gegen Ende des 1. Jh. v. u. Z. nach Indien[15] als erster iranisch-sykthischer König dieser vielzweigigen Śaka-Bewegung, irgendwie vermischt mit parthischen Elementen[16], so daß man in dieser Zeit von Skythen und Parthern oder von Śaka und Pahlava spricht und damit Könige Nordwestindiens vom Ende des letzten Jh. v. u. Z. bis zur Mitte des 1. Jh. u. Z. meint.

Auch dieses Jahrhundert um die Zeitwende herum war für Nordindien eine Periode staatlicher Zersplitterung, in der Magadha keine nennenswerte Rolle spielte und wieder Münzen der kleinen Staaten und Aristokratien auftreten[17]. Die

Śaka hatten in Baktrien-Iran das persisch-hellenistische Verwaltungssystem der Satrapien kennengelernt und wendeten es jetzt in Indien an[18].

Inzwischen lebten die Jüe-Tschi in fünf kleinen Reichen weiter in Baktrien. Ein gewisser Kudschula Kadphises (15–65 u. Z.) vereinigte sie und begann den Marsch in das fruchtbare Indien; da er Münzen des römischen Kaisers Claudius (41–54 u. Z.) nachahmte, muß er nach 41 u. Z. gelebt habt[19]. Er hat vielleicht Gandhara erreicht, sein Nachfolger Vima Kadphises (65–75 u. Z.) hat dann die Grundlage des sogenannten Kuschān-Reiches in Nordindien gelegt, das bis in den Anfang des 3. Jh. u. Z. blühte. Der berühmteste König dieser Dynastie war Kanischka (78–100 u. Z.), den die Buddhisten als ihren großen Schirmherren priesen, der aber nach Ausweis seiner Münzen auch griechische, iranische und hinduistische Götter wie Śiva verehrte. In Mathurā sind uns Steinplastiken Kanischkas und anderer Kuschan erhalten, leider mit abgeschlagenen Köpfen; ihre Kleidung ist unindisch, typisch für innerasiatische Reiter. Indessen trug Kanischkas dritter Nachfolger den Namen Vāsudeva, war demnach ein Vischnuverehrer, also bereits indisiert.

Kanischka hatte ein gewaltiges Reich, das von Bihar und Konkan bis Khotan und Khorassan reichte[20] und das römische mit dem chinesischen Reich verband. Dies waren damals die drei großen Staaten die die Geschichte bestimmten. Ihre politische Verbindung, die zu den Handelsverbindungen entlang der Seidenstraße gehört, war ein bedeutender Schritt über die Reiche der Achämeniden, Alexanders und der Mauryas hinaus.

Betrachtet man das Heereswesen der fünften Periode, so hat man hervorgehoben, daß vor der Herrschaft der Indoskythen keine bogenschießende indische Reiterei erwähnt wird[21]. Kavallerie an sich hatte in Indien erst seit etwa dem Einfall Alexanders eine Rolle gespielt[22]. Nach der sechsten Periode hörte diese besondere Art Reiterei der berittenen Bogenschützentruppe wieder auf[23]. Sie wurde nur eine Zeitlang durch die Einfälle fremder Eroberer bedingt. In der sechsten Periode aber gab es statt dieser bogenschießenden Reiter schwerbewaffnete, außer dem Bogen auch die Lanze führende Reiter[24], die Rittern des Feudalismus sehr ähnlich sahen[25].

Auch das ausgedehnte Reich der Kuschāns zerfiel nach hundertjähriger Größe gegen Ende der V. Periode um 175 u. Z. wie das der Mauryas in der IV. Periode, und Indien zerfiel wieder in die übliche Kleinstaaterei. Es ist erwogen worden, ob brahmanische Klagen in Puranen über Zerfall der Gesellschaft abgesehen vom ständigen Klassenkampf auch auf die damaligen fremden Eroberer zu beziehen sind[26], die wie der Buddhistenfreund Kanischka vermutlich Gegner der Ständegesellschaft der Brahmanen waren. Man meint, daß die fremden Herren, da sie als Nicht-Ārya in die Ständegesellschaft nicht eintreten konnten, den Buddhismus gefördert haben, aber dies haben durchaus nicht alle getan. Wie dem auch sei, die Klassenkämpfe mit dem gesellschaftlichen Aufstieg der Śūdras waren wohl die Hauptursache für solche Klagen der brahmanischen Reaktion in Puranen und Manus Rechtsbuch (s. u.).

Nach dem Zerfall des Kuschanreiches wurden Arsitokratien, monarchische Kleinstaaten und mehrere Satrapien wieder für uns greifbar; es werden auch neue

Namen genannt wie die der Nāga-Dynastie[27]. Aber im ganzen ist das letzte Jahrhundert Nordindiens unserer Periode einstweilen noch in ziemliches Dunkel gehüllt.

Im Dekkhan ist in seinem östlichen Teil als Nachfolger des Mauryareiches das Kalinga-Großreich unter der jinistischen Tscheti-Dynastie zu nennen, uns im wesentlichen bekannt durch den König Kharavela und seine Ruhmesinschrift, der Magadha besiegte und andere Staaten rings um sein Reich herum[28]. Im westlichen Dekkhan aber folgten auf die Mauryas direkt oder indirekt die Sātavāhanas oder Andhras, die es verstanden, für 4 Jahrhunderte von etwa 200 v. u. Z. bis 200 u. Z.[29] ein gewaltiges Reich aufzurichten und zu halten, das schließlich von der West- bis zur Ostküste reichte. Ein berühmter König dieser Dynastie war Śātakarṇi I (194–185 v. u. Z.), dessen Taten in Krieg und Frieden mit Anführung vieler vedischer Opfer uns in einer Ruhmesinschrift überliefert sind[30].

Im äußersten Süden Indiens, der nicht einmal von den Mauryas beherrscht worden war, lebten die alten Königtümer der Tschola, Pandya und Tschera auch in dieser Periode weiter[31]. Der Tschola-König Karikāla ist berühmt geworden nicht nur durch seine Kriege, sondern auch weil ihm der Bau von Kanälen zur Ausnutzung des Wassers der Kaverī in ihrem Delta zur Bewässerung trockenen Landes zugeschrieben wird[32].

So ist das Indien dieser fünften Periode in drei Zonen geteilt: Nord-, Mittel- und Südindien, und so ähnlich blieb es im Verlaufe der langen Jahrhunderte des Feudalismus[33].

Auch in Ceylon blühten Königreiche indischer Art und Buddhismus[34], und indische Kolonisatoren stießen seit den ersten Jahrhunderten u. Z. immer weiter nach Osten und Südosten vor und gründeten jenseits des Meeres in Hinterindien und Indonesien Handelsniederlassungen, Tempel und Königtümer[35]. Es scheint, als ob einige der von den Kuschāns vertriebenen indisierten Śakas in der Mitte des 1. Jh. u. Z. von Gudscharat aus nach Java segelten und dort den ersten Staat gründeten mit indischer Schrift, Verwaltung und Religion[36]. Im 3. Jh. aber soll ein Brahmane durch Heirat einer einheimischen Prinzessin in Kambodscha ein Reich indischer Prägung gegründet haben[37]. Dies ist das südostasiatische Gegenstück zur innerasiatischen Kolonisation, die von Nordwestindien ausging und der buddhistischen Legende nach schon mit Aśokas Sohn Kunāla begonnen haben soll. In der Kuschānzeit saßen jedenfalls in Kaschgar, Kutscha und anderen Städten Sinkiangs indische Kolonisten, wie Ausgrabungen gezeigt haben[38].

2. *Der Staat nach Inschriften*

Man kann nach den spärlichen Anspielungen in Inschriften usw. annehmen, daß auch in dieser Periode zahlreicher fremder Eroberer Nordindiens Verwaltung und Regierung im Grunde ähnlich – bei vielen Varianten – fortgingen wie in der vierten Periode[39]. Nur dürfte die Verwaltung im allgemeinen nicht so straff organisiert gewesen sein, wie sie im Staatslehrbuch vorgeschrieben worden war[40], ist dies doch sogar für die Praxis des Mauryastaates fraglich. Selbst ein fremder Eroberer wie Rudradāman, der dritte König der indoskythischen Dynastie, hat sich in einer seiner Inschriften gerühmt, daß er die Staatslehre sorgfältig gelernt habe und daß seine hohen Beamten (*amātya*) die erforderlichen Eigenschaften hätten (wie es Kauṭalya vorgeschrieben hatte)[41]. Auch die im Nordwesten Indiens damals eine Zeit lang herrschenden Griechen haben im Gegensatz zu den Ptolemäern und Seleukiden keine nennenswerte griechische Herrenschicht oder Ideologie nach Indien verpflanzt, haben vielmehr die Inder als gleichberechtigt anerkannt, d. h. die oberen Zehntausend der Inder; sie haben auf ihren Münzen neben der griechischen die indische Sprache zugelassen, auch dies im Gegensatz zu den anderen hellenistischen Königen[42]. Die Indoskythen aber haben, wie Inschriften zeigen, auch Inder als Gouverneure (Satrapen) und Schatzmeister eingesetzt[43]. Diese Fremden konnten gar nicht anders, als den indischen Beamtenapparat mit seiner einheimischen Tradition der Verwaltung zu übernehmen. Sie behielten sich dabei wohl nur die obersten Stellen der Regierung vor. Sie waren ja immer nur eine verhältnismäßig kleine Erobererschicht, die sich als neuer Adel neben und über den einheimischen stellte, bald aber mit ihm verschmolz. Auch in Südindien, besonders im Dekkhan, blieb offenbar die Tradition des Mauryastaates im wesentlichen lebendig, wie die Titel von Beamten zeigen, deren einige uns in Inschriften erhalten sind. Dabei gab es auch einige Neuerungen, wie denn die Berater des Königs in „Gefährten der Meinung“ und „Gefährten der Handlung“ unterteilt wurden, je nachdem, ob sie nur im Rat saßen oder auch praktisch ein Ressort verwalteten[44]. Auch das Sekretariat des Königs lebte damals im Dekkhan weiter. Sekretäre waren hochgestellt und reich genug, für buddhistische Mönche Höhlen in Felsen meißeln und noch uns Heutige in Inschriften ihre Namen und Taten wissen zu lassen[45]. Dazu gehört aber auch, daß der Staat an geeigneten Stellen Staudeiche und Kanäle für die Bewässerung größerer oder kleinerer Gebiete anlegen ließ. Königliche Inschriften bezeugen dies[46].

Die staatlichen Einnahmen und Ausgaben werden im wesentlichen dieselben geblieben sein wie früher. Die Einnahmen bestanden in Natural- und Geldabgaben, dazu in Arbeitssteuer der Bauern, Hirten und Handwerker, die manchmal in Inschriften erwähnt werden, aber auch in Zöllen und Einnahmen aus Bergwerken[47].

Neu war in dieser Periode – der gesellschaftlichen Wirklichkeit entsprechend – das staatliche Interesse am Seehandel. Ein Grieche berichtete darüber, daß der König der Indoskythen einen regelrechten Lotsendienst für den Hafen von Bharukhattscha eingerichtet hatte; dessen große Schiffe fuhren die Westküste Indiens bis Kathiawar entlang, um einkommende Schiffe sicher in den Hafen gelangen zu lassen, zugleich aber den Seeverkehr des Hafens von Kalyāna, der den Dekkhankönigen gehörte, zu behindern, so daß Waren aus dem reichen dekkhanischen Inland nicht in Kalyāna auf Schiffe verladen werden konnten, sondern weit über Land bis Bharukhattscha befördert werden mußten[48].

Etwas Neues drückt sich auch in den Titeln mancher Könige dieser Periode aus. Nicht nur, daß Griechen griechische Titel hatten, Indoskythen nahmen parthische Titel an wie „Großer König der Könige“[49] und beanspruchten damit, als Oberherren eines Großreichs anerkannt zu werden, und Kuschān-Könige nannten sich „Großkönig-Oberkönig-Göttersohn“. Mag dieser religiöse Begriff nun ein amtlicher Titel oder nur ein schmückendes Beiwort gewesen sein[50], er bezeichnete irgendwie eine göttliche Natur des Herrschers und drückte damit eine in dieser Form vermutlich Indien vorher fremd gewesene Ideologie des Despotismus aus, selbst wenn auch manche Inder schon längst den König irgendwie als mit göttlichen Kräften begabt ausgegeben hatten[51]. Diese Kuschān-Könige bauten in Mathurā Tempel für ihre Ahnen, wie es im damaligen Rom Kaiser für ihre vergöttlichten Vorfahren taten[52].

In dieser Vergöttlichung des Königs lag eine Tendenz zum absoluten Herrschertum, die sich vielleicht unter anderem auch darin ausdrückte, daß Manu erklärte, ein gefundener Schatz oder Erz gehöre zur Hälfte dem König, denn er sei der „Herr“ (*adhipati*) der Erde, weil er sie schütze[53]. Das paßt ein wenig zu Angaben von Griechen, nicht von Indern, über allgemeines Grundeigentum altindischer Könige[54]. Aber manche Brahmanen widersprachen diesem Anspruch auf die ganze Erde. Der Streit um ihn läßt sich bis auf die zweite Periode zurück verfolgen[55]. Es kam wohl auf die Macht des jeweiligen Königs und der ihn tragenden Schichten an, ob er diesen Anspruch in einem Teil Indiens durchsetzen konnte oder nicht. Er war und wurde aber nicht mit den sogenannten Landschenkungen, den *brahmadeyas*, der Übergabe der königlichen Abgaben eines Dorfes an eine oder mehrere Brahmanenfamilien, in Verbindung gebracht. Inschriften bezeugen diese alte Sitte auch für die fünfte Periode[56]. Inschriften im westlichen Dekkhan enthalten dabei alle Einzelheiten des königlichen Erlasses und der Beamten, die ihn durchzuführen hatten[57]. In damaligen epischen Texten und bei Manu wird das Geben ganz allgemein aufs höchste gepriesen. Aber Inschriften des 2. Jahrhunderts u. Z. enthalten zum erstenmal Angaben, daß das Dorf des Beschenkten keine Truppen, keine Beamte und keine Polizei des Königs betreten sollten. Gerade an solchen Einzelheiten hat man versucht, den langsamen Übergang eines Brahmanen zu einem Feudalherren, von Sklavenhalterordnung zu Feudalismus zu zeigen[58].

Indoskythische Herrscher hatten manchmal – wie manche meinen – nach seleukidischem Vorbild ihre Söhne und Thronerben als Mitherrscher neben sich[59], so daß sich eine Art Doppelkönigtum ergab, das aber anders war als das alte spartanische, das seinerseits sein indisches Analogon gehabt hatte[60]. Der Erbe des Mauryareiches, König Pushyamitra der Śunga-Dynastie, scheint seinen Sohn Agnimitra nur als seinen Stellvertreter in Vidiśā regiert haben zu lassen. Er folgte damit alter Tradition der Könige von Magadha, Teile ihres Großreichs – wir wissen noch nicht, in welcher Weise – durch Prinzen regieren zu lassen[61]. Die griechischen Könige Nordwestindiens teilten ihr Reich in Satrapien nach persischem Muster. Ebenso verfuhren die Indoskythen und die Kuschāns[62].

Unter Indoskythen vielleicht, sicher unter Kuschāns gab es den persichen Begriff des Schahischahi, d. h. des Königs der Könige, also eines Großkönigs über Unterkönigen. Nach chinesischen Berichten soll bereits 90 u. Z. ein solcher Unterkönig auf Befehl seines Oberherren einen Kriegszug unternommen haben, d. h. er war seinem Oberherren Kriegsdienst schuldig[63], aber dies spielte sich nicht in

Indien selber, sondern in seinem nordwestlichen Randgebiet ab. Immerhin liegt hier wieder ein Element des Übergangs von Sklavenhalterordnung (besiegte Unterkönige) zu Feudalismus (Feudalherren) vor.

Schließlich muß in diesem Zusammenhang noch angemerkt werden, daß während der fünften Periode Aristokratien alten Stils immer noch lebten, alte und neue, und eine gewisse Rolle spielten. Ihre Münzen zeigen, daß sie von keinem König beherrscht wurden, sondern von dem Kriegeradel der Yaudheyas, Arjunāyanas, Malavas, Kunindas usw. Selbst wenn ihr Führer schon erblich war, durfte er keine Münzen in seinem Namen schlagen lassen[64]. So weist diese Periode einerseits immer wieder auf die älteren Perioden der Sklavenhalterordnung zurück, andererseits schon auf den sich allmählich herausbildenden Feudalismus voraus. Sie ist ein notwendiges Glied in der indischen gesellschaftlichen Entwicklung.

3. Der Staat nach dem Rechtsbuch des Manu

Die ideologische Hauptquelle für Recht und Staat der V. Periode ist das Rechtsbuch (Dharmaśāstra), das dem mythologischen Menschenahn und Urlehrer Manu zugeschrieben wurde und üblicher Weise auch heute unter seinem Namen angeführt wird[65]. Es ist eine Fortführung der älteren brahmanischen „Rechtsbücher" (Dharmasūtra)[66], aber nach dem Großreiche der Mauryas waren sowohl der zentralisierte Staat wie auch die durch Kauṭalya entwickelte Staatslehre ausführlicher zu berücksichtigen als früher. Der Staat wird sich inzwischen nicht wesentlich geändert haben, nur war der Grad der Zentralisierung in den verschiedenen Staaten verschieden, und Manu deutete nicht an, auf welchem Staat seine Vorstellung fußt[67]. Sein Unterschied gegenüber Kauṭalya aber beruht vor allem darauf, daß er als brahmanischer Rechtslehrer schrieb, nicht als Staatslehrer, d. h. wir sehen bei beiden weniger die Realität konkreter verschiedener Staatstypen als zwei Tendenzen der Ideologie, und zwar war die bei Manu der bei Kauṭalya und Aśoka entgegengesetzt[68]. Zum brahmanischen „Recht" gehört auch bei Manu sehr viel Magie und Moral; daraus entspringt Manus weitgehende Übereinstimmung mit der Spruchweisheit, die uns einerseits im etwa gleichzeitigen Mahābhārata erhalten ist[69], andererseits in der späteren Nīti-Literatur[70]. Über Staat und staatliches Recht handeln nur die Bücher 7–9 Manus. Voran gehen die Bücher 1–6 mit der Darstellung der brahmanischen Ständeordnung, und es folgen Buch 10–12 mit den Sühnen für Sünden, den Mischkasten und den religiösen Zielen von Himmel und Erlösung. König und Königsrecht wurden dabei nicht mehr wie in den älteren „Rechtsbüchern" da eingeschoben, wo der Kṣatriya bzw. der Hausvater abgehandelt werden, sondern nach Abschluß der vier Stände und Lebensstufen. Nur folgen, da Manus Text eine widerspruchsvolle Kompilation ist, sowohl auf die Abhandlung über das staatliche Recht der brahmanischen Gerichte (Manu 8, 410ff.) wie nach dem der „Reinigung von Dornen" (Manu 9, 325ff.) kurze Abschnitte über Vaiśyas und Śūdras, als wenn das Königsrecht nach der Weise der alten Dharmasūtren beim Kṣatriya abgehandelt worden wäre.

Zur Betonung der brahmanisch-religiösen Tendenz begann Manu – und das war in der Staats- und Rechtsliteratur etwas Neues – sein Buch mit einer ausführlichen Kosmogonie, die einerseits der episch-puranischen ähnelt[71] und damit schon zur hinduistischen, nicht mehr zur vedischen Religion gehört, die aber andererseits nicht wie die puranische bis zur Schöpfung des Urkönigs geführt wird und damit in neuer Weise die Ätiologien des Königtums fortsetzt. Sie schildert vielmehr wie die epische Kosmogonie, u. a. die vier Weltalter, in denen das moralische Verhalten der Menschen immer schlechter wird, insofern im 1. kein Unrecht vorkommt, im 2. aber schon Diebstahl, Unwahrheit und Trug beginnen[72]. Zur Erhaltung der Welt schuf dann Gott die vier Stände mit ihren bezeichnenden Aufgaben[73]. Damit führte diese Kosmogonie – und das stand weder in der epischen noch in der purānischen Kosmogonie – zur göttlichen Schöpfung des brahmanischen „Rechts" der vier Stände[74] und weiter zur Abfassung des Rechtsbuches durch Manu Svāyambhuva[75].

Dies war die indische Variante zur Offenbarung des Rechts Israels durch Jahwe an Moses und zur Aufmunterung Marduks an Hammurabi, sein Gesetzbuch niederzuschreiben[76], während griechisch-römische Gesetzgeber keiner Offenbarung bedurften. Manus Tradition läßt sich wohl auf die ṛgvedische Vorstellung des kosmischen „Rechts", das von Göttern aufrechterhalten wird, und auf die Upanischadlehre vom kosmogonischen Ursprung des „Rechts" aus *brahman* zurückführen. Dagegen hatte die Staatslehre der IV. Periode die königliche Anordnung oder Entscheidung über das Recht gestellt[77].

Blicken wir von hier auf den König der V. Periode zurück, so ist sein Anspruch auf absolute Macht wie in den älteren Perioden so auch jetzt nach der Ansicht des Brahmanen Manu dadurch eingeschränkt geblieben, daß er auf den *dharma*, d. h. die brahmanische Varṇa-Ordnung, Rücksicht zu nehmen hat, und zwar auf den *dharma* des Standes, des Landes, der Vereinigung und der Familie[78]. Schwierig ist der Begriff der Vereinigung (*śreṇi*), der eine Art Handwerkergilde bezeichnen, aber auch andere Verbände (*gaṇa*, *samgha*) wie die der Aristokratien oder der religiösen Orden wie des buddhistischen[79] einschließen könnte. Dagegen gestand Manu auch dem König das Recht zu, seinen Günstlingen einen *dharma* zu bestimmen, seinen Feinden einen anderen, und dem habe das Volk zu folgen[80]. Kommentare zu Manu, die aber erst in den Feudalismus gehören, erläutern, daß es sich dabei nur um Vorschriften in weltlichen Angelegenheiten handelt, die in Übereinstimmung mit dem brahmanischen *dharma* sind, daß z. B. das Volk an einer Hochzeitsfeier im Hause eines Ministers auf königlichen Erlaß hin festlich teilzunehmen bzw. einen Königsfeind zu meiden hat. Danach hat der König nach Ansicht des standesstolzen brahmanischen Rechtslehrers Manu nur in Kleinigkeiten eigenmächtige Anordnungen zu treffen. König Rudradāman rühmte sich wohl in diesem Sinne in seiner Inschrift, alle vier Stände hätten auf ihn zwecks ihres Schutzes geblickt und er habe stets gemäß dem *dharma* Recht gesprochen[81]. Ähnlich wird König Gautamīputra des Dekkhan inschriftlich gepriesen, daß er alle Wesen in Sicherheit leben ließ, die Ordnung der vier Stände aufrechterhielt, Steuern gerecht einzog und ausgab und sich die Sorgen und Freuden seines Volkes zu eigen machte[82]. Das entsprach der alten patriarchalischen orthodox-brahmanischen Ideologie auch dieser Periode.

Außer seiner Kosmogonie (s. o.) hat Manu zu Anfang des Buches über den König dessen Schaffung durch Gott in der üblichen Weise und nur ganz knapp erwähnt, und zwar mit der Begründung, daß in der ursprünglich königslosen Welt die Menschen aus Frucht (wohl voreinander) nach allen Richtungen auseinandergelaufen wären und des Schutzes bedurft hätten[83]. Drittens schließlich habe Gott den „Stock" geschaffen, den Hüter aller Wesen, der aus der Glut Brahmās bestehe und dessen als Recht geborener Sohn sei[84]. Dieser ,,Stock" sei dunkelblau mit roten Augen[85] (ein Gott mit menschenähnlichem Leib). Glut sei aber auch das Wesen des Königs, denn Gott habe ihn aus den Stoffen der Götter Indra, Wind, Yama, Sonne, Feuer, Varuṇa, Mond und Kubera geschaffen, so daß er mit seiner Glut alle Wesen überwinde und niemand ihn anzublicken ertrage; auch ein Kind auf dem Thron sei eine große Gottheit[86]. Wen ein König erschlage, der sei ebenso entsühnt wie derjenige, den ein Blitz getroffen habe[87]. Dies war damals eine neue Königsideologie, die der der damaligen Kuschāns (s. o.) nahekommt.

Manu erwähnte zwar die alte Lehre der sieben Faktoren des Staats erst anhangsweise[88], aber er legte sie seiner ganzen Darstellung des Staates zugrunde und disponierte diese zugleich gemäß dem Tagesablauf des Königs. Als Brahmane ließ er den König gleich nach dem morgendlichen Aufstehen Brahmanen, gelehrte Theologen, verehren und ihre Weisungen entgegennehmen[89], natürlich nach körperlicher Reinigung und Opferriten, und dann sollte er in die Versammlungshalle gehen, und zwar im letzten Achtel der Nacht[90]. Nach Kauṭalya dagegen hatte der ideale Herrscher schon im sechsten Achtel der Nacht sich erheben, sich seine Arbeiten überlegen, im siebenten sich dann beraten und Agenten aussenden sollen, ehe er im achten den Segen seiner Priester entgegennehmen, eine Kuh verehren und in die Halle schreiten sollte[91]. In der Halle hat er nach Manu seine Untertanen nach einer Ansprache zu entlassen und mit seinen Räten zu beraten[92]. Nach der Beratung solle er sich in den Waffen üben, baden und in seinem Palastinnern speisen[93], sich ausruhen und über die drei Lebensziele, „Recht", Erfolg und Lust, nachdenken[94]. Danach solle er sich wieder den Staatsgeschäften zuwenden, Truppen besichtigen, die Abendandacht verrichten, Geheimberichte entgegennehmen, um am Ende seine Leute zu entlassen, wiederum zu speisen, und zwar im Kreise seiner Frauen, sich bei Musik zu erholen und zu schlafen[95], alles im großen ganzen ähnlich wie in Kauṭalyas Lehre, nur mit etwas weniger Arbeit.

Diese Disposition paßt dazu, daß Manu – wie Kauṭalya – mit dem ersten Faktor des Staates, dem König begann, wie es im altorientalischen Despotismus gegeben war. Aber er betonte als brahmanischer Rechtslehrer hier (s. o.) und auch sonst die Würde des Brahmanen neben oder gar über ihm. Hatten Brahmanen schon der ersten Periode den „König" gewarnt, Brahmanenfrauen zu rauben, so drohte Manu dem König, ein von ihm beleidigter Brahmane würde ihn samt seinem Heer vernichten, seien Brahmanen doch Lenker des Alls, große Gottheiten, Ursprung der Kṣatriyas; beide Stände müßten zusammenhalten, beiden habe der Schöpfer alle Untertanen übergeben[96], und ein Brahmane brauche im Gegensatz zu den Untertanen keinen Rechtsschutz des Königs, sondern verschaffe sich mit seiner (magischen) Macht selber Recht[97]. Daher solle der König Brahmanen beschenken[98], sie nicht besteuern und nicht darben lassen[99]. Stets müsse er Vedakenner verehren[100] und von ihnen „Zucht“ lernen, denn dank der Zucht seien selbst in den Wald verbannte Herrscher wieder zur Herrschaft gelangt[101]. Von Vedakennern solle er Theologie, Staatslehre und Philosophie, d. h. die Lehre von *ātman*, lernen, von Praktikern aber Ökonomie[102]. Vedakenner als Lehrer der Staatslehre und diese Auffassung der Philosophie, die Materialismus ausschließt[103], widersprechen dabei Kauṭalyas sonst im ganzen ähnlichen Auffassungen. Manu aber betonte an anderer Stelle, daß die Erfüllung der Aufgaben des Heerführers, Königs, Richters und Weltherrschers dem Vedakenner zukämen[104]. Er sagte damit nicht gerade, daß ein Brahmane der ideale König sei, obgleich es damals die brahmanischen Dynastien der Śungas und Kaṇvas in Magadha gab. Er dachte wohl eher an einen theologisch gebildeten und von Brahmanen geleiteten Herrscher. Er dachte bei „Zucht“ nicht an Selbstbeherrschung aus Staatsräson und gelehrter Bildung wie Kauṭalya, sondern an Freisein von Fehlern, die aus Leidenschaften entspringen[105], wie sie in die allgemeine Morallehre gehören und zur späteren Nītiliteratur gehören[106]. Dies ist die eine Seite der antidespotischen Einstellung Manus, wie bei Kauṭalya gegen den unbeherrschten Despoten gerichtet, aber mit frommerer Haltung. Die andere zeigt sich wie bei Kauṭalya beim Thema des II. Faktors des Staats, des Ministers (*amātya*). Der König könne nicht allein regieren, er brauche sieben bis acht Gefährten, die ererbt, adlig, gelehrt, heldisch und gut geprüft sein sollten[107], zur ständigen Beratung. Den höchsten Rat aber pflege er mit dem hervorragendsten unter ihnen[108] (entsprechend dem Hauptminister Kauṭalyas). Andere *amātyas* setze er (neben jenen Gefährten) ein, die die Abgaben einziehen[109]. Damit meinte der an Verwaltungsfragen wenig interessierte Rechtslehrer Manu sicher den großen Apparat des Steuereinnehmers. Der König solle soviele Männer wie notwendig einsetzen[110]. Von ihnen verwende er die heldischen für Steuern, die ehrlichen für Bergwerke und Werkstätten, die ängstlichen aber für das Palastinnere[111]. Etwas ausführlicher war Manu nur über den Boten, von dem Krieg und Frieden, Einigkeit des Königs mit seinen Freunden abhingen[112]; aber Neues über den „Kreis“ der Könige bringt Manu hier nicht.

Über den III. Staatsfaktor, das Reich, lehrte Manu nur, daß es fruchtbar, gesund, von unterwürfigen Nachbarn umgeben und überwiegend von Ārya bewohnt sein solle[113], wobei nur die letzte Bestimmung im Gegensatz zu Kauṭalya, der Śūdra-Bauern bevorzugte, steht und an die älteren „Rechtsbücher“ anschließt[114]. Was die Stadt, den IV. Faktor, angeht, so unterschied Manu sechs Festungen, die durch umliegende Wüste, Erdwälle, Wassergräben, Wälder, Männer oder durch Lage auf einem Berg geschützt sind[115]. Kauṭalya hatte die 1., 3., 4. und 6. Art aufgezählt. In der Mitte der Stadt solle der König einen Palast bauen, heiraten, einen Hofpriester und Opferpriester ernennen und diese opfern lassen[116]. Den Hofpriester stellte Manu übrigens an anderer Stelle mit dem König, dem Kṣatriya und dem leidenschaftlich Disputierenden als aktive Typen nebeneinander[117] und bewertete sie damit moralisch weitaus niedriger als Opferpriester und Asketen, diese „ruhigen“ Typen.

Der König in Palast und Stadt solle, und damit leitete Manu zum V. Staatsfaktor, dem Schatz, über, die jährliche Abgabe durch Geeignete einziehen lassen [118] (das dürften die oben genannten Gefährten sein). Er solle verschiedene Aufseher hier und dort für die Arbeiten der Männer einsetzen [119]. So faßte Manu, der Rechtslehrer, die Finanzverwaltung, der Kauṭalya sein umfangreiches II. Buch gewidmet hatte, in zwei Sätzen zusammen. Und statt vom Schatz und dessen Verwendung zu reden, empfahl er nur, Brahmanen zu beschenken, denn, was man ihnen gebe, sei ein unvergänglicher Schatz, den Diebe oder Feinde einem nicht nehmen könnten [120].

Der VI. Staatsfaktor war das Heer. Manu behandelte hier die Pflicht des Königs, wenn er (vom Feind) aufgerufen sei, zum Schutze des Volkes zu kämpfen, wie es Pflicht des Kṣatriya sei [121], und zwar ritterlich, nicht etwa mit (in Holz) versteckten [122] oder vergifteten Waffen, nicht gegen Wehrlose. Von der Beute solle der König einen besonderen Teil erhalten [123].

Der VII. Staatsfaktor war der Freund. Bevor Manu ihn als Abschluß der Staatsideologie behandelte, schob er zwei Sonderkapitel ein. Von diesen betrifft das erste überwiegend [124] die Innenpolitik. Er beginnt wie Kauṭalya mit dem Grundsatz, der über Manu in die Nītiliteratur einging, der König solle Unerworbenes erwerben, dies behüten und vermehren und Würdigen geben [125]. Daran schloß Manu den von Kauṭalya abgelehnten Grundsatz der vorkauṭalyaschen Lehrer, der auch im Mahābhārata noch vertreten wurde: Dafür solle der König stets den „Stock" erhoben halten [126]. Später freilich riet Manu ihm, bald scharf, bald milde zu sein, wie es ebenfalls vielfach vertreten wurde [127]. Auf jeden Fall dürfe der König sein Volk nicht (despotisch) unterdrücken, sonst stürze und töte es ihn [128]. Daß nur Zucht und Anwendung des Rechts den König vor Sturz schützen, betonte Manu auch sonst [129]. Als abschreckende, etwa gleichzeitige Beispiele gestürzter, erschlagener Despoten wären Kamsa, Duryodhana und Rāvaṇa, die bösen Gegenspieler Vishnus in den drei Epen, zu nennen. Und vielleicht wurde solche Ideologie auch zur Rechtfertigung des Sturzes der Nandas durch die Mauryas, der Mauryas durch die Śungas, dieser durch die Kaṇvas und dieser durch die Sātavāhanas herangezogen.

Nach dieser Einleitung empfiehlt dies innenpolitische Kapitel die Errichtung von Militärstationen bei zwei, drei, fünf und hundert Dörfern zum Schutze des Reichs [130]. Solche Posten hatte auch Kauṭalya schon erwähnt, und zwar in Zusammenhang mit Abgaben bei ihnen und bei Fähren, aber ohne Einzelheiten [131]. Sie hingen vielleicht mit staatlichen Speichern zusammen.

Unabhängig von dieser Aufteilung des Landes solle der König nach Manu über ein Dorf, zehn, zwanzig, hundert und tausend Dörfer „Dorfherren" setzen, welche „Fehler" der Dörfer in dieser Instanzenfolge nach oben melden sollten [132]. Diese Zahlen stehen ähnlichen bei Kauṭalya gegenüber; dieser hatte „Hirten" über fünf und zehn Dörfer und „*sthānikas*" über 200 Dörfer setzen lassen, dazu die *pradeṣṭṛ*-Richter, beide durch den Steuereinnehmer [133], und er hatte *dharmastha*-Richter in den städtischen Zentren von 10, 400 und 800 Dörfern einzusetzen empfohlen [134]. Man kann demnach den hohen Beamten, der bei Kauṭalya 800 Dörfer verwaltet, dem „Dorfherrn" über tausend Dörfer bei Manu an die Seite stellen, den „*sthānika*" und seine 200 Dörfer bei Kauṭalya dem „Dorfherren" über hundert Dörfer bei

Manu, und den „Hirten“ von fünf und zehn Dörfern Kauṭalyas dem „Dorfherren“ über 10 Dörfer Manus. Der „Dorfherr“ als Königsdiener für ein einziges Dorf aber hat bei Kauṭalya[135] kein Analogon. Kauṭalya hatte für seine „Hirten“ und „*sthānikas*“ erwähnt, daß sie in Neusiedlungen unverkäufliche und unverpfändbare „Brahmanenfelder“ (Pfründen) erhalten sollten[136], während (der Steuereinnehmer und) die *pradeṣṭṛs* (nicht die *dharmasthas*) ein Gehalt erhielten[137]. Manu aber lehrte, der „Dorfherr“ eines Dorfes solle das erhalten, was die Dorfgemeinde an Speise, Trank, Brennmaterial usw. dem König jeden Tag zu geben hätte (so daß der König von diesen ihm angeblich geschuldeten Naturalien aus keinem Dorfe etwas zu erwarten hätte); der „Dorfherr“ über zehn Dörfer solle (nach dem Kommentar) den Ertrag von soviel Boden erhalten, als mit zwei Pflügen mit je sechs Ochsen bestellt werde; der Herr über zwanzig (also über doppelt soviel) Dörfer das Fünffache, der über hundert Dörfer den Ertrag eines Dorfes, und der über tausend Dörfer (d. h. alle eines Staates) den Ertrag einer Stadt[138]. Wie wörtlich diese Angaben, besonders die letzte, zu nehmen sind, ist unklar. Manu spricht hier statt von Geld nur von Naturaliengehältern. Dies unterscheidet seinen dezentralisierten Staat von dem Kauṭalyas.

Man würde den Verwalter der 800 Dörfer Kauṭalyas bzw. der tausend bei Manu für den Steuereinnehmer halten, wenn nicht Manu damit fortführe, einen anderen Gefährten (*saciva*) des Königs zu erwähnen, der alle diese (Beamten oder Dörfler) betreute[139], und dies kann doch wohl nur der Steuereinnehmer sein. Diesem folgt dann bei Manu mit sachlicher Berechtigung wie bei Kauṭalya[140] der Stadtleiter jeder Stadt, der in ihr alles zu bedenken habe[141]. Manu fuhr syntaktisch unklar fort: Dieser (und das kann nur der Steuereinnehmer sein) solle diese (nach dem Kommentar seine ,,Dorfherren“) ständig selber durch Späher (wie auch Kauṭalya lehrte) selber kontrollieren, denn die Beamten seien meistens korrupt, und der König solle gegebenenfalls ihr Vermögen konfiszieren und sie verbannen[142].

An Gehältern und Rationen setzte Manu nur die für zwei Klassen sehr niedriger königlicher Diener und Dienerinnen fest[143], nicht auch für die höchsten Beamten, wie das Kauṭalya getan hatte. Ausführlicher lehrte er über Steuern, besonders solche von mit verschiedensten Waren handelnden Kaufleuten, aber nicht solche von gelehrten Brahmanen[144]; wohl indessen sollten Handwerker und Śūdras, die nur von sich selber (von ihrer Arbeitskraft) leben, monatlich für den König arbeiten[145]. Steuern solle der König milde eintreiben[146].

War der König ermüdet, solle er seinen Hauptminister (den auch Kauṭalya erwähnte) auf seinem Sitz amtieren lassen[147]. Damit schließt dieser innenpolitische Sonderabschnitt.

Der nächste Abschnitt greift auf das morgendliche Aufstehen des Herrschers zurück und läßt ihn nach Verehrung der Brahmanen (s. o.) in die Versammlungshalle zur Beratung gehen[148] und später nach dem Mittagsmahl allein oder mit seinen Beratern die ganze Politik überlegen, insbesondere die Außenpolitik des Staatenkreises mit dem Siegheischenden im Zentrum[149], wobei Manu sich nicht wesentlich von Kauṭalya unterscheidet. Wie dieser unterschied Manu dann die sechs Möglichkeiten des Verhaltens zwischen Staaten. Aber eine Besonderheit ist, daß er dabei mit pedantischer Konsequenz je zwei Arten aller dieser sechs Verhaltensweisen zu beschreiben sucht, wie denn im Frieden zwei Partner einen Vertrag über dasselbe oder zwei gesonderte Unternehmen abschließen können, im Kriegsfalle gemeinsam oder gegen verschiedene Gegner vorgehen können[150], und analog bei den anderen vier Möglichkeiten. Wenn aber Kauṭalya sehr eingehend geraten hatte, die eigene und die gegnerische Lage in bezug auf politische und ökonomische Stärke zu untersuchen[151] (um ein Großreich zu errichten), so deutete Manu nur knapp an, der König solle (innerhalb einer statisch gesehenen Zersplitterung oder Kleinstaaterei) streben, daß seine Nachbarn, seien sie sein Freund, neutral oder ihm feindlich, ihn nicht überträfen, weder jetzt noch in Zukunft[152]. Derselbe Unterschied besteht zwischen den wenigen Versen Manus über den Kriegszug mit den verschiedenen Formen der Marschordnung oder der Belagerung[153] und der ausführlichen, sehr ins einzelne gehenden Prosa Kauṭalyas. Beim Friedensschluß solle der Sieger so gemäßigt sein wie der rechtliche Sieger Kauṭalyas und die besiegte Dynastie auf dem Thron belassen, d. h. auf Annexion und Gründung eines zentralisierten Großreichs verzichten[154] – wenn es auch an anderer Stelle bei Manu abweichende Auffassungen gibt[155].

Oder der König solle mit seinem Nachbarn Verträge abschließen, um einen Freund, Gold oder Land zu gewinnen[156], wie es schon Kauṭalya geraten hatte[157]. Dabei galt ein Freund als wichtigster Gewinn, während Kauṭalya mit geringer Einschränkung Land vorgezogen[158], dann aber eine Fülle von Einzelheiten überlegt hatte. So endet dieser außenpolitische Abschnitt und damit zugleich die Behandlung des Staates bei Manu mit dem Lob des Freundes, dieses siebenten Faktors des Staates. An anderen Stellen des Rechtsbuches sind freilich noch hier und da Bemerkungen über den Staat eingestreut, wie im eigentlichen Rechtsabschnitt über Festsetzung der Preise im Handel, über Zoll, Maße, Münzen oder Fähren[159]. Das ändert aber nichts daran, daß Manu im großen ganzen denselben Staatstyp behandelt hat wie Kauṭalya, nur nicht vom Standpunkt des an patriarchalisch-selbstbeherrschten Despotismus interessierten Staatslehrers, sondern im Grunde von dem des moralisierenden Theologen aus.

Manu ignorierte dabei im Gegensatz zu Kauṭalya die immer noch lebendigen Aristokratien. Er hatte kaum Interesse an staatlicher Wirtschaft, an den Lehren der Ökonomie, Landwirtschafts- oder Metallkunde. Er überging das Sekretariat und Schriftwesen Kauṭalyas ebenso wie den Kronprinzen und viele andere *tīrthas*. Er verherrlichte den Brahmanen und die Ständeordnung, er wollte die Śūdras in konservativem Sinne als Sklaven, insbesondere der Brahmanen, angesehen wissen, er hielt ein Land mit überwiegend Ārya für ideal[160], drohte den Śūdras mit besonders harten Strafen und vergöttlichte sowohl den „Stock“ wie den Herrscher, in allen solchen Punkten in deutlichem Gegensatz zu Kauṭalya und – soweit möglich – in der Linie der brahmanischen „Rechtsbücher“ der III. Periode. Daß Manu aber den Staat der V. Periode vor Augen hatte, bezeugen u. a. Stellen wie die, die zum damaligen Fernhandel paßten, wenn angedeutet wird, daß ein Vaiśya (als Kaufmann) mit den verschiedenen Sprachen der Menschen bekannt sein müsse[161], oder wenn Könige von Śūdrastand diffamiert werden, d. h. Fremdherrscher wie die Griechen oder Śakas, wenn auf brahmanische Könige angespielt wird oder auf die Berechtigung, Despoten zu ermorden. Wenn hier der Begriff „derselbe Staat" bei Manu und Kauṭalya gebraucht wird, so handelt es sich allerdings nur um sein allgemein „indisches", auf der „asiatischen" Produktionsweise fußendes, autokratisches Wesen, nicht um dessen Erscheinungen in den einzelnen Staaten der damaligen Jahrhunderte, deren Einzelheiten uns einstweilen nicht genügend faßbar sind und die zweifellos eine Fülle von Spielarten dieses Staatstyps waren, ganz abgesehen von den damaligen Aristokratien und davon, daß es damals auch ganz anders als Manu denkende und lehrende Brahmanen gegeben haben wird. Deren Standpunkte wird man eines Tages aus den didaktischen Teilen des Mahābhārata herauszulesen lernen.

4. *Das brahmanische Recht bei Manu*

Der König soll, fuhr Manu fort, um Recht zu sprechen, selbstbeherrscht, zusammen mit seinen Räten und Brahmanen die oben erwähnte Halle betreten[162] und, wenn er selber es nicht tun möchte, einen Brahmanen damit beauftragen[163] (wie in der Politik seinen Hauptminister, s. o.), der drei Beisitzer (*sabhya*) haben soll[164]. Diesen brahmanischen Richter nannte Manu einmal *dharmastha*[165]; es handelt sich also sachlich um das Gericht der drei *dharmasthas* bei Kauṭalya[166], wenn dieser auch die drei nicht *sabhyas* nannte, sondern *dharmasthas*, den eigentlichen Richter (meist *prāḍvivāka* genannt)[167] nicht hervorhob und nicht von dessen Brahmanentum sprach, sondern vom Ministerrang der dharmasthas.

Manu begann den Rechtsabschnitt mit einer Art Predigt über Wahrheit und Recht, die die Richter zu erhalten hätten[168], und über gewisse physiognomische Kenntnisse, die den Richtern helfen sollten, Schuldige zu durchschauen[169]. Diese fromme Einleitung steht sozusagen an der Stelle der juristischen Analyse, wie ein Rechtsverfahren zu handhaben ist, bei Kauṭalya[170]. Es folgt bei Manu ein kurzer Abschnitt über Erb-, Fund- und Schatzrecht und Restitutionspflicht des Staates bei Diebstahl[171]. Dem folgt ein Satz über die üblichen Rechtsquellen: das Recht der Stände, Länder, Verbände und Familien[172], wobei der Veda als Hauptquelle des „ewigen" Rechts der Brahmanen[173] ebensowenig erwähnt ist wie der Entscheid des Königs, der bei Kauṭalya die höchste Instanz war. Dabei kannte Manu den königlichen Entscheid, dem jeder Untertan zu folgen habe, nannte ihn Recht (*dharma*), verstand ihn wohl im weitesten Sinne jeder königlichen Anordnung[174], wünschte aber offenbar im Sinne seines Antidespotismus seine Anwendung nicht im Gerichtsverfahren. Dazu paßt, daß Manu anschließend erklärte, daß weder der König noch sein Mann von sich aus einen Prozeß anstrengen oder den eines anderen absetzen sollen[175], vermutlich in Übereinstimmung mit der Praxis Kauṭalyas.

In dieser Einleitung zählte Manu achtzehn Rechtspunkte auf[176], die stofflich meistens mit den siebzehn des Kauṭalya übereinstimmen, aber anders angeordnet sind[177], manchmal von einem anderen Standpunkt betrachtet werden und die

Fülle der Einzelheiten vermissen lassen, mit denen Kauṭalya der komplizierten gesellschaftlichen Wirklichkeit gerecht zu werden gesucht hatte.

Manu begann mit dem uralten Thema der Schuldeintreibung, das vor Kauṭalya schon am Anfang der Rechtspunkte gestanden haben könnte. Im Gegensatz zu Kauṭalya [178] vertrat Manu hier durchgehend den Standpunkt des Gläubigers und erlaubte diesem, sein Eigentum, d. h. doch wohl die Schuldsumme samt Zinsen, mit allen Mitteln einzutreiben, auch mit Gewalt, die von Manu gleichberechtigt neben das Gerichtsverfahren gestellt wurde, vorausgesetzt, der Schuldner leugnete die Verschuldung nicht ab [179]. Der Schuldner durfte dagegen keinen Prozeß anstrengen; schon solche Klage war strafbar [180]. Leugnete der Schuldner aber, war zu prozessieren.

An dieser Stelle wurde das Problem des falschen, abzuweisenden Klägers behandelt [181], das Kauṭalya bereits beim Prozeßverfahren abgehandelt hatte [182]. Dann folgte bei Manu wie bei Kauṭalya hier beim Schuldrecht das Thema der Zeugen. Auch Śūdras erkannte Manu als solche an [183], nicht indessen Handwerker und Volksmusiker (*kuśīlava*), die doch meist Śūdras waren, und außerdem Śūdras nur für Śūdras, „Unberührbare" nur für „Unberührbare" [184]. Widersprächen sich die Zeugen, solle der König der Mehrheit folgen; gäbe es eine solche nicht, so den „Besseren", letztlich den Brahmanen [185], erklärte Manu als standesstolzer Brahmane im Gegensatz zu Kauṭalya [186]. Manu ging dann zu einem langen moralischen Exkurs über die Wahrhaftigkeit der Zeugen über – daß sie nur Gesehenes oder Gehörtes angeben sollten (wovon schon in der Upanischad das Gesehene vorgezogen worden war) [187], sonst in die Hölle gerieten [188], und wie der Richter sie in diesem Sinne ermahnen sollte, wobei er die Rolle des Gewissens [189] berühren und den Zeugen den althergebrachten Eid abverlangen solle [190], während dem Zeugen die Möglichkeit der Notlüge (oder des Meineides) offen gelassen wurde, wenn er sonst nämlich das Leben eines Mitgliedes einer der vier Kasten gefährden würde [191]. Auch dies war von den älteren „Rechtslehrern" bereits zugestanden worden [192]. Falls keine Zeugen erreichbar seien, solle der Richter durch einen Eid [193] die Wahrheit feststellen bzw. durch ein Ordal [194], wie es bereits in der Upanischad bei einem Dieb bezeugt war, so daß beides von Manu wohl dem Angeklagten zugeschoben wurde. Beides hatte Kauṭalya nicht erwähnt. Für falsches Zeugnis hatte Kauṭalya bereits leichte Strafen festgelegt; er hatte dabei mythologische Lehrer zurückgewiesen, die wie „Bṛhaspati" die Todesstrafe oder wie „Manu" – das ist nicht das unter seinem Namen erhaltene Rechtsbuch – angeblich eine sehr hohe Geldstrafe, das Zehnfache des Klagegegenstandes, festgelegt hatten [195]. Manus Rechtsbuch legte je nach dem moralischen Beweggrund (Gier, Furcht, Verblendung oder Freundschaft, Liebe, Haß, Unwissenheit oder Torheit) des falschen Zeugen verschiedene, aber sehr hohe Geldstrafen fest und verlangte außerdem ihre Verbannung [196]. Er fügte daran eine Liste der zehn Körperteile, an denen grundsätzlich Leibesstrafen bei den drei niederen Ständen zu vollziehen seien [197] (Brahmanen waren davon ausgeschlossen), daran dann eine Übersicht über die Münzen aus Kupfer, Silber und Gold [198] und weiter über Zinsfüße, die für niedrigere Stände höher sein sollten als für höhere [199].

Es folgen Vorschriften über das Pfand, das der Gläubiger pfleglich zu behandeln habe und nur benutzen dürfe, wenn er auf Zinsen verzichtet habe; dies stand in Übereinstimmung mit Kauṭalya und dem älteren Rechtslehrer Gautama[200]. Das Ersitzen von Gut durch zehnjährigen, vom Eigentümer geduldeten Besitz wurde, freilich mit Ausnahmen, gelehrt, wieder in Übereinstimmung mit Kauṭalya und älterem „Recht“[201]. Danach erst schützte Manu den Schuldner gegen zu hohe Forderungen des Gläubigers[202], wobei Seekaufleuten sehr hohe Zinsen zuerkannt wurden wie bei Kauṭalya[203]. Als Bürge wurde danach insbesondere der Erbe, der Sohn, behandelt, der freilich für gewisse leichtfertig eingegangene Schulden des Vaters nicht aufzukommen habe, wieder in Übereinstimmung mit Kauṭalya und Gautama[204]. Es folgen einige Bemerkungen über allerhand Betrügereien oder Gewaltanwendung bei Abschluß von Verträgen[205], einige Verse volkstümlicher Spruchweisheit[206] über gute Könige und ein Vers über die Möglichkeit des Abarbeitens von Schulden[207].

Auf den Rechtspunkt der Schuldeintreibung folgt wie bei Kauṭalya der der schadlosen Rückerstattung eines Depositums[208], das man nach Manu nur einem Ārya anvertrauen solle[209], also nicht einem Śūdra, aus deren Stand aber doch die meisten Handwerker hervorgingen, denen Auftraggeber das zu verarbeitende Rohmaterial anzuvertrauen pflegten. Kauṭalya hatte dementsprechend von Deposita bei Handwerkern ausführlich gehandelt und dabei vor ihren Gaunereien gewarnt[210]. Während dieser zum Schutze des Verwahrers eines Depositums mit einer ausführlichen Darlegung der Vis major begonnen hatte, die ihn seiner Betreuung des Depositums enthebe, ging Manu darauf nur sehr kurz ein[211]. Er ließ ihm einen listigen Vorschlag vorangehen, wie der Richter einen ein Depositum ableugnenden Angeklagten überführen könne, ein Punkt, den Kauṭalya wiederum weit ausführlicher behandelt hatte[212]. Dazu paßt, daß Manu nur das offene und versiegelte Depositum (wie Kauṭalya ohne klare Unterscheidung beider) behandelte[213], Kauṭalya aber mehrere Arten. Und zwar solle man es nach Manu keinem Verwandten des Depositors ausliefern, während Kauṭalya dies als übliche Praxis voraussetzte[214]. In fraglichen Fällen empfahl Manu wiederum den Eid[215].

Als dritten Rechtspunkt behandelte Manu den Verkauf einer Sache durch den Nichteigentümer. Während Kauṭalya[216] sich dabei vor allem um das Gerichtsverfahren, die Aufdeckung des Betruges, gekümmert hatte, unterschied Manu beim Strafmaß, ob der Verkäufer ein Verwandter des Betrogenen sei oder nicht[217]. Er legte Wert auf ein Eigentumsdokument (nicht auf die Tatsache des Besitzes), während Kauṭalya einerseits langwährenden Besitz beim Fehlen eines Eigentumsnachweises anerkannt, andererseits bei einem vermutlich gestohlenen Gut Nachweis des Eigentums gefordert hatte[218].

Die erste dieser beiden Bestimmungen über langwährenden Besitz und Eigentum ähnelt der, die Kauṭalya in Übereinstimmung mit Manu und Gautama im Schuldrecht angeführt hatte[219]. Kauṭalya hat sie aber nicht wie Manu unter den Rechtspunkt „Verkauf durch den Nichteigentümer“ gestellt, sondern im Unterschied zu Manu als Anfang seines unmittelbar anschließenden, bei Manu fehlenden

12. Rechtspunktes „Zusammenhang zwischen Eigentümer und Eigentum“ benutzt. Unter diesem behandelte Kauṭalya ausführlich das Ersitzen gewissen Eigentums durch langwährenden Besitz, das Manu beim Pfand unter seinem 1. Rechtspunkt des Schuldrechts darlegte. Das vielseitige Problem des Eigentums[220] ist wichtig genug, und Fragen, wie sie Manu gelegentlich anschnitt – über Eigentumsanspruch des Roders eines Feldes, über Pacht und über die Frage, wem bei Aussaat auf dem Felde eines anderen die Ernte gehöre – sollten eigentlich in solch ein bei Manu fehlendes, bei Kauṭalya begonnenes allgemeines Kapitel gestellt werden[221]. Hier wäre auch darzulegen gewesen, wie sich Eigentum und Besitz innerhalb der Dorfgemeinde beim vollberechtigten und minderberechtigten Bauern, beim mit Boden oder Ernteertrag „beschenkten“ Brahmanen oder Beamten und auch beim König mit seiner Tendenz auf ein allgemeines Eigentum an Boden und Wasser hin verhalten. Da Manu dies von der Staatslehre versuchte Kapitel aber auflöste, statt es in seiner Rechtslehre auszubauen, ist anzunehmen, daß die Brahmanen als Stand an der juristischen Klärung dieser Fragen kein Interesse hatten.

Um zu Manus drittem Rechtspunkt zurückzukehren, so legte er Wert darauf, daß jeder Verkauf öffentlich auf dem Markt geschehen solle[222]; Kauṭalya hatte im selben Sinne von Nachweis rechtlichen Kaufs des verdächtigen Gutes durch den Angeklagten, selbst wenn derjenige, der es dem Angeklagten verkauft hat, nicht nachweisbar sein sollte, gesprochen[223]. Bei beiden Lehrern kommt der unrechtmäßige Besitzer mit dem bloßen Verlust des nachgewiesenermaßen irrtümlich gekauften Gutes davon. Manu schloß hieran kurze Vorschriften über ehrlichen Verkauf nur unverfälschter, fehlerloser Waren sowie auch einer Braut[224] nur nach Angabe ihrer Fehler (Irrsinn, Lepra, Entjungferung) und keines anderen Mädchens, als vor der Heirat gezeigt worden war[225]. Das Verschweigen von Fehlern der Braut hatte Kauṭalya besser zu Reue beim Kauf, d. h. zu seinem 9. Rechtspunkt gestellt.

Der vierte Rechtspunkt Manus, das Zusammenarbeiten, befaßt sich ausdrücklich nur mit Opferpriestern[226], nicht in erster Linie mit Pflügern und Händlern wie das entsprechende achte Kapitel bei Kauṭalya, und es ist auch bei den Opferern einerseits knapper als Kauṭalya, hat andererseits gewisse Besonderheiten[227]. Am Schluß heißt es dann, analog sei bei anderen Arbeiten zu verfahren, und der Kommentator Kullūka bezog dies im Feudalismus auf Bau eines Hauses durch Architekten und verschiedene Bauhandwerker.

Auch bei dem 5. Rechtspunkt, Nichtgeben einer Gabe, beschränkte Manu sich auf einen Bruchteil des Stoffes Kauṭalyas in dessen zehntem Rechtspunkt. In zwei Sätzen erwähnte Manu nur den Fall, daß einer etwas für einen frommen Zweck versprochen hat, aber, weil diesem nicht entsprochen wird, seine Gabe zurückbehält; suchte der Empfänger sich die Gabe mit Gewalt oder sonstwie zu verschaffen, solle der König ihn mit Gold wie einen Dieb bestrafen[228]. Offenbar meinte Manu, daß alle anderen, nichtreligiösen aufgehobenen Versprechen unter allen Umständen zu halten seien; man denkt dabei an Daśaratha, der seinem Versprechen gemäß den Thron dem Sohn der Kaikeyī übergab, an Rāma, der stets sein Wort wahr machte, oder an den idealen (bzw. utopischen, gefährlichen und selber gefährdeten) Wunschgewährer (*varada*), der so stolz und unvorsichtig war, einem Bittenden jeglichen Wunsch freizustellen, wie etwa Karṇa.

Der 6. Rechtspunkt Manus, Nichtzahlen von Lohn, ist wiederum wesentlich kürzer als der entsprechende 7. Rechtspunkt Kauṭalyas, obgleich Manu behauptet, er sei vollständig mitgeteilt[229]. Es fehlen u. a. alle Angaben Kauṭalyas über die Vereinbarung von Lohn, die den Ausgebeuteten schützt, oder über Bestrafung des unrechtmäßig nicht zahlenden Auftraggebers. Statt dessen hat Manu von dem „aus Überheblichkeit" die übernommene Arbeit nicht ausführenden Lohnempfänger gesprochen, wie er denn immer wieder derartige moralische Motivierungen in seine Rechtslehre einflocht. – Vor allem aber fehlt bei Manu ein Abschnitt über die rechtliche Lage der verschiedenen Arten von Sklaven, der bei Kauṭalya zu diesem Rechtspunkt wesentlich dazugehört hatte und gewisse Schutzbestimmungen für Sklaven und Verpfändete enthielt. Wenn Manu sich auch gelegentlich etwas patriarchalisch-milde gegen Sklaven ausdrückte, von ihnen, ohne magische Verunreinigung zu befürchten, Speise anzunehmen erlaubte, sie notfalls als Zeugen anerkannte und von Auseinandersetzungen zwischen Herren und Sklaven abriet, weil dieser doch jenes Schatten sei[230], so zeigte er sich bei diesem Rechtspunkt doch weit weniger human als Kauṭalya.

Der 7. Rechtspunkt Manus, Vertragsbruch, ist in derselben Richtung summarischer Verkürzung (bis auf im Grunde nur den letzten Satz) und harter Bestrafung von Kauṭalyas 4. Rechtspunkt zu unterscheiden. Manu sprach hier ferner unklar und sich widersprechend von Vereinbarungen von Dörfern, Gegenden (statt dessen Ständen im dritten Satz) und Vereinigungen (vielleicht sind Gilden gemeint) mit einem ihrer Mitglieder, das aber eine solche Vereinbarung mit ihnen nicht einhielt und dafür vom König gefangen gehalten, mit vier Goldstücken bestraft und verbannt werden solle[231].

Bei Manus 8. Rechtspunkt, „Reue bei Kauf und Verkauf", fehlen wie üblich die Einzelheiten von Kauṭalyas 9. Rechtspunkt. Manu erwähnte nur, abweichend von Kauṭalya, eine Frist von zehn Tagen Bedenkzeit bei Rinderhandel und eine Strafe von 96 *paṇas* für den, der ein Mädchen unter Verschweigen ihrer Fehler in die Ehe gibt. Dabei hatte er diesen Fall der Braut bereits unter seinem 3. Rechtspunkt behandelt. Manu drohte weiter dem, der ein unschuldiges Mädchen als entjungfert verleumdete, hundert *paṇas* als Strafe an und schloß damit, daß man in anderen Reuefällen analog verfahren solle[232].

Manus 9. Rechtspunkt, Streit zwischen dem Herrn (der Herde) und dem Hirten, klärt die Frage der Verantwortlichkeit des Hirten für das Vieh am Tage, des Herren in der Nacht in seinem Hof[233]. Der Hirt habe auf der Weide das Vieh gegen Wölfe usw. nach Möglichkeit zu schützen und verlorenes Vieh zu ersetzen[234]. Manu bot hier weiter ein paar Schutzbestimmungen für Hirten, folgte im allgemeinen der Lehre Āpastambas[235] und hat mit Kauṭalya nur den Satz gemeinsam, daß der Hirt als Lohn ein Zehntel der Milch erhalten solle[236]. Dies steht bei Kauṭalya aber in dessen 7. Rechtspunkt, während der sonstige Inhalt des 9. Punktes Manus bei jenem zu den Vorschriften für den königlichen Hirten gehört[237].

Manu setzte seinen 9. Rechtspunkt etwas unlogisch mit dem Flurschaden fort, den Vieh innerhalb eines Anbaugebietes von hundert Bogenschüssen rings um das Dorf, dreimal soviel um die Stadt herum anrichtete[238]; falls diese Felder eingezäunt seien, sei der Hirt mit hundert *paṇas* zu bestrafen, von Streit mit seinem Herren ist dabei keine Rede! Aber Kühe durften zehn Tage nach dem Kalben, Tempelstiere durften immer von fremden Feldern fressen, wie Manu, darin mit Kauṭalya übereinstimmend, festlegte[239]. Kauṭalya hatte nämlich Flurschaden ausführlich unter „Schaden an Feldern und Wegen", als einen Abschnitt seines 3. Rechtspunktes, „Grundbesitz" behandelt.

Auch der 10. Rechtspunkt Manus, Streit um Grenzen, war bei Kauṭalya als Teil seines 3. Rechtspunktes vorgekommen, und zwar beides, der Streit um Grenzen zwischen zwei Dörfern und der um Felder innerhalb einer Dorfgemeinde, wie bei Manu. Manu war ausführlicher als Kauṭalya bei der Festlegung der Dorfgrenzen, wohl weil die Besiedelung immer dichter wurde und die Dörfer näher aneinander heranrückten[240]. Er wollte die Zeugen für die Grenzen zweier Dörfer schwören lassen, und danach solle der König entscheiden[241]. Gab es aber keine Zeugen, so sollten vier benachbarte Dörfer in Anwensenheit des Königs (bzw. seines Richters) die Grenze festlegen[242]. Kauṭalya indessen ließ bei Grenzstreit zwischen zwei Dörfern die benachbarten fünf oder zehn Dörfer (für diese Gruppen war ein „Hirt" als Staatsbeamter zuständig) den Fall entscheiden[243], d. h. nicht den Beamten (bzw. den König), sondern die Dorfgemeinden selber. – Bei Streit um Feldgrenzen innerhalb einer Dorfgemeinde sollten nach Kauṭalya die Dorfältesten, nach Manu aber wieder der König nach Anhören von Zeugen entscheiden[244]. Gab es keine Klärung, sollte nach Manu der König die Grenze festlegen, nach Kauṭalya das umstrittene Feld für sich nehmen[245]. Im Staate Manus war ja von den Königsfeldern Kauṭalyas nicht mehr die Rede. – Hier ist anzumerken, daß bei Manu fehlt, was Kauṭalya sonst unter „Grundbesitz" abgehandelt hatte[246].

Beim 11. Rechtspunkt, Beleidigung (Verbalinjurie), war Manu verhältnismäßig ausführlich, war er besonders hart gegen Śūdras und drohte ihnen, im Gegensatz zu Kauṭalya, harte Leibesstrafen an[247], obgleich auch dieser die Bestrafung nach den Standesunterschieden hatte bemessen lassen. Ähnlich ausführlich war Manu beim 12. Rechtspunkt, dem tätlichen Angriff oder der Körperverletzung (Realinjurie)[248]; hier legte Manu durchgehend das *jus talionis* zu Grunde, das bei Kauṭalyas 15. Rechtspunkt neben Geldstrafen nur eine sehr untergeordnete Rolle gespielt hatte und von einigen sogar als interpoliert angesehen wird[249]. Hier kam bei Manu auch der Fall vor, daß ein Wagen, sein Kutscher oder sein Herr jemanden beschädigten und der Kutscher als schuldig gelten solle, falls er nicht vorsichtig genug gehandelt hätte[250]. Dies stand bei Kauṭalya bei der Gerichtsbarkeit der *pradeṣṭṛ*-Richter[251]. Ebenso steht es mit Totschlag, den Manu hier, wenn er durch solchen Wagenunfall erfolgte, den *dharmasthas* zur Aburteilung zuwies[252], während er Mord als Sünde behandelte[253]. Manu schloß mit der Lehre, daß ein Mann als *pater familias* seine Frau, seinen Sohn, Sklaven, Schüler oder jüngeren Bruder mit einem Strick oder Bambus auf den Rücken schlagen dürfe, wenn sie sich vergangen hätten[254]. Kauṭalya gab das für die Frau so ähnlich an, aber in seinem Eherecht[255].

Manus 13. Rechtspunkt war der Diebstahl, den er für besonders wichtig hielt, insofern der gute König sein Volk vor ihm zu schützen habe[256]. Der Dieb solle – wie bei den älteren „Rechtslehrern" – mit einer Keule zur eigenen Entsühnung dem König nahen[257], denn seine Schuld gehe magisch auf denjenigen König über, der ihn nicht strafe[258]. Erst nach dieser langen Einleitung legte Manu für Diebstahl verschiedenster Dinge entsprechende Strafen fest[259], dabei die Todesstrafe für Entführen von adligen Männern und besonders Frauen, für das von Großvieh je nach den Umständen[260]. Kauṭalya dagegen hatte für Entführen von Großvieh sowohl wie von Menschen nur 200–500 *paṇas* bestimmt[261]. Er tat dies indessen in seinem 13. Rechtspunkt „Gewaltanwendung" (Raub) und unterschied diesen als ein Verbrechen, bei dem der Eigentümer des geraubten Gutes anwesend sei, von Diebstahl in dessen Abwesenheit.

Dieselbe Unterscheidung benutzte Manu zur Einleitung seines 14. Rechtspunktes, Gewaltanwendung[262] (Raub), um dann aber sofort auf die eben vorher beim Diebstahl erwähnten verschiedensten Dinge, soweit sie bearbeitet worden seien, wie Fäden, Zucker usw.[263] zurückzuverweisen[264] und weiter vom Dieb bzw. Räuber zu sprechen, insbesondere von seiner Bestrafung. Der König dürfe niemanden, auch seinen Vater oder den Hofpriester nicht, unbestraft lassen (wenn sie raubten; gestohlen haben sie wohl gewöhnlich nicht), und umgekehrt solle die Strafe für einen (raubenden) König tausendmal höher sein als die für einen Untertanen[265]; sie solle mit dem Stande steigen[266]. Hier spricht merkwürdiger Standesstolz des Brahmanen in Übereinstimmung mit älterem Brahmanen-„recht"[267], aber im Unterschied zu Kauṭalya, bei dem all dies fehlt, auch das Folgende: Manu schloß einige Vorschriften über Mundraub von Vieh und Mensch an[268] und pries noch einmal den König, der den Dieb und den noch schlimmeren Räuber straft[269]. Als Anhang streifte Manu den Brahmanen, der zur Verteidigung des Rechts (der vier Stände, also in einer Art Rebellion von Śūdras?), seiner selber, seines Geschenkes (unhöflich gesagt, seines Lohnes) oder von Frauen zur Waffe griffe und zum Töter würde[270]. Manu entschuldigte endlich auch den, der in Notwehr sogar seinen Lehrer, ein Kind, einen Greis oder einen gelehrten Brahmanen erschlüge[271]. – Kauṭalya andererseits hatte neben Raub unter seinen 15. Rechtspunkt, tätlicher Angriff, noch die Entwendung von Dingen bei einem Streit (Kampf) gestellt[272] und den Einbrecher als einen besonderen Verbrecher, als auszureißenden „Dorn", den *pradeṣṭṛ*-Richtern zugewiesen; Manu aber hat alle solche „Dornen" als Diebe bezeichnet[273] – teilweise in übertragener Ausdrucksweise, wie auch Kauṭalya die „Dornen" Händler und Handwerker Diebe, die nur nicht Diebe heißen, genannt hatte[274]. Diebstahl und Raub waren bereits im Ṛgveda oder schon vorher, sobald es nennenswertes Privateigentum gab, aufgetreten und in naiver Weise als zwei verschiedene Verbrechen aufgefaßt worden; noch in der III. Periode hatte aber ein „Rechtslehrer" wie Gautama an drei Stellen den Dieb behandelt, ohne ihn vom Räuber zu unterscheiden[275]. Die Rechtslehre begann eben mit dem Staatslehrer Kauṭalya, erst danach mit Manu, genauer zwischen den Arten der verbrecherischen Aneignung fremden Eigentums zu unterscheiden[276], wobei zu den genannten noch verschiedene Formen des Betruges hinzuzustellen sind.

Der 15. Rechtspunkt Manus betraf den Ehebruch. Manu lehrte, der König solle ihn mit Verbannung ahnden, da er zu Standesvermischung führe und damit zum restlosen Untergang[277] (der Ständegesellschaft, s. u.). Schon das heimliche Sprechen mit der Frau eines anderen galt als strafwürdig, geschweige das Geben von Geschenken oder gar gegenseitiges Berühren an intimen Stellen[278]. Kauṭalya hatte das heimliche Sprechen mit einer Frau, ihr Beschenken oder ihr Berühren als eheliche Untreue, als einen Teil seines 1. Rechtspunkts, des Eherechts, erwähnt[279], das Anfassen aber außerdem als Ehebruch den *pradeṣṭṛ*-Richtern zugewiesen[280]; er hatte nämlich keinen eigentlichen Vorläufer dieses 15. Rechtspunktes des Manu. Manu gab dann einige Ausnahmen an, daß z. B. ein Wanderbettler oder Handwerker mit einer fremden Frau sprechen durfte, oder daß Frauen von Volksmusikern angeredet werden durften[281]. Er ging ausführlicher auf Deflorierung ein und unterschied dabei, ob das Mädchen willig oder unwillens, im Stande höher oder niedriger als der Mann sei und ob ein Mädchen das andere defloriere[282], Verbrechen, die Kauṭalya weithin übereinstimmend beim Gericht der *pradeṣṭṛs* abgehandelt hatte[283]. Zum Schluß dieses Rechtspunktes kam Manu ausführlich auf den Ehebruch bei Partnern aus verschiedenen Ständen zurück[284], unterschied, ob die Frau jeweils behütet war oder nicht, und stufte die Strafen demgemäß ab[285]. Kauṭalya hatte dies ganz kurz unter den Varia am Schlusse des Gerichts der *pradeṣṭṛs* behandelt[286], und zwar wie Manu mit Verbrennen als Todesstrafe für den Śūdra, der mit einer Brahmanin Ehebruch trieb. Hier sei angemerkt, daß die acht Heiratsformen zwar von Kauṭalya zu Anfang des Eherechts, seines 1. Rechtspunktes, dargestellt und bewertet worden waren, daß sie aber bei Manu ihren Platz da haben, wo er den Hausvater beschreibt[287], und das mit Recht, denn es handelt sich nicht um ein Verbrechen, gegen das sich ein Kläger an den Richter bzw. König wenden konnte.

Obgleich der 16. Rechtspunkt an den 15. gut anzuschließen ist, hat der Kompilator des Manutextes zwischen beide einen Abschnitt mit verschiedenen wichtigen Rechtsfragen eingeschoben. So dürfe ein Mann bei hoher Geldstrafe Mutter, Vater, Frau oder Sohn nicht „aufgeben", es sei denn, sie hätten schwer gesündigt[288]. Dafür hatte Kauṭalya, stark differenzierend, eine u. U. sehr geringe Geldstrafe vorgeschrieben, und zwar unter seinem 17. Rechtspunkt und da, wo er über die Neusiedlung handelt[289]; er hatte davor gelehrt, daß der König dort (alte Dorfgemeinden taten dies selber!) Waisen, Alte und sonstige Hilflose unterstützen sollte[290], was Manu in diesem Sammelabschnitt etwas später erwähnte[291]. Kauṭalya aber hatte damit fortgefahren, daß ein Mann nicht als Wanderbettler seine Heimat (in diesem Zusammenhang die Neusiedlung, aber gemeint ist wohl jede Dorfgemeinde, wenn nicht gar auch die Stadt) verlassen dürfe, wenn er eine unversorgte Familie hinterlasse[292]. Dies kam bei Manu nicht vor, denn brahmanische Wanderbettler waren immer Greise, die schon vorher ihr Haus in der dritten Altersstufe ihrem Erben überlassen, sozusagen auf Altenteil als Waldeinsiedler bei ihrem Dorf gegangen waren. Kauṭalya dagegen hat wohl Buddhisten im Auge gehabt, die möglichst jung als Mönche fortwandern sollten, wogegen der Staat die Bearbeitung ihrer Felder sichern wollte. Bedenkt man, daß in älterer Zeit Aussetzung der Greise Sitte gewesen zu sein scheint[293], so zeigt Manu, daß die Durchsetzung der brahmanischen Lehre der vier Altersstufen mit ihrer Art der Altersversorgung damals noch nicht zur Selbstverständlichkeit geworden war.

Manu gab dann Arbeitsvorschriften für Wäscher und Weber[294], die Kauṭalya im Buch über das „Ausreißen der Dornen" ausführlicher dargelegt hatte[295]. Manu ging weiter auf Fragen des Zolls, der staatlichen Kontrolle des privaten Handels, der Maße und Gewichte und auf Gebühren für Fähren und Boote ein[296]. Er schloß diesen Einschub mit Versen über eine Art Arbeitsrecht: Der König solle Vaiśyas und Śūdras ihrem Stande entsprechend arbeiten lassen, Śūdras als Sklaven der Ārya; ein Brahmane solle Kṣatriyas und Vaiśyas ihrem Stande entsprechend beschäftigen, wenn sie dessen bedürften, aber er dürfe keinen Ārya die Arbeit von Sklaven verrichten lassen; der Śūdra freilich solle möglichst bei Brahmanen Sklave sein, denn er sei Sklave, selbst wenn er von seinem Herren freigelassen sei. Es gäbe sieben Arten Sklaven: kriegsgefangene, aus Hunger versklavte, im Hause geborene, gekaufte, geschenkte, geerbte und Strafsklaven. Frau, Sohn und Sklave hätten kein Eigentum. Ein Brahmane könne einem Śūdra dessen Gut nehmen, denn er sei Sklave[297]. Dieser Abschnitt ist eine Art Gegenstück zu Kauṭalyas 7. Rechtspunkt, von dem Manu vorher nur den Teil über den Lohn in seiner Weise als seinen 6. Rechtspunkt übernommen hatte. Der Manukompilator mag gemerkt haben, daß diese Fragen nicht ausgelassen werden durften; er hat sie hier nachgetragen, hat sie aber in Manus konservativer, unhumaner Haltung anders als Kauṭalya angefaßt. Er fügte einen wohl irgendwoher entlehnten Vers an, der in sehr unsystematischer Weise zusammenstellt, der König solle sich täglich um die Werkstätten, Fahrzeuge, Einnahmen und Ausgaben, Bergwerke und den Schatz kümmern[298].

Der 16. Rechtspunkt Manus, die „Beziehung zwischen Mann und Frau", deckt sich teilweise mit dem 1. Rechtspunkt Kauṭalyas. Er beginnt damit, daß die Frau niemals frei sei, sondern des „Schutzes" durch Vater, Gatten oder Sohn bedürfe, wenn auch keiner sie ernsthaft zu „beschützen" in der Lage sei, sicher nicht durch Einsperren im Hause mittels dafür eingesetzter Diener[299]. Trinken, schlechter Umgang, Trennung vom Gatten und anderes verderbe sie; dies letzte lehrte auch Kauṭalya[300], aber solche allgemeine moralische Verurteilung der Frau hat er nicht ausgesprochen. Manu meinte demgemäß, die Frau sähe beim Manne nicht auf Schönheit, sondern nähme jeden[301]. Darin liegt einerseits das patriarchalische Übersehen ihrer Liebesgefühle, andererseits der Haß gegen die Frau, der in der Einleitung von 1001-Nacht und seinem indischen Vorbild dichterisch in der Weise gestaltet wurde[302], daß eine Königin einen häßlichen, brutalen, gemeinen Bettler (oder Negersklaven) liebt und damit ihren Gatten zum Frauenmassenmörder macht. Manu verunglimpfte die Frau weiter, daß sie nun einmal von Gott so geschaffen sei, und wandte sich dann den Kindern zu, die die Frau, treu ihrem Gatten ergeben, zu gebären habe. Dabei werde diskutiert, sagte er, ob das Kind, das dem Samen eines Mannes auf dem Felde (d. h. im Schoße der Frau) eines anderen entspränge, dem Eigentümer des Feldes oder dem des Samens gehöre[303]. Auch Kauṭalya erwähnte diese Diskussion in seinem 2. Rechtspunkt[304]. Manu erklärte weiter, daß eine Frau weder durch Verkauf noch durch „Aufgeben" aufhöre, die Gattin ihres Gatten zu sein[305]. Der Mann konnte also u. U. seine Frau verkaufen oder „aufgeben" (d. h. ihr gegenüber seine Pflicht als Mann nicht erfüllen), wenn Manu sich auch gegen letzteres eben vorher grundsätzlich ausgesprochen hatte[306]; die Frau wurde aber damit noch nicht frei. Dieser Vers galt Späteren als Verbot der Scheidung, die von dem toleranteren Kauṭalya ohne klare Definition des Begriffs Scheidung bei gegenseitiger Abneigung der Ehepartner erlaubt worden war[307]. Manus nächster berühmter Vers, daß eine Tochter nur einmal in die Ehe gegeben werde[308], galt Späteren als Verbot der Wiederheirat (einer geschiedenen bzw. verwitweten Frau). Danach wandte sich Manu (und damit dürften diese beiden Verse als interpoliert dastehen) wieder jener Diskussion zu und entschied sich dafür, daß der illegitime Sohn dem Gatten der Frau gehöre[309], es sei denn, es sei vorher etwas anderes verabredet worden, analog etwa der Pacht eines Feldes.

Was die Lage der „Frau in Not" angeht, so gestattete Manu das Levirat, darin in Übereinstimmung mit Kauṭalya[310]. Auch bei der Braut, deren Verlobter starb, bekannte Manu sich zum Levirat[311], aber nur zur Zeugung eines einzigen Sohnes, nicht als Wiederheirat einer Witwe[312]. Hier flocht Manu das Recht des Mannes ein, ein ihm als Braut angetrautes defloriertes oder krankes Mädchen zurückzugeben, in Übereinstimmung mit Kauṭalya[313]. Bei Manu folgen Vorschriften darüber, wie lange eine Frau ihrem zeitweilig abwesenden Gatten die Treue zu halten habe, die teilweise in Kauṭalyas Eherecht ähnlich vorgekommen waren[314]. Nur einen impotenten, wahnsinnigen, sündigen, feigen Gatten dürfe seine Frau hassen (ihm die Erfüllung ihrer ehelichen Pflicht verweigern), ohne daß dieser das Recht habe, sie „aufzugeben". Kauṭalya drückte dies günstiger für die Frau aus: sie dürfe einen solchen oder einen, der sich gegen den König vergangen oder in ein fremdes Land verzogen sei, ihrerseits „aufgeben"[315].

Manu erlaubte einem Manne, dessen Frau trank, krank, widerspenstig oder unfruchtbar war, eine zweite Frau zu heiraten, während Kauṭalya ihm dies nur bei einer Unfruchtbaren erlaubt hatte[316]. Trank eine Frau oder ging sie zu öffentlichen Vergnügungen, obgleich ihr beides verboten worden war, so sollte sie nach Manu und Kauṭalya eine Geldstrafe zahlen[317]. – Nach Manu war der Vater verpflichtet, seine Tochter zu verheiraten, ehe seit ihrer Mannbarkeit drei Jahre vergangen waren; sonst durfte sie sich einen Mann suchen (damit sie nicht unfruchtbar bliebe). Ein Mann von 24 Jahren solle ein achtjähriges Mädchen heiraten[318]. In dieser Weise (die hier freilich nicht mit allen Einzelheiten gezeigt worden ist) solle das Ehepaar bis zum Tode ohne Fehl gegeneinander leben[319], schloß Manu sein Eherecht, in dem er den Mann einseitig bevorteilt hatte.

Manu und Kauṭalya äußerten sich nicht über die Verbrennung der Witwe, eine Sitte, die nach den Alexanderhistorikern bereits in der IV., nach Hāla und dem

Kāmasūtra in der V. Periode vorgekommen ist[320], aber wohl noch nicht so verbreitet war, daß die Rechts- und Staatslehrer auf sie einzugehen genötigt gewesen wären.

Auf das Eherecht folgte bei Manu als sein 17. Rechtspunkt, bei Kauṭalya als sein 2. das Erbrecht, beginnend – analog Kauṭalya – mit der Erbteilung nach dem Tode des Vaters und auch der Mutter[321]. Der älteste Sohn solle als Alleinerbe die Geschwister unterhalten. Diese Pflicht legte Kauṭalya dem Ältesten aber nur auf, wenn kein Erbgut da war[322].

Manu indessen empfahl als religiös-verdienstvoller die Auflösung der Großfamilie, in der Sache wie Kauṭalya[323]. Dabei solle der Älteste einen besonderen Anteil erhalten; ähnlich riet Kauṭalya[324]. Die Brüder sollten ihren Schwestern jeder ein Viertel abgeben, nach Kauṭalya nur etwas für die Heirat[325]. Ein in Levirat erzeugter Sohn solle voll erbberechtigt sein[326]. Bei der Seniorität der Söhne spielten aber auch Stand und Seniorität ihrer Mütter (im Falle einer polygamen Großfamilie) bei Manu und Kauṭalya eine Rolle[327]. Hatte ein Mann keine Söhne, konnte er seinen Tochtermann als Sohn und Erben einsetzen, so daß dieser, wenn sein natürlicher Vater keinen anderen Sohn hatte, zweimal Alleinerbe wurde. Kauṭalya hatte diesen Sohn einer einzigen Tochter nur kurz erwähnt[328]. Auch ein adoptierter Sohn könne Alleinerbe werden, aber nie das Erbe seines natürlichen Vaters antreten[329]. Bei Manu folgten allerhand Regeln über Söhne, die in nichtrechtlichem Levirat gezeugt seien, und über die Söhne von Frauen verschiedener Stände in einer polygamen Familie, die teilweise mit Kauṭalyas Vorschriften übereinstimmen[330]. Weiter gab Manu die herkömmliche Liste der zwölf Typen von Söhnen und definierte sie[331]. Von ihnen galt ihm nur der leibliche Sohn als echter Alleinerbe, was mit Kauṭalya ziemlich übereinstimmt[332]. Danach war die Erbfolge zu behandeln: Möglichst solle der Sohn erben; gab es keinen, dann der Vater des Verstorbenen, dann die „*sapiṇḍas*", dann die Sippengenossen, dann der Lehrer oder Schüler oder Brahmanen[333]. Dies stimmt im wesentlichen mit den älteren Rechtslehrern überein (nur stand dort die Witwe an der Stelle des Lehrers oder Schülers), aber Kauṭalyas Folge war: Sohn oder Tochter, dann Vater, dann Bruder und Neffe; gäbe es keine Erben, solle der König das Erbe an Brahmanen verteilen[334].

Manu ließ einige Angaben über das Eigentum der Frau folgen, das sie von der Hochzeit an geschenkt bekommen hat; stürbe sie ohne Nachkommen, erbte es ihr Gatte oder, wenn sie in Kauf- oder Raubehe verheiratet worden war, ihr Vater. Nach Kauṭalya sollten ihre Kinder es aufteilen, und Gaben ihrer Verwandten sollten diese nehmen[335]. Manu erkannte aber mit dem Stolz des Gelehrten auch an, daß der älteste Sohn das Geld, das er nach dem Tode des Vaters als Haupt der Großfamilie selber verdient hatte, nur dann bei der Teilung mit aufzuteilen habe, wenn seine Brüder Wissen erworben hätten[336]. Er vertrat dabei auch den Standpunkt, daß durch Wissen Erworbenes nicht zur Teilung kommen solle[337]. Kauṭalya aber erlaubte, Selbsterworbenes ganz allgemein nicht zu teilen, auch dies in ziemlicher Übereinstimmung mit Manu[338], der noch eine Reihe von Regeln anschloß.

Manu beendete seine Rechtslehre wie Kauṭalya mit seinem 18. (Kauṭalyas 16.) Rechtspunkt, Spielen und Wetten bei Tierkämpfen. Er verbot beides, weil es den Staat vernichte, während Kauṭalya staatliche Kontrolle empfohlen hatte[339]. Manu erklärte, Spiel geschehe mit Leblosen, Wetten mit Lebendigen; beides sei offener Diebstahl. Er nannte im selben Atemzug Spieler aber auch zusammen mit Volkskünstlern und ketzerischen Mönchen heimliche Diebe, die der König, ob sie sich nun offen oder geheim vergingen, aus seiner Stadt[340] verbannen solle, während Kauṭalya solche Musiker, Tänzer und Mönche (Spieler fortlassend) nur nicht in dessen Neusiedlungen kommen lassen wollte, damit sie dort die Arbeit nicht störten. Auch er nannte diese Künstler und Bettelmönche indessen Diebe, die nur nicht Diebe hießen[341].

Kauṭalya hatte unter seinem 17. und letzten Rechtspunkt „Verschiedenes" einiges nachgetragen; Manu tat dies, ohne dafür einen besonderen Rechtspunkt einzuführen, wie er bzw. der Kompilator es ja auch nach dem 15. Rechtspunkt getan hatte. Er gab zunächst nur den drei nichtbrahmanischen Ständen die Möglichkeit, Geldstrafen abzuarbeiten, während Kauṭalya auch Brahmanen als Strafgefangene in Bergwerken arbeiten zu lassen empfohlen hatte[342]. Manu drohte weiter korrupten Beamten, Ministern und Richtern, Fälschern königlicher Erlasse und den Feinden (des Königs) Dienenden mit Einziehung ihres Vermögens bzw. Hinrichtung[343]. Man zweifelt aber dabei, ob diese Verbrechen gegen den König tatsächlich in das Zivilrecht vor brahmanischen Richtern bei privater Anklage gehören. Eher möchte man sie zum „Ausreißen der Dornen" (s. u.) stellen. Vor die staatlichen Zivilgerichte gehören aber auch nicht große Sünder (Brahmanenmörder, Trinker, Diebe, Ehebrecher mit der Frau ihres Lehrers), die nach Manu in diesem Nachtrag, wenn sie nicht die brahmanischen Sühnen auf sich nähmen, mit Geld- und Leibesstrafen zu belegen seien, an ihrer Stirn gebrandmarkt und aus der Gesellschaft ausgeschlossen werden sollten. Sündigten sie unfreiwillig, sei ihr Vermögen zu konfiszieren; täten sie es mit Absicht, seien sie zu verbannen. Der König solle ihr Eigentum aber nicht für sich behalten, sondern Brahmanen geben[344]. Manu forderte damit die Hilfe des Staates, des Königs, für die priesterliche Sühnegerichtsbarkeit, was Kauṭalya nicht getan hatte.

5. *Das „Säubern von Dornen" bei Manu*

Das „Säubern von Dornen" kommt bei Manu vor und wird wie bei Kauṭalya im Anschluß an das brahmanische Recht dargestellt, ohne daß freilich die *pradeṣṭṛs* als Richter genannt würden oder der Unterschied zum brahmanischen, überwiegend zivilen Recht definiert würde. Ohne Überleitung heißt es, daß der König sich stets dem Ausreißen der Dornen widmen solle, sobald Reich und Stadt eingerichtet seien; durch das Schützen der auf arische Weise Lebenden und das Säubern der Dornen käme der König zum Himmel[345]. Steuern erhalte er für Bestrafung der Diebe; diese seien teils offen, teils versteckt; beide solle er durch geheime Späher ausfindig machen[346]. Von ihnen seien offene Betrüger (so sagte er hier statt Dieb) die Händler verschiedener Waren; versteckte Betrüger aber seien Diebe, Dschungelstämme „usw.“; offene seien weiter Bestechliche, Spieler, Wahrsager, falsch handelnde hohe Minister[347], Ärzte, Handwerker, käufliche Frauen und andere mit „verdecktem Lebenswandel“, Nichtārya, die wie Ārya aussähen[348]. – Diebe und räuberische Waldbewohner begingen demnach ihre Verbrechen offen, Händler, korrupte Beamte, Handwerker usw. aber heimlich. Das paßt teilweise zu Kauṭalya, der Händler, Handwerker, Ärzte und andere in diesem Zusammenhang als Diebe bezeichnet hatte, die nur nicht Diebe hießen, und die von ihm als die erste Gruppe der „Dornen“ behandelt worden waren. Manu gebrauchte demnach hier die Begriffe offen und versteckt in anderem Sinne als Kauṭalya, aber teilweise auch anders, als er es selber tat, wenn er unter dem 18. Rechtspunkt Spieler als offene Diebe bezeichnet hatte, zugleich aber auch als verdeckte, hier dagegen als offene[349]. Er sprach statt von „Dieben“ auch von Betrügern, und Betrug aller Art meinte er in der Tat in diesem Kapitel.

Diese „Diebe“ solle der König mit Geheimagenten, die (ihm gegenüber) ehrlich seien, aber die betreffenden Berufe (jener „Diebe“) ausübten, und durch Späher an den verschiedenen Orten zu Verbrechen provozieren und zum Gehorsam bringen. Er solle ihre Verbrechen jeweils bekannt machen und sie bestrafen[350]. Dies stimmte im wesentlichen mit Kauṭalyas Lehre überein. Manu fügte hinzu, daß der König an verschiedenen Orten, wie in Versammlungshallen, Garküchen, Bordellen, Spielhäusern, an Kreuzwegen, unter heiligen Bäumen, bei Festversammlungen, in Parks, Handwerkerläden, leeren Häusern und Gärten, Soldaten und Späher einsetzen solle. Kauṭalya hatte an verschiedenen Stellen seines Werkes entsprechend von Bordellen, Trinkhäusern, Kreuzwegen usw., hatte aber auch einmal von verborgenen Soldaten in diesem Zusammenhang gesprochen[351]. Wie Kauṭalya erwähnte Manu unter diesen Agenten auch frühere Räuber[352]. Wie Kauṭalya – wenn auch wesentlich kürzer – riet er, den Dieb oder Räuber möglichst mit dem gestohlenen Gut oder seinem Diebswerkzeug in der Hand zu verhaften[353]. Der König solle auch in den Dörfern Helfer der Verbrecher bestrafen und ebenso im Reich und an der Grenze Beamte, die bei solchen Verhaftungen inaktiv seien, ein Dorf plünderten, eine Bewässerungsanlage zerstörten oder auf der Straße rauben ließen. Räuber aus dem königlichen Schatz, Speicher, Arsenal oder Stall, Ungehorsame und Verschwörer lasse er hinrichten, nächtliche Einbrecher (auch die in Tempeln) pfählen, Taschendieben die Hand abschlagen, Zerbrecher eines Bewässerungsteiches ertränken, Beschmutzern der Königsstraße (in der Stadt) eine Geldstrafe auferlegen, ebenfalls schlechten Ärzten (s. o.) und Tierärzten, Beschädigern von Brücken, Bannern (bei Tempeln), magischen Pfosten (in Teichen) oder Götterbildern, Verfälschern von Materialien, Zerbrechern von Perlen, unredlichen Geschäftsleuten, schwarzen Magiern, untaugliches Saatgut Verkaufenden und Grenzen Verletzenden. Den schlimmsten von allen, den betrügerischen Goldschmied, solle er mit Messern zerschneiden lassen und den Entwender von landwirtschaftlichen Geräten, Waffen und Medizinen je nach Umständen bestrafen[354].

Dieser Verbrecherkatalog der „Dornen“ entspricht weitgehend den bei Kauṭalya behandelten „Dornen“, aber es fehlen Giftmischer, Mörder, Kuppler, Entjungferer, schlechte Dorfschulzen, Schatzfinder, Hausfriedensbrecher, es fehlt die Gesundheits- und Baupolizei; und die Kontrolle aller Beamten, einschließlich der *dharmastha-* und *pradeṣṭṛ*-Richter, ist aus Manus Kontrolle korrupter oder nachlässiger Beamter oder Minister kaum herauszulesen. Manu riet auch im Gegensatz zu Kauṭalya hier nicht zu Tortur. Was Kauṭalya in diesem Zusammenhang an Verbrechen behandelt hatte, ist von Manu teilweise den brahmanischen Richtern zugewiesen worden, wie Totschlag bei Unfall eines Wagens, Entjungferung, Gewerbeaufsicht über Wäscher und Weber[355]; manches ist von ihm bei beiden Gerichtsarten behandelt worden, wie Einbruch und Kontrolle der Musiker und Tänzer[356]. Mord ist nur als Sünde behandelt. Kurz, man hat bei Manu den Eindruck, daß der König sich im Grunde um alle möglichen Arten Betrug, um Vergehen gegen Eigentum, Leben und Familie zu kümmern haben soll, im Grunde ebenso wie die brahmanischen Richter, wenn auch Schuldrecht, Beleidigung, tätlicher Angriff, Depositum, Kaufreue, Sklaven und andere Rechtspunkte nicht ausdrücklich unter den „Dornen“ genannt wurden und andererseits *pradeṣṭṛs* bei Manu nicht vorkommen. Wenn demnach die Kompetenzen dieser beiden Gerichtsarten bei Manu nicht so deutlich wei bei Kauṭalya geklärt wurden, so hat es doch wohl beide auch im Staat Manus gegeben, nur war Manu als brahmanischer Ideologe der Ständeordnung an der Unterscheidung beider nicht so interessiert wie der Staatslehrer Kauṭalya und bei der Unterscheidung von Zivil- und Strafrecht kein so guter Jurist wie Kauṭalya. Manus Hauptinteresse galt weniger dem Recht als der Moral der Ständeordnung, und dementsprechend fügte er dem kurzen Abschnitt über die „Dornen“ eine ausführlichere Darstellung der religiös-magischen Sündesühnen an, die für Kauṭalya unwichtig gewesen waren. Er überließ das öffentliche Strafrecht weitgehend dem Despoten, ohne in dessen Belange allzusehr einzugreifen, so antidespotisch er manchmal auftrat.

Dieser knappe Überblick zeigt, daß wie der Staat so auch das Recht Manus von dem Kauṭalyas im Wesen nicht verschieden war, daß es sich nur um zwei verschiedene Tendenzen innerhalb des einen altindischen Rechts handelte, das grundsätzlich zum altorientalischen Despotismus gehörte. Wie das Recht damals praktisch gehandhabt wurde, ist allerdings noch nicht zu sagen. Der einzelne Richter wird je nach den Machtverhältnissen, d. h. je nach der Lage der Klassenkämpfe, hier mehr der Denkweise Manus, dort mehr der Kauṭalyas und anderswo noch anderen Richtungen gefolgt sein. Wir wissen ja noch nicht einmal, ob im Mauryastaat Kauṭalyas Recht von Staats wegen überall als allein verbindlich durchgesetzt werden konnte. Wie mag damals das Gericht in einer Aristokratie oder in einer von Fremden, von Griechen oder Śakas beherrschten Monarchie, wie in deren Hauptstädten und wie in den abgelegenen Dorfgemeinden, wie in Südindien oder in Ceylon, ganz zu schweigen von den Waldstämmen, ausgesehen haben?

6. Indischer Despot und römischer Kaiser

Sucht man die weltgeschichtliche Stellung Indiens in dieser fünften Periode zu beschreiben, so ist einerseits darauf hingewiesen worden, wie es durch seinen ausgedehnten Fernhandel über Land und See einerseits, durch seine aus dem Nordwesten eindringenden Eroberer andererseits mit den anderen damaligen großen Reichen, mit Rom und China, in direkten Beziehungen stand.

Der Zerfall des Mauryareiches entsprach andererseits dem Zerfall der hellenistischen Reiche, insbesondere dem des Seleukidenreiches, das ein westliches Analogon zum Mauryareich gewesen war. Diese Entwicklung ist aber nicht eine in beiden Räumen voneinander oder von einer dritten Macht historisch abhängige Entwicklung gewesen, sondern eine analoge, d. h. offenbar gesetzmäßige Dezentralisierung. Großreiche waren damals stets verhältnismäßig kurzlebig. Die darauf folgenden Einfälle der innerasiatischen Nomadenvölker waren Indien und dem iranischen Raum wiederum gemeinsam; aber das Entstehen je einer neuen Großmacht im Osten und Westen, nämlich des Kuschānreiches und des römischen Imperiums, waren wiederum analoge Vorgänge der Zentralisierung.

Der indischen Entwicklung von Staat und Recht dieser Periode läßt sich in mehreren Punkten die römische an die Seite stellen. Auch Rom durchlebte diese Jahrhunderte in drei Etappen, 1. dem Ausgang der Republik (mit gleichzeitiger Eroberung des westlichen und östlichen Mittelmeergebietes), 2. dem Prinzipat und 3. dessen Krise im 3. Jahrhundert, so daß der Prinzipat dem Kuschānreich, die Krise dessen Zerfall gegenüberstehen. Rückblickend ist kurz zu erwähnen, daß Rom einerseits in der I. und II. Periode Altindiens mit dem anfänglichen Gegensatz der Patrizier und der Plebs ein etwa gleichzeitiges Analogon zu Śūdras[357] und Kṣatriyas gewesen war, ohne asiatische Dorfgemeinden, und daher mit um so kräftigerem gesellschaftlichem Aufstieg der Plebejer, die als Bauern und Krieger den Staat trugen. Dieser war ein aristokratischer Stadtstaat, weitgehend griechischen Stadtstaaten ähnlich, mit Volksversammlung und Senat nach Entmachtung des gentilen „Königtums" und mit vom Volk für jeweils ein Jahr gewählten, unbesoldeten Beamten (*magistratus*), in unserem Zusammenhang am ehesten (abgesehen vom Stadtstaatcharakter) einer indischen Aristokratie vergleichbar. Eine Besonderheit war der *tribunus plebis*, der Schutzbeflissene der Plebs, vom Volk in harten Klassenkämpfen erkämpft, wie denn die Plebejer früh, etwa während der indischen dritten Periode, in eine Magistratur nach der anderen eindrangen, erfolgreicher als die Śūdras bei ihrem analogen sozialen Aufstieg. In der III. und IV. Periode wurde der Stadtstaat Rom in andauernden Kriegen der führende Staat des größten Teiles Italiens. in dieser Hinsicht anders als indische Aristokratien und eher der Monarchie Magadha vergleichbar. Der Begriff Ager Romanus steht dabei dem des Magadhafeldes (*kṣetra*)[358] gegenüber, und die *socii* Roms, seine italischen Bundesgenossen, waren das römische Analogon der Freunde (*mitra*) oder Nachbarn (*sāmanta*) des indischen Staatenkreises. Aber die in Italien systematisch angelegten römischen bäuerlich-militärischen *coloniae* waren wiederum im einzelnen etwas anderes als die staatlichen Neusiedlungen nach dem Muster der Dorfgemeinden in Magadha. In der V. Periode wurde der Stadtstaat Rom dann zum Kern des römischen Weltreiches, weitgehend analog zum etwas älteren Magadha der IV. Periode, aber andererseits – von den Griechen her gesehen – auch analog zum gleichzeitigen Kuschānreich in Indien, insofern Rom als fremder Staat Griechenland und den hellenistischen Osten eroberte wie die Kuschān Nordindien. Das Großreich der Nandas war ja in dieser Hinsicht eher dem gleichzeitigen Mazedonien vom Ausgang der III. Periode zu vergleichen gewesen, das Mauryareich der IV. Periode dem Großreich der Seleukiden.

Rom, das Maurya- und das Kuschānreich standen vor ähnlichen Aufgaben: Wie war unter damaligen Umständen ein Großreich zu organisieren? Eine nationale oder kulturelle Einheit war in ihnen nicht vorhanden, eine wirtschaftliche mehr in Rom als in Indien; vor allem aber war eine militärisch-administrative Einheit durchführbar, und zwar über gesellschaftlich sehr verschiedenen Einzelstaaten; sie war indessen nicht dauerhaft zu gestalten. Gewiß hat Rom mit seinen den Konsuln nachgebildeten Prokonsuln als leitenden Beamten der Provinzen in dieser Hinsicht einiges erreicht, was den Indern nicht so gelang (bis auf einiges bei den Guptas, wie es scheint)[359]. Aber eine intensive Verwaltung von Rom aus war – abgesehen von der Eintreibung gewaltiger Tribute – unmöglich. Kein griechischer Stadtstaat und keine indische Aristokratie konnten damals Großreiche bilden; nur Monarchien wie Magadha und Mazedonien waren dazu in der Lage. Auch Rom mußte demgemäß zu einer Art Monarchie werden, zum Prinzipat, wobei noch nicht geklärt ist, wieweit es dabei von hellenistischen, d. h. im Grunde orientalischen Monarchien gelernt hat, sicher bei der Vergöttlichung des Herrschers[360]. Aber schon vorher traten in Rom in den ernsten Klassenkämpfen der ausgehenden Republik, also im ersten Teil der V. Periode, Diktatoren wie Sulla und Caesar auf, um die Einheit des Staates zu retten. Diese Einrichtung des Diktators war an sich schon altrepublikanisch: In Notzeiten brauchte die Aristokratie, der antike Stadtstaat, einen Diktator als unbeschränkten Kriegsführer. Er war der Vorläufer des *princeps*, des Kaisers, wie in Indien der Kriegsführer der zerfallenden Urgesellschaft zum Despoten geworden ist. Die Kaiser Roms aber gingen auch auf den Volkstribunen Gracchus zurück, waren Schützer der Volksmassen, der Bauern-Soldaten gegenüber den Aristokraten, diesen Großgrundbesitzern und Sklavenhaltern, wie ja auch der indische Despot der Ideologie nach die „kleinen" vor den „großen Fischen" zu schützen hatte und Kauṭalya für die Śūdras eintrat.

Der Prinzipat entwickelte sich aber nicht wie der Despotismus Indiens aus der Gentilgesellschaft, sondern aus einem Stadtstaat, einer Aristokratie, einer Republik, und gerade gegen die verhaßte Vorstellung von Tyrannen[361] mußte in unserer V. Periode vom Kaiser zunächst die Fiktion erhalten werden, daß gerade von ihm der Charakter der Republik gewahrt würde. Augustus nannte sich nicht König, sondern *princeps*, Erster des Senats oder des Volkes. Dies war kein Amt (*magistratus*), keine aus Wahl hervorgegangene Diktatur, sondern eine persönliche lebenslange Funktion auf Grund seiner persönlichen Autorität (*auctoritas*, 52)[362]. Als solcher war der *princeps* niemandem, auch dem Senat nicht, verantwortlich und geradezu göttlich. Gewiß waren manche *principes* zeitweilig Konsuln, aber das war unwesentlich. Wesentlich war, daß sie sich die Macht (*potestas*) des Volkstribunen, des Schützers der Massen, verleihen ließen und damit dessen Unverletzlichkeit, die Macht, den Senat und die Volksversammlung einzuberufen, und das Vetorecht gegen die Entscheidungen aller Magistrate. Dies betraf aber nur Rom (Italien). Für die Provinzen ließ sich deswegen Caesar die Macht des Prokonsuls übertragen und bekam damit die Verfügung über die Tribute, die Getreideeinfuhr nach Rom und das Heer der Provinzen (46). So gewann der *princeps* das Volk, das Geld, das Heer und den Senat (die Aristokraten-Großgrundbesitzer und die Ritter, die Neureichen, Händler) als dessen Erster.

Die Einheitlichkeit der Verwaltung des Imperiums aber war nur schwer zu erreichen. An sich war Rom (Italien) verwaltungsmäßig von den Provinzen getrennt. Die römischen, republikanischen Magistrate ließ der *princeps* zunächst scheinbar weiter fungieren, in Wirklichkeit führten sie immer mehr nur ein Schattendasein. Daneben baute er sich einen eigenen Machtapparat auf. In Indien war es gar nicht zur Wahl von Staatsbeamten wie in unserer Antike gekommen[363], sondern der Autokrat hatte sich als Erbe des ṛgvedischen Kriegsführer-„Königs" allmählich seinen riesigen Apparat an Fürstendienern aufgebaut. In Rom ging der *princeps* jetzt an sich ähnliche Wege. Hatte jeder große römische Haushalt seinen Freigelassenen als Verwalter, so dehnte der Kaiser die Funktionen seiner Leute langsam und mit manchen Rückschlägen zum kaiserlichen Beamtenapparat aus, der aus Freigelassenen und Rittern bestand (52). In Indien war der Schatz des ṛgvedischen „Königs" zum Schatz des Despoten geworden, in Rom trat jetzt neben die altrömische Staatskasse (*aerarium populi Romani*, 57) die Privatschatulle des *princeps* (*fiscus Caesaris*), in die freilich der überwiegende Teil der Staatseinnahmen geleitet wurde (52). Der Senat blieb bestehen, aber verlor langsam seine Macht, hatte keine Meinung mehr neben der oder gegen die des Kaisers (55). Und auch die Volksversammlung hörte bald nach Augustus auf zu fungieren, wurde nicht aufgehoben, sondern schlief ein (54, 114). Sie wählte keine Beamte mehr, sondern Beamtentitel wurden zur bloßen Ehrung derjenigen, die der Kaiser geehrt wissen wollte. Und das Volk beschloß keine Gesetze mehr, ebensowenig wie der Senat, sondern der Kaiser verkündete sie dem Senat (54f.). Volksversammlung und Senat waren in indischen Monarchien schon von der II. Periode an nicht mehr lebendig gewesen. Auch in dieser Hinsicht ähnelte jetzt das römische dem indischen Großreich mit seinem Despotismus. Der *princeps* ließ an der Verwaltung Männer aus den beiden Adelsgruppen der Senatoren und Ritter und dazu Freigelassene teilnehmen (57ff.). Er machte also analog dem indischen Autokraten den alten Adel teilweise zum Dienstadel. Und er besoldete seine von ihm nach Gutdünken lange Jahre im Amte gelassenen Beamten, diese römischen Fürstendiener, analog dem indischen König, aber im Gegensatz zum *magistratus* der altrömischen Republik. Dabei ist wichtig, daß der römische Adel in dieser Hinsicht den indischen Kṣatriyas und reichen Vaiśyas entsprach, nicht dem Stand der Brahmanen; der Grundbesitz samt Sklavenhaltung unterschied indessen den senatorischen Adel wiederum vom Kṣatriya, dem Herren einiger Śūdra-Dorfgemeinden. Wie eine

Spitzengruppe des indischen Dienstadels weiter den König in seinen Ratsversammlungen beriet, so den römischen Kaiser sein *consilium*, nur spielten in diesem auch Juristen eine Rolle (101, 103), die es in Indien eigentlich gar nicht gab (s. u.).

Ein anderes Problem des Prinzipats war das der Nachfolge. In der scheinbar erhaltenen Republik durfte es keinen Thronerben, der ein Gegenstück zum indischen gewesen wäre, geben. Also schritt man zur Mitregentschaft des vom Kaiser ausersehenen Nachfolgers (60) und hatte damit ein Analogon zur indischen Mitregentschaft des Thronfolgers, zum Doppelkönigtum[364], wenn auch aus ganz anderen Gründen, denn das indische Problem des Vatermörders auf dem Thron gab es in dieser Form in Rom nicht. Dabei adoptierte der *princeps* seinen Nachfolger, so daß es auch in Rom zu einer Art Dynastie kam, und bei den Flaviern folgte 69–91 u. Z. sogar zweimal der Sohn dem Vater auf dem Thron. Zeitweilig bestimmte das Heer in unserer Periode, wer in den Krisenzeiten der Thronfolge in dieser oder jener Provinz zur Macht gelangen sollte. Auch in Indien hatte der Heerführer in unserer Periode dafür eine Chance, wie die Śungas zeigen. In Indien aber gab es nicht das Problem der Reichsbürgerschaft, das sich erhob, als die Bürger Roms, des Stadtstaates, immer mehr zur winzigen Minderheit in ihrem Imperium wurden; wegen der Einheit des Reichs wurde schließlich gegen Ende unserer Periode das allgemeine Bürgertum der Untertanen des Reichs eingeführt (62f.). Das römische Imperium wurde eben mit seinen Provinzen im ganzen allmählich fester organisiert als die indischen Großreiche, die im Grunde nur zeitweilig besiegte Staatenkreise mit einem Zentrum, einer kleinen Monarchie, waren. Andererseits war der Frieden im römischen Imperium nur kurzlebig, wie ja auch die indischen Großreiche stets schnell der Dezentralisation erlagen.

Was das Recht angeht, so schufen die vom Volk im Klassenkampf gewählten Decemvirn um 450 v. u. Z., also in unserer III. Periode und damit etwa gleichzeitig mit den brahmanischen Verfassern der Rechtslehren, auf den Druck der Plebejer hin, das Zwölftafelgesetz, das *jus civile*. In dieser Hinsicht entsprach dies ein wenig dem gesellschaftlichen Aufstieg der Śūdras und dem Rechtsschutz der griechischen Produzenten gegen den Adel[365], aber die Decemvirn waren keine standesstolzen Brahmanen und schufen kein Ständerecht mit Betonung der Privilegien der Brahmanen unter Einschluß eines Abrisses des Königrechts. Dem bürgerlichen Recht Roms stand damit von Anfang an das ständische „Recht" Indiens als sein Analogon mit bedeutenden Unterschieden gegenüber. Richter war dementsprechend in Rom kein Priester, sondern ein vom Volk gewählter Beamter, der Prätor (24, 81), der seinerseits einen Richter mit gewählten Geschworenen das Recht handhaben ließ. Diese waren Laien und Private (84), keine verbeamteten Juristen oder Priester; sie unterschieden sich damit von den Brahmanen als Richtern, während deren Beisitzer auch in Indien Laien sein konnten[366]. Trotzdem war die Macht der Priester im republikanischen Rom der III. Periode noch so stark, daß das Priesterkollegium der *pontifices* die Auslegung des Rechts der 12 Tafeln als ihr Privileg bis in unsere IV. Periode hinein behielt. Erst langsam wurde seine Vorherrschaft auf diesem Gebiet von freien Juristen gebrochen (92f.), die das Recht undogmatischer handhabten, weil die Entwicklung der Gesellschaft dies erforderte; diese entstammten überwiegend dem Adel (94ff.). Sie waren nüchterne Gelehrte und verbannten „unklare Billigkeitserwägungen, moralisierende Redensarten" aus ihrem juristischen Denken (102) im Gegensatz etwa zu Manu[367], wie denn durchgehend römisches Recht aus der Praxis der Republik heraus sachlicher und klarer war als das brahmanische „Recht" des indischen Despotismus. Man sollte dabei überlegen, ob der Übergang von den *pontifices* zu den Juristen dem von den ersten brahmanischen „Rechtslehrern" zu den Staatslehrern der IV. Periode in bezug auf Konkretheit des Rechtsdenkens an die Seite zu stellen ist, nur blieben nach der kurzen Blüte der Staatslehre Brahmanen die Rechtslehrer und Richter Indiens von damals an bis in die jüngste Vergangenheit.

Das *jus civile* der 12 Tafeln umfaßt ähnlich wie das der brahmanischen „Rechtslehrer" das Familien- und Erbrecht, das Schuldrecht mit Schuldknechtschaft, aber auch Diebstahl und Blutrache, die erlaubt blieb, wenn ein Gerichtsverfahren die Schuld festgestellt hatte, weiter das *jus talionis* bei Körperverletzung, aber auch Brandstiftung, also auch Fragen des öffentlichen Strafrechts (*judicia publica)*[368]. Dies wurde erst in der IV. Periode besonderen Gerichten übertragen, einer „radikalen Polizeijustiz" gegen Gewaltverbrecher, Brandstifter, Giftmischer und Diebe. Wer von den Polizeiorganen ergriffen war, wurde jetzt von Amts wegen belangt, aber auch ein Privatmann konnte Anzeige erstatten. Dieses Gericht unterstand dem Prätor der Stadt, der die *tresviri capitales* die gerichtliche Arbeit tun ließ, Magistrate niederen Ranges, die auch Folter anwendeten und ein *consilium* über die Schuld des Verdächtigen befinden ließen (64). Außerdem gab es ein rechtliches Vorgehen des Senats gegen Magistrate als öffentliches Strafrecht. Dieses entspricht weitgehend seinem indischen Analogon, dem „Reinigen von Dornen" durch die *pradeṣṭṛs*, das ebenfalls erst in der IV. Periode neben das ältere „Recht" trat.

Gleichzeitig trat in Rom das *jus gentium* unter dem Fremdenprätor auf, notwendig geworden durch den für Rom lebenswichtigen Handel mit Fremden in den außeritalischen Provinzen (74f.). Dem möchte man gegenüberstellen, daß die Brahmanen schon in der III. Periode betonten, daß in den verschiedenen Gegenden das dort gültige Recht anzuerkennen sei. Sie stießen auf dieses Problem in Südindien z. B. mit der Kreuzvetternheirat[369]. Diese analoge Toleranz in beiden Kontinenten paßt dazu, daß einheitliche, zentral verwaltete Großreiche in beiden Räumen damals nicht zu organisieren waren; besonders in Ägypten kennen wir das Fortbestehen des älteren Rechts im römischen Imperium (76). Beim Übergang von der IV. zur V. Periode wurden ferner in Rom formlose Gerichtsverfahren bei Verträgen, die – an alten Begriffen gemessen – formlos geschlossen waren, eingeführt (85). Dementsprechend gestatteten schon die Brahmanen der III. Periode die Beibehaltung des Rechts der Gilden[370]. Rom führte aber auch sonst die Möglichkeit ein, das alte, starre Recht zu korrigieren (88), wie in Indien etwa hier und da das Levirat abkam und (später) der Begriff der „im jetzigen Weltalter zu vermeidenden Rechtsgrundsätze" aufkam[371].

Von der ersten Unterperiode der V. Periode an ging das alte *jus civile* der 12 Tafeln in modernisiertem Recht auf (92), und das öffentliche Strafrecht wurde durch Sulla neu organisiert in Form ständiger Gerichtshöfe für Hochverrat, Hinterziehung von Staatseigentum, Mord, Giftmord, Fälschung von Münzen und Testamenten, Hausfriedensbruch, Ehebruch, Verführung ehrbarer Frauen und Gewaltverbrechen aller Art (66). Dies entspricht wieder weitgehend dem „Reinigen von Dornen“ im gleichzeitigen Indien, nur war in Rom eine private Anzeige erforderlich. Diese brauchte aber nicht mehr (wie im 12-Tafel-Zivilgesetz) von einem Sippenverwandten vorgebracht zu werden, sondern man zielte auf Bestrafung des Verbrechers von Staats wegen (36); dies war also ein Teil des öffentlichen Rechts. Andererseits trat in der V. Periode neben das alte Zivilrecht das „Amtsrecht“, neue Normen, die die verschiedenen Justizbeamten durch ihre Rechtsauslegung begründeten, der Stadtprätor, der Fremdenprätor (s. o.) und der kurulische Ädil mit seinem Marktrecht, in der Provinz aber der Prokonsul (79). Auch dies sollte man einmal genauer mit dem Auftreten des Rechts der Staatslehre in der IV. Periode nach dem der brahmanischen „Rechtslehrer“ vergleichen. In der V. Periode aber hat Indien kein neues Recht mehr geschaffen – im Gegensatz zu Rom.

In der zweiten Unterperiode der V. Periode, mit Beginn des Prinzipats, stellte man in Rom neben die ordentliche Strafjustiz die außerordentliche, an die Stelle der *tresviri capitales* (s. o.) trat der Stadtpräfekt mit seinen Wachkohorten in der Stadt und mit Militärposten auf dem Lande zum Schutz gegen Bandenunwesen (68), vergleichbar den Militärstationen (*gulma*) gegen Räuber bei Kauṭalya und Manu. Vor allem aber entwickelte damals der *princeps* seine eigene, ebenfalls außerordentliche Gerichtsbarkeit, sowohl als Appellationshof wie in erster Instanz, in Zivil- und in Strafsachen, eingeleitet durch private Anklage oder von Amts wegen, beraten von einem *consilium* (73). Unter den Strafen erscheint neben Todesstrafe Zwangsarbeit in Bergwerken, beides nur gegen Freie niederen Standes verhängt, während andere deportiert oder aus Rom relegiert wurden (72). Zwangsarbeit in Bergwerken wurde dagegen in Indien in der IV. Periode insbesondere über Brahmanen statt Todesstrafe verhängt. Diesem kaiserlichen Sondergericht in Rom stand der Anspruch des indischen Despoten seit der IV. Periode gegenüber, daß seine Entscheidung in allen Dingen, auch im Recht, die höchste Autorität sei[372]. Der *princeps* aber sicherte sich in der V. Periode auch auf die übrigen Gerichte einen besonderen Einfluß durch die Verleihung des Rechts an einige auserwählte Juristen, mit seiner kaiserlichen Autorität dem Gericht geradezu bindende rechtliche Gutachten für einen laufenden Prozeß zu erteilen (*jus publice respondendi*, 98). Juristen waren schon längst anstelle der alten *pontifices* Ausleger des Rechts gewesen (92), und die Richter hatten sich schon lange auf Gutachten von Juristen gestützt (99). Diese Juristen gingen unter Augustus zunächst aus dem Senats- und dann auch aus dem Ritteradel hervor (94f., 98f.), nicht aus einem Priesterstand wie die privilegierten indischen Rechtslehrer. Im Unterschied zu Indien[373] gab es ja in Rom schon seit der Republik gelernte Juristen, und zwar weltliche, die als Anwälte Klienten zur Verfügung standen (67, 107) und eine umfassende praktische und theoretische juristische Literatur geschaffen haben, die, weit konkreter als die indisch-brahmanische, großenteils aus Sammlungen solcher

Gutachten (*responsa, digesta*), brieflicher Auskünfte (*epistulae*), Rechtsfragen (*quaestiones*) und Entscheidungen (*digesta*) bestanden (101, 106). Der *princeps* selber aber betätigte sich als Rechtsschöpfer mittels seiner Edikte, die u. a. auch das Privat- und Strafrecht, die Gerichtsverfassung und Privilegien betrafen, mittels seiner Mandate (Dienstvorschriften an seine Beamten, u. a. auf dem Gebiet des Strafrechts) und Reskripte (Bescheide), d. h. Briefe (*epistulae*) und Randbemerkungen (*subscriptiones*) auf Eingaben, mit denen der Kaiser selber (wie sonst seine Juristen) eine Art verbindlicher Gutachten abgab (116ff.) Die indische Staatslehre hat uns aber in dem Abschnitt über die schriftlichen Erlasse des Despoten[374] nichts über derartige juristische Entscheide überliefert; der Despot galt nur als der oberste Richter letzter Instanz, entschied mündlich und verhängte, nachdem das Gericht die Schuld bejaht hatte, die Strafe[375]. Während sich also das römische Recht vom frühen aristokratischen Stadtstaat bis zum Prinzipat (und Dominat) in vielen, aus verschiedenen Rechtsquellen stammenden Schichten historisch entwickelt hat und in historischer Weise verstanden werden muß (80f.), ist das brahmanische Recht im Grunde nur in der IV. Periode um das öffentliche Strafrecht des Despoten bereichert worden und dann in den Händen der Brahmanen – entsprechend dem allgemeinen gesellschaftlichen Stagnieren Indiens – starr geblieben und nur in scholastischen Kommentaren einigen neuen gesellschaftlichen Notwendigkeiten des Feudalismus ein wenig angepaßt worden[376]. Trotz solcher historischen Unterschiede, die sich gesetzmäßig aus der römischen und indischen gesellschaftlichen Entwicklung ergaben, besteht eine beachtliche Zahl von Gemeinsamkeiten, die sich aus der Gesetzmäßigkeit der Entwicklung eines Großreiches an sich ergaben.

VI. Periode: Das Großreich der Guptas (300–500 u. Z.)

1. Politische Geschichte

Der Ursprung der Guptas und ihres Großreichs, der Grund, warum gerade sie damals groß wurden, ist noch nicht geklärt. Man hat an eine nationale Bewegung wie bei den Mauryas gedacht, aber es ist kein Kampf der frühen Guptas gegen die Kuschāns oder Śakas überliefert[1]. Wir kennen zwei Namen, die des Vaters und Großvaters des ersten großen Gupta, Candraguptas I, die nur Könige, noch keine Großkönige von Magadha waren. Meist nimmt man an, daß Candraguptas Thronbesteigung 320 u. Z. den Beginn der in den Inschriften benutzten Gupta-Ära bedeutet. Er prägte die ersten Goldmünzen der Dynastie, und er ließ auf ihnen auch seine Königin, Kumāradevī, mit dem Namen ihres Volkes, der altberühmten Littschavis, prägen. Wie bei Bimbisāra war die Verbindung mit dieser Aristokratie, das Bündnis dieser beiden Staaten nördlich und südlich des Ganges, offenbar für den Beginn der Macht dieser letzten Magadha-Dynastie wichtig[2].

Der zweite große Gupta, Samudragupta, der erst 380 gestorben sein soll, war ein „großer" Eroberer[3], dessen Taten von ihm selber in einer langen Lobinschrift von Allahabad ausführlich aufgezählt wurden. Viele der dort aufgeführten unterworfenen Könige und Aristokratien sind bereits identifiziert worden. Sein Reich umfaßte Bengalen, das noch nicht zum Mauryastaat gehört hatte, Pandschab und Waldkönigtümer des Windhja-Gebirges[4]; er machte Kriegszüge in den Dekkhan, vermutlich bis in die Gegend von Madras. Die Śaka-Fürsten im Westindien und der König von Ceylon sollen ihn als ihren Oberherren anerkannt haben, d. h. er suchte, auch die Häfen der Westküste mit ihrem Westhandel unter seine Botmäßigkeit zu bringen. Aber die Zentralregierung lenkte im eigentlichen Sinne nur das Kernland Magadha, das rings von mehr oder weniger abhängigen Staaten seines Königskreises umgeben war.

Auf Samudragupta scheint für kurze Zeit ein gewisser Rāmagupta gefolgt zu sein, von dem wir nur eine romantische Liebesgeschichte kennen[5]. Er wurde danach von seinem Bruder und Nachfolger, Candragupta II, ermordet. Dieser besiegte die Śakas im Westen endgültig und soll auch Baktrien erobert haben. Er bekam damit den Westhandel in seine Kontrolle. Er, meint man, sei der König Candra der Inschrift der eisernen Säule, die heute bei Delhi steht; in seiner Zeit besuchte Fa Hsien Indien. Seine Zeit war die glänzendste der Dynastie.

Ihm folgte Kumāragupta I, von dem wenig bekannt ist (etwa 415–455), nur, daß gegen Ende seiner Regierung das Reich durch einen noch nicht genau bekannten Feind in Not geriet, vielleicht handelt es sich schon um einen Hunneneinfall, der Kumāragupta zwang, Kupfermünzen mit Silber zu umgeben[6].

Als Retter in der Not wirkte sein Sohn und Nachfolger Skandagupta (455–467). Er hatte bald danach bedrohliche Angriffe der Hunnen abzuwehren. Die Hunnen hatten kurz vorher unter Attila, der 453 starb, Rom besiegt und haben kurz nach Skandaguptas Sieg über sie (460) Persien erobert (484). Dieser Vergleich läßt uns ahnen, wie bedeutend der Sieg dieses indischen Königs und seines mächtigen Staates über die Reitervölker war, wenn wir auch die Stärke der Indien angreifenden Hunnen noch nicht kennen. Freilich war er gezwungen, seine Goldmünzen zu verschlechtern. Aber er sicherte Indien ein halbes Jahrhundert Frieden.

Nach einigen Thronkämpfen und zwei wenig bekannten Guptas, Purugupta und Kumāragupta II, regierte Budhagupta (477 bis etwa 500). Zu seiner Zeit zerfiel das Großreich, teils durch innere Kämpfe, teils vermutlich durch neue Angriffe der Hunnen. Die Kämpfe der späteren, unbedeutenderen Guptas und anderer indischer Fürsten gegen weitere nach Indien einfallende Hunnen gehen dann zu Beginn des indischen Feudalismus (wie des europäischen) weiter.

Gleichzeitig mit den Guptas regierten in Südindien eine ganze Reihe von Dynastien. Am bedeutendsten waren die Pallawas von Kāntschi, deren Inschriften sich über die lange Zeit von 250–600 etwa erstrecken[7]. Es ist unmöglich, die Fülle der übrigen Dynastien und der einzelnen uns bekannt gewordenen Herrscher auf gedrängtem Raum anzuführen[8] oder hier die Geschichte der mehr oder weniger indisch beeinflußten Staaten Hinterindiens und Indonesiens oder Innerasiens zu behandeln[9].

2. Der Staat nach Inschriften

Inschriften der Zeit enthalten Angaben über den Staat, die zum Teil die Wirklichkeit richtig widerspiegeln, zum Teil die Herrscher idealisieren. Im Staat der Guptas standen Tendenzen der Zentralisierung der politischen Macht solchen der Dezentralisierung wie immer im Indien der Sklavenhalterzeit gegenüber. Gerade dieser Widerspruch trieb die Entwicklung zum Feudalismus vorwärts. Von der III. Periode an lebten immer noch Aristokratien, aber nach den Zeiten der Guptas nicht mehr. War die alte Aristokratie der Littschavis für Candragupta I noch von Bedeutung gewesen (s. o.), so erlosch ihre Lebensfähigkeit mit dem Ende der Guptas. Aristokratien waren seit Jahrhunderten ein Element des Dezentralismus gewesen, von Monarchien immer wieder, aber nur zeitweilig besiegt; jetzt dagegen setzte sich anscheinend in ihnen langsam Erblichkeit des Führer-, d. h. Königtums durch, und ihre Könige wurden gleichzeitig zu einer Art Feudalherren. Dies war ein Kompromiß. Sie behielten königliche Macht, wurden aber zugleich sich unterwerfende oder verbündete Unterkönige unter einem Oberherren und lieferten diesem einen Teil ihrer Steuern ab. Nach alter Vorstellung des „rechtlichen" Siegers in seinem „Kreis" sollte ein solcher ja Könige, die sich ihm beugten, auf ihrem Thron belassen. Ein zentralisiertes Großreich war auf Grund der Produktionsverhältnisse eben nur möglich als Kompromiß dieser Art Anerkennung von Unterkönigen, die im Verlaufe dieser VI. Periode Züge von Feudalherren, einer Mittelschicht zwischen steuerzahlenden Produzenten und Staatsspitze, annahmen[10] (s. u.). Daß Aristokratien aber so zu Monarchien wurden, ist nicht so sehr dem zentralisierenden Siegeszug Samudraguptas zu verdanken gewesen als innenpolitischen Gründen[11]; der radikale Dezentralismus zahlloser Kleinst-„Könige“ in einer Aristokratie war offenbar der Entwicklung von Produktion und Konsum und der Ausbeutung der Śūdra-Produzenten nicht mehr nützlich und politisch gegenüber der Monarchie nicht mehr konkurrenzfähig.

Den Grad der Zentralisiertheit des Guptagroßstaates kann man schon einigermaßen beschreiben. Samudragupta, der „Oberkönig der Könige“, der „höchste Herr“, wurde in der großen Inschrift zu seinem Lobe geradezu als erdbewohnende Gottheit verherrlicht[12]. Das ging über die Vergöttlichung des Autokraten bei Manu weit hinaus. Theoretisch beanspruchten die Guptas eben alle Macht für sich, und einige von ihnen sind zeitweilig oberste Heerführer gewesen[13]. Noch lebte im Grunde der ältere Staat des Königs mit seinen „*tīrthas*“[14], wenigstens erscheinen in Inschriften eine Reihe von hohen Fürstendienern.[15] Neben dem König stand der Kronprinz, vom König ausgewählt oder eingesetzt, wie es bei Samudragupta selber inschriftlich bezeugt ist. Daneben erscheinen Ratgeber, Oberstkommandierende, Kommandierende der Kavallerie, der Elefanten und anderer Truppen, aber es gab auch als etwas Neues von damals an einen (Minister) für Frieden und Krieg, d. h. einen Außenminister, den Kauṭalya nicht behandelt hatte; dieser hatte vielmehr den Boten für diese beiden zwischenstaatlichen Zustände dem König verantwortlich gemacht. Es gab weiter einen obersten Türhüter, unter dem Höflinge, Feudalherren (s. u.) standen. Es gab auch einen obersten Richter, also eine Art Justizminister, der bei Kauṭalya ebenfalls nicht vorgekommen war, wohl aber bei Bimbisāra. Die Zentralisierung war also im Gerichtswesen weiter gediehen als im Mauryastaat.

Sonst wissen wir noch wenig über die Verwaltung des Guptastaates[16]. Aber wenn bisher auch keine Quelle einen Münzaufseher nennt, so muß es doch bei dem ausgeprägten Münzwesen dieser Dynastie einen solchen gegeben haben[17]. Die Guptas sorgten weiter nachweislich für Bewässerungsanlagen[18]. Sie setzten Beamte für die Dörfer ein, die neben den einheimischen Dorfschulzen standen[19], wie die „Hirten“ Kauṭalyas. Daneben setzten sie Aśokas Einrichtung von „Moralaufsehern“ fort[20], und das gleiche taten auch andere damalige und etwas spätere Dynastien in anderen Gebieten Indiens[21]. Vor allem gliederten sie ihren zentralisierten Großstaat in eine Art von Provinzen (*bhukti*) und diese in Distrikte (*viṣaya*) unter staatlichen Beamten mit besonderen Titeln (*uparika*, bzw. *āyuktaka*). Solche Statthalter des Königs in Provinzen waren traditionsgemäß manchmal Prinzen[22], manchmal aber waren es auch die Nachkommen der angestammten, von den Guptas unterworfenen Herrscherhäuser, die, wie man annimmt[23], einen Teil der eingezogenen Steuern an den Oberherren (ursprünglich als Tribut) weiterleiteten, damit eine Zwischenschicht zwischen Oberkönig und Volk bildeten und so zu einer Art Feudalherren wurden (s. o.)[24]. Für das nächste Großreich Nordindiens nach den Guptas, das des Harṣa von Kanaudsch im 7. Jh. u. Z., aber noch nicht für das der Guptas, sind wichtige Züge dieser Feudalherren bezeugt, daß sie nämlich dem Oberkönig militärische Hilfe leisten, ihm ihre Truppen als Kontingente seines Heeres für jeweilige Kriegszüge zu stellen und daß sie ihm als Höflinge zu dienen hatten[25]. Da diese Pflicht der Heeresfolge letztlich auf die Heeresordnung der Aristokratien der III. Periode zurückzugehen scheint, könnte sie auch bereits in der Guptazeit gegolten haben[26]. Fraglicher ist, ob es den Guptas im Interesse der Zentralisierung der Macht schon gelungen ist, den Kriegeradel zum Hofadel umzuwandeln. Dieser Prozeß der Feudalisierung des indischen Staates aber war vermutlich in der Guptazeit zumindest bereits angelaufen. Dazu paßt, daß am Ende unserer VI. Periode zwar nicht bei den Guptas, aber in Südindien bei den Pallawas von Kāntschi der Begriff „*sāmanta*“ in der Bedeutung Feudalherr auftrat, der dann für das ganze Mittelalter bezeichnend blieb, während er bei den Mauryas nur Nachbar bedeutet hatte, d. h. zu unterwerfender Nachbarkönig[27]. Damals war die Zentralisierung des Großreichs eben noch nicht so durchorganisiert gewesen wie von den Guptas an. Andererseits war die Institution des Feudalherren aber auch ein Element der Dezentralisation (s. u.).

Dank der beträchtlichen Zentralisierung der staatlichen Verwaltung ist es den Guptas offenbar gelungen, in weiten Gebieten und in langen Zeiträumen (abgesehen etwa von den Hunnenkriegen) in ihrem Großreich oder „Kreis“ von Staaten Frieden zu halten; der buddhistische Pilger Fa Hsien jedenfalls lobte es in der Zeit Candraguptas II, daß ein Pilger ohne Furcht vor Räubern durch Indien ziehen könne[28]. Seine Angaben über restlose Freizügigkeit der Untertanen sind aber noch nicht verständlich, denn irgendeine Registrierung der Bauern wird es nach Maurya-Muster doch wohl gegeben haben; daß es Rebellen, also Unzufriedene gegeben hat, mußte indessen auch er zugeben, aber im allgemeinen priesen die chinesischen Buddhisten das Heimatland Buddhas in unglaubhafter Weise. Trotz solcher Bedenken spricht die Blüte der Gupta-Kunst und -Literatur für sichere Ordnung ihres zentralisierten Staatswesens.

Aber auch damalige Elemente der Dezentralisierung müssen beachtet werden. Besiegte Dynastien blieben großenteils als Unterkönige auf ihren Thronen, wie die Nagas im Doab oder die Maukharis[29], die als erste den Titel *sāmanta*, Feudalherr, trugen[30], oder eine ganze Reihe von „Grenzkönigen“[31] bis nach Nepal und Assam hin, und auch Aristokratien blieben zunächst. Solche Unterkönige hatten damals weitgehend den Charakter von der Zentrale abhängiger Fürstendiener, und ihre Herrschaft wurde aufgefaßt als „Genießen“ (der Abgaben) des ihnen anvertrauten staatlichen Gebiets, d. h. einer Provinz, die in Distrikte unterteilt war (s. o.). Diese hieß danach „Genuß“, und dies bedeutete juristisch etwas Ähnliches wie unser Begriff Besitz im Unterschied zu Eigentum[32]; der Verwalter einer Provinz hieß demgemäß der „Genießende“ oder der „Obere“[33]. Dieser „Besitz“ (*bhukti*) der sich herausbildenden Feudalherren schmälerte die zentrale Macht des „Eigentümers“, des ersten *tīrthas*[34], des Herren (*svāmin*), des Gupta-Autokraten. Dieser ernannte zwar den obersten Heerführer (s. o.), aber das Heer bestand großenteils aus den Kontingenten, die die Unterkönige zu stellen verpflichtet waren, wie es wenigstens vom 7. Jh. an sicher belegt ist[35] (s. o.). Bei diesem Element der Dezentralisation mag – abgesehen von der Tradition der Kṣatriyas in Aristokratien, Truppenkontingente zu stellen – mitgewirkt haben, daß auch Kauṭalya dem Heerführer die einzelnen Truppenteile von besonderen „Aufsehern“ zur Verfügung stellen ließ, offenbar aus dem Mißtrauen des Autokraten dem an sich unentbehrlichen Heerführer gegenüber, der von der II. Periode an als der zweitmächtigste Kṣatriya im Staate für den König oft genug eine Gefahr bedeutet hatte. Im übrigen gewann im Heer der Guptas die Kavallerie an Bedeutung, bogenschießende Reiter, die den Śakas und Hunnen, diesen wendigen, berittenen Gegnern aus Innerasien, entgegengestellt wurden. Einige Guptas ließen sich auf ihren Münzen als berittene Bogenschützen abbilden, und der Dichter Kālidāsa schilderte einmal einen schwer gepanzerten lanzentragenden Reiter dieser Periode, der uns an die Ritter des europäisch-asiatischen Feudalismus erinnert[36]. Kriegswagen aber verloren ihre Bedeutung.

Zum Problem von Dezentralisation und Zentalisation gehört, daß die Provinzen und Distrikte ihre eigenen Behörden hatten[37], offenbar ganz wie in der Zentrale eingerichtet. Zur Distriktverwaltung gehörten der erste Kaufmann, Karawanenkaufmann, Handwerker und Schreiber und andere, d. h. wohl die Häupter der betreffenden Gilden[38], vermutlich Städter, und man hat Siegel solcher Verwaltungskörper gefunden, ohne klar zwischen Distrikt- und Stadtverwaltung unterscheiden zu können[39]. Siegel und Münzen hat man aber auch von Dörfern gefunden[40], und auch diese hatten ihre altüberkommenen Verwaltungskörper, die vorwiegend im Sinne der Dezentralisation wirkten[41]. Bewässerungsanlagen waren im allgemeinen Angelegenheiten der Dorfgemeinde, aber auch der Provinz, wenigstens ist dies einmal inschriftlich belegt[42], nicht des Gesamtstaates. Man hat im Zusammenhang damit die Vermutung ausgesprochen, daß auch die Wirtschaft damals in kleine Gebiete aufgesplittert wurde; dafür wird angeführt, daß nach Kumāragupta I. keine Kupfermünzen mehr geprägt wurden, daß also der Geldverkehr durch Warentausch in kleinen Gebieten ersetzt wurde[43]. Da aber Handel Indiens mit Byzanz weiterging, ist diese Argumentation fraglich.

Sicher zeigt sich die Tendenz der Dezentralisation in der Art der Fortführung der alten Sitte der „Landschenkung“ an Brahmanen. In einigen dieser Dokumente wird den Bauern – und das sieht nach etwas Neuem aus – befohlen, nicht nur die Abgaben an die betreffenden Brahmanen zu geben, sondern ihnen auch zu gehorchen; nur die Bestrafung von Dieben wird den beschenkten Brahmanen nicht zugebilligt[44]). Die Bauern waren Śūdras, hatten als solche den Āryas, insbesondere Brahmanen ganz allgemein zu gehorchen (obgleich der Jurist Nārada dies damals nicht mehr besonders erwähnte); bei solchen Landschenkungen wird es sich indessen um eine Art Arbeitstribut gehandelt haben oder um eine gewisse Verwaltungskompetenz der „Beschenkten“, die sich damit langsam zu Feudalherren mit Anspruch auf Fron und zivile Gerichtsbarkeit (außer Dieben, die teilweise der Dorfschulze, teilweise der Staat im staatlichen Strafverfahren zu bestrafen hatte) entwickelten. Der Besitz („Genuß“) dieser Brahmanen ähnelte damit dem der über Provinzen und Distrikte gesetzten Statthalter, die Feudalherren anderer Art zu werden begannen. An sich freilich ist die „Schenkung“ von Boden mit seinen Bebauern an Brahmanen schon seit der II. Periode zu belegen[45]. Seit wann sich aus solchen Schenkungen „Brahmanendörfer“[46] entwickelt haben, ist freilich noch nicht sicher. Für die Guptazeit sind sie belegt; sie dienten frommen Zwecken, wie der Unterhaltung und geistlichen Betreuung von Tempeln[47]. Nur in der Form etwas anders war wohl die Beschenkung von Tempeln[48] mit Land; diese Sitte, die mit dem damaligen Aufkommen großer Tempelbauten als ideologischer Stützen des Staates zusammenhängen mag, begann ebenfalls unter den Guptas und wurde bezeichnend für den indischen Feudalismus. Manchmal wurde Brahmanen unbebautes Land geschenkt; dies mag jungfräulicher, erst zu rodender Boden gewesen sein oder nur zeitweilig nicht bebaut gewesener[49]. Seit der V. Periode hatten Brahmanen Interesse an Rodung bekundet, weil diese ihnen stärkere Eigentumsrechte verbürgte. Damit wird es zusammenhängen, daß einigen Brahmanen in der Guptaperiode bereits besiedelte Dörfer, alte Dorfgemeinden, „nach dem Ritus unbebauten Bodens“ (d. h. als Eigentum?) „geschenkt“ wurden[50].

Schon in der IV. und V. Periode gab es Hinweise auf „Landschenkungen“ an gewisse Königsdiener (die Brahmanen gewesen sein können). Diese Sitte könnte sich in der Guptazeit weiter entwickelt haben, so daß aus ihr die naturalwirtschaftliche Sitte der Entlohnung von Beamten mit Erträgen von Land wurde, die es später im Feudalismus gab; indessen sind die Zeugnisse für die Guptas einstweilen nicht ausreichend[51]. Sicherer scheint zu sein, daß ein Häuptling der Pulindas (eines Dschungelstammes oder einer Gruppe von solchen in den mittelindischen Bergen, vielleicht ein unterworfener „König“) mit zwei Dörfern in solcher Art „belehnt“ wurde, und zwar unmittelbar nach dem Ende der Guptas[52]. Manchmal sind Minister (*amātyas*) in den „Genuß“ solchen Landbesitzes gekommen[53], und zumal wenn solche Stellungen erblich wurden, wurden auch diese Männer zu einer Art Feudalherren (ob sie nun Brahmanen oder Kṣatriyas waren). All dies liegt auf der Linie der typisch feudalen Zersplitterung. Zu ihr gehört auf der anderen Seite die Feudalisierung der Bauern[54]. Beides waren offenbar Versuche, die Ausbeutung der Bauern zu intensivieren und zu sichern.

3. *Der Staat in Kāmandakas Staatslehre*

Der Staat sowohl wie die Staatslehre Kāmandakas[55] sind im grundsätzlichen von denen Kauṭalyas nicht verschieden. Wie dieser kein Großreich der Mauryas, sondern nur einen Staatenkreis schilderte, so schilderte auch Kāmandaka einen solchen, den der Guptas. Aber die aus Inschriften herausgelesene Einteilung in Provinzen und Distrikte (s. o.) kommt bei Kāmandaka (nach dem Vorbild Kauṭalyas) nicht vor. Ebensowenig verwendete er den Begriff *sāmanta* im Sinne von Feudalherr. *Sāmanta* war bei ihm immer noch der Nachbarkönig: Mit den kriegsbereiten *sāmantas* solle der König – und das war bei Kāmandaka wie bei Kauṭalya der „Siegwünschende“ als Kern seines „Kreises“ umliegender Staaten, nicht ein Großkönig – gemeinsam in den Krieg ziehen, nachdem er ihnen Gewinn in Aussicht gestellt hatte[56]. An sich waren nach Kāmandaka solche Nachbarn aber ebenso gefährlich wie Waldstämme, z. B. für den König auf der Jagd, denn beide konnten ihn, im Dickicht versteckt, gefangennehmen oder gar erschlagen[57]. Falls seine Grenzhüter, Waldstämme oder Grenzer – hier werden Nachbarn nicht genannt! – unzufrieden seien, solle der König sich mit seinen Ministern darüber beraten, wie diesem „äußeren" Zorn zu begegnen sei; der „innere" Zorn dagegen war der von Hofpriester, Minister, Prinz, Verwandten und Heerführer[58]. Wahrscheinlich spielten Grenzwälder zwischen den größeren Staaten immer noch eine Rolle, und bei deren Bewohnern war den Königen wohl nicht immer klar, auf der Seite welches Staates sie jeweils standen; sie galten nach dieser Stelle als Außenstehende, also als eine Art Nachbarn, waren sie doch von der Residenz aus nicht ständig niederzuhalten. – Rücke der kriegsführende König über die Grenze seines Reiches hinaus vor, so solle er auf seinen Wegen die gegnerischen Waldstämme und Grenzhüter durch Bestechung auf seine Seite zu bringen suchen[59] (waren diese doch ihrem Oberherren, d. h. seinem Nachbarn, ebenfalls nicht immer treu). Und er solle auch mit dem Boten des Nachbarn, d. h. seines Feindes, guten Rat pflegen, und zwar während seines Vormarsches, auf seinem Elefanten reitend, während der Bote von zuverlässigen Kriegern umgeben sei[60] (denn geheimer Rat mit dem Boten des feindlichen Nachbarn war im Kriege nicht ratsam). Ganz zu schweigen von einem Großreich, war aber auch die Grenze zum Nachbarn und zum Waldstamm noch verhältnismäßig unklar. Die Lage hatte sich seit Kauṭalya nicht wesentlich geändert, der 1. auch schon den Häuptling eines Waldstammes und den Nachbarn zusammen genannt hatte, wenn etwa Gerüchte umliefen, einer von beiden stehe dem Staat als neuer Thronprätendent bevor[61], der 2. wie Kāmandaka die Waldstammhäuptlinge und Nachbarn des Gegners durch Bestechung auf die Seite seines Königs zu ziehen geraten hatte[62]. Kauṭalya hatte bei den Nachbarn zwischen solchen mit dem Charakter eines Feindes, eines Freundes und eines Abhängigen (zu Unterhaltenden, Dieners) unterschieden, und dieser dritte Typ des entweder mit Gewalt niedergedrückten oder sich selber aus Schwäche beugenden Nachbarn[63] ist wohl letzten Endes als eine Vorform des Vasallen, des Feudalherren vom Ende der Guptazeit an aufzufassen. Wenn Kāmandaka aber von dem gemeinsamen Kriegszug mit den *sāmantas* sprach (s. o.), so deutet er doch mit keinem Wort eine feudale Verpflichtung zur Heeresfolge an, auch keine Pflicht zu regelmäßiger Tributzahlung.

Auch die damalige Vergöttlichung des Königs spielte bei Kāmandaka kaum eine Rolle. Er solle, schrieb er, hilfreich wie Prajāpati (der Schöpfergott, wohl Brahmā) sein, wie dieser geehrt werden, er habe einen „göttlichen Glanz" und er sei von seinen Dienern unter anderem mit „Herr", „Gott", „sei siegreich", „mögest du lange leben" anzureden[64]. Er sanktionierte die übermenschliche Macht des Despoten nicht mit einer Ätiologie. Aber wie es in jeder Periode von der II. an eine gab, so auch sicher in dieser eine für sie bezeichnende. Sie wird so ähnlich gelautet haben wie die purānische: Von Atri als Urahn stammte Anga, von diesem Vena, gezeugt von Sunīthā, der Tochter des Todes (Mṛtyu, welcher dem bösen Māra, dem Versuchergott der Buddhisten, entspricht). Von diesem seinem mütterlichen Großvater her war Vena böse, gierig, überschritt den vedischen (brahmanischen) *dharma* (Brauch, Moral, Norm „Recht") und erklärte sich für einen Gott. Brahmanische Weise mahnten ihn, gemäß dem Übereinkommen das Volk zu schützen, aber er spottete: Ich bin der Schöpfer des dharma, ich höre auf niemanden. Da schufen die Weisen aus seinem Schenkel den Pṛthu, der ein idealer König wurde, während Vena in den Himmel ging. Ungepflügt gab damals die Erde Frucht, durch bloßes Denken (Wünschen) gab es Nahrung, aus Kühen molk man, was man wollte, Honig war in jeder Knospe. Er, König Pṛthu, verschaffte den Wesen Unterhalt. Er zwang die Erde, sie zu ernähren. Er machte sie eben, machte die Berge niedrig, er teilte Städte und Dörfer ab. Vorher gab es weder Landwirtschaft, noch Viehzucht oder Handel[65]. All dies begann erst mit Pṛthu. Er war der Urkönig, verehrt von Brahmanen, von Kriegern, von Vaiśyas und auch von „reinen" Śūdras, Dienern der drei höheren Stände[66].

Hier ist der König nicht der Kriegsführer wie in der Ätiologie der II. Periode, nicht der Schützer des privaten Eigentums wie in der der III., nicht der Stifter von Ruhe und Ordnung wie in der IV., nicht der von Gott geschaffene Überwinder der Furcht der königlosen Zeit wie in der V. Periode, sondern derjenige, der den Urdespoten[67] ersetzte, und zwar nicht den aus unbezwungener Leidenschaft ungerechten Despoten, sondern den teuflischen Verächter der ewigen brahmanischen Ständeordnung und „Schöpfer" des, d. h. seines eigenen, „Rechts"[68]. Es ist sozusagen eine Ätiologie, die auf die Rechtfertigung des Despotenmordes bei Manu folgte. Weiter handelt es sich hier nicht um einen gewöhnlichen Menschenkönig, sondern um übermenschliche Wesen. Nur ganz nebenbei und geradezu unverständlich kurz wird das Übereinkommen[69] erwähnt, auf das der König sein Anrecht auf den königlichen Ernteanteil stützte. Der Ätiologie liegt nicht mehr die vedische, sondern die hinduistische Mythologie zugrunde.

Auch Kāmandaka sah wie seine Zeit- und Standesgenossen den König als geradezu göttlich an, ohne dies freilich stark zu betonen, war sich des ungeheuren Abstandes zwischen dem Herrn und der Masse der Untertanen voll bewußt und empfahl ihm einerseits patriarchalische Herablassung mit süßen Reden[70], andererseits gestattete er ihm das Töten; wenn es rechtlich sei (also etwa das Töten von Verbrechern oder Feinden des Königs), beflecke es ihn ebensowenig (als Sünde) wie Weise der Vorzeit[71]. Diese doppelte Moral, daß Töten dem König und Krieger nicht – wie doch gewöhnlichen Menschen – als Sünde angerechnet wurde, dürfte in den Strom der auf Pratardana, König von Kāśi, in der Kauṣītakyupaniṣad zurückgehenden Tradition gehören[72].

Als Staatslehrer wie Kauṭalya und als Gegner der brahmanischen „Rechtslehrer" hielt er ein Land, in dem es überwiegend Śūdras gab, für günstig. Kauṭalya hatte diese als Bauern (Pflüger) gewünscht, Kāmandaka aber meinte mit widerspruchsvoller Haltung, die überwiegenden Śūdras sollten Handwerker und Händler sein, und wünschte sich außerdem unternehmende Bauern, ohne deren Stand zu erwähnen[73]. Dies paßt dazu, daß er gemäß altbrahmanischer Rechtslehre dem Śūdrastand Gehorsam und Handwerk zudiktierte, dazu – darin mit Kauṭalya übereinstimmend – den Musikerberuf[74], aber im Unterschied zu Kauṭalya gestand er ihnen in diesem Zusammenhang nicht Landwirtschaft und Handel zu, und das, obgleich damals ein Rechtslehrer wie Devala das Bauerntum der Śūdras in Übereinstimmung mit der gesellschaftlichen Entwicklung anerkannte[75]. Ob das auf lokale oder ideologische Unterschiede zurückzuführen ist, harrt noch der Aufklärung. Wenn Kāmandaka bei der Frage der Einnahmen des Königs besonders empfahl, das Berufsleben der Händler nicht zu stören[76], so weist uns dies doch wohl auf einen als notwendig erkannten, aber irgendwie gefährdeten Handel hin; dies dürfte für die umstrittene Frage des geringen Bestandes an Kupfermünzen heranzuziehen[77] sein. – In dieser Weise zeigt die historisch-politische Entwicklung der damaligen Periode nur geringen Einfluß auf das Wesen des Staates und den Inhalt der Staatslehre.

Kāmandaka setzte weiter das große Interesse Manus an Moral fort[78]. Er begann seine didaktische Dichtung mit der Frage der „Zucht" des Königs wie Kauṭalya, aber legte dabei ausführlich mit Begriffen der Sāmkhyaphilosophie das Wesen der Sinnesbeherrschung, der Selbstzucht, dar[79], ging auf die üblichen Laster (Jagd, Spielen, Trinken und Frauen) ein, fügte abschreckende Beispiele aus der Mythologie an und empfahl dem König Lehrer der vier Lehren, im Grunde wieder wie Kauṭalya. Nur verstand er unter Philosophie wie Manu eine orthodox-fromme *ātman*-Lehre[80], nicht die praktische Philosophie Kauṭalyas. Politische Entscheidungen solle der König nur mit „abgeklärtem" Verstande fällen, lehrte er in einem anderen moralischen Exkurs, den er mit einem Vers darüber begann, daß der Löwe den Elefanten bloß durch Körperkraft töte, er kenne ja keine Staatslehre; aber der gebildete Mann töte den Elefanten sowohl wie hundert Löwen[81]. Auf die besonders bei einem Despoten unheilvollen Leidenschaften ging er wie Kauṭalya noch einmal im Zusammenhang der Außenpolitik ausführlich ein, da, wo es sich darum handelt, ob ein Herrscher sich zum Krieg entscheiden solle oder nicht[82]. Dabei paßt die Diskussion über Vor- und Nachteile der Jagd[83], dieses Sports und Lasters des Kriegeradels, zu der Unterhaltung zwischen König Duṣyanta, seinem Brahmanen und dem Heerführer im Anfang des II. Aktes in Kālidāsas Śakuntalā; die Empfehlung von Vorsichtsmaßnahmen zum Schutz des Königs bei der Jagd in seinem „Tierpark" entspricht andererseits der bei Kauṭalya[84]. Der Vers, der die völlige Vernachlässigung der königlichen Pflichten eines Lüstlings auf dem Thron in seinem Frauenpalast schildert, paßt wiederum zu Kālidāsas berühmtem Gemälde des verkommenen Agnivarṇa am Ende seines Raghuvamśa[85].

Kāmandaka fügte einen besonderen moralisierenden Gesang ein, um den Abschnitt der Erziehung des Autokraten abzuschließen. Darin vertrat er den üblichen pessimistisch-idealistischen Standpunkt der Vergänglichkeit alles Lebens[86], um den Despoten von Bedrückung[87] seiner Untertanen abzuhalten; er sprach sich vielmehr für Mitleid, Freigebigkeit und Unparteilichkeit aus[88] und riet u. a. vom Umgang mit Bösen ab[89]. Er empfahl dies als allgemeine Moral der Guten oder der Hausväter, und nur gelegentlich erwähnte er hier den Herrscher[90]. Die Moral des Patriarchen in seinem Haus und des Despoten waren ja ihrem Wesen nach verwandt; beide gehörten zur Dorfgemeinde und asiatischen Produktionsweise. Dazu gehörte die bei Kauṭalya und Manu schon dargelegte Lobpreisung der Strafgewalt, des „Stockes“, auch bei Kāmandaka[91], die im Sinne des Hinduismus davon ausging, daß die Untertanen an sich böse seien. Und dazu wiederum gehörte wesensmäßig die auch bei Kauṭalya schon zu belegende Lehre des allgemeinen, für den Despoten unumgänglichen Mißtrauens in der Innen- und Außenpolitik[92]. Das Mißtrauen war für den Despoten besonders wichtig gegenüber seinen Söhnen, wie Kāmandaka in Übereinstimmung mit Kauṭalya ausführlich lehrte, aber auch im täglichen Leben gegenüber dem Koch wegen möglicherweise vergifteter Speisen, gegenüber den Dienern beim Bad und anderen Menschen[93].

Mißtrauen mußte indessen im Despotismus mit Vertrauen des Herrschers den Ministern, ja dem Volk gegenüber diplomatisch-schlau und skrupellos gepaart sein. Der Autokrat mußte ja alle Ressorts der Regierung speziellen Ministern und Beamten überlassen, während er selber trotz all seiner Erziehung keine ausreichenden Kenntnisse haben konnte. Hatte Kauṭalya nach älterem Vorbild den gesamten Beamtenapparat nach der Liste der *tīrthas* abgehandelt, so ordnete Kāmandaka sie unter den „sieben Faktoren“ des Staates und den „Dienern“ ein, obgleich Kālidāsa bezeugt, daß die Vorstellung der *tīrthas* damals noch durchaus lebendig war[94]. Wenn Kāmandaka diesen Begriff der hochgeehrten *tīrthas* großenteils durch den der Diener ersetzte, so zeigt das ein Zugeständnis an den oder ein Eingeständnis des Despotismus. Er ging zunächst von der Disposition der sieben Faktoren aus (wie Manu, aber manchmal auch Kauṭalya es taten) und behandelte nach dem König seine „Gefährten“, den Hofpriester, das Reich, die Festung, den Schatz, das Heer und den Freund[95]. Die „Gefährten“ waren die Minister und Räte[96]; sie sollten durch Versuchungen geprüft werden. Sie sollten den König von falschen Handlungen abhalten[97]. Sie bildeten wohl die „Umgebung“ des Herrschers, die aus adligen und „reinen“ Männern bestehen sollte und durch die auch ein böser (despotischer) König für seine Untertanen „genießbar“ würde, im Gegensatz zu einem (guten, schattenspendenden) Baum, der aber von Schlangen umgeben sei, unter dem das Volk dabei keinen Schutz fände[98] (wie unter einem guten König mit böser Umgebung). Dieser Gedanke, insbesondere der, die Fehler der Regierung den Beratern des Despoten zuzuschieben, spielte im etwa gleichzeitigen Pañcatantra eine bedeutende Rolle[99]. Diese Minister wurden von Kāmandaka einmal *mahāmātras* genannt[100]. Ein *amātya* wurde einmal neben den Kronprinz gestellt; beide seien die Arme des Königs[101]; da war wohl der Hauptminister Kauṭalyas gemeint. Ein andermal wurde der Thronfolger neben den Heerführer gestellt; ihnen (beiden oder einem von ihnen) solle der König die vormarschierende Armee anvertrauen[102], während er selber sich den Rücken (und die Verbindung mit seiner Stadt) decken solle. Auch dem Heerführer gegenüber wurde zu Mißtrauen geraten[103]; von Kāmandaka wurden an ihn hohe moralische und fachliche Ansprüche gestellt, und es wurde u. a. auch geraten, daß er aus dem einheimischen Kriegeradel stammen, viele Freunde und Verwandte haben solle[104]. Gerade daher war er wohl für den Despoten gefährlich. Merkwürdigerweise wurde der Heerführer[105] in der Umgebung des Königs nicht mit aufgeführt. Ebensowenig die „Spaßgefährten“ des Königs; vor deren spöttischen Bemerkungen wurde einmal der Höfling gewarnt[106], sie hatten aber keinen hohen Rang und gehörten nicht zu den Faktoren des Staates.

Anschließend an diese Faktoren behandelte Kāmandaka die „Diener" des Königs, d. h. die „Beamten", wie auch Kauṭalya nach dem Hofstaat im 1. Buch die Verwaltungsbeamten im 2. dargestellt hatte. Zunächst aber ließ Kāmandaka sich ausführlich über das Verhältnis des Dieners zum Herren aus[107], was Kauṭalya kurz im 5. Buch abgetan hatte. Beide forderten im allgemeinen devotes Benehmen. Aber Kāmandaka sprach daneben auch von der Pflicht des Königs seinem Diener gegenüber, der von ihm angemessenen Lohn erwarte. Diesen solle der Herr richtig austeilen, entsprechend der von seinem Diener geleisteten Arbeit[108], solle doch jeder von ihnen an die für ihn geeignete Aufgabe gestellt werden[109]. Der König müsse unterscheiden können; er dürfe (seine Gunst) nicht auf Unwürdige „regnen" lassen, sondern müsse auf ihre Familie, ihr Wissen, Heldentum, ihre Tüchtigkeit, ihr Alter und ihre Umstände achten; er solle Hochgeborene nicht verachten, sonst töteten sie ihn; er müsse aber auch Mittlere und Niedere dank ihrer Vorzüge groß werden lassen. Indessen solle er Hohe nicht mit Niederen zusammen einsetzen, er müsse zwischen solchen unterscheiden können; in unserer blinden Welt blieben Kluge ja nicht da, wo ein Edelstein nur wie ein Glassplitter geschätzt wird[110]. Diese Maximen waren etwas Neues gegenüber Kauṭalya und Manu; sie drohten geradezu dem Despoten, der Kleine wie Große verachtete. Sie entsprangen einer kritischen Einstellung dem Despoten gegenüber, wie sie uns im etwa gleichzeitigen Tantrākhyāyika[111] mit dessen „Blick von unten" auffällt und dort vermutlich auf das wachsende Selbstbewußtsein reicher Städter zurückzuführen ist, bei Kāmandaka wohl eher auf Kṣatriyas, die sich ihre Einfügung in den Dienst- und Beamtenadel teuer bezahlen lassen wollten, die aber auch bei einem Brahmanen wie dem Lyriker Bhartṛhari belegt ist, der sich bitter über seinen aus Armut übernommenen, menschenunwürdigen Fürstendienst beklagt und wohl derselben Zeit angehört[112].

Dem ergebenen Fürstendiener empfahl Kāmandaka u. a., jeder Laune des Despoten nachzugeben, denn wer bösen Gespenstern zu Willen sei, mache sie sich gefügig; was könnten Kluge nicht erreichen? Wer widerstehe einem, der Liebes rede (schmeichle)[113]? Zwei Bruchstücke aus diesen Versen kehren wörtlich in einem Vers des oben erwähnten Tantrākhyāyika I, 17[114] wieder, und zwar in einem Zusammenhang, der einen König als seinem skrupellosen Diener weit unterlegen darstellt. Könnte nicht auch Kāmandaka den Vergleich des Königs mit dem bösen Gespenst kritisch gemeint haben? Gehen nicht beide Texte auf einen volkstümlichen Vers antidespotischer Spruchweisheit zurück, die zur Moral, freilich auch zur damaligen Staatsideologie gewisser fortschrittlicher Kreise gehörte?

Im Anschluß an diese allgemeine Betrachtung über die Königsdiener ging Kāmandaka nur ganz kurz auf eine Nennung der hauptsächlichen Finanzbeamten ein. Geeignete und (durch Versuchungen, s. o.) geprüfte Männer solle der König die Steuern einziehen lassen. Praktisch erfahrene, sachverständige Aufseher solle er mit den verschiedenen Aufgaben betrauen. Besonders solle er sich um seinen Speicher kümmern und ihn täglich besichtigen. Dann führte Kāmandaka acht Einkommensquellen an: Landwirtschaft, Handel, Stadt, Bewässerung, Elefantenfang, Bergbau, Waldnutzung und Besiedlung von Neuland[115]. Damit war alles kurz abgetan, was Kauṭalya ausführlich in seinem 2. Buch behandelt hatte; Kāmandaka überließ die Einzelheiten wohl der Ökonomie als einer Sonderwissenschaft. Er hat ja auch das Recht im Gegensatz zu Kauṭalya nicht berücksichtigt, es offenbar den Juristen überlassen, die (wie damals Nārada) ihrerseits die Staatslehre im Gegensatz zu den älteren Rechtslehrern der III.–V. Periode außer Betracht ließen. Kāmandaka hat weiter das letzte Buch Kauṭalyas über die Grundsätze der Interpretation seiner Staatslehre fortgelassen; vielleicht waren diese damals ebenfalls von Spezialisten übernommen worden[116]. Bei ihm fehlt weiter eine Diskussion der Aristokratien, denen Kauṭalya sein 11. Buch gewidmet hatte, wohl weil diese damals ihre Bedeutung verloren bzw. ihren Charakter einbüßten. Es fehlt aber auch eine Behandlung der Belagerung einer Stadt, die Kauṭalyas 13. Buch entsprechen würde.

Kāmandaka befaßte sich ausführlich mit der „Zucht“ des Despoten und, in wiederum teilweise gegenüber dem König etwas kritisch dargestellter Weise, mit dessen Verhältnis zu seinen Dienern, den Beamten; in diesen beiden Themen bestand seine Behandlung der Innenpolitik. In der Außenpolitik, die bei ihm wie bei Kauṭalya der der Innenpolitik folgte, ging er ausführlich zunächst auf die Lehre vom Staatenkreis ein, begann wie Kauṭalya mit den sieben Faktoren des Staates und fügte wie dieser den Feind hinzu[117]. Wenn Kauṭalya sich hier einen fatalistischen Feind gewünscht hatte, weil ein solcher leicht zu besiegen sei[118], so hat Kāmandaka an anderer Stelle den Fatalismus analog für seinen König abgelehnt[119]. Wie Kauṭalya beschrieb Kāmandaka dann die verschiedenen Fürsten des „Kreises“[120], den Feind, Freund usw. und lehrte die verzwickte Diplomatie des „Siegwünschenden“ in seiner komplizierten Lage unter all den nahen und entfernten Rivalen, denn der „Kreis“ sei nun einmal voll von Freunden und Feinden, von denen jeder Egoist sei und keiner neutral[121]. Demgemäß müsse der König Feinde zu Freunden machen, wenn sie ihm Nutzen brächten, und Freunde, die ihm schadeten, aufgeben; dies aber nur, wenn diese wirkliche Fehler hätten. Von ihren Tugenden und Fehlern müsse er sich selber überzeugen; nur dann dürfe er zürnen und handeln; sonst gelte er als Schlange; er müsse gute, mittlere und schlechte unterscheiden; er dürfe nicht auf Verleumdungen hören. Er müsse sich von denen abwenden, die eine Spaltung von Freunden herbeizuführen suchten[122]. „Spaltung von Freunden“ heißt das 1. Buch des Tantrākhyāyika (s. o.) und das 2. Buch des Hitopadeśa; und in dieser späten Form des Pañcatantra kommen inhaltlich verwandte Verse vor, die wiederum zeigen, wie die moralischen Verse Kāmandakas, die der Ermahnung von Despoten dienen sollen, zu denen der populären Moralliteratur passen[123] und geradezu zur moralisch-politischen Ideologie des Feudalismus überleiten.

Die Diplomatie hatte es weiter insbesondere mit der Bündnispolitik eines Königs zu tun, der von einem Stärkeren angegriffen oder bedroht wurde. Er solle sich Frieden zu erhalten suchen, indem er sich diesem unterwerfe und sich mit ihm vertraglich einige. Kauṭalya hatte dafür elf Arten solcher Verträge in einem besonderen Stück von 15 (vielleicht zitierten) Versen gelehrt: Der König solle u. a. selber mit einem Teil seiner Truppen dem Stärkeren dienen, oder sein Thronfolger oder der Heerführer, und seine politische Ehe solle den Frieden sichern helfen, oder er solle ihn mit seinem Schatz erkaufen oder gar Land abtreten[124]. Diese elf Verträge wiederholte mit eigenen Worten, aber großenteils mit denselben Fachbezeichnungen für sie Kāmandaka, fügte aber noch fünf weitere hinzu[125], von denen er vier für die meistverwendeten erklärte: die Verträge auf Grund gegenseitiger Unterstützung, Freundschaft, Eheverbindung und Beschenkung, und von diesen hielt er die letzte Art für die einzige eigentliche Sicherung des Friedens[126], suchte also Kauṭalyas Lehre zu vereinfachen und zu übertrumpfen. Diese ganze Versgruppe des Kāmandaka nun kehrt wörtlich im Hitopadeśa wieder[127]. Bei Kāmandaka folgt dann eine Gruppe von 19 Versen, in denen 20 Könige aufgezählt und beschrieben werden, die man nicht als Verbündete nehmen solle, wie unter anderem der zu junge, zu alte, lange kranke, gierige, feige, fatalistische oder ungerechte[128]; diese Verse stehen wörtlich im Hitopadeśa kurz vorher[129]. Es folgt eine Liste von sieben für ein Bündnis geeigneten Königen in 11 Versen[130], von denen wieder 8 wörtlich vor der eben genannten Stelle im Hitopadeśa[131] stehen: der sein Wort haltende, der Ārya, der gerechte, der Nichtārya und andere. Dabei könnte mit dem Nichtārya ein Fremder, Nichthindu, etwa ein Śaka oder ein „König“ eines Waldstammes wie jener Pulinda[132] gemeint sein. Das Kapitel endet bei Kāmandaka mit Sprüchen darüber, daß gelegentlich ein schwacher König sich in seine Festung zurückziehen oder sich in Wut auf einen stärkeren Gegner stürzen, u. U. sich ihm beugen und ihn listig zu überrunden oder jede kriegerische Unternehmung als gefährlich vermeiden solle[133], Standpunkte, die sich mehr oder weniger genau bei Kauṭalya nachweisen lassen.

Im nächsten Kapitel riet Kāmandaka, Kriege, oder besser: Spannungen, die zu Kriegen führen könnten, die aus den verschiedensten Gründen entständen, dadurch zu umgehen, daß man die Gründe dafür bereinige[134].

Als Ursachen für Kriege führte Kāmandaka an: 1. Wegnahme des Königtums, 2. von Frauen (des Königs), 3. von Teilen des Landes, 4. von Wagen und 5. von Geld, 6. Anmaßung, 7. Stolz, 8. Bedrücken des Landes, 9. Vorgehen gegen Erkenntnis, 10. gegen praktischen Gewinn, 11. gegen „Recht“ und 12. gegen die Kraft (des Königs), 13. Schicksal, 14. praktischer Gewinn des Verbündeten, 15. Verachtung, 16. Vernichten Verwandter, 17. Mitleidlosigkeit gegen die Geschöpfe, 18. Abspenstigmachen des Staatenkreises und 19. Streben nach demselben Ziel (wie der Nachbar). Im 8. Falle riet Kāmandaka zum Gegenschlag gegen den Angreifer, im 14. Falle nur dann, wenn der Verbündete ein besonders hervorragender ist, im 16. Falle sollte der König Geheimmittel (Geheimagenten als Mörder, Zauber) anwenden, im 19. Falle verzichten, wenn dadurch sein Staat nicht leidet. In allen anderen Fällen solle der Spannungszustand friedlich, z. B. durch Ruhe und Nichtbeachten in den Fällen 4, 9 und 12, beigelegt werden oder durch Rückgabe des Weggenommenen im 1. bis 5. Fall. Kauṭalya hatte ja einen Angreifer, der dem Besiegten Land, Geld, Frauen, Söhne (und das Leben) nimmt, als dämonisch verurteilt und verlangt, daß der rechtliche Sieger sich mit der Unterwerfung des Besiegten (ohne Annexionen oder Kontributionen) zufrieden gebe[135]; dies entsprach der Problematik, daß Großreiche im eigentlichen Sinne nicht gebildet wurden. In den meisten Fällen handelt es sich um Angriffe, gegen die eine Verteidigung aus ethischen Gründen nicht abzulehnen wäre, aber Kāmandaka urteilt von dem praktischen Gesichtspunkt aus, daß Kriegsglück allzu ungewiß sei[136]. Im Falle 17 riet Kāmandaka zu gutem Zureden, im Falle 11 zu Wiederherstellung des „Rechts" (ohne zu sagen, wie), analog im Falle 9, der nach dem Kommentar im Vorgehen gegen die Lehrer „usw." des Königs bestehen soll. Gegen 13 wird Besänftigung des Schicksals[137] empfohlen, gegen 18 Anwendung eines der sieben Mittel der Politik wie verbindliches Zureden (s. o.).

Kāmandaka berichtete anschließend von verschiedenen Lehrmeinungen, wonach es fünf Arten Feindschaften gäbe oder vier oder nur zwei[138], und führte selber 16 Arten Kriege an, die man nicht unternehmen solle, wenn nämlich der Gewinn gering, null oder zweifelhaft sei, im Augenblick schädige, in Zukunft nichts verspreche, Krieg mit einem nicht durchschauten Gegner oder einem bösen, den, der einem Gegner nütze, für eine Frau, den langwierigen, den gegen Brahmanen (-Könige), den zur Unzeit, gegen einen Liebling des Schicksals, gegen einen mit mächtigen Freunden, einen, der im Augenblick, aber nicht in Zukunft nütze, und den, der in Zukunft aber nicht jetzt nütze[139].

Kriege solle ein König nur anfangen, wenn er sich seiner wirtschaftlichen und militärischen Überlegenheit über den Gegner sicher sei[140], wenn er dabei sicher Land, einen Verbündeten und Gold gewinnen könne, von denen das jeweils Vorangehende wertvoller sei als das Folgende[141]. Kauṭalya hatte, etwas abweichend, Land dem Gold, dieses dem Verbündeten vorgezogen[142]. Im allgemeinen riet Kāmandaka – ganz ähnlich wie Kauṭalya – zu größter Vorsicht.

War aber die Spannung unerträglich und der König in der Lage, Krieg zu führen, so konnte er entweder allein marschieren oder sich den Rücken mit einem Vertrag decken und marschieren oder sich mit Nachbarn zusammentun und gemeinsam mit ihnen marschieren[143]. Diese drei Arten des Marschierens hatte auch Kauṭalya (und zwar mit eingehenderen Überlegungen) gelehrt[144]. Kāmandaka aber fügte noch zwei Arten hinzu und belegte sie aus dem Epos Mahābhārata mit Taten des Śalya und Dhanañjaya[145]. Vor dem „Marschieren" hatte Kauṭalya zwei Arten des Sitzenbleibens, Stillhaltens dargelegt[146]; Kāmandaka ließ dessen fünf Arten dem Marschieren folgen[147], schloß noch kurze Bemerkungen über das Doppelspiel und über das Schutzsuchen bei einem Starken an und beendete damit die übliche Zusammenstellung der sechs Mittel der Politik: Frieden, Krieg, Sitzen, Marschieren, Doppelspiel und Schutzsuchen. Ehe er aber dies Kapitel schloß, fügte er noch eine Fülle moralischer Verse über die Notwendigkeit überlegten Handelns hinzu.

Er fuhr mit Ratschlägen für das Abhalten von Ratsversammlungen fort, in weitgehender Übereinstimmung mit dem, was Kauṭalya bereits mit Recht, denn es handelt sich nicht nur um Außenpolitik oder Krieg, im 1. Buch beim König und seiner Umgebung empfohlen hatte, damit er zu Entscheidungen in zweifelhaften Fragen käme[148]. Dabei solle er den Rat eines jeden anhören[149] und die Beratung geheimhalten[150]. Hatte Kauṭalya dafür nur kurz auf einen abgeschlossenen Ort und Fernhaltung unbefugter Menschen, ja sogar von Papageien, Hunden und anderen Tieren hingewiesen, hatte Manu spezieller von einer Terrasse, einem Wald oder einem Hügel und Ausschluß von Narren, Dummen, Blinden, Frauen, Tieren, Barbaren und anderen gesprochen, so überbot Kāmandaka beide und sprach von einem Wald, Palastdach oder Raum ohne Säulen, Fenster oder durchbohrbaren Wänden[151]. Die fünf Glieder des Rates waren bei Kāmandaka (nach dem Kommentar genau wie bei Kauṭalya) die (für ein Unternehmen benötigten) Menschen und Dinge, die Mittel, die Einteilung von Zeit und Ort, die Gegenmittel gegen Fehlschlag und die Vollendung[152]. Der König solle nach abgehaltenem Rat den Beschluß noch einmal für sich allein überlegen[153]. Dazu hatte Kauṭalya nicht geraten. Manu habe zu zwölf Ratgebern, Bṛhaspati zu sechzehn, Uśanas zu zwanzig, andere zu so vielen, als notwendig seien, geraten[154]. Kauṭalya hatte diese Zahlen und Namen genannt, und seine Ansicht ist hier als die „anderer“ wiedergegeben[155].

Wie bei Kauṭalya folgte bei Kāmandaka ein Kapitel über den Boten des Königs, das weitestgehend mit Kauṭalya (wieder in seinem 1. Buch!) übereinstimmt[156]. Daran schloß Kāmandaka einen Abschnitt über Spione, der mit Kauṭalya ebenfalls zum Abschnitt über die Umgebung des Königs gestellt werden sollte[157]; aber Kāmandaka stellte die „geheimen“ Spione bewußt und mit gewissem Recht neben den „offenen“ Spion, den Boten, denn sie sollten ja den Boten informieren, jedoch nicht nur diesen, sondern in erster Linie den König, und zwar täglich[158]. Sie sollten auch geheime Agenten, ja u. U. Mörder der Feinde des Königs sein[159] und die höchsten Minister[160] bespitzeln und ihr Material zu gewissen Zentralen bringen, alles wie bei Kauṭalya[161].

Kauṭalya hatte nach den sechs Verhaltensweisen in der Außenpolitik (Frieden, Krieg usw.) sein 8. Buch den Nöten der sechs Faktoren des Staates (König, Minister usw.) gewidmet, weil die Entscheidung über die Wahl der rechten Verhaltensweise von diesen abhinge[162]. Demgemäß wandte Kāmandaka sich nach dem langen Exkurs über Rat, Boten und Spione diesen Nöten zu, sehr ausführlich und nach der Disposition der sechs Staatsfaktoren dargelegt, beginnend mit dem König, aber sehr kurz über die vom Schicksal verhängten Nöte wie Feuer, Wasser, Hunger, Epidemien, die Kauṭalya hier kurz und in anderem Zusammenhang weit ausführlicher behandelt hatte[163]. Kāmandaka ging sehr berechtigterweise davon aus, daß das Glück des Herrschers von seinem Verstande abhänge und von seiner Energie und Entscheidungskraft gefördert werde, und gerade denen ständen die Nöte entgegen[164]. Dafür schilderte er zunächst den idealen, klugen und energischen Herrscher mit den erforderlichen Eigenschaften und seinen wesentlichen Aufgaben, dann die idealen anderen Staatsfaktoren in beträchtlicher Übereinstimmung mit Kauṭalya[165] und schließlich die Nöte, unter ihnen besonders ausführlich und fast Satz für Satz wie Kauṭalya die des Heeres[166]. Erst danach widmete er ein ganzes Kapitel den Nöten des Königs. Dabei zählte er sieben Nöte auf wie Kauṭalya, drei, die aus Zorn entsprängen, vier aus Liebe[167], fügte aber – ebenfalls nach Kauṭalya – die geistige Blindheit, die schlimmer sei als die körperliche, hinzu und führte sie auf

Stolz zurück[168]. Aus Zorn entsprängen kränkendes Reden, Strafen und Konfiszieren des Eigentums, aus Liebe: Jagd, Spielen, Trinken und Lieben von Frauen, alles im Unmaß genossen[169].

Nach diesem moralischen Kapitel wendete Kāmandaka sich wieder der außenpolitischen Verhaltensweise des Marschierens zu: Der König solle im Sommer marschieren, wenn die Kriegselefanten reichlich Wasser zum Baden fänden: Kauṭalya dagegen hatte je nach Umständen verschiedene Monate vorgeschlagen, auch an die Elefanten gedacht[170]. Hier stehen bei Kāmandaka und Kauṭalya die Bemerkungen über Prinz und Heerführer als Führer der Vorhut und die über Zorn im Inneren und außen, die beide oben erwähnt wurden[171], aber auch der Verweis auf die Notwendigkeit, die rechte Zeit innezuhalten, denn Eulen töteten Krähen bei Nacht, umgekehrt sei es bei Tage[172]; dies war vielleicht eine Anspielung auf das 3. Buch des Pañcatantra oder das 10. Buch des Mahābhārata.

An das Kapitel über das Marschieren schlossen Kauṭalya und Kāmandaka eines über das Lager, seine Errichtung und seine Einrichtung[173]. Aber Kāmandaka schilderte dabei mit besonderer Freude das Leben im Lager mit dem täglichen Drill der Truppen, mit der militärischen und priesterlichen Musik und der Omen-Schau.

An diesem Punkte wandte Kāmandaka sich noch einmal der Frage der Vermeidbarkeit der Kriege zu und behandelte die Mittel der Politik: Verbindliches Verhandeln, Freigebigkeit, Spalten der gegnerischen Partei und als letztes erst Anwendung von Gewalt bzw. Krieg; diese vier hatten bei Kauṭalya eine große Rolle gespielt. Kāmandaka fügte noch drei weitere hinzu: Trug (betrügerische Tricks), den Gegner einen Fehler machen und dadurch zu Schaden kommen lassen und Zauberei[174]. Kāmandaka behandelte zunächst die ersten vier und zählte wie Kauṭalya fünf Arten des verbindlichen Verhandelns auf, fünf Arten Freigebigkeit, drei Arten des Spaltens (gegen zwei bei Kauṭalya) und drei Arten der Anwendung von Gewalt (wie Kauṭalya)[175], dann illustrierte er sie mit mythologischen Beispielen und zeigte ihre mannigfache Anwendung, und danach erst wandte er sich den drei neuen zu; als Betrug stecke der König Menschen in hohle Götterbilder oder Verkleidungen, als Zauber lasse er Wolken, Feuer, Heere usw. erscheinen[176]. Bei Zauber denkt man an die ganz anders gearteten Zaubereien, die unsichtbar, krank usw. machen, wie sie Kauṭalya in seinem 14. Buch zusammengestellt hatte.

Im vorletzten Kapitel seines Buches wandte Kāmandaka sich noch einmal der Anwendung der Gewalt, dem Heer oder dem Kriege, dem Marschieren zu[177] und behandelte die sechs üblichen Truppenarten und ihren Einsatz analog Kauṭalya, der das betreffende Kapitel unmittelbar auf sein Analogon zu obigem Marschierkapitel Kāmandakas hatte folgen lassen[178]. Beide zählten die angestammten, bezahlten, aus Banden bestehenden, verbündeten – ohne Kontingente von Feudalherren zu nennen –, vom Feind übernommenen und Waldstammtruppen auf und erklärten die jeweils früher genannten für besser als die späteren[179]. Beide rieten, die besten, die angestammten Truppen einzusetzen, wenn der Feind an angestammten Truppen stark sei[180], ähnlich für die anderen Truppenarten, nur war Kauṭalyas Text weit reicher als der Kāmandakas. In diesem Kapitel steht

Kāmandakas bereits erwähnte Darstellung des idealen Heerführers[181]. Dann folgen Bemerkungen über die Marschordnungen in Form eines Krokodils, wenn ein Angriff von vorne drohe, eines Wagens bei Angriff von hinten, eines Donnerkeils bei Gefahr von den Flanken und der Allzweckformation. Diesen vier auch bei Kauṭalya erwähnten Formationen, insbesondere zur ersten, fügte Kāmandaka hier noch die des Adlers und der Nadel hinzu[182]. Zu weiteren Ratschlägen für den Kampf lassen sich Parallelen bei Kauṭalya anführen, wie z. B. zum nächtlichen Angriff auf den Feind oder zu dem Angriff, bei dem Wind und Sonne dem Feind entgegentreten, oder zu Hinterhalt in Wald, Sumpf, Gebirge, Nebel oder Nacht[183].

Im letzten, 19. Kapitel behandelte Kāmandaka die vier Gattungen der Elefanten-, Reiter-, Fuß-Soldaten und Arbeiter in engem Anschluß an Kauṭalya. Beide sahen in den Elefanten die Bahnbrecher ins Dschungel und in die feindliche Schlachtlinie. Kāmandaka riet, die Kavallerie zur Aufklärung, zum Geleit von Transporten, zur Verfolgung usw. einzusetzen, während Kauṭalya an ihrer Stelle von Kriegswagen gesprochen hatte, die in der Schlacht für verschiedene Zwecke einzusetzen seien. In bezug auf die Fußtruppen lehrten beide Lehrer nur, sie sollten (als stehende Truppe) stets Waffen tragen. Und statt von Arbeitern sprach Kauṭalya im selben Sinne von Arbeitstribut-Leistenden, die Wege, Lager, Brunnen bauen sollten[184]. Dies ist eine der ganz wenigen Stellen, an denen Kāmandaka mit seiner Reiterei (für spezifische Zwecke) statt der inzwischen veralteten Kriegswagen eine mit der gesellschaftlichen Entwicklung über Kauṭalya hinausgelangte Lehre vertritt. Allerdings nannten beide Lehrer in diesem Zusammenhang daneben auch die vier sonst bei beiden üblichen Arten der Fuß-, Pferd-, Wagen- und Elefantentruppen[185]. Kāmandaka handelte weiter kurz von Geschenken an Krieger für besondere Leistungen[186], von dem Zahlenverhältnis zwischen Elefanten, Wagen, Reitern und Fußsoldaten in den einzelnen Kampfgruppen[187], von den Abständen zwischen ihnen[188] und den Fachausdrücken für die verschiedenen Formen der Schlachtordnungen[189]. Dabei nannte er (neben dem Heerführer) nur einen einzigen Offizier, den Führer eines Teiles des Heeres, der wohl auch bei Kauṭalya sein Analogon hatte[190]. Und er schloß dies Kapitel und damit sein Buch mit einem Loblied auf die unwiderstehlichen Elefanten, während Kauṭalya, seine Behandlung des Krieges zusammenfassend, auf die Bedeutung von Maschinen, Zaubereien, List und Trug, u. a. auch auf Elefanten, aber vor allem auf den Verstand hinwies: Ein Bogen mag einen Gegner töten oder auch nicht, der Gedanke aber trifft sogar das Kind im Leib der Mutter. Solche geringen Unterschiede können aber nicht bezeugen, daß Staat und Staatslehre sich in der Zeit zwischen Kauṭalya und Kāmandaka in ihren Grundzügen geändert hätten.

4. Das Recht bei Nārada

In seinen Grundzügen war auch das Recht der VI. Periode nicht anders als das der IV., und wie Kāmandaka ein spezialisierter Staatslehrer war, war damals Nārada der erste spezialisierte Rechtslehrer des alten Indiens. Er schloß sich an

Manu an, und zwar in der Weise, daß er, wie er zu Anfang seines Buches betonte, nur dessen Behandlung des „Zivilrechts“ fortführte und ausdrücklich das öffentliche Strafrecht der „Reinigung von Dornen“ fortließ. Er überließ damit als Jurist weite Rechtsgebiete dem Despoten, übernahm von ihnen aber manches in sein im wesentlichen ziviles Recht. Er hat einiges in Abhängigkeit von Kauṭalya gelehrt, anderes von Yājñavalkya übernommen, der zeitlich zwischen Manu und ihm einzuordnen ist, bringt vieles Neue an Einzelheiten, vor allem aber an Versuchen einer auf uns manchmal pedantisch wirkenden und an Kāmandaka erinnernden Systematisierung. Wieweit dies der Entwicklung des Staates oder der Rechtslehre zuzuschreiben ist, wieweit es als ein der Gerechtigkeit, dem unterjochten Volk dienender Fortschritt des Rechts aufzufassen ist, ist im einzelnen noch zu diskutieren.

Viel Neues brachte seine Einleitung, die in drei Kapiteln eine Art Prozeßrecht darstellt, das nach unseren Vorstellungen zwar ein Teil des öffentlichen Rechts ist, bei Kauṭalya aber sein großartiges Vorbild hatte. Die übliche mythologische Ätiologie des Rechts machte Nārada in zwei Versen ab[191], um dann mit Dokumenten und Zeugen als den beiden Mitteln, die einen Rechtsstreit entscheiden, zu beginnen[192]. Dokumente hatte schon Yājñavalkya herausgestrichen, und bei Nārada spielen sie immer wieder eine große Rolle[193]. Wie Yājñavalkya erwähnte Nārada, daß einige Prozesse mit der Hinterlegung einer Geldsumme durch eine Partei und ihrer Zahlung an den Sieger (außer u. U. der Schuldsumme und Strafe) verbunden waren[194]. Wie Kauṭalya stellte er die Entscheidung des Königs als höchste Rechtsquelle hin[195]; dies war offenbar nicht mehr zu umgehen. Aus der Staatslehre übertrug er die „vier Mittel“ der Politik, verbindliches Zureden usw. auf den Rechtsstreit,[196] was eine realistische Auffassung verrät. Seine Anordnung der 18 Rechtspunkte wich in der Reihenfolge etwas von der bei Kauṭalya, Manu und Yājñavalkya ab[197]. Er unterteilte sie dann in 132 „Zweige“[198], ohne damit sachlich Neues zu bringen. Im Sinne der älteren Brahmanen stellte er die Rechtslehre über die Staatslehre[199]. Als einziger alter Rechtslehrer schilderte er eine Art Arrest des Angeklagten, insofern er einen gewissen Raum während des Prozesses nicht verlassen durfte; ausgenommen waren u. a. Hirten, Bauern und Handwerker, Königsdiener, Kranke, Boten, Opfernde oder solche, die ein Gelübde auf sich genommen hatten; diese durften auch nicht vor Gericht geladen werden[200]; einige von ihnen hatte Kauṭalya schon vor Schuldeneintreibung geschützt. Wie Kauṭalya verlangte er, daß die Anklage logisch aufgebaut sein solle[201] und daß ungerechte Richter zu bestrafen seien, ohne aber auf *pradeṣṭṛs* als dafür zuständig hinzuweisen[202]; bei Zeugen und Dokumenten erwähnte er gar nur, daß sie auf Glaubwürdigkeit hin zu prüfen seien[203].

Er schilderte dann in üblicher Weise Klage- und Antwortspiel der streitenden Parteien[204]. Dabei gebrauchte er einmal den Begriff *dharmastha*[205] wie Kauṭalya und erwähnte u. a. einen Stellvertreter des Klägers sowohl wie des Angeklagten vor dem Gericht[206], ohne damit aber einen Juristen als Anwalt zu meinen. Neben die beiden oben genannten „menschlichen“ Beweismittel – Zeugen und Dokumente – stellte er die „göttlichen“, die Ordale, aber nur für Rechtsfälle, die aus geheimen, nicht öffentlichen Vereinbarungen (im Sinne Kauṭalyas) entsprängen[207].

Ein Rechtsverfahren konnte wiederholt werden, wenn es durch Fehler der Zeugen oder Richter ungerecht ausgegangen war[208]. Nach der Verurteilung durch das Gericht verhängte der König die Strafe gemäß der Rechtslehre (er war ja der eigentliche Richter); dem Obsiegenden wurde ein Dokument ausgestellt[209].

Das Gericht war öffentlich, aber reden durften nur dazu Bestimmte, es sei denn ein Rechtskundiger (Brahmane), der u. U. unautorisiert seine Stimme für das Recht erheben durfte[210]. Die Mitglieder des Gerichts mußten die Rechts- und Staatslehre kennen[211].

Wie Manu und Yājñavalkya begann Nārada mit dem Schuldrecht als dem 1. Rechtspunkt und 1. „Zweig", fortgesetzt mit dem 6.–9. „Zweig", und ließ 1. wie Yājñavalkya Schulden bis in die 3. Generation erblich sein[212]. Analog galt ihm Besitz durch drei Generationen hindurch als Nachweis des echten Besitzes (Eigentums)[213]. Aber ein Vater haftete nicht für die Schulden seines Sohnes[214].

Wie Kauṭalya und Manu (aber im Unterschied zu Yājñavalkya) behandelte Nārada trotz seiner langen Einleitung wesentliche Fragen der Prozeßordnung sehr ausführlich beim Schuldrecht, und zwar in den „Zweigen" 2–20 (außer 6–9). 2. Nicht als verhandlungsberechtigte juristische Personen galten ihm Frauen, Sklaven, Söhne, Unmündige unter 16 Jahren und Abhängige, aber auch Unzurechnungsfähige. Selbständig waren nur der König, der geistliche Lehrer (Brahmane) und der Hausvater in der Großfamilie; an sich waren alle Untertanen unfrei, war nur der Herrscher frei[215]. Dies patriarchalisch-despotische Denken hat kein anderer alter Rechtslehrer so klar ausgesprochen. – 3. Jede Transaktion setzte nach Nārada Geld voraus, dieses Anstrengung. Geld sei – moralisch, nicht juristisch gesehen – weiß, gefleckt oder schwarz, und jede dieser drei Arten habe sieben Unterarten[216]. So sei Mitgift weiß, Brautpreis gefleckt, Raub schwarz, Geld werde andererseits von den vier Ständen in verschiedenen (zwölf) Weisen gewonnen[217] (wie alle brahmanischen Rechtslehrer meinten). – 4. In der Not dürfe (nach der üblichen brahmanischen Ständeordnung) ein Brahmane ebenso wie ein Kṣatriya oder gar Vaiśya seinen Unterhalt gewinnen[218]. – 5. Nachweis des Eigentums sei (insbesondere auch beim Schuldrecht) durch Dokumente, Zeugen und Besitz möglich[219]. Bald sei ein Dokument, bald Besitz entscheidend, im Grunde sei beides notwendig, Besitz z. B. bei zehnjährigem Ersitzen; nur Eigentum von Frauen und Königen könne nicht ersessen werden[220]. Auch von Nārada wurde hier die Unterscheidung von Besitz und Eigentum ebensowenig geklärt wie von den anderen Rechtslehrern bei ähnlichen Gelegenheiten.

6. Die Fragen der Zinsen, ihre Höhe und Arten, wurden teilweise wörtlich wie bei Manu abgehandelt[221]. – 7. Wucherer durften keine Brahmanen sein. Der Gläubiger müsse für erhaltene Zahlungen eine Quittung ausstellen[222]. Beides wurde aber noch in unserem Jahrhundert nach Premtschands Roman „Godan" nicht befolgt. – 8. An Bürgen wurden mit Yājñavalkya drei Arten unterschieden: der, der für das Erscheinen des die Schuld abstreitenden Schuldners vor Gericht bürgte, der für die Rückzahlung, und der, der für die Ehrlichkeit oder Ehrbarkeit des Schuldners bürgte[223]. – 9. Pfänder waren ihm erstens zeitlich begrenzt oder zweitens unbegrenzt, drittens zu hüten oder viertens zu benutzen. Kauṭalya hatte

nur die 3. und 4. Art unterschieden, Manu nach Gautama keine, Yājñavalkya schon ungefähr die vier des Nārada[224]. Nārada fügte in anderem Zusammenhang noch die beiden Arten der beweglichen und unbeweglichen Pfänder hinzu[225]. Er schloß diesen Punkt mit einem Hinweis auf ein Dokument ab, das dem Schuldner bei Teilrückzahlung auszustellen sei[226], und leitete damit zum Folgenden über.

Gleichzeitig fuhr er da fort, wo er das Prozeßrecht mit dem 5. Zweig, den Beweismitteln, Dokument usw., vorläufig abgebrochen hatte, nämlich 10. mit dem Dokument. Wie bei Yājñavalkya sollte es entweder von dem Schuldner eigenhändig geschrieben sein oder von einem anderen, dann aber mit der Unterschrift von Zeugen[227]. Ging es verloren, sollte nach Yājñavalkya ein neues ausgefertigt werden, nach Nārada aber sollte das Zeugnis von Leuten, die das Dokument gesehen haben, ausreichen[228]. – 11. Bei Zeugen unterschied Nārada, und das war neu, zwischen 11 Arten, d. h. 5 Arten von einer Partei bestellter Zeugen (der, der ein Dokument unterschrieben hat, der an sein Zeugentum erinnert wird, der zufällige, der heimliche, d. h. versteckt beobachtende, und der indirekte)[229] und 6 Arten nichtbestellter (die Dorfgemeinde, der Richter, der König, einer, der beide Parteien kennt, ein Beauftragter einer Partei und Verwandte, diese alle nur in Fällen, die sie miterlebt haben)[230]. – 12. Ungültige Zeugen waren – ebenfalls etwas Neues – fünffach: 1) Gelehrte Brahmanen, Asketen usw., weil dies angeblich Dogma sei; 2) Diebe, Räuber, Mörder, Spieler, weil sie schlecht seien; 3) einander widersprechende, 4) der sich selber in ein Verfahren hineindrängende, und 5) der nach dem Tode des Klägers auftretende, denn welche Ansprüche könnte er bezeugen?[231] – 13. War der Verbrecher (Brandstifter, Mörder, Ehebrecher, Zerstörer von Bewässerungsanlagen, Baumfäller, tätlicher Angreifer) mit dem betreffenden Werkzeug in der Hand ertappt, brauchte man keine Zeugen[232]. – 14. Die Liste derjenigen, die nicht als Zeugen zu bestellen waren, war bei Nārada länger als sonst[233]; in ihr erschienen die oben unter 12, 1–2) Genannten noch einmal, außerdem unter anderen ein Ölpresser, Dorfpriester, Giftmörder, Astrologe, Karawanen- und Überseekaufmann. – 15. Die moralische Ermahnung der Zeugen durch den Richter stimmt teilweise wörtlich mit Manu überein, ist teilweise eine Art Predigt über die Wahrheit[234]. – 16. Entscheidend war die Übereinstimmung der Mehrheit der Zeugen[235]. – 17. Stimmten sie im ganzen oder im einzelnen nicht überein, waren sie wertlos.[236] – 18. Versagten Dokumente und Zeugen, so sollte der Richter (eigentlich der König!) den Angeklagten schwören lassen[237]; dies kam in Frage bei Ehebruch, Diebstahl, Raub, Geschehnissen in Einsamkeit des Waldes und in ähnlichen Fällen. Dabei unterschied Nārada nicht zwischen Eid und Ordal (aber s. u.) und berief sich beim Eid auf die Selbstverfluchung Vasiṣṭhas, die bereits im Ṛgveda belegt ist[238]. Bei freiwilligem Geständnis oder gar Selbstanzeige eines Sichverfehlenden oder Gewalttätigen sollte die Strafe halbiert werden[239]. – 19. Ordale sollten in schweren, Eide in leichten Fällen angewendet werden. Eide schwören die angeklagten Mitglieder der drei oberen Stände üblicherweise bei vier verschiedenen Dingen; Manu hatte auch angeklagte Śūdras schwören lassen[240]; dies hat Nārada aber nur im Falle der Zeugeneide, nicht der der Angeklagten zugelassen[241]. Ordale sollten nur durchgeführt werden, wenn beide Parteien damit einverstanden waren[242]. An Ordalen empfahl Nārada nach Yājñavalkya fünf (durch eine Waage, Feuer, Wasser, Gift und geweihtes Wasser)[243]. Dabei berief er sich auf Manu[244], doch dieser hatte nur die mit Feuer und Wasser gelehrt. Nārada fügte nach der ausführlichen Schilderung dieser fünf in Zweig 20–24 noch als etwas Neues zwei weitere (mit Reiskörnern und einer Goldmünze) als Zweig 25–26 hinzu[245].

Beim 2. Rechtspunkt, dem Depositum, unterschied Nārada nach Yājñavalkya deutlich zwischen offenem (*nikṣepa*) und verschlossenem (*upanidhi*)[246]. Er zitierte zwar zu Anfang aus Manu, man solle etwas nur bei einem aus guter Familie stammenden, reichen und viele Anhänger habenden Manne deponieren[247], behandelte aber doch – wie Kauṭalya – auch das Depositum beim Handwerker[248], der sicher im allgemeinen nicht reich war. Er schloß auch als erster Rechtslehrer das Vermögen eines Minderjährigen an, das dessen Pflegevater als Depositum zu treuen Händen übernommen habe[249]. Diese beiden Fälle entsprechen freilich nicht römischen Rechtsbegriffen[250].

Der 3. Rechtspunkt, gemeinsame Unternehmungen, betraf bei Nārada vor allem Händler (nach Yājñavalkya) und Priester (nach Manu). Nārada fügte ein paar Verse über Zollumgehung und über das Erbrecht bei einem von Land zu Land ziehenden Händler, der in der Fremde starb, an, ohne Geschäftspartner zu erwähnen[251].

Das Zurücknehmen einer nicht richtig gegebenen Gabe, der 4. Rechtspunkt, wurde bei Nārada mit einer neuen Systematik abgehandelt. Er unterschied 1. nicht zu gebende, 2. zu gebende, 3. zu Recht gegebene und 4. nicht zu Recht gegebene Gaben und unterteilte diese vier in folgender Weise: 1. nicht zu geben waren folgende acht: drei Arten Deposita, Pfand, gemeinsames Eigentum, Frau, Sohn und Gesamtbesitz eines, der einen Erben hat, 2. war nur das zu geben, was übrigblieb, wenn die Familie versorgt war[252]; 3. waren zu Recht gegeben folgende sieben: Preis einer Ware, Lohn, was aus Befriedigung (eines Vergnügens wie Musik, Tanz), aus Anhänglichkeit, Dankbarkeit, Liebe zu einer Frau und zur Unterstützung gegeben wurde, 4. waren nicht zu Recht gegeben folgende sechzehn: aus Furcht, Zorn, Haß, Kummer, Schmerz, zur Bestechung, als Witz, betrügerisch, im Austausch, von einem Kind, Dummkopf, Unfreien, Verrückten, in Not Befindlichen, Trunkenen, oder in Erwartung einer Gegengabe gegebene Gabe. Wer aus Gier 4 annahm und wer 1 gab, beide waren nach Nārada strafbar[253].

Der 5. Rechtspunkt Nāradas, Nichtgehorsam, nachdem (Gehorsam) zugesagt war[254], behandelte in neuer Weise das Nichterfüllen einer übernommenen Arbeit in gewissem Anschluß an das, was Kauṭalya in seinem 7. Rechtspunkt behandelt hatte, und systematisierte den alten Begriff des „Sklave-und-entlohnt-Arbeitenden“ (*dāsa-karmakara*)[255]. Als (entlohnt) Arbeitende betrachtete Nārada 1. den Schüler (bei seinem brahmanischen Lehrer), 2. den Lehrling (bei seinem Handwerksmeister), 3. den Diener in drei Arten: den Söldner, den Pflüger und den Lastträger, und 4. den Beamten bzw. Fürstendiener. Dazu stellte er 5. den Sklaven. Alle diese seien unfrei (wie es in anderem Sinne alle Untertanen des Despoten und alle Mitglieder der Familie eines Hausvaters waren); ihr Unterschied beruhe auf ihrer Geburt (dies Wort mag hier sowohl Stand wie Berufskaste bedeuten, obgleich beide Begriffe für Sklaven nicht zutrafen, unter diesen aber auch die Geburt nur für den im Hause geborenen Sklaven), ihr Lebensunterhalt (Einkommen) aber auf ihrer Arbeit. Diese sei „rein“ bei (entlohnten) Arbeitern oder „unrein“ bei Sklaven. Unrein sei das Kehren unreiner Räume, Waschen unreiner Körperstellen, Beseitigen von Essensresten, Exkrementen und ähnliches. Danach wurden die Pflichten des Schülers und des Lehrlings gelehrt, beim ausgelernten Lehrling, falls er weiter bei seinem Meister bleibe, auch sein Lohn. Wir würden hier freilich vom Gesellen reden, denn weder Schüler noch Lehrling erhielten einen Lohn, gehörten also nach unseren Vorstellungen nicht zu den (entlohnten) Arbeitern. Erst bei den drei Arten Dienern sprach Nārada ausdrücklich vom Lohn (*bhṛti*). Hier fügte er als vierten Diener noch den *kauṭumbika* hinzu, womit er den die Hausarbeit Leitenden gemeint zu haben scheint, einen Hausverwalter[256] reicher Leute. – Nārada hat hier den (entlohnt) „Arbeitenden“ anders aufgefaßt als Kauṭalya. Dieser hatte den Pflüger, Hirten und kleinen Händler, die gegen Lohn arbeiten, und Handwerker, Künstler, Ärzte, Diener, die in bezug auf Lohn „in Hoffnung arbeiten“, gerade wegen ihrer Entlohnung als (entlohnte) Arbeiter den Sklaven gegenübergestellt. Nārada aber hat bei beiden auf den Begriff der Abhängigkeit und zu ihrer Unterscheidung auf den der „Reinheit“ der Arbeit das Hauptgewicht gelegt, während Kauṭalya gerade unreine Arbeiten für verpfändete (versklavte) Männer und Frauen abgelehnt hatte.

Nārada hat dementsprechend aus jenem Kauṭalyakapitel den Punkt der Lohnzahlung als 6. Rechtspunkt (in Übereinstimmung mit Manu und Yājñavalkya) herausgenommen. Er empfahl zunächst, Lohn zu zahlen, und zwar in Form von Naturalbeteiligung beim Hirten und Pflüger, aber beim Kleinkaufmann als Gewinnbeteiligung. Andererseits mahnte er sie, die ihnen anvertrauten Geräte pfleglich zu behandeln. Er lehrte dann Bestimmungen zum Schutz des Lastträgers sowohl wie seines Auftraggebers, je nachdem ob der Träger seine Pflicht nicht tat oder seinen Lohn nicht erhielt[257]. Ähnlich behandelte er den Hirten (teilweise wörtlich wie Manu), dann aber auch die Hetäre. Diese vier Berufe weichen stark von den vorher angeführten drei Arten Dienern ab. Die Behandlung dieser beiden Rechtspunkte stellte bei Nārada keinen Fortschritt gegenüber Kauṭalya dar; sie war aber reicher als Manus 6. und 7. Rechtspunkt, auch als Yājñavalkyas 9. und 11. Rechtspunkt.

Beim 7. Rechtspunkt: Verkauf dessen, was einem nicht gehört, folgte Nārada weitgehend Manu und Yājñavalkya. Dies gilt auch für den 8. Rechtspunkt: Nichtauslieferung des Verkauften. Im Anschluß an Yājñavalkya hat Nārada von diesem Rechtspunkt den folgenden 9., Reue bei Kauf, getrennt[258], und auch die Bedenkzeiten bei Vieh usw. stimmen bei ihm mit Yājñavalkya besser als mit Kauṭalya oder Manu überein[259]. Neu fügte Nārada an, daß ein Gewand nicht zurückgegeben werden könne, wenn es inzwischen getragen und verunreinigt worden sei[260]. Daran schloß er zwei Verse über den Wertverlust eines Gewandes durch ein- oder mehrmaliges Waschen[261]. Dies könnte sich ,da gekauftes und vom Käufer beschmutztes Zeug nicht dem Verkäufer zurückgegeben werden kann (s. o.), auf Altwarenhandel beziehen. Nārada fuhr indessen mit Vorschriften über Schwund bei Metallen und

Textilien fort, wie er beim Bearbeiten dem Schmied bzw. Weber zugestanden werden muß. Diese Fragen hatte Kauṭalya ausführlich beim Strafrecht der *pradeṣṭṛs* behandelt; er hatte dort auch den Wäscher mit seinen Pflichten und die Wertminderung von Gewändern beim Waschen gestreift[262]. Manu dagegen war auf Wäscher und Weber ganz kurz beim Zivilrecht unter „Verschiedenes" eingegangen. Yājñavalkya hatte diese Fragen von Schmied und Weber an seinen 9. Rechtspunkt, Reue bei Kauf, angehängt[263]. Ihm also folgte Nārada auch in dieser Hinsicht und fügte als eine Art Übergang zum Wäscher jenen Vers über das Nichtzurückgeben eines getragenen Gewandes ein. Mit einem angehängten Schlußvers kam er auf das Thema des 9. Rechtspunktes zurück und mahnte den Händler zu Vorsicht bei Käufen. Auch dies war keine juristische Leistung.

Als 10. Rechtspunkt folgte Nichterfüllen einer Vereinbarung. Nārada faßte dies im weitgehenden Unterschied zu Kauṭalyas 4. und Manus 7. Rechtspunkt eher im Sinne von Yājñavalkyas 10. Rechtspunkt[264] als Nichteinhalten der Bräuche brahmanischer und unbrahmanischer Sekten, Gilden und anderer Vereinigungen[265]. Während aber Yājñavalkya dem König nahegelegt hatte, deren Bräuche zu schützen und sie vor innerem Zwist zu bewahren (man denke an die Schismen der Buddhisten und Aśoka)[266], hat Nārada hinzugefügt, daß der König ihre Bräuche anerkennen solle, wenn sie nicht seinen Interessen widersprächen, ungünstig oder verachtet seien; er solle z. B. kein heilloses (unnötiges) Waffentragen gestatten[266a].

Gemäß dem 11. Rechtspunkt, Grenzstreitigkeiten, hatte der König wie bei Manu und Yājñavalkya 1) erst einzugreifen, wenn weder Grenzzeichen noch deren Kenner vorhanden waren[267], 2) falsche Zeugen zu bestrafen[268]; er hatte wie bei Yājñavalkya jemandem, der einen Brunnen, dessen Eigentümer verstorben war, reparieren wollte, dazu die Erlaubnis zu geben[269]. Nur durch die Gnade des Königs, fügte Nārada hinzu, könne Besitz ein durch drei Generationen ererbtes Feld oder Haus in Eigentum (des Besitzers) umwandeln[270]. Haus und Feld seien die Grundlage der Bauern; daher solle der König beide nicht zu Grunde richten[271] (was auch immer das im einzelnen bedeuten mag). Nārada gab ihm damit wenig Gelegenheit, in die Dorfgemeinde einzugreifen. Als etwas Neues behandelte er die Nutznießung von Bäumen, die auf der Grenze zwischen zwei Feldern standen[272], und das Recht des Königs, denjenigen zu bestrafen, der mit Exkrementen, einem Erdhaufen oder Loch, einem Wasserlauf oder dergleichen den Zugang zu einer Wegkreuzung, einem Tempel oder einer Straße sperrte[273]. Über derartige baupolizeiliche Vorschriften war Kauṭalya weit ausführlicher gewesen[274]. Nārada behandelte auch das uralte Problem, daß einem Bauern das Eigentum an seinen Felder bleibe, bis er auch nach längerer Abwesenheit zurückkehre, selbst wenn ein anderer sie inzwischen bearbeitete und nutzte[275]. Er definierte Brachland (*khila*) je nachdem, ob es ein Jahr, drei Jahre oder noch länger unbebaut gewesen war[276]. Und er behandelte hier eingehend den Flurschaden; dabei betonte er u. a., daß Elefanten und Pferde nicht zu bestrafen seien, denn sie seien Schützer des Untertanen[277]. Daraus hat man schließen wollen, daß damals diese beiden Tier nicht mehr wie früher Monopol des Königs, sondern Besitz einer adligen Mittelschicht gewesen seien, denen diese eigentlich nur dem König zustehende Immunität zugestanden worden sei[278].

Der 12. Rechtspunkt Nāradas befaßt sich mit der Beziehung von Mann und Frau, weitgehend mit Manu-Yājñavalkya übereinstimmend, obgleich letzterer diese Fragen außerhalb des Zivilrechts behandelt hatte. Besonders ausführlich beleuchtete Nārada den Punkt, den Yājñavalkya nur eben erwähnt hatte, daß der Bräutigam auf seine Männlichkeit hin sorgfältig zu prüfen sei[279]. Neu war bei ihm, daß eine unberührte, junge Frau, deren Gatte verreist sei, nur drei ihrer Perioden abzuwarten brauche, ehe sie sich einen anderen Mann wählen dürfe[280]. Heiratete sie wieder, seien bei ihr, wie schon Manu gelehrt hatte, die üblichen Heiratszeremonien zu vollziehen[281]. Aber auch andere Frauen, die mit einem zweiten Manne lebten, aber verachtet waren, wurden von Nārada mit allerhand Unterschieden ausführlicher als von anderen Rechtslehrern angeführt[282]. Neu war weiter seine Regel, daß das illegitime Kind an sich dem Gatten gehöre, nur wenn die Frau gekauft worden sei, dem natürlichen Erzeuger[283]. Bei Ehebruch wurden hier von Nārada auch Entjungferung, die Kauṭalya dem Strafrecht vorbehalten hatte, und Inzest behandelt. Levirat wurde anerkannt[284]. Ehegatten durften sich nicht aus Eifersucht, Zorn, Leidenschaft gegenseitig vor Verwandten oder vor dem König anklagen[285]. Trennung (Aufgeben) der Ehegatten, die sich nicht vertrugen, wurde als Sünde gebrandmarkt, es sei denn, die Frau hätte trotz guter Behütung die Ehe gebrochen[286]. Der Gatte konnte die Gattin außerdem aus dem Hause jagen, wenn sie ihm ständig entgegenhandelte, unfreundlich redete und vor ihm aß[287]. Nach Manu und Yājñavalkya konnte er neben ihr eine andere Frau heiraten[288]. Andererseits durfte nach Nārada eine Frau ihren Mann nur „verlassen“ und einen anderen heiraten, wenn ihr Gatte verschollen, gestorben, Asket geworden, impotent oder aus der Kaste gestoßen war[289]. Sie durfte auch einen anderen Mann heiraten, wenn sie auf ihren abwesenden Gatten je nach dessen Stand verschiedene Jahre gewartet hatte[290].

Der 13. Rechtspunkt über die Erbteilung hatte bei Nārada[291] wenig Besonderheiten gegenüber Manu und Yājñavalkya. Als solche seien nur drei Kleinigkeiten erwähnt: daß Nārada mit Gautama darin übereinstimmte, daß er drei Zeiten dafür anführte – wenn der Vater es wünschte, wenn er alle weltlichen Gelüste aufgab und nach seinem Tode[292]. Weiter, daß der Vater bei der Teilung zwei Teile für sich nehmen konnte[293]. Schließlich, daß die Trennung von Brüdern erst galt, wenn sie zehn Jahre lang ihre Riten und ihre Geschäfte gesondert durchgeführt hatten[294].

Es folgte bei Nārada die Gruppe von vier Rechtspunkten, die bei Kauṭalya, nicht aber bei Manu und Yājñavalkya, in derselben Reihenfolge am Ende gestanden hatte und weitgehend zum Strafrecht gehört. Aber im einzelnen war die Zuordnung mancher Verbrechen verschieden. So definierte Nārada seinen 14. Rechtspunkt, Gewalttat, sehr abstrakt als alles, was mit Gewalt verbrochen wird, und zählte ihre vier Arten auf: Menschtötung, Diebstahl, Berühren der Frau eines anderen und die Rechtspunkte 15–16: Beleidigung und Körperverletzung (s. u.)[295]. Schon die Unterordnung zweier Rechtspunkte als vierten Punkt dieses 14. Rechtspunktes ist ungewöhnlich. Dabei übernahm Nārada in den Punkt der Gewalttat das (böswillige) Schädigen von Früchten, Wurzeln, Wasser und landwirtschaftlichen Geräten (eines Nachbarn), während Kauṭalya das Beschädigen eines Hauses, von Tieren und Pflanzen in grundsätzlicher Übereinstimmung mit Manu und Yājñavalkya zur Körperverletzung gerechnet hatte[296]. Schlimmer war nach Nārada das Beschädigen von Kleidern, Vieh, Speise, Getränken und Hausgeräten, am schlimmsten das Töten mit Gift oder Waffen (also ist Mord gemeint) und das Berühren der Frau eines Anderen (Ehebruch)[297]. Von drei Stufen und demgemäß Strafen bei Gewalttat hatte man wohl schon vor Kauṭalya gesprochen, denn die drei „Gewaltstrafen" waren ein von ihm auch bei anderen Verbrechen verwendeter Begriff. Als höchste (Gewalt-)Strafe galten 1000 *paṇas*, Hinrichtung, Vermögenskonfiszierung, Verbannung aus der Stadt (?), Brandmarkung und *jus talionis*. Diese Strafen waren nach Ständen abzustufen. Diebstahl galt als Art der Gewalttat, und zwar wurde dabei das „Quälen" (des Bestohlenen) mit List ausgeführt[298]; gerade deswegen hatten Kauṭalya, Manu und Yājñavalkya Diebstahl von Raub als besonderen Rechtspunkt bzw. als Gegenstand des Strafrechts abgesondert. Bei Diebstahl wurden von Nārada nach Yājñavalkya drei Grade unterschieden, während Kauṭalya und Manu lange Listen der gestohlenen Dinge und entsprechender Strafen angeführt hatten[299]. Nach einem kurzen kriminalistischen Abschnitt, der an Yājñavalkya erinnert[300] (Kauṭalya hatte einen solchen insbesondere beim Mord-Totschlag), wurde von Nārada am Schluß die Restitutionspflicht des Königs kurz erwähnt[301].

Beleidigung und Körperverletzung wurden als 15. und 16. Rechtspunkt zusammen abgehandelt (s. o.), teilweise wörtlich wie bei Manu. Beide wurden wie schon von Kauṭalya nach drei Graden abgestuft[302]. Wie bei allen Rechtslehrern spielte die Ständefrage hier eine große Rolle. Neu war bei Nārada ein Abschnitt darüber, daß derjenige, der einen anderen als erster angriff (sei es mit Wort oder Tat; beide Rechtspunkte wurden ja von Nārada in einem Kapitel behandelt) der Schuldige war; wenn beide zu gleicher Zeit angriffen, beide; auch der, der auf den Angriff erwiderte, war zu bestrafen. Besonders die Niedrigsten in der Ständeordnung, Hundekocher, Caṇḍālas, Jäger-Metzger, Sklaven und andere, waren hart zu strafen. Beleidigte ein solcher einen Höheren unter Überschreitung der Ständegrenzen, so sollte dieser ihn sofort schlagen, denn das sei sein Recht; er warte nicht den König (als Richter) ab. Der König sollte solche Verbrecher freilich auch schlagen, aber keine Geldstrafe verhängen, denn sie seien Schmutz, und ihr Geld sei Schmutz[303]. Die gewalttätige Selbsthilfe gegenüber den Ärmsten der Armen erinnert an die des Gläubigers bei Manu.

Beim Spiel, dem Gegenstand des 17. Rechtspunktes, definierte Nārada in Übereinstimmung mit Yājñavalkya nur das betrügerische Spielen als Verbrechen[304], nicht wie Manu das Spielen an sich. Beide verstanden ja wie Kauṭalya das Spielen als staatliches Monopol. Wetten bei Tierkämpfen erwähnte er kurz. Er erlaubte auch Spiel außerhalb des staatlichen Spielhauses, aber öffentlich und nach Leistung der Abgabe an den König[305].

„Verschiedenes", den 18. Rechtspunkt, definierte Nārada als Verstoß gegen Befehle der Könige und unberechtigtes Handeln wie ein König (z. B. auf einem Thron sitzen). Er führte an: Schenkung einer Stadt (nicht eines Dorfes! Handelte es sich um unrechtliche Belehnung eines Kṣatriya-*sāmanta*?), Spalten der Untertanen (oder der Faktoren des Staates), Verstoß gegen die Übereinkünfte der Sekten, Brahmanen, Gilden und Vereinigungen (Aristokratien[306]?), Streit zwischen Vater und Sohn, Nichtdurchführen von Sühnen, Unterschlagen von Geschenken, Zorn (Unzufriedenheit?) der Waldeinsiedler, Sünde der Ständevermischung, Beschränkung (Behinderung) der Lebensweise der Stände und schließlich alles, was im Vorhergehenden ausgelassen worden sei[307]. Statt diese Begriffe, deren Übersetzung großenteils fraglich ist, zu erläutern, lehrte Nārada dann ganz allgemein, daß der König die Ständeordnung aufrecht zu erhalten habe. Dabei habe er unrechte Befehle früherer Könige zu widerrufen. Waffen und Geräte von Handwerkern, Musikinstrumente und andere solle er selbst bei Vermögenskonfiskation nicht wegnehmen[308]. Den Rechtsvorschriften des Königs sei zu gehorchen[309]. Was immer ein König täte, sei Maßstab (des Rechts, des Handelns)[310]. Der König erscheine in Gestalt von fünf Göttern, lehrte Nārada nach Manu[311]. Er habe seine Untertanen mit der Glut seiner Macht gekauft[312] (als seine Sklaven). Der König sei eine Gottheit; durch sein Wort werde einer rein oder unrein. Der König sei so heilsam wie ein Brahmane, eine Kuh, Feuer, Gold, Butter, die Sonne und Wasser. Wie selbst ein schwacher Gatte von seinen Frauen, so sei auch ein schlechter König von seinen Untertanen zu ehren[313]. So wurde der patriarchalische Despotismus von Nārada verherrlicht[314]. Aber daneben wurden zum Abschluß die Ehrungen für Brahmanen betont[315].

An diesen sehr unjuristischen Schluß des Werkes ist in einer guten Handschrift noch ein Anhang über Diebstahl angehängt worden, der mit seinen ersten Versen an Manus Anfang der „Reinigung der Dornen“ mit der Gegenüberstellung der offenen und verdeckten Diebe anknüpft[316]. Er übernimmt auch Manus dortige Vorschriften über die Verfolgung von Diebeshelfern[317] und weiter Manus Liste gestohlener Dinge und manches andere aus dessen Privatrecht[318].

Nārada hat aber die „Reinigung von Dornen“ ausdrücklich aus seinem Werk ausgeschlossen. Nur ein einzelner Vers ist – wer weiß, woher und wie – an eine unpassende Stelle in seinen 15.–16. Rechtspunkt hineingekommen: „Weil es das Wegnehmen geringer, mittlerer und höchster Dinge gibt, redet man von den drei Gewalttätigkeiten; dabei (kommt) das Reinigen von Dornen (in Frage)[319].“ Noch am Ende dieser Periode und damit am Ende der indischen Form der Sklavenhalterformation bestand eben neben dem Recht der Brahmanen als staatlicher Richter das des Despoten und seines besonderen strafrechtlichen Polizeiapparates. Wo beide im Klassenkampf ihren Platz hatten, welche Schichten mehr Interesse an dem einen oder anderen Recht hatten, ist bislang nicht auszumachen. Man kann auch noch nicht sagen, ob die Ausgebeuteten mehr unter dem Vorwiegen oder Praktizieren dieses oder jenes Rechts gelitten haben. Daß es daneben noch die Gerichtsbarkeiten der Dorfgemeinden, Gilden und anderer Institutionen gab, ist sicher, nur wissen wir über sie aus dieser Periode noch keine Einzelheiten.

Rückblick und Ausblick

1. Rückblick

Als ethnisch-soziale Ausgangspunkte für die Entwicklung von Staat und Recht kommen in Frage 1. die vorarische Gesellschaft des Pandschab, 2. die der Gangesebene und 3. die der nach Indien eindringenden Ārya. In bezug auf die Gesellschaft von Harappa-Mohendschodaro im 3.–2. Jahrtausend v. u. Z. können wir nur vermuten, daß sie den gleichzeitigen Gesellschaften Mesopotamiens-Ägyptens analog gewesen sein wird, also vom Charakter altorientalischer Staaten. Die Ārya drangen zunächst in ihr Gebiet (Pandschab) ein, ohne sich von ihr wesentlich beeinflussen zu lassen; sie lebte noch unter ihren Stammes-„Königen" mit ihren Boten und Spähern und ihrem Hofpriester und mit einem noch weitgehend gentilen, als alter Brauch lebenden Recht, angemessen der Stufe der zerfallenden Gentilgesellschaft.

Die für die Geschichte Indiens, insbesondere Nordindiens, wichtigere Gegend aber, die Gangesebene, war damals von ebenfalls zerfallenden Urgesellschaften vom Munda-Typ bewohnt. Hier hatte der Mensch gegen die Natur zu kämpfen, indem er die Dschungel mit Rodung lichtete, das für den Anbau des einheimischen Reises zwischen den Monsunen zu trockene Land bewässerte, und in dem riesigen Gebiet in isolierten, autarken, an das Wasser gebundenen, stagnierenden Dorfgemeinden lebte. Diese Dorfgemeinden waren und blieben lange Zeit scheinbar demokratisch und autonom. Aber sie waren damals schon nicht mehr völlig autark, sondern waren sicher schon in größere Wirtschaftsgebiete eingespannt infolge Mangels an Salz und Kupfererz; sie waren nicht ganz isoliert, sondern durch Notwendigkeiten der Brautwahl, der Totem-Verwandtschaften oder Kriege in Stammesgebiete eingegliedert, waren insofern auch damals schon nicht mehr restlos autonom. Sie waren nicht mehr urtümlich demokratisch, sondern einerseits dank der patriarchalischen Großfamilienorganisation längst an despotische Züge der patriarchalischen Familien- und Dorfgemeindehäupter gewöhnt, wenn auch der Dorfschulze einen Gemeinderat neben sich hatte; sie waren andererseits nicht mehr gentil, sondern die Differenzierung zwischen reichen Bauern und Knechten, ja Sklaven, ebenso wie die zwischen den Bauern und den ihnen zugeordneten, sozial unter ihnen stehenden Handwerkern war bedeutend und war im Begriffe, sie zu einer ständischen Klassengesellschaft hinzuführen. Die sozialen Widersprüche innerhalb dieser Gesellschaft waren so stark, daß sie sich auch im „Recht" niederschlugen. Es gab u. a. bereits Diebstahl, weil es bedeutende Eigentumsunterschiede gab, und es gab (bezeugt bei den Santal) ein höheres Gericht als das des Dorfes, um den Armen Gelegenheit zu geben, gegen die im Dorf herrschenden Reichen Recht zu finden. Diese scheinbar so idyllischen Dorfgemeinden waren dank ihrer bornierten Unbekümmertheit um große Politik damals schon gemäß ihrem stagnierenden Charakter die feste Grundlage, auf der sich der kommende Despotismus, Aberglauben und das sklavische Festhalten an alten, traditionellen Regeln[1] u. a. im „Recht" herausbilden konnten und mußten. Nach dem Muster dieser uralten Dorfgemeinden wurden im Laufe der Zeit neue Siedlungen sowohl wie auch Gilden und Kasten organisiert.

In das Gebiet dieser Dorfgemeinden drangen in der II. Periode landsuchende Gruppen von Ārya-Hirten als Eroberer, die schnell von den Eroberten erobert wurden[2], wie es mehr oder weniger allen späteren Eroberern mit Ausnahme der Engländer geschah. Sie drückten als die Sieger der Ausbeutung wegen die Reisbauern und deren Handwerker zu helotenartigen Sklaven, Śūdras, herab. Damit begann die Klassengesellschaft im eisenzeitlichen Indien und mit ihr der Staat. Dieser war nach den Ständen der privilegierten Brahmanen und Kṣatriyas, der abgabepflichtigen Vaiśyas und der völlig rechtlosen Śūdras gegliedert. In ihm gab es keine Volksversammlung mehr, da die Ārya ohne Stammesorganisation in dies Gebiet des Ganges kamen und ihre Vaiśyas allmählich als Ausgebeutete an die Śūdras, die Masse der Produzenten, angeglichen wurden, da andererseits die Śūdras für eine Volksversammlung in den entstehenden Staaten der Eroberer nicht in Frage kamen. Die Staatsform wurde demgemäß der Despotismus auf der Grundlage der agrarischen Wirtschaft in den stagnierenden Dorfgemeinden der Munda-Śūdras, an die die Ārya sich anpaßten und innerhalb derer gewisse Reste uralter einheimischer Bräuche in Dorfverfassung und Dorfgerichtsbarkeit neben den Ansprüchen des arischen Königs und seiner Gefolgschaft lebendig blieben. Von da an begann der Kampf des Staates gegen die Dorfgemeinde, während er gleichzeitig diese funktionsfähig zu erhalten, ja ihre Produktion und Ausbeutungsfähigkeit zu steigern suchen mußte.

Die Ausbeutung geschah in erster Linie durch Inanspruchnahme eines Ernteanteils als Steuer durch den Staat; zwischen den beiden privilegierten Ausbeuterständen, den Kṣatriyas und Brahmanen, aber begann damit der Streit um ihren Anteil bei der Aufteilung dieser Steuer. Der Kṣatriya bzw. König-Despot beanspruchte als Ersieger des Landes ein gewisses Recht auf das Land, die Produzenten und ihren Arbeitsertrag. Der Brahmane forderte vom Kṣatriya „Geschenke" für den Vollzug der magischen Riten, die angeblich den Kṣatriya erst zum Sieger machten. Er verlangte als Geschenke landwirtschaftliche Produkte aus den Händen des Kṣatriyas, d. h. einen Teil des Ernteanteils des Königs, aber möglichst auch Land in Form von Pfründen, d. h. das Recht der Brahmanen, dort selber den Ernteanteil für sich eintreiben zu können. Er beanspruchte dieses Recht auf Geschenkannahme als Privileg seines Standes, das der König zu garantieren hätte. Er sicherte zugleich dem Kṣatriya-Stand ideologisch dessen Privilegien der staatlichen Herrschaft, verpflichtete ihn aber auch zum „Schutz" des Volkes, d. h. zur Aufrechterhaltung der Ordnung, der Ständeordnung. Er wurde damit zum Ideologen des Despotismus, aber auch sein privilegierter Nutznießer. Der König andererseits bedurfte des Brahmanenstandes und seiner Ideologie, da er mit materieller Gewalt allein die Ausbeutung nicht sichern konnte, mußte aber zugleich seine materielle Übermacht erhalten, d. h. den Großteil des Landesprodukts für sich behalten. Damit begann das komplizierte Verhältnis der beiden höchsten Stände zueinander. Als Ideal wurde damals schon das des Allherrschers aufgestellt, aber zugleich seine Abhängigkeit von der Magie der Brahmanen betont. Dieses Ideal war die Steigerung des landsuchenden Stammes-, Stammesbund- und Gefolgschaftsführers ins Utopische. Der König besaß zunächst aber nur einen unausgebildeten Machtapparat in der Form seines Heeres unter einem Heerführer und in einigen von ihm persönlich abhängigen Hoffunktionären neben den älteren Boten und Spähern. Staatliches Recht wurde noch nicht fixiert, aber Brahmanen beobachteten bereits den verzweifelten Kampf der Ausgebeuteten gegen die Großen und sprachen von einem idealen „Recht".

In der III. Periode entwickelte sich der Staat in zwei entgegengesetzte Richtungen als Monarchie und Aristokratie, d. h. zentralisiert und dezentralisiert, entsprechend den zwiespältigen Interessen, die in allen Ständen in diesen beiden Richtungen vorhanden waren. Im Despotismus, der indischen Form der Monarchie, gab es außer dem Despoten nur unfreie Untertanen[3], aber keine Staatsbürger im antiken bzw. europäischen Sinne. Dort gab es auch keine Beamten des Staates, sondern nur Königsdiener. Andererseits beanspruchten die Brahmanen, nicht untertan, sondern restlos frei zu sein, und begannen gewisse Exzesse unbeherrschter Despoten zu bekämpfen. Zum Schutz ihrer Standesprivilegien und der Ordnung der vier Stände, zur Sanktionierung der Ausbeutung der Vaiśyas und ganz besonders der Śūdras, zugleich aber auch zur Erhaltung der Arbeitskraft der Ausgebeuteten begannen sie, das staatliche und zugleich überstaatliche, angeblich allindische oder einzigmenschliche „Recht" zu fixieren, nicht als Gesetz- oder Verfassungsschöpfer, sondern als angebliche Erhalter, Lehrer und Ausleger des alten, „ewigen" „Rechts" der Ständeordnung, das von Brauch und Moral und damit auch von Religion und ihren zahllosen magischen Tabus nicht unterschieden wurde. Daneben ließen sie das „Recht" der Dorfgemeinden und gewisser Stände, Sippen und „Gegenden" bestehen. Neben diese beiden „Rechte", den Brauch der Dorfgemeinde und das religiöse „Recht" des Brahmanenstandes, aber stellte der König damals die Staatslehre, die seine politischen Interessen in Staat und Recht sichern sollte, während die Brahmanen in ihr Standesrecht ein Königsrecht aufnahmen, das im wesentlichen ihre Ständeordnung staatlich sichern sollte. Die Brahmanen gründeten ihr Ständerecht auf Religion (Seelenwanderungslehre), der König seine Staatslehre auf der grundsätzlich diesseitigen Staatsräson. Beide waren zwei Seiten indischer Formen von Verfassungs-, Staats- und Bürger- (besser Untertanen-)Recht. Beide betonten mit teils übereinstimmenden, teils einander widersprechenden Interessen die Pflichten sowohl wie die Rechte der Stände. Sie sprachen ja nicht von Klassen und ihren Kämpfen, sondern von Ständen und einer Art Sozialpartnerschaft bzw. Standes-(oder Klassen-)Harmonie, sie hatten ja beide kein Interesse an Aufklärung der Untertanen über die gesellschaftliche Wirklichkeit. So erhielt der Despot das Recht auf die Steuern (Ernteanteile) als Entgelt für seine Pflicht des Schutzes, d. h. der Erhaltung der Ständeordnung, der Brahmane seine Geschenke für Vollzug von Riten und Lehren des religiösen Brauchs einschließlich des Rechts, der Vaiśya das Recht auf Ausübung der Landwirtschaft gegen seine Pflicht der Steuerleistung, der Śūdra schließlich minimalen Schutz seines Lebens und Eigentums gegen seine Verpflichtung zu „Gehorsam" den drei oberen Ständen gegenüber. Aber damals wurde für die drei oberen Stände auch schon ein Notrecht festgelegt, um ihnen Ausnahmen vom Grundsatz des *noblesse oblige* zu sichern, denn nach dem Ständerecht orthodox zu leben war ein Ideal, das sich oft genug nicht verwirklichen ließ, wenn überhaupt jemals. Nicht alle Brahmanen konnten als Opferer und Lehrer ihr Brot verdienen, nicht alle Kṣatriyas als Krieger, nicht alle Vaiśyas als Bauern oder Händler.

Der aus dem Patriarchen zum Despoten gewordene Monarch war nur nach Brauch (der brahmanischen Rechtslehre) und Staatsräson (der königlichen Staatslehre) an das „Recht" gebunden, aber er war dem Volk, d. h. den Untertanen, und den Fürstendienern, d. h. seinen Ministern, gegenüber ohne Verantwortung. Er brauchte seine Diener und Untertanen, aber mißtraute ihnen gleichzeitig. Die jeweilige Lage ergab sich aus den durch Klassenkämpfe bedingten, mehr oder weniger schwankenden Machtverhältnissen. Wir beobachten in der III. und IV. Periode ein Aufsteigen der zentralisierten Monarchie von Magadha bis zum Höhepunkt unter den Mauryas. Damals wurden Brahmanen und Kṣatriyas großenteils zum Dienstadel des Despoten umgebildet, und der Despot wurde als Verwirklicher des Ideals des Weltherrschers zugleich der mächtige Mittelpunkt oder politische Oberherr eines „Kreises" von Königen oder Staaten; das war die altindische Variante des altorientalischen Großreiches. Er unterhielt den Dienstadel, d. h. seine Fürstendiener, bis hinab zu den kleinsten, aus seinem Schatz, Speicher und Arsenal. Er lenkte die kleineren Fürsten seines „Kreises", seine „Freunde", „Nachbarn" durch seine Boten, die mit ihnen Verträge zur Erhaltung des Friedens abschlossen oder ihnen den Kriegszustand erklärten.

Der Ideologe des patriarchalischen Despotismus erklärte in seiner Staatslehre, daß die Interessen des Reiches, d. h. der Untertanen, mit denen des Herren, des Despoten, identisch seien und daß dessen Politik, dessen Speicher, die Produktion und der Handel, aber auch das Recht zur Förderung der Untertanen da seien. Er sah, daß Hebung der Produktion unter anderem durch Bau von Bewässerungsanlagen für die Machtpolitik des Staates ebenso notwendig war wie für den Lebensstandard der Untertanen, von deren „Zufriedenheit", d. h. Untertänigkeit, die Stärke des Staates und des Despoten abhing. Er forderte, die Produktion nach Kräften zu steigern, u. a. unter Anwendung der damaligen Wissenschaft. Die Schutzpflicht des Despoten nahm er zumindest teilweise ernst. So stellte er z. B. zum Schutz des Reiches (und seiner selbst) gegen ,,Dornen" seinen besonderen Polizei- und Rechtsapparat neben die älteren Rechtsinstitute. Er sah den Nutzen der Śūdras für sich und den Staat und erkannte ihnen das Recht auf Landwirtschaft und Handel zu, empfahl ihre Ansiedlung in staatlichen Rodungen und ihre Verwendung als Soldaten, womit ihr ursprüngliches helotenartiges Sklaventum weitgehend aufhörte (nur blieben sie Untertanen und der unterste der vier Stände, unter dem freilich damals schon „Unberührbare“ standen). Er trat im Recht mit Schutzbestimmungen für Schuldner, insbesondere für Schuldknechte und für zu entlohnende Arbeitende, hervor. Seine Staatslehre war verhältnismäßig fortschrittlich, diesseitig in patriarchalischem Sinne, volkstümlich und human und verlangte vom Despoten strenge Zucht, Selbstlosigkeit, Wissen und viel Arbeit. Er sah in ihm einen Diener des Staates. Aber er empfahl zynischen Volksbetrug unter Ausnutzung des Aberglaubens und den Aufbau eines umfangreichen Spitzel- und Agentenapparats, schlug vor, aus verstaatlichtem Würfelspiel und Prostitution Gewinn zu ziehen, allen zu mißtrauen und Mißtrauen im Volk zu säen, ohne Elemente der Demokratie (außer Resten in der Dorfgemeinde und ihr nachgebildeten Institutionen wie Gilden) zu regieren, vor keinem Menschen Verantwortung zu übernehmen, und verlangte von guten Ministern in vermutlich ziemlich utopischer Weise, daß sie ihren Herren furchtlos auf dessen Fehler hinwiesen. Er behielt die Ständeordnung bei und wandte sie brutal gegen Śūdras u. a. als *jus talionis* bei individuellen Auflehnungsversuchen an oder zur Staffelung der Zinshöhe. Er sorgte für staatliches Notstandsrecht u. a. bei Füllung des leeren Schatzes als staatlicher Analogie zum ständischen Notstandsrecht der brahmanischen Rechtslehrer.

Damit waren der altindische Staat – soweit wir ihn sehen können–, sein Recht, die Staats- und Rechtslehre in den Grundzügen ausgebildet, und so blieben sie auch in den Zeiten und Gegenden der Kleinstaaterei bestehen. Selbst der Feudalismus brachte kaum etwas wesentlich Neues. Im Mittelalter, d. h. nach der VI. Periode, nach dem Großreich der Guptas, entwickelte sich einerseits auf dem Gebiet der Produktionsverhältnisse eine indische Variante feudalen Grundeigentums mit den Śūdras als feudal-hörigen Bauern, persönlich abhängig von mehreren Typen von Feudalherren indischer Prägung.[4] Andererseits entwickelte sich auf dem Gebiet des Staates das indische Lehenswesen.

2. *Ausblick auf die Geschichte des Feudalismus*

Die Produktion (und es handelt sich bis zum Kapitalismus in Indien im wesentlichen um agrarische Wirtschaft) stieg im Feudalismus quantitativ durch Rodung und qualitativ, wie neue Waren zeigen. Damit stieg aber auch die Ausbeutung durch eine Unmenge neuer Steuern in Form von Naturalien und Geld[5], aber auch von Arbeit[6] (Fron), durch stark ansteigende Verschuldung[7], durch das Recht der Feudalherren, ihre Bauern (Pächter) vom Boden zu verjagen[8], durch die ständigen Kriege, wobei feindliche wie eigene Heere die Dörfer verwüsteten[9], wie durchziehendes Militär und Polizei auch im Frieden die Dörfer belasteten[10]. Die dörflichen Untertanen genossen keinen Schutz seitens ihres Despoten gegen die Mittelschicht der Feudalherren; dazu war der Despot bei der feudalen Zersplitterung zu schwach[11], hatte er doch bei der Vergabe von Land (Belehnung) den Untertanen befohlen, allen Befehlen der Feudalherren Folge zu leisten[12], gestützt auf die Tradition, daß die Śūdras – und das waren Bauern sowohl wie Handwerker im

Dorf – von der III. Periode an zu „Gehorsam" den Ārya gegenüber verpflichtet seien. Offenbar war die Ausbeutung der Dorfgemeinden für die Ausbeuter leichter, wenn jene aus größerer Nähe vom Feudalherren beherrscht wurden, als wenn dies von der despotischen Zentrale des Staates aus geschah. Der Feudalherr erhielt ja auch das Recht, seinen Bauern neue, ungewohnte Steuern aufzuerlegen. Er war als Mittelsmann interessiert, möglichst viel aus ihnen herauszuholen. Die steigende Produktion steigerte nur die Ausbeutung, und das Leben der Dörfler blieb elend; die Armut wurde gerade durch die feudale Politik verschlimmert, und die Differenzierung zwischen Armen und Reichen nahm bei immer weitergehendem Zerfall der Dorfgemeinde ungeheure Dimensionen an[13]. Innerhalb der Dorfgemeinde aber führte die Differenzierung zur Herausbildung einer feudalen Oberschicht. Dabei ging auch die Entwicklung weiter, daß der Staat den Dorfgemeinden ihre Rechte auf die gemeine Weide, Fischerei und den Wald immer mehr beschnitt[14]. Bei der Übergabe von Land an Feudalherren wurden die Bewohner zusammen mit solchen weitgehenden Rechten auf Verwaltung, ja mit Justiz, Wald, Weide, Wasser und gelegentlich Bodenschätzen den Feudalherren mit übergeben und die Bauern und Handwerker damit in die Lage einer Art feudaler Höriger gebracht, eben in die ihrer indischen Abart. Dabei verwandelte der Despot dank seinem Anspruch auf Herrschaft über alles Land die Gemeinderechte in private Rechte der Feudalherren[15]. Die Bauern aber wurden, wie es scheint, damit in indischer Weise an den Boden gebunden[16], obgleich es Zeugnisse gibt, daß sie gelegentlich aus Not auswanderten[17]. Einmal wird auch von einem Bauernaufstand berichtet[18]. Im allgemeinen aber behielt man den (unausgesprochenen) Grundsatz bei, den Bauern durch die Steuerpolitik an der Ernte zu beteiligen und damit sein Interesse an Steigerung der Produktion trotz Wachsen der Ausbeutung zu erhalten. Dank diesem Grundsatz waren die usprünglichen Heloten in der IV.–VI. Periode zu verhältnismäßig freien Bauern aufgestiegen, dann aber durch Verschuldung und Feudalisierung der Verwaltung zur indischen Art höriger Feudalbauern abgesunken, darin analog den Sklaven des antiken Mittelmeergebiets, die in annähernd denselben Zeiten zu Kolonen und (teilweise nach Dazwischentreten des freien germanischen Bauern) zu feudalen Hörigen wurden. Aber die indische Dorfgemeinde blieb während dieser Jahrtausende bestehen, wenn sie auch ganz langsam immer mehr zerfiel, und zwar gerade infolge der Steigerung der Produktion und der damit einhergehenden, ständig fortschreitenden Differenzierung im Dorf und infolge der zugleich ständig wachsenden Spannung zwischen Staat und Dorfgemeinde.

Die Vorgeschichte des Lehenswesens sollte man letztlich mit der Dorfgemeinde der Munda beginnen. In ihr erhielten Dorffunktionäre wie die Handwerker, der Dorfschulze und der Dorfpriester von der Gemeinde besondere Felder zugewiesen, deren Nutzung in der naturalwirtschaftlichen Gesellschaft Gehaltszahlung ersetzte[19]. In der II., noch immer naturalwirtschaftlichen Periode der altindischen Geschichte wurden – vielleicht nach diesem Vorbild – von Königen an Brahmanen Dorfpfründen vergeben (s. o.), ja es galt als möglich, daß ein „Welteroberer" wie Jānampati seinem magischen Helfer, dem Hofpriester, das Königtum, oder einer wie Viśvakarman Bhauvana die ganz Erde anbot. Diese „Landschenkungen" an

Brahmanen waren aber keine Belehnungen. Dazu wurden sie allmählich nach der Zeit der Guptas, als den Brahmanen gewisse Verwaltungsfunktionen in den „geschenkten“ Dörfern übertragen wurden. Der König autorisierte sie, seine Funktion des „Schutzes“ des Volkes in ihrem Bereich auszuüben[20], und diese bestand in der Sorge für Ruhe und Ordnung, wofür nach altem Recht dem König bzw. jetzt den „beschenkten“ Brahmanen die Abgaben der Dorfgemeinden zustanden. In der Guptazeit hatte sich der König die Bestrafung der Diebe noch selbst vorbehalten[21]; sie gehörte ja seit der IV. Periode zu seiner Pflicht der „Ausrottung von Dornen“. Aber nach der VI. Periode bekam solch „beschenkter“ Brahmane vom König nicht nur das Recht auf die jährlichen Abgaben der ihm „geschenkten“ Dorfgemeinde(n), sondern u. a. auch auf die Strafgelder für die „zehn Verbrechen“, zu denen Übertreten königlicher Befehle, Kastenvermischung, Ehebruch, Diebstahl usw., Hauptpunkte des Strafrechts, gehörten[22]. Manche meinen, daß damit auch die Strafgerichtsbarkeit des Königs auf den „beschenkten“ Brahmanen übertragen worden sei[23]. Wie dem auch sei, als Grund für solche Schenkung wird meist angegeben, daß der König religiöses Verdienst erwerben wollte. Dahinter verbirgt sich, daß er die Brahmanen, diese mächtigen Magier, als Stützen des Throns, als seine Ideologen, aber auch als Unternehmer von Rodungen besonders in rückständigen Gebieten ausnutzte. Später bekamen sie auch gelegentlich eine Stadt in analoger Weise „geschenkt“[24] oder Märkte und Läden[25]; Zölle wurden ihnen als Pfründen überlassen[26], und Handwerker, Händler und Läden wurden Tempeln „geschenkt“.[27]

Nach dem Muster solcher „Brahmanenschenkungen“[28] wurden Dörfer und größere Gebiete auch an Kṣatriyas – wenn auch weniger als an Brahmanen – „verschenkt“, und hier kann man von Belehnung sprechen. Solche Feudalherren (*sāmanta*) erhielten nach der Guptaperiode bis zu Hunderten von Dörfern[29]. Diese Art Stellvertreter des Despoten aus dem Kriegeradel waren aus einem Kompromiß zwischen den freigebliebenen Kṣatriyas (besonders der Aristokratien) und denen, die zum Dienstadel geworden waren, hervorgegangen: Sie verwalteten „ihr“ Land, als wären sie noch frei, aber taten es unter einem Oberherren, als dessen Diener (Beamte). Sie waren großenteils vom Oberherren unterworfene Fürsten in ihrem angestammten Gebiet, so u. a. auch ein Fürst der Pulindas[30]. In der Zeit von 750 bis etwa 1000 war Nordindien in die drei Großreiche der Pālas, Pratihāras und Rāṣṭrakūṭas aufgeteilt[31], und die vielen Kleinfürsten waren deren *sāmantas*. *Sāmantas* waren ursprünglich Nachbarn des Königs, der sie besiegen und damit zum Oberhaupt eines „Kreises“ (*maṇḍala*) werden wollte. Ein solcher sollte nach der Staatslehre „rechtlich“, d. h. ohne Annexionen oder Kontributionen seine Macht ausüben, und zwar durch seine Boten, die den Nachbarn Krieg oder Frieden brachten, d. h. die politischen Beziehungen zu ihnen abbrachen oder ihnen Verträge verschiedenster Art anboten, u. a. über Stellung von Truppenkontingenten oder über Zahlungen von Geldern. In dieser lockeren Art scheinen die kurzlebigen Großreiche der Mauryas, Kuschāns und Guptas organisiert gewesen zu sein, aber auch noch die des Harṣa von Kanaudsch im 7. Jahrhundert und jene der Pālas usw. Neu war seit den Guptas eine Art Minister für Krieg und Frieden (*mahāsandhivigrahika*)[32]. Dieser überwachte die *sāmantas* (Vasallen) mit Hilfe von Boten und deren Spionen[33], wie es der König der alten Staatslehre getan hatte. Dieser Außenminister entwarf sogar (wenigstens unter den Rāṣṭrakūṭas und Cālūkyas) alle Landschenkungsverträge (d. h. Belehnungen), er setzte die Vasallen ein und ab[34]. Für Frieden und Vertrag wurde dasselbe Wort (*sandhi*) gebraucht; dieser Minister schloß also mit dem Vasallen sozusagen einen Vertrag über seine Gegenleistungen für die Landschenkung (Belehnung), die in Stellung von Truppenkontingenten, Lieferung von Tributen, Verheiratung ihrer Töchter an den Oberherren, Höflingsdiensten an dessen Hof und Erscheinen bei Hof zur Ehrerweisung für den Oberherren bestanden. Vor allem durch die Tributzahlung wurde der Vasall ein Feudalherr, denn zu dessen allgemeinen Merkmalen gehört es, daß er Mitglied der Mittelschicht ist, die einen Teil der von ihr eingezogenen Abgaben der Untertanen an den Oberherrn weiterleitet[35]. Andererseits hatte schon der Kṣatriya der Aristokratien wie der „Freund" des Mittelpunktes eines „Kreises" Truppenkontingente gestellt[36]. Politische Heiraten sind seit der III., wenn nicht gar II. Periode bezeugt, und das Höflingswesen war der feudale Nachkomme des Dienstadelswesens der älteren Zeiten. So ist im Feudalismus aus alten Elementen etwas qualitativ Neues entstanden, eben der *sāmanta*-Feudalherr.

Dabei ist zu bedenken, daß es außer solchen feudalisierten Kleinfürsten auch neu geschaffene, für diese oder jene Verdienste neu belehnte[37] gegeben hat. Neu war auch das Feudalsystem der Rādschputen, der aus Innerasien mit und nach den Hephthaliten eingedrungenen Eroberer, die besonders im Nordwesten und Westen Indiens eine besondere Art eines auf Sippenverwandtschaft aufgebauten Systems der Belehnung schufen[38]. Sie brachten dafür offenbar gewisse gentile Elemente mit. Dieser erobernd eingewanderte, aber sehr schnell in der indischen Gesellschaft aufgegangene Feudaladel ist mit dem der annähernd gleichzeitigen Germanen in Westrom und dem der Slawen in Ostrom auf Gemeinsamkeiten und Besonderheiten hin zu vergleichen[39]. Die Indisierung dieser Hephthaliten verlief im einzelnen anders als die der Ārya und Śaka vor ihnen.

Die Lage der Feudalherren war je nach den Kräfteverhältnissen sehr verschieden. War einer seinem Oberherren gegenüber nicht loyal, konnte dieser ihn seiner Kostbarkeiten, Frauen, Rosse und Elefanten berauben oder ihn gar zum Reinigen seiner Ställe einsetzen[40], eine „unreine" Arbeit, die man eigentlich nur einem Sklaven zumuten konnte. So bat im 542. Jātaka ein Thronfolger, der von seinem despotischen Vater auf Anraten des Hofpriesters zusammen mit drei anderen Prinzen und vier Großkaufleuten zu einem Menschenopfer bestimmt war, schon lange vor dem Feudalismus seinen Vater, er möge sie alle dem Hofpriester als Sklaven schenken, damit sie ihm seine Pferde- und Elefantenställe kehrten[41]. Auf der anderen Seite waren Feudalherren manchmal stark genug, ihren Oberherren abzusetzen und einen neuen einzusetzen[42], oder sie machten sich selbständig, so daß die typisch feudale und besonders für Indien bezeichnende Dezentralisation auftrat, wie z. B. von 1000–1200 u. Z.[43]. Revoltierende bzw. feindliche *sāmantas* galten als „Gefahr von außen"[44]. Dies bestätigt, daß Staaten klein blieben und daß Feudalherren als Fremde, als abhängige Mitglieder des „Kreises" aufgefaßt wurden. Dementsprechend traten sie nicht zum Rat des Oberherren zusammen[45]. Wohl aber war gelegentlich ein *sāmanta* einer jener oben erwähnten Außenminister, der die Geschäfte mit den *sāmantas* besorgte; einer war ein Ratgeber seines Oberherren, und sein Sohn war Gefährte (*saciva*) seines Königs; einer war ein militärischer Führer seines Herren[46].

Nach diesen Brahmanen und Kṣatriyas-Rādschputen sind noch einige Beamte teils brahmanischen, teils unbekannten Standes, Fürstendiener, zu erwähnen, die ebenfalls Land „geschenkt" bekamen. Die Sitte, Beamte mit Land statt mit Gehalt zu entlohnen, mag ebenfalls letztlich auf die mundaische Dorfgemeinde mit ihrer Naturalwirtschaft zurückgehen; sie war inzwischen von Kauṭalya und Manu gestreift worden[47], ist für *bhogikas* der Guptazeit belegt, war also im Despotismus lebendig, wenn auch wohl ohne allzu große Bedeutung geblieben. Mengenmäßig blieb sie hinter brahmanischen Landschenkungen auch im Feudalismus zurück. Erhalten sind Landschenkungsurkunden an Thronfolger, Provinzgouverneure, Richter, brahmanische Heerführer, Häupter der Palastgarde, Polizeioffiziere, Ratgeber, Minister, Tempeldiener und sonstige Königsdiener. Durch solche Landschenkungen sahen sich Vasallen und Beamte der Despoten im Feudalismus ähnlich, aber sie waren doch auch stark voneinander verschieden, insofern die Beamten ihr bestimmtes Ressort hatten und für besondere Dienste in ihm mit Land (oder dessen staatlichen Einkünften) entlohnt wurden, während Vasallen allein im Gegensatz zu mit Land „beschenkten" Brahmanen und Beamten Tribut lieferten und damit zu einer typisch feudalen Zwischenschicht gehörten. Ob ein feudaler Staat zentralisiert war und mit Beamten, wie der der Pālas, regiert wurde, oder dezentralisiert war und unter Vasallen aufgeteilt wurde wie der der Prahihāras[48], hing wiederum von den Machtverhältnissen, letztlich den Klassenkämpfen ab.

Zur feudalen Mittelschicht gehörten schließlich hier und da die Mirasdare, die Oberschicht der zerfallenden Dorfgemeinde, anscheinend von den Rāṣṭrakūtas an[49].

Diese Elemente eines feudalen Lehenswesens hatten sich im frühen indischen Feudalismus von etwa 500 bis 1200 u. Z. entwickelt. Ihm folgten mit türkischen und mongolischen Dynastien als Herren Nord- und teilweise auch Südindiens fünf Jahrhunderte eines hochentwickelten Feudalismus, und diesem von etwa 1700 bis in das 19. Jahrhundert die Zeiten des zerfallenden Feudalismus, bis die Engländer den indischen Feudalismus und die asiatische Produktionsweise durch ihren Kapitalismus zerstörten, der dann in Indien einen Kapitalismus indischer, kolonialer Prägung entstehen ließ. Die Einzelheiten dieser Periodisierung und Charakterisierung der indischen Form des Feudalismus sind noch umstritten, und ebenso die Feingliederung. So hat man kürzlich unternommen, den frühen Feudalismus nicht nur von politischem Gesichtspunkt aus in jene beiden oben erwähnten Unterperioden der drei Großreiche (750–1000) und der Dezentralisierung (1000–1200) zu unterteilen, sondern es auch nach wirtschaftlichen Gesichtspunkten so darzustellen, daß in der ersten Unterperiode von 750–1000 (oder zwischen 600 und 900) indischer Außenhandel gänzlich daniedergelegen hätte, was insbesondere nach dem vorher seit der fünften Periode mit Rom und Byzanz blühenden Seehandel auffalle. Dafür hat man die aufsteigende Macht der Araber verantwortlich gemacht. Erst im 11. und 12. Jh. hätten die Araber sich, vermutlich vom Westen durch die Kreuzzüge abgeschnitten, wieder mehr mit dem Indienhandel beschäftigt. Gleichzeitig mit dem Ausfall des Überseehandels gebe es ein auffallendes Fehlen indischer Münzen; erst seit der 2. Hälfte des 10. Jh. beginne unter arabischem Einfluß in Sind neues Auftreten von Münzen[50]. Diese Auffassung hängt mit der weit verbreiteten Vorstellung eines Stärkerwerdens der Naturalwirtschaft gegenüber den letzten Perioden der Sklavenhalterformation in Indien (analog Europa) zusammen und bedarf der Überprüfung. Eine andere neue Untersuchung betont, daß der Goldzustrom aus China mit dem Handel um 878 abrupt durch dort eingetretene politische Wirren aufgehört habe; er habe unter der Sungdynastie (960–1279) zunächst wieder geblüht, aber sei um 1036 wieder abgebrochen worden[51]. Aus dem Westen sei ebenfalls kein Gold mehr nach Indien geflossen, im Gegenteil, der Import von Pferden, den die indischen Feudalherren forcierten, habe Unmengen Goldes nach dem Westen abfließen lassen[52]. Solche Versuche lassen den Fortschritt der Wissenschaft ahnen; aber eine mehr oder weniger ständige Steigerung der Produktion im indischen Feudalismus ist bisher nicht ernsthaft angezweifelt worden.

Kann man die Einwanderung der Hephthaliten nach Indien der etwa gleichzeitigen der Germanen ins weströmische Reich entgegenstellen, so das Vordringen der Araber nach Sind ihrem ungefähr gleichzeitigen Siegeszug durch Nordafrika bis Südfrankreich. Die türkisch-mongolischen Eroberer aber wurden wiederum schnell indisiert wie vorher die Ārya, Śaka und Hephthaliten, nur sozusagen auf höherer Ebene, nämlich in der Periode des entwickelten Feudalismus. Und doch erklärten sie die Hindus für Kafirs, wie die Ārya die Vorbevölkerung zu Śūdras herabgedrückt hatten. Andererseits mußten sie wie alle Eroberer die Dorfgemeinden weiter leben und für erhöhte Ausbeutung arbeiten lassen, ausbeuten, aber zugleich an Steigerung der Produktion interessieren, den Krieger- und Priesteradel möglichst zu Dienstadel machen, und zwar jetzt den islamischen sowohl wie den hinduistischen; es gab analoge Probleme der Zentralisation und Dezentralisation, und eine vergleichende Betrachtung des Mogul- und des Mauryareiches als der beiden Höhepunkte der indischen Sklavenhalter- und Feudalismusperiode ist instruktiv, insofern sie die Gemeinsamkeiten und Unterschiede erkennen läßt[53].

Vom Beginn des hochentwickelten Feudalismus, d. h. von etwa 1000 u. Z. an entwickelten sich, wie die Geschichte der neuindischen Sprachen zeigt, die sogenannten Nationalitäten Indiens. Wieweit diese Entwicklung allerdings – analog Europa – mit der eines bodenständigen Kapitalismus zusammenhängt, ist noch nicht genügend geklärt. Jedenfalls brachte erst der englische Kolonialismus den heutigen Kapitalismus nach Indien. Dieser hat in der Mitte des 19. Jh. Indien zu industrialisieren begonnen und mit seiner kapitalistischen Produktionsweise die indische Dorfgemeinde und mit ihr die „asiatische" Produktionsweise zerstört. Dank seiner begannen die indischen Nationalitäten (ein noch undefinierter Begriff) sich zu Nationen auszubilden, u. zw. auf dem schmerzhaften Umweg über die Provinzen des Kolonialreichs. Im Freiheitskampf der indischen Völker wurden die Sprachgrenzen, so gut es ging, zu Provinz- und schließlich zu Staatsgrenzen gemacht. Erst im 1947 befreiten Indien wurden dank dem Kapitalismus die „asiatischen“ Despotien abgeschafft und die Staaten zu Republiken. So erstand in den modernen Republiken die Demokratie der altindischen Dorfgemeinden und Aristokratien in neuer Qualität. Die Staaten schlossen sich zur multinationalen Union Indien zusammen; dies ist die neue Form des altindischen Zentralismus und seine Form der Überwindung der Zersplitterung in die vielen Staaten. Gleichzeitig aber wurde durch die scheidenden Kolonialherren nach einem damals mehrfach angewendeten Prinzip Gesamtindien in die beiden großen Staaten der Indischen Union und Pakistan gespalten, um ihre künftige einheitliche, antiimperialistische Politik zu schwächen. Gleichzeitig brachte der Kapitalismus Indien aber auch die Einfügung in die Weltkultur, so daß das alte Problem der Ārya und der Barbaren ebenfalls in neuer Gestalt aufzutreten begann.

3. Staats- und Rechtslehre im Feudalismus

Die gesellschaftliche Entwicklung spiegelt sich in der Lehre von Staat und Recht wider; dabei ist das wenige Neue nur schwer erkennbar. Als Harṣa von Kanaudsch (607–47) sein Großreich regierte, schrieb sein Hofdichter Bāṇa u. a., daß die großen Vasallen (*mahāsāmantas*) von Harṣas Ahn Puṣpabhūti zu Tributzahlern gemacht worden waren; sie, nicht die Untertanen, zahlten ihm die Abgaben. Er schilderte das Höflingsleben der besiegten Könige am Hofe ihres feudalen Oberherren, die verschiedenen Arten ihres devoten Grüßens, die Dienste, die sie ihm als Türhüter oder Fliegenwedelhalter leisteten und die als Ehre galten[54]. In der damaligen Staatslehre aber sucht man bisher vergebens nach einer analogen sachgemäßen ausführlichen Behandlung des *sāmanta*.

Etwa in die Zeit Harṣa-Bāṇas mag eine kurze Staatslehre gehören, die sich aus drei späteren Purānentexten rekonstruieren läßt, ein purānisches „Königsrecht“ im Sinne der alten brahmanischen Rechtslehre, ein im einzelnen noch weitgehend rätselhaftes Buch[55]. Darin stehen gelegentlich Äußerungen über den *sāmanta*, die im Grunde dasselbe besagen wie die aus Kāmandaka oben herangezogenen Worte, und dieser dürfte einerseits nur wenig älter gewesen sein, fußte aber andererseits auf Kauṭalya. *Sāmantas* begleiteten den König im Kriege[56]; sie konnten ihm aber auch gefährlich werden, wenn sie ihm feindlich waren; dann galt dies als „äußerer Zorn“[57] im Unterschied zum inneren Zorn von Hauptkönigin, Thronfolger, Ministern oder Ratgeber[58], d. h. *sāmantas* hatten immer noch den Charakter von Nachbarn, Fremden. Wenn aber Kāmandaka nach Kauṭalya von dem „äußeren Zorn“ von Grenzhütern, Waldstämmen und Grenzern gesprochen hatte[59], die zwar auf der inneren Seite des Staates lebten, aber unzuverlässig waren, das Purāṇa aber hier statt deren die *sāmantas* einsetzte, so bedeutet dies Wort hier in seinem ursprünglichen Sinne den Nachbarn und damit den potentiellen Feind innerhalb des „Kreises“ der Könige. Diese Änderung mag darauf beruhen, daß die Grenzwälder großenteils gerodet und damit die

Staatsgrenzen und die Grenzverhältnisse übersichtlicher waren, eine Lage, die Kāmandaka als wortgetreuer Nachfolger Kauṭalyas nicht berücksichtigt hatte. Bezeichnend ist auf der anderen Seite, daß feindliche *sāmantas* in diesem Text neben unloyale Beamte gestellt wurden[60]. Beide waren ja für die mehr dezentralisierte bzw. zentralisierte Regierung grundlegend, beide erhielten Land „geschenkt". Dieser Vers sieht damit wieder nach guter Beobachtung aus, ist aber derselbe wie Manu 9, 272[61], und dort scheut man sich, schon von Vasallen zu sprechen; sachlich war indessen der Unterschied zwischen sich auflehnenden Nachbarn oder Vasallen in all diesen Jahrhunderten nicht erheblich. Weiter wurde nach jenem purānischen Text die strafende „brennende" Macht des Königs gegen böse *sāmantas* sowohl wie gegen Verbrecher eingesetzt[62]. Und es wird geraten, der König solle ein Land bewohnen, das in guter Mitte liege und dessen *sāmantas* sich (ihm) beugten[63], d. h. das Stammland soll rings von ergebenen *sāmantas* umgeben sein. Auch hier kann man mit der Übersetzung Nachbar auskommen, denn schon Kauṭalya hatte von ergebenen Nachbarn gesprochen[64]. In diesem purānischen Text wird allerdings von der entscheidenden Tributpflicht oder von Belehnung von *sāmantas* nichts gesagt, und doch möchte man dafür halten, daß damals die ergebenen Nachbarn bereits als Vasallen aufgefaßt wurden, nicht natürlich jeder Nachbar. Muster von Belehnungsurkunden kommen ausführlich erst in der Lekhapaddhati, einer Schrift des 15. Jh., die älteres Material verarbeitet, vor.[65]

In jenem purānischen Text des Königsrechts werden zunächst 24 „Gefährten" behandelt, die dem König unentbehrlich sind. Deren Liste, ein Nachkomme der Listen von „Männern", „Juwelen" und *tīrthas* aus der II. und III. Periode, enthält nach dem Heerführer, Türhüter, Boten, Leibwächter und Betelbewahrer den Außenminister (*sāndhivigrahika*), ohne auf dessen Pflichten im einzelnen einzugehen; es heißt nur, daß er die sechs Mittel der Politik und die Sprachen der Gegenden kennen soll[66]; er war damit und gemäß seinem Titel für Frieden und Krieg und damit implicite u. a. auch für die Verträge, die die Grundlage von Belehnungen waren, zuständig. Seine Funktion den Vasallen gegenüber wurde im Mānasollāsa des 12. Jh. geschildert[67], die des *sāmanta*, hundert Dörfer zu verwalten, im Śukranītisāra etwa derselben Zeit[68]. Im Mānasollāsa ist auch von Belehnung als einer der 16 Arten von Schenkungen die Rede[69]. In jenem purānischen Königsrecht wird leider die Lehre vom Staatenkreis nicht behandelt.

Verhältnismäßig ausführlich aber stellt es das Recht dar, u. zw. im allgemeinen nach Manu und dessen 18 Rechtspunkten, aber teilweise auch nach Yājñavalkya und ein wenig nach Nārada[70]. Auf die 18 Punkte[71] folgt wie bei Kauṭalya und Manu ein Abschnitt, der stofflich das behandelt, was Kauṭalya als besondere Gerichtsbarkeit den *pradeṣṭṛs* zugewiesen und Reinigung von Dornen genannt hatte; es wird aber vom Vorhergehenden nicht deutlich abgehoben[72].

Für den Feudalismus Indiens sind die *nibandhas* charakteristisch, d. h. nach Nārada wurden nicht so sehr neue Rechtsbücher als Kommentare zu alten verfaßt[73], und zwar insbesondere zu Manu und Yājñavalkya, aber auch zu Dharmasutren und Kāmandaka, wie übrigens auch zu Kauṭalya. Der ausführlichste

Manu-Kommentator, Medhātithi aus dem 9. Jh.[74], scheint als erster bewußt zwischen Recht des Staates und ziviler Parteien unterschieden zu haben[75]. Er hat definiert, was ein König in seinen Erlassen oder Entscheiden, dieser schon seit Kauṭalya[76] immer wieder genannten Quelle des Rechts, zu verordnen habe, unwichtige Dinge, wie Festlegungen für die Durchführung gewisser Feste oder Ausstoßen gewisser Männer aus der Gesellschaft (als Gerichtsurteil), aber nichts, was dem *dharma* widerspreche[77]. Er hat zwischen dem König als „Herren" des Bodens und dem Roder als dem „Eigentümer" unterschieden[78]. In bezug auf das Erbrecht entwickelten sich im Feudalismus zwei sich bekämpfende Schulen[79]. Aber im allgemeinen änderte sich das Recht so wenig wie der Staat und die Gesellschaft, bis Kapitalismus die asiatische Produktionsweise im kolonialen Indien aufhob.

Warren Hastings ließ kurz vorher M. Halhed einen Rechtstext ins Englische übersetzen, den elf bengalische Brahmanen für ihn angefertigt hatten, und sandte ihn 1775 an die Direktoren der East India Company[80]. Dieser Text folgt immer noch mit nur geringen Abweichungen Manus 18 Rechtspunkten. Er hat die Prozeßordnung aus dem Schuldrecht herausgenommen und als 3. Rechtspunkt behandelt nach Manus 1. (Schuldrecht) und 17. (Erbrecht). Er hat nach Manus 5. (Nichtgeben einer Gabe) den 5. Punkt Nāradas über Gehorsamverweigerung eingeschoben, dies wichtige Kapitel über entlohnte Arbeiter und Sklaven, das bei Nārada auf Manus 5. Rechtspunkt folgt. Es folgt wie bei Manu und Nārada weiter das Lohnrecht, dann aber statt Manus 7. Punkt (Nichteinhalten eines Vertrages) ein Abschnitt über Mieten u. a. von Boden, auf das der Mieter ein Haus baut, eine Problematik, die Nārada unter seinem 6. Punkt behandelt hatte[81]. Nach Manus 8. und 10. Punkt folgt wiederum ein scheinbar neuer 13. Punkt über Pacht, insbesondere von unbebautem, brachliegendem oder gar ungerodetem Land, wobei an Nārada 11, 26 im Punkt über Grenzstreite angeknüpft ist. Es folgen Manus Punkte 9 und 11 bis 16, während Manus Punkt 18 (Spiel) als erster Abschnitt des 21. Punktes „Verschiedenes" auftritt. Anzumerken ist noch als eine der vielen Einzelheiten, daß im 18. Rechtspunkt über Gewalttat (14. bei Manu) auch die Kriminalistik ähnlich wie bei Kauṭalya, bei diesem freilich beim „Säubern der Dornen", erscheint, nämlich im Falle, daß eine Leiche gefunden wird.

Hier sei nur kurz daran erinnert, daß auch in unserer Antike von Griechen und Römern die für unser modernes Recht immer noch grundlegenden Begriffe geprägt und geordnet wurden. Im einzelnen waren allerdings die Ströme der Überlieferung in Ost- und Westeuropa nach Justinian verschieden. Insbesondere mußten die Rechtslehrer Italiens vom 13. Jh. an den sich ändernden, zum Kapitalismus hindrängenden gesellschaftlichen Entwicklungen entsprechend neue Gedanken in die alten Texte hineininterpretieren. Sie unterschieden sich damit von ihren indischen Kollegen, gab es doch in Indien vor Ankunft der englischen Kolonialherren nur sehr geringe Ansätze zu kapitalistischer Entwicklung. So wurde das kapitalistische Recht Europas bei allem Aufbauen auf römischem Recht etwas qualitativ Neues, während die Engländer zu Warren Hastings Zeit in Indien praktisch noch ein in der Sklavenhalterperiode Indiens erwachsenes Recht vorfanden und erst im Laufe des 19. und 20. Jahrhunderts starke Einflüsse des römisch-europäischen Rechts in Indien die einheimische Tradition weithin aufhoben (im Familienrecht hängt man noch stark am Alten!), ganz wie in der Produktionsweise und im Staat.

Anhang

1. Der purānische Rechtstext

Der Text beginnt (Losch 366, 2–5) mit einer Darlegung der Münzen und der drei Strafmaße. Dies entspricht dem letzten Abschnitt des Prozeßrechts innerhalb des Schuldrechts bei Manu VIII, 134–6[1], wobei der letzte Vers mit Manu 8, 138 übereinstimmt[2]. Nach diesem Einleitungsersatz folgen drei Verse (6–8), die Manu 8, 27–29 gleichen und ebenfalls in Manus Prozeßrecht stehen: Der König solle Hilflosen, Minderjährigen, Witwen und kranken Frauen ihr rechtmäßiges Erbe erhalten. Im purānischen Rechtstext folgen fünf Verse, die ebenfalls bei Manu folgen (8, 30–32, 34f.) und das Fundrecht behandeln[3]. Dabei handelt es sich u. a. darum, ob einer bei einem Fund oder Schatzfund seine Behauptung, dieser gehöre ihm, beweisen kann oder betrügt. Daran schließt das Purāṇa (11) den sonst nicht behandelten Fall, daß einer betrügerisch behauptet hat, bestohlen worden zu sein, so daß der König ihm seinen Verlust der Restitutionspflicht gemäß ersetzt hat[4]. Diese Pflicht des Königs erwähnt Manu 8, 40 kurz nach jener Stelle als Abschluß des Abschnitts 8, 27–40[5], den das Purāṇa hier als Einleitung ausgezogen hat. Bei Manu dagegen folgen fast 100 Verse über das Prozeßrecht, die in den Rechtspunkt des Schuldrechts eingebettet sind, ehe er sie mit jenen drei Strafmaßen abschließt.

Das Purāṇa fährt mit dem Leugnen eines erhaltenen Darlehens und Behaupten eines nicht gegebenen Darlehens fort und schließt damit das Schuldrecht an die obigen Betrugsfälle an, die ja in der Tat das Gericht zu beschäftigen hatten. Mit einem zweiten ganz allgemeinen Vers über falsche Zeugenaussagen, der Manu 8, 123 gleicht[6] und noch in dessen Prozeßrecht steht, schließt dieser überaus kurze 1. Rechtspunkt des Schuldrechts. Fragen der Zeugen wurden schon bei Kauṭalya und Manu innerhalb des Schuldrechts behandelt; es ist aber nicht einzusehen, warum das Purāṇa dies eine Problem des Prozeßrechts nicht wie die anderen aus dem Schuldrecht in seine Einleitung versetzt hat.

Es folgen fünf Verse (14–17) über das Depositum, Manus 2. Rechtspunkt. Eines der drei Purāṇas hat aber den ersten Vers mit wörtlichem Anklang an Manu 8, 170[7] auf das Pfand bezogen und also noch zum Schuldrecht gezählt. Vers 15f. gleichen Manu 8, 191 und 193 in dessen 2. Rechtspunkt[8].

Mit dem Vers 18 tut der purānische Text Manus 3. Rechtspunkt des Verkaufs einer Sache durch einen Nichteigentümer kurz ab[9].

Man sollte jetzt eine Entsprechung zu Manus 4. Rechtspunkt der Zusammenarbeit erwarten, der sich mit Entlohnung einer zusammenarbeitenden Priestergruppe befaßt (8, 206–11). Statt dessen folgen im Purāṇa drei Verse über einen Lehrer, der, bezahlt, nicht lehrt (19), und über das Versäumnis, gewisse Nachbarn zu einer Brahmanenspeisung einzuladen (20f.), wie es Manu da als Vergehen hinstellte, wo er vom „Aufgeben“ sprach, wenn etwa ein Opferherr seinen Priester aufgab oder umgekehrt [10].

Das Purāṇa widmet dann einen Halbvers (22) dem 5. Rechtspunkt Manus, Nichtgeben einer Gabe [11]. In zwei Versen (23f.) folgt dann Manus 6. Rechtspunkt, Nichtzahlen von Lohn [12]; der 1. Vers gleicht Manu 8, 215. Aus Manus 7. Rechtspunkt des Vertragsbruches zog das Purāṇa nur einen Vers heraus (25 = Manu 8, 219) [13]. Im Folgenden aber ist der purānische Rechtstext viel ausführlicher, ohne daß dafür einstweilen ein Grund einzusehen wäre.

Bei der Behandlung von Manus 8. Rechtspunkt, Reue bei Kauf und Verkauf, sind die ersten vier Verse (26–29) im Purāṇa eine Wiederholung von Manu 8, 222–5. Das anschließend behandelte Vergehen, daß einer ein Mädchen zur Ehe verspricht (verlobt), aber ein anderes gibt (30) [14], ist von Manu nicht recht passend und mit anderer Strafbestimmung unter seinen 3. Rechtspunkt untergeordnet worden, und zwar mit anderen Formen betrügerischen Verkaufs zusammen. Im Purāṇa folgen fünf Verse (31–35), die nicht bei Manu stehen [15]: Ein Bräutigam, der seine Fehler nicht vor der Verlobung bekannt gibt, ist mit Geld zu bestrafen, die Braut aber gilt als ihm nicht gegeben, selbst wenn sie [16] ihm schon gegeben ist. Die entscheidende Bedeutung des Eides bei Verkauf wird betont (33f.). Gibt einer, der eine Teilzahlung geleistet hat, das Gezahlte auf (und tritt vom Kauf zurück), so ist er mit der – unverstehbar harten – mittleren Geldstrafe zu bestrafen (35). Diese zehn Verse stehen sieben Versen bei Manu gegenüber.

Es folgt Manus 9. Rechtspunkt, Streit zwischen Herr und Hirt (36–43), wobei der entlohnte Hirt, der über seinen Naturallohn hinaus eine Kuh seines Herrn melkt, bestraft, im Wiederholungsfalle aber seines Dienstes enthoben, gebrandmarkt, mit Eisen gefesselt und zum *karmakara* [17] seines Herrn gemacht werden soll (36f.); *karmakara* steht hier anscheinend im Sinne eines Schuld- oder Strafknechts bzw. -sklaven. Vorschriften über Flurschaden sind wie bei Manu angeschlossen (38–41 = Manu 8, 237–9; 242) [18].

In den vier nächsten Versen (44–47) ist der Streit um Grenzen, Manus 10. Rechtspunkt, kurz behandelt, nur die Fälle, daß jemand sich wissentlich oder unwissentlich ein Haus, einen Bewässerungsteich, ein Feld oder einen Garten angeeignet hat (44 = Manu 8, 264), den Grenzfestleger besticht (45) oder Grenzen verletzt (47) [19]. In dies Kapitel haben zwei der drei Purāṇas einen längeren Abschnitt über Sühnen von Sünden eingeschoben.

Sehr ausführlich sind die Purāṇas über den 11. Rechtspunkt, die Beleidigung; dieser war ja für die Erhaltung der Ständeordnung wichtig (48–63) und stimmt wörtlich mit Manu 8, 267–75 überein [20], so daß nur Manu 8, 27f. über gegenseitige Beleidigung eines Kṣatriyas und Brahmanen bzw. eines Vaiśyas und Śūdras fehlen. Ähnlich ist es bei Manus 12. Rechtspunkt, der tätlichen Beleidigung (64–78). Manu 8, 279, 281–4 und 290–4 sind übernommen [21]. Das Problem des fahrlässigen Kutschers (77f.)[22] ist ebenso behandelt wie das des Verletzens von Tieren und Pflanzen (70–76)[23], beides auch von Manu.

Es folgt der Diebstahl (79–91 ab), Manus 13. Rechtspunkt[24], mit der Liste der verschiedenen gestohlenen Dinge beginnend und im Wortlaut fast ganz Manu folgend[25]. Der Mundraub wird gestreift (92ff., Manu 8, 341); damit wird zu Manus 14. Rechtspunkt der Gewaltanwendung übergegangen oder genauer schon mit dem vorangehenden Vers über die Anwendung des *jus talionis* auf den Dieb (91cd = Manu 8, 334) oder gar mit der weiter vorangehenden Verszeile (91ab = Manu 8, 331cd). Mit dieser Halbzeile leitete schon Manu von Diebstahl einer Sache in Abwesenheit des Eigentümers zu Raub einer Sache in dessen Anwesenheit über (Manu 8, 332), so daß Manu auch beim 14. Rechtspunkt der Gewaltanwendung immer wieder vom Diebstahl, dem 13. Rechtspunkt, sprach, während der purānische Text den Unterschied beider und den Übergang von Diebstahl zu Raub („Gewaltanwendung") gar nicht deutlich macht. Mit Manu läßt das Purāṇa unter dem 14. Rechtspunkt weiter auf den Mundraub (s. o.) die Notwehr (96cd–98ab = Manu 8, 350f.) folgen[26], fügt aber einen Vers über Notwehr gegen angreifende Tiere ein (95cd–96ab), der bei Manu und auch sonst keine Parallele hat[27], aber zum Verbot der Verletzung von Tieren unter dem 11. Rechtspunkt (s. o.) paßt.

Es folgt Manus 15. Rechtspunkt über den Ehebruch, teilweise mit denselben Worten (100–104 = Manu 8, 356; 361–64), aber auch mit eigenen Versen über Kuppler und Vergewaltiger (105–7)[28]. Dann folgt ein Vers darüber, daß ein Mädchen, dessen erste drei Perioden im Vaterhause verstrichen sind, ohne daß es vermählt wurde, sich selber einen Gatten wählen darf, ohne vom König bestraft zu werden (108). Dies entspricht Manus Vorschrift, die aber von drei Jahren Wartezeit spricht und unter dem folgenden, dem 16. Rechtspunkt steht (M 9, 90[29]). Todesstrafe verdiene der Vater, der seine Tochter verheiratet, dann auswandert und sie in der Fremde noch einmal vergibt, oder ein Mann, der eine vermögende Witwe nimmt (109f.)[30]. Die Strafen für Ehebruch zwischen Partnern verschiedener Stände werden im allgemeinen ähnlich wie bei Manu abgestuft (111–19; davon 111–112ab = Manu 265–266ab; 113 = M 371)[31].

Statt Manus 16. Rechtspunkt über andere Probleme verbotenen Geschlechtsverkehrs auszuschreiben, hat das Purāṇa aus Nāradas Behandlung des Themas, das bei ihm der 12. Rechtspunkt ist und weitgehend mit Manu übereinstimmt[32], nur einige Strafbestimmungen für Inzeste verschiedener Art entlehnt (120–22; vgl. Nā 12, 73–75)[33], während Manu 11, 59 und 171 dies als zu sühnende Sünde auffaßte. Es folgen das Verbot der Sodomie (124–125ab)[34] und eine Versgruppe über Kurtisanen, vor allem Fragen ihrer Entlohnung (125cd–129), die sozusagen Kauṭalyas Schutzbestimmungen der Hetären fortsetzen[35].

Statt Manus 17. Rechtspunkt der Erbteilung stehen im Purāṇa zwei Verse, wonach man Mutter, Vater, Frau, Opferpriester und Söhne nicht „aufgeben" (verstoßen, ihnen Unterhalt verweigern) dürfe, es sei denn, sie seien durch Sünden aus der Kaste gefallen, aber eine Mutter auch dann nicht (130f.). Inhaltlich entsprechende Verse folgen bei Manu 8, 388f. nach dem 15. Rechtspunkt[36] des

Ehebruches. Wenn es hier im Purāṇa im Unterschied zu Manu heißt, daß auch ein aus der Kaste gefallener *guru* (Lehrer) aufzugeben sei (131), so ist diese seltene Kritik am *guru* mit einem Nīti-Spruch zu vergleichen, daß man sogar beim *guru* seine Fehler aussprechen (tadeln) müsse[37]. Angeschlossen ist Festlegung der Strafe für Schüler und Lehrer, die ihrer Pflicht des Lernens bzw. Lehrens nicht nachkommen[38] (ihren Lehrer bzw. Schüler sozusagen aufgeben) (132). Warum danach das Züchtigungsrecht des *pater familias* an Weib und Sohn (133f.) aus Manu 8, 299f. zitiert wird, das dort mit Recht unter dem 12. Rechtspunkt des tätlichen Angriffs steht, ist noch ungeklärt[39].

Abgeschlossen wird dieses Kapitel mit einem etwas unklaren Vers über das Spielen und Wetten (135), den letzten Rechtspunkt bei Kauṭalya, Manu und anderen Lehrern. „Verbotenes" Spiel wird bestraft. Das kann im Sinne Manus gegen alles schlechthin verbotene Spielen gerichtet sein oder nur gegen das im Sinne Kauṭalyas nicht vom Staat konzessionierte Spiel[40].

Nach dem Kapitel über diese Rechtspunkte folgte bei Kauṭalya und Manu ein anderes über das „Reinigen von Dornen", ebenso im Purāṇa. Dieses begann das Kapital ähnlich wie Kauṭalya 4, 1, 16ff. mit einem Vers über die Wäscher, die die ihnen anvertraute Wäsche sorgsam behandeln müssen (136)[41]. Manu 8, 396 hatte einen inhaltlich entsprechenden Vers an die Versgruppe über das „Nichtaufgeben" nicht aus der Kaste gefallener Personen (s. o.) angehängt[42]. Im Purāṇa folgen dann Strafen für korrupte niedere und hohe Beamte (137–41). Inhaltlich ähnliche Vorschriften fügte Manu 9, 231f., 234 seinem Abschnitt über Spiel und Wetten an. Bei Manu 9, 235ff. und im Purāṇa (142–46) folgen Strafbestimmungen für die, die eine der vier „großen Sünden" begangen haben[43]. Deren Eigentum konfisziert der König und deponiert es im Wasser als Weihegabe für den Gott Varuṇa. Danach wendet sich das Purāṇa den Dieben oder Räubern (147f. *caura*), Beamten und Feudalherren (149f.) zu, die bei Manu 9, 270f. zu den „Dornen" gehören[44]. Auch alles im Purāṇa Folgende über Einbrecher, Zerstörer von Bewässerungsanlagen bis zum Goldschmied (152–164) ist großenteils wörtlich aus Manu 9, 276–292 genommen[45]. An den Goldschmied schließt im Purāṇa der betrügerische Händler an (165f.)[46], wie schon Kauṭalya 4, 1f. unter den Dornen zuerst einige Handwerker vom Weber und Wäscher (s. o.) bis zum Goldschmied, dann Händler behandelt und auch Manu 8, 398ff. nach dem Wäscher (s. o.) und Weber den Händler mit Strafen bedroht hatte.

Auf diesen langen Abschnitt über die 17 Rechtspunkte und das „Reinigen von Dornen", der eigentlich das ganze altindische Zivil- und Strafrecht umfaßt und im wesentlichen Manu zum Vorbild hat, folgt im Purāṇa ein bunt zusammengewürfelter Abschnitt, der nicht auf Manu, sondern in mehreren Einzelheiten auf Yājñavalkya zurückgeht. Er beginnt mit je einem Vers über Beleidigung und tätliche Beleidigung (167f.), die Yājñavalkya II, 211 und 221 entsprechen[47]. Dabei wird einer Menge, die einen einzelnen angreift, die doppelte Strafe festgelegt. Es könnte eine rebellierende Menge gemeint sein. Wer aus den vier Ständen etwas Unreines ißt, soll bestraft werden (170f.). Aus Yājñavalkyas Behandlung der Gewalttat, seinem 15. Rechtspunkt, ist im Purāṇa danach der zweite

Vers über den Anstifter zitiert (172)[48], weiter einige Verse gegen Einbruch, Kastrieren von Tieren, Abtreiben der Frucht einer Sklavin, Fälschen von Waagen, Anordnungen, Maßen und anderes (172–78 aus Y II, 232cd–244)[49]. An Yājñavalkyas 19. Rechtspunkt, Verhältnis von Mann und Frau, ist ein Vers über die giftgebende, brandstiftende, Lehrer, Gatten oder Kinder tötende Frau angefügt (179 = Y II, 279) und ein anderer über den, der sich an eine Frau des Königs heranmacht; weiter – und das gehört eigentlich gar nicht zu diesem Rechtspunkt – über den, der ein Dorf, ein Feld (wohl mit trockener, reifer Frucht) oder ein Haus anzündet (180 = Y II, 282). Aus Yājñavalkyas letztem und 20. Rechtspunkt, Verschiedenes, ist ein Vers über den (Beamten), der einem königlichen Erlaß etwas hinzusetzt oder ihn um etwas mindert und der den Räuber der Frau eines anderen freiläßt und die höchste Strafe verdient, angefügt (181 = Y II, 295) sowie der folgende Vers darüber, daß man einem Mitglied der vier Stände keine verbotene Speise vorsetzen dürfe (182 = Y, II, 296), und einer darüber, daß man keine Kleider (?) einer Leiche verkaufen, seinen Lehrer nicht schlagen und den Wagen oder Thron des Königs nicht besteigen dürfe (183 = Y II, 303). Dieser Abschnitt schließt mit Yājñavalkyas letztem Rechtsvers darüber, daß derjenige, der, einmal verurteilt, sich für unschuldig halte und noch einmal klage, doppelt zu bestrafen sei (184 = Y II, 306)[50].

Nach diesem Nachtrag, der aus Yājñavalkya ausgezogen ist, folgt noch ein zweiter, der sich zunächst mit der Sicherstellung von Verhafteten durch einen Gerichtsbeamten (*daṇḍika*) und seinen Boten (*preṣya*) befaßt (185–87); im einzelnen ist er noch nicht ganz klar, aber im allgemeinen erinnert er an die auch schon bei Nārada I, 51ff. belegte Haft[51]. Es folgen Strafbestimmungen über brutale und bestechliche Gefängnisbeamte (*puruṣa*, 188f.), ungerechte, zu bestrafende Gerichtsbeisitzende (*sabhya*) und den König, der, falls er ungerecht Strafen verhängt, ebenfalls zu bestrafen sei, und zwar mit dem 30fachen des von ihm ungerecht festgesetzten Strafmaßes; dies solle er im Wasser deponieren (190). Diese utopische Strafbestimmumng für den König stammt letzten Endes aus Kauṭalya 4, 13, 42[52]. Der purānische Rechtstext schließt mit allgemeinen Ermahnungen an den König, gerecht zu sein und Brahmanen nicht hinrichten zu lassen (191–96), wobei einige Verse aus Manu 8, 128, 380 und 9, 249 entnommen sind[53], und zwar aus dessen Einleitung zum Recht kurz vor der Behandlung der Münzen und Strafen (s. o.), aus dem 15. Rechtspunkt des Ehebruchs und aus der Überleitung vom letzten Rechtspunkt (Spiel) zum „Reinigen von Dornen“. Abgesehen von einigen Einzelheiten brachte diese purānische Rechtskompilation weder für die Praxis noch für die Theorie des Rechts etwas wichtiges Neues.

2. *Fortleben von Staat und Recht der Industalgesellschaft*

Insbesondere auf dem Gebiet der Religion ist seit langem anerkannt, daß Śiva und Devī, Tempelteich und Tempeltänzerin und manches andere Element der Industalgesellschaft im Hinduismus weitergelebt haben. In bezug auf Volk und

Sprache ebenso wie auf Schrift ist dies bislang nicht zu erkennen, aber auch auf materiellem Gebiet ist schon auf das Fortexistieren des Anbaus von Weizen und Baumwolle, des Ochsenwagens, des Zeburinds und des Brennens von Ziegeln hingewiesen worden[54].

Was den Staat angeht, so könnte die Gründung der ältesten Hauptstadt von Magadha, Giriwradscha, die einer aus dem Westen gekommenen Dynastie zugeschrieben wird, letztlich auf Städte wie Harappa und Mohendschodaro zurückgehen[55]. Leider ist sie noch nicht ausgegraben worden, aber daß die etwas jüngere, dicht daneben gelegene neue Hauptstadt Rādschgir mit ihrer Zitadelle dem Typ der Indusstadt ähnelt, ist bereits bemerkt worden[56]. Wichtig ist, daß der von Kauṭalya beschriebene Stadttyp mit seinen je drei sich kreuzenden, von N nach S und von O nach W verlaufenden Hauptstraßen und seinen nach Himmelsrichtungen angelegten Stadtvierteln, der Anlage der Indusstadt im Kern glich. Nur war die königliche Residenz in das Herz der Festung verlegt, nicht mehr außerhalb angelegt, vermutlich aus inzwischen notwendig gewordenen Verteidigungsgründen. Kauṭalyas Stadtplan wird im Prinzip durch Ausgrabungen in verschiedenen Städten bestätigt, war also keine Phantasie[57]. Von den Munda oder Ārya kann er nicht stammen. Gemäß Kauṭalyas Plan lagen beim Palast u. a. verschiedene Speicher, Arsenal und Schatzhaus, was an sich einleuchtet; in der Indusstadt lagen sie mit dem Palast zusammen außerhalb der Stadt in einer Zitadelle. Dies besagt, daß der Typ des Staates weitgehend derselbe war, daß der König in seinen Speichern die Naturalabgaben der Bauern sammelte und darauf seinen Machtapparat aufbaute[58]. Den Zwangsarbeitern, Mörsern und anderen Geräten im königlichen Speicher Kauṭalyas[59] standen dabei in der Indusstadt die „Kulis“ gegenüber, deren Hüttenreihen beim Speicher und dem Platz der Mörser gefunden worden sind. Man hat weiter bemerkt, daß das Gewicht und die Symbole auf den ältesten indischen Münzen mit dem Gewichtssystem und Symbolen der Industalgesellschaft zusammenzuhängen scheinen[60].

Der epische König von Magadha, Jarāsandha, war ein berüchtigter Śivait und Menschenopferer, könnte also auch mit seiner Religion von der Induskultur herstammen. Er war aber auch ein verhaßter Welteroberer, ein Oberkönig (*samrāj*), der zahllose Könige Nordindiens besiegt hatte[61]; einige hatten bei ihm Zuflucht gesucht, andere hatten sich vor ihm geneigt[62] und waren damit in der Lage der von Kauṭalya beschriebenen Unterkönige in einem „Kreis“ von Königen[63]. Andere Könige waren vor ihm geflohen wie auch Kṛṣṇa mit seinem Klan. Aber Jarāsandha war kein rechtlicher Welteroberer, sondern hielt die Könige, deren er habhaft werden konnte, in einer Höhle von Giriwradscha (dort gibt es in der Tat eine Reihe von Höhlen) gefangen, um sie dem Mahādeva zu opfern, dank dessen Verehrung Jarāsandha zum Sieger geworden war. Kṛṣṇa nun forderte Yudhiṣṭhira, der ein Königsopfer (*rājasūya*) darbringen wollte, auf, Jarāsandha zu besiegen, die gefangenen Könige zu befreien und dann jenes Opfer mit dem Anspruch auf Oberherrschaft (*sāmrājyam*) zu vollbringen. Yudhiṣṭhira ging auf diesen Plan ein, und Bhīmasena war es, der am Ende Jarāsandha in seiner Stadt im Faustkampf erschlug. Bhīmasena aber war ein Held vom altertümlichen Typ des Wanderhelden[64], und man kann annehmen, daß er, oder es ist sicher, daß ein Held seines Typs, schon in Mohendschodaro auf einem Siegel abgebildet worden ist[65]. Was sonst an Jarāsandha zur Mythologie des Industals gehört, ist noch unklar. Aber die Vorstellung des Weltherrschers ist zumindest seit Sargon von Akkad für Mesopotamien belegt und damit auch vielleicht für das gleichzeitige Industal anzunehmen[66]; dies wäre dann die oder eine Grundlage für den altindischen Begriff des Oberkönigs oder Weltherrschers, der – ursprünglich altorientalisch – schon im Ṛgveda auf einen Stammesbundführer angewendet worden sein kann[67], und in allen nachfolgenden Perioden eine große Rolle gespielt hat. Ein solcher Weltherrscher des 3. Jahrtausends blickte im Pandschab von seiner Zitadelle über seine Stadt hinweg nach Osten der aufgehenden Sonne entgegen. Jarāsandha von Giriwradscha mit seiner Oberherrschaft aber wird nicht historisch gewesen sein, denn vor den Nandas ist eine solche Eroberungspolitik im Gangesgebiet von Magadha aus für uns einstweilen unvorstellbar. Jarāsandha wird eher eine Mythologisierung der Nandas sein, deren Machtpolitik den kleinen Staaten Nordindiens verhaßt war[68]. Aber dem Mythos werden alte Elemente zugrunde liegen[69], vielleicht sogar u. a. auch eine vorarische Sage um Bhīmasena und einen Menschen opfernden Despoten.

Der Autokrat des Indusstaats, mag er nun theokratisch gewesen sein, wie manche annehmen, oder nicht, galt vermutlich als der Hirt und Hüter seines Volkes, und sein Schutz mag sich auch auf den Schutz der Schwachen, der Witwen und Waisen erstreckt haben, wie es das Rechtsbuch des Hammurabi vorschrieb[70], wie es in der Industalgesellschaft ebenfalls gegolten haben mag und wie es am Ende unserer II. Periode von Brahmanen als Ideal ersehnt wurde[71]. Hammurabi schrieb u. a. vor, daß der Verpächter gegen vertragsbrüchige Pächter geschützt werden solle, falls dieser nämlich das übernommene Feld nicht bestellt hat[72]. In analoger Weise schützten die brahmanischen Rechtslehrer der III. Periode den Verpächter[73]. Da Landpacht weder bei Ārya der I. und II. Periode noch bei Munda bezeugt ist, dürfte diese Sitte mit solchem Recht letztlich mesopotamisch sein und schon in der Industalgesellschaft gelebt haben. Solche Pachtverträge, wie sie in Babylonien bereits üblich gewesen waren[74], sind für das alte Indien aber leider weder im Indus- noch Gangesgebiet gefunden worden.

Hammurabi schrieb weiter beim Diebstahl-Raub vor, daß, wenn man (d. h. der Staat) den Räuber nicht ausfindig machen konnte, die nächstliegende Stadt und ihr Vorsteher dem Beraubten das geraubte Hab und Gut ersetzen mußte[75]. Dies entspricht im wesentlichen der altindischen Restitutionspflicht des Königs, die ebenfalls weder für die Ārya der I. und II. Periode noch für die Munda anzunehmen ist, wohl aber von den Brahmanen der III. Periode als Recht gelehrt wurde[76]. – Wenn nach Hammurabi die Strafsätze für die einzelnen Körperverletzungen nach der sozialen Gruppe des Verletzten abgestuft waren und in einigen Fällen das Talionsprinzip angewendet wurde[77], so entspricht das durchaus altindischem Recht von der III. Periode an[78]. – Hirten hafteten in Babylonien für das ihnen anvertraute Vieh, es sei denn im Falle höherer Gewalt, und hatten verlorenes Vieh zu ersetzen[79]. Auch dies Recht wurde von den Brahmanen der III. Periode gelehrt[80]. – Der babylonische Werkvertrag, wonach der Empfänger des Materials (oder des Entgelts) zur Herstellung der vereinbarten Ware verpflichtet war[81], entspricht der von der IV. Periode an belegten indischen Auffassung, daß dies Material vom Handwerker als Depositum zu behandeln sei[82]. Diese Reihe von juristischen Gemeinsamkeiten ließe sich noch fortsetzen und damit die *a priori* nahe liegende Vermutung, daß nicht nur der Staat, sondern auch das Recht der Industalgesellschaft irgendwie in das spätere altindische Recht eingegangen sei, stützen. Für die altindische Gesellschaft gilt ja ganz allgemein, daß sie eine sehr komplizierte Mischung von Elementen nicht nur der Ārya, sondern ganz wesentlich auch der Vorārya, der Munda des Gangesgebietes, der Industalbewohner und der Waldstämme war.

Literaturverzeichnis

ADhS: Āpastambīyadharmasūtram, Hrsg. G. Bühler, 2nd. ed. Bombay 1892
Agrawala, V. S., India as known to Pāṇini, Lucknow 1953
AHI: Majumdar R. C., Raychaudhuri, H. C. and Kalikinkar Datta An Advanced History of India, London 1953
Ait. Br.: Das Aitareya Brāhmaṇa, Hrsg. Th. Aufrecht, Bonn 1879
Altekar, A. S., State and Government in Ancient India, 2nd ed., Banaras 1955
Asur: s. u. Ruben 1939
AV: Atharvavedasanhitā, Hrsg. Roth-Whitney, 2. Aufl. Berlin 1924
BDhS: The Baudhāyanadharmaśāstra, Hrsg. E. Hultzsch, Leipzig 1884
Bernhardt, K.-H., Das Problem der altorientalischen Königsideologie im Alten Testament, Leiden 1961
–, Nomadentum und Ackerbaukultur in der frühstaatlichen Zeit Altisraels, MIO 1967
Bodding, P. O., Traditions and Institutions of the Santals, Oslo 1942
Breloer, B., Kauṭalīya-Studien I–III, Bonn 1927, 1928, 1934;
–, Die Śākya, ZDMG 94, 1940, 288ff.
Bṛh. Up.: Bṛhadāraṇyakopaniṣat, Hrsg. N. Apte ASS 15, Poona 1914
Bühler, G., The Laws of Manu, SBE XXV, Oxford 1886
Busolt, G., Griechische Staatskunde, 3. Aufl. München 1920
Chatterjee, H., International Law and Inter-state Relations in Ancient India, Calcutta 1958
Chattopadhyaya, D., Lokāyata, People's Publishing House 1959
Chattopadhyaya, S., Early History of North India c. 200 B. C.–A. D. 650, Calcutta 1958
Ch. Up.: Chāndogyopaniṣat, Hrsg. N. Apte, ASS 14, Poona 1913
Dandekar, R. N., Asura Varuṇa, Annals Bhand. Or. Inst. XXI, 1941, 1ff.
Deussen, P., Allgemeine Geschichte der Philosophie, I, 3, 4. Aufl. Leipzig 1920
Eißfeldt, O., Die Komposition der Sinai-Erzählung, Ex. 19–34, Forschungen und Fortschritte 40, 1966, 131ff.
Fabre, M., Le Mode de production asiatique, 1965, zit. von Chesneaux, J., Où en est la discussion sur le „Mode de production asiatique", La Pensée No. 122, Aug. 1965, 55f.
Frauwallner, E., Geschichte der indischen Philosophie, I. Band, Salzburg 1953
GDhS: The Institutes of Gautama, Hrsg. A. F. Stenzler, London 1876
Gaṇapati Sastri, T., The Arthaśāstra of Kauṭalya, Trivandrum 1924–25
Geldner, K. F., Der Rig-Veda, Cambridge, Mass. 1951–57
Ghoshal, U. N., A History of Indian Political Ideas, Oxford University Press 1959
Gonda, J., Die Religionen Indiens I, Veda und älterer Hinduismus, Stuttgart 1960

Gopal L., The Economic Life of Northern India c. A. D. 700–1200, Delhi-Varanasi-Patna 1965
Grassmann, H., Wörterbuch zum Ṛg-Veda, Wiesbaden 1955 (1872)
Graves, R., The Greek Myths, Penguin Books 1955
HCIP: The History and Culture of the Indian People I–III, Hrsg. Majumdar, R. C., and Pusalker, A. D., London 1951, Bombay 1954 und 1951
Hillebrandt, A., Aus Brahmanas und Upanisaden, Jena 1921
Hitopadeśa, Hrsg. Chr. Lassen, Bonn 1829
IIJ: Indo-Iranian Journal
Il.: Homers Ilias, verdeutscht v. Thassilo v. Scheffer, Leipzig 1955
Jaim, Br.: Jaiminīya-Brāhmaṇa, Hrsg. Raghu Vira, Lokesh Chandra, Nagpur 1954
Jayaswal, K. P., Hindu Polity, Bangalore 1955
Jolly, J., Recht und Sitte, Grundr. d. indo-ar. Phil. u. Altertumskunde, Straßburg 1896.
The Minor Law-Books, SBE, XXXII, 1899
K: The Kauṭilīya Arthaśāstra, Hrsg. Kangle, R. P., Bombay 1960; translation Bombay 1963; s. u. Kangle
Kadar: Ehrenfels, U. R., Kadar of Kochin, Madras 1952.
Kām.: The Nītisāra by Kāmandaki, Hrsg. R. Mitra, Calcutta 1861.
Kane, P. V., History of Dharmaśāstra, Poona 1930–53
Kangle, R. P., The Kauṭilīya, Arthaśāstra. A Study, Bombay 1964
Kapadia, K. M., Marriage and Family in India, 2nd ed., Oxford University Press 1958
Kauṣ. Up.: Kauṣītakyupaniṣat in Upaniṣadām Samuccayaḥ, Hrsg. N. Apte, ASS 29, Poona 1895
Kharia: s. u. Roy
Kirfel, W., Das Purāṇa Pañcalakṣaṇa, Bonn 1927
Korośec, V., Keilschriftrecht, in: Orientalisches Recht, Handbuch der Orientalistik, I. Abt., Ergänzungsband II, Leiden 1964, 49–219
Kosambi, D. D., An introduction to the Study of Indian History, Bombay 1956
KS: Kāmasūtram, Hrsg. Gosvami, D. L., Benares 1912
Kunkel, W., Römische Rechtsgeschichte, 4. Aufl., Weimar 1964
Lassen, Chr., Indische Altertumskunde, I, Leipzig-London 1867
Lommel, H., Vedische Skizzen, Festschrift Schubring, Hamburg 1951, 25ff.
Losch, H., Rājadharma, Bonn 1959.
Lüders, H., Varuṇa, Hrsg. v. Alsdorf, L., Göttingen 1951, 1959. Eine arische Anschauung über den Vertragsbruch, SBAW 1917, Philologica Indica 1940, 432ff.
M: Manusmṛti, Hrsg. Viṭṭhalaśarman, Bombay 1887
M + S: A Comprehensive History of India, Vol. II: The Mauryas and Sātavāhanas, 325 B. C.–A. D. 300, Hrsg. K. A. Nilakanta Sastri, Bombay-Calcutta-Madras 1957
Maity, S. K., The Economic Life of Northern India in Gupta Period (cir. A. D. 300–550), Calcutta 1957
Majumdar, D. K., The Military System in Ancient India, Calcutta 1960
Majumdar, R. C., Ancient Indian Colonisation in SEAsia, 2nd ed., Gaekwad Honorarium Lecture Series 1963
Karl Marx - Friedrich Engels, Werke, Berlin 1961ff.
Mayne, J. D., A Treatise on Hindu Law and Usage, 4th ed., Madras-London 1888
Mbh: Mahābhārata, ed. crit. Poona 1933–66
Mode, H., Das frühe Indien, Stuttgart 1959

Mylius, K., Die gesellschaftlichen Zustände Indiens nach dem Śatapatabrāhmaṇa, Diss. Halle-Wittenberg (Manuskript)
Nā.: Nārada Smṛti, Hrsg. J. Jolly, Bibl. Ind. 1885
Nehru, J., Weltgeschichtliche Betrachtungen, Düsseldorf 1957
Niyogi, P., Contributions to the Economic History of Northern India, Calcutta 1962
Od.: Homers Odyssee, verdeutscht v. Thassilo v. Scheffer, Leipzig 1955
Oldenberg, H., Buddha, 7. Aufl., Stuttgart-Berlin 1920 Die Religion des Veda, 3.–4. Aufl., Stuttgart-Berlin 1923
Pañc.: Pañcatantram, Hrsg. D. D. Kosambi, Bombay 1950
PV: Ruben, Die Entwicklung der Produktionsverhältnisse im alten Indien, Berlin 1967
Rām.: Rāmāyaṇa, ed. crit. Baroda 1958ff.
Ram Gopal, India of Vedic Kalpasūtras, Delhi 1959
Rao, M. V. Krishna, Studies in Kauṭilya, Delhi 1958
Rau, W., Staat und Gesellschaft im alten Indien, Wiesbaden 1957
Ritschl, E. und Schetelich, M., Zu einigen Problemen der Eigentumsverhältnisse (speziell an Grund und Boden) im Kauṭilīya Arthaśāstra, MIO 1966, 301ff.
Roth, G., Mohanagṛha in Prakrittexten, in Kauṭilya's Arthaśāstra und in den Annalen des Tabārī, Asiatica, Festschrift Fr. Weller, Leipzig 1954, 535ff.
Roy, S. Ch., The Khaṛiās, Ranchi 1937
Ruben, W., Über die Debatten in den alten Upaniṣad's, ZDMG 1929, 238–55
–, Die Theorien der Inder über das dichterische Schaffen, OLZ 1929 (2), 618–29
–, Materialismus im Leben des alten Indien, Acta Orientalia 1934–35, 128–62, 177–225
–, Studien zur Textgeschichte des Rāmāyaṇa, Stuttgart 1936
–, Eisenschmiede und Dämonen in Indien, Leiden 1939
–, Ankaraner Indiensammlung, Ankara 1942
–, Krishna, Istanbul 1943
–, Indisches Mittelalter, Zürich-New York 1944
–, Die Philosophen der Upanishaden, Bern 1947
–, Über die Literatur der vorarischen Stämme Indiens, Berlin 1952
–, Über den altindischen Staat, Archiv Orientalni 1952 (2) 473ff.
–, Geschichte der indischen Philosophie, Berlin 1954
–, Einführung in die Indienkunde, Berlin 1954 (2)
–, Hegel über die Philosophie der Inder, Festschrift Fr. Weller, Leipzig 1954 (3), 553–69
–, Zur Feier von Buddhas 2500. Geburtstag, Wiss. Z. d. Humboldt-Univ. z. Berlin, Ges.- u. sprachwiss. Reihe 1955/56, 139–49
–, Beginn der Philosophie in Indien, Berlin 1955 (2)
–, Der Sinn des Dramas „Das Siegel und Rākshasa", Berlin 1956
–, Kālidāsa, Berlin 1956 (2)
–, Indra's Fight against Vṛtra in the Mahābhārata, Belvalkar Felicitation Volume, Banares 1957
–, Über die Dschungelstämme im Staate Kauṭalyas, IIJ I, 1957 (2)
–, Die Lage der Sklaven in der altindischen Gesellschaft, Berlin 1957 (3)
–, Das Pañcatantra und seine Morallehre, Berlin 1959
–, Waldabenteuer des indischen epischen Helden, Berlin 1962
–, Über die frühesten Stufen der Entwicklung der altindischen Śūdras, Berlin 1965

Ruben, W., und Fischer, K., Der Maurya- und der Mogul-Staat, Berlin 1965 (2)
Ruben, W., Bibel and Purāṇa, Indian Studies past and present VII, 2, 1966, 135–51
–, Some Problems of the Ancient Indian Republics, Ashraf-Gedenkband, Berlin 1966 (2)
RV: Die Hymnen des Ṛgveda, hrsg. v. Th. Aufrecht, Bonn 1877 2. Aufl.
Santal: s. o. Bodding
Scharfe, H., Die Logik im Mahābhāṣya, Berlin 1961
Schlerath, B., Das Königtum im Rig- und Atharvaveda, Wiesbaden 1960
Schmidt, H.-P., Vedisch *vratá* und awestisch *urvāta*, Hamburg 1958
Schtajerman, E. M., Die Krise der Sklavenhalterordnung, Berlin 1964
Shamashastry, R., Kauṭilya's Arthaśāstra translated, 3rd ed., Mysore 1929
Sharma, R. S., Śūdras in Ancient India, Delhi-Varanasi-Patna 1958
–, Aspects of Political Ideas and Institutions in Ancient India, Delhi 1959
–, Indian Feudalism: c. 300–1200, Calcutta 1965
Singh, S. D., Ancient Warfare with special Reference to the Vedic Period, Leiden 1965
Spate, O. H. K., India and Pakistan, London-New York 1954
Sternbach, L., The Mānava-Dharmaśāstra Stanzas in the Hitopadeśa, Rocznik Orientalistyczny XXI, 1957, 427ff.
–, Mānava-dharmaśāstra Verses in Cāṇakya's Compendia, JAOS 79, 1959, 233ff.
–, The Hitopadeśa and it's sources, Am. Or. Ser. Vol. 44, New Haven Conn. 1960
–, Cāṇakya-nīti-Text-Tradition, I, 1, Hoshiarpur 1963
–, Cānakya-Rāja-Nīti, Madras 1963
–, Juridical Studies in Ancient Indian Law, pt. I, Delhi-Varanasi-Patna 1965
Tantrākhyāyika, Hrsg. J. Hertel, Berlin 1910
Thapar, R., Aśoka and the Decline of the Mauryas, Oxford University Press 1961
Thieme, P., Der Fremdling im Rigveda, Leipzig 1938
Thomson, G., Frühgeschichte Griechenlands und der Ägeis, Berlin 1960
Töpfer, B., Zu einigen Grundfragen des Feudalismus, Z. f. Geschichtswissenschaft XIII, 1965, 788ff.
V. I.: Macdonell, A. A., and Keith, A. B., Vedic Index of Names and Subjects, Dehli-Varanasi-Patna 1958
Waldschmidt, E., Die Legende vom Leben des Buddha, Berlin 1929
Weltgeschichte in zehn Bänden, Band 1, Redaktion J. P. Franzew, 2. Aufl., deutsch: Berlin 1962
Weltgeschichte in Daten, Herausgeber A. Anderle und andere, Berlin 1965
Winternitz, M., Geschichte der indischen Literatur I–III, Leipzig 1909–20
Yā.: Die Yājñavalkyasmṛti von Hans Losch. Leipzig 1927
Zimmer, H., Altindisches Leben, Berlin 1879

Anmerkungen

Einleitung

1 Die Darstellung in der „Weltgeschichte in Daten“ 159f. ist zu kurz und weicht in der Geschichtstheorie ab.
2 Marx-Engels IX, 132, s. Vorspruch.
3 S. PV Einleitung, Anm. 45f.
4 Marx-Engels IX, 221.
5 Vgl. M. Fabre, 55f.
6 Mode 52.
7 Aus der Fülle der Literatur sind nur Bodding für die Santal, Roy für die Kharia und Ruben, 1939, für die Asur herangezogen.
8 Analog ist es bei der Literatur: Ruben, 1952.
9 Asur 40ff.
10 Ruben a. a. O. 133 s. v.
11 Kharia 172ff.
12 S. u. III. Periode, Kap. 8 gegen Ende.
13 Asur 31f.; Kharia 163ff.
14 Asur 45ff.; Kharia 173, 175, 179f.
15 Kharia 164.
16 Kharia 172, 176, 178.
17 Santal 124f., 128.
18 Asur 33f.; Santal 129 nur kurz. S. u. I. Periode Anm. 182.
18a Kharia 176, 187; Asur 35.
19 Santal 131.
20 Kharia 165ff.
21 Asur 34; vgl. Ehrenfels 38.
22 Santal 129.
23 Asur 34.
24 Santal 130.
25 Santal 131; Asur 35.
26 Asur 34; Kharia 172.
27 Santal 115.
28 Asur 34.
29 PV Einleitung bei Anm. 38.
30 Kharia 191.
31 Asur 33.
32 Santal 130.
33 Kharia 186.
34 Santal 129.
35 Vgl. PV Einleitung bei Anm. 39.
36 Santal 114.
37 Santal 82, 130.
38 Santal 129f.
39 Kharia 178f.
40 Kharia 185.
41 Santal 25, 84, 130; Kharia 167, 177f., 183ff.
42 Kharia 185f.; Santal 130.
43 Asur 73f.
44 Santal 25.
45 Asur 36.
46 Kharia 223.
47 Kharia 223, 226.
48 S. u. III. Periode bei Anm. 194.
49 Kharia 224; Asur 74.
50 Asur 80; Kharia 225f., 251ff.; Santal 39.
51 Asur 37.
52 Kharia 186.
53 Kharia 226f.
54 Santal 79.
55 Kharia 269.
56 Kharia 270f.
57 Kharia 270.
58 Santal 80f.; nicht bei Asur 37.
59 Asur 37.
60 Santal 81.
61 Santal 79.
62 Kharia 238; 271f.
63 Asur 37; Kharia 274.

64 Santal 71.
65 Santal 78f.
66 Santal 83.
67 Kharia 377f.
68 Asur 37.
69 Kharia 170.
70 Asur 35; Kharia 168; 170
71 Santal 98.
72 Asur 36.
73 Santal 99.
74 Asur 36.
75 Kharia 169ff.
76 Asur 35; s. u. III. Periode bei Anm. 216.
77 Kharia 164f.; 169.
78 Santal 78; 95.
79 Asur 36.
80 Santal 88; Kharia 170.

I. Periode

1 Engels in Marx-Engels XXI, 105.
2 Singh 1965 ist mir leider noch nicht zugänglich.
3 *carṣaṇi.*
4 Schlerath 43; 121; und Geldner.
5 RV I, 131, 5.
6 RV I, 169, 6: Thieme 63f. contra Geldner: *tīrtha* als Tränke im Fluß.
7 RV VIII, 47, 11; V. I. II, 213, *spaś* in Krieg verwendet.
8 RV III, 33: mit *anas, ratha* und *grāma.*
9 RV III, 53, 8: Brahmane als Wagenlenker, s. u. II. Periode bei Anm. 59.
10 RV X, 126, 6: *durita*; Schlerath 42 = Geldner.
11 Schlerath 90.
12 RV VII, 33, 5.
13 RV VII, 18, 5.
14 Ebenda 8.
15 Ebenda 19.
16 RV X, 108, 1–2. Vgl. Hanumans Sprung über den Ozean, als er Rāmas Bote an Sītā war (Rām V, 1).
17 Schmidt 38. Er wird nicht etwa Vertragsfreund der Paṇis, die ja als Nichtārya keine vedischen Opfer vollziehen.
18 V. I. s. v. *gaviṣṭi*; vgl. Geldner, s. v.
19 Mbh IV Goharaṇaparvan.
20 So tat auch später noch der Hofpriester, s. u. IV. Periode bei Anm. 116; s. u. Anm. 148.
21 RV VIII, 101, 3f.; Zurückrufen s. u. X, 109, 2: Tārā.
22 RV IV, 7, 11.
23 RV X, 27, 8f. nach Thieme 12.
24 Juristisch: Flurschaden, s. u. III. Periode bei Anm. 165.
25 RV X, 103; zu „uns" vgl. Anm. 34.
26 RV X, 142, 4; HCIP I, 356.
27 RV VII, 29, 5.
28 V. I. II, 212.
29 RV VII, 56, 22; Thieme 55 = Geldner.
30 S. u. Anm. 44: Eroberung.
31 RV VII, 5, 3.
32 RV IV, 30, 20.
33 RV I, 58, 8.
34 Zu „uns" vgl. PV I. Periode bei Anm. 223–238.
35 RV VII, 3, 7. Vgl. I, 166, 8 an die Maruts.
36 RV II, 20, 8.
37 RV VII, 95, 1; *dharuṇam* nach Grassmann „fester Grund".
38 RV VII, 15, 14: Agni.
39 HCIP I, 352; 245; s. u. bei Anm. 306.
40 Altekar 32, 83, 306.
41 So nach Geldner. Aber Schlerath 132 läßt Mitra fort, statt dessen auch menschlicher König, aber ohne Beleg; 134: Sinn nicht deutlich; V. I. s. v.: superior king.
42 RV I, 100, 1.
43 RV VIII, 16, 1: Indra; III, 10, 1: Agni.
44 RV VI, 27, 8; war dies eine Eroberung? s. o. Anm. 30.
45 RV IV, 21, 2: Schlerath 30, 110.

46 RV IV, 19, 2; Schlerath 59.
47 RV III, 46, 2c; HCIP I, 353 nach AHI 29. RV VI, 43, 4d; Schlerath 28, 32, 49: nur Indra.
48 RV IX, 86, 37; Schlerath 36; Schmidt 76: Man denkt geradezu an den *cakravartin*, dieses spätere Ideal; s. u. Anhang bei Anm. 67.
49 S. u. Anm. 160 und II. Periode bei Anm. 38, 41, 170; IV. Periode bei Anm. 172 und 183.
50 RV VIII, 21, 18; Schlerath 140f.: *rājaka*. V. I. nennt mehrere Citras.
51 V. I. s. v.; Schlerath 132ff.
52 Thieme 150f.
53 RV I, 150, 1–2; Thieme 14ff.
54 RV VIII, 19, 36; Thieme 21.
55 RV VIII, 76, 11; Thieme 146.
56 RV X, 38, 3; Thieme 147.
57 Ruben 1955 (2) 21.
58 Selten ist *gaṇapati* Indra und Bṛhaspati (Grassmann).
59 RV X, 34, 12; Sharma 1959, 85 hat diese Stelle übersehen.
60 Senānī war damals noch kein Beamter des Königs, wie Altekar 306, V. I. s. v. und HCIP I, 352f. annehmen.
61 RV VII, 88, 5.
62 Altekar 306; V. I. II, 214: Palast.
63 RV V, 62, 7.
64 Ruben 1955 (2) 162ff.
65 Dandekar 3: RV V, 67, 2.
66 RV IV, 13, 5.
67 RV VIII, 41, 10; vgl. VI, 72, 2: Himmel wird durch *skambha* gestützt; s. Grassmann s. v.
68 Geldner zu RV X, 5, 6.
69 Vgl. Deussen I, 1, 310ff.
70 RV II, 41, 5.
71 Trotz Thieme 21 Anm. 3: *sadas* kann nur Wohnsitz, Palast heißen, Schlerath 94; V. I. II, 214; HCIP I. 352. – Dandekar 3: *seat*.
72 Zimmer 167; Oldenberg 96, 181f.; dagegen Gonda 75.
73 Gegensatz Indra-Varuṇa, s. u. bei Anm. 318.
74 RV V, 62, 6.
75 RV, I, 25, 13.
76 RV VII, 87, 3.
77 S. o. RV ist einseitig, parteilich.
78 RV VI, 67, 5.
79 RV VII, 61, 3.
80 RV I, 24, 10.
81 RV VII, 60, 1 (s. u. Sonne als Späher: Anm. 202; Schmidt 80ff.: Savitṛ ist eine Art Hypostase Varuṇas)
82 RV VI, 58, 2f.
83 RV III, 54, 19.
84 RV X, 14, 12.
85 RV X, 109, 3 nach Geldner.
86 RV X, 165.
87 RV V, 26, 6; wie er dazu kam, hat Schmidt 31 zusammengestellt.
88 RV X, 98, 8–11, s. u. II. Periode bei Anm. 95.
89 Bote: ebenda 2.
90 Agnis *bhaga* in X, 51, 8 (Schmidt 39 A. 65).
91 Grassmann s. v. *bali*.
92 RV X, 173, 6.
93 RV VII, 6, 5. Nach Geldner war Nahus ein König, nach Grassmann: Nachbar, nach V. I. s. v. unklar.
94 So Zimmer; dagegen V. I. s. v. *bali*.
95 Manchmal schloß *viś* auch Kṣatriyas und Brahmanen ein: PV I. Periode bei Anm. 228.
96 RV I, 105, 4.
97 RV VII, 3, 3.
98 RV I, 71, 4.
99 RV III, 2, 2.
100 RV VIII, 44, 20.
101 RV VI, 15, 8.
102 RV I, 161, 2.
103 RV I, 20, 6; 110, 3.
104 RV IV, 35, 2.
105 Vgl. PV I. Periode bei Anm. 82, 97f. über Luxushandwerker.
106 RV I, 93, 6: Himmel.
107 RV VI, 8, 4.
108 RV IV, 7, 4.
109 RV I, 58, 1.
110 RV I, 36, 5.

111 RV X, 4, 2: *stoma*.
112 RV X, 47, 7.
113 RV VI, 63, 1: *stoma* = *gir* in V, 43, 8.
114 RV IV, 33, 1.
115 RV I, 173, 1.
116 RV X, 137, 3.
117 RV VIII, 1, 21f. nach Thieme 37 = Geldner und Grassmann. *śevāra* nach PW Schatzkammer, kommt sonst nicht vor.
118 RV II, 13, 6: *śevadhi*. Vgl. Savitṛ als Verteiler von Schatz: RV VII, 40, 1; I, 24, 3; 22, 7. Indra und Agni verteilen Schatz: RV I, 109, 5; auch Uṣas, Soma, Nāsatyas, Ṛbhus, Maruts: Chattopadhyaya, D. 571ff. Indra gehören alle irdischen Reichtümer (RV VI, 36, 1), die er verteilt (ebenda: Chattopadhyaya a. a. O. 573).
119 RV VIII, 51, 9: *śevadhipā*.
120 RV X, 108, 2; 7: *nidhi*.
121 RV I, 116, 11.
122 Das spätere Wort *kośa* nur in RV VI, 47, 23 als geschenkter Kasten (vielleicht voll Kostbarkeiten).
123 RV VIII, 1, 21: im Rausch.
124 RV X, 139, 3: *samgamano vasūnām, tasthau samare dhanānām*.
125 RV VI, 47, 6: *samare vasūnām*.
126 RV VII, 18, 19: *bali*. Altekar 258; HCIP I, 355; RV X, 67, 7: Rinder erbeutet.
127 Niṣka, s. PV II. Periode Kap. 7.
128 S. o. Ṛbhus bei Anm. 102.
129 Dies gegen Altekar 306.
130 Vgl. PV I. Periode bei Anm. 57ff.: 31 *sti, upasti*.
131 S. o. bei Anm. 102.
132 V. I. s. v.; Geldner zu RV IX, 57, 3: Reiche; Zimmer 168: Gefolge, Grassmann: Hörige.
133 Grassmann: Dienerschaft; Geldner: Elefant; Schlerath 109; V. I. s. v. Gefolge.
134 RV I, 65, 4.
135 Vgl. PV II. Periode bei Anm. 133f.; HCIP I, 355.
136 Schlerath 124.
137 Schlerath 13ff.
138 S. o. Anm. 58–60.
139 In der schwer verständlichen Strophe I, 173, 10 braucht der *mitra* oder *madhya* kein anderer zu sein als der *pūrpati* Indra.
140 Vgl. PV I. Periode bei Anm. 35.
141 S. o. Thieme 15ff.
142 RV VII, 100, 5; Thieme 41.
143 Thieme 21ff.
144 RV VI, 21, 12; 47, 7.
145 RV VII, 33, 6; Agni häufig ε s *purohita*: V. I. II, 8.
146 Rau IX, 66, 20; Schlerath 43 gegen Geldner.
147 RV V, 86, 2: *abhi* nach Geldner, Grassmann; „umfassen" nach Schlerath 42.
148 RV VII, 33, 5; vgl. V. I. II, 5 Anm. 10; HCIP I, 344; 354; RV III, 33: *purohita* mit in der Schlacht (s. o. Anm. 20).
149 RV X, 98, 7: Devāpi für Śantanu.
150 RV X, 108, 11.
151 RV X, 108, 6.
152 RV X, 108, 8 .
153 Altekar 305.
154 RV X, 33; s. u. bei Anm. 307.
155 V. I. II, 6: bezeugt in diesem Sinne Erblichkeit des Amtes (?).
156 V. I. II, 274ff.
157 RV III, 42.
158 Thieme 29.
159 S. u. bei Anm. 303.
160 S. u. bei Anm. 306: Stammesbund. S. o. Anm. 49.
161 S. u. IV. Periode Kap. 5.
162 S. u. Ausblick
163 RV VII, 55, 3: Hund, belle den *stena* an oder den *taskara*! Kane III, 519. Vgl. den 12. Rechtspunkt Kauṭalyas in IV. Kap. 8.
164 Stellen bei Zimmer 177f.
165 RV I, 65, 1 und V, 15, 5.
166 RV I, 50, 2.
167 RV VI, 12, 5.
168 RV VII, 86, 5.

169 RV IV, 38, 5.
170 RV V, 52, 12.
171 RV VIII, 29, 6.
172 RV II, 28, 10; s. u. bei Anm. 250: Schutz des „Königs".
173 RV II, 34, 9.
174 RV X, 185, 2.
175 RV VIII, 18, 14.
176 RV II, 27, 16.
177 RV V, 12, 4.
178 RV V, 3, 11; Lüders 418: *vṛjina*.
179 RV VI, 51, 13.
180 RV VIII, 23, 15; I, 36, 16.
181 RV VII, 104; Lüders 419f.
182 Selbstverfluchung s. o. Einl. bei Anm. 18, s. u. bei Anm. 231, 267, 274, 366 und VI. Periode bei Anm. 238.
183 *druh:* Lüders 417.
184 S. u. IV. Periode Kap. 8: 14. Rechtspunkt.
185 Vgl. PV I. Periode bei Anm. 64–68.
186 S. u. Anm. 191.
187 RV I, 23, 22; Lüders 417.
188 RV IV, 30, 16.
189 RV IV, 19, 9; vgl. II, 13, 12; 15, 7.
190 RV X, 61, 8; Zimmer 185; vgl. Exkommunizieren bei Munda und Griechen; s. u. Anm. 374.
191 RV V, 61, 8: *vairadeya;* HCIP I, 357: *śatadāya* (Geldner übersetzt „vollwertig", Grassmann „hundertfachen Anteil habend").
192 RV VIII, 67, 14; VII, 86, 5.
193 RV X, 34, 4.
194 RV IX, 83, 4.
195 Zimmer 181f.; HCIP I, 357: Verbrecher an drei Pfosten gebunden. Aber RV I, 24, 13: Śunaḥśepa als Opfer (S. 30f.: RB, S. 71: AV): Es kann sein, daß im RV ein Dieb an einen Pfosten gebunden und Wölfen ausgesetzt (RV VIII, 67, 14) oder durch einen Helden verbrannt (V, 79, 9) wurde: R. C. Hazra, Was Capital Punishment of Thieves unknown in the Ṛgvedic Age? Our Heritage XV, 1967, 1–25.
196 RV VII, 104, 10, s. o. bei Anm. 182; s. u. bei Anm. 274.
197 RV VIII, 43, 24; Schlerath 34 = Geldner = Oldenberg 199.
198 RV X, 129, 7; s. o. bei Anm. 57.
199 RV X, 128, 1.
200 RV X, 88, 13.
201 Ebenda 6.
202 RV VII, 60, 1; s. o. bei Anm. 81; Schmidt 57 Anm. 119.
203 RV V, 79, 9.
204 RV VII, 60, 2.
205 Grassmann s. v.; Geldner: rechtskundig.
206 RV VIII, 98, 1: „Gesetzgeber" nach Geldner (*dharmakṛt*), ein im Grunde unindischer oder seltener Begriff, s. u. II. Periode § 5, aber s. u. V. Periode bei Anm. 80.
207 RV II, 13, 7.
208 RV I, 164, 50: *dharmāṇi prathamāni*.
209 Ebenda 43.
210 Vgl. Schmidt 90 über RV V, 72, 2ab.
211 Alle drei in RV V, 63, 7; Schmidt 55; 91.
212 RV I, 25, 1, Oldenberg 198; Richtschnur: Gonda 79; Schmidt 45: die das Gelübde täuschen.
213 RV III, 32, 8; Schlerath 56; Schmidt 22.
214 RV I, 101, 3: Schlerath 56; Schmidt 61.
215 RV VIII, 67, 13; Schlerath 42; Schmidt 58.
216 RV I, 130, 8; Thieme 147; Schmidt 93; Oldenberg 151; s. u. V. Periode Kap. 3 bei Anm. 65.
217 Oldenberg 282f.
218 Schmidt, voll anerkannt von Thieme in IIJ III, 1959, 144ff.; vgl. P. Hacker, ZDMG 115, 1965, 294ff.
219 S. u. bei Anm. 249.
220 S. u. bei Anm. 299.
221 S. u. II. Periode bei Anm. 45.
222 RV VII, 100, 5; Thieme 41.
223 Trotz Lüders 35 (31: AV): Varuṇa = Richter, weil Eidgott.

224 RV VII, 86, 5; Schlerath 107 = Geldner; vgl. RV VIII, 67, 14: Ādityas mögen uns wie gefesselten Dieb freilassen.
225 HCIP I, 357; RV III, 53, 22: Axt erhitzt (aber Ordal nicht gesichert).
226 So Geldner zu RV X, 10, 5.
227 Gegen Zimmer 180: *madhyamaśī* in RV X, 97, 12; V. I. II, 213: *private arbitrator;* Geldner: Mächtiger zwischen Feinden; Grassmann: Heerführer.
228 Zimmer 181: *apaciti.*
229 Geldner zu RV IV, 28, 4; Grassmann hat beides.
230 Zimmer 181: *adhibrū* = Geldner I, 84, 17; Grassmann: trösten.
231 RV VII, 104, 15; Lüders 658; s. o. bei Anm. 182.
232 RV VIII, 67, 13; Schlerath 42 (s. o.).
233 RV II, 28, 10.
234 RV I, 174, 1: noch keine Restitutionspflicht. S. u. bei Anm. 255; III. Periode Anm. 98, 144; Anhang bei Anm. 76.
235 RV VI, 47, 16.
236 Altekar 306.
237 RV VI, 54, 1.
238 Vgl. Thieme 152f. nach W. Schulze: Menschlichkeitspflichten.
239 RV I, 70, 10; HCIP I, 358.
240 RV I, 71, 3a nach Geldner, Rest unverständlich, auch von Thieme nicht erklärt.
241 In RV X, 129 mythologisch sanktioniert.
242 Schlerath 132ff.
243 RV I, 67, 1; Schlerath 110.
244 RV VIII, 93, 11; Schlerath 55; 133; Geldner: Mahnung; Grassmann: Absicht.
245 RV I, 112, 3; Schlerath 12.
246 RV II, 38,9; Schlerath 17; Geldner: verfehlen nicht Gebote.
247 RV I, 25, 1; Schlerath 42; Schmidt 42; König und Untertanen verbindendes Treuegelöbnis.
248 Schlerath 104f., z. B. RV III, 43, 5.
249 RV II, 28, 2–3: in Varuṇas *vrata* (ähnlich *vaśa*), in seinem *śarman* (Schutz) wollen wir glücklich sein. Schmidt 77; s. o. bei Anm. 219.
250 S. o. bei Anm. 172.
251 Thieme 118.
252 V. I. II, 213f.
253 RV X, 98.
254 Schlerath 152; vgl. Vessantarajātaka, Ṛṣyaśṛṅga.
255 S. o. bei Anm. 234.
256 RV IX, 20, 5 gegen Schlerath 110.
257 So Geldner.
258 RV I, 180, 6; 125, 7; Zimmer 169.
259 Vgl. Schlerath 140f.
260 RV I, 61, 9; Schlerath 76f.
261 Thieme 38ff.
262 RV I, 73, 3; III, 55, 21; Schlerath 84, 109.
263 RV IX, 97, 30; Schlerath 109; Freundschaftsbund: Geldner; der weise König täuscht nicht den Vertrag: Schmidt 37.
264 Schlerath 109 nach Schmidt.
265 RV X, 8, 4 Geldner = Lüders 38.
266 Lüders 39; s. u. II. Periode bei Anm. 43.
267 RV X, 89, 9; s. o. Anm. 182.
268 Lüders 37.
269 S. o. bei Anm. 173ff.: *ripu, vṛjina.*
270 Das Folgende nach Lüders 1917.
271 Vgl. Kauṭalyas 10. Rechtspunkt: Nichtgeben einer Gabe.
272 Vgl. PV II. Periode bei Anm. 154; 197.
273 Oder Sohn wie Rohita, Śunaḥśepa, Naciketas; handelt es sich um Adoption oder Opfer? Lüders 669.
274 S. o. bei Anm. 182.
275 RV I, 20, 4; VII, 76, 4.
276 RV X, 34, 1ff.; Thieme 139.
277 RV X, 108, 3; Thieme 140.
278 RV II, 6, 7; Thieme 140.
279 RV V, 85, 7; Thieme 140.
280 S. u. IV. Periode bei Anm. 174.
281 So Altekar 107, 307 nach RV X, 97, 6; HCIP I, 352; Schlerath 109 geht zu dieser Stelle auf dies Problem nicht ein. Sharma 1959, 81ff.,

besonders 84f. über *gaṇa* = Republik. Aber im Ṛgveda kommt man mit Schar, Gruppe für *gaṇa* aus. Ob solche Kriegerschar gentil war, ist nicht nachweisbar; sie war der *senā* ähnlich, denn *gaṇapati* ist von *senāpati* kaum zu unterscheiden, s. o. Anm. 58. Solche Gruppe war aber keine „*selfacting armed organisation*“, wie Sharma 84 annimmt.

282 RV I, 74, 9; V, 34, 3; X, 11, 7 usw., vgl. Schlerath 111: Lichtnatur von Königen und Göttern.

283 RV VI, 9, 1; Schlerath 109.

284 RV V, 27, 6; X, 60, 5; Schlerath 100.

285 *ardhadeva:* RV IV, 48, 8f.

286 So Geldner nach Sāyana. Beachte: Frau ist es, die opfert; die beiden Götter auch bei Śunaḥśepas Opfer.

287 Gegen Ghoshal 20.

288 RV VI, 8, 6; Schlerath 114.

289 RV X, 60, 5; Schlerath 115.

290 RV X, 173, 5; Schlerath 118.

291 Ebenda 2.

292 Agni gibt (*dā*) *vīra:* RV VI, 14, 4; Schlerath 115.

293 RV I, 54, 11: Indra; Schlerath 115: *adhidhā*.

294 RV VIII, 37, 6; Schlerath 115: *av*.

295 RV X, 174, 1; Schlerath 116: *abhivartay*.

296 RV II, 27, 12; VIII, 37, 7; Schlerath 115, 117: *vardhay*.

297 RV I, 40, 8; Schlerath 116: *upapṛñc*.

298 RV V, 58, 4; Schlerath 120: *jan*.

299 RV X, 173; Schlerath 114, 117 = Geldner; s. o. bei Anm. 220.

300 Zimmer 162.

301 V. I. II, 211.

302 Nur an dieser Stelle: Grassmann.

303 RV X, 124, 8; Schlerath 51, 113: *vṛ*.

304 Vgl. Jānamtapi: II. Periode Kap. 4 bei Anm. 179.

305 So Schlerath 114. [160.

306 Stammesbund s. o. bei Anm. 39 und

307 RV X, 33; Schlerath 114; s. o. bei Anm. 154.

308 RV IV, 19, 1–2; Schlerath 58.

309 RV IV, 17, 1; Schlerath 55f; 78.

310 RV I, 131, 1; Schlerath 56.

311 Ebenda 1–2: *dyumna, svar;* nach Geldner in Anspielungen auf Volksmythen.

312 *Svar:* RV VI, 17, 8; Schlerath 114: um die Sonne.

313 Stellen bei Geldner IV, 70.

314 RV VI, 22, 9: Indra = *rājā* des *divya gaṇa;* vgl. Schlerath 112f.: Indra bald *rājā*, bald *samrāj*, bald *netā*. S. u. Anhang Anm. 67.

315 S. o. bei Anm. 39f.

316 Geschweige Eroberung, s. o. bei Anm. 30, 44.

317 *samrāj* s. o. bei Anm. 40. [73.

318 Indra contra Varuṇa, s. o. bei Anm.

319 Indra als Kriegsführer, Varuṇa als Rechtsherr: Lommel 33; dazu Schmidt 148, vgl. ib. 109.

320 Verteilung im *vidatha:* Sharma 1959, 63ff.; Chattopadhyaya, D., 582ff., besonders 594ff.

321 Busolt 318.

322 Engels in Marx-Engels XXI, 103ff. über den „homerischen“ „König“.

323 So z. B. Andromache: Il. 6, 450ff.

324 Engels a. a. O. 105.

325 Gentil: Il. 2, 362.

326 Herolde gehörten zu den *therapontes* des Königs oder zu den *dēmiourgoi*: Busolt 328.

327 Od. 8, 62; 471; 106.

328 Od. 8, 256; 105.

329 Od. 8, 418; 18, 291ff.

330 Od. 13, 65.

331 Od. 4, 301.

332 Od. 2, 6; 8, 7.

333 Od. 2, 37f.

334 Od. 20, 276.

335 Il. 18, 495ff.

336 Od. 16, 327; 4, 677; 16, 412.

337 Od. 21, 357.

338 Od. 24, 440.

339 Od. 9, 87ff.; 10, 100ff.

340 Il. 2, 50ff.; 442ff.

341 Il. 1; 19, 40ff.

342 Il. 2, 95ff.; 280.

343 Il. 7, 180ff.
344 Il. 11, 685ff.
345 Il. 7, 370ff.
346 Il. 24, 145ff.; 325.
347 Il. 17, 320ff.
348 Il. 12, 342ff.
349 Il. 7, 270ff.
350 Il. 4, 190ff.
351 Il. 19, 195ff.
352 Il. 19, 266ff.
353 Il. 13, 35ff.; 205ff.
354 Il. 18, 520ff.
355 Il. 24, 24.
356 Od. 11, 109; 8, 271; 302. [326.
357 *dēmiourgoi*: Od. 19, 135, s. o. Anm.
358 Il. 11, 834.
359 Il. 11, 103; 249; 328; 16, 138.
360 Il. 11, 512.
361 Busolt 328.
362 Il. 24, 190ff.
363 Od. 15, 99ff.
364 Od. 21, 9ff.
365 Il. 3, 70ff.
366 S. o. Anm. 182.
367 Il. 22, 250ff.
368 Od. 5, 180ff.
369 Od. 10, 340ff.
370 Il. 14, 270ff.
371 Il. 19, 255ff.
372 Od. 14, 395ff.
373 Il. 14, 480ff.
374 Od. 13, 120. Vgl. die Ausstoßung in Ṛgveda und bei Mundas, s. o. Anm. 190; Einleitung bei Anm. 14, 33, 41.
375 Od. 24, 430.
376 Od. 6, 120f.; 8, 575f.; 9, 175f.
377 Busolt 317, 320.
378 Ebenda 320.
379 Ebenda 321.
380 Schmidt 147f. [und 3.
381 Busolt 322ff.; 328ff.; Il. 2; Od. 2
382 Graves 268; 278ff.
383 S. o. bei Anm. 303ff.
384 Busolt 318f.: kleinasiatische Verhältnisse.
385 Od. 4, 43ff.: Menelaos; 6, 300ff. und 7, 80ff.: Alkinoos; 17, 28ff.: Odysseus.
386 Il. 23, 850ff.
387 Vgl. PV III. Periode bei Anm. 8.
388 Il. 18, 370ff.
389 Il. 23, 740ff.
390 s. o. bei Anm. 102ff.
391 Od. 18, 1ff.
392 RV X, 117, 3.
393 RV I, 110, 5.
394 Il. 12, 420ff.
395 Busolt 332.
396 Il. 18, 497ff.; Busolt 330ff.: junges Textstück.
397 Il. 2, 210ff.
398 Od. 10, 30ff.
399 Od. 12, 270ff.
400 Il. 17, 225; 250.
401 Od. 13, 15; Busolt 325.
402 Il. 1, 231.
403 Od. 4, 691.
404 Busolt 324.
405 Busolt 326.
406 Il. 6, 300ff.
407 Od. 9, 195ff.
408 Il. 1, 11ff.
409 S. o. bei Anm. 85.
410 Il. 1, 60ff.; 13, 45ff.
411 Il. 2, 300.
412 Il. 24, 220ff.
413 Od. 22, 321ff.
414 S. u. II. Periode bei Anm. 61.
415 Il. 2, 400.
416 Il. 12, 200ff.
417 Od. 17, 380ff.; vgl. Thomson 481ff.: Wanderer.
418 Od. 1, 105ff.
419 Od. 3, 1ff.
420 Od. 4, 1ff.
421 Od. 11, 325ff.
422 Od. 23, 330ff.
423 Od. 3, 267ff.
424 Od. 8, 62ff.
425 Ebenda 261ff.
426 Ruben 1929 (2), 626.
427 So Tilaka zu Rām. 7, 71, 14.
428 Vor Rāma in Ayodhyā.
428a Vgl. PV II. Periode Kap. 2
429 S. u. II. Periode bei Anm. 37.
430 S. u. II. Periode bei Anm. 161.

431 4. Mose 32.
432 4. M. 1, 1 ff.
433 4. M. 10, 11 ff.
434 2. M. 2.
435 2. M. 3.
436 4. M. 27, 21.
437 4. M. 17, 16 ff.
438 4. M. 20, 25 ff.
439 5. M. 20, 2.
440 4. M. 27, 15 ff.
441 4. M. 20, 14; 21, 21.
442 Josua 7, 22.
443 Josua 18, 4.
444 Josua 22, 13f.
445 Richter 6, 35; 7, 24.
446 Richter 11, 12.
447 1. Sam. 11, 3.
448 Ebenda 7 und 9.
449 4. M. 13.
450 Richter 7, 9 ff.
451 Richter 18, 2 ff.
452 4. M. 11, 16.
453 5. M. 20, 5 ff.
454 5. M. 16, 18.
455 2. M. 18, 13 ff.; s. u. IV. Periode Anm. 79.
456 5. M. 16, 18; s. u. II. Periode bei Anm. 252.
457 5. M. 19, 14.
458 5. M. 17, 18. S. u. II. Periode bei Anm. 250.
459 Eißfeldt 213 ff.
460 S. u. VI. Periode Kap. 4 bei Anm. 212.
461 S. u. IV. Periode Kap. 8 bei Anm. 286.
462 S. u. Manus 12. Rechtspunkt, V. Periode Kap. 4; s. u. II. Periode Anm. 58.
463 S. u. V. Periode Kap. 6 Anm. 368.
464 Dies war eine Wurzel des Rechts bei Hammurabi (Korośec 102), Āryas, Griechen, Römern und Israeliten. S. u. II. Periode bei Anm. 148; III. Periode bei Anm. 114; V. Periode bei Anm. 365.
465 4. M. 20, 14 ff.; 21, 22 ff.
466 4. M. 22, 4.
467 4. M. 31.
468 4. M. 13, 26.
469 5. M. 27, 11 ff.
470 5. M. 31.
471 4. M. 27, 18 ff.
472 4. M. 16.

II. Periode

1 *svarāṣṭra*
2 Bṛh. Up. IV, 3, 37–4, 1; übersetzt: Ruben 1955 (2) 236f.; s. u. bei Anm. 36.
3 Bṛh. Up. II, 1, 18; Kauṣ. Up. IV, 18; Ruben a. a. O. 320: *jānapada* und *janapada*. Rau 128 interpretiert beide Wanderungen gleich.
4 Rau 128; Mylius 190.
5 Rau 100 ff.
6 Rau 21; 66. Vgl. Magadhakṣetra in Jāt. 484 (PV V. Periode Kap. 1 bei Anm. 6); s. u. V. Periode bei Anm. 358
7 Rau 116: Kṣatriya wie Rittergutsbesitzer; Reich wie deutscher Landkreis. Danach Mylius 179.
8 Sadānīrā: PV II. Periode Kap. 2. Rau 126: fraglicher Grenzfluß des Paradieses. S. o. I. Periode § 1: Flußübergänge.
9 Rau 128 Anm. 1.
10 Rau 125f.; Mylius 190.
11 S. PV II. Periode Kap. 3 bei Anm. 11 ff.
12 Rau 125.
13 Thron nicht erwähnt bei Māthava und Śaryāta (PV II. Per. Kap. 2).
14 Rau 126f.; Ruben 1955 (2) 260f.
15 Rau 65f.; Mylius 179.
16 Rau 104.
17 Rau 104: *annādya*.
18 Rau 32, 103: Dienstleistungen.
19 S. u. § 2 bei Anm. 84 und Anm. 98: Architekt.
20 Rau 104f. fügt zweifelnd „angeblich“ hinzu; dies fehlt bei Mylius 192.

21 Vgl. PV IV. Periode Kap. 2.
22 Vgl. PV II. Periode Kap. 2.
23 Rām. I, 65, 14.
24 Bṛh. Up. III, 1; Ruben 1955 (2) 195.
25 Vermutlich auch Hirten und Pflüger.
26 Rau 60 Anm. 2.
27 Rau 73f.; vgl. PV II. Periode.
28 Rau 79.
29 S. o. I. Periode Kap. 3.
30 Rennsport: Rau 73 Anm. 3.
31 Rau 58; Śarma 1958, 46.
32 Ch. Up. IV, 2, 4f.; Ruben 1955 (2) 130.
33 S. u. bei Anm. 53, 102; III. Periode bei Anm. 91.
34 S. u. IV. Periode Kap. 4.
35 Sharma 1959, 107.
36 S. o. bei Anm. 1.
37 S. o. I. Periode bei Anm. 429.
38 Ait. Br. 8, 23, 9f.; Rau 107.
39 S. u. bei Anm. 207.
40 Brahmane als König, s. u. III. Periode bei Anm. 85.
41 S. o. I. Periode bei Anm. 48f;. s. u. bei Anm. 170; IV. Periode bei Anm. 172, 183.
42 Rau 107; s. u. IV. Periode Kap. 4 bei Anm. 133.
42a Ruben 1929; s. u. bei Anm. 189.
43 Rau 120; Ait. Br. 8, 27, 5; s. o. I. Periode bei Anm. 266.
44 V. I. II, 81.
45 Ait. Br. 8, 15; Sharma 1959, 127: beide verpflichten sich gegenseitig. S. o. I. Periode bei Anm. 221.
46 Ait. Br. 8, 23, 10.
47 Ait. Br. 8, 24; Ruben 1955 (2) 45f.; Rau 122.
48 Gast: Thieme 155.
49 Dagegen darf Vasiṣṭha die Frauengemächer Daśarathas im Rām. nicht betreten (Ruben 1936, 255), das Epos folgte eben nicht dieser vedischen Tradition, die wohl kaum der Realität entsprochen hat.
50 Drei Götter, drei Welten: Ruben 1947, 89ff.
51 Ait. Br. 8, 27.
52 Ait. Br. 8, 28; vgl. Ruben 1955 (2) 101f.; Kauṣ. Up. II, 12.
53 S. o. bei Anm. 33.
54 Rau 119; vgl. 6: die beiden Namen sind vertauscht.
55 Rau 119.
56 V. I. II, 6.
57 Rau 119.
58 S. o. I. Periode Anm. 462: Körperverletzung; s. u. V. Periode bei Anm. 250.
59 S. o. I Periode Anm. 9: Brahmane lenkt Wagen des Königs.
60 Jaim. Br. 3, 94ff.; Rau 95, 122 läßt den bezeichnenden Schluß fort.
61 Jaim. Br. 3, 199–202; Rau 96, 123 ohne den Schluß; s. o. I. Periode bei Anm. 414; König tötet Brahmanen; s. u. bei Anm. 120, 135, 178.
62 Ait. Br. 8, 27; Rau 123 ohne den Schluß; Lassen 711 (nach Roth).
63 Rau 123.
64 Rau 123 Anm. 7 (nach Monier-Williams und Roth).
65 V. I. II, 82.
66 Rau 117.
67 S. o. I. Periode bei Anm. 253.
68 Rau 90ff., bes. 92; Sharma 1959, 126.
69 Rau 121.
70 Rau 84, 121.
71 Rau 60, 121.
72 Rau 121.
73 S. u. IV. Periode bei Anm. 108.
74 V. I. II, 7f.
75 Rau 105f.
76 Sharma 1958, 50; 1959, 111; s. u. III. Periode Anm. 12.
77 Rau 105f.
78 Ruben 1947, 99.
79 Rau 111; Śat. Br. I, 1, 2, 17 über Pūṣan; danach Mylius 202f.; gegen „Steuereintreiber" bei Sharma 1959, 109; Zimmer 166.
80 Rau 112; Sharma 1959, 109.
81 Fleischer: Rau 111; Jagdaufseher: Sharma 1959, 110.

82 Rau 110 nach Lüders; Sharma 108.
83 Busolt I, 589 Anm. 2.
84 S. o. bei Anm. 19.
85 Rau 112.
86 Sharma 1958, 51, 49.
87 Sharma 110, 112.
88 Sharma 1958, 49f.; Sharma 1959, 104, 110f.
89 Rau 112f.
90 So Rau 113.
91 Ait. Br. 7, 29, 3.
92 V. I., PW s. v.; Sharma 1958, 50; Rau schweigt. Vgl. Mylius 203f.
93 Rau 116; Kauṣ. Up. II, 1; Ruben 1955 (2) 153.
94 *pariveṣṭṛ*: Rau 77 A. 1 nach PW; vgl. RV IV, 33, 2: *pariviṣṭi* der Ṛbhus bei ihren Eltern.
95 S. o. I. Periode bei Anm. 88.
96 Ch. Up. III, 13; Rau 116.
97 V. I. s. v.
98 Sharma 1959, 107. Vgl. den Zimmermann (II. Periode bei Anm. 19) und den Architekten (*vardhaki*) K 10, 1, 1.
99 Rau 113f.
100 S. o. bei Anm. 1–2.
101 Śatapati: V. I. s. v.; *mantrin* und *gaṇaka*: Rau 116.
102 Rau 113: *rājopajīvin;* s. u. III. Periode bei Anm. 31; *adhikṛta:* Rau 114 Anm. 2 – Staatslehre, s.o. bei Anm. 33.
103 Rau 108.
104 Sharma 1959, 113f.
105 Ebenda 113.
106 Ebenda 14ff.; seit der III. Periode, siehe dort Kap. 9, bei Anm. 291.
107 Rau 130.
108 Ch. Up. VI, 16; Ruben 1955 (2) 183f.; Rau 96, 99. Jolly 146; Kane III, 355, 362; s. u. III. Periode bei Anm. 261; IV. Periode Anm. 277.
109 Rau 100; s. u. Anm. 139: schlagen. Vgl. Rām. II, 10, 10: Daśaratha will Nichtzutötenden töten. S. u. bei Anm. 185f.
110 Rau 99.
111 Vgl. PV II. Periode bei Anm. 1 4 9.
112 AV 19, 47, 9; 50, 1; Zimmer 182.
113 Dieb töten: Ex. 2, 22, 1; 8. Tafel der Zwölftafelgesetze; Drakon; III. Periode Kap. 6, bei Anm. 146.
114 Zimmer 183.
115 Rau 99; Ruben 1955 (2) 51.
116 Bṛh. Up. V, 14, 4; Ruben a. a. O. 155; vgl. 224f.
117 Chānd. Up. V, 10, 9; Ruben a. a. O. 255, vgl. 272; s. u. bei Anm. 144.
118 S. u. III. Periode Kap. 9 bei Anm. 272.
119 S. o. I. Periode bei Anm. 84; AV: Zimmer 197f.
120 S. o. bei Anm. 61; Rau 96.
121 Zimmer 208; Rau 296; Schelten: s. u. Anm. 132.
122 Rau 97.
123 Jaim. Br. I, 171; Rau 97f.
124 Rau 97.
125 Bṛh. Up. VI, 4, 12; Rau 98.
126 Jaim. Br. III, 199f.; Rau 98.
127 RV X, 86.
128 Winternitz I, 180.
129 AV V, 18, 1–4; Zimmer 199; Schlerath 126. AV V, 19, 4: Zimmer 201.
130 AV V, 8, 5ff.
131 S. u. III. Periode Kap. 5, bei Anm. 121.
132 S. o. Anm. 121: Schelten; Rau 96. S. u. III. Periode Kap. 6 No. 3 bei Anm. 159 über Beleidigung und Körperverletzung.
133 Zimmer 209.
134 Zimmer 208; Rau 96.
135 S. o. bei Anm. 61.
136 S. u. III. Periode Kap. 6 No. 8: Depositum; s. u. Anm. 205.
137 Jaim. Br. 3, 33; Rau 121.
138 Rau 38 und 99.
139 Rau 81 nach Jaim. Br. 2, 217; s. o. Anm. 109: töten.
140 Vgl. Ruben-Fischer 23ff.
141 Rau 81: Auf Anweisung, *anujñātaḥ*.
142 Ruben 1929, 241ff.

143 Rau 95; Ghoshal 23.
144 Ch. Up. 5, 11, 5; Ruben 1955 (2) 272; s. o. bei Anm. 117; s. u. III. Periode bei Anm. 103.
145 Vgl. PV II. Periode bei Anm. 134: essen.
146 Rau 91; Ghoshal 22; vgl. V. Periode bei Anm. 365.
147 Bṛh. Up. I, 4, 14; Rau 95; Ghoshal 23; s. u. bei Anm. 177.
148 S. o. I. Periode Anm. 464.
149 Ch. Up. 7, 1, 4: *nāman*.
150 Ch. Up. 7, 7, 1: *vijñānam*; 2: *vāc*.
151 Ch. Up. 7, 8, 1.
152 Bṛh. Up. 1, 5, 23.
153 Ruben 1954, 84ff.
154 Bṛh. Up. 2, 5; Ruben 1947; 297ff.; Ghoshal 23.
155 T. Up. 2, 1; Ruben 1947, 293.
156 Ch. Up. 2, 23, 1.
157 S. PV II. Periode bei Anm. 133 und 149.
158 Rau 50.
159 Rau 42ff.
160 Rau 93ff.
161 S. o. I. Periode bei Anm. 430.
162 Rau 85f.; Sharma 1959, 128f.; Mylius 185.
163 S. o. bei Anm. 104.
164 Schlerath 157f.
165 Sharma 1959, 123; 128.
166 Rau 88; Mylius 187.
167 Rau 89.
168 Sharma 1959, 124f.; Gonda 162f.
169 Ait. Br. 8, 15ff.
170 S. o. bei Anm. 41.
171 Rau 95.
172 Sharma 1959, 123; Ghoshal 24.
173 Ch. Up. 5, 10, 10; Ruben 1955 (2) 255.
174 Kauṣ. Up. 3, 1; Ruben a. a. O. 321; s. u. III. Periode bei Anm. 282.
175 Ruben a. a. O. 242f.; vgl. Tait. Br. 3, 12, 9, 7; Hillebrandt 32.
176 Ruben 1954, 99f.
177 S. o. bei Anm. 147.
178 S. o. bei Anm. 61.
179 S. o. I. Per. bei Anm. 304.
180 Rau 85 Anm. 3; Ghoshal 32; s. u. III. Periode Kap. 4, bei Anm. 85.
181 Rau 68 Anm. 3.
182 S. o. bei Anm. 119, 130.
183 S. o. Anm. 145.
184 Rau 96; s. o. I. Periode bei Anm. 243.
185 Rau 100, s. o. Anm. 109.
186 Rām. II, 10, 10.
187 Mylius 189; Ghoshal 25; 27f.: oder mit Indra.
188 Rau 105.
189 S. o. Anm. 42a; s. u. III. Periode bei Anm. 129.
190 Sharma 1959, 95, *pariṣad*.
191 Rau 75ff.; Mylius 180f.
192 Rau 60 Anm. 2; 100.
193 Ait. Br. 1, 14, 5–7; Rau 84f.; Sharma 1959, 48 (Ait. Br. I, 14, 23?); Mylius 177: Ait. Br. 1, 1, 14; Ghoshal 28.
194 Rau 71.
195 S. o. bei Anm. 58–60.
196 S. o. bei Anm. 43.; Sharma 1959, 127.
197 Ait. Br. 8, 12, 5; 17, 5.
198 Sharma 1959, 121.
199 Rau 90ff., 117.
200 Ch. Up. 4, 1, 1; Rau 93; aber daß der König Nahrungsmittel für Notzeiten in Speichern lagerte (Rau 57 Anm. 1; 104), ist nicht genügend belegt.
201 Rau 57f., 104.
202 Ruben 1959, 205; s. u. V. Periode bei Anm. 55.
203 Rau 128f.
204 Ait. Br. 3, 15; Ruben 1957, 117.
205 Rau 84; Ghoshal 30 mit Varianten in Ait. Br. 1, 24, Śat. Br. usw. s. o. Anm. 136: Depositum.
206 Ait. Br. 8, 14; V. I. II, 121 leugnet diese Deutung.
207 S. o. bei Anm. 39.
208 *vi* ist distributiv. In Aristokratien „lebten“ Kṣatriyas (vermutlich dieser Art) vom „Worte König“, s. u. III. Periode Kap. 3 bei Anm. 43.

209 Schon im Ṛgveda in anderem Sinne: ein weithinherrschender Kṣatriya (Schlerath 134).
210 Ait. Br. 8, 15, 1.
211 S. u. III. Periode bei Anm. 37.
212 Belege dafür in allen folgenden Perioden: III. Periode Anm. 28 und 307; IV. Periode Anm. 40; V. Periode Anm. 32; VI. Periode Anm. 18, 115.
213 Vgl. Marx in Marx-Engels IX, 132.
214 Engels in Marx-Engels XXI, 102.
215 Busolt 1396ff.
216 Altekar 107 verweist auf die Gleichzeitigkeit; Mode 122.
217 S. u. Kap. 3.
218 Busolt 820ff.; vgl. V. Periode bei Anm. 365.
219 Busolt 825.
220 Busolt 861.
221 Josua 1, 11; 2, 7; 3, 1 ff.; Richter 12, 5.
222 J. 17, 12.
223 J. 11, 4; 17, 18; Ri. 1, 19; 4, 3.
224 Ri. 12 und 19.
225 J. 13ff.; Ri. 1 fortgesetzt. Vgl. Ruben 1966 über Yayātis Aufteilung der Erde unter seine Söhne.
226 Mehr oder weniger symbolisch gemeint.
227 J. 9.
228 5. M. 29, 10.
229 Ri. 1, 21.
230 Ri. 2.
231 Ri. 4, 2.
232 Ri. 6, 1 ff.
233 Ri. 13, 1.
234 J. 24, 13.
235 5. M. 17, 8f.; 14ff.
236 Ri. 3, 5–11.
237 Ri. 1, 13.
238 Ri. 4f.
239 Ri. 6–8.
240 Ri. 9.
241 Ri. 10.
242 Ri. 11, 3.
243 Ri. 12.
244 Ri. 13–16.
245 1. Sa. 7, 6.
246 1. Sa. 8ff.
247 1. Sa. 12, 3.
248 1. Sa. 8, 11ff.
249 Auch in Indien war der Despotismus zunächst fortschrittlich.
250 S. o. I. Periode bei Anm. 458.
251 Ri. 4, 6.
252 S. o. I. Periode bei Anm. 456.
253 4. M. 31.
254 Ri. 4, 5.
255 J. 6.
256 J. 7, 7 und sonst.
257 Ri. 5.
258 Nach Bernhardt 1961, 1967.

III. Periode

1 HCIP II, 2, 4f.; Kosambi 141ff.
2 *janapada:* Agrawala 425f.; s. o. II. Periode Anm. 3.
3 Kosambi 146.
4 HCIP 4f.
5 Ebenda 4ff.
6 Ebenda 9f.
7 Ebenda 13f.
8 Ruben 1939, 165.
9 Kosambi 147.
10 HCIP II, 18f.
11 Ebenda 19. Ebenso Candragupta, s. u. VI. Periode bei Anm. 2.
12 S. o. II. Periode bei Anm. 75: politische Heirat der *pālāgalī*.
13 HCIP II, 20.
14 Kane III, 116.
15 Oldenberg 1920, 208ff.; s. u. Kap. 9 bei Anm. 276.
16 War er Buddhist? HCIP II, 21; 35: wenig Brahmanentum im Osten.
17 HCIP II, 20 Anm. 7.
18 HCIP II, 21; Kane III, 246; s. u. bei Anm. 294.
19 Auch die Stadt war noch einfach: Ruben 1965, 29.

20 HCIP II, 22.
21 Ebenda 29; s. u. bei Anm. 286.
22 Kane III, 11.
23 HCIP II, 30; Ruben 1956, 150; Kane III, 39f. über Śūdrakönige. S. u. IV. Periode bei Anm. 85.
24 HCIP II, 32.
25 Ruben 1959, 208f.
26 Ruben 1956, 155ff.; HCIP II, 35.
27 Kane III, 162.
28 S. o. II. Periode Anm. 212.
29 Ruben 1966 (2) Kap. 2 Anm. 55f.; dort und besonders in Ruben 1965 (2) 8ff. sind die Widersprüche innerhalb der Stände dargelegt, die im Folgenden rekapituliert sind.
30 Mbh II, 15, 2 vulg. *kṛcchrabhāk* gegen II, 14, 2 ed. crit. *kṛtsnabhāk:* Agrawala 428: Das Wort Oberkönig umfaßt alle (Kṣatriyas).
31 S. o. II. Periode bei Anm. 102: vom König Lebende.
32 Nur Vaiśyas zahlten Abgaben: PV II. Periode bei Anm. 129.
33 Ram Gopal 182; Kane III, 190f.; 194; II, 143f.
34 Kane III, 71 nach Kauṭalya.
35 Töpfer; s. u. IV. Periode bei Anm. 181; Ausblick bei Anm. 35.
36 Agrawala 400ff.
37 Oder vorher? S. o. II. Periode bei Anm. 211.
38 HCIP II, 332. Kangle III, 124f. geht auf dies „Königs“material nicht ein.
39 Jayaswal 46f. anders als HCIP II, 333.
40 Jayaswal 46 Anm. 20.
41 Mahāparinirvāṇasūtra; Jayaswal 40f.; s. u. V. Periode Anm. 277.
42 Jayaswal 44: Santhāgāra.
43 K 11, 1, 5: Jayaswal 49: Ihr Konsul trug den Titel König. S. o. II. Periode Anm. 208.
44 Jayaswal 44f.; Altekar 112f.; Breloer 287.
45 Jayaswal 72; M + S 124; Altekar 102.
46 Majumdar B. K. 40.
47 Jayaswal 72.
48 K 11, 1, 4; Jayaswal 51: *Nation-in-arms republic.*
49 K 1, 4, 1.
50 Vgl. PV III. Periode Kap. 4 bei Anm. 122.
51 So nach Kangle III, 125.
52 Manu X, 95, aber nach X, 83 sollte solch ein Kṣatriya pflügen vermeiden.
53 Für Śūdras belegt: PV IV. Periode § 1b.
54 Pāṇini V, 3, 114–17; Jayaswal 29ff.; Agrawala 434ff.; 443ff.; Kangle III, 126.
55 Pāṇini V, 3, 91; Agrawala a. a. O.
56 Jayaswal 66f.; 70; HCIP II, 331.
57 Dorajja: Jayaswal 84; Breloer 1940; s. u. V. Periode § 2 bei Anm. 60.
58 Jayaswal 63.
59 Jayaswal 82ff.: *arājaka*; vgl. *aṭavī* bei Kauṭalya: Ruben 1957 (2).
60 K 1, 6, 10; HCIP II, 12.
61 Mbh XII, 82.
62 Ruben 1943, 131f.
63 Ebenda 143.
64 Ebenda 220; Mbh V, 7, 19ff.; 19, 17.
65 Ruben 1943, 241ff.
66 M + S 124; vgl. Jayaswal 69.
67 Dī. Nik. III; Oldenberg 1920, 117; Jayaswal 44.
68 Waldschmidt 85ff.
69 Ebenda 121ff.
70 Ebenda 48ff.
71 Ruben 1943, 132.
72 S. o. II. Periode bei Anm. 211.
73 Kosambi 145; Jayaswal 109; HCIP II, 6.
74 HCIP II, 8.
75 Ebenda 15.
76 Jayaswal 109.
77 HCIP II, 16.
78 Jayaswal 109; HCIP II, 17.
79 S. o. bei Anm. 21.
80 Ruben 1959, 249. [ohne.
81 Mbh. I, 40, 6 mit v. l.; Kane III, 30
82 Ram Gopal 176: erblich. Kane III, 29f. führt Dharmasūtras nicht an.
83 Pāṇini VI, 2, 59; Agrawala 402.

84 M 10, 120; Kane III, 39.
85 S. o. II. Periode bei Anm. 40 und 180.
86 GDhS X, 7f.; 13f.; ADhS II, 5, 10, 6.
87 Ruben 1965, 29; s. u. Kap. 7 No. 3 bei Anm. 234.
88 ADhS II, 10, 26, 4f.; s. u. bei Anm. 299.
89 GDhS X, 20–45, ohne Bergwerke oder Herden.
90 GDhS XI, 1–19; X, 19.
91 S. o. II. Periode bei Anm. 33.
92 Ruben 1965, 30.
93 Ram Gopal 180f.; Sharma 1959, 51; Kane III, 27; 36; 185; 187; 189.
94 Ram Gopal 181; Kane III, 192.
95 Ram Gopal 181; Kane III, 192.
96 Ram Gopal 182.
97 Ram Gopal 180; Kane III, 167.
98 Ram Gopal 184; Kane IV, 167: Restitutionspflicht; Ruben 1965, 43; s. u. Anm. 144.
99 Ram Gopal 176; Kane III, 45.
100 Ram Gopal 181; Kane III, 59; 165.
101 Kane III, 58.
102 Vielleicht hatte er ursprünglich nur Brahmanen zu schützen.
103 Ruben 1955 (2) 272; s. o. II. Periode bei Anm. 144. Diesem Vers folgen in Mbh XII, 78, 8 zwanzig ähnliche.
104 Ghoshal 43.
105 S. o. II. Periode bei Anm. 193.
106 Ghoshal 42, 49.
107 Eine Art Sündenfall: zweimal Leidenschaft, Gier auf Essen und Weib.
108 Erinnerung an Königswahl?
109 Dī. Nik. XXVII; Ruben 1955; Ghoshal 62f.; Sharma 1959, 49.
110 Sharma 1959, 52.
111 S. o. I. Periode bei Anm. 307: Brahmane wählte sich König.
112 Vgl. PV III. Periode Kap. 4; Kane II, 105.
113 Ram Gopal 180.
114 Ram Gopal 192f.; Kane II, 154ff.; III, 3; PV III. Periode Kap. 4; Ruben 1965, 29f.
115 PV II. Periode Kap. 8.
116 Ram Gopal 176; Kane II, 139.
117 Kane III, 64.
118 Kane III, 23.
119 Kane III, 25.
120 Ram Gopal 182; Kane II, 143; III, 190–94.
121 Ram Gopal 190; Kane II, 140; III. 396f.; s. o. II. Periode bei Anm. 131.
122 Kane II, 138.
123 Kane II, 146.
124 Ebenda und 151f.; s. u. Kap. 6 No. 3 bei Anm. 159.
125 Vgl. PV II. Periode bei Anm. 186f.; Kane II, 979.
126 Kane II, 113f.
127 Ebenda 118f.; 123ff.; 112.
128 Ram Gopal 199; Kane II, 965ff.; III, 100f.; Jolly 136; s. u. bei Anm. 270.
129 S. o. II. Periode bei Anm. 189f.; Kane II, 966.
130 Ram Gopal 198.
131 Kane III, 274ff.; Jolly 132.
132 S. o. I. Periode bei Anm. 320; Kane II, 966; III, 92.
133 Ruben 1965, 29.
134 Ram Gopal 177, 185; Kane III, 96f.; 101; 117; 119; 128.
135 Kane III, 825: *conventions and practices*; Ram Gopal 45: *conventional practice*.
136 Kane III, 825f.; 856.
137 Kane III, 865f.
138 Kane III, 856f; 879.
139 Kane III, 880.
140 Kane III, 827; 871. Purānas lehrten „Recht“ mit ihren Legenden und Sprüchen; es ist wohl kaum an purānische Rechtstexte wie den im Anhang behandelten gedacht.
141 Kane III, 863.
142 *svakarmopajīvin* ist wohl gleich *svavīryopajīvin* (Ruben 1965, 35), ein ohne eigene Produktionsinstrumente Arbeitender, sei es ein Sklave, Diener oder eine Art *karmakara*, ein Pächter, Hirt oder Pflüger, Lastträger oder Händler. Vgl. Anhang Anm. 17: *karmakara*.

143 Mbh. XII, 181, 10ff.
143a Ghoshal 62f.
144 Restitutionspflicht s. o. I. Periode Anm. 234, III. Per. Anm. 98.
145 Jolly 124f.; Kane III, 270; Ram Gopal 192.
146 GDhS XII, 43ff.; ADhS I, 9, 25, 4ff.; s. o. II. Periode Anm. 113.
147 GDhS XII, 15ff.; Jolly 126; Kane III, 522, 395; Ram Gopal 193.
148 Kane III, 523; Ram Gopal 193f.
149 Kane III, 523.
150 Ruben 1965, 37.
151 Kane III, 524.
152 Jolly 118, 127; Kane III, 387f.; 526ff.; Ram Gopal 192f.; Ruben 1965, 36.
153 BDhS I, 10, 18, 19; s. u. IV. Periode bei Anm. 394.
154 GDhS XXI, 1ff.; ADhS I, 9, 24. Jolly 131.
155 Ruben 1965, 45.
156 Ebenda; Ram Gopal 198; Kane III, 402, 513, 515.
157 Ram Gopal 192.
158 S. u. IV. Periode Kap. 8: 14. und 15. Rechtspunkt
159 Ruben 1965, 44ff.; s. o. II. Periode Anm. 132; III. Per. bei Anm. 124.
160 Kane III, 517.
161 Ruben 1965, 34; s. u. Anhang Anm. 17.
162 Jolly 106f.
163 Ruben 1965, 35; 42; Jolly 107; Kane III, 478; Ram Gopal 198.
164 Kane III, 499; Ram Gopal 198; Ruben 1965, 42.
165 Jolly 107; Kane III, 499; Ram Gopal 193; Ruben 1965, 43; s. o. I. Periode bei Anm. 24.
166 Ruben 1965, 39ff.
167 Ebenda 38; Ram Gopal 198.
168 Jolly 90; Kane III, 211, 317, 548; Ram Gopal 194.
169 Kane III, 317ff.; 548ff.: *bhoga*; 554ff.; 574ff.: *svatva*.
170 Vgl. Jolly 93 ohne Dharmasūtras.
171 GDhS XII, 36–39; Kane III, 320: Erst Yājñavalkya bezog dies auf Boden; 409; Manu 8, 147f.: Vieh; Ram Gopal 194.
172 Jolly 103; Kane III, 175; Ram Gopal 194.
173 Jolly 98f.; Kane III, 415.
174 Kane III, 418; 420; Ram Gopal 104.
175 Kane III, 418f.; Ram Gopal 144.
176 Kane III, 429; Ram Gopal 144.
177 *varga*, vgl. PV III. Periode bei Anm. 138; Ram Gopal 145.
178 Kane III, 438.
179 Ram Gopal 145; vgl. Kane III, 418.
180 Kane III, 435.
181 Kane III, 443.
182 Kane III, 447.
183 PV VI. Periode bei Anm. 54.
183a Sternbach 1965, 42: yācita; 57: *nidhi*; Ram Gopal 145.
184 Sternbach 1965, 39, 67; über *patita* vgl. Jolly 120; Kane III, 613ff.; s. o. II. Periode bei Anm. 136.
185 Kane II, 560ff.; III, 641; Ram Gopal 204f.
186 Jolly 49.
187 Sternbach 1965, 356; Ram Gopal 445.
188 Jolly 79. [360f.
189 Ram Gopal 444; Sternbach 1965,
190 Kane II, 448ff.; Ram Gopal 208f.
191 Kane a. a. O.; Ram Gopal 122.
192 Jolly 61f.
193 Jolly 62f.; Ram Gopal 209f.; Kane II, 552: *sapiṇḍa*; 478: *sagotra*; 482: *pravara*; s. u. Anm. 224.
194 Kane II, 458ff.; Ram Gopal 211; s. o. Einleitung bei Anm. 48.
195 Ram Gopal 211f.
196 Ebenda 213.
197 Jolly 55; Ram Gopal 212.
198 Jolly 56.
199 Ram Gopal 445.
200 BDhS 4, 1, 12ff.
201 Jolly 61.
202 Jolly 70f.; Ram Gopal 445f.; Kane III, 644, 649, 874, 926, 931; II 599ff.

203 Jolly 64ff.; Ram Gopal 443.
204 Jolly 66f.; 121, 128; Kane III, 401f. 405, 534f.; Ram Gopal 190f.
205 Jolly 72f.; Kane III, 656f.
206 Jolly 78; Kane III, 564.
207 Kane III, 658.
208 Jolly 49ff.; Sternbach 1965, 347ff.; Ram Gopal 205ff.
209 Śat. Br. 4, 1, 5; Ch. Up. 4, 1–3; Ruben 1955 (2) 37ff., 128ff.
210 Sternbach 1965, 354. [351.
211 Sternbach 1965, 349; nur als Rest:
212 Jolly 50.
213 Sternbach 1965, 360f.
214 Jolly 51; Vgl. Kane III, 707: gekaufte Frau = Sklavin; Sternbach 1965, 362.
215 S. o. Einleitung bei Anm. 50ff.
216 S. o. Einleitung bei Anm. 76; s. u. bei Anm. 349.
217 Jolly 71ff.; Kane III, 643ff. besonders ausführlich; Ram Gopal 196.
218 Kane III, 648f.
219 Jolly 81f.; Kane II, 618, 622ff.; III, 451, 566ff.; Ram Gopal 195f.
220 Jolly 85ff.; Kane III, 771f.; 789, 794; Ram Gopal 197f.
221 Kane III, 816ff.
222 Jolly 83f.; Kane III, 608, 617f.; Ram Gopal 197.
223 Kane III, 734.
224 Jolly 85; Kane 700ff., 733ff.: *sapiṇḍas;* Ram Gopal 197; s. o. Anm. 193: *sapiṇḍas* usw.; s. u. V. Periode bei Anm. 333.
225 Kane III, 706: *niyoga.*
226 Ebenda 712.
227 Ebenda 714.
228 Ebenda 762f.
229 BDhS 3, 3, 1ff.; Jolly 150; Ram Gopal 483.
230 Jolly 151; Ram Gopal 484.
231 Ram Gopal 387.
232 Kane II, 748ff.; Ram Gopal 392.
233 Ram Gopal 456f.
234 S. o. bei Anm. 87.
235 K 2, 36, 5; s.u. IV. Periode bei Anm. 244; V. Periode Anm. 368; von Chatterjee, H. 40ff. oberflächlich, behandelt.
236 K 1, 18, 6.
237 K 1, 21, 2.
238 K 2, 1, 1.
239 Vgl. die Tabelle bei Kane III, 249.
240 S. u. bei Anm. 256 und IV. Periode bei Anm. 336.
241 Jolly 129; Kane III, 21, 389; Ram Gopal 198; vgl. Lüders 361: Gāthā 3 von Jātaka 472.
242 S. o. Kap. 5.
243 Jolly 133; Kane III, 271f.; Ram Gopal 198.
244 Jolly 138; Kane III, 251, 307; Ram Gopal 199.
245 Jolly 138; Kane III, 296f.; Ram Gopal 200.
246 Ram Gopal 200.
247 Jolly 141; Kane III, 331; Ram Gopal 200. Schrift ist für diese Periode durch Pāṇini bezeugt (PV III. Periode bei Anm. 109 ff.), s. u. bei Anm. 346 und IV. Periode bei Anm. 210.
248 Kane III, 332f.; 336; Ram Gopal 200.
249 Jolly 141; Kane III, 334ff.
250 Ruben 1965, 52f.; Ram Gopal 200.
251 Kane III, 333f.: *varga*; Ruben 1965, 41f.
252 Kane III, 343.
253 Jolly 141f.; Kane III, 342f.; Lüders 1917, 347f.; Ram Gopal 200.
254 Lüders 1917, 349.
255 Lüders 1917; s. u. IV. Periode bei Anm. 335: „Nichtgeben eines Geschenks".
256 S. o. bei Anm. 240.
257 Ruben 1962, 43; s. u. IV. Periode bei Anm. 23.
258 Jolly 142; Kane III, 353.
259 Kane III, 353.
260 Jolly 142; Ram Gopal 200.
261 S. o. II. Periode bei Anm. 108 .
262 Kane III, 360; Ram Gopal 201.
263 Kane III, 845.
264 Jolly 134f.

265 Jolly 135; Kane III, 284.
266 Jolly 136.
267 S. u. IV. Periode Kap. 8 bei Anm. 259. [76.
268 Jolly 119f., 136 (*tyāga*); Kane IV,
269 Kane IV, 69f. nach Parāśara.
270 Jolly 136; s. o. bei Anm. 128.
271 Jolly 136; Kane IV, 70 nach Āpastamba.
272 Jolly 136; Kane IV, 76; s. o. II. Periode bei Anm. 118.
273 GDhS XIX, XXI–XXIV; ADhS I, 9f.
274 ADhS II, 10, 26, 18. – S. u. IV. Periode bei Anm. 395.
275 Vgl. PV III. Periode bei Anm. 133.
276 Ruben 1965, 30; vgl. Kane III, 6f.; 8f. S. o. bei Anm. 15 über Bimbisāra und Buddha.
277 Ghoshal 80ff.; vgl. Ruben 1965 (2) Anm. 139.
278 Vgl. Ruben 1959, 259 Anm. 1.
279 K 1, 2, 2–7; Ghoshal 83; s. o. bei Anm. 90.
280 Ghoshal 102.
281 K 8, 3, 9; zu Bhāradvāja vgl. Ruben 1965 (2) 23ff.
282 S. o. II. Periode bei Anm. 174.
283 K 1, 17, 6; Ghoshal 93, 100f.
284 K 1, 4, 5; Ruben 1965 (2) 23.
285 K 5, 6, 24ff.; Ghoshal 93, 101; s. u. IV. Periode bei Anm. 62.
286 S. o. bei Anm. 21.
287 K 8, 1, 7ff.; 1, 8, 1ff.
288 K 1, 15, 13ff.; Ghoshal 89.
289 K 7, 17, 3; Ghoshal 100.
290 K 3, 11, 44ff.; 5, 11; 14, 6; 17, 3ff. S. u. V. Periode bei Anm. 195.
291 K 8, 1, 5; Die Verteilung der Gesichtspunkte auf die Lehrer mutet hier wie ein stilistisches Mittel der Textbelebung an. – Kane III, 17ff.; Ghoshal 84ff.; s. o. II. Periode bei Anm. 106 über die sieben Faktoren.
292 S. o. bei Anm. 41.
293 Ghoshal 86.
294 S. o. bei Anm. 18.
295 Agrawala 402; s. u. IV. Periode bei Anm. 94.
296 So K 1, 10, 14; Kangle III, 133.
297 K 1, 15, 47ff.; Goshal 89.
298 K 8, 4, 31.
299 Ram Gopal 183; s. o. bei Anm. 88.
300 Agrawala 425f.
301 K 8, 1, 19ff.; Ghoshal 91.
302 K 8, 4, 9.
303 K 8, 4, 16.
304 K 8, 4, 41.
305 K 7, 11, 1ff.
306 K 7, 12, 18ff.
307 K 8, 1, 24ff.; 33ff.; Ghoshal 91. S. o. II. Periode Anm. 212: Bewässerung.
308 S. u. bei Anm. 331, IV. Periode bei Anm. 56.
309 K 8, 1, 43.
310 K 8, 4, 2.
311 K 9, 2, 21.
312 K 7, 9, 22.
313 K 12, 1, 1ff. zit. v. Mallinātha zu Raghuvaṃśa IV, 35.
314 Ruben 1959, 131f., 149, 237.
315 K 7, 4, 29ff.
316 K 9, 1, 42.
317 K 7, 1, 30.
318 K 9, 1, 2ff.
319 K 7, 1, 1ff.
320 S. u. IV. Periode bei Anm. 173.
321 K 7, 9, 9.
322 K 8, 1, 53ff.
323 Busolt II, 986f.
324 Ebenda 992f.
325 Ebenda 275ff.
326 Ebenda I, 590f., 601. S. u. IV. Periode bei Anm. 222.
327 Ebenda 589f.
328 Ebenda 161.
329 Busolt II, 1025.
330 Ebenda 565f.
331 S. o. bei Anm. 308.
332 Busolt 572.
333 Ebenda 577.
334 Ebenda 584f.
335 Ruben 1957, 221ff.
336 Busolt 528f.

337 Ebenda 491ff.; s. u. IV. Periode bei Anm. 372.
338 Busolt I, 466; s. u. V. Periode bei Anm. 363.
339 Ebenda 465.
340 S. o. bei Anm. 279.
341 Busolt I, 496ff.
342 Ebenda 514f.; II, 1015.
343 Busolt I, 523ff.
344 Ebenda 516ff.
345 Ebenda 542f.; s. u. IV. Periode Anm. 285.
346 S. o. bei Anm. 247.
347 Busolt I, 546ff.
348 Ebenda 492.
349 Ebenda 240; s. o. bei Anm. 216.
350 Ebenda 241.
351 Ebenda 292ff.
352 S. u. V. Periode § 6.
353 Ruben 1965 (2) 26.

IV. Periode

1 Neuerdings weder Thapar noch Kangle.
2 GDhS X, 3. Kauṭalya hat diesen Standpunkt nicht zitiert.
3 *ācārya* z. B. K 2, 1, 7; s. u. Kap. 4 bei Anm. 89ff.: Hauptminister.
4 S. o. III. Periode bei Anm. 92.
5 K 3, 1, 39ff.; s. u. bei Anm. 72, 283; V. Periode bei Anm. 372; Altekar 52; Rao 72, 176; Sharma 1959, 153.
6 S. u. Ausblick bei Anm. 77.
7 S. u. bei Anm. 255.
8 K 1, 19, 33; s. u. bei Anm. 69.
9 K 1, 19, 26f.; s. u. bei Anm. 104.
10 K 1, 15, 16; 2, 10, 2.
11 K 2, 10, 38ff.
12 K 1, 3, 13; Ruben 1965, 51: galten auch für Śūdras.
13 K 1, 3; Sharma 1959, 143 Anm. 3.
14 Ghoshal 113; Kangle III, 143; *aupakārikī:* K 1, 3, 4.
15 K 1, 4, 3; vgl. 15, 1, 1f.: *manuṣyavatī* bhūmiḥ.
16 K 1, 7, 3; Ruben 1934/5, 187f.
17 K 6, 1, 3; *dhārmika.*
18 K 9, 4, 25; Sharma 1959, 157f.
19 Jātaka 49.
20 Ruben a. a. O. 179f.
21 Ebenda 185ff.
22 S. u. bei Anm. 37.
23 Kangle III, 264; s. o. Notlüge: III. Periode bei Anm. 257.
24 K 7, 17, 5.
25 K 3, 1, 42.
26 K 1, 2, 4f.; Ruben 1934/5, 182f.
27 Ruben 1934/5, 186.
28 K 1, 2, 10.
29 *matsyanyāya* = Naturrecht nach Sarkar: Chatterjee, H., 14.
30 K 1, 13, 5–13; Ghoshal 115f.; Kangle III, 117; Ruben a. a. O. 187.
31 K 10, 3, 27; Kangle III, 259.
32 K 4, 13, 42f.; Ruben a. a. O. 185f.; Kane III, 176; s. u. Anm. 420; zu Varuṇa vgl. I. Periode bei Anm. 75ff., 168 usw.
33 Ruben a. a. O. 192f.; KS VI, 1, 10; s. u. VI. Periode bei Anm. 119.
34 K 4, 3, 13ff.
35 Kangle III, 159.
36 K 1, 9, 9.
37 S. o. bei Anm. 22.
38 K 3, 1, 41; Kangle III, 117.
39 K 1, 19, 34; Kangle III, 118; Ruben 1934/5, 187.
40 K 2, 1, 19; Kangle III, 118; s. o. II. Periode bei Anm. 212.
41 K 2, 15, 2; Breloer III, 308.
42 1. M. 41, 43.
43 1. M. 41, 47ff.; 47, 17ff.
44 K 2, 16, 4–6; Kangle III, 118; Breloer III, 337; 340.
45 K 4, 2; Breloer III, 334.
46 K 4, 1, 65.
47 K 4, 3, 43; Kangle III, 119.
48 K 2, 1, 13–18; Kangle III, 119.
49 K 2, 1, 26; Kangle ebenda.

50 K 1, 12, 1; Kangle ebenda läßt den Nachsatz fort.
51 Kangle ebenda.
52 Chatterjee, H., 6.
53 K 1, 4, 12; Kangle III, 120.
54 K 7, 5, 19ff.; Kangle III, 120.
55 K 6, 1, 8: *bhakta, śuci*; Ghoshal 125.
56 S. o. III. Periode bei Anm. 308.
57 K 3, 13–14.
58 K 4, 1.
59 K 3, 14, 29ff.
60 Breloer III, 84.
61 Vgl. K 1, 17, 49f.: Levirat der Königin; allgemein 3, 4, 38ff.
62 S. o. III. Periode bei Anm. 285.
63 K 5, 6; Kangle III, 140.
64 K 1, 17, 52 (Vers).
65 Ghoshal 122.
66 K 6, 1, 1–6; Ghoshal 122; Kangle III, 129.
67 K 8, 1, 6–18; Ghoshal 120; Kangle III, 132.
68 K 1, 19, 1–5.
69 K 1, 19, 30–36; s. o. bei Anm. 8.
70 S. o. II. Periode bei Anm. 174–6: doppelte Moral.
71 K 1, 4, 5ff.; Ghoshal 119; Kangle III, 120.
72 S. o. bei Anm. 5; Kangle III, 222f.
73 K 8, 2, 4; Ghoshal 124.
74 K 2, 4, 29f.; Ghoshal 124.
75 Kangle III, 135.
76 K 1, 7, 8; Altekar 175; Kangle III, 140.
77 K 8, 2, 9–12: *sahāya*.
78 K 1, 7, 9; Altekar 313; Ghoshal 122.
79 K 1, 9, 4–8; Ghoshal 122; *amātya*. S. o. I. Periode bei Anm. 455: Moses und seine Richter.
80 K 1, 12, 6; 20; Kane III, 112; Kangle III, 194. Die Liste enthält neunzehn. Auch Mallinātha sagt zu Rghv. XVII, 68 (s. u. VI. Periode Anm. 14 und 94), es wären achtzehn, ebenso Tantrākhyāyika S. 109, 1 (ed. Hertel).
81 K 1, 8; Ghoshal 123.
82 K 1, 10, 14.
83 K 1, 9, 1–3; Ghoshal 123.
84 Ist der Hauptminister eingeschlossen?
85 S. o. III. Periode bei Anm. 23: Barbier und Königin.
86 K 1, 10; Ghoshal 123; zu den Schutzgeschäften s. u. Anm. 139.
87 K 5, 4–5.
88 S. u. VI. Periode bei Anm. 108: Kāmandaka.
89 K 5, 6; s. o. bei Anm. 3.
90 Kangle III, 133: *chiefminister*. Der „allgemeine“ Minister Bimbisāras, Vassakāra Ajātaśatrus, Śakatāla Nandas und Kauṭalya selber dürften solche Hauptminister gewesen sein.
91 K 5, 6, 39; 47.
92 K 1, 12, 6: *mantripariṣad*, s. u. Anm. 216.
93 K 1, 19, 13f.; 22.
94 S. o. III. Periode bei Anm. 295.
95 K 1, 15, 1–41.
96 K 1, 15, 47–50.
97 K 1, 15, 42; Kangle, III, 134.
98 K 1, 15, 51f.; Kangle a. a. O.
99 K 1, 15, 59.
100 Breloer III, 540, 551.
101 Kangle III, 134.
102 K 1, 15, 59.
103 K 1, 19, 13; 15, 54.
104 K 1, 19, 26–29; s. o. bei Anm. 9.
105 K 1, 19, 10.
106 K 1, 19, 9.
107 Kangle III, 194.
108 K 1, 9, 9; s. o. II. Periode bei Anm. 73.
109 K 4, 3: *pradeṣṭṛ*, s. u. Kap. 9; K 8, 4.
110 K 8, 1, 2.
111 K 1, 10, 1ff.
112 S. u. bei Anm. 137.
113 K 1, 19, 31; Kangle III, 133.
114 K 1, 9, 10; Kangle III, 10.
115 K 1, 7, 8. [Anm. 20.
116 Kangle III, 10; s. o. I. Periode bei
117 K 2, 23, 1–8; Kangle III, 245; s. u. Anm. 135: aus Mißtrauen.

118 Majumdar, B. K., 48; 51.
119 Ebenda 57ff.; 65: K; Kangle III, 244.
120 K 9, 2, 21ff.; Kangle III, 245.
121 K 9, 2; Kangle III, 243f.
122 K 5, 1, 53.
123 K 9, 3, 7.
124 K 2, 33, 9f.
125 Kangle III, 244.
126 K 10, 6, 45; Kangle III, 247.
127 K 1, 17, 43; vgl. Kangle III, 194.
128 Ruben 1965 (2) 13.
129 K 8, 2, 5–7; Kangle III, 122.
130 K 1, 17, 4–39; Kangle III, 141.
131 Wie Rāma und Vessantara: Ruben 1959, 216ff.
132 K 1, 18; Kangle III, 141.
133 K 9, 3, 12; Kangle III, 194; s. o. II. Per. bei Anm. 42; s. u. bei Anm. 416.
134 K. 9, 3, 22; ähnlich Kām. 15, 20f.; s. u. VI. Periode Anm. 58f.; Ausblick bei Anm. 59.
135 K 8, 2, 2–4; s. o. bei Anm. 117: Mißtrauen!
136 Lag darin ein demokratisches Element (s. o. bei Anm. 38ff.)?
137 K 9, 3, 12–14; vgl. v. l. in ed. Kangle; s. o. bei Anm. 112.
138 K 9, 3, 15–21; Kangle III, 141.
139 Kangle III, 194; s. o. bei Anm. 86: Schutzgeschäfte.
140 K 5, 6, 5.
141 Kangle III, 243.
142 K 9, 3, 42.
143 Ruben 1934/35, 190: Mißtrauen; s. u. bei Anm. 217.
144 K 1, 12, 6.
145 K 5, 3, 5.
146 So Kangle III, 199: Der *praśāstṛ* im I. Buch ist ein anderer als der im X. Buch. Der Vers ist K 10, 1, 17; der *nāyaka* (s. o. bei Anm. 125f.), Architekt und Astrologe suchen einen Lagerplatz aus.
147 K 1, 16, 2–4; Kangle III, 202f.
148 K 1, 9, 1–2.
149 Kangle III, 203.
150 Oder: Senden von Berichten an seinen König: Kangle III, 250.
151 Einschmuggeln von Truppen in feindlichen Staat: Kangle.
152 S. u. VI. Periode bei Anm. 134: Kriegsgründe.
153 K 1, 16; Kangle III, 250f.
154 Kangle III, 250.
155 K 7, 14, 43; Kangle III, 250.
156 Kangle III, 253; s. u. bei Anm. 176ff. über Verträge.
157 K 7, 9.
158 K 7, 10, 12–15.
159 K 7, 11; vgl. PV IV. Periode Kap. 1a bei Anm. 13.
160 K 7, 12.
161 Kangle III, 253.
162 K 7, 2, 6.
163 K 7, 2, 13ff.
164 K 7, 3, 2.
165 K 12, 1, 1ff.
166 K 12, 2–4.
167 K 7, 5, 40–44.
168 K 6, 2, 13–22; Kangle III, 248f.
169 K 7, 1, 1–4; 6; Kangle III, 251.
170 K 7, 1, 13–19; Kangle III, 251.
171 K 6, 2, 5.
172 S. o. I. Periode bei Anm. 49.
173 K 12, 1, 10–16; Kangle III, 255.
174 K 7, 2, 1: Vertrag; s. o. I. Periode bei Anm. 280.
175 K 7, 18, 29; 6, 2, 16; Kām. 8, 57.
176 K 7, 18, 39; s. o. III. Periode bei Anm. 320.
177 K 7, 9, 26–34; 38; 40.
178 K 7, 3, 10; s. o. Anm. 156: Vertrag; s. u. Ausblick bei Anm. 64.
179 K 7, 3, 22–30; s. u. VI. Periode bei Anm. 124.
180 S. u. Kām. 9, 1ff.
181 Kangle 250 übersetzt mit „*vassall*" in K 7, 18, 29; Chatterjee, H., 164 tut dies regelmäßig; aber s. o. III. Periode bei Anm. 35 und PV IV. Periode Kap. 6 bei Anm. 257; Kap. 1a bei Anm. 10–12 über freie Kṣatriyas.
182 S. u. Ausblick

183 S. o. I. Periode bei Anm. 49; II. Periode bei Anm. 41 und 170.
184 K 7, 6 und 7, 7, 1–2; Kangle III, 252.
185 K 7, 3, 22; s. u. VI. Periode bei Anm. 58.
186 Ritschl-Schetelich 330–37: *bhūmidāna*
187 K 2, 1, 7; 13, 5, 11.
188 K 5, 6, 13; 7, 3, 32.
189 K 7, 3, 33.
190 K 13, 3, 25f.
191 K 5, 6, 10f. (*avagraha* = *upagraha* in 5, 6, 13).
192 7, 3, 34; Konstruktion von cd ist noch unverstanden.
193 Kām. 9, 17 und 18cd.
194 K 13, 5, 11. Kangle zieht *śūra* als „*distinguished*", d. h. als Attribut zu den drei vorhergehenden Begriffen; ebenso Ritschl-Schetelich. Ist etwa gar *puruṣa* = „und Fürstendiener"?
195 K 1, 9, 1: Minister beredt.
196 K 7, 16, 3; Kangle III, 255.
197 K 9, 7, 68; Kangle III, 255.
198 K 1, 14.
199 K 1, 19, 13; 18; 22.
200 K 1, 11, 1.
201 K 1, 11, 3.
202 K 1, 11, 4–7.
203 S. PV VI. Periode bei Anm. 127.
204 K 1, 11, 1.
205 K 1, 12.
206 K 1, 13, 26; Ghoshal 115.
207 K 11, 1, 8.
208 K 2, 10, 3.
209 K 2, 10, 63.
210 Schrift s. o. III. Periode bei Anm. 247.
211 K 2, 10; Ghoshal 114.
212 Roth 538ff.
213 K 1, 20, 1–9.
214 Ebenda 3.
215 Ebenda 10–13.
216 K 1, 21, 24: *mantripariṣad*, s. o. Anm. 92.
217 S. o. bei Anm. 143.
218 K 5, 3, 5.
219 K 2, 6; Breloer III, 166–221; Kangle III, 188f., 195.
220 Kangle III, 191.
221 K 8, 4, 33; Kangle III, 201.
222 S. o. III. Periode bei Anm. 326: Griechen.
223 K 5, 2; Kangle III, 189f.
224 K 2, 35, 1: *nibandhayet;* Breloer III, 112.
225 K 2, 35, 1–5; Breloer III, 104–40; Kangle III, 195f.
226 K 2, 35, 6.
227 K 2, 35, 7; Kangle III, 196; 232; Breloer III, 142ff.: Hochrichter.
228 K 4, 1, 1. Kangle III, 196; s. u. Kap. 9.
229 K 4, 6, 20; Kangle III, 196.
230 K 4, 9, 1; Kangle III, 221.
231 K 12, 2, 29–31; Kangle III, 195.
232 K 2, 35, 8–14; Breloer III, 144ff.; Kangle III, 196; s. u. bei Anm. 362.
233 K 1, 11, 9ff.; Kangle III, 206.
234 K 1, 12, 6; 5, 3, 5.
235 K 2, 5, 1–7; Breloer III, 280f.; Kangle III, 200.
236 K 4, 11, 6 usw.
237 K 2, 5, 8–15; Breloer III, 281–89.
238 K 2, 5, 16; Breloer III, 289f. mit anderer Lesart.
239 K 2, 5, 17; Breloer III, 290.
240 K 2, 11, 1.
241 K 8, 4, 31; Breloer III, 99f.; anders Kangle: *by finding fault with what is done and by imposing penalties.*
242 K 2, 36, 1–4; Breloer III, 153–57; Kangle III, 198.
243 K 2, 36, 5; Breloer III, 157f.
244 S. o. III. Periode bei Anm. 235.
245 K 2, 36, 7–14; Breloer III, 158–63; s. u. Kap. 9.
246 Rakṣin; Kangle III, 198.
247 K 2, 36, 15ff.
248 *akṣapaṭala;* hängt dies irgendwie mit der *sabhā* zusammen, in der in der III. Periode gewürfelt wurde? Ruben 1965 29.
249 S. u. bei Anm. 285.

250 K 2, 7, 2; Breloer III, 222–34; Kangle III, 201.
251 K 2, 7, 3; Breloer III, 235.
252 K 2, 7, 3–41; Breloer III, 235–68; Kangle III, 201.
253 K 5, 3, 13: nur 1000 *paṇas*, d. h. 1/24 des *samāhartṛ*.
254 K 1, 19, 9; 12.
255 S. o. bei Anm. 7.
256 K 3, 1, 38; Kangle III, 216; Breloer II, 129: „Publikator guter Gesetze" ist irreführend; der König war kein Gesetzgeber. Vgl. Kane III, 56 und 268ff. über Entscheidung des Königs und Abhängigkeit vom dharma. S. u. V. Periode bei Anm. 80.
257 K 1, 19, 10; Kane III, 242; 277.
258 K 1, 19, 29f. Kane III, 59; Kangle III, 216; Sternbach 1965, 331. – Vgl. K 1, 9, 26f. und Kane III, 243 gegen Vertagen; dazu K 3, 20, 22 und Kane III, 298.
259 S. o. III. Periode bei Anm. 267: Exkommunikation; Einleitung bei Anm. 36ff. Ehebruch wird bei Mundas nicht mit Exkommunikation bestraft, die aber sonst bei ihnen vorkommt.
260 K 3, 10, 18; Kane III, 282; s. u. bei Anm. 379, 384.
261 K 3, 9, 15; s. u. bei Anm. 301.
262 K 3, 9, 10; Kane III, 284.
263 Vgl. *antapāladurga* in K 2, 1, 5.
264 K 3, 1, 1; Kane III, 273; Kangle III, 275.
265 K 5, 3, 9.
266 Kane III, 273.
267 K 3, 15, 19; Kangle III, 216.
268 Kane III, 92f.
269 K 3, 16, 15; Kangle III, 216.
270 K 3, 1, 2–16; Breloer II, 133; 137ff.; Kangle III, 216f.
271 Kane III, 245f.
272 Kane III, 286ff. nach Nārada.
273 K 3, 1, 17; Kane III, 293; Kangle III, 218.
274 K 3, 20, 22; Kane III, 298; Kangle III, 217.
275 K 3, 1, 19; Breloer II, 155; Kangle III, 220; vgl. Kane III, 298f.; 303.
276 K 3, 11, 26ff.; Breloer II, 89ff.; Kangle III, 218ff.; Kane III, 331ff.
277 Ordal: Kane III, 361ff.; Kangle III, 260; s. o. II. Periode bei Anm. 108.
278 K 3, 1, 22ff.; Kane III, 296; 302; Kangle III, 218.
279 K 4, 9, 13ff.; Kane III, 275; Kangle III, 221.
280 K 4, 4, 6; Kane III, 276. Versuchung wie *amātyas*, s. o. bei Anm. 85.
281 Kane III, 276.
282 K 3, 1, 38ff.; Breloer II, 130; Kane III, 259f.; Ghoshal 113ff.; Kangle III, 222; s. o. bei Anm. 5.
283 Kangle III, 223f.
284 K 3, 7, 40; Ghoshal 140.
285 S. o. bei Anm. 249. Dies war ein anderes Archiv als das des griechischen Gerichts (s. o. III. Periode bei Anm. 345) oder das der Minister Aśokas (Ruben 1965 (2) 18). Kauṭalyas Rechtstext war dort offenbar nicht hinterlegt.
286 Vgl. die Tabelle bei Kane III, 249; sie ist für K nicht ganz zutreffend. S. o. I. Periode bei Anm. 461.
287 K 1, 3, 9.
288 K 3, 2, 1.
289 K 3, 3, 12–19; Kane II, 621f.; Kangle III, 226.
290 Kapadia 178.
291 K 3, 2, 33f.; Kane III, 708.
292 K 3, 2, 14f. nach Gaṇapatis Kommentar.
293 K 3, 5, 16f.; Kane III, 623.
294 Kane III, 623.
295 K 3, 6, 1–7; Kane III, 624.
296 Tabelle bei Kane III, 645.
297 Kane III, 650, 655, 659.
298 K 3, 8.
299 K 3, 9, 1–2.
300 Kane III, 496; Kangle III, 226.
301 S. o. bei Anm. 261.

302 K 3, 10, 20ff.; Kane III, 227.
303 S. o. III. Periode bei Anm. 165.
304 S. o. III. Periode bei Anm. 163; Kane III, 478, 482; s. u. bei Anm. 328.
305 K 3, 10, 35; Sternbach 1965, 485.
306 K 3, 7, 40: Vers; über den letzten Punkt vgl. Kane III, 486ff.
307 S. u. 7. Rechtspunkt.
308 K 4, 1–2, s. u. Kap. 9.
309 K 3, 11, 3; Kane III, 418; Kangle III, 227; s. o. III. Periode bei Anm. 174.
310 K 3, 11, 1–2; Breloer II, 86; Kane III, 421f.; vgl. GDhS 12, 31.
311 K 3, 11, 22; Breloer II, 85; Kane III, 440.
312 K 3, 11, 23; Breloer II, 83; Kane III, 441.
313 K a. a. O. 24; Breloer a. a. O. 84; Kane a. a. O. 451f.
314 K. a. a. O. 14; Breloer a. a. O. 84; Kane a. a. O. 442; Sternbach 1965, 189.
315 K 3, 16, 9; Kane III, 447; Sternbach 1965, 18: GDhS.
316 K 3, 12, 1 nach Gaṇapati.
317 Die Termini gehen durcheinander; Sternbach 1965, 29, 35; Breloer II, 97; Kane III, 454ff. haben wenig aus Kauṭalya.
318 K 3, 12, 8ff.; Breloer II, 111ff.; Kane III, 427ff.; Sternbach 1965, 107ff.
319 K 3, 12, 22f.; Breloer II, 115; Kane III, 458f.; Sternbach 1965, 42: schon GDhS 12, 42, u. z. wie Kauṭalya *yācitaka* mit *avakrīta*.
320 K 3, 12, 18 *anvādhi* und *ādeśa* nach Gaṇapati, Shamashastri; Breloer II, 114; Sternbach 1965, 43 ohne Deutung.
321 K 3, 12, 25ff.; Breloer II, 215f.: Kommissionsverkauf.
322 K 3, 12, 2; Breloer II, 119ff.; Sternbach 1965, 56.
323 K 3, 12, 38ff.; Sternbach 1965, 64; Kangle III, 227.
324 *śilpinyāsa* K 4, 1, 2; Kane III, 459; Sternbach 1965, 45.
325 K 3, 12, 36; Kangle III, 227.
326 K 3, 12, 6; Sternbach 1965; 59 Anm. 20; 68.
327 K 3, 12, 3; Breloer II, 109; Sternbach 1965, 70.
328 Kane III, 478; 481; 484; s. o. bei Anm. 304.
329 PV IV. Periode Kap. 5. Kane III, 484f.
330 K 3, 13, 26ff.; Kane III, 476ff.; ausführlich Sternbach 1965, 477ff.; s. u. bei Anm. 366.
331 K 3, 14, 1–2; Kane III, 478; Sternbach a. a. O.
332 K 3, 14, 18ff.; Kane III, 469; Kangle III, 228; Sternbach 1965, 493ff.
333 K 3, 15, 1–10; 16–18; Kane III, 489ff. sehr kurz.
334 K 3, 15, 11–15; s. u. V. Periode bei Anm. 225.
335 K 3, 16, 1; s. o. III. Periode bei Anm. 255.
336 GDhS V, 23f.; Kane III, 472, 474; s. o. III. Periode bei Anm. 240.
337 K 3, 16, 2–5; vgl. 3, 13, 35; Kane III, 472f.
338 K 3, 16, 10–28; Kane III, 462ff.
339 GDhS 10, 36; Kane III, 175f.; Ruben 1965, 42f.
340 GDhS 10, 46f.
341 Kane III, 249 läßt diesen Rechtspunkt fort.
342 K 3, 16, 30f.; Kane III, 320; Kangle III, 229.
343 GDhS 12, 37; Kane a. a. O.
344 K 3, 16, 33ff.
345 Kane III, 525ff.: Raub; 519ff.: Diebstahl.
346 K 3, 17, 10; s. u. bei Anm. 403: Liste bei Diebstahl; Kane III, 393f.
347 K 3, 17, 11ff.; Kane III, 529 zit. ADhS 2, 11, 29, 1.
348 K 3, 18; Kane III, 511ff.

349 S. u. bei Anm. 393.
350 K 3, 19; Kane III, 513ff.; Kangle III, 229.
351 K 3, 19, 8; Shamashastri in seiner Übersetzung; Kangle III, 26f.; s. u. V. Periode bei Anm. 249.
352 K 3, 20, 1–13; Kane III, 538ff.
353 K 3, 20, 14ff.; Kane III, 257f.
354 K 3, 20, 22; Sternbach 1965, 324, 327 über den letzten, 333 über den vorletzten Satz.
355 S. u. Ausblick bei Anm. 80ff.: Halhed.
356 Kane III, 257: Nārada.
357 Breloer II, 128; Kane III, 257 kam der Unterscheidung von bürgerlichem und öffentlichem Recht sehr nahe; Ghoshal 117f.: „*law of treason*“ ist dagegen ein Rückschritt. Kangle II, 294: *criminal offences of various kinds*. Vgl. Jolly 123f.; s. u. V. Periode bei Anm. 345.
358 K 4, 1, 1.
359 K 1, 12, 10.
360 K 2, 35, 7; Kangle III, 196.
361 K 4, 6, 20; Kangle III, 196; Stadtleiter ist 12. *tīrtha*, s. o. bei Anm. 242ff.
362 S. o. bei Anm. 232; s. u. bei Anm. 377, 385, 387.
363 S. o. 6. Rechtspunkt.
364 S. o. 7. Rechtspunkt; s. u. bei Anm. 366: Lohn.
365 K 4, 1, 1–55; Kane III, 252f.
366 K 3, 13, 30–34; s. o. bei Anm. 330 und 364.
367 S. u. bei Anm. 378.
368 K 4, 1, 51–55.
369 K 3, 13, 30.
370 K 4, 1, 56f.; 2, 36, 10; Kane III, 253; Sternbach 1965, 290f., 304, 313ff.
371 K 4, 1, 58–63; 65; Kane III, 253; 520. [Griechen.
372 S. o. III. Periode bei Anm. 337:
373 K 4, 2; Kane III, 253.
374 K 2, 16, 4f.; vgl. PV IV. Periode bei Anm. 228: Handelsaufseher.
375 Kangle III, 234: nicht *pradeṣṭṛs*.
376 K 4, 3; Kane III, 253; Kangle III, 235.
377 Kangle III, 196; s. o. Anm. 362.
378 Bauern: s. o. Anm. 367.
379 *grāmakūṭa:* Kangle III, 197: *the foremost person in a village;* vgl. PV V. Periode bei Anm. 24. Ist hier der Dorfschulze gemeint? Dieser ist als Richter vom Staat zu kontrollieren, s. o. bei Anm. 259f.; s. u. bei Anm. 383f. und V. Periode Anm. 135.
380 Liebeszauber, s. u. bei Anm. 414.
381 K 4, 4; Kangle III, 234; Kane III, 276.
382 Nicht genannt sind hier *amātya, dūta, lekhaka*; gehören diese zu den *mukhyas*? s. u. bei Anm. 400, 418.
383 K 4, 4, 9.
384 K 3, 10, 18; s. o. bei Anm. 260, 379.
385 K 4, 4 und 4, 5: zwei Arten Agenten; dazu K 2, 35, 8ff.; s. o. bei Anm. 362.
386 K 4, 5, 13 und Vers 18; Kangle III, 232.
387 S. o. bei Anm. 362.
388 Das zeigt der Dieb im Mṛcchakaṭika. [235.
389 K 4, 5; Kane III, 254; Kangle III,
390 K 3, 16, 10 und 4, 2, 1.
391 K 4, 6; Kane III, 254; Kangle III, 235.
392 K 4, 7; Kangle III, 238.
393 S. o. bei Anm. 345, 349.
394 Jolly 131; s. o. III. Periode bei Anm. 153.
395 S. o. III. Periode bei Anm. 274.
396 K 3, 17, 2.
397 K 4, 8, 1.
398 K 4, 8, 14; Sternbach 1865, 332.
399 K 4, 8; Kane III, 254f.; Kangle III, 236.
400 K 4, 4, 4–10; s. o. bei Anm. 382.
401 So Gaṇapaṭi; aber Shamashastri: Nichtbeamte. Kangle verweist auf die stehlenden Beamten in K 2, 5, 16.

402 K 4, 9; Kane III, 255f., 275f.; Kangle III, 232.
403 S. o. bei Anm. 346. [237.
404 K 4, 10; Kane III, 256; Kangle III,
405 K 4, 11, 8. Auch Leichen von Selbstmördern dürfen nicht verbrannt werden: K 4, 7, 25–27.
406 K 4, 11; Kane III, 256; Kangle III, 238.
407 K 4, 10, 10; 14.
408 Loskaufsumme: K 4, 10, 1; 9; s. u. K 4, 12, 7.
409 K 4, 12; Kane III, 256f.; vgl. 531f. ohne Kauṭalya; Kangle III, 238.
410 K 4, 13, 13.
411 S. o. K 3, 19, 28ff.
412 K 4, 13, 14.
413 K 4, 13, 19.
414 S. o. bei Anm. 380.
415 K 4, 13; Kane III, 257; Kangle III, 328.
416 So deutet Gaṇapatishastri; s. o. bei Anm. 133.
417 K 5, 1: *daṇḍakārmika.*
418 S. o. bei Anm. 382. [249.
419 Vgl. die Tabelle bei Kane III,
420 Bei den Versen im IV. Buch fällt auf: 4, 1, 65: Händler werden erwähnt, die erst in 4, 2 abgehandelt werden. 4, 2, 36: Neues Material über den in 4, 2, 33 erwähnten Warenaufseher, durch eine Prosaeinleitung angeknüpft. 4, 3, 44: Neues über die in der Prosa erwähnten Asketen. 4, 4, 23: Neu ist die Möglichkeit des Loskaufs durch Geldstrafe. 4, 5, 18: weist mit *enān* auf die Prosa zurück. 4, 6, 20: ergänzt die Prosa durch den *nāgarika.* 4, 7, 23–28: Neues über die Nichtverbrenung von Selbstmördern; diese Verse könnten aus der brahmanischen „Rechtslehre“ stammen. 4, 8, 29: Neu: Brahmane als Verbrecher u. U. in Bergwerk einzusetzen (s. o. PV IV. Periode Anm. 160). 4, 9, 28: die von dem König (genauer: den *pradeṣṭrs*) durch Strafen geläuterten Beamten sollen die Untertanen in Stadt und Land läutern. 4. 10. 17f.: Neu: der zwischen dem König und dem Volk (oder den Beamten, *prakṛtis*) stehende *pradeṣṭṛ* soll die Strafen verschiedener Höhe nach Berücksichtigung des Menschen, seiner Schuld, dessen Ursache, der Umstände, Ort und Zeit, festsetzen. 4, 11, 26: Der Verfasser wendet sich gegen die Prosa. 4, 12, 38–40: Neues über die eben vorher erwähnte ausgesetzte Frau. 4, 13, 41: Neues an Perversität; 42f.: Neu: Der König ist Varuṇa verantwortlich (s. bei Anm. 32). Bis auf die Verse von 4, 7 brauchen keine älter als Kauṭalya zu sein.
421 Ruben 1956, 150 ff.
422 HCIP II, 58f.
423 Ebenda 55.
424 Kosambi 177; M + S 10.
425 Majumdar, B. K., 54, 82.
426 Nehru 59f.
427 M + S 2f.
428 HCIP II, 79; M + S 8, 10; Ruben 1965 (2) 13; Kangle III, 211.
429 Ruben 1965 (2) 13f.
430 Ebenda 14ff.; s. u. VI. Periode bei Anm. 20.
431 Ruben 1965 (2) 19ff.
432 Ebenda.
433 Weltgeschichte II, 262.
434 Ebenda 264.
435 Ebenda 232, 252.
436 Breloer III; Kangle III, 212ff.; 178; 192.

V. Periode

1 Chattopadhyaya S., 1ff.
2 Ebenda 25.
3 Ebenda 19.
4 Ebenda 11.
5 Ebenda 20ff.
6 Ebenda 13; s. u. bei Anm. 358.
7 HCIP II, 105.
8 Milindapanha bei Chattopadhyaya, S., 35; M + S 184.
9 Chattopadhyaya S., 23, 25, 33.
10 Ebenda 70.
11 Weltgeschichte I, 606.
12 Chattopadhyaya, S., 49.
13 HCIP II, 120.
14 Chattopadhyaya, S. 70.
15 Ebenda 50.
16 Parther ebenda 63ff.; M + S 193f.
17 Chattopadhyaya S., 39ff.
18 Ebenda 60.
19 Ebenda 71.
20 HCIP II, 141.
21 Majumdar, B. K., 84.
22 Ebenda 48.
23 Ebenda 85.
24 Ebenda 90.
25 Aber sie bedingten nicht die Entwicklung zum Feudalismus, wie F. Altheim meint; vgl. die Kritik von Schtajerman 2. S. u. VI. Periode bei Anm. 36.
26 Sharma 1958, 214–19.
27 HCIP II, 159ff.
28 HCIP II, 213ff.; Chattopadhyaya S., 27ff.; M + S 347.
29 Daten fraglich: Chattopadhyaya S., 27 Anm.; M + S 293ff.
30 M + S 301f.; HCIP II, 197ff.
31 M + S 498ff.; HCIP II, 230ff.
32 HCIP II, 231; s. o. II. Periode Anm. 212; s. u. bei Anm. 46.
33 Vgl. die Karte bei Spate 147.
34 M + S 568ff.
35 Majumdar, R. C.
36 M + S 772.
37 M + S 773.
38 M + S 764ff.
39 Vgl. Chattopadhyaya S., 12 über Pushyamitra.
40 M + S 339.
41 Altekar 328.
42 M + S 340f.
43 M + S 344, 348.
44 Altekar 185, 329; M + S 348, 351.
45 Altekar 181, 329.
46 M + S 349: Rudradāman. S. o. bei Anm. 32.
47 Altekar 331, 273ff.; M + S 351: Requisition in Dörfern.
48 M + S 349.
49 M + S 343.
50 M + S 345; Altekar 328; Sharma 1959, 165f.; s. u. bei Anm. 360.
51 Sharma 1959, 173f.
52 Altekar 329.
53 Manu 8, 39; Altekar 268; Sharma 1965, 135ff.; Gopal 1ff.
54 Breloer I, 14, 41, 52 usw.
55 S. o. II. Periode bei Anm. 41, 169, 202.
56 Altekar 262.
57 M + S 352.
58 Sharma 1965, 2; s. u. Ausblick.
59 Altekar 329; M + S 343; s. u. bei Anm. 364.
60 S. o. III. Periode bei Anm. 57.
61 Altekar 203; M + S 339.
62 M + S 340, 343, 345.
63 Sharma 1959, 167f.
64 Altekar 109ff.; 331f.; M + S 342, 346 usw., vgl. Index unter den einzelnen Namen.
65 S. o. I. Periode bei Anm. 216.
66 Bühler verwies in Anmerkungen zu Manu auf Beziehungen zu diesen.
67 M II, 19f. Verweis auf *brahmarṣideśa*; sein „Recht" sollte nicht nur für einen einzigen Staat gelten.
68 Vgl. Ruben 1965 (2) 25.
69 Bühler 534ff.: Verweise auf Mbh.

70 Man vergleiche M 7, 106 mit Sternbach 1963 (1), S. 39 *śloka* 14; M 7, 121 mit Sternbach 1963 (2) *śloka* 68; M 105 mit Sternb. ib. 143; 198 mit 134; 6 mit 99; 22 mit 100; 47 mit 95; 212f. mit 154 und Pañc. III, 83f.; s. u. bei Anm. 367.

71 M 1, 6a ähnelt Kirfel S. 3 *śl.* 10a

6a	10a
8cd	10cd
9cd	12cd
12ab	13ab
d	13c

usw. Vgl. Frauwallner I, 113ff. über Vergleich der Manu-Mbh.-Kosmogonie.

72 M 1, 82 = Mbh XII, 224, 23 ed. crit.

73 M 1, 87.

74 M 1, 88 ff.

75 M 1, 102.

76 Korošec 95.

77 S. o. IV. Periode bei Anm. 5ff.; s. u. bei Anm. 80.

78 M 8, 41; Altekar 139, 148, 254f.; s. u. bei Anm. 172.

79 Beide sind in Manu 1, 118 hinzugefügt: Altekar 139.

80 Manu 7, 13; Altekar 148; Kane III, 98; Ghoshal 162; s. o. bei Anm. 77 über königliche Anordnung; I. Periode Anm. 206; IV. Periode Anm. 256; s. u. bei Anm. 174; V. Periode bei Anm. 375; VI. Periode Anm. 68.

81 M + S 350; s. u. Ausblick bei Anm. 77.

82 M + S 352.

83 M 7, 3; Ghoshal 163; Kangle III, 21.

84 M 7, 14; Ghoshal 167f.; Kangle III, 21.

85 M 7, 25 = Mbh XII, 15, 11; 121, 14f.

86 M 7, 4ff.; vgl. 9, 303ff.; 5, 96; Kane III, 23.

87 M 5, 95. [19.

88 M 9, 294ff.; Ghoshal 176; Kane III,

89 M 7, 37; Ghoshal 176.

90 M 7, 145; Kane III, 60f.; M 8, 1: Halle für Gericht.

91 K 1, 19, 21–24.

92 M 7, 146.

93 M 7, 216.

94 M 7, 151; Ghoshal 180.

95 M 7, 221 ff.

96 M 9, 313–322; Ghoshal 185; M 9, 327; Ghoshal 184.

97 M 11, 31–35; Ghoshal 185.

98 M 7, 82ff.; Kane III, 59.

99 M 7, 133–35; Kane III, 195.

100 M 7, 38; Kane III, 52.

101 M 7, 40; Kane III, 52.

102 M 7, 43; Kane III, 48, 51.

103 Vgl. M 12, 85; die höchste Lehre von allen.

104 M 12, 100; Kane III, 39: einem Brahmanen (?).

105 M 7, 45ff.; Kane III, 53f.

106 Ruben 1959, 41f.; s. u. Anm. 361.

107 M 7, 54f.; Kane III, 104; Ghoshal 177.

108 M 7, 58f.

109 M 7, 60: *arthasamāhartṛn:* s. u. bei Anm. 139.

110 M 7, 61; Kane III, 142 verweist auf M 7, 81, s. u.

111 M 7, 62; Bergwerke auch 8, 419; vgl. M 11, 63: Beaufsichtigen von Bergwerken ist Sünde.

112 M 7, 63–68; Kane III, 128.

113 M 7, 69; Kane III, 132f.; *ānatasāmanta* ähnelt K, s. o. IV. Periode bei Anm. 176ff.; s. u. VI. Periode bei Anm. 63.

114 Ruben 1965, 58.

115 M 7, 70; Kane III, 178f.

116 M 7, 67–79; Kane III, 181: Palast; 118f.: beide Priesterarten.

117 M 12, 46.

118 M 7, 80; Kane III, 190: *bali*.

119 M 7, 81; Kane III, 142; s. o. M 7,61.

120 M 7, 82f.; Kane III, 59; vgl. Jāt. 424, 2. Vers über Geschenke.

121 M 7, 87; Kane III, 57; Ghoshal 182.

122 M 7, 90; Kane III, 209f.; vgl. Ruben 1942 Nr. 19.

123 M 7, 97; Kane III, 212.
124 Außenpolitik in 7, 107–9 (?).
125 M 7, 99 ähnlich K 1, 4, 4 (s. o. IV. Periode bei Anm. 15); Ruben 1959, 10f.
126 K 1, 4, 5; M 7, 102; Ghoshal 179; Ruben 1965 (2) 22ff.
127 Ebenda 23f.; M 7, 40; Ghoshal 179.
128 M 7, 11.
129 M 7, 39; 27f.; Kane III, 25f., 36, 199; Ghoshal 166, 167 Anm.; s. u. Anm. 361.
130 M 7, 114; Kane III, 141: *gulma* and *samgrahaṇa.*
131 K 2, 16, 18; 35, 12; 3, 20, 14.
132 M 7, 115–17; Kane III, 154.
133 K 2, 1, 4; 35, 2 und 6.
134 K 3, 1, 1.
135 S. o. IV. Periode Anm. 379: *grāma-kūṭa* in K 4, 4, 9. – Sharma 1965, 8, 10, 264 sieht hier eine Vorstufe des Feudalismus.
136 K 2, 1, 7.
137 K 5, 3, 5 und 9.
138 M 7, 118f.; Kane III, 142; 150; s. u. Ausblick bei Anm. 47.
139 M 7, 120; Kane III, 141; Ghoshal 178. Vgl. M 7, 60, s. o. Anm. 109.
140 K 2, 36 nach 35.
141 M 7, 121.
142 M 7, 122f.; vgl. Kane III, 161; Ghoshal 178; s. u. „Dornen“.
143 M 7, 125f.; Kane III, 123.
144 M 7, 127–32; 137; Kane III, 185, 187, 190ff. – M 7, 133; Kane III, 195.
145 M 7, 138; Kane III, 187; vgl. M 10, 120; Kane III, 190f.
146 M 7, 129; 139 (Kane III, 185f.); 129.
147 M 7, 141; Kane III, 109.
148 M 7, 145; s. o. 7, 37; Halle: s. u. M 8, 1.
149 M 7, 154ff. und 207; Kane III, 217, 221; Ghoshal 181.
150 M 7, 160ff.; Kane III, 124.
151 S. o. IV. Periode bei Anm. 171.
152 M 7, 177; Kane III, 222; Ghoshal 184.
153 M 7, 181; Kane III, 205; 208; Ghoshal 181.
154 M 7, 202.
155 M 9, 251; Ghoshal 183.
156 M 7, 206; Kane III, 211, 216.
157 S. o. IV. Periode bei Anm. 156.
158 K 7, 9, 1–3; Kane III, 216.
159 M 8, 401f. Handel; M 8, 398ff. Zoll; Kane III, 192; M 8, 403 und 131ff. Maße; Kane III, 166; M 8, 135ff. Münzen; Kane III 121; M 8, 404ff. Fähre.
160 Vgl. M 8, 22; Kane III, 133.
161 M 9, 332.
162 M 8, 1; Kane III, 242; Halle: M 7, 145.
163 M 8, 9; 7, 141; Kane III, 272.
164 M 8, 10; Kane III, 273.
165 M 8, 57.
166 K 3, 1, 1.
167 M 8, 79; 181.
168 M 8, 12ff.; Ghoshal 166.
169 M 8, 25f.
170 K 3, 1, 2ff.
171 M 8, 27–40; s. u. Anhang bei Anm. 5.
172 M 8, 41; Kane III, 158; Ghoshal 161; s. o. bei Anm. 78.
173 M 8, 8; *dharma* ist *śāśvata*-ewig.
174 M 7, 13; 9, 232, 275 Kullūka, Kane III, 98; Ghoshal 162; s. u. bei Anm. 343; s. o. bei Anm. 77, 80.
175 M 8, 43.
176 M 8, 3–7.
177 Vgl. die Tabelle: Kane III, 249.
178 K 3, 11, 2 legte Höchstzinsen fest.
179 M 8, 48ff.; Kane III, 438.
180 M 8, 176; Kane III, 440.
181 M 8, 53ff.
182 K 3, 1, 19ff.
183 M 8, 60ff.; 62f.
184 M 8, 65 und 68, vgl. 102; K 3, 11, 29 gegen Caṇḍālas.
185 M 8, 73.
186 K 3, 11, 39.
187 Bṛh. Up. 5, 4, 14.
188 M 8, 75 nach GDhS 13, 7.
189 M 8, 84: *ātmā* = *sākṣin*; *hṛdaya* in 86, vgl. Kane II, 7 und 91f.

190 S. o. III. Periode bei Anm. 252ff.
191 M 8, 103f.
192 GDhS 13, 24f.
193 M 8, 109.
194 M 8, 114.
195 K 3, 11, 44ff.; s. o. III. Periode bei Anm. 290.
196 M 8, 177–23.
197 M 8, 124f.
198 M 8, 131; vgl. K 2, 12, 24ff.: Münzmeister läßt Kupfermünzen herstellen.
199 M 8, 139ff.; Kane III, 418, 420f.
200 M 8, 143ff.; K 3, 12, 9; Kane III, 428f.: GDhS 12, 32.
201 M 8, 147–49; K 3, 11, 13; GDhS 12, 37ff.
202 M 8, 151ff.
203 M 8, 157; K 3, 11, 9; Kane III, 157.
204 M 8, 158f.; K 3, 11, 14; 18; Kane III, 436f.; 447; GDhS 12, 41f.
205 M 8, 165, 168; K III, 412.
206 M 8, 169–75.
207 M 8, 177; Kane III, 440.
208 M 8, 180, 195; K 3, 12, 22.
209 M 8, 179; Kane III, 455 übersetzt *ārya* hier ohne Kommentar mit *straightforward*.
210 S. o. IV. Periode bei Anm. 324.
211 K 3, 12, 3; M 8, 189; GDhS 12, 42; Kane III, 433; 456.
212 M 8, 182–4; K 3, 12, 35; 38ff.
213 M 8, 185.
214 M 8, 185 nach Bühler; Kane III, 456: *co-owners*; K 3, 12, 40.
215 M 8, 190, s. o. Schulden.
216 11. Rechtspunkt bei K.
217 M 8, 198; Kane III, 463.
218 M 8, 200; K 3, 16, 29 und 17.
219 S. o. bei Anm. 201.
220 Vgl. Kane III, 317ff.
221 M 9, 44: Roden; 52f.: Pacht; 32ff.: Saat.
222 M 8, 201; Kane III, 463f.; *kulasannidhau* wie in M 8, 194.
223 K 3, 16, 13.
224 Nach Kullūka zu M 8, 203 ähnlich wie Verkauf.
225 M 8, 203–5; 9, 99; s. o. IV. Periode bei Anm. 334.
226 M 8, 206–11; Kane III, 469.
227 M 8, 209f. ist z. B. neu: Aufteilung des Opfergeschenks.
228 M 8, 212f.; fehlt bei Kane III, 471ff.
229 M 8, 215–18; Kane III, 478.
230 M 4, 253; 8, 70; 4, 180 und 185.
231 M 8, 219–21; Kane III, 486; 489.
232 M 8, 222–28; Kane III, 489f.; 491f.
233 M 8, 230; Kane III, 498.
234 M 8, 232–6; Kane III, 498f.
235 ADhS 2, 11, 28, 6; Kane III, 499.
236 M 8, 231; K 3, 13, 27.
237 K 2, 29, 12ff.; s. o. III. Periode bei Anm. 239.
238 M 8, 237; K 3, 10, 20; Kane III, 499; 161.
239 M 8, 242; K 3, 10, 24; Kane III, 501.
240 M 8, 256.
241 M 8, 245; Kane III, 505.
242 M 8, 258; Kane III, 504.
243 M 3, 9, 10.
244 K 3, 9, 15; M 8, 262f.; Kane III, 506f.
245 K 3, 9, 17; M 8, 265; Kane III, 505.
246 K 3, 8, 1ff.; 9, 1–5; 24–38; 10, 1–19.
247 M 8, 267–77; Kane III, 512.
248 M 8, 278–300; Kane III, 513ff.
249 K 3, 19, 8–10 nach Meyer (zit. v. Kangle); s. o. IV. Periode bei Anm. 351.
250 M 8, 290–95; s. o. II. Periode bei Anm. 58.
251 K 4, 13, 22; Kane III, 528.
252 K 3, 19; M 8, 296; Kane III, 516.
253 M 11, 55ff.; 9, 235.
254 M 8, 299; Kane II, 569.
255 K 3, 3, 8.
256 M 8, 301–13.
257 M 8, 314–18.
258 M 8, 316f.; Ghoshal 166.
259 M 8, 319–31; vgl. die Liste M 12, 61ff.
260 M 8, 323f.; Kane III, 521.
261 K 3, 17, 9.
262 M 8, 332; K III, 519, 525.

263 M 8, 326ff.; vgl. K 3, 17, 6ff. bei Raub.
264 M 8, 333.
265 M 8, 336; Ghoshal 162.
266 M 8, 337f.; Kane III, 522.
267 GDhS 12, 15ff.
268 M 8, 339–41; Kane III, 523f.
269 M 8, 343f.
270 M 8, 348f.; Kane III, 517; Ghoshal 174.
271 M 8, 350f.; Kane III, 517; II, 148ff.; Ghoshal 187.
272 K 3, 19, 23ff.
273 M 9, 256f., s. u.
274 K 4, 1, 65: Vers.
275 GDhS 12, 15f.; Strafe steigt mit Stand; 43ff.: Dieb geht reuig zum König; 21, 1: Dieb = Sünder.
276 So ist Jolly 124f. heute zu verbessern.
277 M 8, 352f.; s. o. III. Periode bei Anm. 41: Ehebruch führt zu Untergang von Aristokratien.
278 M 8, 354–58; vgl. 4, 134; Kane II, 565; III, 534.
279 K 3, 3, 26f.; 30.
280 K 4, 12, 35.
281 M 8, 360; 362.
282 M 8, 364–70; Kane III, 535.
283 K 4, 12, 1; 5f.; 20.
284 Vgl. Kane II, 572.
285 M 8, 374–85.
286 K 4, 13, 32.
287 M 3, 20ff.
288 M 8, 389; Kane II, 569; III, 804; s. u. bei Anm. 306; vgl. M 11, 10; Kane II, 568: Eltern ernähren.
289 K 2, 1, 28; 3, 20, 18: *tyaj*.
290 K 3, 1, 26.
291 M 8, 395; Kane III, 359.
292 K 2, 1, 29.
293 Vgl. PV II. Periode bei Anm. 33.
294 M 8, 396f.; s. u. Anhang bei Anm. 42.
295 K 4, 1, 14ff.
296 M 8, 358–409, Kane III, 166 über M 8, 403.
297 M 8, 410–18.
298 M 8, 419.
299 M 9, 1–12; Kane II, 569, 577; III, 536f.; vgl. M 9, 177 und Kane II, 573.
300 M 9, 13; Kane II, 563; K 3, 3, 20; 3, 4, 1ff.; Kane II, 576ff.
301 M 9, 14.
302 Ruben 1944, 98; 1952, 28.
303 M 9, 31ff.
304 K 3, 7, 1–3.
305 M 9, 46.
306 S. o. bei Anm. 288. Vgl. M 9, 78f.; 83: *tyaj*. 9, 175: *parityaktā* heiratet wieder, war also geschieden.
307 K 3, 3, 15f.
308 M 9, 47; Kane II, 611f.
309 M 9, 50–56; Kane II, 605.
310 M 9, 56–68; Kane II, 600; K 3, 4, 38ff.; Vgl. K 1, 17, 50.
311 M 9, 69f.; 97; Kane II, 602f. deutet etwas anders.
312 M 9, 71.
313 M 9, 72; s. o. M 8, 224f.; K 3, 15, 11.
314 M 9, 74–77; K 3, 4, 25; 28; 3, 3, 12; Kane II, 613.
315 M 9, 79; K 3, 2, 48 Vers.
316 M 9, 80f.; K 3, 2, 46f.; 38.
317 M 9, 84; K 3, 3, 20f.
318 M 9, 90; 94.
319 M 9, 101; Kane II, 556, 619.
320 Kane II, 628, 626.
321 M 9, 104–20; Kane III, 556, 567, 640; K 3, 5, 1.
322 M 9, 105–10; K 3, 5, 18.
323 M 9, 111; Kane III, 571; K 3, 5, 2.
324 M 9, 112–17; K 3, 6, 1ff.; Kane III, 526, 624ff. [749.
325 M 9, 118; K 3, 5, 21; Kane III, 619;
326 M 9, 120; K II, 603.
327 M 9, 122–26; K 3, 6, 13; Kane III, 626f.
328 M 9, 127–43; Kane III, 714, 642, 666, 700, 714, 720, 736; K 3, 7, 10.
329 M 9, 141f.; Kane III, 664, 690, 692, 694ff.
330 M 9, 153; K 3, 6, 17; Kane III, 598.
331 M 9, 158ff.; K 3, 7, 4ff.; Kane III, 644ff.; 650.

332 M 9, 163; Kane III, 651; K 3, 7, 19; vgl. M 9, 166; K 3, 7, 4; Kane III, 654f.
333 M 9, 185–88; s. o. III. Periode bei Anm. 224; Kane III, 702, 721, 725, 733, 736, 741, 743, 746, 762f.
334 K 3, 5, 10–12; 28f.
335 M 9, 194ff.; Kane III, 773, 781, 789f.; 797; K 3, 2, 36f.
336 M 9, 204; Kane III, 576.
337 M 9, 206; Kane III, 577, 582.
338 K 3, 5, 3; M 9, 208; Kane III, 578, 582.
339 M 9, 221; K 3, 20, 1 ff.; Kane III, 538.
340 M 9, 225: *purāt*; Kullūka: *rāṣṭrāt*.
341 K 2, 1, 32ff.; 4, 1, 65 Vers.
342 M 8, 229; s. PV IV. Periode bei Anm. 160.
343 M 9, 231–34; vgl. Kane III, 526; s. o. bei Anm. 174: Erlasse.
344 M 9, 235–47; Kane III, 97, 176, 526.
345 M 9, 252f ; Kane III, 251; 257 ist dieser Abschnitt übersehen; Jolly 123f.; Ghoshal 180: *policy of public security*. S. o. IV. Periode Anm. 357.
346 M 9, 254–56; Jolly 124; Ghoshal 180.
347 *mahāmātra*, nach Kullūka Elefantenabrichter. Vgl. Thapar 101 ff.; s. u. VI. Periode Anm. 100, 160.
348 M 9, 257–60; Kane III, 520.
349 M 8, 222; 226, s. o.; K 4, 1–2.
350 M 9, 261f.; Kane III, 520; Ghoshal 280.
351 M 9, 264–66; K 2, 27, 30; 25, 12ff.; 15, 14,; 4, 5, 16: *gūḍhabala*.
352 M 9, 267; K 2, 35, 14; 4, 5, 12; 15.
353 M 9, 270; Kane III, 355; 521; K 4, 6, 1.
354 M 9, 271–93, nach Kullūka; Kane III, 522. Vgl. Ruben 1939, 159 über Pfosten in Teichen.
355 M 8, 364ff.: Deflorierung; 396f: Wäscher, Weber; Kane III, 257.
356 M 8, 354ff.: Einbruch; 9, 225: Musiker; Kane III, 257.
357 Weltgeschichte in Daten 231: Plebejer waren ursprünglich von Rom besiegte latinische Stämme.
358 Jāt. 484.; s. o. II. Periode Anm. 6.
359 S. u. VI. Periode bei Anm. 22.
360 S. o. bei Anm. 50–52.
361 Analog dem Antidespotismus bei Manu, s. o. Anm. 105f., 129.
362 Diese und die folgenden Zahlen in Klammern sind die Seitenzahlen bei Kunkel.
363 S. o. III. Periode bei Anm. 338ff.
364 S. o. bei Anm. 59.
365 S. o. II. Periode bei Anm. 146ff.; 318 und I. Periode bei Anm. 464 über analogen Rechtsschutz bei Indern, Griechen und Israeliten.
366 Vgl. Kane III, 279.
367 S. o. bei Anm. 69f.
368 S. o. I. Periode bei Anm. 463 und III. Periode bei Anm. 235 über ursprüngliches Nichtunterscheiden von Zivil- und Strafrecht bei Israeliten und Indern. Dies gilt auch für die alten Griechen (s. o. II. Periode Kap. 5 und III. Periode Kap. 10) und Hammurabi (Korošec 100).
369 S. o. III. Periode bei Anm. 139.
370 Ruben 1965, 41f.: *varga*.
371 Kane III, 885ff.
372 Kunkel 116. S. o. IV. Periode bei Anm. 5ff. [Anm. 206
373 Kane III, 288f.; s. u. VI. Periode bei
374 K 2, 10.
375 Kane III, 271, 280. König schafft Recht, s. o. bei Anm. 80.
376 S. u. Ausblick Kap. 3 gegen Ende.

VI. Periode

1 HCIP III, 5.
2 HCIP III, 3; s. o. III. Periode bei Anm. 11.
3 Ebenda 16.
4 *vanarājya*, s. u. bei Anm. 132; vgl. Kosambi 279: Könige der Stämme.

5 Ruben 1956, 185ff.
6 Maity 169 Anm. 1.
7 HCIP III, 255ff.
8 Ebenda 190ff.
9 Ebenda 632ff.
10 Vgl. Töpfer über die feudale Mittelschicht.
11 Altekar 57, 127f., 333.
12 Altekar 334; HCIP III, 342; Ghoshal 315f., 397.
13 Altekar 57, 335.
14 S. o. IV. Periode Anm. 80: Kālidāsa.
15 Die folgenden Titel nach HCIP III, 343; Altekar 337ff. faßt sie manchmal anders auf. Mahāsandhivigrahika s. u. Ausblick bei Anm. 32.
16 Altekar 336, 182, 186 usw.
17 Altekar 344.
18 Maity 86ff.; s. o. II. Periode Anm. 212: Bewässerungsanlagen; s. u. bei Anm. 42.
19 HCIP III, 344f.: *āyuktaka*; 353: *grāmakūṭa*.
20 S. o. IV. Periode bei Anm. 430.
21 Altekar 164.
22 HCIP III, 344; anders Altekar 340f.; s. o. V. Periode bei Anm. 359.
23 Sharma 1965, 17.
24 Ebenda 75; s. u. Ausblick bei Anm. 35.
25 Ebenda 24ff.
26 S. u. bei Ausblick bei Anm. 36.
27 Sharma 1965, 24ff.; Altekar 297f.; Kosambi 279f., 298f.; Majumdar, B. K., 81.
28 Altekar 335; HCIP III, 346; vgl. Sharma 1965, 9: Die Zentrale war geschwächt.
29 Altekar 291; HCIP III, 8.
30 HCIP III, 38f.; Sharma 1965, 25.
31 HCIP III, 8ff.; 345.
32 Ritschl-Schletelich; Kane III, 554ff.
33 Sharma 1965, 17f., 25, 75; Altekar 340f.
34 *svāmi* seit III. Periode bei Anm. 291.
35 Sharma 1965, 29; Majumdar, B. K., 84.
36 Majumdar, B. K., 84f., 90; s. o. V. Periode bei Anm. 25.
37 HCIP III, 344f.
38 Altekar 209f., 341f.; HCIP III, 345.
39 Altekar 342; HCIP III, 345; Sharma 1965, 73.
40 Sharma a. a. O.
41 Altekar 224, 342.
42 Sharma 1965, 7; s. o. bei Anm. 18.
43 Sharma 1965, 65f.; vgl. PV VI. Periode bei Anm. 38, 40.
44 Sharma 1965, 3, 12.
45 Vgl. PV II. Periode bei Anm. 155, 197; Ruben 1965, 16; Sharma 1965, 53ff.
46 Vgl. PV Ausblick bei Anm. 15.
47 Sharma 1965, 45.
48 Ebenda 44.
49 Ebenda 35ff.
50 Ebenda 36f.
51 Ebenda 7ff.
52 Ebenda 13; s. u. bei Anm. 132: Anārya als Bundesgenosse.
53 Ebenda 15.
54 Ebenda 46ff.
55 Inhalt: Ghoshal 370ff. – Vgl. Sternbach 1960, 14: 7. Jh.; Sharma 1965, 32: post-Gupta.
56 Kām. 11, 6 und 8; s. u. bei Anm. 143; Ausblick bei Anm. 56.
57 Kām. 14, 22.
58 Kām. 15, 20f. gleich K 9, 3, 10ff.; s. o. IV. Periode bei Anm. 134; s. u. bei Anm. 171; Ausblick bei Anm. 58f.
59 Kām. 15, 55.
60 Kām. 15, 51.
61 K 1, 10, 3.
62 K 7, 16, 7. [113.
63 K 7, 18, 29; s. o. V. Periode bei Anm.
64 Kām. 3, 1; 15, 59; 5, 53.
65 Kirfel 244, 76; d. h. *vārtā*.
66 Kirfel 234, 10 – 250, 116.
67 Vgl. den Ur-Tyrannen im AT, 1. M. 6, 4 vor der Sintflut und Bund mit Gott; Ruben 1966.
68 *sraṣṭṛ*. S. o. V. Periode bei Anm. 80; s. u. bei Anm. 309: König macht *dharma*. Hier handelt es sich um eine Art „Gesetzgeber“, u. z. einen unfrommen.

69 *samaya*: Kirfel 235, 19.
70 Kām. 3, 39.
71 Kām. 6, 5.
72 Ruben 1954, 99ff.
73 Kām. 4, 54.
74 Kām. 2, 21.
75 Vgl. PV VI. Periode bei Anm. 73.
76 Kām. 5, 80.
77 Vgl. PV VI. Periode bei Anm. 38.
78 Ghoshal 384f.; 400.
79 Kām. 1, 18ff.; bes. 26ff.
80 Kām. 2, 7.
81 Ebenda 11, 30; 33.
82 Ebenda 13; K 8.
83 Kām. 14, 19ff.
84 Ebenda 14, 28ff.; K 2, 2, 3ff.
85 Kām. 14, 55.
86 Ebenda 3, 11ff.
87 Ebenda 3, 7f.: *pīḍay*.
88 Ebenda 3, 1ff.
89 Ebenda 5, 16ff.
90 Ebenda 3, 2: *satpuruṣa*; 3, 37: *gṛhamedhin*; 3, 7: *nṛpa*.
91 Ebenda 2, 36ff.
92 Ebenda 5, 89ff.
93 Ebenda 7, 1ff.; 9ff.; K 1, 17, 20f.; Ghoshal 378.
94 S. o. IV. Periode Anm. 80.
95 Kām. 4, 1ff.; s. o. III. Periode Kap. 9.
96 Kām. 4, 25ff.
97 Ebenda 4, 41ff.
98 Ebenda 4, 11.
99 Vgl. Ruben 1959, 301 s.v. Umgebung.
100 Kām. 12, 44; s. o. V. Periode Anm. 347.
101 Kām. 17, 26.
102 Ebenda 15, 18; vgl. 16, 11 = K 9, 3, 7; s. u. bei Anm. 171.
103 Kām. 18, 26.
104 Ebenda 18, 27 und 25; vgl. K 2, 33, 9ff.; s. u. bei Anm. 181.
105 Kām. 13, 45: *praśāstṛ*; 18, 45: *nāyaka*; 19, 32 *senāngapati*.
106 Ebenda 5, 20: *narmasaciva*; Ruben 1956 (2) 20: Vidūṣaka als Minister für die übrigen (unpolitischen) Angelegenheiten.
107 Kām. 5, 29ff.
108 Ebenda 5, 64; s. o. IV. Periode bei Anm. 88.
109 Ebenda 5, 76.
110 Ebenda 5, 66–71.
111

T I,	Hit II,	ähnlich Kām,
17 =	11	54 (bd. wörtlich gleich)
35	70	64, 76 (jeder auf seinem Platz)
36	71	71 (jeden wie Edelstein beurteilen)
37	72	
38	–	70 (unterscheiden);

vgl. Ruben 1959, 29–31.
112 Ruben 1959, 276ff.
113 Kām. 5, 54f.
114 = Hitopadeśa II, 11.
115 Kām. 5, 74–79; s. o. II. Periode Anm. 212.
116 Vgl. Scharfe 164 über *paribhāṣā* und *tantrayukti*.
117 Kām. 8, 14f.; K 6, 1, 13f.; Kām. 8, 15 = Hit. III, 106 (Sternbach 1960, 35) = Pañc. III, 25. – Ghoshal 378f.: Kām. 8.
118 K. a. a. O. und 7, 4, 26 und 34.
119 Kām. 9, 36; s. u. bei Anm. 137, 163: Schicksal; s. o. IV. Periode bei Anm. 33.
120 Ebenda 8, 16ff. ähnlich K 6, 2.
121 Kām. 8, 71.
122 Ebenda 73–79.
123

Kām. 8,	ähnelt Hit. II,
76	137ab
77cd	cd (Schlange)
78	69
79ab	136ab
cd	*mitrabheda*.

Dies ist aber im Hit. auf den König und seinen Minister (Löwe, Stier, Schakal), bei Kām. auf den König und andere Könige seines „Kreises" bezogen. Sternbach 1960, 34 erwähnt nur die wörtlich übereinstimmenden Verse im Kapitel Kām. 8, 62 = Hit. 3, 62 (Jones) = 3, 59 (Lassen). Diese Verse stehen noch nicht im Tantrākhyāyika I (Mitrabheda).
124 K 7, 3, 22–36, s. o. IV. Periode bei Anm. 179.
125 Kām. 9, 1–19.

126 Ebenda 9, 20f.
127 Ebenda 9, 1–22 = Hit. 4, 104–25;
Sternbach 1960, 36f. bzw. 110–31 Jones.
128 Kām. 9, 23–41.
129 Hit. 4, 30–48; Sternbach 1960, 36; Hit. 4, 48 = Pañc. 3, 24.
130 Kām. 9, 42–52.
131 Hit. 4, 22ff.; Sternbach 1960, 36: einige Verse auch im Pañcatantra.
132 S. o. bei Anm. 52; s. o. Anm. 4: *vanarājya*.
133 Kām. 9, 53ff.; 55 = Pañc. III, 45; 56 = Pañc. 28; 59 = Pañc. 11.
134 Kām. 10, 1–23; s. o. IV. Periode bei Anm. 152.
135 K 12, 1, 10ff.
136 Kām. 10, 13.
137 S. o. IV. Periode bei Anm. 33; s. u. Anm. 163.
138 Kām. 10, 16–18ab.
139 Ebenda 18cd–22.
140 Ebenda 10, 26f. ähnlich K 7, 1, 14.
141 Kām. 10, 28f.; 28 = Pañc. I, 249; III, 15; Hit. III, 66; M 7, 206; Kane III, 211, 216.
142 K 7, 9, 1.
143 Kām. 11, 1–8, s. o. bei Anm. 56.
144 K 7, 4, 14–21 ohne *sāmantas*.
145 Kām. 11, 9–11.
146 K 7, 4, 1–13.
147 Kām. 11, 13–23.
148 Kām. 11, 50 ähnlich K 1, 15, 20.
149 Kām. 11, 51 ähnlich K 1, 15, 22.
150 Kām. 11, 55 ähnlich K 1, 15, 3.
151 K 1,15, 3–6 – M 7, 147–50 – Kām. 11, 66.
152 Kām. 11, 56 ähnlich K 1, 15, 42.
153 Kām. 11, 60.
154 Ebenda 11, 67f.
155 K 1, 15, 47–50.
156 Kām. 12, 1–24; K 1, 16 (nicht K 12, 1 über *dūta*).
157 Kām. 12, 25–49; K 1, 11–12.
158 Kām. 12, 32; 33; 27.
159 Kām. 12, 39f.; K 1, 11, 21.
160 Kām. 12, 44: *mahāmātra*; K 1, 12, 6; *tīrthas*. S. o. V. Periode Anm. 347.
161 Kām. 12, 25: *samsthā*; K 1, 12, 8.
162 K 8, 1, 1ff.
163 Kām. 13, 20f.; K 8, 4, 1–8; 4, 3, 1ff.; s. o. bei Anm. 119 und 137: Fatalismus.
164 Kām. 13, 5.
165 Ebenda 13, 7ff.; 41ff.; K 8, 1, 1ff.
166 Kām. 13, 67ff.; K 8, 5, 1ff.
167 Kām. 14, 6ff.; K 8, 3, 4ff.; Ghoshal 375.
168 Kām. 14, 3f.; K 8, 2, 9–12; vgl. 8, 3, 2.
169 Mit Maßen: Kām. 14, 65; K 8, 3, 57.
170 Kām. 15, 7ff.; vgl. 15, 36; Ghoshal 382; K 9, 1, 22ff.; 45ff.
171 S. o. bei Anm. 102 und 58.
172 Kām. 15, 37 (vgl. 9, 40); K 9, 3, 1.
173 Kām. 16, 1ff.; K 10, 1, 1ff.
174 Kane III, 172; Ghoshal 376f.
175 Kām. 17, 4–9, K 2, 10, 48–56; 9, 6, 24: fünf Arten des Gebens. Losch 1959, 104ff.; Kane III, 174.
176 Kām. 17, 51–59.
177 Ebenda 18, 1ff.
178 K 9, 2 nach 9, 1.
179 Kām. 18, 4; K 9, 2, 14f.
180 Kām. 18, 11; K 9, 2, 2.
181 Kām. 18, 26ff.; s. o. bei Anm. 104.
182 Kām. 18, 48f.; K 10, 2, 9; *śyena*, *sūcī*: K 10, 5, 12 und 20; *śakaṭa* und *makara:* ib. 26f.; *sarvatobhadra* ib. 31; *vajra* ib. 35
183 Kām. 18, 64f.; 67; K 10, 3, 20; 23; 24.
184 Kām. 19, 1–6; K 10, 4, 14–17.
185 Kām. 19, 8ff.; K als Titel des 154. *prakaraṇa*.
186 Kām. 19, 16ff.
187 Ebenda 23ff.; K 10, 5, 9ff.
188 Kām. 19, 29; K 10, 5, 8.
189 Kām. 19, 30ff.; K 10, 6, 1ff.
190 Kām. 19, 32; *senāngapati*; K 10, 6, 45: *patika*.
191 Kane III, 244; Ghoshal 315.
192 Nā. 1, 3.

193 Yā. II, 22; Kane III, 308.
194 Nā. 1, 4–6; Kane III, 263.
195 Nā. 1 10f.; Kane III, 212, 259f., 280; Ghoshal 314.
196 Nā. 1, 12; Kane III, 262.
197 Nā. 1, 16ff.; Kane III, 249.
198 Nā. 1, 20ff.; Kane III, 262.
199 Nā. I, 37; 39; Kane III, 270; Ghoshal 312.
200 Nā. 1, 47–54; Kane III, 287; 291.
201 Nā. 1, 56ff.; 2, 8ff.; Yā. II, 9 ganz kurz; Kane III, 299.
202 Nā. 1, 66f.; Yā. 2, 4; Kane III, 275.
203 Nā. 1, 69ff.
204 Nā. 2, 1ff.; Kane III, 292f.
205 Nā. 2, 19.
206 Nā. 2, 22f.; s. o. V. Periode bei Anm. 373: Rom.
207 Nā. 2, 28ff.; S. o. K 3, 1, 2ff.
208 Nā. 2, 40.
209 Nā. 2, 43; vgl. Kane III, 280.
210 Nā. 3, 1–3; Kane III, 274.
211 Nā. 3, 5.
212 Nā. 1, 4; s. o. I. Periode bei Anm. 460.
213 Nā. 1, 89: *bhukti* in beiderlei Sinn.
214 Nā. 1, 10; Yā. 2, 11.
215 Nā. 1, 26–42. Vgl. Hegel: Im Orient ist nur einer frei, der Despot (Ruben 1954 (2) 563).
216 Nā. 1, 43–49.
217 Nā. 1, 50–55.
218 Nā. 1, 56–57.
219 Nā. 1, 69; s. o. Yā. 2, 22.
220 Nā. 1, 68ff.
221 Nā. 1, 98–109.
222 Nā. 1, 110–16. Quittung: Yā. 2, 93.
223 Nā. 1, 117–123; Yā. 2, 53ff.; Sternbach 1965, 154ff.
224 Nā. 1, 124ff.; Sternbach 1965, 109ff.
225 Nā. 1, 139; Sternbach 1965, 120ff., 136.
226 Nā. 1, 134.
227 Nā. 1, 135ff.; Yā. 2, 84ff.; Kane III, 309.
228 Nā. 1, 142; Yā. 2, 91; Kane III, 313.
229 Diese fünf haben verschieden lange Zeit Beweiskraft: Nā. 1, 167–70.
230 Nā. 1, 149–52; Kane III, 339f.
231 Nā. 1, 157–62; Kane III, 338f., 347.
232 Nā. 1, 172–76.
233 Nā. 1, 177–87; Kane III, 334ff.
234 Nā. 1, 198–209; Kane III, 343; Nā. 1, 210–28: *satya*.
235 Nā. 1, 229; Kane III, 347.
236 Nā. 1, 230–34; Kane III, 348.
237 König: Nā. 1, 249.
238 Nā. 1, 235ff.; Kane III, 357ff.; s. o. I. Periode bei Anm. 182.
239 Nā. 1, 245.
240 Nā. 1, 248ff.; M 8, 113; Kane III, 359.
241 Nā. 1, 199.
242 Nā. 1, 258.
243 Nā. 1, 251; Yā. 2, 95.
244 M 8, 114; Kane III, 362.
245 Nā. 1, 337ff.; 343ff.; Kane III, 362.
246 Nā. 2, 1–5; Yā. 2, 29; Sternbach 1965, 30ff.; 36.
247 Nā. 2, 2; M 8, 179.
248 Nā. 2, 14; Yā. 2, 67; Sternbach 1965, 45, 47.
249 Nā. 2, 15; Kane III, 460f.
250 Sternbach 1965, 46f.
251 Nā. 3, 1–8; Kane III, 467.
252 Auch ein Asket darf seine Familie nicht unversorgt verlassen: K 2, 1, 29.
253 Nā. 4, 1–12; Kane III, 471.
254 Gehorsamsverweigerung: Breloer II 31.
255 Nā. 5; M 8, 410ff.; Yā. 2, 182ff.; Kane III, 482ff.; Sternbach 1965, 468ff.; vgl. PV VI. Periode Kap. 9.
256 So übersetzt Jolly in SBE; Sternbach 1965, 471 und Kane III, 482: Aufseher der Diener; Breloer II, 31 läßt diesen fort. S. u. Anhang Anm. 17.
257 Nā. 6, 1ff.; Kane III, 476–81.
258 Kane III, 489ff.
259 Nā. 9, 5f.; Yā. 2, 177; M 8, 222.
260 Nā. 9, 7; Kane III, 492.
261 Nā. 9, 8f.
262 Nā. 9, 10–15; K 4, 1, 14ff.

263 M 8, 196f.; Kane III, 257; Yā. 2, 178–81.
264 Yā. 2, 27ff.; 192: *śreṇi-naigama-pāṣaṇḍi-gaṇa*; s. u. bei Anm. 306.
265 Nā. 10, 2; *pāṣaṇḍi-naigama-śreṇi-pūga-vrāta-gaṇa* usw.; Kane III, 487; vgl. Jollys Übersetzung in SBE.
266 Vgl. Ruben 1965 (2) 18.
266a Nā. 10, 1–7.
267 Nā. 11, 11; M 8, 215; Yā. 2, 153; Kane III, 505.
268 Nā. 11, 7; M 8, 263; Yā. 2, 152; Kane III, 506.
269 Nā. 11, 21; Yā. 2, 157; Kane III, 510.
270 Nā. 11, 22.
271 Nā. 11, 42: *utkṣip*; Jolly: *upset.*
272 Nā. 11, 13f.; Kane III, 509.
273 Nā. 11, 14f.
274 K 3, 4, 3ff.
275 Nā. 11, 23ff.
276 Nā. 11, 26.
277 Nā. 11, 32ab.
278 Sharma 1965, 21 zieht dazu Kām. 12, 44 heran: *mahāmātrās* hatten *vāhanas*, d. h. Pferde und Elefanten (Komm.). Fraglich.
279 Nā. 12, 8–19; Yā. 1, 55.
280 Nā. 12, 24.
281 Nā. 12, 46; M 9, 176; Kane II, 612.
282 Nā. 12, 45–53.
283 Nā. 12, 54.
284 Nā. 12, 71ff.; 80f.
285 Nā. 12, 89; Kane II, 374.
286 Nā. 12, 90; vgl. Kane II, 571.
287 Nā. 12, 93.
288 M 9, 80f.; Yā. 1, 73.
289 Nā. 12, 97; Kane II, 610f.
290 Nā. 12, 98ff.; M 9, 76 erwähnt Wiederheirat nicht; Kane II, 612f.
291 Nā. wird bei Kane III, 543 bis 660 wenig zitiert.
292 Nā. 13, 2–4; GDhS 28, 13; Kane III, 567f.
293 Nā. 13, 12; Kane III, 625, 640.
294 Nā. 13, 41; Kane III, 638.
295 Nā. 14, 1–2; Kane III, 525.
296 Nā. 14, 4; Kane III, 526. – K 3, 19, 23ff. – Yā. 2, 223ff.; M 8, 285ff.; Sternbach 1965, 338ff. läßt Nā. fort.
297 Nā. 14, 5–6; Kane III, 526.
298 Nā. 14, 12; Kane III, 525.
299 Nā. 14, 14ff.; Yā. 2, 175; Kane III, 519f.
300 Nā. 14, 18ff.; Yā. 2, 266ff.; Kane III, 520.
301 Nā. 14, 27; Ghoshal 319.
302 Nā. 15 und 16, 2ff.; Kane III, 511, 513.
303 Nā. 15, 7–14; Kane III, 514.
304 Nā. 17, 1; Yā. 2, 199.
305 Nā. 17, 1–8; Yā. 2, 199–203; Kane III, 538f.
306 S. o. Anm. 264f.
307 Nā. 18, 1–4; Ghoshal 318f.
308 Nā. 18, 9–11.
309 Nā. 18, 13: *rājñā pravartitān dharmān*; s. o. bei Anm. 68.
310 Nā. 18, 21: *pramāṇam.*
311 Nā. 18, 26–31; vgl. M 9, 303ff.; Ghoshal 315.
312 Nā. 18, 25.
313 Nā. 18, 52; 54; 22.
314 Vgl. Ghoshal 313.
315 Nā. 18; 34ff.; Ghoshal 322.
316 Pariśiṣṭa 1–4; M 9, 256–60.
317 Pariśiṣṭa 13–15; M 9, 271, 278.
318 Pariśiṣṭa 22ff.; M 8, 320ff.
319 Nā. 15–16, 6.

Rückblick und Ausblick

1 S. o. Motto von Karl Marx.
2 Vgl. Karl Marx in Marx-Engels IX, 221.
3 S. o. VI. Periode bei Anm. 215.
4 Vgl. PV Ausblick.
5 Sharma 1965, 120, 123, 236, 265; Gopal 250ff.
6 Sharma 1965, 82f., 121, 265f.; Gopal 27f., 38: *viṣṭi*.
7 Gopal 246ff.; Schuldsklaven: Gopal 245, 259.
8 Sharma 1965, 91f., 118; Gopal 29.
9 Gopal 254ff.
10 Sharma 1965, 125, 237.
11 Gopal 203; Sharma 1965, 124.
12 Sharma 1965, 56.
13 Gopal 232ff.
14 Sharma 1965, 115f., 226f.
15 Ebenda 117, 144, 150, 152, 182, 191, 227f., 267.
16 Ebenda 120f., 235, 268.
17 Ebenda 267.
18 Ebenda 268.
19 Ruben 1939, 37; Santal 106.
20 Sharma 1965, 81.
21 Ebenda 3, 12; Kane III, 265.
22 Jolly 123f.; Sharma 1965, 79.
23 B. C. Majumdar contra Gopal 44. Sharma 1965, 77, 80, 123 contra Niyogi 211; Kane III, 264–66.
24 Sharma 1965, 234; vgl. Gopal 5.
25 Sharma 1965, 125f.
26 Ebenda 240.
27 Ebenda 128, 166, 230, 232ff.
28 Ebenda 197.
29 Ebenda 191, 182, 205.
30 Ebenda 97 und 13.
31 Ebenda 77ff.; vgl. Gopal XIIf.; Weltgeschichte in Daten 404f.
32 Sharma 1965, 21, 94, 95, 195; s. o. VI. Periode bei Anm. 15.
33 Sharma 1965, 100f.
34 Ebenda 102f.
35 Töpfer, s. o. III. Periode bei Anm. 35; VI. Periode bei Anm. 24.
36 S. o. VI. Periode bei Anm. 26.
37 Sharma 1965, 88f.
38 Ebenda 106ff,; vgl. 176f., 180; *rāuta*: 173, 193f.
39 Ruben 1944, 2.
40 Sharma 1965, 102.
41 Ruben 1957 (3) 33f.
42 Sharma 1965, 103.
43 Ebenda 156ff.; Weltgeschichte in Daten 405.
44 Sharma 1965, 199; s. u. bei Anm. 57.
45 Ebenda 195f.
46 Ebenda 95; 175; 185.
47 Ebenda 8, 230: K; ebenda 8, 75, 84: M; s. o. V. Periode bei Anm. 136, 138.
48 Ebenda 92f.
49 Vgl. PV Rückblick und Ausblick bei Anm. 4; Sharma 1965, 104: mahattaras.
50 Sharma 1965, 248; 254; 259.
51 Gopal 121, 131; 132.
52 Ebenda 153f.
53 Ruben 1965 (2) 32ff.
54 Sharma 1965, 25ff.
55 Zu den gelehrten Anmerkungen von Losch 1959, die im folgenden nicht wiederholt werden, ist hinzuzufügen, daß Vers 6, 14 (Losch S. 348 und 93) auf K 4, 9, 28 zurückgeht.
56 Sharma 1965, 199; s. o. VI. Periode bei Anm. 56.
57 Sharma ebenda; s. o. bei Anm. 44.
58 Sharma ebenda; Losch 357, 112, 267; s. o. VI. Periode bei Anm. 58.
59 S. o. IV. Periode bei Anm. 134: Kauṭalya; VI. Periode bei Anm. 58: Kāmandaka.
60 Sharma a. a. O. läßt die Beamten fort; Losch 387 (Vers 148), 166, 387.
61 Bühler übersetzt in SBE *vassal* im Gegensatz zum Kommentar; Losch 166 Anm. 4: Grenzhüter.
62 Losch 1959, 362, 123; Vers 34.
63 Ebenda 328 Vers 1 (*ānatasāmanta*), 69; Sharma 1965, 199.

64 S. o. IV. Periode bei Anm. 178.
65 Sharma 1965, 184ff.
66 Losch 1959, 50, 313 Vers 16.
67 Sharma 1965, 103.
68 Ebenda 191.
69 Losch 1959, 114 Anm. 5.
70 Losch 1959, 174; 169: Yā.; 161: Nā.
71 Sie sind bei Losch nicht unterschieden, s. u. Anhang 1.
72 Losch 1959, 385 Vers 136–164.
73 Kane I, 246ff.
74 Kane I, 268ff.
75 Ghoshal 424f.; nicht behandelt bei Kane III, 258f.
76 S. o. IV. Periode bei Anm. 5ff.
77 Ghoshal 413f.; s. o. IV. Periode bei Anm. 6; V. Periode bei Anm. 81.
78 Ghoshal 426.
79 Kane III, 544ff.; Mayne 32ff.
80 Fehlt bei Kane I. – Jolly 40; Mayne 30 kritisiert ihn scharf.
81 Nā. 6, 20f.; Kane III, 480.

Anhang

1 Vgl. K 3, 17.
2 Losch 1959, 131, 133f.
3 Ebenda 135, 367; Vers 9–103.
4 Ebenda 136.
5 S. o. V. Periode bei Anm. 171.
6 Losch 1959, 136.
7 Ebenda 137.
8 Ebenda .
9 Ebenda 138.
10 Ebenda 139: M 8, 392.
11 Ebenda 139 ausgelassen.
12 Ebenda 139.
13 Ebenda 140.
14 Ebenda 141.
15 Ebenda.
16 Ebenda 370 Vers 31 lies *sā* statt *sa*!
17 Ebenda 142: „Handlanger" ohne persönliche Verantwortung seinem Herrn gegenüber. Aber s. o. III. Periode Anm. 142, 161. Nach K 3, 13, 28 ist ein Hirt an sich ein *karmakara*. S. o. VI. Periode Kap. 4 um Anm. 256 herum: Nārada faßt unter seinem 5. Rechtspunkt *karmakara* anders auf als Kauṭalya.
18 Losch 1959, 143.
19 Vers 46 ist mir trotz Losch 145 unverständlich.
20 Ebenda 145–48.
21 Ebenda 148–51.
22 Ebenda 151.
23 Ebenda 150.
24 Vers 80–91ab = M 8, 319f., 323–31.
25 Es fehlen M 8, 301–18: Losch 1959, 151f.
26 Ebenda 156.
27 Ebenda 155.
28 Ebenda 157f.
29 Ebenda 159 fehlt Hinweis auf Manu, Nā. 12, 24 und GDhS 18, 20ff. (drei Perioden); Kane II, 442. Losch übersetzt Vers 108 etwas anders.
30 Ebenda 158.
31 Ebenda 159f.
32 S. o. VI. Periode bei Anm. 279ff.
33 Losch 1959, 161; K 4, 13, 30.
34 Losch 1959, 161f.; K 4, 13, 41.
35 Losch 1959, 162; K, 4, 13, 28.
36 Losch 1959, 162f.
37 Sternbach 1963 (1), 296 Vers 97.
38 Losch 1959, 163f.
39 Ebenda 164.
40 Ebenda 164.
41 Ebenda 164f.
42 Ebenda 165; s. o. V. Periode bei Anm. 294.
43 Ebenda 166.
44 S. o. Rückblick bei Anm. 44f.
45 Losch 1959, 167f.; s. o. V. Periode bei Anm. 354.
46 Ebenda 169.
47 Ebenda 169 ungenau.
48 Ebenda 170; Vers 1–2 = Yā. II, 231; vgl. K 3, 17, 11f.
49 Ebenda 170f.
50 Ebenda 171.

51 Ebenda 172f.; Vers 185–86a ähnlich Nā. II, 33.
52 Ebenda 173 unter Berufung auf M 9, 244 anders gedeutet.
53 Ebenda 173.
54 Weizen: PV II. Periode bei Anm. 87; Baumwolle: PV III. Periode bei Anm. 13; Ochsenkarren: Mode 132; Ziegel: Ruben 1939, 148.
55 PV II. Periode bei Anm. 116.
56 Mode 133.
57 PV IV. Periode bei Anm. 242.
58 Ruben 1959 (2).
59 PV IV. Periode bei Anm. 84.
60 Mode 126.
61 Mbh. II, 13, 8.
62 Ebenda 9; *samśray*; vgl. 11 und 23; 14: *praṇata*.
63 S. o. IV. Periode bei Anm. 176ff.
64 Ruben 1959, 206.
65 Ruben 1952, 129.
66 Ruben 1954 (2) 113.
67 S. o. I. Periode bei Anm. 46, 48f., 309, 314: Indra = *samrāj*.
68 Ruben 1959, 209.
69 Vgl. Ruben 1959, 202: Zehnkönigsschlacht.
70 Korośec 97.
71 S. o. II. Periode bei Anm. 146ff.; III. Periode bei Anm. 100.
72 Korośec 103.
73 S. o. III. Periode bei Anm. 167.
74 Korośec 127.
75 Korośec 102.
76 S. o. I. Periode Anm. 234.
77 Korośec 113f.
78 S. o. III. Periode bei Anm. 156ff.
79 Korośec 115.
80 S. o. III. Periode bei Anm. 164.
81 Korośec 127.
82 S. o. IV. Periode bei Anm. 324.

Kolibri 360 GmbH
Ferdinand-Jühlke-Straße 7
99095 Erfurt, Deutschland
produktsicherheit@kolibri360.de